클라우제비츠와의 마주침

 V 카이로스총서 69

클라우제비츠와의 마주침

The Encounter with Carl von Clausewitz

지은이   김만수
펴낸이   조정환
책임운영   신은주
편집   김정연
표지디자인 조문영
홍보   김하은

펴낸곳 도서출판 갈무리 등록일 1994. 3. 3. 등록번호 제17-0161호
초판인쇄 2020년 12월 7일 초판발행 2020년 12월 10일
종이 화인페이퍼 인쇄 예원프린팅 라미네이팅 금성산업 제본 경문제책

주소 서울 마포구 동교로18길 9-13 [서교동 464-56] 2층
전화 02-325-1485 팩스 02-325-1407
website http://galmuri.co.kr e-mail galmuri94@gmail.com

ISBN 978-89-6195-254-5 93340
도서분류 1. 정치학 2. 경제학 3. 군사학 4. 외교학

값 39,000원

이 도서의 국립중앙도서관 출판예정도서목록(CIP)은 서지정보유통지원시스템 홈페이지(http://seoji.nl.go.kr)와 국가자료공동목록시스템(http://www.nl.go.kr/kolisnet)에서 이용하실 수 있습니다.(CIP제어번호 : CIP2020050519)

이 저서는 2020학년도 홍익대학교 학술연구진흥비에 의하여 지원되었음.

클라우제비츠와의

마주침

The Encounter
with Carl von
Clausewitz

The Reception of
On War and Clausewitz
in Korea

전쟁론과
클라우제비츠는
한국에 어떻게
수용되었는가?

김만수

갈무리

독자에게 드리는 글

『전쟁론』은 설명문이다.

전쟁이 '다른 수단으로 하는 정치의 계속'이라는 명제는 정치를 계속하려면 전쟁을 해야 한다는 주장이 아니다. 전쟁이 '우리의 의지를 실현하려고 적에게 굴복을 강요하는 폭력행동'이라는 정의는 우리의 의지를 관철하려고 적에게 폭력을 사용해야 한다는 주장이 아니다. 절대전쟁과 현실전쟁의 구분은 절대전쟁을 옹호한 것이 아니다. 『전쟁론』은 논설문이 아니다.

'태초에 프랑스혁명이 있었다.'

『전쟁론』을 이해하는 데는 프랑스혁명이 결정적으로 중요하다. 프랑스혁명은 세계사에 새로운 시대를 열었다. 유럽에서 프랑스혁명 전후의 시기는 (대략 말하면) 군주정에서 공화정으로, 신분사회에서 평등사회로, 절대주의에서 민주주의로, 봉건주의에서 자본주의로 근본적인 변화를 겪으면서 격렬하게 요동치는 시대였다. 『전쟁론』은 프랑스혁명, 혁명전쟁, 나폴레옹전쟁을 배경으로 탄생했다.

혁명에 반대하는 유럽 앙시앵 레짐의 군주들이 프랑스에 전쟁을 선포했고, 프랑스는 공화정을 수호하려고 전쟁을 수행했다. 프랑스 대 유럽의 전쟁이었다. 라마르세예즈! 혁명으로 세상, 정치, 사상이 바뀌었고, 이것이 전쟁의 형태를 바꾸었다. 프랑스에서는 '자신을 시민이라고 생각하는 3000만 명의 인민'이 전쟁에 참여했다. 24년에 걸쳐 혁명전쟁과 나폴레옹전쟁이 계속되었고, 전쟁이 절대적인 형태에 이르렀다. (나폴레옹은 프랑스혁명의 적자이자 '사생아'로서 나폴레옹의 전쟁에는 반동적인 측면이 있었다.) 1815년 나폴레옹의 패배로 비인체제가 확립되었고, 그 이후 유럽은 1871년까지 (어느 의미에서는 제1차 세계대전 때까지) 복고와 반동, 혁명과 반혁명의 길을 걸었다.

프랑스혁명 이전 18세기의 프로이센은 생존의 안전을 확보하려고 투쟁했다. 유럽의 4대 강국(영국, 프랑스, 오스트리아, 러시아) 체제에서 살아남으려고 오스트리아와 7년전쟁을 벌였다. 18세기의 전쟁은 인민이 아니라 용병으로 수행되었다. 용병은 대부분 부랑자나 외국인으로 구성되었고, 적에게 체포되면 곧바로 아군을 향해 총을 쏘았다. 용병의 목적은 봉급이었고, 관심은 탈영이었다. 멀리 전진하고 행군하면 용병은 탈영했다. 채찍이 탈영을 막고 군기를 유지하는 도구였고, 용병은 적보다 자기 군대의 장교를 더 두려워했다. 밀집된 횡대대형은 전투대형이자 탈영을 막는 도구였다. 프리드리히 대왕은 나폴레옹의 러시아원정과 같은 행군과 이동을 할 수 없었다. 대왕이 그런 군대를 이끌고 7년전쟁에서 승리한 점을 클라우제비츠는 높이 사고 있다.

프랑스혁명을 전후한 전쟁, 즉 주로 18세기 중반의 7년전쟁과 19세기 전후의 혁명전쟁과 나폴레옹전쟁을 연구, 관찰, 경험하고 전쟁의 현상, 성질, 변화를 분석하여 전쟁의 본질을 밝힌(설명한) 책이 『전쟁론』이다.

『전쟁론』은 읽기보다는 인용되었고 이해되기보다는 오해받았고 왜곡되었다. 서구세계의 많은 장군들은 설명문을 '논설문'으로 오해했다. 독일에서는 몰트케, 슐리펜, 루덴도르프 등이 클라우제비츠를 오해했다. 영국에서는 풀러, 리델 하트, 키건 등이 클라우제비츠를 왜곡하고, 20세기 두 차례의 세계대전의 발생을 클라우제비츠의 책임으로 돌렸다. 유럽에서 클라우제비츠는 '악의 화신'이자 '피의 사도'가 되었다. 제2차 세계대전 이후 독일에서는 하알벡이, 영국에서는 하워드가, 미국에서는 로트펠스와 파렛이 이 왜곡을 어느 정도 바로잡았다.

마르크스주의는 처음부터 클라우제비츠를 올바르게 이해했다. 마르크스는 클라우제비츠의 난해한 이론을 '상식'으로 보았다. 마르크스는 클라우제비츠의 서술보다 더 정확하고 명료하게 클라우제비츠의 이론을 설명했다. 엥겔스는 클라우제비츠의 독특한 방식의 전쟁철학을 매우 훌륭하게 보았다. 레닌은 클라우제비츠를 정확하게 이해했고 혁명적 마르크스주의의 구체적인 목표에 올바르게 적용했다. '제국주의 전쟁은 지배계급이 다른 수단으로 하는 제국주의 정치의 계속이다.' 제국주의 전쟁을 내전으로 전화하여 러시아 혁명을 승리로 이끌었다. 모택동은 클라우제비츠의 이론 전체를 독창적으로 재해석했고, 이를 바탕으로 28년에 걸친 인민해방전쟁을 승리로 이끌었다. '모택동은 클라우제비츠 이후 제일 일관된 클라우제비츠주의자이다.'

우리나라에서는 클라우제비츠를 누가 언제 어떻게 받아들이고 이해했는가? 그것을 살펴보는 것이 이 책의 목적이다. 그래서 이 책의 학술적인 제목은 '한국 클라우제비츠 연구 60년'이다. 이 책은 지난 60년 동안 클라우제비츠와 전쟁론이 한국에 어떻게 받아들여졌는지(수용, 유포, 계승) 연구한다. 클라우제비츠와 관련된 역서, 저서, 논문 등을 체계적으로 분류하고 비판적으로 분석하여 각 텍스트의 구조와 내용을 살펴본다. 이를 바탕으로 한국 클라우제비츠 연구의 현황과 수준을 정리한다.

'한국 클라우제비츠 연구 60년'에서 '한국'은 한국어로 된 연구로 정의한다. 그래서 저자가 한국인이든 외국인이든 구분하지 않고 한국어로 된 클라우제비츠 관련 문헌을 망라한다. 한국인이 영어나 일어 등 외국어로 쓴 연구는 제외한다. '한국'은 시간적인 의미와 정치적인 의미로 쓰일 수도 있는데, 그래서 일제 강점기의 연구와 '북한'의 연구는 제외한다. '60년'은 1956년부터 2018년까지의 클라우제비츠 연구를 살펴보기 때문에 (대략적으로) 정한 기간이다. 클라우제비츠와 관련된 문헌을 검토한 결과, 클라우제비츠는 1956년에 처음 우리나라에 소개된 것으로 보인다. 그리고 『전쟁론』 번역과 연구물이 출판되었고, 2018년에 『전쟁론』의 '부록'이 출간되었다. 나는 『전쟁론』과 그 '부록'의 독일어 원전 초판 완역이 출간된 시점(2016~2018년)을 하나의 전환점, 즉 한국의 클라우제비츠 연구가 60년의 한 단계를 끝내고 새로운 단계로 나아가는 전환점이라고 본다.

클라우제비츠와 관련된 연구는 1차로 국가전자도서관 홈페이지에서 '클라우제비츠'나 '전쟁론'으로 검색한 연구를 검토했다. 그리고 2차로 그 문헌의 각주나 참고문헌에 있는 연구 중에 클라우제비츠나 전쟁론과 관련된 연구를 검토했다. 일반적으로 접근할 수 없는 자료(국방대학교, 육군사관학교, 육군대학 등의 내부 자료나 보고서 등)는 제외했다. 일간지, 주간지, 월간지 등 신문과 잡지에 실린 글 중에 '연구'라고 볼 수 없는 글도 제외했다.

또한『전쟁론』의 내 번역의 표절이라고 인정한 저자의 책, 그리고 내 번역의 표절이라는 사법적 판결을 받은 저자의 글도 이 연구에서 제외했다. 나는 2006~2009년에 우리나라에서 처음으로『전쟁론』독일어 원전을 완역해서 세 권으로 출간했는데, 이 번역을 표절한 책과 글이 적지 않다. 그 책과 글은 표절일 뿐만 아니라 학문적인 수준도 높지 않아서 여기에서 다룰 가치가 거의 없다.

클라우제비츠와 관련된 글은 (오로지 클라우제비츠를 다룬 글부터 클라우제비츠를 상당한 정도로 다룬 글과 어느 정도로 다룬 글에서 이름만 언급한 글에 이르기까지) 그 내용과 수준이 천차만별이다. 클라우제비츠를 본격적으로 다룬 글, 클라우제비츠의 개념을 다룬 글, 전쟁을 분석하는데 클라우제비츠를 이용한 글, 손자나 마키아벨리 등 다른 사상가들과 비교하는데 클라우제비츠를 이용한 글, 클라우제비츠의 전략을 마케팅전략에 적용한 글, 클라우제비츠를 처세술과 비교한 글 등등. 군사학이나 국제정치학 분야의 글도 있고, 철학, 문학, 신학, 역사학, 정치학, 경제학, 사회학 분야의 글도 있다. 전쟁 일반을 다룬 글에서도 클라우제비츠를 이름이라도 언급하지 않은 글이 거의 없을 정도이다. 무기와 관련된 글에도 클라우제비츠의 이름이 등장한다. 이런 이유로 나는 이 책에서 '완전함에 대한 결벽증'을 포기한다. 클라우제비츠와 관련된 연구를 전부 망라할 수도 없고, 그 많은 연구 중에 어느 글이 어느 정도로 클라우제비츠와 관련되어 있는지, 어느 글을 '클라우제비츠 연구'라고 간주해야 하는지 간주하지 말아야 하는지 결정하는 것도 어렵기 때문이다. 이 책은 한국의 '대략적인' 클라우제비츠 관련 연구라고 보아야 할 것이다. 오랜 검토와 심사숙고 끝에 300여 편의 클라우제비츠 연구를 선정했다.

이 책은 4부 12장으로 구성되어 있다. 제1부에서는 『저작집』 세 권(『전쟁론』과 그 「부록」)의 여러 번역을 살펴보았다. 제2부는 『전쟁론』 이외에 『전쟁론』과 관련된 여러 번역을 살펴보고, 이 번역이 『전쟁론』을 어떻게 이해하거나 오해하고 있는지 분석했다. 또한 클라우제비츠 연구에서 번역해야 할 만한 저서와 논문을 언급했다. 제3부는 한국의 연구자들이 클라우제비츠와 『전쟁론』을 어떻게 받아들였는지 분석했다. 연구자별로, 주제별로, 시기별로 여러 연구자들의 연구결과를 살펴보았다. 전쟁을 설명하고 분석하는데 클라우제비츠를 어떻게 이용하고 적용했는지도 살펴보았다. 제3부는 한국 저자의 저술을 살펴보고 제2부는 외국 저자의 저술을 (그래서 번역을) 살펴보고 있다는 점에서 대비된다. 제4부는 제3부의 분석 결과로 나온 글이다. 달리 말해, 제4부는 애초에 이 책의 구상에 없었다. 제4부에서는 우리나라의 연구자들이 클라우제비츠에 관해 오해하고 있는 점이나 불분명하게 이해하고 있는 점에 대한 나의 분석과 해석을 실었다. 제2부~제4부 끝에 각 부와 관련되는 글을 '여담'으로 실었다. 3개의 여담에서는 마르크스, 헤겔, 박정희를 직접 다루지도 않고 본격적으로 논의하지도 않는다. 짧고 간략하게 그들과 클라우제비츠의 관련성을 언급하고 있다. 그래서 '여담'이다.

누가(민간인 또는 군인) 언제(몇 년도) 무엇을(삼중성, 전쟁천재 등과 같은 주제) 얼마만큼(분량) 발표했고, 그 글의 형식이 어떠한지(논문 또는 단행본) 하는 통계분석을 하는 것도 의미 있을 것이라고 생각했다. 그 분석은 분량 문제 때문에 제외했다.

이런 '연구사'는 보통 참고문헌을 싣지 않는다. 본문에서 문헌의 서지사항을 명확히 밝혔고, 책 끝에 참고문헌을 또 실으면 책의 분량이 많이 늘어나

기 때문이다. 연구사를 쓰는데 '참고한' 문헌과 각주에서 언급한 문헌만 참고
문헌에 실었다. 이런 연구사는 참고문헌보다 찾아보기가 중요할 것이다.

이 책은 책으로서 이와 같은 차례와 구성(논리와 체계)을 갖추어야 했다.
각 부와 장은 각자 독립적이면서도 전체적으로 유기적인 연결을 이루고 있다.
하지만 이 책은 소설책이나 이야기책이 아니기 때문에 반드시 이 차례대로
읽을 필요는 없다. 차례를 보고 또는 책 뒤에 있는 찾아보기를 보고 자신에
게 관심 있는 부분부터 읽어도 될 것이다.

이 책의 내용은 사실과 분석에 근거하고 있고, 문체는 '직설적인 투명성'
을 갖는 간결체로 서술하려고 했다. 그래서 이 책은 유머와 위트, 풍자와 패
러디 등이 (즉 내가 독일어를 음차하여 그냥 폴레믹(Polemik, polemic)이라
고 부르는 것이) 많이 들어 있는 문체일 것이다. 무미건조한 논문의 문장투로
글을 쓰는 것은 내게 고통이다. '죽은 글'이기 때문이다. 나는 살아있는 문체
를 쓰고 싶다. 글도 생명이기 때문이다. 그렇지만 나의 문체를 불편하게 생각
하고 편향되었다고 보는 독자들이 있을 것 같다. 편향된 글이 편향된 것인지,
편향된 글을 편향되었다고 말하는 신랄함이 편향된 것인지 독자들은 판단
할 수 있을 것이다. 임금님이 벌거벗은 것이 어리석은 것인지, 임금님이 벌거벗
었다고 말하는 것이 어리석은 것인지 현명한 독자들은 올바로 판단할 수 있
을 것이다.

이 책은 2003년 『전쟁론』 번역을 시작할 때 구상했고 2010년부터 준
비했고 2018년에 본격적으로 집필을 시작했다. 원고의 상당 부분을 집필한
2019년 여름, 파일이 손상되었다.

'지옥'이 펼쳐졌다.

온갖 수단을 동원해서 근 한 달 만에 파일을 복구했다. 적지 않은 부분
은 영원히 복구하지 못했다. 나는 이 문명의 이기(컴퓨터)에 애증의 감정을 갖
고 있다. 이를 계기로 원고를 전면 재검토하지 않을 수 없었고 재검토했다. 이
과정에서 100여 편의 글을 (클라우제비츠와 관련이 적다고 보고) 제외했다.

차례도 100번 정도 고치고 바꾼 것 같다.

이 모든 과정을 거치고 독자에게 내놓은 것이 이 책이다. 그래서 나는 이 책을 연꽃이라고 생각하고 연꽃에 비유하고 싶다. 진흙탕에서 피어나는 아름다운 꽃. 연구와 집필을 방해하는 적대적인 분위기와 열악한 환경에서 파일의 손상과 불완전한 복구를 경험하면서 결국 원고를 완성하여 책으로 출판하기 때문일 것이다.

나의 두 아들 도현과 상훈은 독일 프랑크푸르트에서 태어났고 작은아들 상훈은 2014년부터 독일 예나대학교에서 공부했는데, 상훈은 탁월한 독일어 실력으로 이 책의 독일어와 관련된 부분에서 많은 도움을 주었다. 또한 조용상 형, 안광수 형, 이명수 형, 정연택 형은 원고를 읽고 귀중한 조언을 해주었다. 도서출판 갈무리의 조정환 대표님은 책의 제목과 내용에 대해 유익하고 중요한 조언을 해주었다. 김정연 편집장님은 나의 '집요한' 수정 요청을 받아들여 '미완성' 원고를 '완성'시켰다. 또한 신은주 운영대표님, 조문영 님, 김하은 님, 그리고 제작처의 많은 분들이 책의 탄생을 위해 애쓰셨다. 모든 분들께 깊이 감사드린다.

나는 2001년에 대전대학교에서 김준호 교수님과 (루이 알튀세르가 말하는 의미에서) '마주치게' 되었고, 김준호 교수님의 제안으로 2002년에 클라우제비츠와 『전쟁론』과 마주치게 되었고, 2003년부터 『전쟁론』을 번역하고 클라우제비츠를 연구하게 되었다. 그러면서 한국에서 클라우제비츠를 연구한 연구자들과 마주치게 되었다. 그 일련의 마주침의 결과물이 이 책이다. 김준호 교수님을 만난 지 올해로 20년이 된다. 나를 적절한 길로 이끌어주신 김준호 교수님께 깊이 감사드리며 이 책을 김준호 교수님께 바친다.

2020년 11월 16일 우공 김만수

차례

상세 목차(제3부 제1장과 제2장)

일러두기

　문헌의 표기에 대해. 책이나 논문의 제목과 차례에 나오는 인명, 지명, 용어 등은 문헌에 있는 대로 표기했다. 하지만 내가 서술한 부분에서는 그것을 현재 통용되는 방식에 따라 표기했다. 예를 들어 클라우제비츠를 이전에는 (일어 중역 등의 영향으로) 클라우제빗츠나 클라우제비쯔 등으로 표기했는데, 그런 표기가 책이나 논문의 제목과 차례에 나올 때는 그대로 두었고, 내가 내용을 요약하고 의견을 제시하는 부분에서는 클라우제비츠로 고쳐서 표기했다. 클라우제비츠 외에 다른 인명도 이와 같다. 각주에서도 인명, 지명, 용어 등을 고쳐서 표기했다. 우리말로 번역되어 있지 않은 문헌의 제목과 차례에 등장하는 인명에 대해서는 (주로 제2부 제4장에서) 국립국어원 한국어 어문규범의 외래어 표기법을 참고하여 표기했다.

　문헌의 배열에 대해. 같은 글을 여러 사람(또는 기관)이 번역한 경우에 또는 한 사람이 클라우제비츠에 관해 여러 글을 쓴 경우에 그 문헌을 A, B, C 등으로 구분해서 표시했다. A, B, C 등에는 특별한 뜻이 없다. 문헌의 긴 제목을 반복해서 언급하는 것을 피하려고, 그래서 문헌을 간략히 표시하려고 쓴 것에 불과하다. 글이 매우 비슷한 경우나 연속으로 발행된 논문의 경우에는 알파벳 다음에 숫자를 써서 그 문헌을 A1, A2, A3 또는 B1, B2, B3 등으로 표시했다. 이 표시는 그 문헌을 언급하고 있는 부분에서만 유효하다. 예를 들어 이종학의 A1, A2, A3과 김홍철의 A1, A2, A3은 다른 책(이나 논문)을 가리킨다.

　서술의 순서와 방식에 대해. 문헌은 서지사항, 차례, 요약, 의견의 순서로 정리하고 논의했다. 문헌의 차례를 적을 때는 해당 문헌의 전체 구조를 알 수 있도록 하는데 중점을 두었고, 그래서 차례를 되도록 간략히 담았다. 클라우제비츠와 관련된 부분만 자세히 적었다. 논문의 경우에는 서론과 결론을 적지 않고 본론의 차례만 적었다. 차례의 각 항목을 두 줄이 아니라 한 줄로 만들려고 (차례를 가로 2단으로 만들든 가로 1단으로 만들든 상관없이) 차례의 제목을 일부 줄여서 적은 경우도 있다. 차례를 일목요연하게 보여주는 것이 중요하다고 생각했기 때문이다. 그래서 차례가 긴 경우에도 차례를 두 페이지에 나누어서 싣지 않고 한 페이지에 실었다. (이는 표에도 동일하게 적용된다.) 한 페이지의 공간 때문에 서지사항 다음에 (차례가 나오지 않고) 바로 '서술'이 나오는 경우도 있다. 이런 경우에는 다음 페이지에 차례가 나온다. 중요하지 않은 문헌에서는 차례를 적지 않은 경우도 있다. 이런 경우에는 요약과 의견을 구분하지 않고 서술하기도 했다.

서술의 중복에 대해. 이 책에는 중복된 서술이 있는데, 그것은 대부분 내가 분석한 여러 문헌에 중복된 서술이 있기 때문이다. 클라우제비츠 연구자들은 똑같은 주제에 (예를 들면 삼중성에) 대해 똑같은 말을 많이 했다. 내가 그것을 언급하고 분석하면서 내 의견을 제시하는 경우에 내 서술은 중복될 수밖에 없다. 즉 나의 중복 서술은 여러 문헌에 나타나는 중복 서술의 반영이다.

인용에 대해. 원문과 똑같이 인용할 때는 큰따옴표를, 약간 변형해서 인용할 때는 작은따옴표를 썼고, 크게 변형해서 인용할 때는 따옴표 없이 인용했다. 큰따옴표를 쓴 경우에도 (띄어쓰기를 통일하느라고) 원문과 완전히 똑같이 인용하지 않은 경우가 약간 있다. 전체적으로 작은따옴표로 인용해야 하는 경우가 많았다. 모든 인용에서 쪽수를 밝혔지만, 책 전체를 요약하고 인용할 때는 쪽수를 밝히지 않은 경우도 있다.

띄어쓰기에 대해. 띄어쓰기는 (내가 서술한 부분에서는) 최대한 통일했지만, 통일할 수 없고 통일하지 않은 경우도 있다. 특히 문헌의 제목과 차례를 그대로 쓰는 경우에 또는 문헌을 인용하는 경우와 나의 서술에서 통일을 할 수 없었다. 그리고 다른 단어와 호응이 되는 경우에 또는 합성어인 경우와 아닌 경우에 띄어쓰기 규정을 지키는 것이 애매했다. 예를 들면 '제한전쟁 수행'

과 '전쟁수행'의 경우에 전쟁수행은 붙이기도 하고 띠기도 했다. '비교분석'도 있고 '비교 분석'도 있다. 단어나 표현의 맥락에 따라 통일하지 않은 경우도 있다. 맞춤법 규정에서 '~을 원칙으로 하되 ~~도 허용한다.'는 조항을 적용한 것이라고 이해하기 바란다.

논문의 발표일에 대해. 석사학위논문과 박사학위논문의 발표일은 논문을 제출한 달[月]을 적었고, 2월과 8월로 통일하지 않았다. 류재갑에 관해 논의한 부분(제3부 제1장의 1.3.) 때문에 그렇게 할 필요가 있었다. 달이 표시되어 있지 않은 경우에는 연도만 적었다.

끝으로, 사실관계나 문헌에 대한 이해에서 명백한 오류가 발견되고 확인되면 나는 그 오류를 수정할 것이다.

제
1
부

『저작집』번역

제1장

『전쟁론』 번역

클라우제비츠의 유고 『저작집』은 전 10권으로 출판되었고[1] 그 중에 제1권~제3권이 『전쟁론』이다. 클라우제비츠 연구는 그의 대표작 『전쟁론』으로 시작하는 것이 자연스럽다. 『전쟁론』은 외국문헌이므로 우리나라에 번역으로 올 수밖에 없다. 『전쟁론』 번역의 47년 역사를 다음 쪽과 같이 표로 정리한다. 상과 하 또는 제2권과 제3권 등으로 나누어 출판한 경우에도 발행일이 같으면(또는 가까우면) 같이 언급했다. 여러 판이나 쇄를 출간한 경우에는 초판 1쇄만 들었다. 다른 편집과 체제로 출판한 경우는 각각 언급했다. 총 19종을 발행연월 순서로 정리한다.

---

1. 이것이 클라우제비츠의 저술 전부는 아니다. 『저작집』 전 10권에 포함되지 않은 논문, 보고서, 메모, 편지 등이 상당히 많이 있다.

	발행연월	번역자	출판사	쪽수
1	1972.10	권영길	하서출판사	상 454, 하 463
2	1972.12	이종학	대양서적	551
3	1974. 7	이종학	일조각	256
4	1977. 6	김홍철	삼성출판사	427
5	1981. 7	허문열	동서문화사	334
6	1982. 6	허문열	범한출판사	671
7	1982. 7	권영길	양우당	상 454, 하 463
8	1983. 6	허문열	학원출판공사	671
9	1990. 5	맹은빈	일신서적	310
10	1991. 5[2]	강창구	병학사	상 469, 하 470
11	1993. 2		합동참모본부	상 454, 하 463
12	1998. 6	류제승	책세상	529
13	2006. 1	김만수	갈무리	제1권 477
14	2008. 3	정토웅	지만지	121
15	2009.10	허문순	동서문화사	980
16	2009.10	김만수	갈무리	제2권 495, 제3권 242
17	2016. 9	허문순	동서문화사	I 488, II 482
18	2016.10	김만수	갈무리	1128
19[3]	2018.11	정토웅	지만지	130

『전쟁론』은 1970년대부터 2000년대까지 10년마다 4종씩 출간되었고, 2010년대에는 3종이 출간되었다. 출판사별로 번역서의 구성과 특징을 살펴보면 다음 쪽과 같다.

---

2. 상권은 1991년 5월 25일에 출판되고 하권은 1991년 6월 1일에 출판되었지만 같이 언급한다.
3. 『전쟁론』 번역서의 이 번호를 각 번역의 고유 번호로 간주하고 이 책 전체에서 일관되게 사용한다.

	출판사	구성과 특징
1	하서출판사	세로 2단 조판, 해제(하 457~463쪽).
2	대양서적	세로 2단 조판, 해설(55~66쪽), 연보(549~551쪽), 책이 1페이지가 아니라 49페이지부터 시작한다.
3	일조각	가로쓰기, 해설(iii~xv쪽), 역자후기(255~256쪽), 1987년 3월 증보신판(274쪽) 발행.[4]
4	삼성출판사	세로 2단 조판, 역서(7~8쪽), 해제(13~32쪽), 연보(425~427쪽).
5	동서문화사	세로 2단 조판, 해제(3~15쪽), 연보(327~334쪽).
6	범한출판사	세로 2단 조판, 해제(15~27쪽), 연보(664~671쪽).
7	양우당	하서출판사 판과 동일.
8	학원출판공사	범한출판사 판과 동일.
9	일신서적	가로쓰기, 역자 소개 없음.
10	병학사	가로쓰기, 간행사(하 1~2쪽), 후기(하 459~470쪽).
11	합동참모본부	하서출판사 판과 동일함. 역자와 출판연도 없음. 책에 '합동참모의장 육군대장 이필섭'의 이름과 사인이 있고 '1993. 2'라고 되어 있다.
12	책세상	가로쓰기[이하 동일], 해설(469~519쪽), 찾아보기(521~529쪽).
13	갈무리	자세한 문헌 해제, 찾아보기(제1권 470~477쪽).
14	지만지	해설(7~12쪽), 지은이에 대해(13~16쪽), 원전의 5%.
15	동서문화사	해설(949~973쪽), 연보(974~980쪽).
16	갈무리	자세한 문헌 해제, 찾아보기(제2권 487~495쪽, 제3권 237~242쪽).
17	동서문화사	15를 두 권으로 분책. 다른 것은 15와 동일.
18	갈무리	13과 16의 전면개정판, 역자의 머리말(7~21쪽), 자세한 문헌 해제, 찾아보기(1061~1124쪽), 후기(1125~1128).
19	지만지	14와 같은 책. 제목이 '원서발췌 전쟁론'으로 바뀜.

---

4. 1974년 7월 20일에 발행된 초판의 역자후기는 '1974년 6월 28일'에 쓴 것으로 되어 있는데, 1987년 3월 30일에 발행된 증보신판의 역자후기는 '1974년 1월 28일'에 쓴 것으로 되어 있다.

앞의 두 표를 토대로 번역서를 검토하여 번역서의 특징을 간략히 설명한다.

1. 하서출판사 판은 우리나라 최초의 『전쟁론』 번역서인데 일어 중역이다. 7쪽 분량의 해제도 '일어 번역', 즉 표절로 보인다. 번역 텍스트로 일어 번역 외에 1957년에 동독에서 간행된 『전쟁론』을 참고했다고 말하는데, 1960년대의 우리나라 국제관계와 학문수준을 볼 때 신뢰하기 어려운 말이다.

2. 대양서적 판은 책의 앞부분에 「전쟁론 해설」을 싣고 후대의 클라우제비츠 평가, 클라우제비츠의 생애, 『전쟁론』의 방법론과 특징을 서술했다. 책의 끝부분에 클라우제비츠 연보를 실었다. 어느 책을 텍스트로 삼아 번역했는지 밝히지 않았지만, 번역 문장을 볼 때 일어 중역으로 보인다.

3. 일조각 판은 대양서적 판의 축약본이다. 일조각 판에는 연보가 사라진 대신에 역자후기에 축약본을 낸 이유를 실었다. 이 판도 원전 텍스트를 밝히지 않았다. 이 판의 해설은 대양서적 판의 해설을 축약했다. 대양서적 판 해설의 차례는 1~4의 네 부분으로 되어 있는데, 일조각 판의 해설은 대양서적 판 해설의 마지막 4 부분을 싣지 않았다. 일조각 판의 증보신판은 초판에 없던 『전쟁론』 '제5편 전투력'의 일부분을 18쪽 분량만큼(112~129쪽) 덧붙였다.

4. 삼성출판사 판은 '역서(譯序)'에서 『전쟁론』 번역의 계기와 번역 텍스트를 밝혔다. '해제 — 클라우제비쯔의 생애와 전쟁론'은 클라우제비츠의 생애와 작품세계, 『전쟁론』의 주요 사상과 현대적 의의를 요약해서 서술하고 있다. '해제'에서 도움이 되는 부분은 클라우제비츠의 가계보(家系譜)이다. 클라우제비츠의 조부(祖父)는 목사이자 신학 교수였고, 그의 부인은 사산아를 낳을 때 사망했다. 조부는 재혼하여 클라우제비츠의 생부(生父)를 낳았고, 생부가 9살 때 사망했다. 이 조모(祖母)는 소령과 재혼했고, 생부는 의부(義父)의 직업을 선택하게 되었다. 그때부터 클라우제비츠 집안은 목사집안에서 군

13년 후에(1974년에서 1987년) 발행된 증보신판의 역자후기를 13년 전에(1987년에서 1974년) 발행된 초판의 역자후기보다 5개월 먼저 썼다는 말인가? 그런데 두 역자후기는 글자 하나 다르지 않고 똑같다.

인집안으로 바뀌었고, 그 영향으로 클라우제비츠도 군인의 길을 걷게 되었다.

5. 동서문화사 판은 '해제'에서 클라우제비츠의 생애와 그 당시의 전쟁을 요약하면서 『전쟁론』의 탄생 배경을 서술했다. 또한 연역적이고 집약적인 동양의 『손자병법』을 귀납적이고 분석적인 서양의 『전쟁론』과 비교했는데, 이를 이백과 두보의 시에 빗대고 『목민심서』의 경문(經文) 및 주석과 비교했다. 클라우제비츠는 전쟁에서 정신적인 요소를 강조했다. 『전쟁론』은 정치가, 경영자, 노동조합의 지도자에게 좋은 교훈이 될 것이다. 허문열은 많은 부분을 제외하고 번역했다고 밝혔지만, 번역 대본이 되는 텍스트는 밝히지 않았다.

6. 범한출판사 판은 동서문화사 판의 복사판이다. 동서문화사 판은 본문이 31~326쪽에 있고, 범한출판사 판은 본문이 365~660쪽에 있다. 둘 다 총 296쪽으로 똑같다. 범한출판사 판이 동서문화사 판과 쪽수가 다른 것은 그 앞에 『잠언과 성찰』, 『인간성격론』의 다른 글이 있기 때문이다.

7. 양우당 판은 하서출판사 판의 복사판이다.

8. 학원출판공사 판은 범한출판사 판의 복사판이다.

9. 일신서적 판은 역자와 원문 텍스트에 대한 소개를 전혀 하지 않았다. 해제도 없다. 아무런 설명도 없이 『전쟁론』 일부를 번역하여 출간했다.

10. 병학사 판이 번역자의 '간행사'를 상권이 아니라 하권에 실은 것은 좀 이상하다. 하권의 '후기'는 클라우제비츠의 생애, 『전쟁론』 원고, 『전쟁론』의 의의와 영향, 우리나라 번역본에 대한 평을 담았다. 번역자 강창구는 후기에서 "1970년 초에 상·하권으로 번역된 『전쟁론』을 구입할 때의 기쁨은 책을 읽다가 실망으로 변했다."고(하권, 470쪽) 말했는데, 나는 강창구가 번역한 병학사 판 『전쟁론』을 읽고 실망했다. 강창구의 번역은 (몇몇 낱말을 바꾼 것을 제외하면) 대부분 (강창구가 실망한) 권영길 번역의 하서출판사 판의 표절이기 때문이다.

11. 합동참모본부 이름으로 출간된 책은 하서출판사 판의 해적판이다.

12. 책세상 판은 일어 중역이 대세를 이루던 『전쟁론』 번역에서 '새로운'

번역이다. 한국에서 처음으로 독일어를 텍스트로 삼아 번역했기 때문이다. 그런데 독어의 발췌본을 번역하여 책세상 판은 초역이 되었다. 책 끝에 50쪽에 걸쳐 '해설'을 실었다. 해설은 원본 텍스트, 클라우제비츠의 생애, 『전쟁론』의 의의, 『전쟁론』의 핵심 주제, 『전쟁론』이 후대에 미친 영향을 서술했다. 『전쟁론』 번역서 중에 처음으로 '찾아보기'를 실었는데, 이 찾아보기는 간략하고 부실하다.

13. 갈무리 판은 우리나라 최초의 『전쟁론』 독일어 원전 제1권 완역이다. 원전 텍스트를 밝혔고 자세한 문헌 해제를 실었다. 원전 초판(1832년)을 텍스트로 삼고 원전 제2판(1853년)을 참조해서 번역했다. 번역문과 해설을 같이 싣는 방식으로 번역했다. 책 끝에 인명, 지명, 용어의 찾아보기를 (기계적으로) 만들었다.

14. 지만지출판사에서 펴낸 책은 분량이 『전쟁론』 전체의 약 10%라고 하는데, 번역을 검토한 결과 약 5%에 불과하다. 책 앞부분에 해설과 저자 소개를 실었다. 번역자 정토웅은 『전쟁론』 일부를 '발췌하여 옮기는 것을 원칙으로 했다.'(8쪽) '발췌' 번역이 필요에 따른 자의적이고 임의적인 방식이 아니라 '원칙'이라는 것이 의아하다.

지만지 판의 정토웅 번역은 많은 부분에서 김만수의 번역(13)을 표절한 것으로 의심되는데, 최종 판단은 독자들에게 맡긴다. 많은 부분 중에 한 부분만 비교한다.

김만수 번역(13), 184쪽	정토웅 번역(14), 92쪽
좁은 의미의 전쟁술은 다시 전술과 전략으로 나뉜다. 전자는 개별 전투의 형태를 다루며 후자는 전투의 사용을 다룬다. 둘 다 전투를 통해서만 행군, 야영, 사영의 상태와 관련을 맺는다.	좁은 의미의 전쟁술은 다시 전략과 전술로 나뉜다. 전자는 개별 전투의 형태를 다루고 후자는 전투의 사용을 다룬다. 양자 공히 전투를 통해서만 행군, 야영, 사영의 상태와 관계를 갖는다.

정토웅의 번역은 전체적으로 김만수의 번역에서 단어, 조사, 어미, 어휘 순서 등만 약간 바꾼 표절로 보이는데, 그렇게 하는 중에 위의 표에서 보는 것처럼 치명적인 오류를 범했다. 김만수 번역의 '전술과 전략'을 정토웅이 '전략과 전술'로 바꾼 것이다. 그렇게 하려면 그다음의 '전자와 후자'도 '후자와 전자'로 바꾸어야 하는데, 그것은 바꾸지 않았다. 그래서 전자와 후자가 잘못되었고, 전술과 전략에 대한 설명이 틀렸다.[5] 정토웅이 표절의 흔적을 남기지 않으려고 김만수 번역의 전술과 전략을 전략과 전술로 바꾼 것이 아닌가 하는 '합리적 의심'이 든다.

15. 동서문화사 판의 번역자 허문순은 앞의 허문열과 동일 인물이다. 허문순은 (허문열이란 이름으로 1980년대에 세 번『전쟁론』초역을 출간한 후에) 2009년에 75세의 나이로 『전쟁론』완역을 출간했다. 이 번역도 일어 중역으로 보인다. 책 끝부분에 '클라우제비츠 생애와 작품과 그 영향'이란 제목의 해제와 연보를 실었다. 해제에서『손자병법』과『전쟁론』, 이백과 두보,『목민심서』의 경문(經文)과 주석을 언급한 부분은 5와 비슷하다.

16. 갈무리 판 두 권은 우리나라 최초의『전쟁론』독일어 원전 제2권과 제3권의 완역이다. 이를 통해 갈무리 판의『전쟁론』세 권은 독일어 원전 초판처럼『전쟁론』을 세 권으로 출간했다. 번역과 편집 원칙은 13과 같다.

17. 동서문화사 판은 한 권으로 된 15의 책을 I과 II의 두 권으로 나눈 것이다. II의 쪽수를 I부터 일련번호로 매겨서 II의 마지막 페이지도 15와 같이 980쪽으로 끝난다.

18. 갈무리 판은 13과 16의 전면개정판이자『전쟁론』독일어 원전 초판(1832~1834년)의 완역이다. (즉 이 번역은 1853년의『전쟁론』제2판의 수정을 고려하지 않았다.) 이 판은 13과 16에 있는 해설을 없애고 자세한 각주와 문헌해제를 달았다. 그림과 지도를 실어서『전쟁론』에 대한 이해를 높였다. 찾

---

5. 역자 소개를 보면 이 번역을 출간할 때(2008년) 정토웅은 육군사관학교 명예교수였다. 육군사관학교 '명예교수'가 클라우제비츠의 전술과 전략의 개념도 모른다는 것은 치명적인 '불명예'가 아닐까!

아보기를 인명, 지명, 용어, 전쟁, 연도로 구분하여 자세하게 만들었다. 외래어 표기, 각주의 설명, 출처에 관한 후기를 실었다. 13과 16에서 세 권으로 나뉜 것을 한 권으로 합쳐서 펴냈다. 연구번역 수준의 번역이다.

19. 지만지 판은 (번역서 제목이 '원서발췌 전쟁론'으로 바뀐 것을 제외하면) 14와 거의 똑같다. 14번 번역서의 표절 의혹에 대한 나의 지적을 받아들였는지, 정토웅이 윗부분의 '전략과 전술'을 이 번역서 79쪽에서 '전술과 전략'으로 수정했다. (그래서 앞의 표절 의혹은 더 확실해진다.)

이 19종 중에 찾아보기(색인)가 있는 번역은 12, 13과 16, 18뿐이다.『전쟁론』과 같은 고전의 번역에 찾아보기가 없다는 것은 그것이 제대로 된 번역이 아니라는 것을 반증한다. 그런데 책세상(12)의 찾아보기는 매우 부실하다. 갈무리(13과 16)의 찾아보기는 기계적으로 만들어서 장황하다. 갈무리(18)의 찾아보기만 자세하고 체계적인 찾아보기이다.

앞의 두 표와 설명을 보면 똑같은 번역자의 이름이 반복해서 나오고, 출판사가 다른데도 쪽수가 같은 책이 있고, 똑같은 형식으로 편집된 책이 있다는 것을 알 수 있다. 하서출판사(1), 양우당(7), 합동참모본부(11)의 책은 완전히 똑같고, 병학사(10) 책은 하서출판사(1) 책의 표절이다. 동서문화사(5), 범한출판사(6), 학원출판공사(8)의 책도 완전히 똑같고, 일신서적(9) 책은 동서문화사(5) 책을 거의 그대로 표절했다.[6] 두 권으로 된 동서문화사(17) 책도 한 권으로 된 동서문화사(15) 책과 같다. 허문순은 2009년에 980쪽 분량의 번역서(15)를 출간하여 334쪽 분량의 5도 살펴볼 필요가 없게 되었다. 지만지(19) 책은 지만지(14) 책과 거의 완전히 똑같다. 이 분석을 토대로『전쟁론』번역의 표절과 중복 출판 계통도를 그리면 다음 쪽과 같다.

다음 쪽의 그림에서 두 줄(‖)은 복사판, 해적판, 중복 출판, 거의 완전한

---

6. 이 부분은 김만수,「『전쟁론』번역서 유감」, 3~12쪽 및 김만수,『전쟁론 강의』, 436~439쪽 참조.

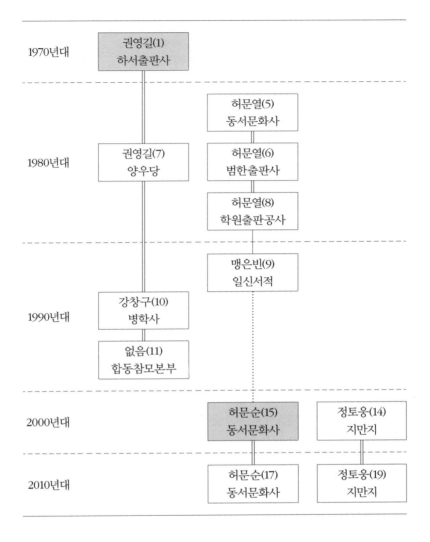

표절을, 한 줄(│)은 상당한 정도의 표절을, 점선(⋮)은 관련성을 표현한다. 19종의 『전쟁론』 번역 중에 복사판, 해적판, 중복 출판, 표절, 축약에 해당하는 7, 10, 11; 5, 6, 8, 9, 17; 14, 19는 살펴보지 않는다.

　『전쟁론』의 개정판이나 축약본의 관계는 다음 쪽과 같이 그릴 수 있다. 여기에 있는 줄(│)은 표절을 표현하지 않는다.

    일조각(3) 책은 대양서적(2) 책의 축약본이고 분량도 적어서 3은 살펴보지 않는다. 김만수는 2016년에 한 권으로 된 전면개정판(18)을 출간하였다. 그래서 13과 16도 살펴볼 필요가 없게 되었다.[7] 김홍철 번역(4)과 류제승 번역(12)은 개정판이나 축약본이 출간되지 않아 그 번역을 그대로 살펴보면 된다.

    이를 요약하면 19종 중에 3, 5~11, 13~14, 16~17, 19의 13종을 살펴볼 필요가 없게 된다. 『전쟁론』 번역으로서 고려할 만한 것은 1, 2, 4, 12, 15, 18의 6종이다. 위 두 그림에서 약간 진하게 표시한 책인데, 이를 다음 쪽과 같이 정리한다.

---

7. 13과 16은 우리나라 최초의 독일어 원전 완역이기 때문에 아래에서 필요한 경우에 약간 언급할 것이다.

	발행연월	번역자	출판사	텍스트	방식	종류	쪽수
1	1972.10	권영길	하서출판사	일어	중역	완역	917
2	1972.12	이종학	대양서적	일어	중역	초역	503
4	1977. 6	김홍철	삼성출판사	영어	중역	초역	427
12	1998. 6	류제승	책세상	독어	번역	초역	529
15	2009.10	허문순	동서문화사	일어	중역	완역	980
18	2016.10	김만수	갈무리	독어	번역	완역	1128

　　권영길, 이종학, 허문순의 번역은 일어 중역이고, 김홍철의 번역은 대체로 영어 중역이다. 이종학, 김홍철, 류제승의 번역은 초역이다. 김만수의 번역만 독일어 원전 완역이다.

　　먼저 번역 시점이 눈길을 끈다. 한국에서『전쟁론』의 첫 번째 번역이 1972년 10월 박정희가 비상사태를 선포한 달에 출간되고, 두 번째 번역이 같은 해 12월 박정희가 유신헌법을 선포한 달에 출간되었다는 것은[8] 아이러니이다. 군대에 대한 정부의 우위성을 확립한『전쟁론』의 철학이 일제 만주군 출신 친일파 장교 박정희에 의해 1961년의 군사쿠데타로 한 번, 1972년의 유신독재로 두 번 무너졌기 때문이다. 유신헌법과 유신체제는 박정희 독재자가 종신집권을 노리고 자국민을 적으로 간주하여 자국민에게 한 선전포고, 즉 '전쟁'이다.[9]

　　번역자와 번역을 살펴본다. 권영길과 허문순은 일어 번역 전문가 또는 일어 중역 전문가이다. 두 사람의 이력, 저서, 역서 등을 보면 알 수 있다. 두 사

---

8. 권영길의 이력과 번역서의 출간 시점을 볼 때, 나는 박정희(또는 박정희 추종자)가『전쟁론』의 번역을 1972년 이전에 '관련 기관'에 지시한 것이 아닌가 하는 생각을 하게 된다.
9. 박정희는 1972년 계엄령 때, 1975년 긴급조치 9호 때, 1979년 계엄령 때 (그리고 1961년 군사쿠데타 때, 1964년 계엄령 때, 1965년 위수령 때, 1971년 위수령 때에도) 군대를 동원했다. 자국민에 대한 '선전포고'는 수사적인 표현이 아니라 사실이었다.

람은 주로 영어, 러시아어, 독어로 된 책의 일어 번역을 우리말로 중역했다.[10] 그래서 두 사람은 『전쟁론』과 관련하여 위의 번역서 외에 연구 업적이 전혀 없다. 두 사람의 번역은 일본식 용어가 매우 많고 인명과 지명을 일어 발음으로 옮겼고 오역이 많고 국어가 이해가 안 되고 내용을 이해하기 어렵다는 점에서 공통된다. 허문순에 대해서는 한마디 더 한다.

김만수 번역(13), 17쪽	허문순 번역(15), 973쪽
『전쟁론』 독일어 원전은 모두 세 권으로 되어 있는데 제1권은 1832년에, 제2권은 1833년에, 제3권은 1834년에 출간되었습니다. 『전쟁론』 세 권의 간략한 서지사항은 아래와 같습니다. 제1권, 머리말과 차례 28쪽, 본문 371쪽, 제2권, 차례 6쪽, 본문 456쪽, 제3권, 머리말과 차례 8쪽, 본문 202쪽, 부록 203~386쪽. 『전쟁론』 세 권은 총 1255쪽이고 부록을 제외한 순수한 『전쟁론』은 1071쪽이며 머리말과 차례를 제외한 『전쟁론』의 본문만 1029쪽에 이르는 방대한 분량으로 이루어져 있습니다.	『전쟁론』 독일어 원전은 세 권으로 되어 있는데 1832년에 제1권, 1833년에 제2권, 1834년에 제3권을 마지막으로 완간되었다. 『전쟁론』 세 권의 서지사항은 다음과 같다. 제1권 399쪽(머리말·차례 28, 본문 371), 제2권 462쪽(차례 6, 본문 456), 제3권 210쪽(머리말·차례 8, 본문 202), 그리고 부록 203~386쪽이다. 『전쟁론』은 총 1255쪽으로 부록을 제외하면 1071쪽에 이르는 방대한 분량으로 이루어져 있다.

『전쟁론』 독일어 원전 초판은 현재 한국에서 유일하게 대전대학교 지산도서관이 소장하고 있다.[11] 대전대학교 지산도서관에 확인한 결과, 『전쟁론』 독일어 원전 세 권이 지산도서관에 입고된 이후 지금까지 이 책을 대출한 사람은 나 이외에 단 한 사람도 없다.[12] 허문순이 『전쟁론』 독일어 원전 초판을

---

10. 앞의 강창구와 맹은빈도 일어 번역 전문가 또는 일어 중역 전문가이다. 즉 권영길, 허문순, 강창구, 맹은빈은 『전쟁론』 전문 연구자가 아니다.

11. 대전대학교 군사연구원(http://www.ima.re.kr/history.php) 참조. 이 책은 대전대학교 군사연구소(후에 군사연구원으로 개편) 초대 소장 김준호 교수의 의뢰로 2003년에 내가 군사연구소의 연구위원으로서 독일의 고서점에서 구매하는 일을 담당했고, 책 구매 기금을 낸 승진MR&D 회사 대표가 대전대학교 지산도서관에 기증한 것이다.

12. 책 구매도 내가 했고, 그 책이 원서 초판이라는 것도 (김준호 교수와) 내가 확인했고, 도서관

보지도 않고 『전쟁론』의 서지사항을 어떻게 알았는지 매우 의아하다. 그래서 허문순의 위의 문장은 내 번역(13) 17쪽의 문장을 표절한 것이라고 생각한다.[13] 허문순의 국어, 문장, 표현, 숫자 등이 내 번역과 같거나 매우 비슷하기 때문이다.

이종학은 (권영길이나 허문순과 달리) 『전쟁론』 전문 연구자이고 『전쟁론』과 관련하여 많은 연구 업적을 남겼다. 하지만 『전쟁론』 번역을 보면 이종학의 번역도 일어 중역 및 초역이고, 번역의 내용 및 수준은 권영길이나 허문순의 번역 내용 및 수준과 대동소이하다.

류제승은 (권영길, 허문순, 이종학과 달리) 독일어를 텍스트로 삼아 『전쟁론』을 번역했다. 그런데 독일어 발췌본을 텍스트로 삼아서 류제승의 번역은 초역이 되었다. 변증법적으로 서술된 길고 난해한 『전쟁론』의 문장들을 '짧고 간결하게' 번역하여 독일어의 '입체적인' 문장을 '평면적으로' 만들었다. 오역과 오기가 보이고 국어와 내용이 이해가 잘 되지 않는 점은 위의 번역과 비슷하다. 권영길, 허문순, 이종학, 류제승은 모두 군인 출신이라는 공통점을 갖고 있다.

김홍철은 (권영길, 허문순, 이종학, 류제승과 달리) 민간인 출신으로 『전쟁론』을 연구하고 번역했다. 김홍철은 주로 그래험(J. J. Graham)의 영어 번역을 텍스트로 삼아 번역했다. 『전쟁론』이 난해하다고 생각해서인지, 그래서 독자들에게 『전쟁론』을 쉽게 이해하게 하려고 했기 때문인지 김홍철은 번역과 '번안'의 중간쯤 되는 수준에서 『전쟁론』을 번역했다. 번역인지 해설인지 분간이 안 될 정도의 문장을 만들었다. 거의 모든 문장이 매우 장황하고, 원문에서 크게 벗어난 번역이 되었다. 오역이 보이고 문장과 내용을 이해하는 것이 상당히 어렵다. 클라우제비츠의 '의도와 사상을 얼마만큼 정확히 전달했는지 도저히 자신이 서지 않고 오직 두려움이 앞설 뿐'이라는(8쪽) 김홍철

입고도 내가 했다.

13. 허문순은 『전쟁론』의 독일어 책을 텍스트로 삼아 번역했다고 말하는데, 허문순은 독일어로 된 『전쟁론』을 번역할 만한 독일어 독해 능력이 없다.

의 말은 겸손이 아니라 사실의 진술로 보인다.

　김만수도 (김홍철처럼) 민간인 출신으로『전쟁론』을 연구했다. 김만수는 위의 여섯 명 중에 유일하게 독일어 원전을 텍스트로 삼아 번역했다. 14년의 시간을 들여『전쟁론』원전을 20번 정도 읽었고, 번역 초판(13과 16)의 문제점을 수정하고 개선했고,『전쟁론』원전 초판을 텍스트로 삼아 번역하여 전면개정판을 냈다. 국어나 문장 등에 오류가 거의 없고, 글을 읽고 이해하는데 어렵지 않고, 각주를 달아 인명, 지명, 전쟁, 사건 등을 해설했다. 찾아보기를 인명, 지명, 용어, 전쟁, 연도의 5가지로 구분하여 64쪽 분량으로 만들었는데, 이 찾아보기는『전쟁론』에 관한 일종의 '작은 사전' 역할을 할 수 있을 것이다. 번역의 가독성과 충실성 면에서 현재 한국에서 유일하게 신뢰할 만한『전쟁론』독일어 원전 초판 완역이다.[14]

　이제 우리나라『전쟁론』번역의 역사를 시기별로 간략히 구분한다. 권영길과 허문순이『전쟁론』연구자가 아니기 때문에 제외하면 우리나라의『전쟁론』번역 역사는 다음과 같이 구분할 수 있다.

제1기	1972~1976	이종학의 일어 중역 및 초역
제2기	1977~1997	김홍철의 영어 중역 및 초역
제3기	1998~2005	류제승의 독어 초역(및 영어 번역 참조)
제4기	2006~2015	김만수의 독어 원전 세 권 완역
제5기	2016~	김만수의 독어 원전 초판 완역

　이종학, 김홍철, 류제승의 번역이 모두 중역이나 초역이기 때문에 이들의 번역을 같이 묶는다면 시기를 다음 쪽과 같이 구분할 수도 있다. 나는 이 시

---

14. "클라우제비츠 전쟁론이 수없이 많이 번역·출판되었지만, 김만수 교수님의 번역본이 가장 최고라고 확신해왔고 학생들에게 교육했습니다." 2017년 8월 C대학교 K교수가 내게 보낸 편지의 일부. '읽어서 이해가 되는『전쟁론』번역은 처음 본다.'(익명의 독자, 2017년)

기구분이 더 적절할 것이라고 생각한다.

제1기	1972~2005	이종학, 김홍철, 류제승의 중역 및 초역
제2기	2006~2015	김만수의 독어 원전 세 권 완역
제3기	2016~	김만수의 독어 원전 초판 완역

끝으로 (책으로 출간된 1~19 외에) 잡지에 실린 『전쟁론』 번역을 언급한다.

조남식 역술, 「클라우제비츠의 전쟁론(1)」, 『공군』 제83호(1964. 4), 공군본부
　　정훈감실, 78~86(9쪽)

조남식 역술, 「클라우제빗츠의 전쟁론(2)」, 『공군』 제84호(1964. 8), 공군본부
　　정훈감실, 94~101(8쪽)

조남식 역술, 「클라우제비츠의 전쟁론(3)」, 『공군』 제85호(1964. 9), 공군본부
　　정훈감실, 96~104(9쪽)

조남식 역술, 「클라우제빗츠의 전쟁론(4)」, 『공군』 제86호(1964. 11), 공군본
　　부 정훈감실, 88~95(8쪽)

조남식, 「클라우제비츠의 전쟁론(5)」, 『공군』 제87호(1965. 3), 공군본부 정훈
　　감실, 104~111(8쪽)

조남식, 「클라우제비츠의 전쟁론(6)」, 『공군』 제88호(1965. 6), 공군본부 정훈
　　감실, 64~73(10쪽)

조남식 역, 「클라우제비츠의 전쟁론(완)」, 『공군』 제89호(1965. 7), 공군본부
　　정훈감실, 112~118(7쪽)

이 7개의 글은 1960년 중반에 발표된 글로 총 59쪽 분량이고 『전쟁론』
제1편의 번역이다. 조남식이 첫 번째 글 앞에 4쪽 분량으로 『전쟁론』의 의의,
클라우제비츠의 일생과 사상을 실었다. 1960년대 수준의 오기와 오역, 『전쟁

론』과 그 계승에 대한 오해를 볼 수 있다. '클라우제빗츠'라는 표기와 역술(譯述)이란 표현이 눈길을 끈다. 영어를 중역한 것으로 보이는데, 낱말과 문장은 일어투로 되어 있다. 영어와 일어 번역을 같이 참고한 것으로 보인다. 오늘날의 번역보다 (특히 류제승의 번역보다) 나은 부분이 한두 군데 보인다. 이 글은 번역 자체보다 한국의 『전쟁론』 번역사' 연구에 필요한 문헌학적 자료로 적당할 것이다. 세로 2단으로 조판되어 있고 한자가 상당히 많다.

32쪽 각주 11에 대해.

최근에(2020년 11월 말) 대전대학교 군사연구원 홈페이지를 다시 찾았다. 군사연구원이 2019년에 연구원 명칭을 안보군사연구원으로 변경하면서 홈페이지 주소(https://www.dju.ac.kr/ima/main.do)를 바꾸고 2020년 이전의 글과 자료를 삭제했다는 것을 알게 되었다. 그래서 앞의 32쪽 각주 11에서 말한 내용을 확인할 근거가 사라졌다.

제2장

「부록」의 번역

『전쟁론』독일어 원전 초판 제3권의 뒷부분에는 클라우제비츠가 쓴 '부록'이 있는데, 이 부록은 내용상으로 『전쟁론』과 밀접하게 관련되어 있다. 이 부록의 우리말 번역이 있고, 그래서 부록의 번역도 살펴보아야 『저작집』 전 3 권의 번역을 모두 살펴보게 된다. 우리말로 번역된 부록은 다음과 같다.

『클라우제비츠의 전쟁 원칙』, 송항섭 번역, 육군대학, 1984, 91쪽
『클라우제비츠의 전쟁 원칙과 리더십론』, 정토웅 번역, 육군사관학교 화랑대
　　연구소, 1999. 12, 269쪽
『전쟁이란 무엇인가』, 김만수 옮김·해설, 갈무리, 2018. 5, 350쪽

이 3종을 아래와 같이 정리한다.

	발행연월	번역자	출판사	텍스트	방식	종류	쪽수
1	1984	송항섭	육군대학	일어	중역	초역	91
2	1999.12	정토웅	육군사관학교	영어	중역	초역	66
3	2018. 6	김만수	갈무리	독어	번역	완역	184

부록에는 총 5개의 글이 있는데, 송항섭과 정토웅의 번역은 부록 중에 한 개의 글, 즉 '전쟁 수행의 제일 중요한 원칙' 부분만 옮긴 초역이다. 그래서 두 사람의 책 제목이 '전쟁 원칙'으로 동일하다.[1]

송항섭의 번역에는 역자 소개도 없고 서지사항도 없다. 그래서 송항섭이 누구인지, 어느 책을 텍스트로 삼아 번역했는지 알 수 없다. 번역을 살펴보면 송항섭은 일어 번역을 중역한 것으로 보인다. 정토웅은 번역 텍스트를 밝혔고 가츠케(Hans W. Gatzke)의 1942년 영어 번역을 중역했다. 두 사람의 번역은 국어가 이해가 안 되고 오역이 많고 외국의 인명이나 지명에 오기가 매우 많다는 점에서 공통된다. 여기에서는 두 사람의 번역 중에 '코미디 번역'을 하나씩만 언급한다.

송항섭은『클라우제비츠의 전쟁 원칙』56쪽에서 에거 강을 '에게 海'로 잘못 옮겼다. 에게(Aegean) 해는 지중해의 일부로 그리스와 터키 사이에 있는 내해(內海)이다. 에거(Eger, 체코어로 Ohře) 강은 엘베 강의 지류로 길이는 약 316킬로미터이고 프라하 북쪽을 흐른다. 프라하 북쪽에는 에게 해가 있을 수 없고, 에거 강과 에게 해는 완전히 다른 곳에 있다. 보헤미아와 프라하를 언급하고 있는 중에 '에게 해'가 나올 수도 없다. 송항섭이 일어의 가타카나로 쓰인 '에거'를 '에게'로 잘못 읽은 것이 아닌가 하는 합리적 의심이 든다.

정토웅은『클라우제비츠의 전쟁 원칙과 리더십론』155쪽에서 마인 강을 '메인(Main) 강'으로 잘못 옮겼다. 유럽의 관문이자 독일의 관문인 프랑크푸르트 공항이 있는 곳을 흐르는 강이 마인 강이라는 것은 상식에 속한다. 마인 강을 영어 발음으로 메인 강으로 옮기는 것은 독일어 발음도 읽지 못하는 수준이다.[2] 정토웅은 2008년에 지만지출판사에서『전쟁론』의 약 5%를 발

---

1. 정토웅은『클라우제비츠의 전쟁 원칙과 리더십론』에 클라우제비츠가 쓴 부록 외에 프라이탁-로링호벤의 '리더십'에 관한 글을 같이 번역하여 출간했다. 그래서『클라우제비츠의 전쟁 원칙과 리더십론』은 총 269쪽이지만, 프라이탁-로링호벤의 글을 제외한 '부록'의 분량은 66쪽이고, 그 제목은 '전쟁 원칙'이다.

췌 번역하여 출판하면서 그 책 8쪽에서 "번역 텍스트로는 독일어 원전 Vom Kriege(Ferdinand Dümmlers, 1832)를 사용"했다고 말했다.[3] 독일어 발음도 읽지 못하는 어학 수준으로 정토웅이 어떻게 『전쟁론』의 독일어 원전을 읽고 이해해서 번역했다는 것인지 납득이 안 된다.[4] 앞에서 언급한 정토웅의 표절 의혹은 더 확실해진다.

김만수는 독일어 판을 텍스트로 삼아 부록의 5개 글을 모두 번역했다.[5] 부록의 텍스트와 출처를 명확히 밝혔고 해설을 실었고 자세한 각주와 찾아보기를 달았다. 번역의 가독성과 충실성 면에서 현재 우리나라에서 유일하게 신뢰할 만한 독일어 원전 초판 완역이다.

* * *

제1부를 정리한다. 『전쟁론』 번역에는 19종이 있다. '부록'의 번역은 3종이다.

클라우제비츠의 『전쟁론』은 한국에 불행한 시대에(1972년의 유신체제) 불완전한 모습으로(일어 중역) 들어왔다. 그 이후에도 중역과 초역, 오역과 표절의 역사는 2008년 정토웅의 번역과 2009년 허문순의 번역까지 약 37년 동안 계속되었다.

김만수의 2006년 『전쟁론』 제1권 원전 완역, 2009년 『전쟁론』 제2권 및

---

2. 마인 강을 영어 발음으로 메인 강으로 '번역하면' 영어로 한강은 '헌강'으로, 한라산은 '헨라산'으로 번역할 수도 있을 것이다.
3. 원전을 보지도 않고 내가 밝힌 서지사항을 표절한 것으로 의심되는 문장. 정토웅의 언급은 허문순의 경우와 같다. 앞의 32~33쪽 참조.
4. 정토웅은 독일어로 된 『전쟁론』을 번역할 만한 독일어 독해 능력이 없다.
5. 『전쟁이란 무엇인가』는 총 352쪽이지만 '부록'의 번역은 제1부(13~196쪽)에 있다. 제2부의 해설과 제3부의 논문을 제외하면 부록의 5개의 글은 총 184쪽이고, 그 점을 표에서 밝혔다.

제3권 원전 완역, 2016년 『전쟁론』 전 3권 원전 초판 완역으로 클라우제비츠는 비로소 그 본래의 모습으로 한국에 오게 되었다. 또한 2018년에 『전쟁론』의 '부록' 원전 초판이 완역되어 클라우제비츠의 『저작집』 전 10권 중에 전 3권이 우리말로 완역되었다. 이 번역으로 우리는 비로소 '클라우제비츠'의 이름에 걸맞은 번역을 갖게 되었고, 그래서 『전쟁론』과 '부록'을 본래의 온전한 모습으로 읽고 이해할 수 있게 되었다.

제
2
부

『전쟁론』과 관련된 번역

직접 관련된 번역

클라우제비츠와 직접 관련된 번역으로 아래의 책과 논문을 살펴본다. 클라우제비츠를 연구하거나 『전쟁론』을 분석, 설명, 해설, 해석한 글을 '직접 관련된 번역'으로 간주했다. 글의 성격상 관련되는 글은 (비교이든 대조이든) 같이 살펴보았다. 글의 형식에 따라 (단행본인지 논문인지) 나누어서 살펴보았다. 모든 경우에 글의 발표연도를 고려해서 배열했다.

A1. 박희춘; 서종호, 「크라우제빗츠 전쟁론 요해(1)」, 『군사평론』 제109·110호 (1969. 9), 육군대학, 115~134(20쪽)

A2. 박희춘; 서종호, 「클라우제빗츠 전쟁론 요해(2)」, 『군사평론』 제111·112호 (1969. 12), 육군대학, 87~122(36쪽)

A3. 박희춘; 서종호, 「클라우제비츠 전쟁론 요해(3)」, 『군사평론』 제113호 (1969. 10), 육군대학, 86~113(28쪽)[1]

A4. 박희춘; 서종호, 「클라우제빗츠 전쟁론 요해(4)」, 『군사평론』 제114호 (1970. 2), 육군대학, 57~85(29쪽)

---

1. 제111·112호가 1969년 12월에 발행되고, 제113호가 그보다 두 달 먼저 (1969년 10월에) 발행된 것은 이해가 안 되지만, 여기에는 글 순서대로 적는다.

B. 에드워드 A. 티볼트, 「정책의 붕괴로서의 전쟁 : 클라우제비츠 이론에 대한 재평가」, 『국방연구』 제18권 1호(1975. 1), 국방대학교 안보문제연구소, 205~219(15쪽) [1973][2]

A의 네 글은 1969년 말과 1970년 초에 발표된 글로 총 113쪽(표지를 제외하면 총 109쪽) 분량이다. 편자 주에 따르면, 이 글은 "고인이 된 일본의 나리다 중좌의 크라우제빗츠 전쟁론 요강에 기준하여 번역한"(A1, 116쪽) 것이다. 이 글은 1960년대는 물론 현재까지도 『전쟁론』에 관한 최고 수준의 해설이다. 박희춘과 서종호가 훌륭한 글을 번역했다.

나리다는 방대하고 난해한 『전쟁론』의 각 편과 장을 도표화하거나 그림으로 표현해서 주요 개념을 일목요연하게 이해할 수 있게 했고, 핵심내용을 정확히 요약해서 설명했고, 전쟁사와 그 결과를 서술했고, 필요한 경우에는 전투지도도 실었다. 전쟁사 개관과(A4, 71~72쪽) 징집제의 변천을(A4, 72~73쪽) 도표화한 것도 도움이 되지만, 도표의 백미는 프리드리히 대왕과 나폴레옹의 전쟁을 현실전쟁과 절대전쟁, 지구전과 섬멸전으로 도표화한(A4, 83~84쪽) 부분이다. '민중 무장'이나 '민중 무장군'(A3, 106~107쪽) 개념도 (최근 군인 출신 연구자들이 번역하는) '국민총동원, 국민총무장, 국민군, 국민전쟁'[3] 등의 개념보다 정확한 개념이다.

클라우제비츠를 크라우제빗츠나 클라우제빗츠로, 프리드리히를 푸레드릭으로, 블뤼허를 브뤼허로 (이 외에도 일어투의 표기는 매우 많은데) 표기한 것, 마찰을 장애나 곤란성으로, 물리적 요소를 유형적 요소로 번역한 것 등을 문제 삼을 수 없을 만큼 훌륭한 수준의 글이다. 나리다의 '전쟁론 요강'은

---

2. 이 꺾인 괄호 [ ] 안의 연도는 원문의 첫 발표연도 또는 원서의 초판 발행연도를 가리킨다. 이하 같음.
3. '국민전쟁' 개념이 '혁명의 수단이자 합법적인 무정부 상태'일(『전쟁론』, 786쪽) 수는 없다. (이 책에서 인용하는 『전쟁론』은 전부 도서출판 갈무리의 2016년 『전쟁론』 원전 초판 완역이다.)

매우 탁월한 해설이다.[4]

이 글은 가로 2단으로 조판되어 있고 한자도 없다. 글의 제목에서 '요해'는 了解를 말하는지 要解를 말하는지 불분명한데, 군인 출신의 후학이나 연구자들이 이 번역을 왜 참고하지 않았는지는 더 불분명하다. 나리다의 '전쟁론 요강'이 일본어로 언제 처음 출간된 글인지 궁금해지는데, 박희춘과 서종호는 이를 밝히지 않았다.

B는 클라우제비츠를 다룬 번역 중에 『전쟁론』을 제외하고 우리나라에 매우 일찍 소개된 글이다. 클라우제비츠가 우리나라에 제대로 소개되기도 전에 클라우제비츠를 본격적으로 비난하고 부정하는 글이 먼저 번역되었다. 이글은 우리나라의 클라우제비츠 오해에 큰 영향을 미쳤다. 차례는 다음과 같다.

1. 클라우제비츠는 시대에 뒤진 사람인가
2. 철학자로서의 클라우제비츠
3. 클라우제비츠와 칸트
4. 전쟁의 비이성성
5. 전쟁과 정책
6. 정책의 붕괴로서의 전쟁
7. 정책의 도구로서의 전쟁
8. 보불전쟁

요약. 클라우제비츠의 이론은 철학자의 입장에서 보면 방법론과 개념에서 부족하고, 역사학자의 입장에서 보면 너무 제한된 사례에서 이론을 끌어냈고, 순수한 실용주의자의 입장에서 보면 타당한[5] 것 같다. 전쟁을 군인들만의 충돌로 본 것은 오늘날의 전쟁에서 민간인의 엄청난 희생, 재래식 무기에 의한 도시의 완전한 파괴, 핵무기에 의한 완전한 파괴의 시대에 뒤떨어졌다. 정책의 연장 개념은 핵전쟁에는 적용될 수 없을 것 같다. 비이성적이고 비

---

4. 독자들은 나의 『전쟁론 강의』가 나리다의 '전쟁론 요강'과 비슷한 구성이라는 것을 알게 될 것이다. 내가 『전쟁론 강의』를 쓰기 전에 '전쟁론 요강'을 읽고 참고했다면 『전쟁론 강의』의 내용이 더 풍부해지고 수준이 더 높아졌을 것이다. 물론 나는 나리다의 해설에 전부 동의하지는 않는다.
5. 적을 파괴하기 때문이다. 티볼트는 클라우제비츠의 전쟁 개념을 적의 완전한 파괴만으로 이해한다.

철학적인 전쟁에 이성과 철학으로 접근할 수 없다. 칸트는 『영구평화론』에서 '전쟁은 있어서는 안 된다.'고 했는데, 이는 클라우제비츠의 생각과 정반대이다. 전쟁은 비이성적인 행동인데, 이는 전쟁이 정치적 목적을 달성하는 적절한 수단이 아니기 때문이다. 자기 방어로서 수행하는 전쟁 개념도 잘못된 것이다. 전쟁이 정책의 연장이라는 사상은 전쟁을 할 수도 있다는 생각을 갖게 한다. 전쟁은 정책의 완전한 붕괴를 뜻하고, 폭력의 사용으로 인한 정치의 포기를 의미한다. 전쟁이 정책의 도구라면 정치적 목적을 위해 전쟁을 사용할 수 있게 된다. 전쟁은 자유, 민주주의, 정의를 위한 것이다. 독일 통일의 정치적 목적을 실현하는데 보불전쟁이 필수적이었는지 의문을 갖게 된다.

결론. 클라우제비츠는 시대에 뒤떨어진 것 같고, 그는 철학자로서는 매우 제한된 사상을 갖고 있고, 전쟁은 정책의 연장도 아니고 효과적인 도구도 아니다. 1870년의 전쟁이 클라우제비츠의 이론을 반박하고 있다.

의견. 이 글이 발표되고 나서 근 50년이 지났고, 핵전쟁은 수행된 적이 없다. 히로시마와 나가사키는 핵전쟁이 아니라 원자폭탄 투하였다. 그래서 오늘날에는 핵전쟁을 보편적인 사례가 아니라 특수한 경우로 보아야 한다.

자유, 민주주의, 정의가 바로 정치 이념이다. 미국의 독립전쟁이 정치의 붕괴였나? 영국의 식민지배로부터 자유를 쟁취하기 위한 '정치적인 투쟁' 아니었나?

전쟁이 정치의 도구(수단)라는 말은 전쟁을 정치의 수단으로 합리화하고 정당화한다는 뜻이 아니다.[6] 그 말은 전쟁에 대한 서술이지 주장이 아니다. 티볼트는 이 문장을 '전쟁으로 정책을 추구하려고 한다는' 뜻으로 바꾸어서 이해한다. 오해이고 왜곡이다.

티볼트는 전쟁과 정치를 완전히 분리한다. 그래서 전쟁과 정치, 전쟁과 평화에 관한 이분법적 사고를 드러낸다. 티볼트에게는 클라우제비츠의 변증법이 존재하지 않는다. 물론 이는 티볼트만의 생각이 아니다. 서머스에 따르면

---

6. 아래 58쪽의 아펠, 전쟁론·평화론 참조.

전쟁에서 정치적인 목적의 중요성을 인식하지 못하는 것, 전쟁을 정치의 과정과 동떨어진 관점으로 보는 것은 제2차 세계대전 이후 미국에서 일반적으로 받아들여진 생각이다. 맥아더의 말이 이런 생각을 상징적으로 보여준다. '수십 년 동안 받아들인 일반적인 정의에 따르면 전쟁은 정치의 최종적인 과정이고, 미국은 모든 정치적 수단이 실패했을 때 무력에 호소했다.'[7] 또한 티볼트는 전쟁을 일면적으로만 이해하는데, 전쟁을 외교의 차원에서만 이해하고 내전과 국내정치에 존재하는 갈등을 부정한다.

티볼트는 일방적인 주장을 펼치고, 자기의 주장을 뒷받침하는데 필요한 부분만 인용해서 해석한다. 티볼트의 독서가 매우 편협하다. '대학원생만이 가질 수 있는 무지를'[8] 드러냈다.

『전쟁론』과 이 글 중에 어느 글이 더 오래 살아남았는가? 어느 글이 '역사의 심판'을 더 잘 견뎌냈는가? 오늘날 티볼트를 기억하는 사람이 있는가?[9]

A1. 에드워드 M. 얼 편, 『현대전략가』, 국방부 정훈국, 1960. 12, 562쪽 [1943]

A2. 에드워드 M. 얼 편, 『현대전략사상가 : 마키아벨리로부터 히틀러까지의 군사사상』, 육군본부, 1975. 8, 531쪽

A3. 에드워드 M. 얼 편, 『신전략사상사』, 곽철 번역, 기린원, 1980. 4, 563쪽

A4. 에드워드 M. 얼 편, 『군사론』, 김남 편역, 녹두, 1985. 10, 228쪽

B. 피터 파레트 편, 『현대전략사상가 : 마키아벨리부터 핵시대까지』, 상, 중, 하, 국방대학원 안보문제연구소, 1988. 12~1989. 9, 1282쪽 [1986]

A~B는 5종이지만 A1~A4가 같은 종이기 때문에 2종이다. 이 2종의 책은 서구의 전략사상에 관해 우리나라에서 처음으로 출판된 책이고 내용상으로

---

7. 서머스, 『미국의 걸프전 전략』, 190쪽.
8. 하일브로너, 『세속의 철학자들』, 6쪽. 하일브로너처럼 역설과 긍정적인 의미가 아니라 여기에서는 말 그대로 '무지'를 말한다.
9. 이 외의 비판은 김만수, 『전쟁론 강의』, 383~384쪽 각주 41 참조.

매우 훌륭하다. 먼저 얼이 편찬한 책을 보도록 한다.

A1~A3은 모두 'Edward Mead Earle ed., Makers of Modern Strategy：Military Thought from Machiavelli to Hitler, Princeton University Press, 1943'의 번역이다. 우리는 A3만 살펴보는데, 독자들이 일반적으로 접근할 수 있는 단행본이 A3이기 때문이다. A3의 차례를 통해 책의 내용을 개략적으로 파악하도록 한다.

머리말(에드워드 미드 얼)
■ 근대전의 원점(16세기부터 18세기까지)
　제1장 전술의 르네상스 — 마키아벨리(펠릭스 길버트)
　제2장 전쟁에 미친 과학의 영향 — 보방(헨리 겔럭)
　제3장 왕조전쟁에서 국민전쟁으로 — 프리드리히/기베르/뷔로(로버트 파머)
■ 나폴레옹의 해설자들(19세기의 고전)
　제4장 프랑스의 해설자 — 조미니(골든 A. 크레그)
　제5장 독일의 해설자 — 클라우제비츠(한스 로스펠스)
■ 근대전의 개화(19세기에서 제1차 대전까지)
　제6장 군사력의 경제적 기반 — 스미드/해밀턴/리스트(에드워드 M. 얼)
　제7장 프러시아식 독일 병학 — 몰트케/슐리펜(하조 홀보른)
　제8장 프랑스식 병학 — 뒤 피크/포쉬(스테판 T. 포소니/에티느 망트)
　제9장 전사가 — 델브뤼크(골든 A. 크레이그)
　제10장 문민에 의한 전쟁의 주재 — 처칠/로이드 조지/클레망소(드 웨어드)
　제11장 독일의 총력전 개념 — 루덴도르프(한스 스피어)
　제12장 방어원리 — 마지노/리델 하트(어빙 M. 깁슨)
　제13장 지정학자 — 하우스호퍼(다웬트 위틀제)
■ 해전과 항공전
　제14장 해양력의 전도자 — 마한(마거릿 터틀 스프라우트)
　제15장 대륙에 미친 해양력의 이론(데오도르 로프)
　제16장 일본해군전략(알렉산더 키랄피)
　제17장 항공전이론 — 두에/미첼/새베르스키(에드워드 워너)
　제18장 히틀러·나찌의 전쟁개념(에드워드 M. 얼)

이 번역에는 오역과 오기가 많다. 문장과 문법에 오류가 많이 보이고, 비문도 많은 편이다. 동일 인물이 두 가지로 표기되어 있기도 하고, 전문용어에 대한 해설은 거의 없다. 영어로 된 Makers of Modern Strategy라는 제목 외에 서지사항이 전혀 없고, 각주와 참고문헌도 없다. 번역자는 18개의 글이 얼이 편찬한 책 내용의 전부인지 일부인지 밝히지 않았다.[10] 각 장에서도 해당 장의 글을 완역한 것인지 초역한 것인지, 즉 각 글을 전부 번역한 것인지 일부만 번역한 것인지 밝히지 않았다.[11] 또한 번역자는 한국의 1980년이라는 시기가 드러내는 이데올로기적인 편향성과 편협성을 갖고 있는 것으로 보인다.

이 모든 결함에도 불구하고 이 책은 훌륭하다. 곽철은 (전공도 아닐 텐데) 귀한 책을 번역했고, 기린원 출판사는 귀한 책을 출간했다. 이 책은 16세기부터 20세기까지 서구 전략사상을 다루었는데, 한두 개의 글을 제외하면 글의 내용과 수준이 전반적으로 매우 높다. 그래서 서구의 전략사상을 이해하는데 크게 도움이 된다.

여러 시대, 나라, 사상가의 전략사상을 다루었고, 육군의 전략뿐만 아니라 해군과 공군의 전략에 대해서도 지면을 할애했고, 서구뿐만 아니라 일본도 다룬 점에서 편집자의 균형 잡힌 시각을 엿볼 수 있다. 원서가 제2차 세계대전 중에(1943년) 간행되었는데도 나치의 이데올로그로 알려진 루덴도르프에 대해, 심지어 홀로코스트의 주범인 히틀러와 나치에 대해서도 그들의 전략사상을 객관적으로 서술하고 있다.

이 책에서 우리의 관심을 끄는 것은 한스 로트펠스의 '독일의 해설자 ― 클라우제비츠'이다(제5장, 127~153쪽). 로트펠스는 짧은 분량에 클라우제비츠의 생애, 17~19세기의 시대배경, 『전쟁론』의 탄생 배경, 『전쟁론』의 핵심내용을 수준 높고 밀도 있게 잘 담았다. 나는 로트펠스의 이 글이 클라우제비츠와 『전쟁론』에 관해 우리말로 (번역)되어 있는 글 중에 최고 수준의 글이라

---

10. A1의 8~10쪽, A2의 7~10쪽, B의 10~13쪽을 보면 곽철이 얼의 책에서 제7장, 제10장, 제14장을 번역하지 않았다는 것을 알 수 있다. 제7장은 엥겔스와 마르크스의 군사개념을, 제10장은 뷔조, 갈리에니, 리오테의 프랑스 식민전쟁을, 제14장은 레닌, 트로츠키, 스탈린의 전쟁 개념을 다루고 있다.
11. 번역을 보면 각 글의 일부만 번역한 것이 아닌가 하는 생각이 드는 글이 있다.

고 본다.[12]

로트펠스는 [1]에서 클라우제비츠에 대한 조미니, 슐리펜, 리델 하트의 상반된 평가를 간략히 언급한 후에 [2]에서 본격적으로 『전쟁론』을 다루고 있다.

[2]는 클라우제비츠의 연구를 사물의 본질에 대한 탐구로 규정하고, 철학과 경험의 긴밀한 연관성을 추구한 점을 클라우제비츠의 전쟁 분석에서 제일 중요하고 두드러진 특징으로 본다. 이어서 그의 시대, 그의 생애, 『전쟁론』 집필과정을 (짧은 분량에) 충분히 납득할 수 있게 서술했다.

그리고 [3]에서 프랑스혁명과 나폴레옹의 시대, 즉 "전쟁 자체가 강의를 하고 있는 것 같은 시대"가(131쪽) 나온다. 창고에 의한 보급과 징발에 의한 보급, 영토의 점령과 적 전투력의 파괴, 그래서 18세기 프리드리히 대왕의 시대와 19세기 초 나폴레옹의 시대의 대비를 명확하게 서술했다. 이 변화의 중심에 프랑스혁명이 있다.

[3]에 이어 [4]에서도 앙시앵 레짐 시대의 전쟁과 프랑스혁명 이후의 전쟁이 잘 대비되어 있다. 전쟁에서 과학이나 물질이 아니라 정신이 중요하다는 인식은 코페르니쿠스적인 혁명이다.

[5]는 그런 변화로 생긴 절대전쟁, 마찰에 의해 절대전쟁과 구분되는 현실전쟁, 수단과 목적의 관계, 전쟁과 정치의 관계, 중심의 문제 등을 이해하기 쉽게 설명하고 있다.[13]

[6]에 의하면 클라우제비츠의 전쟁 분석이 불후의 가치를 갖게 된 것은 그것이 보편적으로 적용되는 이론을 피한데 있다. 즉 클라우제비츠의 이론은 고도로 융통성 있는 이론이다. 그 이론은 오늘날 섬멸전략과 소모전략, 제한전쟁과 무제한전쟁에도 논의의 원천을 마련하고 있다. 공격과 방어의 변

---

12. 우리나라 군인 출신 연구자들이 쓴 글을 보면 출처를 밝히지 않은 채 로트펠스 글의 일부를 이용한 저서와 논문이 매우 많다.

13. 몇몇 부분에서 불분명한 서술이 보인다. 로트펠스가 클라우제비츠를 오해한 것인가, 그렇지 않으면 곽철의 번역이 충실하지 못한 것인가?

증법은 특히 정점(頂點)의 개념 때문에 중요하다. 전쟁에서는 무기, 물자, 물질보다 정신, 의지가 중요하다. '물질이 나무로 된 칼자루라면 정신은 금속으로 된 빛나는 칼날이다.'

『전쟁론』의 핵심내용을 다룬 5와 6이 전체 분량의 60퍼센트를 넘는다. 즉 로트펠스는 이 글에서 인간과 시대보다 『전쟁론』 자체의 핵심을 서술하는데 중점을 두었다. 로트펠스는 『전쟁론』의 주옥같은 표현(대법원의 소송, 현금지불 등)을 인용하여 글을 서술했는데, 이것도 이 글의 탁월한 점이다.[14]

이 책에서 로트펠스의 글 외에 클라우제비츠와 관련하여 살펴볼 만한 글은 크레이그의 '전사가 : 델브뤼크'이다(제9장). 크레이그의 글은 전체적으로 훌륭하다. 크레이그에 따르면 고대의 전투에 관한 델브뤼크의 연구는 실증적이면서도 탁월하다. 크레이그는 델브뤼크의 학문적인 배경, 시대배경, 그의 『전법사』 연구의 핵심을 잘 정리했다. 또한 섬멸전략과 소모전략을 충분히 이해할 수 있도록 서술했는데, 나는 이것이 클라우제비츠의 절대전쟁과 현실전쟁에 관한 올바른 해석이라고 생각한다.

마키아벨리에 관한 글은(제1장) 클라우제비츠를 마키아벨리와 비교해서 이해하는데 좋고, 왕조전쟁에서 국민전쟁으로 변화한 전쟁의 모습을 서술한 글도(제3장) 클라우제비츠의 시대와 관련하여 읽을 만한 가치가 있는 좋은 글이다.

A3의 글 외에 A1과 A2를 간략히 언급한다. A1은 Makers of Modern Strategy의 우리나라 최초의 번역이다. 제7장, 제10장, 제16장, 제17장, 제18장을 번역에서 생략했고, 차례와 562쪽에서 그 점을 밝혔다.

A2는 이 책의 두 번째 번역이다. 8쪽에 '국민교육헌장'을 실은 것이 눈길을 끈다. 7쪽의 일러두기에 자세한 서지사항과 편집원칙을 밝혔다. 서장(序

---

14. 그 문장들은 내가 그런 문장들만 따로 떼어내서 (시대배경과 해설을 덧붙여서) 나중에 짧고 간결한 책을 내고 싶게 하는 문장들이다.

章)과 종장(終章), 20개의 장에서 제10장과 제18장을 번역하지 않고 제외했다. 이 제외에서 제7장 엥겔스와 마르크스 : 사회주의자의 군사개념과 제14장 레닌, 트로츠키, 스탈린 : 소련의 전쟁 개념이 '제외된' 것이 놀랍고 다행스럽다.

A2는 김정수와 김영곤이 번역했는데, 클라우제비츠 부분은 김영곤이 번역했다(504쪽). 각주를 번역하지 않고 영어 알파벳 그대로 후주(後註)로 실은 점이(423~502쪽) 특이하다. 부록에서 집필자를 소개했고(503~504쪽) 더 읽을 만한 참고문헌을 실었다(505~531쪽).

A4는 Makers of Modern Strategy에서 주로 마르크스주의와 관련된 글만 번역한 책이다. A4의 차례는 다음과 같다.

제1부 클라우제비츠의 군사론
제2부 맑스와 엥겔스의 군사론
제3부 레닌의 군사론
    제1장 전쟁과 군대의 사적 고찰
    제2장 전쟁과 정치
    제3장 제국주의 전쟁과 내란전략
    제4장 내란과 봉기의 일반문제
    제5장 빨치산전쟁론

    제6장 무장봉기론
제4부 트로츠키의 군사론
제5부 제3세계 민족해방투쟁과 군사론
    제1장 민족해방투쟁의 의의
    제2장 클라우제비츠의 국민전
    제3장 모택동의 군사론
    제4장 보 우옌 지압의 군사론
    제5장 게바라의 군사론

여기에서는 제3부와 제5부의 차례만 자세히 적었다. 제3부는 70여 쪽이고, 제5부는 20여 쪽이다.

제1부는 로트펠스의 글이다. 번역은 곽철의 글이 좋고(또는 내게 익숙하고), 김남의 글은 각주를 충실히 달아서 좋다. 제2부는 마르크스와 엥겔스의 1848년 『내전 전술』 분석, 강대국의 '군사전략' 연구, 혁명 상황을 다룬다. 이 글은 마르크스의 탁월한 통찰과 엥겔스의 훌륭한 연구를 잘 정리했다.

이 책의 백미는 분량으로나 내용으로나 제3부 레닌의 군사론이다. 레닌의 전쟁철학과 혁명전쟁을 탁월하게 서술했다. 레닌은 클라우제비츠의 전쟁이론을 훌륭하게 이해하고 해석하여 이것을 러시아혁명에 창조적으로 적용했다. 그리고 '제국주의 전쟁을 내전으로 전화하자.'는 레닌의 슬로건이 나오게 된 배경과 그 결과를 충분히 이해할 수 있도록 서술했다. 레닌, '혁명은 전쟁이다. 이것은 역사상 알려진 모든 전쟁 중에 단 하나의 정당한, 적법한, 정의의, 진실로 위대한 전쟁이다. 이 전쟁은 다른 모든 전쟁처럼 한 줌의 지배자나 착취자의 탐욕스러운 이익을 위해서가 아니라 폭군에 대항하는 인민대중의 이익을 위해, 전횡과 폭력에 대항하는 수백만, 수천만의 피착취자와 노동자의 이익을 위해 행해지는 것이다.'(119쪽)

제4부 트로츠키의 군사이론도 러시아혁명, 내전, 제1차 세계대전의 맥락에서 충분히 이해할 수 있게 서술되어 있다. 독일과 전쟁을 치르는 상황에서 계급군대를 창조하려면 차르군대에 복무한 장교들을 적군(赤軍)에 편입시켜야 하고 군대에 정치위원을 두어야 한다. 이 노선은 레닌 사후 트로츠키와 (정규군과 지역민병대를 옹호한) 스탈린의 권력투쟁으로 이어졌다.

제5부는 제3세계 민족해방투쟁의 이론과 실천을 간략히 소개한다. 먼저 클라우제비츠의 『전쟁론』 제6편 제26장 인민무장투쟁의 의의와 한계를 설명하고, 이어서 모택동, 지압, 게바라가 클라우제비츠의 이론을 다른 시대, 나라, 조건, 환경에서 어떻게 변형하고 응용하여 민족해방투쟁에 성공했는지 서술한다.

B의 『현대전략사상가』는 A의 『신전략사상사』의 '후속판'이라고 할 수 있다. 『현대전략사상가』는 국방대학원에서 상권과 중권이 1988년 12월에, 하권이 1989년 9월에 출간되었다. 세 권으로 출간되었는데 쪽수를 일련번호로 매겼고, 그래서 우리는 이 번역을 한 권처럼 간주한다. 다음 쪽의 차례를 통해 내용을 개략적으로 살펴본다.

B는 여러 시대와 넓은 범위에 걸쳐 수준 높은 글로 지난 5세기 동안의 서구 전략사상을 다루었다는 점에서 A3과 마찬가지로 오늘날의 고전에 해당한다. 특히 B의 번역은 각주를 충실히 달았고, 전략사상가들에 대해 근 100쪽에 달하는 서지를 소개했다는 점에서 연구에 큰 도움이 된다.

B에서 파렛이 쓴 '클라우제비츠'(제7장, 259~296쪽) 부분은 클라우제비

츠의 생애, 전쟁 참전, 초기 저작(I), 『전쟁론』 개괄(II), 마찰과 천재의 개념 (III), 여러 사람의 클라우제비츠 논평에 대한 파렛의 의견과 클라우제비츠 가 미친 영향(IV)을 다루고 있다. 클라우제비츠의 생애, 초기 저작, 뷜로에 대 한 클라우제비츠의 반박, 프로이센의 정치적인 무기력, 이를 극복하려는 샤 른호스트의 개혁 의지 등 역사적인 측면의 서술은 도움이 되었다.

하지만 『전쟁론』을 설명한 부분은 독창적인 해석이라기보다 대개 요약 수준으로 보인다. 글이 전반적으로 장황하고, A3에 있는 로트펠스의 글보다 수준이 떨어지는 것 같은 느낌을 받게 된다.[16] 그래서 나는 개인적으로 파렛 의 글보다 로트펠스의 글을 더 좋아한다.[17] 『현대전략사상가』가 『신전략사상 사』의 '수정 대체판'이라는(12쪽) 파렛의 견해는 '클라우제비츠'의 글에는 해 당되지 않는다고 생각한다.

류재갑의 번역도 곽철의 번역보다 읽기 어렵다. 류재갑의 번역에는 이해 가 안 되는 부분도 더러 보인다. 하나만 지적한다. 류재갑은 마키아벨리의 책 『군주론』을 '皇太子(The Prince)'라고(295쪽) 번역했는데, 이 역시 앞의 송항 섭이나 정토웅의 번역과 같은 코미디 수준의 번역이다.

얼이 편찬한 『신전략사상사』와 파렛이 편찬한 『현대전략사상가』가 16~20세기 서구의 전략사상을 전반적으로 다루면서 클라우제비츠를 전략사 상가의 일부로 언급했다면, 다음의 번역은 오로지 클라우제비츠를 다루었다 는 점에서 우리에게 더 중요하다.

A. 클라우제비츠협회 편, 『전쟁 없는 자유란: 현대에 있어서의 정치와 전략의 사명 – 클라우제비츠 탄생 200주년 기념논문집』, 국방대학원, 1984, 734

---

15. 괄호 안은 해당 글의 저자와 역자. 이하 같음.
16. 이것이 두 글의 번역 수준 때문인지는 확언하지 못하겠다. 파렛은 이론가라기보다 역사가라 고 보아야 할 것이다.
17. '개인적'이라는 말은 주관적이라는 말이다. 이것은 객관적인 판단이 아니고, 그래서 다른 독 자는 다르게 볼 수 있을 것이다.

쪽 [1980]

B. 마이클 한델 편, 『클라우제비츠와 현대전략』, 국방대학원, 1991. 9, 410쪽
   [1986]

C. 육군본부 군사연구실 편, 『클라우제비츠의 전쟁론과 군사사상』, 육군본
   부, 1995. 5, 240쪽

A의 『전쟁 없는 자유란』은 어떤 책인가? '이 서지는 제1부에서 제3부까
지는 일본의 클라우제비츠 연구위원회에서 번역 발간한 독일의 클라우제
비츠협회 편, 클라우제비츠 탄생 200주년 기념논문집 『전쟁 없는 자유란』
(Freiheit ohne Krieg?)을 중역한 것이고, 제4부는 기타 클라우제비츠에 관
한 문헌 가운데에서 주요 논문들을 발췌하여 번역 수록한 것입니다.'(2쪽) A
는 독일어 원전이 1980년에, 일본어 번역이 1982년에 간행되었다. 클라우제비
츠 연구에 매우 중요한 문헌이다. 이 책은 다음 쪽의 차례와 같은 내용으로
이루어져 있다.

이 책은 클라우제비츠와 관련하여 매우 중요한 문헌이다. 1980년에 서독
의 클라우제비츠협회에서 클라우제비츠 탄생 200주년을 기념하여 클라우제
비츠 관련 연구서를 펴냈는데 동독과 소련의 논의도 실었다. 이전의 '불구대
천지 원수'인 프랑스사람의 글도 실었다. 이를 우리나라에 적용하면, 이순신
관련 연구서를 펴내는데 북한과 중국의 연구도 싣고 일본사람의 연구도 실
은 것이다. 서독 클라우제비츠협회의 균형 잡힌 시각과 이데올로기의 개방성
을 엿볼 수 있다. 1980년대의 한국 군사학계에서, 아니 오늘의 한국 군사학계
에서 이런 일이 가능할까?
    그런데 이 번역서를 보면, 번역은 엉망이고 국어는 조야하고 문장은 조
잡하고 표현은 졸렬하고 오기는 풍부하고 비문은 풍성하고 독서는 고통스럽
다. 동일 인물이 다르게 표기되어 있고, 차례의 제목과 본문의 제목이 다른
경우도 있다. 번역을 읽으면 무슨 말인지 이해가 안 되고, 저자가 무엇을 말하

려고 하는지 이해가 안 되고, 논의 전개가 논리적인지 아닌지 확신이 안 선다. 쓸데없는 소리만 잔뜩 늘어놓은 것 같은 글도 있고, 좋은 글인지 안 좋은 글인지 판단이 잘 안 되는 글도 있다. 논문 중에 분량이 너무 짧아서 글을 전부 번역한 것인지 일부를 빼먹고 번역한 것인지 확신이 안 서는 글도 있다. 번역과 원서를 비교 검토하여 32개 글의 내용을 다음과 같이 차례대로 요약하고 정리한다.

데메지에, 머리말. 이 책은 클라우제비츠의 사고방법을 해명하여 현대의 의의를 찾으려고 한다. 클라우제비츠의 방식으로 오늘날의 특성을 인식하고, 그의 사상의 어느 부분이 현대에 의의를 갖는지 검토한다.

아펠, 전쟁론·평화론. 전쟁이 정치의 수단이라는 클라우제비츠의 명제를 전쟁의 합법성과 '정당화로 오해해서는 안 된다. 오늘날 핵무기는 전쟁을 정치의 수단으로 사용할 수 없게 만들었다. 핵억지전략이 무력 사용의 전략을 바꾸어놓은 것이다. 결국 억지는 정치적 원리이고, 핵무기는 정치적 무기이다. 국제적 안전보장과 세계적 규모의 상호의존 환경에서 서독은 북대서양동맹, 유럽공동체, 동서관계, 남북협력을 통해 긴장완화와 평화정책을 추구한다.

바게만, 클라우제비츠는 유용한가. 이 글은 부제처럼 클라우제비츠의 이론적 개념에 비추어 현대의 군사적·전략적 문제에 관해 종합적인 평가를 한다. 문제는 바게만이 냉전적 사고에 젖어있고, 번역이 이 책 전체를 통틀어 최악이라는 것이다. 글자는 있되 글이 아니니 여러 번 읽어도 무슨 말인지 이해가 안 된다.[18] 원문을 통해 대략의 내용을 소개한다.

클라우제비츠의 이론은 전쟁과 역사의 변증법적 이해에 토대를 두고 있어서 유용하다. 우리의 관심은 오늘날의 전쟁과 역사를 비판적으로 생각하는데 도움이 되는 견해를 명확히 하는 것이다. 정치 우선의 원칙에는 이론(異論)이 없지만, 동서진영 간에 특징적인 차이가 있다. 핵전쟁 시대에 소비에트

---

18. 이 글은 일어책에 있는 한자를 그대로 옮긴다고 우리말이 되는 것이 아니라는 증명이 된다.

러시아의 지배지역은 (전쟁과 전쟁수단은 정치의 일부이고, 정치는 통일적인 관점에서 이끌어야 한다는 클라우제비츠의 이론에 따라) 높은 수준의 통일성을 유지하고 있는 반면에, 서구의 민주주의 국가는 다원적이고 분산적이다. 서방세계는 공동의 전략을 통해 상대의 위협에 대비해야 한다.

제1부. 아롱, 정치적 전략 개념. 아롱은 클라우제비츠에 관한 탁월한 연구자이다. 클라우제비츠에게 없는 '정치적 전략' 개념을 설정하여 클라우제비츠를 독창적으로 수준 높게 해석했다. 클라우제비츠의 전략 개념에는 세 가지 정치적인 요소가 포함되어 있다. 그것은 전쟁목적을 결정하는 국가정치, 전쟁의 성질에 상응하는 수단(파괴, 점령 등), 적의 의지를 굴복시키는 것이다. 즉 아롱의 정치적 전략 개념은 클라우제비츠의 목적, 수단, 의지를 종합한 개념이다. 그리고 이 개념이 두 번의 세계대전, 프랑스와 알제리의 전쟁, 베트남전쟁, 1948~1973년의 이스라엘과 아랍의 전쟁, 한국전쟁에서 어떤 모습으로 관철되었는지(또는 제한되었는지) 분석한다. 정치는 평상시에는 외교를 사용하지만 전시에는 정치적 전략을 사용한다.

한국전쟁에 대한 분석이 우리의 관심을 끄는데, 한국전쟁에서는 의지를 제외한 목적과 수단의 두 요소가 두드러지게 부각되었다. 미국은 처음에 전쟁의 최종 목적을 정하지 않았고, 중국의 개입 이후 침략자의 격퇴를 최소한의 정치목적으로 설정했고, 2년의 휴전교섭 기간에는 공중폭격으로 적에게 되도록 많은 손실을 입혀 적을 황폐화시키는 수단을 사용했다.

국가정치는 이전보다 훨씬 많은 전략적 요소를 포함하고 있다. 즉 국가 정치 목표의 설정, 수단의 선택, 저항의지, 예산 분배, 자원 확보 등이 전략적인 요소이다. 비군사적인 수단으로서 프로파간다, 자기 목적의 정당화, 무역도 국가정치의 범주에 속한다.

라우헨슈타이너, 정치목적과 군사목표. 정치목적과 군사목표가 일치하는(동일한) 전쟁은 절대전쟁, 총력전, 핵전쟁이고, 일치하지 않는(상이한) 전쟁은 현실전쟁, 제한전쟁이다. 독일에서 몰트케는 전자를, 비스마르크는 후자를 주장했다. 절대전쟁에서는 무제한의 군사수단이, 제한전쟁(냉전)에서는 경제와 사기(士氣)가 중요하다. 전자는 정치의 계속으로 간주할 수 없다.

정치적인 자유를 보장한다는 목적은 동서 양 진영이 핵무기를 사용해서는 이룰 수 없다. 나폴레옹전쟁, 제1차 세계대전(슐리펜 계획), 제2차 세계대전은 정치목적과 군사목표가 일치하는 전쟁이었지만, 무기의 사용은 정치의 활동영역을 제한하는 경향을 보였다.

아롱, 국가와 동맹. 클라우제비츠는 나폴레옹전쟁 때 유럽 여러 나라의 군대가 조직과 무장 면에서 동질적이라고 말했다. 오늘날에는 국가들이 지역(유럽, 중동, 아시아), 이데올로기(서구 자본주의, 동구 공산주의), 경제수준(선진공업국, 개발도상국), 무장(핵무기, 재래식 무기) 면에서 이질적이다.

유럽에서는 국가의 성격이 분쟁과 동맹의 성격을 결정한다. 나토와 바르샤바조약기구의 대립에서 나토는 전략적으로는 방어적이고 심리적으로는 공세를 편다. 하지만 유럽 이외의 지역에서는 그런 관련성이 없고, 여러 종류의 동맹과 분쟁이 있다. 동서의 냉전과 긴장완화, 소련과 중국의 알력, 이에 따른 중국과 미국의 실질적인 동맹, 제3세계의 민족해방전쟁, 한국전쟁, 베트남전쟁, 빨치산 활동, 인도와 파키스탄의 전쟁 등이 그 예이다. 클라우제비츠의 분석을 적용할 만한 전쟁으로 이스라엘 대 아랍의 전쟁을 들 수 있지만, 이스라엘은 적의 전투력의 파괴로 평화를 얻지 못했다. 이런 점에서 오늘날의 전쟁은 클라우제비츠의 시대보다 훨씬 더 많이 카멜레온과 같은 성질을 띠게 되었다.

데메지에, 정치지도와 군사력. 이 글의 차례는 기계적이고 내용은 상식적이다. 군사력은 정치의 (제일 강력한) 수단이므로 정치가 군사력에 영향을 미친다. 나토의 목표는 평화유지, 균형, 전쟁방지이고, 소련에서는 군사능력이 외교능력이고 군대는 정치의 '무기'이다. 정치가 군사력에 미치는 영향에는 한계가 있는데, 이 한계는 최고지휘권을 정치가에게 두고 군대는 정치적인 결정에 협력하는 관계로 해결해야 한다. 몰트케와 루덴도르프의 견해는 클라우제비츠에 반대되는 것이고 파멸로 가는 길이었다. 나토의 작전계획은 가맹국에서 연합사령부로 이관되었고, 정치가와 군인의 관계는 국가 규모에서 동맹규모로 확대되었다.

파울스, 동맹에 의한 평화. 나토는 자유롭게 통합된 평등한 동맹이지만, 바르샤바조약기구는 소련의 지배 아래에 놓여있는 종속적인 동맹이다. 나토는 유럽이 두 번의 세계대전으로 강대국의 지위를 잃고, 미소의 초강대국의 위협에 직면하여 혼자 힘으로 안전을 보장할 수 없기 때문에 생겨났다. 나토의 방위전략은 침략자의 모든 예측을 불가능하게 하는 유연반응전략이다. 나토는 정치적인 동맹이고, 유럽의 '구빈원'(포르투갈, 터키)에 대한 방위와 원조는 나토의 임무로는 무의미하지만 필요하다. 1980년대에는 유럽전선의 위험보다 유럽에 안정적으로 원료(석유)를 공급하는 것이 중요하다.

장기적으로 유럽은 유럽연합으로 가야 할 것이고, 유럽연합은 그 정치적·심리적 효과로 인해 유럽의 안전보장에 새롭고 확고한 토대를 마련할 것이다. 그러면 나토는 미국과 유럽의 동등한 힘 사이의 동맹으로 발전할 것이다.

필스터, 바르샤바조약기구. 이 글은 바르샤바조약기구를 러시아의 역사, 소련의 탄생, 레닌의 전쟁철학의 맥락에서 객관적으로 조명하고 있다.[19] 레닌의 전쟁사상에는 전쟁목표가 정치목적에 종속된다는 원칙이 엄격하게 관철된다. 바르샤바조약기구의 맹주는 소련이고, 소련의 군사전략은 마르크스-레닌주의 이데올로기에 토대를 두고 있다. 군사전략을 정할 권한은 당과 정부에 있다. 바르샤바조약기구의 군사독트린은 소련의 계획 아래에서 통일적인 군사제도와 엄격한 지휘체계를 갖춘 군사전략으로 전투력의 규율을 유지하고 단결을 확보하고 있다. 향후 소련은 경제적·기술적으로 서구에 경쟁할 수 없어서 군사력에 더 많이 의존할 것이다.

쇼이너, 국제법상으로 본 전쟁. 18세기 말에 '정의의 전쟁' 개념으로 전쟁을 규범화하려는 노력이 있었지만, (전쟁을 일으킨) 주권국가는 재판의 대상이 아니다. 헤겔이 전쟁을 의지의 최고의 표현으로 본 것처럼, 클라우제비츠

---

19. 이 글에서 클라우제비츠의 『전쟁론』에 관한 레닌의 메모는(167쪽) 좋은 참고자료이다.

는 전쟁을 정치와 관련지어 고찰했다. 서구는 식민지 점령전쟁을 문명의 개화라는 이름으로 정당화했다. 켈로그-브리앙 조약이 있었지만 국제사회에서 주권국가 상위의 기구가 없어서 효력을 상실했고, 국제연맹은 만장일치 제도로 효력을 잃었다. 전쟁법은 주로 부상자, 포로, 민간인을 다루는 법규로 제한되었다. 국제법은 침략을 부정하고 방어를 인정하지만, 국제법에 내전에 관한 규정은 없다. 핵무기의 등장으로 전쟁에 관한 정치적 고찰이 중요해졌다. 핵이외에는 군축문제가 중요하다.

바르샤바조약기구와 제3세계는 식민지배의 해방이나 독재정권의 전복을 목표로 하는 전쟁을 합법으로 보고 서방측은 이 견해를 거부했지만, 유엔은 다수결에 의해 식민지의 독립전쟁이나 민족해방전쟁을 합법화했다. 이는 전쟁의 위상을 둘러싼 국제법상의 투쟁이고, 그래서 전쟁법적·국제법적 협상도 정치적인 투쟁의 형태라고 보아야 한다.

제2부. 뵈르너, 파워 게임에서의 핵무기. 핵무기는 전쟁의 본질과 세계의 모습을 바꾸었다. 핵무기는 저주이기 때문에 전쟁 회피라는 혜택을 준다는 이론도 있다. 무장과 긴장완화는 모두 안전보장에 기여하지만, 나토가 무장보다 긴장완화에 우선권을 두는 것은 잘못이다. 바르샤바조약기구가 몇십 년 전부터 힘을 집중하고 있기 때문이다. 뵈르너에 따르면, 오늘날의 전략은 핵무기의 영향으로 (변증법적으로, 역설적으로 표현하면) 평화의 목적을 이루기 위한 무기의 사용 이론으로 변했다.

아른트, 해군력의 영향. 클라우제비츠는 『전쟁론』에서 해양전쟁을 고려하지 않았다. 나폴레옹의 대륙봉쇄령과 그에 따른 무역·경제·재정·산업의 측면에 대해서도 언급하지 않았다. 물론 이는 클라우제비츠가 자신의 경험을 토대로 전쟁 '전체'를 포괄적으로 서술했기 때문이다. 해양전쟁에 대해서는 마한과 코벳이 클라우제비츠를 보완하고 있다. 나폴레옹도 클라우제비츠도 제국주의로 향해가는 대영제국의 경제력을 제대로 파악하지 못했다. 클라우제비츠는 제해권을 통한 영국의 세계지배에 눈을 돌리지 못했고, 전쟁을 유럽대륙의 전쟁터로 제한하여 고찰했다.

펄롱, 우주공간의 전쟁. 클라우제비츠의 이론(계획의 통일, 병력의 집결, 기습, 지형의 유리함, 여러 방향에서 하는 공격, 마찰, 전쟁의 중지, 중심에 대한 공격, 예비대의 차단)은 공중전에서도 타당하다. 클라우제비츠는 현재에도 충분히 유효하다. 바르샤바조약기구는 클라우제비츠를 높이 평가하고 있는데, 나토는 그로부터 배워야 할 것이다.

빗싱, 군비(軍備)와 기술. 군비는 전략의 방향을 결정한다. 오늘날에는 정치와 전략의 관계에 기술을 덧붙여야 한다. 전략은 정치에 봉사하고 기술은 전략에 봉사해야 하는데, 무기와 기술이 전략과 정치에 큰 영향을 미치고 있다. 오늘날 기술시대의 전략 개념은 상호 위협 및 지구적인 위협을 주는 무기가 기술과 핵무장으로 확대되었기 때문에 생긴 결과이다. 노예가 될 수밖에 없는 공동체에 맞서 자주적인 생활양식을 방어하는 것은 서양 역사 2000년의 전통이다.[20] 기술과 군비는 그 목표를 추구하는 정치와 전략의 수단이다.

루엘, 정치력으로서의 여론. 프랑스혁명으로 '국민'이 정치무대에 등장했다. 그 이후 1세기에 걸쳐 국민은 유럽 전쟁에서 큰 역할을 담당했고, 군주와 귀족은 옛 지위를 잃었다. 오늘날 여론은 정치적 요인의 기초로서 결정적인 의의를 갖는다. 전쟁에서도 여론은 중요하다. 제2차 세계대전, 베트남전쟁, 새로운 무기(예를 들면 중성자탄)의 도입 및 배치와 관련된 논쟁에서 그리고 전략적·기술적으로 복잡한 사실에 대해 여론을 환기하는 것은 어렵다. 텔레비전이 보내는 영상의 (악)영향도 크다. 대중매체가 국민의 불안감을 선동하면 여론은 왜곡된다. 하지만 자국민에게 정확한 정보를 전달하지 않고 정부가 사실을 숨기거나 왜곡하면 정부는 국민의 신뢰를 잃는다. 서구세계의 방어의 필요와 안전보장의 조건에 관해 국민을 계몽하는 것이 전략과 국가정책에서 제일 중요한 정치적인 과제 중의 하나가 되었다.

발락, 이스라엘의 예. 한 문장 요약. 전쟁에서는 정신과 사기가 중요하고,

---

20. 빗싱은 글의 마지막에 느닷없이 아리스토텔레스의 말을 끌어들이고 있다. 이는 바르샤바조약기구 공동체에 맞서 나토 공동체를 방어하는 것을 빗대어 말한 것이다. 자문화 중심주의와 냉전이데올로기에 사로잡힌 몰역사적이고 이분법적인 사고방식이다.

이스라엘은 전쟁에서 이를 증명했다. 그런데 글의 논리성은 부실하다. 글의 제1부에서 클라우제비츠를 요약하고 제2부에서 이를 이스라엘의 예를 들어 검토하고 있지만, 제1부와 제2부는 논리적으로 물과 기름의 관계와 같다. 제2부에는 클라우제비츠가 전혀 나오지 않고, 이스라엘의 군대조직(하가나, 팔마크, 자할, 나할 등)을 주로 설명하고 있다. 클라우제비츠보다 오히려 알렉산더 벡의『판필로우의 남자들』과 패스트의『나의 영광스러운 형제』의 두 소설이 이스라엘 군대의 정신과 사기에 훨씬 중요한 영향을 미쳤다는 것이다. 클라우제비츠를 왜 끌어들였는지 의아하다. 인민전쟁 편이었던 클라우제비츠는 인민전쟁에 긍정적이었던 반면에, 인민전쟁의 적이었던 조미니와 몰트케는 인민전쟁을 비난하고 부정했다는 지적만(352쪽) 이 글에서 인상적으로 다가왔다.

쿠르츠, 스위스의 특수성. 나폴레옹전쟁 시기에 스위스에서는 클라우제비츠보다 조미니의 영향이 컸다. 클라우제비츠의 사상은 친숙하지 않았고 적합하지 않은 것으로 생각되었다. 클라우제비츠가 정신을 중요시했다는 것은 오랜 시간이 지난 후에 비로소 알려졌다.

스위스는 1815년 이래 국제법상 영세중립의 의무를 지고 있다. 군대에 대한 정부의 우위는 철저히 지켜지고 있다. 영토의 보존과 중립의 유지를 위해 스위스는 전쟁준비를 할 의무가 있다. 적극적이고 능동적인 방어가 공격보다 강하다는 확신이 오래전부터 확립되어 있다. 전쟁에서 정신적인 요소의 중요성을 늘 강조하고 있다. 민병조직에 의해 모든 국민은 시민인 동시에 군인이다. 군인은 제복을 입은 시민이고, 시민은 시민생활을 하는 군인이다. 인민전쟁에 관한 클라우제비츠의 기본적인 인식은 스위스에서 근본적인 의의를 갖는다. 제일 순수한 의미의 '국민군'을 보유하고 있다는 것이 스위스 군대의 특수성이다. 스위스가 전쟁을 강요당하면 클라우제비츠가 말한 '절대전쟁'과 같은 전쟁이 수행되고 관철될 것이다.

그라이너, 나토의 고급지휘관 교육. 나토의 고급지휘관 교육에서는 방위, 외교, 경제 등 각 요소의 총체적인 파악이 강조되고 있다. 오늘날 전쟁의 정치적인 성격을 이해하지 못하는 고급지휘관은 과거의 인간에 속한다. 나토의 몇몇 나라에서는 고급지휘관 교육을 대부분 국방대학이 맡고 있다. 국방대학은 세계의 정치정세, 개발도상국의 발전, 현대 전략의 발전 등을 교육하고 있다. 이 교육은 클라우제비츠의 이념을 토대로 오늘날의 정치와 군대의 요구에 맞는 전략을 창출하는 기반을 조성할 것이다.

소비크, 소련 군사지도자의 요건. 마르크스와 엥겔스는 클라우제비츠의 핵심사상을 프로이센 독일의 참모본부나 정치가보다 명확히 파악했다. 레닌은 혁명가로서『전쟁론』을 연구했다. 레닌의 연구에 따르면 전쟁과 정치, 외교와 국내정치는 불가분의 관계에 있다. 레닌은 마르크스-레닌주의 사회의 창시자이고 소련 군사학의 창시자이다. 소련 군대는 공산당의 정책을 확고하게 실천할 능력이 있는 장교가 지휘해야 한다.

소련의 군사교육은 최고, 고등, 중등 군사교육 단계로 구분되어 있다. 소련군 장교들에게는 마르크스·레닌 사상의 완전한 습득, 전술 분야에 대한 풍부한 지식, 교육실천방법의 숙달, 전투에서 주도권과 독자성의 개발, 희생정신 확립과 군기 유지가 요구되고 있다. 소련 군대는 공산당이 지휘한다.

제3부. 하알벡, 클라우제비츠의 철학과 이론. 클라우제비츠의 1809~1812년의 논문, 연구, 메모, 초고 등을 토대로 할 때 클라우제비츠는 이미 이때 전쟁이론의 철학적인 기초를 세웠고 이론과 실천의 통일, 관념과 현실의 일치를 분명하게 생각하고 있었다. 클라우제비츠는 17~18세기의 군사이론처럼 개별사례를 보편화하여 순수한 사고체계의 정교함을 얻으려는 노력을 거부했다.

클라우제비츠의 철학은 사고방법이다. 그의 철학에 영향을 준 키제베터에 따르면, 논리적 진리는 관념과 사고의 일치이고, 물질적 진리는 관념과 대상의 일치이다. 논리적 진리는 물질적 진리의 불가결의 조건이다(416쪽). 논리가 클라우제비츠 이론에서 차지하는 특별한 역할을 인식하면『전쟁론』에 대해 그리고『전쟁론』의 토대를 이루는 역사관에 대해 새로운 이해에 도달할 수 있을 것이다.

파렛, 클라우제비츠의 정치적 견해. 클라우제비츠는 전쟁의 전체상을 분석하는 정의에 최초로 정치를 포함시켰다. 정치는 전쟁을 인도한 현실 그 자체였다. 전쟁은 군대의 진공 속에서 수행되는 것이 아니고 한 나라의 정치 의지의 표상이므로 군대는 정치적 권위에 복종해야 한다. 클라우제비츠 자신도 철저히 정치적이었고, 그의 정치적 신념이 그의 생애를 결정지었다. 정치는 클라우제비츠 전쟁이론의 본질적 요소이고 그 이론의 생성과 발전의 중심요소이다.

클라우제비츠에게는 국가만이 모든 이해관계를 통합하고 조정하는 주체이다. 국가는 모든 이해관계의 대변자로서 국가정책의 합법성에 근거하여 정치의 우위를 확립했고 군대의 복종을 요구했다. 클라우제비츠는 국가를 일종의 유기체로 보았고, 이 유기체는 스스로 살아남고 번성하기 위해 힘을 모으고 보존해야 한다. 또한 그는 정의로운 사회를 요구했고 자신이나 자식을 병역의무에서 제외하는 특권과 귀족들의 이기주의를 증오했다. 민병대를 통해 국가와 시민이 상호간에 책임감을 높이기를 원했다. 파렛은 클라우제비츠의 국가관이 국가의 이상화에서 국가의 도구화로 변했다고 본다.

클라우제비츠는 국왕이 프로이센에 헌법을 부여할 것으로 기대했고, 이원제로 구성된 의회제를 지지했고, 강력한 행정부가 필요하다는 신념도 가졌다. 그는 문명개화기의 절대주의 전통에 강한 인상을 받았다. 그런데도 그는 프로이센의 반동세력과 서구의 보수주의자들에게 '은밀한 과격파'로 간주되었고, 이는 그들이 그의 런던 주재 프로이센 대사직을 막는 이유가 되었다. 클라우제비츠는 민중의 힘을 부정할 정도로 보수적이지도 않았고, 힘에 대한 국가의 요구를 부정할 정도로 진보적이지도 않았다.

파렛의 글 요약. 국가의 본질은 힘이다. 대외적인 힘이 국가의 생존을 보장한다. 국가가 위기에 빠지면 대외적인 힘이 국내정치의 문제보다 우선한다.

하알벡, 클라우제비츠와 게릴라전. 클라우제비츠는 현대 게릴라전의 제창자이고, 이는 모택동의 시대까지 이어진다. 클라우제비츠는 혁명전쟁에서 게릴라전을 경험했고 1810~1811년에 게릴라전을 강의했고 러시아원정에서 빨치산 전투를 목격했다. 그 당시에 '대전쟁'은 정규전쟁으로, '소전쟁'은 (정규군대의 특별 부대가 수행하는) 게릴라전쟁의 개념으로 불렸다. 클라우제비츠는 정치적·사회적 측면을 배제하고 군사적 측면의 전투양식으로만 게릴라전을 다루었다. 게릴라전은 1810년 전후에는 '최후의 막다른 골목에 처한 경우의 수단'으로, 『전쟁론』에서는 여기에 더해 결전을 치르기 전의 자연스러운 도움으로 확대해서 이해되었다. 앞으로 게릴라전의 연구는 클라우제비츠를 무시하고는 결코 이루어질 수 없을 것이다.

소비에트 러시아의 견해에서 본 클라우제비츠. 이것은 소비에트 군사백과사전의 클라우제비츠 항목을 번역한 글이다. 소련의 저자를 구할 수 없어 소련 군사백과사전의 해당 항목을 번역한 것으로 보인다. 그렇게 해서라도 소련의 논의를 『전쟁 없는 자유란』에 실으려는 클라우제비츠협회의 이데올로기적인 개방성을 높이 사고 싶다.

소련의 공식 마르크스-레닌주의 이데올로기에 근거한 군사백과사전에 따르면, 클라우제비츠는 프랑스혁명을 부정적으로 보았지만 봉건적인 군사제도는 신랄하게 비판했다. 클라우제비츠는 이상주의자로서 국가의 정치를 사회 전체의 이익을 대변하는 것으로 보았고 계급적 이해관계를 대변하는 것으로 파악하지 못했다. 정신력을 강조한 것은 그의 공헌이지만, 민중의 역할은 과소평가하고 최고지휘관의 역할은 과대평가했다.

부르주아 군사이론은 (개인의 역할, 우연성, 전쟁의 무자비함을 강조한) 클라우제비츠의 주관적 이상주의를 지지하고, 제국주의 전쟁이 착취계급의 침략정책과 결부되어 있다는 점은 은폐하고 있다. 클라우제비츠의 잘못된 테제를 받아들이는 것은 부르주아 군사사상의 한계이다.

렘, 동독의 클라우제비츠. 이 글은 클라우제비츠에 대한 동독 정부의 독점권 주장과 이에 대한 동독 내의 반론을 소개하고 있다. 한편으로 클라우제비츠는 '동독'의 부르크 출신이므로 동독의 애국자이고, 동독만이 그의 정통성 있는 후계자이다. 다른 한편으로 그는 봉건주의적이고 부르주아적인 사상을 갖고 있었다. 그는 전쟁 연구에서 정신력을 강조했고 그의 연구는 변증법적 방법의 교본이다. 하지만 그가 말한 국가는 사회 전체의 이익을 대변하는 것이 아니라 지배계급과 착취계급의 이익을 대표하고 있었다. 그에게서 정의의 전쟁이나 부정의의 전쟁의 이론적 기반은 발견할 수 없다. 그는 전쟁에서 정치의 계급성과 경제적인 측면도 고려하지 않았다. 결국 동독에서 클라우제비츠는 마르크스주의의 계급국가의 관점에서 이해되고 있다. 동독 국방장관에 따르면 '모든 전쟁은 국가나 특정 계급의 국내정치의 계속이다.'(478쪽)

아사노 유고, 일본에 미친 클라우제비츠의 영향. 일본은 보불전쟁에서 프로이센의 승리에 영향을 받아 독일 군사학을 접했다. 처음에는 독일 유학파가, 그다음에는 독일 교관의 지도를 받은 학생들이 클라우제비츠 사상을 배웠다. 1903년에 『전쟁론』이 완역되었다. 러일전쟁과 만주전쟁의 승리는 클라우제비츠의 전쟁이론에 힘입은바 크다. 제2차 세계대전 이전에 군인들은 주로 전쟁이론과 전사를, 민간연구자들은 유물론이나 마르크스주의 전쟁이론을 연구했다. 1930년대에 『전쟁론』이 이와나미 문고판으로 출간되어 '클라우제비츠 붐'이 일어났다. 제2차 세계대전 이후에는 국제정치학자들이 클라우제비츠를 연구하고 『전쟁론』의 새로운 번역이 출간되고 경영학 분야에서도 『전쟁론』을 연구하게 되었다. 1970년대에 비로소 (외국문헌의 소개에 그치지 않고) 일본의 독자적인 클라우제비츠 연구가 시작되었다.

바게만, 맺는말. 바게만은 이 논문집에 실린 글의 연관성을 고려하면서 각 글을 분류하여 요약한다. 그렇게 해서 앞으로의 클라우제비츠 논의에 자극을 주려고 한다. 자유를 위한 결단은 전쟁을 위한 결단이 아니고 평화를 위한 결단, 즉 유럽과 세계의 자유 속에서 평화를 획득하려는 결단이다. 평화는 힘의 균형으로 유지되고, 평화를 유지하려면 일시적인 희생을 너무 크게 생각해서는 안 된다.

이 맺는말에서 바게만은 클라우제비츠의 이론과 철학으로부터 오늘날의(1980년) 동서 냉전에 도움이 될 만한 교훈을 찾고 있다. 냉전은 나토와 바르샤바조약기구의 갈등으로 표출되고, 그래서 원문의 Schrittmacher(선도자, 주도자)는 나토이고 Herausforderer(도전자)는 바르샤바조약기구이다. 그런데 바게만의 글을 번역한 이종학은 선도자와 도전자를 엉뚱하게 옮겼다.

독일어 원문, 398쪽	나의 번역	이종학 번역, 503쪽
Schrittmacher ist auch hier der Herausforderer.	선도자는 여기에서도 도전자이다.	그런 뜻에 있어서 클라우제비츠는 바로 선각자인 동시에 도전자이다.

이종학은 일어 번역 544쪽의 문장을 우리말로 중역했다. 독일어 원문에는 이종학의 문장에 있는 '클라우제비츠'가 없다. 원문을 좀 더 자연스럽게 옮기면 '선도자는 여기에서도 도전자가 된다.'이다.

우리(유럽과 서방세계)의 임무는 클라우제비츠 시대와 달리 오늘날의 새로운 안보환경을 인식하는 것이고, 그것을 인식해야 우리의 안전을 확보할 수 있다. 나토 대 바르샤바조약기구의 정치·군사적인 갈등에서 힘의 역학관계는 역전될 수 있고, 현재에는 나토가 앞서지만 앞으로는 바르샤바조약기구가 앞설 수 있고, 그래서 선도자도 도전자가 될 수 있다는 것이 위 독일어 문장의 의미이고 맥락이다. 위 독일어 문장은 '클라우제비츠가 선각자인 동시에 도전자'라는 뜻이 전혀 아니고 결코 그런 뜻이 될 수 없다. 이종학의 중역과 일본어 번역은 완벽한 오역이다. 다른 부분에도 오역이 보인다.

독일어 원문, 400쪽	나의 번역	이종학 번역, 505~506쪽
Er lernt beim Gegner, der neue Mittel und Kräfte eingesetzt hatte. Auch unsere Zeit hat beim politischen Herausforderer zu lernen. Gleichgültig, ob er vorrangig ideologische oder imperialistische Ziele, ideologisch getarnt, verfolgt, er treibt eine expansive Machtpolitik, gestützt auf den Vorteil der inneren Linie.	그[클라우제비츠]는 새로운 수단과 힘을 투입한 적에게 배웠다. 우리의 시대도 <u>정치적인 도전자</u>에게 배워야 한다. <u>그[도전자]가</u> 이데올로기적인 목표를 우선해서 추구하는지, 또는 (이데올로기로 위장된) 제국주의적인 목표를 우선해서 추구하는지는 중요하지 않다. <u>그[도전자]는</u> 내선의 유리함을 토대로 팽창정책을 추구한다.	그는 새로운 수단과 전력을 구사했던 방법을 적으로부터 배웠다. 우리들의 시대에 있어서도 <u>정치적 선각자 클라우제비츠로부터</u> 배워야 한다. <u>그가</u> 이데올로기적 혹은 이데올로기에 위장된 제국주의적 목표를 우선해서 추구했는가의 여부는 중요한 문제가 아니다. <u>그는</u> 내선의 이점을 이용하여 힘에 의한 확장정책을 추구하고 있다.

이 부분의 이종학의 문장 역시 일어 번역 546쪽의 중역이다. 이종학의 문장이 이해가 되는가? 이종학의 문장에서 모든 '그'는 클라우제비츠이다. 클라우제비츠가 이데올로기적 목표 혹은 이데올로기로 위장된 제국주의적 목표를 우선해서 추구했는가? 클라우제비츠가 힘에 의한 확장정책을 추구하고 있는가? 완전한 오역이다.

이는 클라우제비츠가 적 프랑스에게 배웠듯이, 오늘날 우리(서유럽)도 도전자(동유럽)에게 배워야 한다는 말이다. 소련과 동유럽은 이데올로기적인 목표를 추구할 수도 있고 제국주의적인 목표를 추구할 수도 있는데, 중요한 것은 서유럽이 소련과 동유럽의 팽창정책을 간파해야 한다는 말이다.

독일어 원문, 400쪽	나의 번역	이종학 번역, 506쪽
Nach Hans-Christian Pilster sieht der Herausforderer seinen Vorteil in ….	필스터에 따르면 도전자는 …에서 유리하다고 본다.	필스타에 의하면, 선각자 클라우제비츠는 … 이점이 있다는 것을 간파하고 있었다.

이 역시 일어 중역이다(546쪽). 나토는 미국과 유럽으로 분리되어 있고, 그래서 영토상으로 연결되어 있지 않다. 도전자, 즉 바르샤바조약기구는 광대한 영토의 연결성에서, 엄격하고 통일된 지휘에서, 정치의 모든 방향을 제시하는 원칙인 세계혁명의 투쟁적인 이데올로기에서 유리하다. 이종학의 번역에서 계속 나오는 '선각자 클라우제비츠'는 일관된 오역이다. 이 일련의 오역은 다음 쪽 위의 UN에 관한 번역에서 정점에 이른다.

이종학의 번역은 일어 번역 547쪽의 중역이다. '유엔이 식민지의 해방투쟁을 국제법상 (전쟁으로) 인정한 것으로, 해방전쟁의 합법화를 두고 벌이는 제국주의 국가들과 식민지들의 투쟁으로 여러 나라의 분쟁형태는 다양해졌는데, 이는 식민지 편을 든 도전자(소련과 동유럽) 덕분이다.' 그래서 여기에서는 '클라우제비츠'가 등장할 이유가 전혀 없다. 유엔을 언급하고 있는 마당에 (유엔이 생기기 110년 전에 사망한) 클라우제비츠가 왜 나오는 것일까?

독일어 원문, 400쪽	나의 번역	이종학 번역, 506쪽
Daß sich auch das Spektrum der Konfliktformen durch den Herausforderer erweitert hat, zeigt u. a. die Anerkennung von Befreiungsbewegungen durch die UNO und der Kampf um deren völkerrechtliche Legalisierung.	분쟁형태의 스펙트럼도 도전자를 통해 확대되었다는 것은 특히 유엔에 의한 해방운동의 승인과 해방운동의 국제법적인 합법화를 둘러싼 투쟁이 보여주고 있다.	분쟁형태의 스펙트럼을 확대한 것도 클라우제비츠였다는 것은 특히 UN에 의한 해방운동의 승인과 그 국제법상의 확인을 둘러싼 투쟁이 실증하고 있다.

독일어 원문, 401쪽	나의 번역(의역)	이종학 번역, 507쪽
Als Ergebnis des ersten Teils kann man feststellen, daß die Bedeutung militärischer Mittel im Rahmen der Politik des Verteidigers abnimmt, während sie beim Herausforderer wächst.	군사수단의 의미가 방어자의 정치의 틀에서는 줄고 있는 반면에 도전자에게는 늘고 있다는 것을 제1부의 결과라고 할 수 있다.	제1부의 성과는 선각자 클라우제비츠가 제기한 사항에 관련하여, 방위하는 측의 정치의 틀속에서의 군사적 수단의 의의를 다루었다는 데 있으리라.

이종학의 번역은 일어 번역 548쪽과 같다. 이 부분은 전체적으로 오역이라서 어디에 밑줄을 그어야 할지 알 수 없다. 군사수단의 중요성이 방어자(나토)에게는 줄고 있는데, 도전자(바르샤바조약기구)에게는 늘고 있다. 나토에게는 무력이 덜 중요해지고 있는데, 바르샤바조약기구는 무력을 중요하게 본다. 이런 뜻의 문장은 결코 이종학처럼 번역할 수 없을 것이다.

이종학의 중역을 전체적으로 보면 클라우제비츠는 어쨌든 '선각자'인 것 같다. 그래서 선도자(Schrittmacher)도 선각자 클라우제비츠로 번역하고, 도전자(Herausforderer)도 선각자 클라우제비츠로 번역한다. 선각자가 선도도 하고 도전도 하는 것은 이해할 수 있다. 하지만 나토와 바르샤바조약기구의 갈등에 클라우제비츠를 넣는 것은 전혀 이해할 수 없다. 이 부분에서 이종학의 오역은 우리나라의 클라우제비츠 오역 역사에서 정점을 이룬다.[21]

제4부. 여기에 있는 6개의 글 중에 3개(파렛, 하워드, 브로디의 글)는 하워드와 파렛의 『전쟁론』 영어 번역에 첨부되어 있는 글이고, 다른 3개는 몇몇 책과 학술지에서 발췌한 글이다.

파렛, 전쟁론의 기원. 파렛은 대략 1792~1815년의 기간, 즉 클라우제비츠의 10대 초반부터 20여년의 전쟁경험과 저술활동을 추적하고 있다. 13살 때의 전투경험, 노이루핀에서 보낸 5년의 기간, 일반군사학교 입학, 샤른호스트의 지대한 영향, 뷜로의 '작전기지'와 조미니의 '일반원리' 등 기하학적인 군사이론에 대한 비판, 칸트 철학의 연구, 샤른호스트의 부관으로 활동하면서 수행한 왕세자에 대한 군사교육, 러시아 군대의 참모장교 취임, 이 시기(1810년 전후) 클라우제비츠 저술의 많은 양과 풍부한 내용 등이 『전쟁론』의 기원을 이룬다는 것이다. 클라우제비츠는 1806~1812년에 전쟁의 외적인 요소인 마찰에 대한 내적인 대응책으로서 천재성을 완전히 포착했고, 주로 역사연구를 통해 두 가지 종류의 전쟁에 대한 인식에 도달했다. 이 글은 전체적으로 청년 클라우제비츠의 지적 성장과정을 객관적으로 훌륭하게 서술하고 있다.

하지만 클라우제비츠가 두 종류의 전쟁과 전쟁의 정치적인 성격을 분리했다는 파렛의 주장은 받아들이기 어렵다. 클라우제비츠는 두 종류의 전쟁과 전쟁의 정치적인 성격을 통합했다.

라포포트, 전쟁론 입문. 이 글은 90여 쪽에 이르고 제4부에서 제일 많은 분량을 차지하고 있다. 라포포트는 전쟁철학을 정치적(1), 종말론적(2), 격변적(3) 철학으로 나눈다. 1은 전쟁을 국가정책의 합리적 도구로 본다. 클라우제비츠의 철학이다. 2에서 역사는 어떤 대계획의 전개로 최종적인 전쟁에 이른다. 2에는 구세주의적 종말론(십자군, 성전, 미국의 '명백한 사명', 나치의 지배종족설)과 세계적(기독교적, 공산주의적) 종말론의 유형을 들 수 있다. 3에서 전쟁은 인류에게 떨어지는 (그래서 피해야 하는) 파국 또는 재앙인데, 여

---

21. 이종학은 일어 번역을 중역했고, 이 맺음말의 독일어를 일어로 번역한 것은 '일본 클라우제비츠학회' 회장인 고다(鄕田 豊)이다. 여기에서는 이종학의 오역만 지적했는데, 이것이 『전쟁 없는 자유란』의 다른 번역에 오역이 없다는 것을 말하는 것은 결코 아니다.

기에는 종족중심적 파국(원자탄대피소의 설치)과 보편주의적 파국(톨스토이의 『전쟁과 평화』)을 구분할 수 있다. 3은 국제체계의 역학적 특성에 기인한다. 1은 게임에, 2는 어떤 사명 또는 드라마의 대단원에, 3은 화재나 역병에 비유된다. 세 전쟁관은 모순된다기보다 보완된다.

세 전쟁이론은 모두 처방적인(규범적인) 요소를 포함하고 있다. 클라우제비츠나 레닌의 '처방'은 명확하지만 격변론적 전쟁관의 처방은 암묵적이고 애매하다. 세 전쟁이론의 통합은 기술적(記述的)인 차원에서는 가능하지만 처방의 차원에서는 불가능하다.

현대 국제체계는 클라우제비츠적인 체계가 아니다. 20세기의 혁명전쟁도 주권국가 사이의 클라우제비츠적인 전쟁이 아니다. 중국은 혁명전쟁의 투사로, 미국은 세계질서의 옹호자로 자처하고 있다. 중국은 모택동의 게릴라전이론을, 미국은 반게릴라전 이론을 내세우고 있다. 어떤 이론도 클라우제비츠의 전쟁이론과 닮지 않았다.

그런데 클라우제비츠의 철학을 현대적으로 전개하는 아롱의 『평화와 전쟁』이나 허만 칸의 『열핵전쟁』 등의 신클라우제비츠적 이론가들은 클라우제비츠의 정치적 전쟁철학을 부활시킨다. 게임이론가들은 뉴욕에서 대형 핵폭탄이 폭발하는 비현실적인 경우를 상정하고 이를 게임이론의 합리적 결정으로 해결하려고 하는데, 라포포트는 게임이론의 근저에 있는 정치적 전쟁철학, 즉 전쟁을 합리적 도구로 보는 사고의 틀 자체를 비판한다. 핵전쟁의 시대에는 자신의 의지를 상대에게 강요하려고 시작하는 전쟁을 정당화할 수 없다. 그런데도 신클라우제비츠적 이론가들은 여전히 클라우제비츠의 공리를 받아들이고 있다. 허만 칸의 초현실주의적 논의도 신클라우제비츠적 이론들도 라포포트에게는 그로테스크하게 보인다. 대략 이것이 이 글의 논지로 보이는데, 번역이 혼란스러워서 이해가 안 되는 부분이 적지 않다.

라포포트에 대한 나의 비판. 라포포트는 완전히 다른 세 개의 전쟁철학을 동일한 범주에 넣고 병렬적으로 늘어놓았다. 또한 클라우제비츠의 전쟁 개념을 국가 간의 전쟁으로만 이해하고, 그것이 혁명전쟁, 인민전쟁, 게릴라전도 포함한다는 사실을 간과했다. 오늘날 라포포트의 견해는 라포포트 스스로 비난하고 있는 칸의 『열핵전쟁』만큼이나 '박물관 진열품 감'으로(706쪽) 전락한 것이 아닐까? 클라우제비츠가 낡았다면 라포포트는 더 낡은 것처럼 보인다.

아롱, 클라우제비츠의 개념체계. 아롱은 『전쟁론』 제1편 제1장에 대한 해석을 치밀한 논리와 긴밀한 서술로 수준 높게 보여주고 있다. 아롱에 따르면, 제1장은 전쟁에 관한 두 개의 말로 된(이중적) 정의에서 세 개의 말로 된(삼중적) 정의로 옮아간다.[22] 이동의 1단계는 정치적 목적과 군사적 목표의 차이, 2단계는 절대전쟁이 현실전쟁으로 제한된다는 점(추상성에서 구체성으로 이행한다는 것), 3단계는 공격과 방어의 불균등성(전쟁행동의 중지)이다. 4단계에서 클라우제비츠는 정치와 정책의 사상을 다시 도입한다.

높은 수준 때문인지 글이 약간 난해하다. 이른바 '삼위일체'를 현실전쟁에 타당한 것으로 보는 해석이나 클라우제비츠가 제한적인 전쟁을 반쪽짜리 전쟁으로 보는 것을 비난하는 해석은 동의하기 어렵다. 이것이 아롱과 나의 해석의 차이 때문인지, 번역 수준이 낮아서 글을 이해하기 어렵기 때문인지는 단정하기 어렵다. 절대전쟁과 현실전쟁을 '두 종류'의 전쟁과 전쟁의 '이중성'의 두 가지로 번역한 것은 제1장의 해석과 관련하여 혼란을 일으킨다. 정확한 개념으로 번역해야 할 것이다.

하워드, 클라우제비츠의 영향. 하워드는 클라우제비츠가 독일(몰트케, 골츠, 슐리펜, 캠머러, 블루메, 베른하르디, 젝트), 프랑스(카르도, 포쉬, 콜린, 뒤 피크), 영국(그래험, 코벳, 리델 하트), 미국(오스굿, 브로디)에 미친 영향을 차분한 필치로 수준 높게 서술했다. 그 나라들에 클라우제비츠가 어떻게 수용(이해, 존경, 찬양, 숭배, 오해, 반발, 왜곡, 비난, 경멸, 폄하)되었는지 객관적이고 균형 잡힌 시각으로 훌륭하게 설명하고 있다.

이처럼 클라우제비츠가 150년 이상 빈번하게 인용되는 이유는 전략사

---

22. 나는 이 견해에 동의하지 않는다.

상에서 기하학적인 관점을 멀리 한 것과 전쟁에서 정신력의 탁월함을 강조한 것 때문이다(679쪽). 그가 전혀 예측할 수 없었던 핵전쟁의 시대에도 수많은 통찰을 이미 오래전에 제시할 수 있었다는 사실이 그의 천재성의 징표이다(696쪽).

브로디, 『전쟁론』의 항구적 가치. 이 글은 수준 높고 문학적이고 곳에 따라 매우 신랄하다. 브로디는 정곡을 찌르면서도 글을 매우 유쾌하게 서술했다. 조미니, 포쉬, 두에, 칸, 마한, 코벳 대(對) 다윈, 프로이트, 스미스의 대비도 설득력 있다.

『전쟁론』이 항구적인 가치를 갖는 이유는 클라우제비츠가 전쟁 자체의 근본 성격에서 시작하여 문제의 근저에까지 도달했고, 이와 같은 업적을 성취한 사람이 사실상 그 이외에는 없기 때문이다. 그의 작품은 단지 제일 위대할 뿐만 아니라 전쟁에 관해 유일하게 위대한 업적이다(709쪽). 『전쟁론』을 읽을 때는 독서 중에 읽기를 자주 멈추고 생각을 할 수 있는 자세가 필요하다(718쪽).

깁스, 정신력. 프로이센 군대에서는 귀족만 장교가 될 수 있었고 병사들은 쓰레기같이 취급되었다. 권리, 품위, 교육, 재산이 없는 '쓰레기'들이 참여, 이해, 동의할 수 없는 정부를 위해 싸우기를 기대할 수 있겠는가? 이와 달리 프랑스혁명은 인민에게 참정권을 주었고(최소한 그렇게 보였고), 인민은 귀족이나 왕이 아니라 스스로를 위해 싸웠다(727쪽). 이 점에서 혁명군대의 승리는 상당한 정도로 심리적·정신적 측면에서 비롯되었다.

전쟁을 정치의 수단, 즉 정치적 목적을 갖는 정치적 행동으로 설명하는 접근법은 합리적 측면을 포함하고 있다. 다른 한편으로 전쟁은 우연과 개연성의 지배를 받고 있는데, 그래서 계산할 수 없는 심리적·정신적 측면을 포함하고 있다(733쪽). 이것이 깁스의 핵심 논지이다. 그런데 이 두 방향이 대립되면서 같은 방향으로 작용하고 있고, 클라우제비츠의 저작 전체가 제한전쟁을 주장하고 있다는 설명은 납득하기 어렵다. 깁스의 글은 전체적으로 평범한 수준의 분석이다.

이상으로 A의 『전쟁 없는 자유란』에 관한 논의를 마친다. 『전쟁 없는 자유란』은 클라우제비츠협회라는 단체에 의해 편찬된 논문집이고, B의 『클라우제비츠와 현대전략』은 마이클 한델이라는 개인이 편찬한 논문집이다. A는 서독에서 출간되었고, B는 미국에서 출간된 연구서이다. A에는 32편의 글이 있고, B에는 15편의 글이 있다. B의 『클라우제비츠와 현대전략』은 다음과 같은 내용으로 이루어져 있다.

서론
제1부 신클라우제비츠론
　　제1장 불후의 클라우제비츠(크리벨드)
　　제2장 기술시대에 있어서의 클라우제비츠(한델)
제2부 『전쟁론』: 이론적 차원
　　제3장 『전쟁론』에 있어서의 우연과 불확실성(허빅)
　　제4장 클라우제비츠와 정보(칸)
　　제5장 클라우제비츠와 게릴라전(할베그)
　　제6장 『전쟁론』에 있어서의 시간과 공간(넬슨)
　　제7장 스승과 제자: 프레데릭 대제와 나폴레옹 및 클라우제비츠(루바스)
　　제8장 전략에 관한 두 서한: 작전수준에 대한 클라우제비츠의 기여(프란츠)
제3부 클라우제비츠에 대한 잘못된 인식
　　제9장 클라우제비츠, 풀러 및 리델 하트(루바스)
　　제10장 『전쟁론』에 대한 독일 군부의 잘못된 인식(왈라크)
　　제11장 1930~1940년대 독일에 미친 클라우제비츠의 영향(뮐러)
　　제12장 클라우제비츠: 독일군의 성공에 대한 고찰(머레이)
　　제13장 클라우제비츠와 프랑스군(1871~1914)(포쉬)
　　제14장 무시된 클라우제비츠: 이탈리아 군사사상과 교리(1815~1943)(구취)
저자소개

한델, 서론. 서론은 이 책의 편집자 한델의 글이다. 『전쟁론』은 철학자, 역사가, 정치학자, 군인들에게 대체로 무관심, 오해, 왜곡의 대상이었다. 하지만 『전쟁론』은 당대의 정신을 반영하고 있고, 이론은 우아하고 설득력이 있고, 개념들을 비교하고 종합하는 변증법적인 방법을 쓰고 있다. 합리적 요소와 비합리적 요소에 동일한 비중을 두고 있다. (이 점은 프랑스의 계몽주의 전통과 독일의 낭만주의 전통을 변증법적으로 통합한 것이다.) 전쟁에서 정치의 역할을 강조하고 있고, 전쟁의 불확실성을 충분히 인식하고 있다.

어떤 사람들은 클라우제비츠를 피와 파괴를 열망하는 페르시아인이라고 하고 리델 하트는 클라우제비츠를 회교도들의 구세주라고[23] 하지만, 현대 미국에서는 베트남전 패배의 영향으로 전쟁의 정신적인 측면을 강조하게 되었다. 『전쟁론』은 전쟁이 변하는 성질을 갖는다는 점을 인식함으로써 오늘날에도 응용될 가치가 있다. 그다음에 이 책에 실린 논문들을 개괄적으로 요약하고 있다(15~35쪽).

이 책의 여러 논문을 종합하면 『전쟁론』은 여러 시대와 장소에서 잘못 이해되었다. 군인들은 『전쟁론』에서 작전 부분에 초점을 맞추려는 경향을 보였다. 전쟁에 대한 정치의 우위성, 공격에 대한 방어의 우세함, 절대전쟁의 개념 등은 광범위하게 왜곡되었다.

제1장 크레벨드, 불후의 클라우제비츠. 크레벨드의 이 논문은 매우 수준 높다. 문학적으로도 훌륭하여 읽는 즐거움까지 준다. 클라우제비츠의 저술이 왜 불후의 가치를 갖는지 역사적으로, 논리적으로, 인간적으로 잘 설명했다.

그 첫째 이유는 『전쟁론』의 포괄성에 있다. 정치가, 장군, 전술가, 역사가, 이론가는 각자 자기 분야에서 『전쟁론』의 큰 가치를 발견한다. 『전쟁론』은 주로 재래전을 다루고 있지만, 게릴라전쟁과 핵전쟁에서도 논의의 핵심이 되고 있다.

클라우제비츠의 양극론(이론과 실제, 절대전쟁과 현실전쟁, 정신과 육체, 개별성과 집합체, 공격과 방어, 섬멸전과 소모전, 정규전과 게릴라전, 분리된 역사와 전체의 역사)은 다원적이고 변화무쌍하고 풍부한 현실세계를 언어와 사상으로 질서 있게 표현할 수 있게 했다. 이 이중 접근은 규칙과 천재, 지성과 감성의 관계를 상호작용, 반작용, 보완의 관계로 보는 데서도 나타난다.

클라우제비츠가 왜 불후의 가치를 갖는지 이해하는 또 다른 방법은 전

---

23. 여기에서 '페르시아인'과 '회교도'는 모두 오역이다.

쟁 연구를 자연 연구와 비교하는 것이다. 자연(과학)의 연구에서는 불변성, 객관성, 규칙성을 발견하려고 하는데, 당대의 인간들은 자연의 법칙을 발견한 것과 같은 방법으로 전쟁의 객관적인 원칙을 발견하려고 했다. 삭스, 뷜로, 조미니, 몰트케, 슐리펜, 리델 하트 등이 그러했다. 자연은 영원한 법칙의 지배를 받지만 전쟁은 그렇지 않다. 자연은 맹목적이지만 전쟁은 목적을 갖는 활동이다. 목적은 정치의 영역이고 자유로운 인간의 의지를 표현한다.

물리세계를 연구하는 자연과학은 사회관계에 관한 연구를 포기한다. 클라우제비츠는 자연과학의 실험을 '사고의 실험'으로 확장하여 순수한 이상적인 세계를 연구했고, 이 세계에서 현실세계로 전환했다. 스미스의 수요와 공급의 이론, 맬더스의 인구론도 그러했다.

전쟁이론에 관한 기존 저서의 대부분은 미화된 요리책에 불과하다. 이러이러한 상황과 조건에서 이러이러한 지점을 점령하고 이러이러한 대형으로 공격해야 한다는 것이다. 클라우제비츠도 부분적으로는 그런 실무적인 전통을 따르고 있다. 하지만 그는 실용적인 군인으로 끝나지 않았다. 전쟁의 본질과 목적이 무엇인지 묻는 철학자이기도 했다. 맛있게 요리하는 방법보다 요리에 관해 생각하는 것에, 전쟁을 하는 방법보다 전쟁 자체에 관해 생각하는 것에 더 큰 관심을 가졌다. 클라우제비츠를 고도로 실제적인 사람으로 만들고 역사의 변화에도 살아남게 만든 것은 아이러니하게도 바로 이 '실제성의 부족'이다.

클라우제비츠와 『전쟁론』이 불후의 명성을 얻게 된 조건과 상황을 알아보려면 클라우제비츠의 생애를 돌아보아야 할 것이다. 그는 생애를 군대 복무로 보냈는데, 그때는 전쟁에 혁명적인 변화가 일어난 때였고 그는 그것을 목격했다. 둘째로 그는 군대에 속해 있었지만 오로지 실질적인 군인이기만 한 것도 아니었다. 그는 전쟁에 통달했지만 평생 '전쟁 밖에' 있었던 사람이기도 했다. 그는 그의 인생과 생각을 오로지 전쟁에만 맞추지 않았다. 끝으로 시간이 그의 편이었다. 생애 마지막 15년 동안 시간이 많았다. 출판이냐 자멸이냐(publish or perish)라는[24] 성취지향적인 사회의 압력은 그에게 문제가 되지 않았다. 만일 그가 높은 고과점수를 얻기 위해 분투해야 하는 환경에서 살았다면, 재정적인 어려움 때문에 연구비를 신청해야 하는 압박에 놓여있었다면, 분기마다 연구보고서를 작성하느라고 시간을 보내야 했다면, 『전쟁론』은 결코 쓰지 못했을 것이다.

물론 생각할 수 있는 여유가 있었다고 해서 생각이 여유의 산물은 아니다. 『전쟁론』과 같은 수준의 걸작을 쓰려면 군인이면서 학자가 되어야 하지만, 군인이면서 학자가 된다는 것이 그 같은 걸작을 쓰는 충분조건은 아니다. 클라우제비츠가 나폴레옹전쟁을 경험하여 『전쟁론』을 썼다고 말할 수 있지만, 그의 동료와 많은 다른 사람들도 나폴레옹전쟁을 경험했다. 『전쟁론』과 같은 책을 쓰려면 그런 책을 쓰는데 필요한 충분조건이 객관적인 환경과 조화를 이루어야 하지만, 『전쟁론』은 단지 그런 조건과 환경의 산물만은 아니라는 것을 인식해야 한다.

제2장 한델, 기술시대의 클라우제비츠. 전쟁 연구에서 『전쟁론』을 능가하는 것은 아직 없다. 클라우제비츠의 작품에는 단 하나의 진부한 표현도 발견되지 않는다. 하지만 그의 생애에 나타나지 않았거나 미성숙한 상태였던 것 중에 오늘날 중요해진 것이 있다. 클라우제비츠가 오늘날에 『전쟁론』을 썼다면 기술혁신으로 초래된 현대전쟁의 모습, 기술 변화의 결과로 훨씬 복잡한 형태로 나타난 문제(전략적 결정, 민군관계, 정보의 신뢰성 등), 전쟁의 원인, 윤리, 경제적 차원 등의 문제, 그 자신의 시대에도 잘못되거나 부정확했던 이론이나 관찰을 보완했을 것이다.

산업기술혁명은 전쟁에 엄청난 충격을 주었다. 그래서 오늘날 클라우제비츠는 '3위1체'(인민, 군대, 정부) 대신에 '4위1체'(인민, 군대, 정부, 기술 및 경제)의 틀을 제시했을 것이다. 그가 50년 전에 『전쟁론』을 썼다면, 그래서 나폴레옹전쟁을 경험하지 않고 프리드리히 대왕의 전쟁만 경험했다면 그는 절

---

24. 우리말 번역(출판이냐 자멸이냐)으로는 운율을 느낄 수 없지만, 영어로는 운율을 잘 느낄 수 있다.

대전쟁 개념을 발전시키지 않았을 것이다. 이와 마찬가지로 50년이나 100년 후에 『전쟁론』을 썼다면 그는 산업기술혁명에서 드러난 힘을 무시할 수 없었을 것이다.

철도와 항공기 등의 도입으로 기동성이 높아졌고 전략적 기습도 가능하게 되었다. 정보기술의 비약적인 발전은 정보의 불확실성을 크게 줄였다. 물론 정보의 과잉은 정보의 부족과 마찬가지로 결정을 하는데 지체를 일으킬 수 있다. 그래서 과학기술은 이 점에서 몇 가지 문제를 제거했지만 또 다른 문제를 야기했다.

공격에 대한 방어의 우위는 오늘날의 전쟁에서 수정되었다. 현대 무기의 발달로 우위는 방어에서 공격으로, 공격에서 방어로 여러 번 전환되었다. 군사기술과 전략적·전술적 차원의 군사교리 간의 간격이 계속 벌어지고 있다. 항공력과 잠수함에 관해서 보면 군사기술의 발달 속도가 빨라서 그에 관한 교리들이 부적절하게 되었고, 많은 경우에 무기와 교리들은 맞지 않았다.

클라우제비츠는 군주와 최고지휘관이 한 개인에게 통합되어 있는 경우를 설명했지만, 오늘날에는 정치지도자와 군사지도자가 대부분 분리되어 있다. 군사지식에 대한 독점을 주장하는 경향, 정치지도자가 직접 전쟁을 지휘하지 않는다는 점 때문이다. 민군관계의 균형을 달성하려면 어느 정도의 '적절한 조정'이 필요하다.

오늘날의 군대는 수많은 전문적인 조직(보병, 포병, 통신, 기갑, 공병, 방공, 수송, 정보 등)으로 구성되어 있고, 그래서 특수화되고 관료화되었다. 군사지도자는 전사(戰士)라기보다 관리자에 가까울 것이다. 오늘날의 클라우제비츠는 '전쟁천재'가 아니라 '군사조직의 천재'를 기술할 필요를 느꼈을 것이다.

클라우제비츠는 전쟁의 원인에 대해 거의 언급하지 않았고, 그의 태도는 도덕과 무관하고, 국내정치보다 대외문제를 우선적으로 고려했다. 하지만 이는 오늘날의 민주주의와 대중 동원의 시대에 적절하지 못하다. 레닌은 국제정치가 국내정치로 전환되는 측면을 인식했고, 루덴도르프는 총력전에서 대중의 정신적인 지원을 동원하는 것이 매우 중요하다는 점을 인정했다. 현대전쟁의 승리 여부는 전쟁터가 아니라 국내의 전선(戰線), 즉 여론에 있을지 모른다(예를 들면 베트남전쟁).

클라우제비츠는 군사적인 승리를 강조했지만, 오늘날 게릴라전쟁에서는 군사적으로 패배하고도 정치적으로 승리할 수 있다. 핵전략은 힘을 사용하는 기술이 아니라 전쟁을 피하기 위한 기술이 되었다. 핵전쟁에서 승리는 무의미한 개념이 되었다. (그럼에도 핵무기의 출현은 전쟁에서 정치의 우위에 대한 클라우제비츠의 주장을 더욱 강조한다.) 전략핵전쟁은 클라우제비츠의 삼위일체에서 군대를 제거했다. 핵전쟁에 관한 클라우제비츠적인 정의는 인민, 정부, 기술이라는 새로운 삼위일체를 창출한다. 핵전쟁에는 아마 정부와 기술의 두 요소만을 생각할 수도 있을 것이다.[25]

투키디데스, '전쟁은 무기에 관한 문제라기보다 무기를 유용하게 만드는 돈에 관한 문제이다.' 몽테쿠콜리, '전쟁을 수행하는 데는 돈, 그리고 다시 돈, 세 번째이자 마지막으로도 돈이 필요하다.' 현대전쟁은 확실히 경제적·재정적인 차원을 포함한다. 그런데 클라우제비츠는 이 측면을 결코 실제적으로 논의하지 않았다. 경제는 정치와 긴밀히 관련되어 있다는 점에서, 절대전쟁은 주로 경제적·재정적인 문제 때문에 현실전쟁으로 전환된다는 점에서 클라우제비츠가 전쟁의 경제적인 차원을 무시했다는 것은 흥미를 끈다. 오늘날 산업기술혁명은 경제적인 고려의 중요성을 증대시켰다.

오늘날 물질적인 환경은 19세기 이래 급격히 변했고 전쟁도 급격하게 변했다. 산업기술혁명 이전에 전쟁에 관해 쓰인 책은 수정되고 보완되어야 한다. 클라우제비츠의 작품도 이와 같다. 무기와 마찬가지로 이론도 시간이 지남에 따라 더 좋은 다른 이론으로 대체된다.

의견. '오늘날의 클라우제비츠'가 『전쟁론』을 이런저런 방향으로 수정하

---

25. 나는 이 극단적인 견해보다 바로 앞에 있는 괄호 안의 내용이 현실에 더 잘 맞는다고 생각한다.

고 보완했을 것이라는 한델의 논의는 결국 추측에 머물 수밖에 없을 것이다. 한델이 자기 글이 발표된(1986년) 때로부터 30여 년 후의 오늘에(2020년) 글을 썼다면, 한델은 '클라우제비츠'가 『전쟁론』에 인공지능과 로봇전쟁의 모습을 담았을 것이라고 추측할까? 한델의 서술은 대체로 균형 잡혀 있지만, 과학기술혁명으로 클라우제비츠의 3위1체가 4위1체가 되었다가 정부와 기술만의 2위1체가 된다는 주장은 극단적이고 편향되어 있다는 인상을 받게 된다. 클라우제비츠의 삼중성에 있는 인민, 군대, 정부는 인간이자 (의식과 의지를 갖고 있는) 주체이다. 하지만 기술은 인간도 아니고 의식과 의지를 갖고 있는 주체도 아니다. 범주가 다르다.

제3장 허빅, 『전쟁론』에서 우연과 불확실성. 전쟁은 폭력성, 우연성, 정치성이라는 삼중적인 성질을 띤다. 세 요소 중에 두 요소(폭력성과 우연성)는 통제할 수 없는 것이다. 하지만 클라우제비츠는 우연을 전쟁에서 최고지휘관의 창의성을 허용하는 긍정적인 영역으로 간주했다. 이와 달리 뷜로나 조미니는 우연을 규정과 제도로 최소화하려고 노력했다. 이들은 수치를 얻으려고 하고 물질적인 요소만 살펴보고 한쪽의 활동만 본다. 하지만 전쟁의 계산은 변수만으로 해야 하고, 전쟁행동에는 정신의 힘과 영향이 중요하고, 전쟁은 상대와 벌이는 끊임없는 상호작용이다. 적의 반작용과 의지는 불확실성의 항구적인 원천이다. 전쟁에서 우연과 불확실성은 최고지휘관에게 통찰력, 결단력, 침착성을 요구한다.

우연과 불확실성은 마찰의 개념으로 묶을 수 있다. 3개의 담배 포장지에 쓴 내일의 공격계획이 어느 길에서 장군의 주머니에서 바닥으로 떨어졌는데, 그것이 없어지거나 무시되지 않고 정확히 적에게 정보를 제공하게 되는 경우는(126쪽) 순전한 우연이라고 할 수 있다.[26] 우연으로 기습이 성공할 수도 있다. 전쟁에 우연과 개연성이 많이 개입하면 전쟁은 도박이 되고 최고지휘관은

---

26. 1862년 남북전쟁의 앤티텀(Antietam) 전투 준비단계에서 남군의 리(Robert E. Lee) 장군에게 이런 일이 일어났다.

도박자가 된다. 정보나 첩보는 대부분 불확실성을 낮추는 것이 아니라 높인다. 불확실성에 대한 전형적인 반응은 지연과 망설임이다.

　요약하면, 전쟁이 인간과 물질적인 자원을 무한히 흡수하기 때문에, 전쟁이 대규모이고 복잡하기 때문에, 전쟁에서 일어나는 인간적인 실수와 약점 때문에, 정보를 신뢰할 수 없기 때문에, 전쟁에서 극단을 추구하는 경향 때문에 전쟁의 우연과 불확실성은 높아진다.

　의견. 허빅은 『전쟁론』의 우연과 불확실성을 잘 요약한 것 같지만 체계적으로 정리한 것 같지는 않다. 허빅은 (클라우제비츠에 따를 때) 전쟁은 불확실하고 미래는 불안할 수밖에 없다는 (약간 허망한) 말로 글을 맺고 있다.

　제4장 칸, 클라우제비츠와 정보. '클라우제비츠는 정보를 경멸했다. 정보에 관한 그의 평론은 대부분 경멸적이다.'(142쪽) 그가 정보나 첩보에 관해 부정적인 견해를 갖게 된 근거는 전쟁에 내재한 우연성, 전쟁에는 예측할 수 없는 일이 많다는 사실, 적에 대한 관찰 및 정찰이 제한된다는 점, 정보 및 첩보에 대한 분석도 시간상 제한된다는 점, 인간이 갖고 있는 선입견 때문이다. 클라우제비츠뿐만 아니라 그 당시의 전쟁이론가들도 대부분 정보의 가치를 낮게 보았는데, 이는 역사에 정보를 수집하여 승리한 전쟁에 관한 기록이 그때까지 거의 없었기 때문이다. 클라우제비츠는 정보보다 물질적인 요소(수의 우세)와 심리적인 요소(정신력)를 강조했다. 그래서 정보가 불확실하고 부정확할 때는 예비대(물질적 측면)를 두고 의지력(심리적 측면)으로 대처해야 한다고 말했다.

　그의 사후 1세기 동안 사정이 많이 달라졌다. 기술의 발달로 항공기의 카메라, 인공위성 등을 정보 수집에 이용할 수 있게 되었다. 정보는 전쟁을 단축시켰고 많은 전쟁을 승리로 이끌었다. "니미츠 제독은 미드웨이가 '정보의 승리'라고 선언하였다."(150쪽) 그럼에도 베트남전쟁에서, 이란에서, 또 다른 많은 곳에서 정보는 제 기능을 발휘하지 못했다. 기술발달이 클라우제비츠의 견해를 근거 없는 것으로 만들었지만, 전체적으로 보면 클라우제비츠의 견해가 지배적이었다. 클라우제비츠는 전쟁의 기술적인 변화보다 항구적인 측면에 더 많은 관심을 가졌다.

의견. 칸은『전쟁론』에 있는 정보에 관한 논의를 잘 요약해서 정리했고, 이를 오늘날의 시대와 적절하게 비교했다.

제5장 하알벡, 클라우제비츠와 게릴라전.[27] 현대 게릴라전의 주창자들 중에 클라우제비츠에 대한 관심이 증대되고 있다. 모택동과 게바라를 통해서도 알 수 있다. 게릴라전, 즉 인민전쟁은 혁명전쟁의 시대에 새로운 형태로 등장했다. 클라우제비츠는 1810~1811년에 일반군사학교에서 소전쟁 (Kleinkrieg)을 강의했고, 1812년 봄에 고백록(Bekenntnisdenkschrift)에서 인민전쟁을 심도 있게 다루었고,『전쟁론』제6편 제26장에서 '인민무장투쟁'을 분석했다.

소전쟁은 소규모 병력의 사용으로 정의되었다. 클라우제비츠는 소전쟁을 다룰 때 이 형태의 군사적·기술적 측면을 다루었고 정치적·사회적 조건은 고려하지 않았다. '고백록'에서는 게릴라전을 전반적인 투쟁 또는 독립이나 저항을 하기 위한 인민전쟁으로 인식함으로써 일반군사학교의 강의를 벗어났다. 게릴라전은 프랑스 점령군으로부터 프로이센의 독립을 쟁취하기 위한 무장투쟁의 기초이고 전제조건이다. 그래서 게릴라전은 인민전쟁으로 발전하고, 인민의 투쟁은 나라를 구할 수단이 된다.『전쟁론』제6편 제26장에서는 인민무장투쟁의 실질적·이론적 모습을 다룬다. 또한 게릴라전의 여러 형태와 조건을 고려하고, 일반 전쟁이론 안에 특별하고 효과적인 요소로서 게릴라전을 포함시켰다. '이리하여 그는 현대 군사이론의 맥락에 게릴라전을 포함시킨 최초의 인물이 되었다.'(158쪽)

하알벡은『전쟁론』제6편 제26장의 핵심내용을 요약한 후에, 클라우제비츠가 게릴라전의 특정한 측면을 연구하면서도 게릴라전을 더 큰 정치적·전략적 맥락에서 고찰한 것을 그의 접근방식의 특징으로 본다. 이는 게릴라전

---

27. 이 글은 앞의『전쟁 없는 자유란』에 실린 하알벡의 '클라우제비츠와 게릴라전'과 같은 글이지만(66~67쪽 참조), 중요한 글이어서 여기에도 요약한다.

에 관한 추가적인 논의와 그 발전에 기여할 것이다.

제6장 넬슨, 『전쟁론』에서 시간과 공간. 넬슨은 『전쟁론』 전체에 분산되어 있는 시간과 공간에 대한 논의를 한데 모아 서술한다. 클라우제비츠에게 시간과 공간은 전략의 바탕이자 일용할 양식이지만, 어려운 것도 아니고 중요한 것도 아니다. 중요한 것은 최고지휘관의 개성과 능력이다. 클라우제비츠는 시간 및 공간과 같은 측정 가능한 요소를 강조하는 동시대의 기하학적인 분석을 경멸했다.

장소, 지점, 지역, 지형, 전쟁터, 기지, 영토, 땅, 병력의 분할과 집결 등은 공간과 관련된 개념이다. 적의 영토를 점령하려면 병력을 분할해야 하고, 적의 병력의 중심을 공격하려면 병력을 집결해야 한다. 공간 개념은 시간 개념과 밀접하게 관련되어 있다. 방어의 특징은 기다리는 것인데, 이는 시간과 관련되어 있다. 방어자는 결전을 나중에 하려고 하고, 공격자는 결전을 일찍 하려고 한다. 나라 안으로 하는 후퇴는 시간을 얻으려고 공간을 내주는 것이다. 심리학의 법칙에 따를 때 시간에서 유리함을 얻는 것은 대개 패배자이고 방어자이다. 일정한 힘으로 1년에 할 수 있는 것을 2년에 끝내는 데는 절반의 노력으로 충분하다는 생각은 잘못이다. 공격의 정점은 시간과 공간의 개념이 하나로 합쳐져서 성립된다. 이처럼 전술과 전략, 전투와 원정을 시간과 공간의 측면에서 바라보고 재구성할 수 있다.

클라우제비츠 이후 시간과 공간에 관한 고찰은 비교적 드물다. 몰트케, 도상훈련, 워게임, 비젤로우(J. Bieglow) 등에서 볼 수 있는 정도이다. 현재 미군의 군사교범은 공간의 의미를 반영하지 못하고, 그래서 대체로 정적(靜的)이다. 그 교리에는 공격과 방어가 시간과 갖는 관계도 없다. 미국의 교리는 원정을 기술할 때 전투를 벗어나지 못하고 있고, 시간과 공간을 전혀 고려하지 않는다.

제7장 루바스, 스승과 제자. 제목으로 알 수 있는 것처럼, 프리드리히 대왕과 나폴레옹은 클라우제비츠의 스승이었고 클라우제비츠는 그들의 제자였다. 대왕은 적극적인 방어의 장점을, 나폴레옹은 무자비한 공격의 필요성

을 클라우제비츠에게 가르쳤다. 대왕은 방어에서 시간을 버는 기술로, 나폴레옹은 공격에서 시간을 결코 낭비해서는 안 된다는 가르침으로 클라우제비츠에게 인상을 남겼다. 대왕은 제한전쟁의 대가로서, 나폴레옹은 절대전쟁의 대가로서 클라우제비츠에게 가르침을 주었다. 루바스는『전쟁론』에 있는 두 사람의 전쟁과 원정의 사례를 인용하여 이 점을 증명하고 있다.『전쟁론』은 두 사람의 전쟁술을 연구, 분석, 정리하여 쓴 것이라고 해도 과언이 아니다.『전쟁론』에 제일 많이 등장하는 인물도 그 두 사람이다.

클라우제비츠는 대왕의 전쟁경험을 연구한 후에 방어가 더 강력한 전쟁 형태라는 주장에 이르게 되었다. 19세기 말 대왕의 전쟁에 관한 논쟁에서는 대왕이 시종일관 섬멸전략을 추구했다는 독일 참모들의 견해보다 소모전략을 추구했다는 델브뤽의 견해가 더 적절한 것으로 보인다. 19세기 말의 군사 사상가 중에 델브뤽 이외의 누구도 대왕의 전쟁과 나폴레옹의 전쟁 사이에 있는 심원한 차이에 대한 클라우제비츠의 역사적인 해석에 영감을 받은 사람이 없었다. 또한 나폴레옹과 클라우제비츠에게는 비슷한 점이 많다. 리더십이 지성과 감성의 혼합물이라는 것, 대담성과 인내심을 강조한 것, 정치의 우위를 인정한 것, 말년에 전쟁사를 연구한 것 등이 그러하다.

로이드, 뷜로, 조미니 등은 전쟁에서 승리하는 항구적인 원칙을 기술했다. 하지만 클라우제비츠에게 이론은 전쟁 연구의 틀이었고, 전쟁에는 마찰이 존재하기 때문에 정신력이 매우 중요했다. 전쟁에 관한 클라우제비츠의 비판적 분석은『전쟁론』전편에 흐르고 있지만, 특히 제2편 제5장(나폴레옹)과 제3편 제1장(프리드리히 대왕)에 잘 드러난다. 이 분석에서 클라우제비츠는 대왕과 나폴레옹의 전쟁 사례를 효과적으로 이용했다.

제8장 프란츠, 전략에 관한 두 서한. 이 글에서 프란츠는 최근(1984년) 영어로 번역된 클라우제비츠의 두 서한을 작전 수준에서 검토하고, 이를『전쟁론』의 내용과 비교 분석했다. 클라우제비츠의 시간(전쟁, 원정, 전투)과 공간(나라, 전쟁터, 진지) 개념을 프란츠는 병력 단위(군대, 육군, 사단)에 대응시키고, 이를 세 단계(전략, 작전, 전술)로 파악한다. 이를 토대로 오스트리아와

프로이센의 원정과 전투에 관한 서한의 내용을 분석하는데, 이 분석의 핵심은 서한에 있는 뢰더(Roeder)와 클라우제비츠의 방안과 견해 중에 어느 것이 더 적절한가 하는 것이다.[28]

프란츠의 평. '그의『전략에 관한 두 서한』은 19세기 작전상의 기동에 관한 훌륭한 검토 및 비평 이상이다. 클라우제비츠는 각 상황이 갖는 특성을 강조한다. 원정은 계획대로 되지 않지만 지휘관은 최초의 부대 전개를 현명하게 해서 작전을 훌륭하게 수행할 수 있다. 그 기회를 활용하려면 행동해야 하고, 그렇지 않으면 진지의 유리함은 곧 사라질 것이다. 이런 일반적인 규정 때문에『전략에 관한 두 서한』은 150년 전 프로이센에서 클라우제비츠의 독자들에게 가치가 있었던 것처럼 오늘날의 군인들에게도 가치가 있다.'(233~234쪽)

제9장 루바스의 클라우제비츠, 풀러 및 리델 하트. 루바스는 이 글에서 클라우제비츠를 오해하고 왜곡한 풀러와 리델 하트를 균형 잡힌 시각을 갖고 품위 있는 문체로 반박하고 있다. 풀러와 리델 하트는 클라우제비츠의 영향을 받지 않은 것 같고, 역사의 사례를 이용할 때 이를 독자의 눈에 완전하고 자세하게 밝히지 않았다.

클라우제비츠는 전략에, 풀러와 리델 하트는 (이론가로서 형성되던 시기에) 전술에 열중했다. 클라우제비츠는 전쟁을 '기술'로 바라본 반면에, 풀러와 리델 하트는 '과학적인 방향'에서 전쟁에 접근했다.

풀러는 1926년에『전쟁론』을 '화염과 연기로 구성된 구름보다는 약간 나은 대량의 노트'라고 기술했다. 클라우제비츠의 인민, 군대, 정부의 삼중성이 풀러에게는 지구, 공기, 물/고체, 액체, 기체/마음, 육체, 영혼/뼈, 근육, 신경 등의 일련의 삼중질서로 나타나고, 이는 군사 분야에서 육군, 해군, 공군으로 대표되고, 세 군대는 안전, 활동, 협동을 제공한다. 전쟁의 성격은 기동, 무기,

---

28. 작전 수준에 대한 검토는 군사적이라서 서술을 생략한다. 우리나라 군인 출신 연구자들 중에도 프란츠의 이 글을 인용하고 참고한 연구자가 없다.

방호를 포함하고, 이 요소들을 종합하려면 포병, 보병, 기병이 필요하다.[29] 풀러는 자신을 기계화 시대의 예언자로 본 반면에 클라우제비츠를 농경시대의 장군에 불과한 인물로 간주했다. 클라우제비츠는 절대전쟁에 관해 썼는데, 풀러는 클라우제비츠를 전체주의 전쟁에 관련되는 것으로 보이도록 노력했다. 그의 마지막 저작인 『전쟁지도』와 『무기와 역사』에서는 전쟁에 관한 성숙도와 방법상의 노련미를 볼 수 있지만, 그는 생애 마지막까지 클라우제비츠를 오해하고 왜곡했다.

리델 하트는 클라우제비츠보다 조미니의 전통에 가깝지만 나폴레옹에게 비판적이었다. 그는 클라우제비츠의 피를 흘리는 결전의 개념을 비판하면서 간접접근전략을 주장했다. 클라우제비츠는 섬멸전쟁부터 단순한 무장 관측에 이르기까지 모든 단계의 의미와 힘을 갖는 여러 가지의 전쟁이 있을 수 있다고 말했는데, 리델 하트는 이를 반복해서 무시했다. 그는 클라우제비츠를 '회교도의 구세주'라고[30] 부르는 극단적인 견해를 대변한다. 리델 하트는 군사 분야의 '성서'를 철저하게 연구한 군인이 별로 없다고 논평했지만, 그도 이 범주에 포함되어야 할 것이다. 리델 하트도 『전쟁론』을 읽었을 테지만 이해에 한계를 드러냈기 때문이다.

제10장 발락, 독일 군부의 잘못된 인식. 이 글은 19세기말부터 제2차 세

---

29. 천문학에서 코페르니쿠스가, 물리학에서 뉴턴이, 생물학에서 다윈이 이룬 것을 '전쟁학'에서 이룰 수 있기를 바라는 야망에 사로잡혀 풀러가 가공의 질서와 허구의 체계를 창조한 것으로 보인다.

30. 앞에서도 보았지만 우리말 번역은 리델 하트의 말을 '회교도의 구세주'라고 잘못 옮긴다. 'Mahdi of Mass'의 번역은 '양(量)의 화신'에(최병갑 외, 『현대군사전략대강 I』, 77쪽) 가깝다. 나는 '다수의 마흐디' 또는 '수의 우세의 마흐디'로 옮길 것을 제안한다. 이 말은 클라우제비츠가 '다수의 마흐디(구세주, 주창자, 옹호자, 대변자), 수의 우세의 마흐디, 수의 우세만 강조한 자, 수의 우세만 중요하다고 말한 자, 수의 우세로 승리한다고 주창한 자'라는 비난을 담고 있다. '회교도의 구세주'라는 뜻이 아니다. 마흐디가 회교에서 말하는 구세주라는 뜻이다. 키건은 클라우제비츠에 대한 리델 하트의 이 조롱이 클라우제비츠의 영향력에 대한 과찬이라고(키건, 『세계전쟁사』, 496쪽) 클라우제비츠를 한 번 더 조롱한다. 리델 하트는 '다수의 구세주' 외에도 클라우제비츠를 '총력전의 사도'(apostle of total war)나 '군사사상의 천재적인 악마'(evil genius of military thought)라고 비난하기도 했다.

계대전에 이르기까지 독일 군부가 클라우제비츠를 얼마나 심각하게 오해하고 무시했는지 서술하고 있다. 이른바 '실용주의자들'은 클라우제비츠를 잘못 이해했고, 대다수 독일 군부는 공격에 대한 방어의 우세함과 전쟁이 정치의 수단이라는 클라우제비츠의 철학을 오해했다. 결과는 두 번의 세계대전에서 독일의 재앙과 파멸로 끝났다. 장군들은 지금 당장 필요한 지침, 지시, 명령을 바라지만 클라우제비츠는 『전쟁론』에서 철학과 이론을 주었기 때문일까?

전체적으로 몰트케, 섬멸의 개념만 강조한 슐리펜, 젝트, 총력전을 주장하여 클라우제비츠와 결별을 선언한 루덴도르프, 히틀러 등이 클라우제비츠를 오해하거나 무시했다. 이런 상황에서 베른하르디의 우려는 '광야에서 외치는 음성'이었다. 공격에 대한 방어의 우월성의 문제에서는 슐리펜, 프라이탁-로링호벤, 골츠, 베른하르디, 루덴도르프, 히틀러 등이 클라우제비츠를 이해하지 못했거나 받아들이지 않았다. 이 문제에서 젝트는 융통성을 보였고 에어푸르트와 레프는 방어의 중요성을 강조했지만, 이들은 독일 군부에서 소수에 지나지 않았다. 전쟁에 대한 정치의 우선성에 대해서도 몰트케, 골츠, 슐리펜, 힌덴부르크, 루덴도르프, 젝트, 히틀러 등은 클라우제비츠를 거부하거나 부정했다.

그래서 이 글의 저자 발락의 말은 오늘날에도 시사하는 바가 크다. '클라우제비츠의 가르침을 단 한마디도 읽지 않은 많은 사람들이 암기만 해서 '전쟁은 다른 수단으로 하는 정치의 계속'이라는 문장을 주저 없이 인용한다. 클라우제비츠는 이 가르침을 여러 번 언급하고 검토했는데, 폴스는 이런 반복을 두고 '그는 현대의 선전책임자처럼 동일한 현(絃)을 켠다.'고 클라우제비츠를 부당하게 비난한다. 클라우제비츠는 자기의 철학이 그의 군사동료들에게 쉽게 이해되거나 받아들여지지 않을 것이라고 느꼈을 것이다. 그는 그것을 슬픈 경험으로부터 어렵게 배웠고, 정치적인 지도력이나 이해력이 없는 단순한 군사전문가 및 훈련교관들에 의해 전쟁에 관한 문제들이 또다시 다루어지는 것을 보기를 원치 않았을 것이다.'(277쪽)

제11장 뮐러의 클라우제비츠, 루덴도르프, 벡.[31] 벡은 흔히 클라우제비츠

의 뛰어난 제자이자 '새로운 클라우제비츠'로 인식되고 있다. 하지만 슐리펜, 루덴도르프, 블루메, 젝트 등이 클라우제비츠보다 더 많은 영향을 미쳤고, 벡은 클라우제비츠를 제한된 범위에서만 읽은 것으로 보인다. 벡은 정치와 전쟁의 관계에서 정치지도자와 군사지도자가 '동일한 수준에서' 긴밀하게 함께 행동해야 하고, 직급이 동일해야 한다는 견해를 보였다. '최고지휘관은 정치가의 하위에 있지 않다.'는 것이다. 이 점에서 벡은 포쉬, 소(小)몰트케, 비스마르크를 비난했다.

벡은 클라우제비츠가 말한 전쟁의 정치적 성격을 받아들이지만 정치가와 최고지휘관의 관계는 왜곡되게 참고하고, 루덴도르프의 군사독재는 거부하지만 총력전의 개념은 받아들인다. 벡은 서서히 루덴도르프와 히틀러에 대한 비판으로 기울면서 클라우제비츠에게서 그 근거를 발견한다. 벡은 루덴도르프와 같은 극단적인 군국주의자도 아니고 히틀러의 나치즘 교리를 따르지도 않았다. 그는 계속해서 정치가와 최고지휘관의 '조화된 협조'를 추구했다. 루덴도르프와 클라우제비츠의 이론을 통합하는 것이 불가능해지자, 벡은 루덴도르프의 견해에 대한 완전한 부정으로 나아갔다. 그렇게 함으로써 이전의 자신의 개념도 부정하고 히틀러 방식의 전쟁도 부정했다. 클라우제비츠에 대한 연구가 히틀러에게 저항하는 지적인 토대를 제공했다.

이것은 동전의 한쪽 측면이고, 벡은 전쟁이 사회관계의 영역에 속하고 이해관계의 충돌이라는 것, 기술보다 무역과 더 잘 비교할 수 있다는 것, 정치가 전체 사회의 이해관계의 대변자라는 것, 전쟁술이 변한 것도 정치 변화의 결과라는 것까지 이해하기는 어려웠던 것 같다. 벡은 클라우제비츠를 선택적으로 읽음으로써 히틀러 방식의 전쟁이 히틀러 체제의 표현이라는 것을 인식하지 못했다. 그럼에도 벡이 루덴도르프를 논박하고 히틀러에게 저항하는데 클라우제비츠의 개념에 의존한 것은 사실이다.

제12장 머레이, 독일군의 성공에 대한 고찰. 이 글의 테제는 간단하다. 독

---

31. 심한 오역과 해독 불능의 국어에도 불구하고 이 글을 다음과 같이 요약하고 정리한다.

일 군부는 정치적·전략적 수준에서는 클라우제비츠를 오해, 왜곡, 무시했지만, 작전 및 전술의 수준에서는 클라우제비츠의 가르침이 독일군의 효율성을 높이는데 크게 기여했다는 것이다.

몰트케는 국가정책에서 군사적인 관심사항이 지배적인 요소라고 믿으면서 비스마르크와 충돌했다. 몰트케는 전략과 작전을 혼동하는데 불과했지만, 그의 후계자들은 그 둘을 동일시했다. 슐리펜 계획은 정치적·외교적 현실에 대한 의식적인 경멸에 바탕을 두고 만들어졌다. 전략과 작전의 혼동은 루덴도르프에게서 극에 달했다.

하지만 이런 사실은 독일이 (1) 두 차례에 걸친 세계대전에서 전 세계의 국가들과 대항하여 적을 거의 패배시킬 뻔했다는 것, (2) 수적으로 우세한 적, 압도적인 경제적 자원, 다방면에서 오는 동시적인 압력에 대항하여 그처럼 오랫동안 버틴 것에 대해서는 아무런 통찰도 주지 못한다. 전술적·작전적 영역에서 독일군이 우수성을 보인 데는 클라우제비츠가 간접적으로 기여했다. 즉 작전 및 전술 측면에서 전쟁에 대한 20세기 독일육군의 접근은 클라우제비츠식이었다. 장교들의 우수한 자질과 철저한 준비, 성공적인 폴란드 침공에 대해서도 부족과 결함의 수정 노력을 수행한 점, 조미니의 세계관과 달리 장교들의 '개성'을 중시한 점, 막대한 의지력과 엄청난 자기훈련, 대담성과 융통성의 강조, 분권화된 의사결정 구조, 유리한 보고보다 철저하고 정직한 보고를 중시한 점, 전투를 수행할 때 엄격한 규정을 준수하는 것보다 전선에 있는 장교들의 상식, 훈련, 자질을 신뢰한 점, 훈련과 전투경험과 교리 발전의 긴밀한 관계를 유지한 점 등이 그런 측면이라고 할 수 있다.

세계대전 전후에 클라우제비츠의 전략적·정치적 분석에 관해 분별력을 가졌던 장교는 벡 참모총장 정도였고 그뿐이었다. 벡의 부하였던 만슈타인은 벡의 사임을 반대했지만, 벡은 히틀러에 의해 사실상 축출되었다. 만슈타인, "히틀러는 국가정책에 최종 책임을 지고 있다. 그런데 그는 지금까지 정확한 정치적인 상황판단을 못하지 않았는가?"(350쪽) 모든 것을 전략으로 돌리는 부주의한 사고(思考)가 제2제국과 제3제국의 출범을 도왔다는 것, 그것이 독일의 비극이었다.

제13장 포쉬, 클라우제비츠와 프랑스군(1871~1914). 이 기간에 프랑스군에서는 클라우제비츠의 이론 중에 특히 정신력과 공격의 우세함을 강조한 부분을 받아들였다. 이것이 그 당시의 프랑스 시대정신에 잘 맞았기 때문이다. 달리 말하면, 프랑스군에서 클라우제비츠에 대한 독서는 선택적이었다. 왜 그랬는가?

프랑스 육군대학에서는 장래의 군사지도자에게 요구되는 상상력과 통찰력보다 유능한 참모장교가 되는데 필요한 기술교육을 강조했다. 그래서 육군 전체를 위한 통일된 교리를 형성하지 못했다. 또한 이때 육군에서 드레퓌스 사건이 터졌다. 이 사건은 프랑스를 분열시켰고 군대의 최악의 모습을 부각시켰다. 이로 인해 군대에 대한 정치적인 냉대와 육군의 사기 저하가 극에 달했다. 병력과 화력에서 독일에 압도당한 프랑스는 다른 분야에서 우세함을 찾아야 했다. 승리는 정신과 용기를 갖고 있는 군대에 돌아갈 것이라고 주장했다. 러일전쟁의 결과도 정신력의 효과를 보여준다고 해석했다. 러시아와 영국의 협력을 별로 기대할 수 없었기 때문에 병력과 장비의 결함을 보완하려고 '공격정신'에 의존했다. 해외 식민지전쟁에서도 공격적인 기질과 정신력으로 역경을 극복하고 승리했다는 것이다.

클라우제비츠의 '정신력'은 프랑스 군대를 괴롭힌 모든 질병(정치적 분열, 무장의 결함, 교리의 결핍)에 대한 훌륭한 치료제로 여겨졌다. 정신력은 프랑스의 용맹, 프랑스혁명의 애국적인 열정과 잘 조화되었다. 정신력은 좌익과 우익을, 드레퓌스파와 반드레퓌스파를, 정치가와 장군을, 시민과 군인을, 식민지인과 프랑스인을 통합하는 '무기'로 간주되었다. 결국 정신력은 프랑스가 갖고 있지 않은 거의 모든 것에 필요한 대체물로 제시되었다.

클라우제비츠는 1914년 이전에 프랑스 육군에서 인기가 있었다. 그는 프랑스인의 분열을 최소화시킨 인물이었고, 정신력에 대한 강조는 분열된 국가와 고통 받는 육군에게 희망을 주었기 때문이다.

제14장 구치, 무시된 클라우제비츠. 이탈리아 전쟁사에 대한 내 지식의

부족으로, 그리고 이해할 수 없는 수준의 국어 문장으로 이 장을 요약하는 것이 상당히 어렵다.

19세기 중반부터 파시스트 시대 중반까지 이탈리아는 클라우제비츠를 거의 읽지 않았고 클라우제비츠의 영향도 받지 않았다. 클라우제비츠가 알려지지 않았다기보다 불필요하고 부적절하다고 판단하여 그를 포기한 것이다. 파시즘이 권좌에 오른 이후 군사적 보수주의와 전략적 혁신이 결합하여 1942년에 『전쟁론』 완역본이 출간되었지만, 그때까지 『전쟁론』은 파시즘이나 이탈리아의 사상과 정치에 영향을 미칠 수 없었다.

19세기 중후반에 전략과 전술 문제에서 이탈리아의 모델은 프랑스였고 조미니였다. 이탈리아에는 전쟁이론의 철학적인 기초도 결여되어 있었다. 20세기를 전후하여 이탈리아에는 일관성 있고 일반적으로 인정된 '사상적인 학파'가 없었다. 1915~1917년에 군사사상은 유동적이었고, 최고사령부는 야전 작전에서 프랑스, 독일, 오스트리아-헝가리 관례의 요약본을 회람시켰고, 각 지휘관들이 그 중에 제일 유용하다고 생각하는 부분을 선택하도록 권유했다. 이탈리아의 실증주의는 '전쟁을 과학적으로 조직화할 수 있다'고 주장했다. 군사적 지도자들은 극도의 군사적 보수주의에 지배받았고, 기계화전은 다수에 의해 반대되었다. 이탈리아에 비이탈리아적인 개념은 적합하지 않다는 확신도 깊이 자리 잡았다. 제1차 세계대전 중에 두에의 독자적인 항공력에 대한 상상적인 이론만 상당한 중요성을 획득했다.

1942년에 카네바리가 『전쟁론』을 완역했고 그해에 190쪽짜리 발췌본도 출판되었는데, 발췌본 편집자의 머리말은 그가 『전쟁론』을 근본적으로 오독했음을 암시한다. 이와 달리 철학자 크로체는 『전쟁론』의 사상이 큰 가치가 있다고 생각했다. 하지만 이탈리아는 무솔리니가 실각하기 직전까지 클라우제비츠의 사상을 고찰할 필요가 없는 것으로 간주했다.

이상으로 B의 『클라우제비츠와 현대전략』에 관한 논의를 마친다. B 전체의 번역은 심각한 수준의 오역으로 넘친다. 번역자들의 어학 실력 부족, 해당 분야의 전문지식 결여, 충분하지 못한 시간 투자 때문이었을 것이다. 비문이 너무 많아서 문장을 읽고 내용을 이해하는 것이 매우 어렵다. 이는 특히 제14장에서 두드러진다. 제14장 마지막 401쪽에 "역자 : 나갑수(서론~2장) 김수남(3장 이하)"이라고 되어 있다.[32]

C는 (A나 B와 달리) 우리나라 육군본부에서 출판한 책이다.

제1장 전쟁의 본질	제4장 클라우제비츠와 지휘통솔력의 개념
제2장 클라우제비츠의 정치론	제5장 『전쟁론』의 지속적 유용성
제3장 클라우제비츠의 영향	제6장 현대전략사상가 클라우제비츠
	제7장 클라우제비츠의 생애

이 책 제1장 '전쟁의 본질'은 『전쟁론』 제1편의 영어 중역이고, 제3장 '클라우제비츠의 영향'은 『전쟁 없는 자유란』 제4부에 있는 하워드의 '클라우제비츠의 영향'과 같은 글이고, 제5장 『전쟁론』의 지속적 유용성'은 『전쟁 없는 자유란』 제4부에 있는 브로디의 '『전쟁론』의 항구적 가치'와 같은 글이고, 제6장 '현대전략사상가 클라우제비츠'는 파렛이 펴낸 『현대전략사상가』 제2부 제7장에 있는 파렛의 '클라우제비츠'와 같은 글이다. 이 중복을 제외하고 여기에서는 제2장, 제4장, 제7장의 세 글만 살펴보고 간략히 요약한다.

판권지 페이지에 정토웅이 편역자로 되어 있다. 번역이 전체적으로 조잡해서 의미와 맥락이 통하지 않는 곳이 많다. 오역도 적지 않다. 아래에서는 문장과 표현을 많이 바꾸어서 요약했다.

제2장 클라우제비츠의 정치론. 이 글은 Peter Paret, Understanding War : Essays on Clausewitz and the History of Military Power, Princeton University Press, 1992, 167~177쪽을 번역한 글이다(83쪽). 이 글에서 파렛은 베렌스의 클라우제비츠 비난과 아롱의 클라우제비츠 이해를 비판한다. 그래서 클라우제비츠는 지나친 보수주의자도 아니고 과감한 자유주의자도 아니라고 본다.

---

32. 역자 소개가 없어서 이들이 누구인지 알 길이 없다.

1815년의 반동적인 비인체제 이후 프로이센의 보주주의자에게는 절대군주체제와 합법적인 계급사회를 유지하는 것이 중요했다. 클라우제비츠는 귀족들이 추구한 '수치스러운 이익'에 분명하게 반대했다. 부유층의 군대 기피를 비난했고, 교육받은 엘리트를 신뢰하여 중간계급을 장교로 충원해야 한다고 생각했다. 하지만 귀족계급은 사회적 평등주의에 입각한 민병제도에 거부감을 가졌고, 민병대가 (프랑스처럼) 혁명군대로 변할지 모른다는 불안감을 느꼈다. 클라우제비츠는 이를 특권계급의 이기주의라고 생각했다. '귀족들은 장교단에 이질적인 분자가 들어오는 것, 귀족계급의 자제들이 식료품상 자제들과 같이 근무하거나 그들 밑에서 근무하는 것에 대해 불쾌감을 가졌다.… 민병대는 국가의 상류층과 귀족계급에게 공포의 대상이 되었다.' 이처럼 클라우제비츠는 (자기 나라의) 보수적인 지배계급에게는 혁명사상을 품고 있는 위험한 인물로 보였지만, (자기 나라 이외의 서유럽의) 자유주의자에게는 명백한 귀족적 태도를 보이는 보수주의자로 보였다. 왕이 헌법을 승인하는 제도, 강력한 정부의 단호한 정책, 지배자와 신하 모두 공동사회에 대한 의무를 잘 수행할 것, 프로이센의 과감한 행정 및 경제 개혁 등을 클라우제비츠가 옹호했다고 해도, 그것이 시민권과 정치적 자유를 요구하고 표현하는 개인주의를 옹호한 것은 아니다. '프로이센은 반동의 보루였고' 클라우제비츠도 반동주의자이다(베렌스). 하지만 『전쟁론』의 일반보편성은 (자유주의와 보수주의의) 특정 이념을 초월한다.

　클라우제비츠의 정치사상. 국가의 핵심은 권력이고, 권력은 국가의 존재를 보장한다. 작은 나라들은 현명한 동맹관계로 독립을 지켜야 한다. 클라우제비츠는 『전쟁론』 제6편 제6장에서 국제관계를 크고 작은 여러 나라들의 세력균형의 관점에서 파악했다. 그는 국가들의 공동사회를 존중했다.

　제4장 클라우제비츠와 지휘통솔력의 개념. 이 글은 Donald Chipman, 'Clausewitz and the Concept of Command Leadership', Military Review, 1987. 8, 27~39쪽을 번역했다(121쪽).

　지휘통솔이 관리이론과 의사소통 방법의 암기로 퇴화한 것 같다. 『지휘통솔편람』 책에는 '전쟁'이란 말이 단 한 번도 나오지 않는다. 오늘날의 군대는 전투지휘를 준(準)심리학과 기업경영 모델로 바꾸었다. 군복을 입은 신(新)관리자들은 전쟁지휘를 기업경영으로 간주하는 것 같다. 리더십을 관례와 능률 위주의 관리적 용어로 표현한다. 하지만 클라우제비츠는 달랐다. 그는 전투를 직접 체험하고 관찰했고, 지휘통솔에서 지휘관의 정신적 자질, 열정과 자제력(의 균형), 용기, 정신력 등을 중요하게 보았다.

이 글은 (경영모델의 관리형 지휘를 비판한다는 견지에서) 전쟁천재를 강조했다. 그래서인지 이 글은 『전쟁론』 제1편 제3장 '전쟁천재'의 요약 수준이고 중언부언이 많고 내용을 혼란스럽게 서술했다. 『전쟁론』에서 인용한 부분은 영어 중역이기 때문인지 오역이 심하다. 결론. 칩맨은 수준 이하의 글을 썼고, 정토웅은 수준 이하로 번역했다.

제7장 클라우제비츠의 생애. 이 글은 Raymond Aron, Clausewitz : Philosopher of War, translated by Christine Booker and Norman Stone, Simon & Schuster Inc., 1985, 11~40쪽의 번역이다(195쪽). 아롱이 균형 잡힌 시각으로 클라우제비츠의 생애를 적절하게 서술했는데, 번역이 조야하여 내용과 의미가 잘 이해되지 않는 곳이 적지 않다. 아롱 책의 이 영어 번역은 '국제공인 최악의 번역'으로 알려져 있는데,[33] 정토웅이 불어책이 아니라 영어책을 중역해서 내용을 제대로 전달하지 못했다. 16년 동안 『저작집』 세 권을 번역한 번역자로서 말하면, 정토웅은 글자는 번역했지만 문장을 번역하지 못했고, 문장은 번역했지만 내용을 번역하지 못했고, 내용은 번역했지만 맥락을 번역하지 못했다.

프랑스혁명을 전후한 18세기 말과 19세기 초는 혁명과 복고의 시대였고 이에 따라 클라우제비츠의 생애도 행동과 집필의 시대로 나뉜다고 말하는데, 이미 1804년(24살)에 클라우제비츠의 생각은 놀라울 정도로 성숙했다. 그는 생각과 행동, 전쟁과 정치, 이해와 감각을 분리하지 않았다. 이런 점과

---

33. 아래 274~275쪽과 275쪽 각주 1 참조.

그의 열정, 경력, 고난, 선견지명을 이해하는 데는 그가 주고받은 편지가 중요하다.

친할아버지가 죽은 후에 친할머니가 장교와 재혼하여 클라우제비츠 집안은 목사집안에서 군인집안으로 바뀌었고, 귀족계급으로 인정받을 길이 다시 열렸고, 아버지가 장교로 입대했고, 클라우제비츠도 13살에 군대에 입대했다. 그는 '불확실한 귀족 신분'으로 자존심에 상처를 받았지만, (후의) 그의 부인 마리는 작센의 왕족 출신이었다. 마리는 예술에 대한 안목이 높았고 지적으로 우수했다. 그들은 평생 사랑했고 상대를 존중했고 (아이가 없었던 것을 빼고는) 행복했다. 클라우제비츠는 소심하고 자존심이 세고 타협할 줄 모르고 오만하고 정열적인 성격이었다. 그는 자존심이 너무 강하여 책략을 부릴 수 없었고, 너무 과민하여 군대 경력에서 참담함을 느낄 수밖에 없었다.

나폴레옹전쟁 시기에 클라우제비츠는 애국자였고 프로이센이 프랑스와 동맹을 맺는 것에 반대했고 프로이센의 인민무장과 인민전쟁을 옹호했다. 인민무장은 공포의 대상이 아니고, 혁명은 적(프랑스)의 지배보다 더 두렵지 않다. 프랑스는 유럽을 위태롭게 했고, 늘 유럽의 세력균형을 뒤흔들었다. 그는 적보다 혁명을 더 두려워하는 장교들에게 분개했다. 국내의 평화(국가의 안정)는 인민의 무장 또는 비무장에 의존하지 않는다. 물론 혁명이 폭도로 변해 프로이센 왕의 목숨이 위태롭게 되면 그는 왕을 위해 자기 목숨을 바치겠다고 생각했다. 클라우제비츠는 자유주의적이지만 민주이념으로 전향하지 않았고 평등주의자에 대해 과격한 증오를 보였다. 그는 혁명의 시대에 '민주주의자'로서 모순을 보였다. 그는 (프랑스와 동맹을 맺은 조국 프로이센을 떠나) 양심에 따랐고 러시아 군대에 입대했다. 프랑스 편에 선 프로이센군과 러시아 편에 선 프로이센군이 다른 진영에서 같은 독일어를 하는 '고통스러운 쾌락'을 맛보았다.

나폴레옹의 몰락 이후 친구들과 한 토론을 보면 클라우제비츠는 늘 복수에 반대한 것으로 보인다. 블뤼허나 그나이제나우와 달리 그는 나폴레옹의 처형을 원하지 않았다. 그는 평생 프랑스인의 오만을 증오했지만, 그들의 완강함을 두려워했고 패배를 인정하지 않으려는 자세를 존경했다.

나폴레옹전쟁 이후 그는 (터무니없는 특권으로 국가재산을 횡령하는) 귀족계급의 몰락과 (부, 기업의식, 자아인식을 확대하는) 중산층의 출현에 주목했다. '프랑스혁명은 두 핵심요인에 기인한다. 첫째는 두 사회계급, 즉 특권층의 귀족과 대부분의 피지배계급(탄압받는 농민) 간에 생긴 긴장이고, 둘째는 정부에 만연된 무질서, 정실, 낭비 등이다.' 구체제와 혁명의 차이를 짧은 문장으로 요약한 클라우제비츠의 분석에 특히 델브뤼크가 감탄했다.

C에 관한 논의를 마치고 이제 몇 권의 단행본을 살펴본다.

마이클 하워드, 『클라우제비츠』, 김한경 옮김, 문경출판, 1986. 7, 105쪽 [1983]

하워드의 『클라우제비츠』에는 역자와 서지 소개가 없어서 김한경이 누구인지, 어느 책을 텍스트로 삼아 번역했는지 알 수 없다. 출판연도와 번역분량을 볼 때 Michael Howard, Clausewitz, Oxford University Press, 1983을 번역한 것으로 보인다. 책의 차례는 다음과 같다.

- 머리말   3 전쟁에서의 목적과 수단
1 클라우제비츠의 생애   4 제한전쟁과 절대전쟁
2 전쟁의 이론과 실제   5 클라우제비츠의 유산

하워드는 짧은 분량에 『전쟁론』의 주요 내용을 압축하여 서술했다. 이 책은 『전쟁론』의 재구성이다. 즉 하워드의 관점에서 본 『전쟁론』의 인용, 요약, 해설, 해석이다. 서술 흐름에 약간 혼란스러운 곳이(70~73쪽 이외 몇 군데) 있지만, 책은 재구성의 임무를 대체로 적절하게 수행했다. 클라우제비츠와 『전쟁론』을 이해하는데 도움이 되는 책이다.

이 책에서 몇 가지 언급할 것이 있다. 우리나라의 많은 군인 출신 연구자들이 헤겔의 변증법을 제대로 이해하지 못한 채 클라우제비츠가 헤겔의 변증법을 이용했다고 말한다. 이는 클라우제비츠의 변증법에 대한 오해이다.

하워드처럼 이해하는 것이 적절하다. 클라우제비츠의 변증법은 '서로 대립되지만 밀접한 관련을 맺고 있는 개념들 사이의 변증법이다. … 그 변증법은 헤겔 철학에서 말하는 변증법이 아니다. 즉 스스로 자신의 안티테제(antithesis)를 출현시키는 진테제(synthesis)에는 결코 도달하지 않는다. 그것은 오히려 서로 반대편의 견지에서 바라보아야만 완전히 이해할 수 있는 양극 사이의 끊임없는 상호작용이다.'(49~50쪽) 전쟁과 정치, 이론과 현실, 물질과 정신, 목적과 수단, 공격과 방어 등이 그런 변증법이다.

'모택동과 혁명전쟁 이론가들은 인민의 전쟁 참여를 중요하게 보았다. 전략가들은 그 점을 무시한다. 이런 점에서 마르크스주의 군사사상가들은 중요한 쟁점을 (과학기술과 지정학에 매혹되어 있는) 부르주아 군사이론가들보다 훨씬 현실적으로 파악하고 있다.'(100쪽) 이 부분은 서술이 애매하고 번역이 혼란스럽지만 대체로 적절한 평가이다.

독일어 전투 개념(Gefecht)의 영어 번역에 대한 고민, 즉 Gefecht를 engagement로 번역할 것이냐 combat로 번역할 것이냐 하는 문제(52쪽), 그리고 전투(Schlacht)의 적나라함을 서술한 부분은(63~65쪽) 저자의 성실함을 보여준다.

클라우제비츠는 절대전쟁의 개념을 플라톤 철학의 '이상'으로서 제시했는데, 현실에서 일어나는 대부분의 전쟁은 이 이상을 불완전하게 실현한 것이다. '이상'은 훌륭하다는(good) 의미에서 이상적인 것이 아니라 (아리스토텔레스적인 의미에서) 논리적이고 자연스럽다는(natural) 점에서 이상적이다(70쪽).

레닌과 클라우제비츠의 관계를 아퀴나스와 아리스토텔레스의 관계와 비교한 점은(92쪽) 흥미롭다. 하지만 클라우제비츠와 몰트케의 관계를 마르크스와 레닌의 관계에 비유하여 서술한 부분에는(85쪽) 동의하기 어렵다.[34]

---

34. 하워드는 몰트케가 만든 클라우제비츠 이미지가 부정확하지는 않지만 왜곡되어 있고 매우 불완전하다는 점을 잊지 않고 언급한다.

하워드가 클라우제비츠의 삼중성을 정부, 군대, 국민이 모두 똑같이 중요한 역할을 맡는다는 생각으로 이해한 것에도(31쪽) 동의하기 어렵다. 이 해석은 이들 상호간의 관계가 항상 변화한다는(101쪽) 하워드 자신의 클라우제비츠 인용으로 곧바로 반박된다.

'문법'을 '원리'로, '마찰'을 '알력'으로 옮긴 것은 『전쟁론』에 대한 번역자의 이해 부족에서 비롯되었을 것이다. 그럼에도 이 번역은 다른 번역과 비교할 때 전체적으로 무난한 수준이다.

마이클 한델, 『클라우제비츠 손자 & 조미니』, 박창희 번역, 평단문화사, 2000. 7, 349쪽 [1992]

제1장. 전쟁 연구는 불변의 인간 본성과 가변의 물질적 차원을 동시에 다룬다. 『손자병법』과 『전쟁론』이 고전인 이유는 인간의 본성과 정치행동이 변하지 않았고, 근대전쟁의 복잡성이 증대하여 새로운 불확실성을 낳았고, 그래서 최근 연구들의 '수명'이 짧기 때문이다. 이 책은 『손자병법』과 『전쟁론』의 내용분석에 초점을 맞춘다. 조미니의 『전쟁술』도 참고한다. 세 저술을 비

교한 결과, 전쟁의 근본 문제에 대한 세 전략가들의 주장은 대부분 일치했다. 차이점은 주로 분석의 정치적, 외교적, 전략적, 작전적, 전술적 수준이 달라서 생긴 것이다.

제2장. 『손자병법』은 박력 있는 형식의 간결한 문서이다. 교범과 같이 군주나 최고지휘관에게 간략한 지침을 제공한다. 독자들에게는 손자의 결론을 받아들이는 것이 요구된다. 손자의 개념은 암시적이거나 은유적이고, 직관으로 이해할 수 있도록 구성되어 있다. 『전쟁론』은 방대한 분량에 이해하기도 어렵다. 독자들에게 개념들이 단계적으로 발전되는 논리적 과정과 체계적인 설명을 제공한다. 이념형 방법을 사용하는데, 이는 서로 상반되는 것을 비교하는 변증법과 긴밀히 관련되어 있다. 군인과 학자들은 『전쟁론』을 자기 생각에 맞장구를 쳐줄 인용구를 고르는 교범으로 간주한다. 그래서 '『전쟁론』을 군대에 보급하는 것은 어린아이에게 날카로운 면도칼을 갖고 장난하도록 내버려두는 것과 같다.'(86쪽) 손자와 클라우제비츠는 전쟁이 과학이 아니라 기술이라는 근본적인 방법론에 동의할 것이다.

제3장. 손자와 클라우제비츠는 동일한 분석틀이나 정의를 사용하지 않았다. 손자는 전쟁 이전의 외교 전략의 이점을 논의하고, 외교 다음으로 적의 동맹을 와해시킬 것을 권한다. 클라우제비츠는 전쟁 전후의 외교적 노력이 아니라 전쟁 자체를 수행하는 기술을 저술했다.

제4장. 클라우제비츠의 '중력의 중심' (또는 조미니의 '결정적인 전략적 지점') 개념에 따를 때, 클라우제비츠는 명확히 적의 군대, 수도, 동맹국, 동맹국의 이해관계, 지도자의 인격과 여론의 순서로 적을 공격해야 한다고 본 반면에, 손자는 은유적으로 적의 계획, 동맹, 군대, 도시(수도)의 순서로 적을 공격해야 한다고 보았다.

제5장. 전략의 수준에서 군대에 대한 정부의 우위를 주장하고, 작전의 수준에서 군대의 상대적인 자율성을 인정한 점에서 손자와 클라우제비츠는 공통된다. 조미니는 군대의 자율성을 두 사람보다 좀 더 강조했다.

제6장. 손자는 전쟁의 목적과 수단에 대한 합리적 계산을 통해 승리할

수 있을 것으로 확신한다. 하지만 클라우제비츠는 그런 견해에 비판적이고 현실적인 입장을 보이는데, 전쟁에는 마찰, 우연, 불확실한 정보 등의 예측할 수 없는 요소들이 개입하기 때문이다.

제7장. 클라우제비츠의 삼중성에서 정부, 군대, 인민의 역할은 손자도 인식하고 있었다. 정부와 군대의 역할뿐만 아니라 지연전에서 대중의 지원을 받는 문제에 관심을 표명했다. 전쟁을 오래 끌면 백성의 지지를 얻기 힘들다는 것이다. 삼중성의 논의가 『전쟁론』에는 집약적, 체계적, 설명적인 반면에, 그런 설명이 『손자병법』에는 전체에 분산되어 서술되어 있다. 클라우제비츠는 인민전쟁을 높이 평가했고 모택동이 그 영향을 받았지만, 손자는 비정규전을 논의하지 않았다. 이에 대해 조미니는 인민전쟁의 '소름끼치는 시대보다 영국과 프랑스 근위대들이 정중하게 서로를 먼저 난로가로 초대한 적이 있는 옛날의 다정했던 과거 시절을 선호하는 편견을 갖고 있음을 인정한다.'(178쪽) 조미니는 자신의 '실증주의적인 과학'으로는 인민전쟁을 분석할 수 없었을 것이다.

제8장. 손자는 싸우지 않고 승리하는 것을 최고의 병법으로 보았지만, 클라우제비츠는 그것을 예외적인 현상으로 본다. 전쟁에서 피를 흘리지 않고 승리하는 것은 어렵다는 것이다. 그런 승리는 제일 위대한 승리이지만, 그것은 전쟁이 아니고 전쟁에 의한 승리도 아니다. 손자는 기만과 기습을 강조하지만, 적도 똑같은 전략을 쓸 것이라고 생각하지 않는다. 클라우제비츠는 전쟁의 상호성을 강조한다. 『손자병법』과 『전쟁론』은 적의 의지나 사기를 꺾는 심리전의 중요성을 강조한 점에서 공통된다.

제9장. 손자와 클라우제비츠는 (그리고 조미니도) 수의 절대적·상대적 우세를 중요하게 보고 단호함과 속도를 강조한 점에서 공통된다. 손자와 클라우제비츠는 방어를 공격보다 더 강력한 전쟁형태로 보았다. 클라우제비츠는 적이 아군의 상황을 어떻게 인식하고 있는지에 대해서는 별로 관심이 없고(그래서 진공상태에서 계획을 세우고), 손자에게는 기만이 '만병통치약'처럼 될 우려가 있다. 하지만 역사를 보면 대개 강자는 군사력으로, 약자는 기

만으로 전쟁을 수행했고, 그렇게 수행할 수밖에 없었다.

제10장. 손자는 기만, 기습, 정보를 모든 (외교적, 정치적, 군사적) 수준에서 긍정적으로 보고 중요하게 여기고 강조한 반면에, 클라우제비츠는 대체로 하위 (작전적, 전술적) 수준에서만 약간 긍정적으로 보았다. 산업혁명 이후 기술과 통신의 발달에 따라 기습은 적절한 선택이 될 수 있어서 손자의 주장이 우리 시대에 더 적절하게 보인다. 손자는 정보 획득에서 간첩을 매우 중요하게 보았지만, 클라우제비츠는 불확실성, 우연, 마찰이 전쟁의 진행을 방해하는 요소라고 보았다. 정보에 대한 조미니의 견해는 손자와 클라우제비츠의 중간에 해당한다. 정보의 역할에서는 조미니의 『전쟁술』이 제일 훌륭한 이론적인 주장을 펼치고 있다.

제11장. 전쟁에서는 신뢰할 만한 정보를 얻는 것이 불가능하기 때문에 합리적인 결정을 내리는 것이 어렵고 전쟁천재에게 의존하게 된다. 손자는 최고지휘관의 신중함과 정확한 계산을 선호하고(이 점에서 조미니와 유사하고), 클라우제비츠는 최고지휘관의 직관을 강조한다. 하지만 두 이론가는 확고함, 단호함, 결단력을 최고지휘관의 자질로 보는 점에서 공통점을 보인다.

제12장. 손자와 클라우제비츠는 지휘관이 대담성과 신중함을 동시에 갖춰야 한다고 본다. 손자는 신중함을, 클라우제비츠는 대담성을 더 선호한다. 그래서 손자는 합리적 계산능력을 강조하고 클라우제비츠는 직관을 강조하는데, 현대에는 손자가 더 적절한 것으로 보인다. 조미니는 나폴레옹의 몰락을 예로 들어 현대전쟁에서 직관의 중요성이 떨어진다고 주장한다.

제13장. 『전쟁론』과 『손자병법』은 시공간을 초월한 고전이고, 상호 배타적이기보다 상호 보완하는 관계에 있다. 이는 두 고전이 동일한 현상을 다른 차원에서 보고 있기 때문이다. 즉 두 저작 사이의 차이는 문화적, 역사적, 언어적 차이보다 두 저자가 선택한 분석 수준의 차이에서 비롯된다.

의견. 앞의 요약에서 본 것처럼, 이 책은 세 텍스트(『전쟁론』, 『손자병법』, 『전쟁술』) 내용의 비교 분석이다. 비교 분석은 쉽고 도움이 된다. 개념들을 표로 비교한 부분도(132~133, 180, 230, 282~284쪽) 이해에 도움을 주었다. 결론도(제13장) 명쾌하다. 가끔 한델의 통찰이 보이고, 재미있고 유쾌하게 서술한 부분도 있다.

그런데 한델이 학자로서 독일어의 『전쟁론』, 중국어의 『손자병법』, 불어의 『전쟁술』을 모두 영어로 된 번역 텍스트만 읽고(36쪽) 비교한 것은 문제가 있지 않나 하는 생각이 든다. 『손자병법』은 몰라도 『전쟁론』과 『전쟁술』은 원어로 읽어야 하지 않나 하는 생각이 든다.

박창희가 한델의 영어책만 읽고 번역하다보니 『전쟁론』, 『손자병법』, 『전쟁술』을 인용한 많은 부분이 모두 영어 중역이 되고 말았다. 그래서 『손자병법』이 주는 깊은 맛이 별로 느껴지지 않고, 『전쟁론』에서는 오역도 보이고 이해가 잘 안 되는 부분도 있다. 또한 영어 중역 때문에 프리드리히를 프레더릭으로, 프랑스의 샬롱을 캘론(Chalons)으로, 스위스의 수학자 오일러를 율러로, 독일의 도시 게라를 제라로 표기하는 등 고유명사를 엉뚱하게 옮긴 부분이 적지 않다. '아이루'나 '레잎식'은 정확한 표기인지 아닌지 알 수도 없고 그에 대한 설명도 없어서 어디에 있는 곳인지 알 길이 없다.

이 책을 통해 인식하게 된 것. 한델은 클라우제비츠의 삼중성을 제대로 이해하지 못했다. 맥아더는 전쟁과 정치의 관계에서 (전격전을 주장한) 루덴도르프와 비슷한 견해를 갖고 있다. 리델 하트에 대한 한델의 비판은 적절하다.

휴 스트레이천, 『전쟁론 이펙트 : 전쟁의 방식은 어떻게 진화되어 왔는가?』, 허남성 옮김, 세종서적, 2013. 1, 276쪽 [2008]

이 책은 수준 높고 훌륭하다. 스트레이천은 짧은 분량에 『전쟁론』에 대한 후대의 여러 해석, 클라우제비츠가 겪은 전쟁, 『전쟁론』 집필 과정, 『전쟁론』의 핵심내용 등을 잘 담았다. 번역은 대체로 무난한 편인데, 책의 뒷부분으로 갈수록 번역자의 집중력과 번역의 질이 떨어지는 모습을 보인다.

1. 미국에서『전쟁론』의 새로운 번역 출간은 베트남전쟁의 패배와 때를 같이 한다. 제1차 걸프전쟁은 정보기술이 '마찰'마저 걷어낸 전쟁이라고 평가되었다. 1990년 이래 비국가적 행위자들(게릴라, 테러리스트 등)이 전쟁에 나타나서 '새로운 전쟁'이 등장했다. 클라우제비츠에 대한 의문과 논쟁이 새로 불붙었다.

1866년의 프로이센-오스트리아전쟁, 1870~1871년의 프로이센-프랑스전쟁에서 프로이센의 경악스러우리만치 신속한 승리로 비로소 클라우제비츠에 대한 진정한 관심이 처음으로 고조되었다. 독일군은 유럽의 모델이 되었고, 클라우제비츠는 독일군의 지성적 아버지로 여겨졌다. 하지만 몰트케와 슐리펜은『전쟁론』의 일부만 받아들였고, 이는 프랑스와 영국에서도 비슷했다. 리델 하트는 클라우제비츠에 대해 강한 이의를 제기했고, 클라우제비츠를 '이슬람교도들의 메시아'라고[35] 불렀다. 몰트케 이후 델브뤽이 클라우제비츠를 두 번째로 발견하여 재해석했다. 이 시기에 로트펠스의 연구로 정치와 전쟁의 관계가 다시 고려되었다. 델브뤽의 비판은 루덴도르프를 향했는데, 루덴도르프는 '전체주의적 전쟁'으로 나아갔다. '전쟁이 제한되기를 원한 리델 하트는 클라우제비츠를 매장하려고 했고, 정치의 범위를 넓히려고 한 루덴도르프는 클라우제비츠를 포기하려고 했다.'(35쪽) 나치주의자들은 '전쟁이론가로서의 클라우제비츠'보다 '나폴레옹의 프랑스를 상대로 한 생존투쟁의 대변가로서의 클라우제비츠'에게 더 매료되었다. 히틀러는 종말이 없는 공포를 감당하기보다 공포가 있는 종말을 맞이하는 것이 낫다고 했는데, 이 말은 독일인들에게 끔찍한 현실이 되었다.

소련에서는 레닌, 스탈린, 흐루쇼프 시대에 클라우제비츠에 대한 평가가

---

35. 앞에서 말한 오역의 반복. 앞의 88쪽 각주 30 참조.

달랐다. 프랑스에서는 아롱이 클라우제비츠의 논리에 따라 클라우제비츠의 변증법을 설명하려고 했다. 만델바움은 클라우제비츠의 절대전쟁을 그가 나폴레옹식 전쟁의 성격을 규정지으려고 내세운 것으로 (제대로) 이해했다.

클라우제비츠와 관련하여 진짜 문제는 클라우제비츠를 거부하는 사람들이 클라우제비츠의 방대한 자료들의 일부분만을 골라 읽은 바탕에서 그렇게 한다는 것이다. 이 책은 클라우제비츠 사상의 기원, 진화, 다양한 모습을 이해하려고 한다. 이는 여러 사람들이 각자 자기 나름대로 선호하는 부분만 골라낸 것과 다르다. 그들은 경탄을 금치 못할 만큼 풍부한 원문의 비옥함을 놓친 것이다.

2. 식물의 토대가 땅인 것처럼, 이론의 토대는 경험이다. 클라우제비츠의 전쟁경험은 치열하고 풍부했다. 그는 1792~1815년의 프랑스혁명전쟁과 나폴레옹전쟁, 즉 현대전의 기원이 되는 전쟁에 참전했다.

그는 '프로이센의 군대 안에서 성장했다.' 아버지도 군인이었고 집에 온 아버지의 친구들도 아버지의 옛 동료들이었다. 1789년 프랑스혁명이 일어난 이후 1792년 봄에 클라우제비츠는 프로이센군 제34보병연대에 입대했다. 1793년에 12살짜리는 마인츠의 참호 속에 있었다. 어린 클라우제비츠는 생전 처음 구식 군대와 신식 군대의 충돌을 목격했다. 1795년 봄에 전투가 끝나자 그는 독학으로 공부했다. 이 공부는 1801년 말에 베를린의 군사학교에 입학하면서 한 단계 높아졌다. 이 학교를 수석으로 졸업했고, 아우구스트 왕자의 부관이 되었다. 이 시기에 마리도 만났다.

1806년에 아우어슈테트 전투에 참전했고, 이 전투와 예나전투의 패배로 왕자와 함께 1년 동안 프랑스에 억류되었다. 이때 클라우제비츠는 군주(왕조)와 국가의 불일치라는 딜레마를 겪었고, 자신과 조국의 운명을 분리시킬 수 없었고, 애국심을 왕조에서 국가로 전환하는 문제에 대해 고민했다. 프랑스에서 돌아온 후에 프로이센 군대의 개혁업무에 동참했고 1810년에 왕세자에게 군사교육을 했고 1808년의 스페인의 저항을 주의 깊게 살펴보았다. 1812년에 그토록 두려워하던 순간이 다가왔다. 프랑스와 러시아의 적대감이 고조되는

가운데 프로이센은 프랑스의 압력에 굴복하여 병력 2만 병을 지원하기로 합의한 것이다. 클라우제비츠는 '고백록'을 발표하고 프로이센을 떠나 러시아 군대에 입대했다. 러시아원정에서 클라우제비츠는 비텝스크, 스몰렌스크, 보로디노 전투에 참여했고, 베레지나 강을 건너 후퇴하는 프랑스 군대의 참혹한 광경을 직접 목격했다. 요크와 러시아 군대의 협상에 통역으로 중재 역할을 맡았다.

1813년에는 라이프치히와 드레스덴의 전투가 있었다. 1814년 프로이센 군대의 입대를 허락받은 클라우제비츠는 1815년 워털루전투에 참전했다. 1815년 이후 프로이센에서는 반동적 보수 세력이 다시 힘을 얻었고, 이들은 인민군이나 민병대가 폭도로 돌변하여 혁명의 도구가 될 수 있다고 여겨서 인민군, 농민군, 민병대의 창설과 확장에 반대했다. 클라우제비츠는 혁명이 일어난다면 그들과 상관없이 일어날 것이고, 침략과 노예화의 위험을 겪으니 차라리 혁명의 위험을 감수하는 것이 낫다고 주장했다.

왕실은 이런 견해를 달가워하지 않았고, 클라우제비츠는 1818년에 베를린 군사학교 교장이라는 한직에 임명되었다. 그는 한가로운 10년 동안 앞서 20년 동안 겪은 전쟁의 폭과 다양성에 관해 숙고했다. [그것이 다음 장에 나온다.]

3. 『전쟁론』의 기원에 관해 클라우제비츠의 편지도 마리의 머리말도 1816년을 언급하지만, 우리는 1804년의 전략에 관한 글로 거슬러 올라갈 수 있다. 그래서 파렛은 클라우제비츠의 사상에 근본적인 일관성이 있다고 주장했다.

1827년의 '알리는 말'과 날짜 미상의 '짧은 논설'에 대해 『전쟁론』의 영어 번역자인 파렛과 하워드는 '짧은 논설'이 쓰인 시기를 1830년으로 추정하는 데 비해, 『전쟁론』의 독일어 편집자인 하알벡은 1827년으로 추정한다. 1827년의 '알리는 말'은 날짜 미상의 '짧은 논설'에서는 전혀 찾아볼 수 없는 견해들을 소개하고, '짧은 논설'에 있는 딜레마의 해결 방법을 제시한다. 전쟁에는 두 종류가 있고, 전쟁은 다른 수단으로 국가의 정치를 계속하는 것에 지나지 않는다는 관점이다.[36] 1804년의 한 논문에서 클라우제비츠는 1827년의 '알리는 말'에서 제시한 두 종류의 전쟁 구분과 완전히 일치되는 구분을 했다.[37] 그리고 1827년 12월 뢰더에게 보낸 답장에서 정치가 모든 전쟁에 영향을 미쳤고 두 종류의 전쟁을 포함한다고 말하면서 두 종류의 전쟁을 단일한 개념으로 합쳤다. 이는 클라우제비츠가 (전대미문의 대규모 군대로 전쟁을 수행한) 나폴레옹의 러시아원정에서 방어가 공격보다 강력하다는 주장을 이끌어낸 것으로도 추론할 수 있다.

의견. 클라우제비츠가 여러 쟁점을 '3'이라는 틀에 맞추는 경향을 보였다는 것은 스트레이천의 '신선한' 지적처럼 보인다. 전위를 배치하는 3가지 이유, 숙영을 건설하는데 영향을 주는 3가지 조건, 공간적으로 구분되는 3가지의 기지 등등. 이런 것은 스트레이천의 말처럼 대부분 평범하고 지루하다. 내게는 그보다 클라우제비츠의 지성과 감성, 전략과 전술, 준비와 수행, 과학과 기술, 가능성의 전투와 현실성의 전투, 정신과 물질, 대담성과 필요성, 대담성과 신중함, 필연성과 개연성, 결단력과 통찰력, 전쟁술과 펜싱술, 단순한 공격과 복합적 공격, 물리적 손실과 정신적 손실, 공격과 방어, 절대적 방어와 상대적 방어, 절대전쟁과 현실전쟁, 상비군과 인민군, 집중과 분산, 기다림과 행동, 주력전투와 하위전투, 부분과 전체, 점령과 유지, 논리와 문법, 펜과 칼 등의 변증법이 스트레이천이 말한 평범한 '삼중주'보다 『전쟁론』에서 더 중요하게 보인다.

스트레이천이 클라우제비츠의 개념을 마키아벨리, 몽테스키외, 칸트, 헤

---

36. 클라우제비츠는 이 관점이 두 종류의 전쟁에 통일성을 부여한다고 분명하게 언급하지 않았다(97쪽). 클라우제비츠가 분명하게 언급하지 않았더라도, 나는 전쟁이 정치의 수단이라는 관점이 두 종류의 전쟁에 통일성을 부여하고, 두 종류의 전쟁을 모두 포괄하고, 절대전쟁과 현실전쟁이 모두 정치의 수단이라는 관점으로 『전쟁론』을 해석한다. 『전쟁론』 전체를 통합적으로 읽으면 그렇게 이해하게 된다. 그래서 나는 두 글의 시기 논쟁에서 하알벡의 추정에 동의하게 된다.
37. 그래서 '근본적인 일관성'이라는 파렛의 주장에 타당성이 있는 것으로 보이고, 나는 파렛이 말한 클라우제비츠의 '지적인 일관성'에 동의한다.

겔, 피히테의 개념 및 나폴레옹의 전쟁 등과 관련지어 서술한 부분, 그리고 독일어의 Geist(정신), Intelligenz(지성), Politik(정치), Zweck(목적), Ziel(목표), Mittel(수단) 등의 개념을 영어로 번역하는 것이 어렵다는 것을 지적한 부분도 (서술이 약간 혼란스럽지만) 읽을 만한 가치가 있는 설명이다.

스트레이천의 결론은 음미할 만하다. 『전쟁론』의 진정한 생명력은 그 탐구정신에 있고, 클라우제비츠의 철학적 방법론은 『전쟁론』에 근본적인 통합성과 연속성을 부여해서 『전쟁론』을 총체로서 다룰 수 있게 했다.

이 장의 내용은 매우 훌륭하다. 하지만 클라우제비츠를 약간 교묘하고 교활하게 폄하하는 곳이 몇 군데 보인다.

4. 1827년 이전의 두 머리말에서 클라우제비츠는 자기 책이 '전략'에 관한 원고라고 말했다. 그래서 스트레이천은 이 부분에서 전쟁의 본질을 전략으로 보고 전략을 다룬다. 클라우제비츠의 '전략'은 오늘날의 전략보다 좁은 개념이다. '전략은 전쟁의 목적을 위한 전투의 사용이고, 전술은 전투에서 전투력의 사용이다.' 클라우제비츠 시대에 기동, 전위와 전초, 기지, 추격 등은 전략 및 전술과 관련되어 있었다. 전쟁의 목적은 정치가 규정하므로 전쟁은 전술, 전략, 정치로 구성된다. '전술에서 전략을 거쳐 정치로 향하는 연결은 직접적이고 단순하다.'(170쪽) 20세기에는 전략과 전술 사이에 작전을 놓는다.

스트레이천에 따르면 클라우제비츠는 방어와 공격, 기습, 병력의 집중, 내선과 외선 작전, 식량조달, 병참선, 힘의 중심 등을 전략과 전술의 상호관계에서 다루었다. 수의 우세와 정신적인 요소는 전술보다 전략에서 더 중요한 요소이다. 애국심, 대담성, 단호함 등이 정신적인 요소이다. 클라우제비츠의 '전쟁천재'는 프리드리히 대왕과 나폴레옹 같은 인물에 대한 연구를 반영하지만, 다른 부분은 칸트 철학의 산물이다. 칸트에 따르면 천재는 법칙을 인정하지만 법칙을 만들 수도 있다.

클라우제비츠의 '파괴' 개념은 박멸이나 전멸로 번역되기도 하고, 일부 비평가들은 여기에서 제1차 세계대전의 유혈뿐만 아니라 제2차 세계대전의 인종말살도 예견했다. 하지만 클라우제비츠에게 파괴는 적의 전투력의 감소가 아군의 전투력의 감소보다 크다는 것을 뜻한다(『전쟁론』, 335쪽). 물론 그는 살육(Hinschlachten)이 주력전투(Hauptschlacht)의 특징이라는 점도 인식했다. 클라우제비츠에게 전쟁의 본질은 전투에 있고, 적과 아군의 상호관계에 있다. '전쟁의 본질에 대한 클라우제비츠의 성찰은 나폴레옹전쟁을 분석하여 얻은 이론과 실제 사이의 대화에서 그 힘을 얻고 있다.'(181쪽)

의견. 나는 여기에 프리드리히 대왕의 전쟁에 관한 클라우제비츠의 연구도 포함시켜야 한다고 본다.

5. 우리 시대에 핵무기가 절대전쟁을 현실로 바꿀 위험을 지녔다면, 클라우제비츠 시대에는 나폴레옹전쟁이 그 현실로 보였다. '절대전쟁은 나폴레옹전쟁뿐만 아니라 모든 전쟁을 가늠할 수 있는 추상적 개념이 되었다.'(187쪽) '나폴레옹전쟁은 전쟁의 진정한 본질과 조화를 이루었기 때문에 절대전쟁의 본질을 드러냈다.'(208쪽) '제8편 제6장 B는 전쟁과 정치의 관계에 관한 클라우제비츠 사상의 정점에 위치한다.'(210쪽)

절대전쟁의 수행이 어려운 이유로 클라우제비츠는 마찰 개념을 도입한다. 위험, 육체적 고통, 정보의 불확실성 등이 마찰의 요소인데, 마찰은 이론을 역사와 조화시킨다. 절대전쟁과 현실전쟁의 변증법은 공격과 방어에도 적용될 수 있다.

절대전쟁이 아닌 전쟁에서는 전쟁과 정치의 관계를 고려해야 한다. 『전쟁론』에서 군대와 정부의 관계를 다룬 부분은 『전쟁론』 제2판에서 변경되었는데, 이는 심각한 오류이다. 정부, 군대, 인민의 삼중성은 1976년에 레몽 아롱이 비로소 관심을 표시했다. 인민이 전쟁에서 중요한 역할을 맡게 되면 전쟁은 인민무장투쟁의 단계를 넘어서 인민전쟁의 수준으로 발전한다. 1812년의 러시아에서는 인민이 전쟁에 협력했는데, 1806년의 프로이센과 1814년의 프랑스에서는 그런 일이 일어나지 않았다.

날짜 미상의 '짧은 논설'과 1827년의 '알리는 말'은 '주요 전쟁' 이외에 훨씬 더 많은 종류의 전쟁이 있고, 미래에는 그런 사실이 훨씬 더 많이 들어맞을 것이라는 자각을 포함한다. 삼중성에 있는 세 요소(인민, 군대, 정부)가 전쟁의 특성을 근본적으로 과격하게 변화시킬 것이다. 클라우제비츠의 이론은 크레벨드와 캘도어가 인식한 것 이상으로 '새로운 전쟁'의 가능성을 고려했다.

6. 『전쟁론』은 나폴레옹과 클라우제비츠 시대의 책이다. 그는 미래를 별로 예측하지 않았다. 선견지명으로 드러난 부분도 있지만, 그는 그의 시대 이후에 일어난 기술발달을 예측할 수 없었다. 그는 사회적·정치적인 변화에 더 주목했다.

미완성 작품이 갖는 '개방성'은 『전쟁론』 해석에서 고정성과 획일성을 거부한다. '전쟁은 카멜레온과 같다.' 클라우제비츠의 원숙함은 그의 변증법적인 방법론에서 찾을 수 있다. 클라우제비츠는 '죽었다고' 하지만, 그는 그렇게 말한 이들보다 오래 살아남았다.

전체 의견. 이 책은 클라우제비츠나 『전쟁론』을 다룬 책이 아니라 『전쟁론』의 전기'이다. 『전쟁론』의 내용과 머리말을 참고하고 그 이전의 (1804년부터 쓴) 클라우제비츠의 글을 분석하여 클라우제비츠의 이론과 사상이 『전쟁론』에 어떻게 표현되었는지를 추적한다. 의미 있는 연구이다.

삼중성과 관련된 논의를 언급한다. 우리나라에서 삼중성이 아니라 '삼위일체' 개념을 완강하게 고수하는 사람들의 견해를 스트레이천의 이 책을 통해 반박할 수 있다. '정부를 더 이상 방어할 수 없는 경우에는 정부를 포기하고 군대를 구하는 것이 필요하다. 정부의 몰락이 불가피하다면 군대를 정부에 묶어두는 것에 반대할 수 있다. 정부도 국왕도 아닌 군대야말로 국가의 실체일 수 있다는 클라우제비츠의 믿음은 국가를 지리적인 영토로 정의하는데 익숙한 사람들에게 충격적이고 급진적이었다.'(71쪽) 무능한 왕조나 정부가 나라를 구하지 못한다면 자기 나라 군대를 영토 밖으로 보내고(후퇴시키고) 다른 나라 영토에서 전쟁을 계속 수행할 수 있다는 생각은 정부와 군대의 (그리고 정부, 인민, 군대의) 일시적인 분리를 전제로 하지 않고는 불가능하다. 그 생각은 삼위(인민, 군대, 정부)가 일체를 이룬다는 해석과 양립할 수 없고, 이 경우에 삼위는 일체를 이루지 않는다. 우리나라에서 Dreifaltigkeit를 '삼위일체'라는 개념으로 번역하고 이해하는 것은 클라우제비츠와 무관한 잘못된 해석이다. 그런데 삼위일체가 '기독교의 삼위일체처럼 삼요소가 하나로 통합된다.'는(218쪽) 말은 스트레이천의 자기모순으로 보인다.

끝으로 이 책의 번역에 대해 몇 마디 언급한다. 수도를 자본이라고 옮긴 것은(168쪽) 명백한 오역이다.[38] 지뢰를 '광산'이라고 옮긴 것도(215쪽) 오역이다. 고통을 노력이라고 옮긴(179, 190쪽) 것도 오역이다.[39] 노력이 아니라 고통 또는 육체적인 고통으로 번역하는 것이 적절하다.

"우연성은 전쟁 풍토의 일부분이다."(179쪽) 우연은 전쟁을 이루는 요소로서 전쟁의 분위기나 환경을 이룬다. 이 문장에서 '풍토'는 매우 어색하다. '적 국가에 대한 진짜 열쇠는 통상적으로 적의 군대이다.'(167~168쪽) 국가의 열쇠가 군대? 열쇠? 문장이 어색하고 이해도 되지 않는다. "어느 나라로 향하는 제일 좋은 관문은 대부분 그 나라 군대의 손에 놓여있다."(『전쟁론』, 748쪽) 이것을 말하는 것인가? 이 외에도 클라우제비츠의 개념을 이상한 용어로 번역해서 이해가 잘 안 되는 부분이 적지 않다.

'동맹군의 부대들은 6월 18일에 워털루의 전장에 집결할 수 있게 되었다(클라우제비츠는 이를 아름다운 동맹[Belle-Alliance]이라고 불렀다).'(85쪽) 벨-알리앙스는 단어의 의미로는 '아름다운 동맹'이지만, 이는 허남성의 역사 지식의 부족에 의한 오역이다. 벨-알리앙스는 워털루에 있던 주막 이름이고, 나폴레옹이 워털루전투에서 총사령부로 사용한 건물이다. 블뤼허가 처음으로 벨-알리앙스 전투라고 부른 이후 독일의 역사 서술에서는 20세기까지 워털루전투 대신에 벨-알리앙스 전투라고 불렀다.[40]

Volk를 많은 곳에서 일관되게 '국민'으로 옮긴 것은 '인민' 개념에 대한 우리나라 군인 출신 연구자들의 증오와 공포를 드러낸 것으로 보인다. 허남성

---

38. 김만수, 『전쟁론 강의』, 372쪽 각주 38 참조.
39. 이종학은 이미 1986년에 『클라우제비츠의 생애와 사상』 15쪽에서 '육체적 고통'이라고 정확히 표현했다.
40. 『전쟁론』, 343쪽 각주 5 및 345쪽 참조.

은 Volkskrieg도 '국민의 전쟁'으로 옮겼는데, 이는 완전한 오역이다. 『전쟁론』 제6편 제26장을 읽으면 알 수 있다. '인민전쟁은 문명화된 유럽에서는 19세기의 현상이다. 인민전쟁에 대해서는 이를 찬성하는 사람도 있고 반대하는 사람도 있다. 반대하는 사람 중에는 정치적인 이유로 반대하는 사람도 있고 군사적인 이유로 반대하는 사람도 있다. 정치적인 이유로 반대하는 사람은 인민전쟁을 혁명의 수단으로 보고 합법적인 무정부 상태라고 보기 때문에 반대하는데, 그런 상태는 밖으로 적에 대해 위험한 것처럼 안으로 자기 나라의 사회질서에 대해서도 위험하다는 것이다. 군사적인 이유로 반대하는 사람은 인민전쟁이 승리해도 소모된 힘에 상응하지 않는다고 생각해서 반대한다.'(『전쟁론』, 786쪽)

국민총동원, 국민전쟁, 국민무장 등 법에 의해 국가가 국민을 동원하는 것이 '혁명의 수단이자 합법적인 무정부 상태'일 수는 없다. 이 경우에는 인민과 인민전쟁이 적절한 번역이다. Volk를 국민으로 옮기는 것은 (클라우제비츠 시대에는 마르크스와 공산주의가 알려지지도 않았는데[41]) 반공을 '사상'으로 인식했던 독재시대의 편협성과 '반공사상'에 매몰된 이데올로기적인 편향성을 우리나라 군인 출신 연구자들이 여전히 갖고 있다는 것을 반증한다. 클라우제비츠 시대에, 즉 군주와 영주 계급이 지배하던 절대주의 시대에, 달리 말해 (신분제 폐지, 자유와 평등의 구현, 삼권분립이 실현되는) 근대적인 의미의 '국민국가(nation-state)'가 성립되지도 않고(프로이센) 막 성립하려던 (프랑스) 시기에 Volk를 '국민'으로 번역하는 것은 역사적으로도 오류이다.

베아트리체 호이저, 『클라우제비츠의 『전쟁론』 읽기 : 현대 전략사상을 만든 고전의 역사』, 윤시원 번역, 일조각, 2016. 9, 453쪽 [2002]

이 책은 제1장에서 클라우제비츠를, 제2장~제5장에서 『전쟁론』의 내용

---

41. 클라우제비츠가 사망한 해(1831년)에 마르크스는 13살이었다.

과 여러 해석을, 제6장~제8장에서 20세기 클라우제비츠의 영향을 다루고 있
다.

제1장. 제1장은 제목 그대로 클라우제비츠의 생애와 『전쟁론』의 집필과
정을 간략히 서술했다. 이어서 그보다 훨씬 자세하게 『전쟁론』이 독일, 프랑
스어권, 영어권, 미국, 독일 제3제국, 러시아, 중국, 이탈리아, 일본 등에서 번역
되고 수용된 과정 및 마르크스와 엥겔스에 미친 영향을 서술했다.

배스포드는 영국에서 '클라우제비츠를 폄하하는 전통'이 발전했다고 지
적했고(57쪽), 루바스는 풀러와 리델 하트의 저작을 분석한 후에 그들이 『전
쟁론』을 읽지 않았을 가능성이 있다고 추론했다(70쪽).

의견. 루바스가 그렇게 말한 근거는 적절한 것으로 보인다. 풀러와 리델
하트의 오해와 왜곡으로 영국에서 클라우제비츠를 폄하하는 전통이 발전한
것 같다. 그런데 제1장에는 『전쟁론』에 대한 호이저의 오해와 왜곡도 보인다.

제2장. 클라우제비츠의 학설은 두 개이다. 그는 1827년 이전에는 절대전
쟁만 탐구했다. 그의 절대전쟁을 호이저는 이상적(또는 이상주의적) 전쟁으
로 보고, 이를 플라톤의 이데아와 베버의 이념형의 개념으로 이해한다. 『전쟁
론』 제2편~제6편이 여기에 해당한다. 전쟁의 목표가 정치에 의해 결정된다는
것은 현실주의적 관점인데, 이는 클라우제비츠가 1827~1830년에 고쳐 쓴 제
1편과 제7편~제8편에 나타난다. 클라우제비츠는 한편으로 적의 군사력의 파
괴를 말하고 다른 한편으로 여러 가지 정치적 목표가 있을 수 있다고 말하는
데, 이는 모순이다. 절대전쟁에 대한 이상주의적 가르침이나 전쟁을 정치의 기

능으로 본 현실주의적 가르침은 전쟁현상을 이해하는데 모두 필요하다.

의견. 이 해석에서 보는 것처럼, 호이저는 절대전쟁에는 정치가 존재하지 않고(폭력만 존재하고) 현실전쟁에만 정치가 존재한다고 해석하는데, 이는 절대전쟁과 현실전쟁에 대한 변증법적 이해가 아니라 이분법적 분해이다. 영미권에는 대체로 변증법에 대한 이해가 부족한 것으로 보인다. 정치가 없고 정치적인 목적이 없는 전쟁은 있을 수 없다. 맹목적인 학살과 무자비한 폭력에도 정치적인 목적이 있다.

제3장. 전쟁은 정치의 수단이다. 이 점을 마르크스, 엥겔스, 레닌, 모택동, 소련의 군사사상가 스베친, 파시즘의 이데올로그 카알 슈미트, 프랑스의 철학자 미셸 푸코 등은 정확히 간파했다.[42] "정치는 피를 흘리지 않는 전쟁이고, 전쟁은 피를 흘리는 정치이다."라는(117쪽) 모택동의 인식은 『전쟁론』의 핵심을 간파한 명언이다.

정부와 군대의 관계에서 브륄은 『전쟁론』 제2판에 잘못된 수정을 했고, 이는 그 이후 전쟁에 대한 문민통제와 군부통제 사이에 심각한 혼란과 갈등을 일으켰다. 몰트케, 슐리펜, 골츠, 베른하르디, 루덴도르프, 젝트, 히틀러 등이 군대에 대한 정부의 우위를 부정하거나 거부한 것이다. 영국과 프랑스도 독일과 비슷하게 해석했다. 모택동이 클라우제비츠를 훨씬 올바르게 이해했다.

구미의 철학자들과 군사사상가들을 보면 마르크스주의자들이 부르주아 이론가들보다 『전쟁론』의 철학을 훨씬 정확하고 깊이 이해하고 있다. 하워드도 마르크스 이론가들의 포괄적인 전쟁관이 전쟁의 본질에 더 가깝다고 주장한다. 부르주아 이론가들은 주로 국가 간의 전쟁만 전쟁으로 보려고 하고 내전은 별로 고려하지 않는다. (내전을 주로 테러나 반란 등의 범주로 축

---

42. 특히 레닌은 헤겔, 마르크스, 클라우제비츠 등을 읽고 그 핵심을 이해하는 학습능력이 탁월하다. 레닌은 『전쟁론』의 정치적 본질을 꿰뚫고 러시아의 정치 환경에서 『전쟁론』의 철학을 자기 것으로 만들어 러시아혁명을 성공으로 이끌었다. 레닌은 학자이자 혁명가이고, 하알벡의 평가처럼 뉴턴에 비교할 수 있는 인물이다.

소하여 이해한다.) 그래서 그들에게 전쟁은 정치의 파탄이거나(한스 폰 젝트) 정책의 붕괴이다(에드워드 티볼트). 즉 전쟁과 평화를 이분법적으로 이해한다. 이에 반해 마르크스주의자들은 정치를 상시적인 갈등으로 보고 변증법적으로 이해한다. 그래서 그들은 내전도 전쟁으로 고려한다. 전쟁과 정치, 전쟁과 혁명의 관계를 더 깊이 있게 연구한다.

의견. 클라우제비츠의 삼중성을 호이저처럼 첫 번째의 삼중성(폭력성, 개연성, 정치성)과 두 번째의 삼중성(인민, 군대, 정부)으로 나눌 근거는 없다. '모택동과 해리 서머스는 삼중성을 제대로 이해했지만, 크레벨드와 키건은 제대로 이해하지 못했다.' 전쟁의 삼중성에 관한 호이저의 오해와 혼란스러운 설명은 호이저가 『전쟁론』을 전체로서 통합적으로 이해하지 못했기 때문인 것 같다. 이 부분에서 호이저는 자신이 하려고 하는 말을 교묘하게 숨기고, 호이저의 글은 클라우제비츠를 교묘하게 비난하는 서술로 보인다. 호이저 자신의 말처럼, 호이저도 『전쟁론』에서 자신이 읽고 싶고 믿고 싶은 것만 클라우제비츠의 가르침이라고(150쪽) 이해한 것이 아닌가 하는 생각이 든다.

제4장. 천재는 규칙을 만드는 타고난 재능이다. 클라우제비츠는 나폴레옹전쟁을 분석하면서 병력을 적의 중심에 집중해야 한다고 주장했고, 그에게 적의 중심은 적의 군대와 수도였다. 또한 그는 정신력과 의지력을 강조했다. 호이저는 클라우제비츠의 '병력의 절약'을 최대한의 병력 투입과 모순되는 것으로 본다. 마찰과 우연도 전쟁을 계획대로 수행하지 못하게 하는 요소이다. 이것이 제4장의 핵심 논지인데, 호이저는 이 장에서 '수의 우세'의 반대편에 있는 측면을 약간 혼란스럽게 정리했다. 이 장에서는 메스트르의 말만 인상 깊게 남는다. '패배한 전투는 패배했다고 생각했기 때문에 패배한 것이다.'(184쪽)[43]

제5장. 방어가 공격보다 강하다는 클라우제비츠의 주장은 프로이센과

---

43. 프라이탁-로링호벤, 『전쟁과 리더십』, 13쪽에는 이 문장이 약간 다르게 표현되어 있다. '패배한 전투는 패배했다고 생각한 전투이다.' 또한 프라이탁-로링호벤은 이 말을 수보로프가 말한 것으로 전한다.

독일에서 베른하르디, 골츠, 몰트케, 슐리펜 등에 의해 부정되거나 거부되었고, 젝트만 방어를 강조했다. 프랑스에서도 공세지상주의가 지배했다. 미국에서도, 이탈리아의 두에도 공격을 강조했다. 엥겔스와 레닌도 방어에 관한 클라우제비츠의 생각에 동의하지 않았다. 레닌도 '혁명봉기에서는 단호하게 행동하고 무조건 공격해야 한다. 무장봉기에서 방어는 죽음과 같다.'고 말했다. 프룬제도 레닌과 같은 생각이었지만, 스베친은 방어의 강력함을 인정했다. 모택동은 방어의 강력함과 적의 파괴를 동시에 주장했다. 제1차 세계대전 이후에는 서구에서 공세에 대한 신앙이 사그라졌다.

제1차 세계대전 이전에 독일, 프랑스, 영국에서는 클라우제비츠의 절대전쟁만 받아들이는 풍조가 만연했다. 몰트케는 1871년에 '절멸전쟁'까지 언급했다. 영어권에서는 클라우제비츠가 포탄이 발사되는 순간에 외교는 군사전략의 뒷자리로 물러난다고 말한 것으로 오해했고, 프랑스에서도 클라우제비츠의 결정적인 승리에 대한 언급만 받아들였다. 이런 맥락에서 리델 하트는 클라우제비츠를 '대량학살의 예언자'라고 불렀다. 이들과 달리 델브뤽은 나폴레옹과 프리드리히 대왕의 저작을 연구하고 클라우제비츠의 전체 학설을 받아들여 이를 섬멸전략과 소모전략, 타도전략과 소진전략, 전투와 기동, 단극적인 작용과 양극적인 작용의 개념으로 재해석했다.

절대전쟁만 받아들이는 해석은 총력전 개념으로 나아갔다. 영국과 프랑스가 클라우제비츠를 '총력전'과 연관이 있는 것으로 보았다. 이 개념은 프랑스에서 유래했지만, 루덴도르프와 나치에 의해 환영받았다. 그래서 리델 하트는 클라우제비츠의 정치철학의 바탕에 전체주의 국가의 정치철학이 깔려있어서 클라우제비츠를 위험하다고 생각했다.

의견. 이런 여러 오해와 왜곡을 보면, 자기 원고가 '끊임없는 오해에 방치되고 많은 설익은 비판을 불러일으킬'(『전쟁론』, 46쪽) 것이라는 클라우제비츠의 예언은 100년 이상 들어맞았다.

제6장. 클라우제비츠의 절대전쟁뿐만 아니라 현실전쟁까지 이해한 인물들이 있다. 클라우제비츠를 해양전략에 응용한 코벳과 중국 내전에서 인민해

방군을 이끌고 국민당에 맞서 승리한 모택동이다.

코벳에 따르면 전투력의 집중은 합리적인 해양전략이 될 수 없다. 섬멸전을 모든 상황에 (해양에) 적용할 수도 없다. 제해권은 해역에서 활동할 수 있는 능력에 불과하다. 해상교통로를 자유롭게 유지하는 것이 핵심이다. 영국이 강력한 적과 경쟁하여 승리할 수 있었던 것은 제해권을 획득하여 유지한 덕분이다. 영국의 힘은 클라우제비츠가 말한 '동맹전쟁'의 방식, 즉 동맹국에게 제한적 수단을 지원하여 공동의 적을 무찌르는 방식으로 유지되었다. 마한은 이상적 전쟁을 말한 클라우제비츠와 비슷한 입장을 취했고, 조미니의 저작을 통해 나폴레옹 시대의 전쟁을 배웠다. 독일에서도 베게너와 그로스가 클라우제비츠의 사상을 해전에 적용했다.

클라우제비츠의 사상을 연구한 사람들에 의해 더욱 발전된 영역은 인민전쟁이다. 이는 당시에 여러 형태로 생겨나기 시작했고, 이에 따라 소규모 전쟁, 게릴라전, 인민무장투쟁, 총동원, 농민군, 민병대, 빨치산 등의 개념으로 나타났다. 즉 클라우제비츠는 오늘날 '비대칭전쟁'의 사상적 기초를 마련했다. 약자가 강자를 상대할 때는 정신력, 지구력, 인내력이 중요하다. 공간을 포기하고 시간을 얻어야 하는 경우도 있다. 레닌은 1918년 브레스트-리토프스크 조약으로, 모택동은 '대장정'으로 이 전략을 사용했다. 클라우제비츠의 인민전쟁 사상을 더 높은 경지로 끌어올린 이들은 대부분 공산주의자이고 마르크스주의자이다. 이들 중에 모택동을 능가하는 사람은 없고, 모택동만큼 성공한 사람도 없다.

정부 간에 수행되는 '전통적인' 전쟁만 클라우제비츠적인 전쟁이라고 정의하는 크레벨드와 하프너는 클라우제비츠를 과소평가한 것이다. 캘도어의 '새로운 전쟁' 개념도 전혀 새롭지 않다.

제7장. 소련이 클라우제비츠의 상속자이자 계승자라는 인식은 스탈린의 집권과 핵무기 시대의 도래로 나빠졌다. 서방에서 레닌을 클라우제비츠의 제자라고 주장하는 것에도 불쾌감을 표시했다. 하지만 스탈린 이후 이런 노선은 수정되었고, 모택동도 스탈린을 비판했다. 모택동은 핵무기를 처음 알게

되었을 때에도 무기를 사용하는 주체는 인간이기 때문에 무기는 인간만큼 중요하지 않다고 주장했다. 핵무기를 둘러싼 논쟁이 격렬하게 진행되었는데, 핵시대에 전쟁이 정치의 계속이 될 수 있는가 없는가 하는 것이 핵심이었다. 전쟁의 계급적 성격을 강조하는 전통적 입장은 핵시대에도 전쟁이 제국주의자들의 범죄적 정치의 연장이라고 주장했다. 체르노빌 참사는 이 전통적 관점에 회의적인 이들의 입장이 호전되는 계기가 되었다. 고르바초프는 유엔총회에서 대외정책 수단으로서 폭력을 부정했고, 이 선언은 바르샤바조약기구의 해체, 소련의 해체, 현실사회주의의 종말로 이어졌다. 냉전의 종식으로 세계의 전략 지형이 달라졌고, 대리전과 국지전의 모습도 변했다. 경제제재와 같은 압박이 전쟁수단으로 사용되었다.

서방에서는 일찍이 핵전쟁이 정치의 수단이 될 수 없다는 결론을 내렸다. 미국의 상호확증파괴 또는 상쇄전략은 유럽이 받아들일 수 없었다. 핵무기시대가 오자 서방의 전략가들은 클라우제비츠의 절대전쟁 개념을 들어 클라우제비츠를 부정적인 의미로 인용했다. 클라우제비츠의 확전 개념을 칸과 킴발라는 게임이론의 요소와 결합했다. 라포포트는 게임이론이 전쟁에서 도덕적 맥락과 정치적 맥락을 제거한다면서 칸을 비판했다. 핵무기 시대에 한국전쟁은 대규모 핵전쟁으로 확전되지 않은 제한전쟁이다. 하지만 제한전쟁은 관점에 따라 무제한전쟁이 될 수도 있다. 베트남전쟁은 프랑스에게는 제한전쟁이었지만, 북베트남과 남베트남에게는 제한전쟁이 아니었다. 프랑스의 정치적 의지와 베트남 공산당의 정치적 의지도 달랐다. 오스굿은 대부분의 제한전쟁이 내전의 요소를 갖고 있다고 보았다. 베트남에 대한 미국의 개입과 패배에 대해서는 서머스의 『전략론』이 『전쟁론』을 활용하여 훌륭하게 비판하고 정리했다. 그래서 미국에 '와인버거 독트린'이 생겨났다.

제8장. 클라우제비츠의 개념은 21세기 초에 이르기까지 세계의 많은 군사 관련 문헌에 반영되었고 경영학에서도 관심의 대상이 되었지만, 이와 동시에 『전쟁론』이 시대에 뒤떨어졌다는 주장이 나온 지도 100년이 훨씬 넘는다.

『전쟁론』은 이해하기 어렵다. 클라우제비츠는 전쟁당사자 간에 수평적으로 대칭적인 분쟁구조를 전제로 깔고 있어서 비대칭전쟁을 다루지 못했고, 제한전쟁 이론을 더 발전시키지 못했고, 전쟁에서 대중의 지지를 얻는 법을 터득하지 못했고, 전쟁 다음에 오게 될 평화에 큰 관심을 두지 않았고, 첩보와 정찰활동을 거의 다루지 않았고, 기술발달에 대한 성찰이 부족했다.

전쟁의 영원한 진리를 찾으려고 하면서도 전쟁이 각 시대의 환경에 좌우된다는 점을 인정한 것이 클라우제비츠의 제일 큰 문제이다. 클라우제비츠의 서술에서는 시대별로 전쟁의 특수성이 있다고 보는 신념과 전쟁에 대해 보편적으로 유효한 성찰을 추구하는 사고 사이에 긴장이 일어난다. 클라우제비츠는 전쟁의 진정한 본질과 현실의 카멜레온과 같은 성질 사이에서 동요했다. 이런 혼란은 후학들에게 악영향을 미쳤다.

소련에서는 클라우제비츠의 국가 이해가 부르주아적이라고 비판했다. 자유주의 진영에서도 전략에 대해 잘못된 사상을 갖게 된 것은 클라우제비츠의 세계관에 뿌리를 두고 있다고 비판했다. 보편적 가치에 집착한 것도 클라우제비츠의 본질적인 문제점이다. 클라우제비츠의 목적은 뉴턴이 물리법칙을 파악했듯이 전쟁의 본질을 이해하는 것이었다. 우리가 전쟁의 본질을 결정하는 기능과 변수를 파악할 수 있도록 가르친 것이 클라우제비츠의 위대한 업적이다. 그 이외의 것들은 이미 극복되었고 전혀 새롭지 않다.

전체 의견. 호이저는 이 책의 목표를 '개설서'에 두고 있다. 호이저가 인용한 글 중에 우리말로 번역되어 있지 않은 것이 많고, 그래서 그런 부분은 우리나라에 새로울 것이다. 하지만 그 목표로 이 책은 클라우제비츠의 저술에 대한 많은 연구자들의 논평 모음집이 되었다. 약 200명의 논평자(군인, 학자, 교수)들이 클라우제비츠에 관해 이런저런 식으로 언급했고, 이런저런 말로 칭찬하거나 비난했다는 글의 모음집이 되었다. 그래서 이 책은 세부적으로 보면 유기적이 아니라 단편적이고 나열적이라는 인상을 준다.

앞의 요약에서 보는 것처럼, 호이저는 클라우제비츠가 다루지 않은 것을 다루지 않았다고 비난하는 동어반복을 하고 있다. 호이저의 해설은 전반적으로 혼란스럽고, 클라우제비츠와 『전쟁론』에 대한 이해가 부족한 것으로 보인다. 클라우제비츠를 폄하하는 영국의 '전통'은 이 책을 쓴 호이저에게도 여러 곳에서 많이 그리고 교묘한 서술로 나타난다. 독일과 프랑스, 러시아와 중국에 대한 폄하도 교묘하게 서술되어 있다. 이 책의 독자는 이런 점을 참고하여 읽어야 할 것으로 보인다.

마지막으로 이 책의 번역 문제를 언급한다. 이 책에는 번역이 문제인지 내용이 문제인지 헷갈리는 부분이 많이 있다. 번역자가 충분한 시간을 들여 제대로 번역하지 않은 것으로 보인다. 한두 부분만 언급한다.

김만수 번역(18), 788쪽	윤시원 번역, 285쪽
인구가 많은지 적은지 하는 것은 중요한 문제가 아니다. 인민전쟁에서 사람이 부족한 경우는 극히 드물기 때문이다. 주민들이 부자인지 가난한지 하는 것도 전혀 중요하지 않고 적어도 중요해서는 안 된다. 하지만 <u>힘든 노동과 궁핍에 익숙한 빈곤한 계급이</u> 언제나 더 용감하고 강하다는 것은 부인할 수 없다.	인구가 많고 적음은 결정적인 영향을 미치지 못하는데, 이는 국민전쟁에서 사람이 부족한 경우가 드물기 때문이다. 주민의 경제력 수준 또한 결정적 요인이어서는 안 되며 최소한의 영향을 끼쳐야 하지만, <u>가난하고 착취당하고 억압받는 삶을 사는 계급이</u> 훨씬 호전적이고 강인한 면을 가지고 있다는 점을 무시할 수는 없다.

내 번역은 단호하고 완강한 느낌을 주면서 문장들이 굳건하게 버티고 있는 것 같다. 윤시원의 번역은 그렇지 않다. '최소한의 영향을 끼쳐야 하지만', '호전적' 등은 내 번역과 많이 다르다. 특히 밑줄 친 부분은 상당히 많이 다른 것처럼 다가온다. 인민전쟁에서 용감하고 강한 쪽을 말하는 것으로는 내 번역이 더 적절해 보인다. 가난, 착취, 억압 등의 단어는 자본가와 노동자, 강자와 약자, 독재자와 민중의 관계에 더 적절한 개념이다. 그리고 착취와 억압이 존재한다면, 착취하고 억압하는 쪽이 착취당하고 억압받는 쪽보다 더 호전적인 것이 아닐까? 이런 번역은 영어 중역이기 때문에 생긴 것인가? 전반적으로 윤시원의 번역에는 번역하는데 필요한 시간을 충분히 들이지 않았다는 것, 그래서 문장과 글이 '익지 않았다'는 것을 많이 느끼게 된다. 다음은 『전쟁론』에 대한 오해에 따른 오역이다.

김만수 번역(18)	윤시원 번역
실증적인 이론은 불가능하다(166쪽). 이론적인 연구의 모든 실증적인 결과, 즉 모든 원칙, 규칙, 방법은 실증적인 규범이 될수록 보편성과 절대적인 진실성을 그만큼 많이 잃게 된다(194쪽).	확고한 교리는 존재하지 않는다. 이론적 연구에 있어서 모든 확실한 대답, 모든 원칙, 규범, 방법은 확고한 교리가 되어 갈수록 보편성과 절대적 전리를 담지 못한다(384쪽).

확고한 교리가 될수록 보편성을 잃는 이유는 무엇인가? 확고할수록 보편적이 되는 것이 아닌가? 전쟁에서 수의 우세, 식량조달, 기지(의 크기와 각도), 내선 등 수치를 얻고 물질적·기하학적 요소만 살펴보려는 노력은 실증적이고 실증주의적이다. 전쟁에는 위험, 불확실성, 우연 등의 마찰이 존재하고, 정신력을 고려해야 하고, 전쟁은 적과 하는 상호작용이기 때문에 그런 실증적인 이론을 세우는 것은 불가능하다는 것이 클라우제비츠의 논지이다. 이 논지에 따르면 윤시원의 번역은 심각한 오역이다. 독일어의 positiv를 '확정된, 확실한, 확고한, 분명한, 긍정적인, 적극적인' 등으로 옮긴 우리나라의 모든 번역은 『전쟁론』의 이 부분의 맥락에[44] 맞지 않는 오역이다.

직접 관련된 번역의 마지막에 두 논문을 살펴본다.

에티엔 발리바르, 「전쟁으로서의 정치, 정치로서의 전쟁 : 포스트-클라우제비츠적인 변이들」, 사회진보연대 반전팀 번역, 『사회운동』 제68호(2006. 10), 사회진보연대, 108~142(35쪽) [2006. 5]

발리바르의 글은 마르크스주의의 관점에서 클라우제비츠를 해석한 글이다. 이 글은 우리나라에 번역되어 있는 『전쟁론』과 관련된 모든 글 중에 단연 두드러진다. 세계 최고 수준의 글이다. 발리바르가 『전쟁론』에 대한 탁월한 이해와 독창적인 해석을 마르크스, 레닌, 모택동의 클라우제비츠 이해, 20

---

44. 이와 다른 맥락에서는 '적극적인, 긍정적인' 등으로 번역할 수 있는 부분이 몇 군데 있다.

세기의 시대와 시대 변화에 대한 통찰, 전쟁의 여러 형태 등과 접목하여 수준 높은 논문을 썼다. 경이로운 수준이다. 이 글은 클라우제비츠를 (속된 말로) '갖고 노는' 글이다.[45] 클라우제비츠에 대한 이해와 해석에서 마르크스주의 쪽이 부르주아 쪽보다 월등하게 높은 수준에 있고 훨씬 독창적이라는 것을 알 수 있다.[46] 한국의 군사학계나 『전쟁론』의 정치적·철학적 측면을 연구하는 사람들은 이 글을 이해하는 것만으로도 높은 수준에 있다고 할 수 있다.

현재 우리나라에는 대부분 영미권의 보수주의와 실용주의에 매몰된 클라우제비츠 해석이 소개되고 있는데, 발리바르의 글은 그런 편향성을 보완하는 글이라고 할 수 있다. 그리고 그런 편향성을 극복하려면 앞으로 마르크스주의 관점에서 클라우제비츠를 이해하고 해석한 글을 더 많이 번역해야 할 것으로 보인다. 글의 차례는 다음과 같다.

1. 전쟁은 다른 수단에 의한 정치의 계속이다
2. 공격 전략에 대한 방어 전략의 우월성
3. 제한 전쟁과 절대 전쟁
4. 전략에서 도덕적 요인의 최우선성
5. 전쟁과 마르크스주의 전통

이 글을 실제로 번역한 임필수의 소개를 토대로 글을 요약한다. 발리바르는 이 글에서 클라우제비츠의 『전쟁론』과 최근에 부각되고 있는 다양한 전쟁이론을 고찰한다. 저자는 전쟁에 관한 클라우제비츠의 대표적인 명제들의 유효성에 대해 질문하고, 그의 이론체계에 내재한 난제와 모순을 분석한다. 예를 들어 '전쟁은 다른 수단으로 하는 정치의 계속'이라는 클라우제비츠의 대표적인 명제는 현실을 설명하는 묘사로 해석될 수 있지만, 역으로 군사적 목표가 정치의 목적에 종속되어야 한다는 처방으로도 해석될 수 있다. 달

---

45. 그에 반해 우리나라 연구자들의 글은 대부분 클라우제비츠를 소개하거나 『전쟁론』을 요약하고 적용하는 수준에 머물러있다.
46. 하워드, 『클라우제비츠』 및 하알벡, 「『전쟁론』의 수용과 그 유포」, 265~302쪽 참조.

리 말하면 전투로 실현되는 군사전략의 자율화와 파괴 경향이 억제되지 않는다면 '제한전쟁'은 '절대전쟁'으로 극단화되고, 정치의 조건 그 자체가 파괴될 수 있다. 하지만 18세기 왕조전쟁에서 19세기 인민전쟁으로 현실의 전쟁이 전개된 역사는 '극단으로의 상승'이라는 클라우제비츠의 전쟁 개념이 극적으로 실현되는 과정이었다. 그런데 현재 시점에 이르러 군사전략의 근대적 주체였던 국가-인민-군대의 통일체가 해체되면서 폭력의 국가 독점과 민족국가에 의한 이데올로기적 통합이 점점 더 의문시되고 있다. 이에 따라 전쟁의 역사는 한 단계 더 변화하고 있다.

다른 한편 발리바르는 클라우제비츠의 『전쟁론』과 대별되는 마르크스주의 운동의 전통을 검토하면서 모택동의 '유격대·지구전' 이론이 클라우제비츠의 경고를 (마르크스주의 전통을 경유해서) 인식하고, 정치적 목적에 종속된 군사전술이란 지향을 실천했다고 평가한다. 그러나 모택동 역시 혁명정당이 국가로 전환되어야 한다는 관점을 (문화혁명을 경과하면서도) 완전히 버리지 못했고, 유격대·지구전 이론을 통해 역전된 국가와 인민의 위계관계가 다시 당-국가의 우위로 재역전되는 경향을 막지 못했다. 이에 따라 국가에 의한 폭력의 독점(억압적 국가장치의 재건)과 절대전쟁으로의 진화 경향(정치의 조건에 대한 파괴) 역시 재확립되었다.

Bart Schuurman, 「클라우제비츠와 "신전쟁" 이론」, 전덕종 번역, 『군사평론』
　　제408호(2010. 12), 육군대학, 434~450(16쪽) [2010]

아래에서는 전체의 핵심이 아니라 일부만 요약한다. 슈어만의 글은 클라우제비츠에 관한 캘도어, 린드, 함메스, 리델 하트, 키건, 크레벨드 등의 오해와 왜곡을 그레이, 에체바리아, 배스포드를 통해 바로잡는다. 글의 차례는 다음 쪽과 같다.

새로운 전쟁의 특징. 첫째, 오늘날의 전쟁양상은 역사적으로 과거와 분

이론적 비판
전쟁 본질에 대한 클라우제비츠의 사상
클라우제비츠의 사상은 단지 적용 가능하다는 것 그 이상이다
이론과 실제

명하게 구분된다. 둘째, 전쟁에 대한 현대적 사고방식의 발전은 (낡고 오래된 클라우제비츠의 사고방식을 파괴하는) 전쟁 본질의 근본적인 변화를 반영하고 있다.

클라우제비츠는 무제한적인 폭력을 지지하지도 않았고, 그의 연구는 국가 이외의 행위자가 관련된 분쟁을 분석하는 데도 쓸모가 있다. 폭력적인 반정부세력도 이성적인 동기에 따라 행동하고, 정부가 군대를 아무리 조심스럽게 사용해도 이는 폭력적 감정에 기초한 반응을 유발한다. 클라우제비츠의 연구는 국가 간의 전쟁뿐만 아니라 내전이나 반란전의 분석에도 유용하다.

테러와의 전쟁을 클라우제비츠의 삼중성으로 분석하면 다음과 같은 이점이 있다. 첫째, 테러를 역사적으로 모든 전쟁에 필연적으로 내재된 요소로 인식할 수 있다. 둘째, 삼중성은 테러리스트의 이성적·이념적 동기에 관심을 가질 수 있게 한다. 테러집단을 비이성적 광신자라고 인식하는 비이성적 경향 대신에 어떤 요인이 그들에게 극단주의에 빠지게 하는지 이해하게 한다. 그러면 폭력과 강압 이외에 다양한 정책대안을 선택할 수 있다. 셋째, 삼중성은 테러집단 내의 사회정치적 상관관계 및 테러집단과 (그들을 만드는 포괄적인) 사회적 환경의 상관관계를 식별하고 분석할 때 매우 중요하다.

테러집단의 약점은 군사력이 아니라 주민에게 있다. 테러와의 전쟁에서 승리하려면 주민의 지원을 차단해야 한다. 그러려면 주민의 불만, 그런 불만을 표출하는 테러집단에 대해 신중하게 생각해야 한다.

삼중성은 전쟁의 본질에 대한 통찰을 제공한다. 폭력성, 개연성, 정치성은 전쟁의 본질적인 요소이고, 그 요소들의 여러 상관관계로 분쟁의 무한한 다양성이 나타난다. 삼중성의 개념은 모든 형태의 전쟁을 비교할 수 있는 기본적인 개념틀을 제공한다.

의견. 간결하고 명쾌하다. 전덕종이 좋은 글을 번역했다. 마르크스는 클라우제비츠의 이론을 상식이라고 말했는데, '상식'을 이해하는 것이 캘도어, 린드, 함메스, 리델 하트, 키건, 크레벨드에게 그렇게 어려운가. 클라우제비츠가 독일인이라서 영국과 이스라엘에서 클라우제비츠를 왜곡하는 것인가.

절대전쟁과 현실전쟁은 '주인과 노예'처럼 모순, 대립, 갈등, 투쟁하는 관계에 있지 않다. 그래서 배스포드가 절대전쟁(정)과 현실전쟁(반)의 합으로 삼중성을 이해하는 것은 헤겔의 변증법에 대한 오해이다(441쪽).

그룹을 '구릅'으로(436쪽) 쓴 것은 전덕종의 오타일 것이다.

＊　　＊　　＊

제1장을 정리한다. 여기에서 『전쟁론』과 직접 관련된 번역으로 살펴본 글은 총 13종에 불과하다. 일어 번역과 중역이 2종이고, 그 외의 모든 번역이 영어 번역과 중역이다. 번역의 양이 너무 적다는 것이 한국 클라우제비츠 연구의 낙후된 수준을 단적으로 보여주고 있다. 또한 번역의 질도 대부분 낮은 편이다. 한국 학계의 번역 경시풍토가 클라우제비츠 연구에도 그대로 반영되어 있는 것으로 보인다. 영어권에 편중된 번역도 (한국의 현실에서 있을 수 있는 일이지만) 한국 클라우제비츠 연구의 심한 편향성을 보여준다.

대략 2000년을 전후하여 일반 학계에서는 영어 외에 독어, 불어, 중국어, 일본어 등 외국어를 충분히 습득하고 훌륭한 외국어 실력을 갖춘 연구자들이 계속 나오고 있고, 그래서 훌륭한 번역물이 많이 출판되고 있다. 그런데 클라우제비츠를 연구하는 군사학계에는 이런 흐름이 별로 보이지 않는다.

제2장

간접 관련된 번역

『전쟁론』과 '간접' 관련된 번역인지 아닌지 하는 구분은 크레벨드와 키건의 글을 기준으로 삼았다. 즉 이들처럼 자기의 주제('전쟁의 역사적 변화'나 '세계전쟁사')를 다루면서 클라우제비츠를 어느 정도 언급한 글을 간접 관련된 번역으로 보았다.

보프르, 풀러, 리델 하트, 키건과 린, 크레벨드, 갈리 등은 대체로 클라우제비츠를 비난했다. 이와 달리 델브뤽과 슈미트는 클라우제비츠를 제대로 이해했고 매우 수준 높은 글을 썼다. 서머스는 수준이 낮고 미국 중심주의를 보이지만 클라우제비츠를 어느 정도 이해했고 우리나라에 많이 인용된다는 점에서 여기에 언급했다. 두푸이와 코벳도 여기에서 다루었고, 클라우제비츠를 손자와 비교한 라이랜더도 언급했다.

앙드레 보프르, 『전략론』, 국방대학원 안보문제연구소, 1975. 9, 177쪽 [1963, 영어 번역 1966]

이 책은 이 분야의 고전이다. 보프르는 이 책에서 자신의 새로운 전략, 즉 간접전략을 소개하고 있다. 간접전략은 분쟁을 해결하려고 힘을 이용하는 두 개의 대립되는 의지의 변증법적 기술이다. 전쟁의 패배는 전쟁 이전에 또는 전쟁 중에 이미 사고과정에 잘못이 있었기 때문에 일어난다. 전략이란 목표를 성취할 수 있도록 실제적 방법을 제시하고 실책을 제거하게 하는 사고과정이다(171쪽). 전략을 사고과정으로 보는 시각이 보프르의 새로운 관점이다.

제1장 개설
제2장 전통적 군사전략
제3장 핵전략
제4장 간접전략
제5장 전략에 관한 총결론

간접전략의 특징은 군사적 승리가 아니라 다른 방법으로 어떤 성과를 얻으려고 노력한다는 점, 행동의 자유가 특수하게 위장되어 나타난다는 점이다(139쪽).

직접전략은 병력을 필수적인 요소로 보고, 간접전략은 심리적 요소와 기획을 중요하게 본다. 어느 전략이든 행동의 자유가 중요하다. 전략의 본질은 행동의 자유를 확보하려는 투쟁이다. 자기편의 행동의 자유를 확보하고 적의 행동의 자유를 빼앗는 것이 중요하다(173쪽).

전투의 용어 중에 많은 것이 펜싱 용어와 같다는 점에서 전투와 펜싱 용어의 비교표를 만든 것은 도움이 된다(46~49쪽).

전쟁 문제를 예산, 비용, 보급의 문제로 축소하는 체계분석은 보프르에게도 보인다. 방위문제의 성격은 공업적 요소의 영향을 받아 변화되었다. 이제 전투 준비는 전투 그 자체보다 더 중요한 문제가 되었다. 우수한 자원을 보유하고 있다는 사실은 그것을 사용하는 방법보다 더 결정적인 것이기 때문이다. 이것은 나폴레옹 시대의 전략과는 완전히 반대되는 것이다. 나폴레옹은 실행하는 것만 중요하다고 말했다(129쪽). 20세기의 대규모 전쟁은 장기전이 되었기 때문에 이제 모든 전쟁은 본질적으로 '미리' 그리고 '평화 시에' 해결된다. 그래서 쌍방은 일반적으로 전쟁에 호소하지 않고도 분쟁을 해결하려고 노력할 것이다. 오늘날 전쟁이란 사전준비 효과에 대한 수학적 점검이나 다를 바 없기 때문이다(130쪽). 이런 생각은 1960년대의 흐름이기도 했다.

하지만 프랑스가 수행한 베트남전쟁을 보고도 (그리고 베트남에서 철수하고도) 이런 생각을 한다는 것은 다소 의아하다.

핵무기와 핵전략은 무력행사의 전반적 개념에 중대한 변화를 가져왔다(93쪽). 핵무기의 거대한 폭발능력이 극소수에 의해 발사되고 조종될 수 있다는 사실은 혁명이 아닐 수 없다(94쪽). 핵시대의 전략은 19세기의 전략사상, 특히 그의 교시를 오해함으로써 상당한 악영향을 미친 클라우제비츠파의 사상을 말끔히 일소했다. 이것은 좋은 현상이 아닐 수 없다(128쪽). 핵전략이 클라우제비츠파의 절대전(과 현실전) 사상을 말끔히 일소한 사상인지는 의문이다.

클라우제비츠와 관련된 부분을 인용한다. '군사적 승리를 목적으로 하는 치열한 싸움, 이런 전략은 나폴레옹 시대의 고전적 전략이다. 이 전략의 으뜸가는 전략가는 클라우제비츠이다. 이것은 19세기와 20세기 전반에 유럽에서 지배적 전략이었다. 그릇되게도 이것이 유일한 정통전략으로 지속되었고, 1914~1918년과 1939~1945년의 양차 대전을 낳았는데, 이 두 대전은 모두 클라우제비츠-나폴레옹 전략의 한계를 드러내고 말았다.'(33~34쪽) 클라우제비츠를 절대론자로 보는 것은 보프르의 오해이다.

'클라우제비츠와 그의 제자들은 나폴레옹의 승리에 지나치게 맹목이 되어 그의 전략의 한계를 깨닫지 못했다. 유럽으로 하여금 세계패권을 잃게 한 것은 십중팔구 이런 과오였다.'(34쪽) 클라우제비츠의 제자들은 모르겠지만 클라우제비츠에 관한 언급은 오해이다. 보프르가 『전쟁론』을 읽었는지, 읽었다면 제대로 읽었는지 의문이 든다. 보프르는 장래에 불가피하게 일어날지도 모르는 유럽의 패망을 피하고 싶고, 그러려면 전략의 방법과 절차를 이해해야 하는데(62쪽), 그것이 바로 간접전략이다. 유럽 대신에 미국과 소련이 세계패권을 차지한 것에 대한 보프르의 '간접적인' 실망감은 책 여기저기에서 느낄 수 있다.

전략이 냉전, 전면전, 혁명전쟁, 핵전쟁 등과 같은 다양한 현상을 자유롭게 설명할 수 있으려면 적지 않은 변화가 있어야 한다. 전략은 그 범위가 확대되어야 하고 근본적으로 수정되어야 한다. 전략에서도 이념이 지배적이고 지표가 되는 힘이어야 하는데, 이것은 철학의 영역에 속한다(177쪽). 이것은 적절한 지적으로 보이는데, 그 철학은 클라우제비츠의 『전쟁론』을 제대로 읽는 데서부터 시작해야 할 것으로 보인다.

J. F. C. Fuller, 『전쟁의 지도』, 국방대학원, 1981, 497쪽 [1961]

'전쟁의 지도(指導)'는 '전쟁의 수행(遂行)'으로 바꾸는 것이 적절할 것이다. 이 책은 홍진표, 신직상, 강대화, 김영훈, 류재갑이 번역했고 박진구가 감수했다(3쪽). 차례와 원서 제목 'The Conduct of War 1789~1961'에서 보는 것처럼, 이 책은 대략 30년전쟁 이후부터 제2차 세계대전까지 유럽의 전쟁사를 다루고 있다. 차례는 다음과 같다.

나포레옹(나폴레옹), 몰토게(몰트케), 쏘비에트(소비에트) 등의 표기가 눈길을 끈다. 이종학은 출처를 밝히지 않은 채 여러 번 전쟁을 질병에, 정치가나 군인을 의사에 비유했는데, 그 출처가 바로 풀러라는 것이 여기에서 확인되었다(9쪽). 풀러는 자신 있게 '본서에서 제일 중요한 장은 제4장으로서 현대전의 아버지라고 불리는 클라우제비츠에 관한 장'이라고(11쪽) 말했는데, 제4장은 전쟁의 정의, 절대전쟁과 현실전쟁 등 『전쟁론』 일부의 광범위한 인용 모음집이고 클라우제비츠에 관한 이해의 수준에서 최악이다. 상당히 많은 출처를 2차 문헌에 의존한 글이라서 학술적인 가치가 있는지도 의문이다. 아래에 요약과 의견을 섞어서 서술한다.

『전쟁론』은 나폴레옹전쟁을 근거로 한 연구는 아니다. 그것은 전쟁에 관한 신중한 상식적 관찰을 혼합한 의사(擬似)철학적 설명이다(88쪽). 칸트의 물자체(物自體, Ding an sich)는 클라우제비츠에게 절대전쟁 개념이 되었고(89쪽), 클라우제비츠는 나폴레옹전쟁을 제대로 이해하지 못했다. 그는 절대전쟁 개념을 나폴레옹에게서 막연히 인식했고, 많은 연구자와 군사학도를 잘못 인도했고, 그래서 간접적으로 20세기의 무제한전의 확대에 책임이 있다. 다시 말하면, 전쟁과 정치에 관한 그의 투철한 분석은 결코 탁월하지 못하고, 그것은 오히려 오늘날 더 중요하게 되었다. 전쟁과 정치의 관계에 대한 인식의 결여는 무제한적 확대의 잠재적인 요소가 되었다(89쪽). 클라우제비츠의 결전 개념에서 전쟁의 약한 형태와 강한 형태의 논의와 같은 난센스는 없다(106쪽).

풀러는 절대전쟁과 현실전쟁의 이분법에 갇혀서 클라우제비츠에게서 모순만 본다(90~91쪽). 방어가 공격보다 강력하다는 주장도 풀러에게는 이상하다(103쪽). 풀러는 절대전쟁의 용어를 나폴레옹의 전쟁양상을 지칭하는데 사용하는데(91쪽), 나는 이것만 풀러에게 동의한다.

클라우제비츠의 제일 큰 오류는 전쟁의 참된 목적은 평화이고 승리가 아니라는 것, 그래서 평화는 정책의 지배적인 아이디어이고 승리는 평화를 달성하는 수단에 지나지 않는다는 것을 파악하지 못한데 있다. 그는 나폴레옹을 절대전 이론의 선구자적 명장으로 추대했지만, 폭력의 절정을 이루는 절대전이 나폴레옹을 어디로 인도했는가? 나폴레옹은 세인트헬레나로 유배되지 않았는가? 절대적 단계에 이른 무제한적인 폭력은 결국 절대적인 실패로 종말을 고하고 말았다(111~112쪽).

결과론으로 보면 영국은 옳고 프랑스는 틀렸다는 것이 영국인 풀러의 주장이다. 영국은 영국의 평화를, 프랑스는 프랑스의 평화를 주장했다. 그 전쟁에서 프랑스가 패배했다. 패배했기 때문에 잘못인가? 클라우제비츠는 나폴레옹이 러시아원정에서 실패했다고 나폴레옹이 잘못했다고 말하지 않았다. 러시아에게 승리하려면 그렇게 할 수밖에 없었다고 말했다(『전쟁론』, 1033~1035쪽). 풀러의 글 도처에서 프랑스와 독일에 대한 혐오와 왜곡을 읽을 수 있다.

책 제목을 '영국인이 영국의 이익이라는 관점에서 쓴 영국의 근현대전쟁사'라고 하는 것이 적절할 것 같다. 풀러는 철저하게 영국의 관점에서 영국 이외의 거의 모든 나라와 민족과 인물을 비난한다. 앵글로색슨족으로서 노르만족, 게르만족, 슬라브족을 비난하고 볼셰비즘과 나치즘을 동일선상에 놓고 폄하한다. 프랑스혁명을 난폭하고 격정적인 혼란이라고 폄하하고 루소, 나폴레옹, 클라우제비츠를 비난한다. 그 반면에 홉스, 스펜서, 토인비 등의 입장은 훌륭하다.

이 책은 전반적으로 유태인의 세계 볼셰비즘화에 대한 두려움, 그리고 프랑스, 독일, 러시아, 소련, 유태인에 대한 혐오, 그리고 레닌에 대한 수준 이하의 왜곡, 폄하, 증오로 덮여있다. 풀러의 해석에 따르면 클라우제비츠는 극악무도한 괴물이자 '빨갱이'가 된다. 클라우제비츠와 마르크스의 문헌에 대한 오해를 보면 풀러가 '난독증'이 있는 것이 아닌가 하는 생각이 든다.

풀러에 따르면 독일의 1919년 혁명이 아니라 히틀러의 이데올로기에 기초한 나치즘이 독일의 혁명이고, 이는 러시아혁명과 대등하게 비교되는 혁명이다(361쪽). 풀러는 나치즘과 러시아혁명을 동급에 놓는다. 영국의 입장에서는 볼셰비즘도 나치즘도 적이고, 그 둘은 모두 혁명을 했고, 프랑스혁명을 겪은 프랑스도 영국의 적이다. 결론. 혁명은 영국의 적이다. '산업혁명'이 영국의 적이 아닌 것이 의아할 지경이다.

영국은 민주주의 국가이고, 독일과 소련은 전체주의 국가이고 전제주의 국가이다. 나폴레옹과 히틀러는 유럽의 지배자가 되려고 했다는 점에서 동급이다. 나치즘과 공산주의만 몰아낼 수 있다면 모든 것이 선이다.

풀러는 전쟁이 (공산주의자에게) 정치의 수단이라는 점은 비난하지만, 비스마르크가 보불전쟁에서 보인 정치의 수단은 칭찬한다(444쪽). 이에 대해 모겐소 계획, 루스벨트, 트루먼, 처칠은 비난의 대상이다. 전쟁이 정치의 수단이라는 관점에서 보면 독일에게 무조건 항복을 요구하지 말았어야 한다. 독일이 무조건 항복하면 소련이 중앙유럽과 동유럽을 지배할 것이고, 이는 (히틀러독일 이후) 영국의 안전에 위협이 된다. 그 위협의 뿌리는 미국이 제1차 세계대전에 참전하고 베르사유조약을 맺고 소련을 인정한데 있다. 이것이 유럽사에 암흑의 날이다. 풀러에게는 대영제국이 몰락하고 팍스 아메리카나가 시작된 것이 암흑이다. 풀러는 영국을 '해가 지지 않는 제국'으로 이끈 빅토리아여왕 시대에 태어나서 제1차 세계대전에 참전하고 제2차 세계대전을 목격하고 '대영제국'의 몰락과 초강대국 소련과 미국의 부상을 지켜보고 냉전의 한복판에 살면서 울분이 쌓인 것 같다. 그래서 무기, 프롤레타리아, 산업혁명, 마르크스, 히틀러, 핵무기 등등 전쟁과 관련된 거의 모든 것을 다루고, 하고 싶은 말을 마음껏 쏟아냈다. 풀러에게 이 책은 일종의 '배설'인 것 같다. 풀러는 클라우제비츠를 폄하하는 '영국 전통'의 원조이기 때문에 주의 깊게 읽어야 한다.

이 책에서 빛나는 통찰이 보이는 부분을 언급한다. 1929년의 대공황의 문제를 루스벨트도 히틀러도 해결해야 했다. 루스벨트의 뉴딜도, 히틀러의 뉴오더(New Order)도 생산과 소비의 균형을 유지하는 구세주가 될 수 없었기 때문에 전쟁의 길을 택할 수밖에 없었다. 루이스 멈퍼드의 지적처럼 군대는 순수한 낭비자이고, 이는 유익한 생산과 유익한 소비의 차이를 제로로 좁힐 수 있고, 대량생산은 대량소비에 그 승패를 걸지 않을 수 없고, 조직적인 파괴보다 더 확실히 소비를 보장하는 것은 없기 때문이다. 1939년 제2차 세계대전이 발발했다. 거기에 많은 사상자는 있었지만 실업자는 없었다(456쪽). 자본이 전쟁을 만들어낼 수밖에 없다는 것을 잘 보여주고 있다.

'자본주의 체제를 파괴하는 최선의 방법은 통화를 악화시키는 것'이라는 레닌의 말을 (케인스를 통해) 인용한 부분은(476쪽) 흥미롭다. '레닌의 말은 옳다. 통화를 악화시키는 것 이상으로 현재의 사회적 기반을 전복시킬 수 있는 교묘하고 확실한 방법은 없다. 이는 경제법칙에 감추어진 힘을 파괴의 측면으로 인도한다. 통화를 악화시키면 100만 명 중에 단 한사람도 예측할 수 없는 방법으로 자본주의를 파괴할 수 있다.'

풀러의 말, '자본주의 체제의 명백한 모순은 부익부 빈익빈이 아니라 자본주의 자체 내에 스스로를 해치는 악성병원체를 지니고 있다는 것이다(476쪽). 케인스를 인용했지만, 이것도 맞는 말이다.

이 책에서는 제6장 미국의 남북전쟁 부분만 객관적이고 공정한 서술로 보인다. 이 책의 번역자들은 국민전쟁이 아니라 '인민전쟁'이라고 올바르게 번역하고 표현했다(107~109쪽).

'전쟁의 생물학적 원인이 되는 인구과잉으로 중국은 핵무기를 배경으로 동남아에 영토를 확장하는 것이 유리하다고 판단할지 모른다. 그러면 서방도 말려들고 소련도 개입하게 된다. 모택동은 도박을 해서 흐루쇼프에게 두통을 주게 된다. 중국에게 1억 명 정도의 손실은 생물학적으로 이점이 될 수 있지만, 소련에게 그 정도의 희생은 생물학적으로 파괴적인 충격을 줄 것이다.'(483쪽) 이 책의 마지막 문장이다. 1억 명! 정신병자가 내뱉는 황당무계한 말처럼 들린다.

이 책에서 클라우제비츠와 관련된 부분을 보면, 풀러가 클라우제비츠에 대한 오해와 왜곡에서 출발하여 클라우제비츠를 코페르니쿠스, 뉴턴, 다윈의 수준이라는 생각으로 옮겨간 것이 놀랍다.

A1. 리델 하아트, 『전략론』, 강창구 번역, 병학사, 1978. 10, 446쪽 [1938 초판, 1967 증보판]

A2. 바실 헨리 리델 하트, 『전략론』, 주은식 옮김, 책세상, 1999. 10, 591쪽 [1929, 1954, 1967]

A3. 바실 헨리 리델 하트, 『전략론』, 주은식 옮김, 책세상, 2018. 8, 591쪽 [개정판]

A1은 원전 텍스트에 대해 언급하지 않았다. 이 번역은 일어 중역으로 보

이고, 역자후기에도 일어를 번역한 것처럼 보이는 부분이 있다. 『전략론』의 영어 초판 연도를 잘못 언급했다, A3은 A2의 개정판이라고 되어 있는데, 개정된 곳이 없다. 우리는 A2를 살펴본다.

요약. 고대 유럽사의 12개 전쟁과 1914년까지 현대사의 18개 전쟁 등 30개 전쟁 280여 개 원정을 조사하면, 지난 2500년 역사에서 6개 원정만 직접접근으로 결정적인 결과를 얻었다. 직접접근이 실패한 곳에서는 간접접근이 결정적인 성과를 냈다. 간접접근이 제일 희망적이고 경제적인 전략형태이다. 클라우제비츠가 말한 것보다 더 깊고 넓은 의미에서 방어는 더 경제적이고 강력한 형태의 전략이다. 레닌은 전쟁에서 제일 심오한 전략은 (적의 정신적 균열로 치명적인 공격이 가능하고 쉬워질 때까지) 작전을 연기하는 것이라고 했다. 즉 레닌은 간접전략의 기본적인 진리를 알고 있었다.

제1차 세계대전의 막바지 100일의 기록을 보면 전쟁의 목적이 적의 군대가 아니라 적 지도자의 심리를 지향해야 한다는 것을 말해준다. 승리와 패배의 균형은 심리적 결과에 따르는 것이다. 루덴도르프의 신경을 건드린 것은 기습을 받았다는 충격이고, 적의 전략에 대처할 힘이 없다고 느낀 생각 그 자체였다. 제2차 세계대전에서 히틀러는 승리하는데 과도하게 직접접근 방식을 취했기 때문에 연합군은 이 문제를 간접적으로 해결할 수 있었다.

'전쟁에는 전투라는 수단만 있다. 위대하고 전면적인 전투만 위대한 결과를 가져올 수 있다. 피를 흘리지 않고 승리한 장수는 없다. 피는 승리의 대가이다.' '이런 말로 클라우제비츠는 본래부터 명확하지 않았던 자신의 철학적 윤곽을 더욱 흐리게 했고, 이런 말을 행진곡의 후렴처럼 만들었다. 그것은 피를 끓게 하고 마음을 뒤흔드는 프랑스의 국가 라마르세예즈의 프러시아 판이었다. 그것은 하사관들에게는 적합할지 모르지만 장수들에게는 적합하지 않다. 그는 전투만 유일하게 진실한 싸움처럼 보이게 하고 전략의 명예를 빼앗고 전쟁술을 대량살상을 위한 계략의 지위로 전락시켰다.'(483쪽) 클라우제비츠의 가르침은 (심사숙고하지 않은) 제자들을 기회만 있으면 전투를 하도록 고무시켰다. 그 결과는 1914~1918년의 상호 대량살육이었다(299쪽).

클라우제비츠는 심리적 요인을 강조했지만 지나치게 대륙적 시야를 갖고 있었고 수적 우세만 강조했고 창조적인 사상가라기보다 요약을 잘 하는 사상가였다(480쪽).

의견. 하지만 그는 간접접근이 성공한 사례만 들었고 직접접근이 성공한 사례는 무시했고 그 외의 사례는 모호하게 해석했다.

레닌과 히틀러의 유사점을 찾는(298~299쪽) 리델 하트는 기이하게 보인다. 앵글로색슨족(리델 하트)은 교묘한 서술로 게르만족(클라우제비츠)을 깎아내린다. '클라우제비츠가 나폴레옹전쟁에 대한 경험적 연구에서 전쟁의 퇴행적 특징을 중시한 것은 원시적 부족전쟁으로 거슬러 올라가는 '반혁명'을 유발하는데 도움을 주었다.'(481쪽) 나는 이런 문장을 '교활한 서술'이라고 부르는데, 말은 어렵고 내용은 모호하다.

클라우제비츠는 『전쟁론』에서 방어를 다룬 제6편 끝부분 한 장에서 게릴라전을 다루었다. 하지만 그것은 짧고 게릴라와 관련된 정치 문제는 언급하지 않았고 스페인민중의 저항에 대해서는 조금도 언급하지 않았다(510쪽). 게릴라전은 현대의 큰 특징이 되었다. 중국 공산당이 1920년 중반부터 수행한 게릴라전은 광범위하고 장기적이고 성공적인 게릴라전이었다. 하지만 게릴라전은 위험한 후유증을 남긴다. 저항운동 지도자들이 게릴라전을 쓸 수 있기 때문이다. 나폴레옹에 맞선 스페인민중의 봉기는 효과적이었지만 평화를 가져오지 않았다. 무장혁명이 반세기 동안 계속되었고 금세기에도 발발했다. 1870년 '프랑스 저격병'은 '코뮌'을 결성하여 무서운 투쟁조직으로 발전했다. 이들의 무장봉기를 지원하면 이들은 전후 서방세계의 평화를 파괴한다. 아시아와 아프리카에서 반서구운동을 위한 무기와 자극을 제공한다. 우리(서구)의 적대세력의 위장된 평화활동(게릴라 활동)에 대해서는 정교하고 선견지명이 있는 대항 전략을 수립하여 추진하는 것이 현명할 것이다(509~522쪽). 리델 하트의 (숨은) 의도. '게릴라는 좋지만, 게릴라가 서구(영국이나 미국)를 공격하면 나쁘다.'

클라우제비츠의 말, "이 저작이 나의 죽음으로 인해 중단될 경우, 이 원고는 확고한 형태를 갖추지 못한 개념의 집적이라고 부를 수 있게 된다. 그것은 끝없이 그릇된 개념에 빠질 위험을 내포하고 있다."(486쪽) '그가 염려했던 것보다 더 크게 '끝없이 그릇된 개념'의 여지가 남게 되었고 '무제한전쟁'의 이론이 보편적으로 받아들여져서 마침내 문명의 파괴까지 진전되었다. 클라우제비츠의 가르침은 이해되지 않고 받아들여졌기 때문에 제1차 세계대전의 원인과 성격에 크게 영향을 미쳤다. 그것은 너무 논리적으로 제2차 세계대전까지 연결되었다.'(486쪽) 이 부분의 내 번역은 다음과 같다. "내가 일찍 죽게 되어 이 일을 중단해야 한다면 내 앞에 있는 것은 당연히 형태를 갖추지 않은 생각의 덩어리로 불릴 수밖에 없을 것이고, 끊임없는 오해에 방치되고, 많은 설익은 비판을 불러일으킬 것이다."(『전쟁론』, 45~46쪽) 리델 하트, 클라우제비츠의 원고는 끝없이 그릇된 개념에 빠질 위험을 안고 있다. 내 번역, 클라우제비츠의 원고는 오해에 방치되고 설익은 비판을 불러일으킬 것이다. 리델 하트의 오해인지 주은식의 오역인지 두 글은 많이 다르다. 내 견해, 클라우제비츠의 원고는 리델 하트에게 끊임없는 오해를 낳고 설익은 비판을 불러일으켰다.

'모든 분야에서 대부분의 사상가들의 공통 운명은 오해받는 것이다. 열의는 넘치지만 이해력이 모자란 제자들은 클라우제비츠 반대자보다 더 많이 클라우제비츠의 개념을 왜곡하고 손상시켰다. 물론 클라우제비츠는 오해받기 쉬운 말을 했다. 클라우제비츠는 칸트를 간접적으로 배웠을 뿐이고 참다운 철학적 지성도 함양하지 않은 채 철학적 표현이 몸에 배었다. 본질적으로 구체적으로 사고하는 보통 군인에게 클라우제비츠의 전쟁이론은 너무 추상적이고 어려웠다. 그 결과 그들은 클라우제비츠가 의도한 방향과 정반대 방향으로 달렸다. 그들은 클라우제비츠를 피상적으로만 받아들였고 모호하게 헤맸다.'(479~480쪽) '열의는 넘치지만 이해력이 모자란 제자에 리델 하트도 포함시켜야 할 것 같다.

A1. 존 키건, 『세계전쟁사』, 유병진 옮김, 까치, 1996. 6, 586쪽 [1993]
A2. 존 키건, 『세계전쟁사』, 유병진 옮김, 까치, 2018. 8, 584쪽 [제2판]

까치출판사가 2018년 8월에 제2판을 출간했는데, 제2판은 '모택동'과 같은 몇 가지 고유명사, 그리고 접미사나 띄어쓰기를 변경한 것 외에 번역에서는 초판과 다른 점이 없다. 제2판에는 '문명화'를(초판 407쪽) '훈명화'로(제2판 407쪽) 잘못 적는 실수도 나타난다. 여기에서는 A1의 초판을 살펴본다.

제1장 인류의 역사 속에서의 전쟁   제3장 동물
  보론 1/ 전쟁발발의 한계   보론 3/ 군대
제2장 석기   제4장 철기
  보론 2/ 요새화   보론 4/ 병참과 보급
      제5장 화기

A1은 5장으로 이루어져 있고, 제1장~제4장에 각각 보론이 딸린 구조로 되어 있다.

이 책의 번역자 유병진은 책 제목으로 '전쟁문화사'가 '세계전쟁사'보다 더 걸맞을 것 같다고 하는데(579쪽), 나는 그보다 '도구변천사'나 '도구발달사'가 더 적절할 것 같다. 도구(석기, 철기, 화기)와 동물(말)이 전쟁에 미친 영향을 서술하고 있어서 '전쟁에서 도구와 동물 이용의 변천사'라고 하면 제일 정확할 것이다. 이 책은 전쟁을 수행하는데 쓰인 도구들이 지난 1만 년의 인류 역사에서 석기, 청동기, 철기, 화기의 순서로 변천, 발달, 진화했다고 말하고 있다. 이런 연구도 그 나름대로 의미가 있을 것이다. 다만 그러려면 이 책을 쓰면서 굳이 클라우제비츠를 끌어들이지 않아도 되었을 것이다. 그런데도 이 책의 제1장 첫 문장은 클라우제비츠를 부정하는 도발적인 문장으로 시작한다. '전쟁은 다른 수단에 의한 정치의 연장이 아니다.'(17쪽) 그런데 키건의 '도구발달사'는 클라우제비츠의 『전쟁론』과 거의 아무런 상관이 없다.

서론. 전쟁은 외교나 정치와는 완전히 다른 행동이다. 그것이 정치가나 외교관과는 완전히 다른 가치관과 기술을 지닌 사람들에 의해 수행되는 행동이기 때문이다.

제1장. 키건에 따르면 전쟁은 정치의 계속이 아니라 문화의 표현이고 문화의 형태를 결정짓는 핵심요소이고 문화 그 자체이다(30~31쪽). 문화를 보여주려고 키건은 이스터 섬, 줄루족, 맘루크, 사무라이의 전쟁을 언급한다. 전쟁은 위도와 경도, 날씨와 기후, 계절과 지형 등의 영구적인 요소와 군수와 식량, 숙소와 장비 등의 일시적인 요소에 의해 제한되는데, 이는 해상전투에서 제일 잘 나타난다. 키건은 전쟁에서 인간과 폭력만 빼고 문화와 자연에서 가져올 수 있는 요소는 다 가져온다. 전쟁에 대한 문화결정론적이고 자연결정론적인 해석이다.

제2장. 키건은 인간의 폭력성이 선천적인지 후천적인지 설명하려고 신경학(세포조직, 세로토닌, 테스토스테론)과 유전학(돌연변이와 염색체)의 연구결과를 소개한다. 인간이 본성적으로 공격적이라는 명제의 반대자와 옹호자 모두 너무 극단적이라는 허망한 결론을 내린 다음에 키건은 심리학, 동물행동학, 민속학, 인류학으로 넘어간다. 그리고 야노마뫼족, 마링족, 마오리족, 아즈텍족 등 원시부족의 전쟁을 살펴본다. 전쟁의 시작을 연구하려고 150만 년 전의 오스트랄로피테쿠스, 40만 년 전의 호모 에렉투스, 그리고 호모 사피엔

스 사피엔스를 언급한다. '무기기술의 혁명'은 1만 년 전의 신석기시대에 있었고, 그것은 활이었다. 활은 인류 최초의 기계라고 보아도 좋을 것이다(179쪽). 그 후로 인류는 수메르와 이집트 등 고대문명의 시대로 진입한다. 이 시대에 농경민은 적으로부터 그들의 거주지를 보호하려고 성벽을 쌓고 요새화했다(예리코).

제3장. 전쟁의 '도구'로 말이 중요한 시대가 있었고 '위대한 말은 왕이 되기'(226쪽) 때문에 여기에서는 전차병, 말을 탄 궁수, 유목민, 군마, 기마민족을 설명한다. 기마민족으로 훈족, 아랍인, 맘루크 등이 있었는데, 몽골족은 다른 모든 기마민족을 능가했다.

제4장. 철기는 석기, 청동기, 말의 제한성을 탈피한 자원이다. 고대의 아테네, 스파르타, 마케도니아는 철기를 사용했고 이것으로 팔랑크스 전투를 수행했다. 로마군대의 발전은 로마의 문명화에 이바지했다. 로마군대는 근대 군대의 모체이지만 로마 이후의 중세유럽에는 군대가 부재했고 기사들이 군대를 대신했다. 또한 전쟁수행에는 병참과 보급, 즉 식량과 도로가 매우 중요했다.

제5장. 도구 발달의 정점에 화기가 있고, 화기 발달의 정점에 원자탄이 있다. 화기의 시작은 불과 화약으로 시작한다. 화약을 장전한 대포로 성벽과 요새를 무너뜨렸고, 화승총과 머스킷총으로 보병도 화약전투를 하게 되었다. 대포와 배는 서로에게 기여했으므로 화약은 해상전투에서도 이용되었다. 프랑스혁명과 프랑스혁명전쟁, 프랑스의 총동원령과 나폴레옹전쟁은 전쟁의 모습을 극적으로 바꾸었다. 그로부터 1세기 후에 제1차 세계대전의 참화에서 살아남은 히틀러는 제1차 세계대전의 경험을 토대로 1939년에 다음과 같이 말했다. '나는 신성하고 소중한 이 제복을 다시 입게 되었다. 나는 승리를 확신할 때까지 결코 이 제복을 벗지 않을 것이고, 만약 그렇지 못하게 된다면 나는 더 이상 살아있지 않을 것이다.'(517쪽) 전격전으로 전쟁 초반에 성공을 거두었지만 처칠은 히틀러에게 평화협정을 제안하지 않았고 히틀러는 소련으로 침입했다. 전쟁이 장기화되자 물량전과 공중전이 재개되었고, 연합군은

독일도시들을 폭격했다. 그리고 미국은 일본에 최후의 무기, 즉 원자탄을 떨어뜨렸다.

결론. 도구와 무기는 석기, 청동기, 철기, 화기로 발달하여 핵무기에 이르렀다. '핵무기의 발달은 전쟁이 다른 수단에 의한 정치의 연장이라는, 혹은 연장일 수도 있다는 가정에 대한 궁극적인 부정이었다. … 만약 우리가 전쟁이 정치의 연장이라는 명제를 부정하지 않는다면 우리의 미래는 손이 피로 얼룩진 전사들에게 맡겨지고 말 것이다.'(551쪽)

의견. 결국 핵무기 이야기였고, 그래서 도구를 살펴본 것이다. 핵무기에 이르기 위해 키건이 석기시대부터 긴 과정을 거쳤다. 원자폭탄과 핵무기 시대에도, 그리고 냉전과 냉전 종식 이후에도 제한전쟁과 재래식 전쟁은 계속되고 있다. 키건의 『세계전쟁사』는 클라우제비츠에 관해 놀라울 정도의 무지에 근거한 악의적인 언급으로 국제적인 '명성'을 얻은 책이다.[1]

지난 1만 년의 역사를 연구하기 때문에 키건은 오늘날의 세계질서를 확립한 지난 300년의 역사에 대해, 그리고 '대영제국'의 세계지배와 제국주의에 눈을 감는다. 영국은 다만 '불가피하게' 제국주의자가 되었을 뿐이다. '19세기에 영국 사람들이 자신들이 원하지 않는 아편을 중국에 억지로 떠맡기려고 하면서 알게 된 것이 하나 있었다. 팔려고 하는 욕구가 군대의 힘을 등에 업고 있는 경우, 내켜하지 않는 구매자에게 판매자의 정치적인 의지를 억지로 강압하는 것은 불가피하다는 것이다. 그리하여 결국 명목상으로는 그렇지 않았다고 하더라도, 실질적으로는 영국은 제국주의자가 되었던 것이다. 다른 민족들은 그처럼 세련된 단계에까지 올라갈 생각은 하지도 못했을 것이다.'(266쪽) 말을 비비 꼬면서 참 힘들게 한다. 키건은 아편의 구매 의사가 없는 중국에 판매라는 영국의 정치 의지를 강요하려면 불가피하게 군대의 무력을 쓰는 제국주의의 세련된 단계에 이르게 되었다는 해괴한 논리와 복잡한

---

1. 키건의 책에 관한 중요한 리뷰로는 C. Bassford, 'John Keegan and the Grand Tradition of Trashing Clausewitz' 참조.

문장을 제시한다. 이 세련된 왜곡이라니! 영국은 해양제국의 본거지로서 그들의 무역과 해외 재산을 보호할 필요가 있었다(326쪽). 그래서 해외는 '불가피하게' 식민지가 될 필요가 있었다. 아편전쟁과 식민지 획득에서 중국과 인도에 대한 영국의 침략, 착취, 수탈, 살육, 폭력은 키건의 눈에 보이지 않는다. 이런 것들이 키건에게는 석기, 철기, 화기로 둔갑해서 나타난다. 키건에게는 돌과 쇠만 보인다. 전쟁에서 인간의 폭력행동을 보는 것이 아니라 땅(돌)과 땅속(철기와 화기)만 본다.[2] 이 순진무구한 고고학이라니! '세계의 공장'으로서 세계 면적의 1/4을 식민지화하고, 세계 인구의 1/5을 지배하던 '해가 지지 않는' 대영제국의 제국주의 전쟁이 키건에게는 보이지 않는다. 이 순진무구한 불편부당성이라니! 중립적이고 객관적인 돌과 쇠에, 몰이데올로기적인 문화에 모든 책임을 덮어씌우는 것이야말로 영국의 폭력적인 세계지배를 (무)의식적으로 은폐하(려)는 이데올로기로 보인다. 그래서 『세계전쟁사』는 영국 식민침략의 합리화 이데올로기이고, (문화를 말하는 책이 아니라) 상당히 정치적이고 정치적인 목적을 갖고 있는 책이다. 영국과 영국을 이은 미국은 (아시아에서는 일본이) 이런 식으로 침략과 착취, 수탈과 살육을 합리화한다. 이런 논리는 식민지 침략과 폭력에 대한 가해자라는 인식이 전혀 없거나 가해자로서 무의식적인 방어기제가 작동한 것이 아닌가 한다. 키건에게 최소한 홉스봄 수준의 역사인식을 기대하는 것은 무리일까?

키건은 '전쟁문화론자'로서 『세계전쟁사』에서 다른 문화와 민족에 대한

---

2. 키건의 논리는 (세계가 둘로 나뉜 것, 즉 지배하고 지배받는 세계로 나뉜 것은 결국 식량과 가축 때문이라는) 재레드 다이아몬드의 『총균쇠』가 보여주는 허망한 논리와 비슷하다. 다이아몬드에 따르면, 토양, 습도, 기후 등의 장점으로 작물화와 가축화를 먼저 발달시킨 문명이 잉여생산물을 생산했고, 이는 인구 증가와 정치조직의 개선을 낳았고, 이는 도구와 기술을 발달시키는 계기가 되었고, 그렇게 발달된 도구와 기술로 다른 문명을 침략했다. 결국 작물화와 가축화 그리고 이를 통해 생산된 무기, 병균, 금속(총균쇠)이 현재의 세계적인 불평등의 주범이다. 이와 같은 논의에서 총균쇠를 만들어 사용한 인간과 사회는 사라진다. 다이아몬드의 사고방식에서 십자군 전쟁, '지리상의 발견', 산업혁명, 제국주의와 식민지배는 우아하게 사라진다. 최적분열이론은 잔혹한 살육과 학살의 역사를 무해한 것으로 바꿔놓는다. 다이아몬드는 '순진무구'하고, 미국적이고 실용주의적인 사고방식을 갖고 있는 것 같다.

광범위한 편견을 보여주고 있다. 중국과 베트남에 대한 몰이해와 폄하, 프로이센과 프랑스에 대한 조롱과 폄하, 게르만족에 대한 앵글로색슨족의 무의식적인 혐오, 러시아혁명의 폄하, 일본에 대한 몰이해에 근거한 찬양, 미국에 대한 근거 없는 찬양, 다른 민족을 야만과 야수로 보는 시각 등을 보인다.

이런 편견의 연장선상에 키건의 무지에 따른 클라우제비츠의 편견과 폄하가 있다. '20세기의 전략가들은 손자의 이론이 강조하고 있는 개념들이 대단히 반(反)클라우제비츠적이라는 것을 깨달았고, 모택동과 호지명의 군사행동을 보고 비로소 손자를 주목하게 되었다.'(296~297쪽) 클라우제비츠를 제일 탁월하고 독창적으로 계승하고 재해석한 사람이 바로 모택동이라는 것은 20세기 동서양의 많은 전문가들의 일치된 견해이다. 모택동은 손자를, 서양은 클라우제비츠를 물려받았다는 것은 무지에 근거한 이분법이고 사실과 다르다.

이런 무지 때문에 키건은 서양인으로서 굴욕감을 느낀다. '20세기에 '중국식 전투방식'과 같은 방식의 전투가 클라우제비츠의 가르침을 물려받은 서양의 군대와 지휘자들에게 길고 고통스러운 굴욕감을 안겨다 주리라고는 예상하지 못했다.'(319쪽) 이는 베트남전쟁을 말한다. 베트남 공산주의자들은 클라우제비츠와 모택동의 가르침을 물려받았고, 서양은 (특히 미국은) 베트남전쟁에서 수치와 양에 근거한 물량공세만 퍼부었다. 이것은 이미 맥나라마도 인정한 바이고 서머스도 반성한 점이다. 서양의 관점이 아니라 베트남 인민의 관점에서 보면 베트남인들은 이 전쟁의 승리를 통해 100여년의 프랑스 식민지배와 일본과 미국의 지배를 극복하고 독립을 쟁취한 위대한 민족이다. 키건은 역지사지를 모르고, 식민지배의 고통을 겪은 민족의 아픔을 공감하는 능력이 결여되어 있다.

그런데 키건의 서구 중심주의는 영국 중심주의로 치닫는다. 키건은 영국 이외에 유럽의 다른 민족에 대해서도 편견을 보여주고 있는데, 그 바탕에는 클라우제비츠에 대한 근원적인 혐오가 놓여있다. '클라우제비츠의 지적인 야망은 거의 과대망상증에 가까운 것이었다. 거의 동시대인인 마르크스와 마찬가지로, 그는 자신이 주제로 삼은 현상의 내적이고 근원적인 실체 속으로 파고들기를 원했다.'(495~496쪽) 어느 현상의 내적이고 근원적인 실체를 연구하려는 것이 왜 과대망상인지 이해할 수 없다. 전쟁을 인간의 행동으로 보지 않고 도구로 설명할 수 있다고 생각하는 것은 거의 과대망상에 가깝다. 도구발달사로 전쟁사를 설명하고, 이를 통해 스스로 대가(키건)와 고전(『세계전쟁사』)의 반열에 들 것이라고 생각한 키건의 야망은 거의 과대망상에 가깝다. 대가가 되는 것은 새로운 이론과 학설을 창조하는데 있고, 고전이 되는 것은 수준 높은 독자들의 몇백 년의 독서로 정해지는 것이다. 기존의 대가의 권위를 무너뜨리고 고전의 위상을 깎아내리는 것으로는 이룰 수 없다.

　다음 말은 클라우제비츠에 대한 키건의 오해와 왜곡에서 정점을 이룬다. '히틀러는 클라우제비츠류의 사고를 가진 사람이었다. 그는 진정으로 전쟁이 정치의 연장이라고 확신했고, 정치와 전쟁을 독립된 별개의 행동으로 구별하지 않았다. 비록 모든 민족을 차별 없이 경제적 노예상태로부터 해방한다는 마르크스의 집산주의를 경멸하고 무시했지만, 그 또한 마르크스와 마찬가지로 인생은 투쟁이라고 생각했고, 따라서 전투는 급진적인 정치가 그 목적을 이루기 위해서 당연히 사용해야 하는 수단이라고 여겼다.'(521~522쪽) 여기에서 키건은 '히틀러≈클라우제비츠≈마르크스'의 공식을 확립한다. 놀라운 비약에 경이로운 왜곡이 아닐 수 없다. 『세계전쟁사』의 참고문헌에는 마르크스의 『자본론』이 없다. 배스포드는 키건이 『전쟁론』을 제대로 읽지 않았을 것이라고 추론한다.[3] 『자본론』은 전혀 읽지 않고 『전쟁론』은 번역본 일부만 읽고, 그리고 두 책에 관해 영어로 된 매우 빈약한 2차 문헌에 근거해서 『자본론』과 『전쟁론』을 비교하고 비난하는 키건의 능력은(38~46쪽) 정말 '탁월한' 것 같다.[4] 논쟁적이고 멋을 부려서 수사학적으로 비교하면 『자본론』과 『전쟁론』을 그렇게 비교할 수 있겠지만, 그것은 사실에 근거하지 않은 피상적인 비

---

3. 앞의 C. Bassford 논문 참조.
4. 『세계전쟁사』의 참고문헌에는 클라우제비츠, 전쟁론, 군사학과 관련하여 세계적인 수준의 표준적인 문헌들이 거의 없다.

교이고 왜곡이다. 키건의 비교는 대부분 선입견에 입각한 부정확한 평가이다. 리델 하트부터 비롯된 영국의 클라우제비츠 폄하의 전통을 키건도 계승하고 있다.[5]

클라우제비츠와 마르크스를 읽지 않은 독자들은 두 사람에 대한 키건의 짧은 요약과 '세련된' 왜곡에 일종의 '매력'을 느낄 수 있을 것이다. 이 책을 번역한 유병진이 바로 그런 매력에 빠져든 것으로 보인다. '특히 역자에게 감동을 준 것은 카알 마르크스와 카알 폰 클라우제비츠의 비교였다. 그들의 학문적 비교가 매우 훌륭했음은 물론이고 그들의 생애에 대한 개인사적 비교도 출중했다.'(579쪽) 이는 유병진이 '경영학도'로서 클라우제비츠와 마르크스에 대한 무지에 근거해서 내린 결론이다. 유병진은 아마『전쟁론』은 읽지 못했을 테고『자본론』은 읽지 않았을 것이다. 그래서 유병진은 클라우제비츠와 마르크스에 대한 키건의 비교가 무지에 근거한 왜곡인지 아닌지 알 수 없었을 것이다. 유병진에게『자본론』과『전쟁론』의 일독을 권한다.

끝으로 몇 가지를 지적한다. '기독교도들은 전쟁을 하는 사람이 종교적인 사람일 수도 있다는 믿음에 만장일치로 의견을 통일한 적이 한 번도 없다.'(282쪽) 키건은 영국과 기독교에 '불리한' 진술을 할 때는 표현을 무척 힘겹게 한다. 키건의 말은 기독교와 달리 이슬람교는 전쟁의 종교이고 폭력의 종교라는 것이다.

오키나와를 정복하기 위한 미국 해병대의 활약은 눈부셨고(528쪽), 독일 도시들을 공중에서 공격하는 연합군의 전략은 전투수행에서 혁명적인 발전이었다(526쪽). 가미카제를 보면 일본은 제일 대담무쌍한 민족이 되었고, 이전부터 그들은 용감한 전사민족이었다(527쪽). 미국과 일본의 침략과 폭격은 눈부신 활약이고 용감한 행동이다. 그 반면에 중국과 베트남, 독일과 프랑스에 대해 키건은 일관된 폄하의 입장을 보인다. 이 이중 잣대의 기준은 무엇일

---

5. 클라우제비츠, 마르크스, 히틀러 세 사람은 '우연히' 모두 독일 사람이다. 일제의 관점에서 일본의 어느 연구자가 '이완용≈김구≈박헌영'이라는 해석을 한다면 우리가 그 해석을 받아들일 수 있겠는가. 키건의 해석을 보면, 키건은 클라우제비츠 해석에서 최악이다.

까?

올더스 헉슬리에 따르면, 지식인이란 섹스보다 더 흥미로운 어떤 일을 발견한 사람이다. 키건은 이 말을 원용해서 문명화된 인간이란 전투보다 더 만족스러운 어떤 것을 발견한 인간이라고 해석한다(328쪽). 여기에 헉슬리를 인용할 필요가 있었을까? 그리고 그 '문명화된' 미국이 '화기'로 아메리카 원주민(인디언) 약 1억 명을 학살한 것은[6] '전투보다 더 만족스러운 것인지' 의아하다. 키건에게는 영국, 미국, 일본의 침략과 학살은 안 보이고, 나폴레옹과 히틀러의 전횡과 독재만 보인다. 그러면서 하는 말, 전쟁은 문화이고 문화적인 현상이다. 참으로 허망한 결론이 아닐 수 없다.

사소한 것 한 가지. 책에 매우 많이 나오는 '카자흐인'은 '코사크인'으로 바꾸어야 하는 것이 아닌가 하는 생각이 든다.[7]

존 린, 『배틀, 전쟁의 문화사』, 이내주; 박일송 옮김, 청어람미디어, 2006. 4,
　　780쪽 [2003]

전쟁을 문화의 관점에서 바라보는 키건의 『전쟁의 얼굴』은 클라우제비츠와 관련이 없는데, 린의 『배틀, 전쟁의 문화사』는 클라우제비츠와 관련이 있다. 그런데 전쟁에 관한 문화적 접근은 좀 허망한 데가 있다. 린이 말하는 제복, 요새 건축, 기술, 전투문화, 공성전, 전쟁법규, 명예 등의 요소는 18세기 유럽의 경제적 토대와 관련되지 않을 수 없기 때문이다. 토대(하부구조)를 도외시하고 문화(상부구조)만 언급해서 전투의 겉모습만 서술하게 된다. 『배틀』의 차례는 다음 쪽과 같다.

'고대부터 지금까지 서구의 모든 군사저술가 중에서 제일 뛰어나다는 평

---

6. 아래 194~195쪽의 촘스키의 말 참조.
7. 『전쟁론』, 225~226쪽 각주 5 참조.

가를 받고 있는 클라우제비츠의 저술은 수많은 군사평론가들에 의해 구구절절 인용되고 있으며, 오로지 성경만이 이와 같은 존경에 필적할 수 있을 정도이다.'(37쪽)

린의 주장의 핵심. 클라우제비츠는 유럽에서 낭만주의 시대의 산물이다. 제4장은 선형 전술 등 전투에 대한 계몽주의 시대의 이미지와 이상을 보여주고, 제6장은 19세기 유럽의 낭만주의적 관점을 보여주고 있다. 이 두 관점을 (불충분하지만) 아래의 표와 같이 정리한다.

계몽주의	이성	규칙성	과학	공학	법칙성	보편주의	조미니
낭만주의	감성	우연성	기술	심리	천재성	역사주의	클라우제비츠

린은 낭만주의 관점에서 클라우제비츠에 관한 다른 해석을 비판한다. '파렛은 『클라우제비츠와 국가』에서 클라우제비츠의 지적 환경에 대해 풍부하고 자세하게 설명했지만, 이 책을 읽는 독자들에게 오해의 여지를 남겨두었다. 『전쟁론』이 당시의 역사적 환경의 산물이 아니라 시대보편의 군사적 현실에 대해 클라우제비츠가 가졌던 단도직입적이고 심오한 이해의 산물이라는 인상을 준 것이다.'(390쪽)

'파렛은 클라우제비츠 사상의 핵심이 사실주의적 태도와 이성 및 국가에 대한 강조에 있다고 하지만, '이상한 삼위일체'라는 개념에서 이성이 차지하는 영역은 2대 1로서 소수에 불과하다.'(401~402쪽) 삼중성에서 폭력성과 우연성을 낭만주의로, 이성을 계몽주의로 구획 짓고, 그래서 린은 2대 1로 낭만주의의 우세를 판정한다. 린에 따르면 클라우제비츠는 낭만주의 시대에 살았지만, 이런 해석은 클라우제비츠를 낭만주의에 꿰어 맞춘 것으로 보인다.

'클라우제비츠가 말한 절대전쟁에서 이성은 아무런 역할도 하지 못한다.'(405쪽) 그리고 이 주장에 맞는 부분만 『전쟁론』에서 인용한다. '일단 전쟁이 발생하고 나면, 전쟁은 그 순간부터 정치로부터 독립하며, 정치의 영향을 배제하고 자기 고유의 법칙을 따르게 된다.'(405쪽) 그래서 린에게 절대전쟁은 순수하게 낭만주의적인 전쟁이 된다. 하지만 절대전쟁이든 현실전쟁이든 전쟁의 목적이 없는 전쟁은 생각할 수 없다. 그래서 전쟁의 목적을 설정하는 정부의 지성이 없는 전쟁도 생각할 수 없다. 린의 해석에 따르면 클라우제비츠는 낭만주의 시대에 살았고 『전쟁론』은 역사적 환경의 산물이지만, 그럼에도 나는 『전쟁론』이 내용상 모순을 보이지 않고 일관성을 보여준다고 해석한다.[8]

린이 이처럼 해석하는 근거는 가트와 아롱에 있다. '가트는 특히 클라우제비츠가 1827년에 나폴레옹의 총력전만이 아니라 제한전쟁에 대해서도 설명해야 한다고 생각한 점을 예로 들면서, 클라우제비츠가 자신의 개념을 발전시킨 역사적 과정을 설명하려고 했다. 가트에 의하면 『전쟁론』은 내용상의 일관성을 유지하고 있지 못하며, 오히려 근본적인 모순을 내포하고 있다.' '가트는 내용적 모순의 원인을 전쟁에 대한 클라우제비츠의 이해 자체에서 비롯된 문제라고 보았다.' '아롱도 『전쟁철학가 클라우제비츠』에서 『전쟁론』의 내용적 일관성 부족을 지적하면서, 클라우제비츠가 『전쟁론』을 완성하지 못하고 사망한 것이 그 원인이라고 주장했다.'(391쪽) 자기 논의에 맞는 부분만 인용한다면 린처럼 이해할 수 있지만, 나는 린의 해석이 잘못된 해석이라고 본다.

---

8. 김만수, 「클라우제비츠의 전쟁의 삼중성과 4세대전쟁이론」 참조.

A. 마르틴 밴 클레벨트, 『전쟁의 역사적 변화』, 국방대학원, 1994. 12, 316쪽 [1991]

B. 마틴 반 크레벨드, 『다시 쓰는 전쟁론 : 손자와 클라우제비츠를 넘어』, 강창부 옮김, 한울엠플러스, 2018. 2, 270쪽 [2017]

다음은 A의 차례.

제1장. 핵무기의 정치적 영향력은 매우 적었다. 지난 45년 동안 핵무기의 위협으로 현상을 변경할 수 있었던 경우는 단 한 건도 없었다. 핵무기를 보유하지 않은 나라들은 재래식 전쟁을 수행했지만, 이 전쟁으로 영토의 변경은 거의 이루어지지 않았다. 1945년 이래 세계에는 약 160회의 무력분쟁이 있었는데, 그 중에 3/4은 저강도분쟁이거나 그 변형이었다. 영국, 미국, 소련 등의 군사력은 정치적 국익을 방해하거나 신장하는 도구로서 부적절하다. 베트남에 파병된 미군의 3/4 이상은 기지 경비와 복지 등 다양한 비전투부서에서 근무했다. '피를 빨아먹는 모기떼의 공격을 받으면 분노로 허우적거리거나 자기 자신과 환경을 파괴하는 것뿐이다.' 고가의 최첨단 전자장비들은 제대로 작동하지 않아서 군인들은 각자 능력껏 싸워야 하는 환경에 처하게 되었다. 오늘날 현대식 군대는 현대의 전쟁에 적절하지 않다. [그래서 한 국가의 상비군이 다른 국가의 상비군과 수행하는 정규전을 서술한 클라우제비츠의 이론은 폐기된다.]

제2장. 군사이론 분야에서 클라우제비츠는 독보적인 존재이고, 그의 이

론은 현대 전략사상의 초석이다. 그는 철의 장막 양편으로부터 존경을 받고 있다.

19세기 전후에 전쟁을 일으킨 것은 정부였고, 그 도구는 군대였다. 프랑스혁명과 혁명전쟁의 영향으로 인민이 전쟁에서 제3의 요소가 되었다(삼위일체 전쟁). 클라우제비츠의 아이디어는 1648년 이래 국가가 전쟁을 수행했다는 사실에 뿌리를 두고 있다.

하지만 골츠는 클라우제비츠에 반대했다. 1916년에 전쟁은 누구도 도망칠 수 없는 자립적인 괴물이 되었다. 전쟁이 국민, 경제, 정치 등 모든 것을 삼켜버릴 것 같았다. 이런 상황에 영향을 준 인물이 루덴도르프였다. 그는 클라우제비츠를 '다 버리고' 싶어 했다. 그는 남녀노소 모두 각자의 직책에서 '군복무'를 하는 거대한 병영을 계획했다. 히틀러가 소련 제거전쟁을 선포했을 때 외교는 영의 수준으로 떨어졌다. 18~19세기에 군대와 국민 사이의 구분 중에 많은 것이 소멸되었다. 그 이후 많은 전쟁에서 수천만 명의 주민들에게 잔학행위가 벌어졌다. 주민이 빨치산이 되어 전투를 수행했다. 공중폭격과 원자폭탄은 군인과 민간인을 구별하지 않았다. 총력전의 등장으로 클라우제비츠의 우주는 종지부를 찍게 되었다.

클라우제비츠의 우주는 전쟁이 국가(정부)에 의해 수행된다는 가정에 기초를 두고 있다. 국가는 1648년의 베스트팔렌조약 이후 현대의 발명품이다. 그 이전의 전쟁(귀족들 간의 파벌싸움, 중세의 농민전쟁, 용병대장이 사리사욕을 채우는 노략질, 고대의 전쟁, 부족사회의 전쟁)에는 국가가 없거나 군대와 국민의 구분이 존재하지 않았다. 삼위일체 전쟁은 많은 전쟁형태 중에 하나에 지나지 않는다. 저강도분쟁은 비삼위일체 전쟁이다. 오늘날의 무장폭력은 삼위일체 유형에 맞지 않는다. 클라우제비츠의 우주는 삼위일체 전쟁인데, 총력전과 비삼위일체 전쟁이 나타났다. [그래서 클라우제비츠의 삼위일체론은 폐기된다.]

의견. 삼중성은 삼위일체가 아니다. 클라우제비츠의 삼중성 이론은 역사와 선사의 모든 시대에 전쟁이 '삼위일체'로 수행되었다고 주장한 이론이 아니다. "모든 시대는 그 시대에 맞는 전쟁이론을 갖고 있을 것이다. 그래서 모든 시대의 사건은 그 시대의 특성을 고려해서 판단해야 한다."(『전쟁론』, 977쪽) 클라우제비츠는 삼중성을 주장하면서도 각 시대의 특성을 고려했다. 크레벨드는 미국과 이스라엘 이외의 거의 모든 국가, 문명, 문화에 대해 광범위한 편견을 보인다.

제3장. 『전쟁론』에서 전쟁은 폭력의 극한적 한계까지 밀고 나가는 폭력형태이다. 클라우제비츠는 전쟁의 원칙에 온건주의를 도입하는데 명백하고 강력하게 경고했다. '피를 흘리지 않고 승리한 최고지휘관이 있다는 말은 듣지 못했다.' 그래서 『전쟁론』은 (리델 하트에 따르면) '사람의 몸을 불태우고 정신을 중독되게 만드는 프러시아인의 라마르세예즈'가 되었다.

클라우제비츠는 국제법과 전쟁 관행을 부정했다. 하지만 포로가 되어 프랑스로 갈 때 그는 한가한 속도로 이동했고 괴테를 방문할 시간이 있었다. 프랑스에서는 어디든지 자유롭게 다닐 수 있었고 사교장에 드나들 수도 있었다. 그의 포로생활은 '체류'였고 프로이센으로 돌아올 때는 스위스를 경유해서 '여행'했다. 전쟁이 사막에서 수행되지 않는다면 민간인이나 국민과 같은 비전투원이 피해를 입는 대다수를 차지한다. 과거부터 농경사회, 부족사회, 문명사회에는 비전투원의 보호에 대한 국제협약이 있었다. 국민이 삼위일체의 구성요소이지만, 오늘날 세계 전반에 국민과 군대의 전통적인 구별은 저강도분쟁으로, 즉 비삼위일체에 의해 와해되고 있다. 전쟁에는 규칙이 있고, 무기 사용에서도 마찬가지이다. 상고시대와 고대시대의 활, 중세의 화기, 산업혁명과 더불어 등장한 연발총과 기관총, 19세기 말의 독가스 등은 시대와 상황에 따라 제한되거나 금지되었다. 무제한으로 잔인하게 무기를 사용하는 것은 국제법에 의해 금지된다.

포로, 비전투원, 무기와 관련된 관행과 국제법은 많은 전쟁협약을 낳았고, 이 협약은 무엇은 할 수 있고 무엇은 안 된다는 규정을 낳았다. 규칙 없이는 전쟁을 할 수 없고 전쟁과 범죄를 구분할 수 없다. (테러리즘은 예외이다.) 전쟁은 무자비하게 수행되지 않는다. [그래서 클라우제비츠의 삼위일체론과

절대전쟁 이론은 폐기된다.]

제4장. 클라우제비츠에게 '최선의 전략은 먼저 일반적으로, 그다음에 결정적인 지점에서 늘 충분한 병력을 보유하는 것이다.'

전쟁을 하려면 병력과 장비를 준비해야 한다. 원시부족에게 그리고 고대와 중세에 병력은 많지 않았다. 나폴레옹도 1813년 라이프치히에서 180,000명의 병력을 제대로 통제하지 못했다. 1830년 이후 철도는 병력동원을 몇 배로 늘렸고 전신은 이 병력의 조정과 통제를 가능하게 했는데, 이는 참모조직을 필요로 했고 이 조직의 생명은 효율성이다.

융통성 결여, 마찰, 불확실성은 전략의 장애물이다. 군사력의 규모가 클수록 융통성은 그만큼 줄어든다. 전술대형의 융통성은 병력의 규모에 반비례한다. 철도는 (열차 충돌과 철로 파괴의 경우에) 도보이동에 비해 융통성이 없는 수단이다. 융통성이 크기의 문제인 것처럼 마찰도 크기의 산물이다. 행군 중에 바퀴 잃은 마차를 길에서 치우는 것은 쉽지만, 고장 난 기차를 철로에서 치우는 것은 쉽지 않다. 군대가 전투를 시작하기도 전에 마찰 때문에 끼니를 굶는 경우도 있다. 보급이 제대로 이루어지지 않아서 전투에서 패배하는 경우는 많다. 날씨나 지형지물과 같은 환경도 마찰을 일으킨다. 불확실성도 전략의 장애물인데, 이것 역시 병력의 규모에서 비롯된다. 군대가 클수록 지휘관은 예하부대의 상태를 정확히 알지 못하게 된다. 또 다른 불확실성은 인간의 마음에 있다. 지휘관은 이런 장애물을 안고 공격과 방어 중에 또는 먼저 강한 쪽을 칠 것인지 약한 쪽을 칠 것인지 등을 선택해야 한다.

전략은 군사력 건설과 사용으로 구성된다. 군사력의 사용에는 양동과 주력공격, 기만과 은폐, 시간과 공간, 집중과 분산, 효율성과 효과 등의 상호관계가 여러 가지 모습으로 나타난다. '전쟁은 죽음의 무도회이다.' 육체적 고통과 긴장, 위험, 생명과 죽음에 대한 책임은 전쟁에 준비되어 있지 않은 인간을 박살낸다. 전쟁의 동기와 이유를 제대로 인식하는 정신력이 필요하다. [그래서 수의 우세만 강조한 클라우제비츠의 전략론은 문제가 있다.]

제5장. 클라우제비츠에 따르면 전쟁은 다른 수단으로 하는 정치의 계속

이다. 전쟁은 정부와 국가에 의해 국익을 위해 수행되는 국가의 도구이다. 하지만 이 전쟁관은 현대의 발견이고 르네상스 이전을 포괄하지 못한다.

중세 기독교사회에서 전쟁은 정의(正義)를 위해 수행되었고, 정치의 계속이 아니라 정의의 계속이었다. 로마의 전쟁도 법률의 테두리 밖에 있지 않았다. 로마와 중세의 전쟁은 (힘을 정의로 보는) 홉스의 견해에 찬성하지 않았다. 종교전쟁은 근세 초기까지 유럽에서 제일 중요한 전쟁형태였다. 종교전쟁은 '성스러운 전쟁'이고 정치의 계속이 아니다. 고대 이스라엘과 중세의 기독교도는 신의 이름으로, 1492년의 스페인과 포르투갈은 십자가의 이름으로 전쟁을 수행했다. 이슬람의 전쟁도 지하드[聖戰]이다. 유럽과 이슬람세계에서 전쟁은 정치의 계속이 아니라 종교의 계속이었다. 베트남전쟁은 미국이 '민주주의를 구제하려고 벌인 종교전쟁'이다. '베트남전의 베테랑들은 베트남 이교도들의 선량한 영혼을 구하려고 베트남인들을 불태웠다.' '생존전쟁'도 정치의 계속이 아니다. 알제리가 프랑스에 대항해서 8년간 수행한 해방전쟁, 1967년의 이스라엘전쟁은 생존을 위한 전쟁이었다. 제1차 세계대전과 제2차 세계대전도 전쟁이 진행되면서 사생결단의 전쟁, 생존을 위한 전쟁으로 변했다. 베트남이 그곳에 있기 때문에 베트남에 갔다는 키신저의 말은 전쟁이 정치의 계속이라는 명제와 무관하다. 생존을 위한 전쟁에서 비용 대 효과나 전략적 합리성은 거꾸로 선다.

부족사회의 전쟁목표는 개인들의 불만이나 영광과 관련된 것이었다. 원시사회의 전쟁목표는 '솥에 넣을 살아있는 포로'를 획득하는 것이었다. 로마시대나 중세에 전쟁을 한 이유는 대부분 종교적인 이유나 법률적인 성격의 것이었다. 정치나 국익을 위해 전쟁을 한다는 것은 유럽 중심주의이고 현대 중심적 관점이다. 이런 관점은 1648년 이후에만 적용될 수 있고, 그 이전의 전쟁에 관한 설명으로는 무의미하거나 편협하다. 전쟁의 원인으로 정의와 종교가 국익보다 덜 중요하다고 믿는 것은 바보스러운 짓이다. 더 나쁜 것은 클라우제비츠의 생각이 생존을 위한 전쟁을 포착하지 못한다는 것이다. 결론. 전쟁이 정치의 계속이라는 클라우제비츠의 전쟁관은 유일한 것도 아니고 옳은

것도 아니다. [그래서 클라우제비츠의 전쟁관은 폐기된다.]

의견. 우리를 죽이려는 적에 맞서 생존하겠다는 것이 최고의 정치적 표현이라는 것을 크레벨드는 간과하고 있다. 18세기의 7년전쟁에서 19세기 초의 나폴레옹전쟁으로 전쟁의 형태가 변한 것, 즉 '전쟁의 역사적 변화'를 읽고 클라우제비츠가 전쟁을 정치의 계속이라고 한 것을 크레벨드는 잊고 있다. 나폴레옹전쟁 이전의 전쟁이 정치의 계속이 아니었기 때문에 (정의, 종교, 생존 등을 위해 수행된 전쟁이었기 때문에) 『전쟁론』이 옳지 않다는 비난, 그리고 그 이후 '전쟁의 역사적 변화'로 그 이전 클라우제비츠가 시대착오적이라는 비난이 시대착오적이다. 아담 스미스의 『국부론』이 말하고 있는 '분업'이 그 이후 엄청나게 발전했기 때문에 『국부론』의 가치가 줄어드는가?

제6장. 전쟁의 이유와 목적은 생존에 필요한 전투의 순간에 몸과 마음에서 사라진다. 국가의 이익이든 개인의 이익이든, 죽은 사람은 이익을 차지하지 못한다.

전쟁은 다른 사람을 죽일 때가 아니라 자신이 죽게 될 위험에 처할 때 시작된다. 다른 사람의 생명을 빼앗을 때가 아니라 자신의 생명을 모험에 맡길 때 시작된다. 싸움은 수단이 아니라 목적이다. 전투는 위대한 장군들을 활기 있게 만드는 매개물이다. 전투는 제일 위대한 장관(壯觀)으로 취급되었다. 위험은 전쟁을 돌아가게 하고, 전쟁에서는 운동처럼 위험이 클수록 도전과 명예도 크다. 위험은 자유에 대한 특별한 느낌을 주고, 싸움의 즐거움은 현실을 초월하게 한다. 전쟁은 대규모의 극장이고, 극장은 장소를 생명으로 바꾸어 놓는다. 심각성을 표현하는 제일 좋은 방식은 연극이다.

위험은 모험의 존재 이유이고, 적대자는 불가결의 필수요건이다. 클라우제비츠가 말한 불확실성은 전쟁을 움직이게 하는 매개물이 아니라 무력분쟁의 존재조건이다. 전쟁의 결과가 예측 가능할 때 전쟁은 실험으로 사용될 수도 없고 재미로도 볼 수 없게 되어서 싸움은 무의미해진다. 전쟁의 결과를 확실하게 예측할 수 있다는 것이 핵전쟁이 불가능하게 된 주된 이유이다.

전쟁이 합리적인 사회의 목표 달성을 위한 수단이라면 여자의 역할은 남자만큼 크다. 역사에서 여자들이 싸우고 고통 받고 피를 흘리면서 보여준 불굴의 정신은 남자들의 정신 이상으로 훌륭했다. 그런데 오늘날 대부분의 전쟁에서 여자는 전투를 수행하지 않는다. 그 이유는 군사적인 것이 아니라 문화 및 사회적인 것이다. 어느 분야에 몇 명의 여자가 포함되는 것은 촉진제로 작용하지만, 어느 수치(15%)를 넘으면 남자들은 그 분야에서 도망친다. 역사에서 전쟁은 남자들의 영역이었다.

정책결정자의 관점에서 전쟁은 정치적 목표를 보호하고 달성하는 도구일 수 있다. 하지만 개개 병사들은 그 고려사항의 정확한 성격을 모른다. 조직화된 공동체의 정책은 공동체를 구성하는 개인들의 목표와 같지 않다. 공동체가 클수록 개인의 이익은 국가이익과 더 많이 일치하지 않는 것 같다. 국가는 냉철한 괴물이다. 알렉산드로스 대왕은 싸우는 것이 고결한 동안은 싸우는 것 자체가 목적이라고 주장했다. 전쟁이 모험과의 자발적인 싸움으로 구성되어 있는 한, 전쟁은 정치의 계속이 아니라 운동의 계속이다. [그래서 클라우제비츠의 이론은 폐기된다.]

의견. 이 장에서 크레벨드는 전쟁을 개인주의적인 관점으로 해석한다. 하지만 전쟁의 목적과 개인이 느끼는 위험과 공포는 별개의 문제이다. 또한 크레벨드는 전쟁을 문화적 관점과 종족의 관점에서 설명하면서 신비주의와 유대주의로 침잠하는 경향을 보인다.

제7장. 앞 장들의 요약이고 결론 부분이다. 역사에서는 도시국가, 고대 로마 왕들의 전제정치, 유럽과 일본의 봉건구조, 신의 영광을 추구하는 종교적 연합체, 무사들이 지휘하는 용병집단, 영국의 동인도회사와 같은 상업조직 등이 전쟁의 주체였다. 이런 전쟁은 정부, 군대, 국민의 삼위일체 전쟁이 아니었다. [클라우제비츠는 폐기된다.] 이에 따라 군사-정치지도자들은 특수한 지위를 상실할 것이고, 지도자 개인이 표적이 되고 있고, 군인과 민간인의 구분은 희미해지고 있다. 하지만 전쟁협약을 오랜 기간 무시하는 군대는 와해될 것이다. 조미니나 클라우제비츠의 고전적 전략은 특정 기관과 상황의 산물이다. 미래의 전쟁은 도청장치와 차량폭탄 전쟁, 상대를 죽이는 남자들의

전쟁, 마약과 폭발물을 운반하려고 핸드백을 사용하는 여자들의 전쟁이 될 것이다. 이런 전쟁은 장기간 지속되는 유혈적인 공포의 전쟁이 될 것이다. 사랑만으로 결혼을 하지 않는 것처럼 이익만으로 전쟁을 하지 않는다. 전쟁은 정의나 종교적 신념(호전적인 이슬람교)을 지키려고 수행되기도 한다. 전쟁은 정치의 수단이 아니라 고도로 매력적인 활동이고 모험을 해야 하는 도박이고 스릴 있는 운동이다. 전쟁의 매력은 손상되지 않고 계속 남아있을 것이다. 우리가 전쟁을 하는 진정한 이유는 남자들이 싸우기를 좋아하고 여자들이 (자신을 위해 싸우는) 남자들을 좋아하기 때문이다. 전쟁을 제거하려면 전쟁에 여자를 참여시켜야 한다.

재래식 전쟁이 역사의 회전문을 빠져나가면서 저강도분쟁이 다른 문으로 들어오고 있다. 이런 성격의 분쟁은 정부, 군대, 국민의 구분을 무너뜨릴 것이다. 통상전쟁의 퇴진은 클라우제비츠의 전략을 사라지게 할 것이다. 사람들이 즐거움, 자유, 행복, 열광, 황홀경을 얻는 한 가지 중요한 길은 친근하고 사랑하는 것을 포기하는 상태이다. 즉 전쟁이 유일한 방법이다. [이스라엘이여, 영원히 전쟁을 하라!?] 크레벨드의 결론. 전쟁은 역사적으로 변화를 겪었고, 그래서 클라우제비츠 이론은 폐기된다.

전체 의견. 불과 5년 전에 (1986년에 출판된 『클라우제비츠와 현대전략』의 제1장에서) 명석한 두뇌를 가졌던 인물이라고 상상할 수 없을 만큼 크레벨드는 신비주의와 유대주의로 빠져들어 전쟁을 인류학적으로 설명하고 전쟁이론을 바다의 썰물로 떠나보낸다. 사이비종교의 교주 같은 말을 하는 것을 보니 크레벨드의 유전자에 유대인의 편견과 이스라엘의 공포가 강하게 각인되어 있는 것 같다. 『전쟁의 역사적 변화』는 서구 중심주의와 유대주의를 동시에 보여주는 그로테스크한 책이다.

앞으로 전쟁은 저강도분쟁이 될 텐데, 이스라엘이 팔레스타인에 대해 저강도분쟁을 수행했고 수행하고 있고 수행할 것이기 때문이다. 이것이 크레벨드가 이 책에서 암묵적으로 말하고자 하는 바이다. 그 말을 하는데 클라우제비츠가 필요했나?[9]

다음은 B의 차례.

오늘날의 전쟁이든 미래의 전쟁이든 전쟁에 관한 논의에서 『전쟁론』의 권위에 기대려는 노력은 오래 지속되고 있다. B의 원서 제목은 노골적으로 'More On War'이고, 번역서의 제목은 '다시 쓰는 전쟁론'이다. 크레벨드는 『전쟁론』이 이미 폐기되었다고 말한 바 있는데, 폐기된 것을 '다시 쓸' 필요가 있나? 한델의 말처럼, '그의 사후 150년에도 전쟁에 관한 더 좋은 이론이 아직 나타나지 않기'[10] 때문인가?

B의 개요. 2500년 동안 진정으로 중요한 군사이론가는 손자와 클라우제비츠밖에 없다. 두 사람은 거인이고 앞으로도 생명력을 유지할 것이다. 하지만 그들의 저술에도 문제가 없는 것은 아니다. 두 거인은 전쟁의 원인과 목적이나(1) 전쟁과 경제의 관계에(2) 대해 말하지 않았고, 최고지휘관의 관점을 취했고(3), 군사기술을 무시했고(4), 참모, 병참, 정보에 대해 언급하지 않았고(5), 손자는 전략의 상호성에서 과도하게 나아갔고 클라우제비츠에게는 전략의 본질과 결과가 다른 주제들 사이에서 잊혀졌고(6), 해전에 관심을 두지 않았고(7), 항공전(우주전, 사이버전)을 언급하지 않았고(8), 핵전쟁에 대해 언급하지 않았고(9), 전쟁법을 언급하지 않았고(10), 비대칭전쟁에 그다지 관심을 갖지 않았다(11).[11] 괄호 안의 번호가 제1장에서 제11장까지의 순서이다. 이 책

---

9. 크레벨드의 『전쟁의 역사적 변화』에 대한 독일의 균형 잡힌 서평으로는 Daniel Hohrath, Rezension zu 'Martin van Creveld, Die Zukunft des Krieges, München 1998' 참조.
10. 한델, 「기술시대의 클라우제비츠」, 100쪽.

으로 크레벨드는 두 거인의 연구를 '최신화하려고' 한다. 서문의 명언. 이론의 토대는 역사이다.

B는 대략 이런 역사적인 순서 또는 시간적인 순서로 서술했고, 손자와 클라우제비츠가 다루지 않은 주제를 다루었다. 클라우제비츠의 삼중성을 따르느라고 그랬는지, 각 장을 일관되게 모두 3개의 절로 구성했다.

크레벨드는 이 책이든 다른 책이든 가끔 번득이는 재치를 보인다. 다음과 같은 예로 알 수 있다. "과세는 몰수와 구분할 수 없는 경우가 흔했다."(61쪽) 다음의 말도 사실의 객관적인 진술이다. '1500~1650년에 전쟁은 자본가들의 기업행위였고 군대는 용병으로 구성되었다.'[12] 그런데 이런 말이 체계적이고 논리적으로 다가오지 않는 것은 번역의 결함이든지 구성력의 결함일 것이다.

B는 부분적으로 클라우제비츠를 넘어선 것으로 보이기도 한다. 하지만 크레벨드가 『전쟁론』을 다시 쓴 것인지 또는 넘어섰는지 하는 것은 200년 후가 되면 (아니 20년 후만 되어도) 자명해질 것이다. 고전이냐 아니냐를 가르는 기준, 책의 수준과 내용에 대한 제일 치명적이고 엄정한 기준은 '시간'이기 때문이다.

B에는 소련과 중국에 대한 무지와 편견이 많이 보인다. 또한 크레벨드는 영국인도 아니면서 영국과 아일랜드의 갈등에서 영국 편을 드는 발언을 한다(237~239쪽). 크레벨드를 앵글로색슨적 편견을 갖고 있는 유대인으로 보아야 할 것 같다.

크레벨드와 같은 이들은 1920~1930년대에 미국이 얼마나 반유대주의적이고 친나치적이었는지 언급하지 않는다.[13] 그 반면에 독일의 홀로코스트와 아우슈비츠는 '영원한 단골메뉴'이다. 제국주의자들이 식민지에서 '보람 없이' 떠날 수밖에 없었다는(232쪽) 말에서 크레벨드의 오만함의 극치를 보게 된

---

11. 8과 9는 그럴 수밖에 없었다는 점을 크레벨드도 인정한다.
12. 크레벨드, 『전쟁의 역사적 변화』, 96쪽.
13. 버틀러, 『전쟁은 사기다』 참조.

다.

경제학을 '음울한 과학'이라고 말한 것이 프리드리히 엥겔스라는 말은 (15~16쪽) 크레벨드의 무지이거나 무식이다. 칼라일이 말했다.[14]

번역은 대체로 무난한 편이다. 하지만 직역투, 영어 문장의 순서를 고수하는 번역, 지나치게 많은 쉼표, 줄표의 과도한 사용, 영어의 and(or)를 그대로 번역하는 방식 등은 독서를 방해한다. 국어와 문장이 이해가 안 되는 부분이 적지 않다.

다음의 번역은 내용상으로 심각한 오류인데, 그 문장이 매우 유명하고 또 앞의 린의 『배틀』에서도 보았기 때문에 그 오역, 영어 번역, 독어 등을 아래와 같이 모두 정리한다.

싸움과 전쟁의 관계는 현금 지급과 무역의 관계와 같다.
『다시 쓰는 전쟁론』, 강창부 번역, 67쪽

전쟁에서 전투가 모든 크고 작은 작전에 대해 가지는 관계는, 상업에서 현금지불이 차지하는 역할과 같다.   『배틀』, 이내주; 박일송 번역, 388쪽

The decision by arms is for all major and minor operations in war what cash payment is in commerce.   On War, Alfred Knopf 판, 1993, 111쪽

무력결전이 전쟁의 크고 작은 모든 행동과 갖는 관계는 현금지불이 어음거래와 갖는 관계와 같다.   『전쟁론』, 김만수 번역(18), 96쪽

Die Waffenentscheidung ist für alle großen und kleinen Operationen des Krieges, was die bare Zahlung für den Wechselhandel ist.
Vom Kriege, 제19판, 226쪽

강창부의 번역은 '싸움 대 전쟁 ≈ 현금 대 무역'의 관계로 이해할 수 있다. 그런데 이내주와 박일송의 번역은 '전쟁 대 작전 ≈ 상업 대 현금'의 관계라는 것인지, '전투 대 작전 ≈ 상업 대 현금'의 관계라는 것인지 불분명하다. 두 번역 모두 오역이라는 점에서는 공통된다. 이 오역은 '결전 대 작전(또는 전쟁) ≈ 현

---

14. 예를 들면 하일브로너, 『세속의 철학자들』, 102쪽 참조. 그 외 여러 책을 보아도 알 수 있다.

금 대 상업'이라는 영어 오역에서 비롯된 것으로 보인다. 이 세 번역에는 클라우제비츠가 말한 '어음'(Wechsel)이 없다.[15] 클라우제비츠는 결전 대 작전 ≈ 현금 대 어음의 관계를 말한 것이다.

현금지불과 어음거래는 직접 피를 흘리는 전투(무력결전)와 그 이외 행군, 기동, 우회 등의 모든 작전(전쟁의 크고 작은 모든 행동)에 대한 비유이다. 상거래에서 현금지불 없이 어음만으로 거래할 수도 있지만 어음의 현금화는 결코 없을 수 없다. 이처럼 전쟁에서 행군과 기동만으로 작전을 수행할 수도 있지만 무력을 쓰는 결정적인 전투는 결코 없을 수 없다. 그리고 이것이 클라우제비츠 문장의 뜻이고 의도이다.[16]

W. B. 갈리, 『전쟁과 평화의 철학』, 이춘근 옮김, 서광사, 1996. 5, 217쪽 [1978]

이 책은 칸트, 클라우제비츠, 마르크스와 엥겔스, 톨스토이가 언급한 전쟁과 평화의 문제를 다루고 있다. 그들의 텍스트, 즉 '교과서들에 대한 서평'이다(10쪽). 서론과 결론을 제외한 차례는 다음과 같다.

1. 칸트의 영구평화론
2. 클라우제비츠의 전쟁과 본질
3. 마르크스 엥겔스의 혁명과 전쟁
4. 톨스토이 : "전쟁과 평화"로부터 "천국은 너에게 있다"까지

클라우제비츠 부분은 클라우제비츠의 생애와 『전쟁론』 제1편 제1장에 대한 해석으로 이루어져 있다. 갈리의 클라우제비츠 해석을 요약한다.

클라우제비츠는 전쟁에서 본질적인 자기분열을 찾아냈다. 그는 처음에

---

15. 이것을 현금지불 대 어음거래의 관계로 이해한 문헌이 우리나라에 거의 없는데, 이는 영어 오역을 중역하거나 참조한 데서 비롯된 것으로 보인다.
16. 외람된 말이지만, 나는 『전쟁론』의 내 번역 전면개정판이 『전쟁론』의 영어 번역이나 일어 번역보다 낫다고 생각한다. 이것이 『전쟁론』의 이 부분만 보고 든 생각도 아니다.

이 구분을 싸움의 논리와 전쟁의 정치적 기능 사이의 갈등이라고 생각했다. 그다음에 이를 여러 가지 방법으로 설명하려고 했다. 궁극적으로 싸움의 논리를 정치수단으로서의 전쟁에 종속시켰다. 이와 같은 제1편 제1장의 논리와 더불어 그는 전쟁에 본질적으로 다른 두 가지 싸움이 존재한다고 말했다. 하나는 상대를 케이오(KO)시키는 공격이고, 다른 하나는 가능한 한 많은 이익을 얻으려고 사용된다. 두 종류의 전쟁은 모두 정치적인 통제 아래에 있다. 역사에서 순수한 의미의 절대전쟁에 근접한 전쟁은 거의 존재하지 않았다. 하지만 전쟁이 절대전쟁에 근접할 가능성은 모든 사령관들의 마음에 현저한 사상으로 존재한다.

갈리의 결론. 클라우제비츠 전쟁철학의 핵심은 전쟁을 다른 수단으로 하는 정치의 계속으로 간주하는 개념 속에 존재한다. 하지만 이 견해는 오해를 불러일으킬 수 있다. 그의 진정한 관심은 군사적인 것이라기보다 정치적인 것이었다. 정치에 관한 그의 언급은 이상하리만치 추상적이고 평범한 것이었다. 국가야말로 공동체의 일반이익을 투사하는 유일한 대표자이자 기관이라는 것이다. 하지만 그를 정치이론가로 보면 그의 독창성과 유일성을 빼앗게 된다. 전쟁론은 어떻게 싸우고 승리할 것인가에 대한 특수한 군사교리에서 비롯된다. 물론 전쟁의 중요한 측면의 하나는 정치이고, 『전쟁론』은 정치가와 정치이론가들에게 훌륭한 교육적 효과를 갖는 책이 되었다. 이런 교육적인 보너스는 마지막 목적이었다. 그는 전쟁을 방지, 제한, 제거할 수 있는지에 관해 아무런 물음도 제기하지 않았다. 클라우제비츠는 전쟁에 관한 계몽적인 해부를 제공했지만, 전쟁의 생리학을 이해하는데 필요한 사항을 첨가하지 않았다. 전쟁의 생리학이란 전쟁을 일으키고 전쟁이 지속적으로 작동될 수 있도록 하는 기본적인 힘을 말한다(99~103쪽).

의견. 절대전쟁과 현실전쟁의 관계에서 클라우제비츠는 심각한 철학적 혼돈에 빠져들었다(80쪽). 『전쟁론』 제1편 제1장에 나타난 개념도식은 치명적으로 잘못된 것이라는 사실을 지적하고자 한다(82쪽). 나는 혼돈과 잘못을 발견하지 못했고, 이는 갈리의 혼돈과 잘못으로 보인다. 이 외에도 갈리는 클라우제비츠의 용어, 논리, 방법론을 이해하는데 많은 어려움을 겪고 있는 것 같다(72~80쪽).

클라우제비츠와 그 부인에 대한 갈리의 평가에 동의할 수 있을 것 같다. '그의 초상화는 그를 시인으로 보이게 하고, [그는] 비정상적일 정도로 부드러운 미소를 보여주는 인물이다.'(66쪽) '클라우제비츠 부인은 남편에 대한 헌신, 문학과 예술에 대한 조예를 갖춘 사람이다.'(66쪽) 그런데 이와 다른 서술도 보인다. '클라우제비츠는 자주 아편에 의존했고, 그의 얼굴은 동상으로 아주 흉측스럽게 되었다.'(68쪽) 이 부분에 출처가 없어서 나는 이 말을 확인할 수 없다. '그는 경력에서 불만을 가졌고 실망했다. 무기력함을 겪었고 신경질환을 앓았다. 그는 참을성이 없고 비참한 감정을 가졌고 무모함과 나약함도 보였다. 하지만 그의 지적 능력은 위대했다.'(69~71쪽) 이런 '불안한 줄타기 같은 서술'은 이 책의 도처에서 발견된다.

전체적으로 이 책은 앵글로색슨족(갈리)이 게르만족(칸트, 클라우제비츠, 마르크스와 엥겔스)과 슬라브족(톨스토이)을 교묘하게 비난, 비방, 폄하하는 글로 보인다.

위에서 본 앵글로색슨족과 유대인의 연구에는 (풀러, 리델 하트, 키건, 크레벨드, 갈리 등) 독일과 프랑스, 그리고 다른 대륙(특히 아프리카와 아시아 등)과 다른 문화에 대한 (은밀하고 교묘한) 비난과 조롱이 보인다.

이 책은 심각한 오역으로 넘쳐나는데, 한 부분만 본다.

김만수 번역(18), 976쪽	이춘근 번역, 107쪽
다만 우리의 다음과 같은 말은 사람들이 옳다고 말할 것이다. 즉 한계는 이를테면 할 수 있는 것을 의식하지 못할 때만 존재하고, 한계는 한 번 무너지면 다시 짓는 것이 쉽지 않다.	그러나 모든 이들은 우리의 의견, 즉 무엇이 가능한가에 관한 무인식(unconsciousness)의 영역에서만 존재하며, 한번 버려진 경우 다시 만들어지기 힘든 경계선이 존재한다는 데 대해 동의할 것이다.

'앞으로 현실전쟁만 하고 해야 하고 할 것이라는 한계, 주로 현실전쟁만

존재했던 역사의 한계는 나폴레옹의 절대전쟁으로 무너졌다. 우리는 절대전쟁을 보았고, 절대전쟁을 할 수 있다는 것을 분명히 의식하게 되었다. 이런 상황에서 앞으로 다시 현실전쟁만 하게 될 것이라는 한계를 짓는 것, 나폴레옹 이후 다시 현실전쟁만 나타날 것이라고 예상하는 것은 어려울 것이다.' 이것이 위 문장의 의미이다. 하지만 이춘근의 문장은 비문이고 내용은 이해가 되지 않는다.

오기도 무수히 많다. 규번(규범), 필요아긍으로(필요악으로), 각가(각각), 집중저긍로(집중적으로), 일긍ㄹ(읽을), 젱리(제일), 논축시킨(농축시킨), 나타났드시(나타났듯이), 것이먀로(것이야말로), 젓혀둔다(젖혀둔다), 클라우제비츨, 쿵라우제비츠(클라우제비츠), 거칠은(거친), 용에에서(용어에서), 휘한 것이(위한 것이), 저국의(조국의), 극가의(국가의), 구릅의(그룹의), 시박하였다(시작하였다), 가강가들은(사상가들은), 국제관게를(국제관계를), 넙은(넓은), 운도은(운동은), 없무란(업무란), 과검해지고(과감해지고), 얀구한(연구한), 목특하고 여원한(독특하고 영원한), 한상(항상), 절재적인(절대적인), 개념에(개념에) 등등. "그다음 시감능 잘 멋춘 대중의 폭동이 야기 되엇다."(198쪽) 이런 문장이 한두 개가 아니다. 띄어쓰기의 오류는 지적할 수 없을 정도로 많다. 이 책은 맞춤법, 띄어쓰기, 오기에서 최악이라기보다 '엽기적인' 수준이다.

갈리는 클라우제비츠에 관해 편견을 갖고 있고, 갈리의 클라우제비츠 해석은 실패한 것으로 보이는데, 이춘근의 번역과 문장은 더 크게 실패한 것으로 보인다. 이 책은 클라우제비츠와 관련된 번역 중에 최악의 수준이다.

"이 책은 역자가 번역한 다섯 번째의 책이다. 그러나 번역을 시작하자마자 이 책은 역자의 능력을 한참 넘는 책이라는 사실을 깨닫게 되었다."(6쪽) "고생은 했지만 과연 얼마나 제대로 원뜻을 전달할 수 있었는지 의문스럽다."(7쪽) "역자의 학문 활동의 모든 과정에 헌신적 내조를 아끼지 않는 아내, 그리고 두 딸과 함께 또 한 권의 번역서를 내었다는 기쁨을 나누고자 한다."(7쪽) 나는 이춘근의 다른 번역을 읽을 생각이 없다. 그리고 이런 최악의 번역서를 낸 '기쁨'은 혼자 누리는 것이 어떠했을까?

한스 델브뤼크, 『병법사 : 정치사의 범주 내에서』, 민경길 옮김, 한국학술
정보, 2009. 7, 제1편 744쪽, 제2편 472쪽, 제3편 646쪽, 제4편 495쪽
[1900~1904]

델브뤼크의 『병법사』는 이 분야의 고전이자 기념비적인 저서이다. 전 4권으로 이루어져 있고 총 2357쪽에 이르는 방대한 분량이다. 숱한 오역, 오기, 오자에도 불구하고, 모든 연도 앞에 기원전과 서기를 표기하는 '일관된 고집'에도 불구하고 이 책을 완역한 민경길에게 경의를 표한다. 『병법사』 전체의 간략한 차례는 다음과 같다.

『병법사』에서 『전쟁론』과 주로 관련되는 부분은 제IV편 근대 전투이다. 제I권에서는 용병군대 내부의 조직과 마키아벨리를 다룬 부분이 우리의 관심을 끈다. 그리고 제III권 상비군 시대와 제IV권 국민군대 시대가 『전쟁론』과 직접 관련되는 부분이다. 제IV권 국민군대 시대에서 제II장 혁명군대, 제

---

17. 번역은 독어 원문에 따라 우리나라의 '권'을 '편'으로, 우리나라의 '편'을 '권'으로 표기했는데, 이 표기를 그대로 두었다. 우리 식으로 말하면 『병법사』는 총 4권 20편으로 구성되어 있다.

III장 나폴레옹 전략, 제IV장 샤른호스트, 그나이제나우, 클라우제비츠 부분은『전쟁론』을 더 잘 이해할 수 있는 시대배경, 전략, 전투 등을 자세히 다루고 있다. 클라우제비츠가『전쟁론』에서 프리드리히 대왕과 나폴레옹의 많은 전투를 극적으로 서술한데 비해, 델브뤽은 그 전투를 사실적으로 건조하게 기술했다. 클라우제비츠는 그 당대 사람이었고 델브뤽은 사료에 근거해서 글을 썼기 때문일까?

『병법사』를 (제IV편만이라도) 한두 쪽에 요약하는 것은 내 능력으로는 불가능하다.『전쟁론』과 관련되는 부분만 선택하여 인용하고 요약한다.

먼저 용병에 대해. 용병은 전투의 목적과 대상을 가리지 않고 보수가 있는 곳이면 어디든지 갔다. 적의 포로가 된 용병은 바로 그 적의 편에서 싸울 준비가 되어 있었다(67쪽). 30년전쟁 중에는 전쟁포로가 늘 승리자 측 군대에 대규모로 편입되었다. 용병에게 어느 편에서 싸우는지는 문제되지 않았다. 그들에게는 전투가 직업이자 사업이었고, 아무런 심적 갈등 없이 이 군대에서 저 군대로 옮겨 다닐 수 있었다(246쪽). 용병들은 보수를 받지 못하면 전리품을 얻을 생각으로 영주에게 전투를 요구하기도 했고, 정반대로 보수를 받을 때까지 공격을 거부하기도 했다(107쪽). 브란덴부르크-프로이센에서 용병들의 절반은 30세 이상이었고, 40세 이상도 상당수 있었고, 60세 이상도 약간 있었다(249쪽). 용병대장(콘도티에리)은 전사이면서 사업중개인이었다. 용병대장의 지위는 30년전쟁에서 절정에 달했다(219쪽).[18]

장교에 대해. 이 시대에는 대개 귀족만 장교가 될 수 있었다. 유럽이 대부분 그러했지만, 프로이센처럼 병사와 장교가 엄격히 분리된 나라는 없었다. 귀족이 아닌 자가 장교가 되는 것은 극히 어려웠다. 1750년대에 프로이센의 장교들은 병사들을 잘 통제했고, 병사들은 적보다 자기 군대의 장교들을 더 무서워했다(250~253쪽).

---

18. 30년전쟁에 관해서는 웨지우드,『30년 전쟁』참조. 용병에 관한 우리말 참고문헌으로는 기쿠치 요시오,『용병 2000년의 역사』가 좋다.

샤른호스트, 그나이제나우, 클라우제비츠의 관계에 대해. 샤른호스트가
사망한 이후 그나이제나우가 클라우제비츠에게 보낸 글에는 이 세 인물의
관계가 잘 표현되어 있다. '자네는 그의 세례 요한이었고, 나는 또 다른 베드
로같이 스승을 부인한 적은 없었어도 그의 베드로에 불과했네.'(449~450쪽)
매우 인상적인 비유이다.

끝으로 섬멸전략과 소모전략에 대해. 『병법사』에서 클라우제비츠와 관
련하여 논쟁이 된 중요한 개념은 섬멸전략과 소모전략이다. 이 두 개념 및 그
와 관련된 개념을 아래와 같은 그림으로 표현한다.

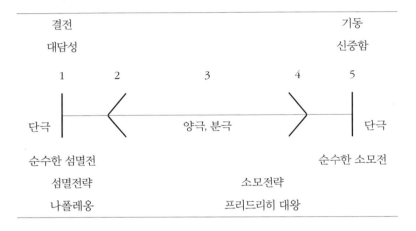

르네상스시기에 장군들은 매순간 그의 목표를 전투로 달성할지 또는 기
동으로 달성할지 결정하기 때문에 그의 전략은 기동과 전투 사이를 오갔다
(소모전략). 이와 대립되는 섬멸전략은 적의 병력을 직접 공격하고 파괴하여
승리자의 의지를 패배자에게 강요한다(107~108쪽). 그 순간의 상황에 따라
기동과 신중함을 요구하기도 하고, 전투와 대담성을 요구하기도 하는 것이
양극전략의 본질이다(345쪽). 양극전략은 소모전 전략이고, 단극전략은 순
수한 섬멸전 전략이나 순수한 소모전 전략을 말한다(325쪽). 전투 없이 적을
압박해서 아군의 조건을 수락하게 만들 수 있는 극단적인 경우에는 순수한

기동전략을 추구할 것이다. 물론 이는 세계전쟁사에 실현된 적이 없다. 소모전략은 순수한 기동전략과 다르다(284쪽). 소모전 전략은 순수한 기동전략과 혼동될 위험이 있다(373쪽). 이 여러 개념을 시각화할 때 위 그림에서 대체로 1~2구간은 섬멸전략으로, 2~5구간은 소모전략으로 이해할 수 있다.

7년전쟁은 대부분 요새의 포위나 방어로 이루어진 전투였고(361쪽), 나폴레옹은 본질적으로 섬멸전 전략의 원칙에 따라 행동했다(421쪽). 그래서 프리드리히 대왕을 섬멸전 전략을 발견하고 실천한 인물로 보고, 나중에 이 전략을 극대화한 인물이 나폴레옹이라고 생각하는 것은 잘못이다(295쪽). 프랑스혁명 때 생긴 엄청난 힘으로 섬멸전 전략을 탄생시킨 것은 나폴레옹이었고, 그 자신도 이를 알고 있었다(426~427쪽).

18세기의 정점이자 종점에는 프리드리히 대왕이 있었는데, 그에게는 오랫동안 나폴레옹의 선구자라는 특별한 호칭이 따라다녔다. 이는 틀린 개념이다. 그는 누구의 선구자가 아니라 한 시대의 정점에 올라 그 시대를 마감한 인물이다. 전투의 두 거장의 차이점과 유사점을 완전히 이해할 수 있었던 것은 정치와 함께 가는 전략의 개념에 대한 클라우제비츠의 깊은 철학적 통찰력과 리더십에 대한 그의 심리적 분석을 통해서만 가능했다. 그는 이런 철학적 사색을 인식하고 있었지만 마무리 짓지는 못했다. 그는 1827년에 쓴 '알리는 말'에서 두 가지 종류의 전쟁이 존재한다는 시각에서 『전쟁론』 원고를 고칠 생각을 하고 있다고 말했다. 그가 말한 두 가지 종류의 전쟁은 그 목적이 적을 쓰러뜨리는데 있는 전쟁과 적의 국경에 있는 영토의 일부를 점령하려고 하는데 있는 전쟁이다. 두 가지 전쟁의 완전히 다른 성질은 구분되어야 한다. 그는 이 작업을 시작하기 전에 세상을 떠났다. 그가 남겨놓은 공백을 메우려는 것이 이 연구의 목적 중의 하나였다(452쪽).

두 전략을 정리한다. 클라우제비츠가 말한 두 가지 종류의 전쟁에서 델브뤽은 전자를 섬멸전략으로, 후자를 섬멸전략으로 구분했다. 나는 이것이 절대전쟁과 현실전쟁, 프리드리히 대왕과 나폴레옹의 전쟁에 관한 적절한 해석이라고 본다.

A. 칼 슈미트, 『파르티잔 : 그 존재와 의미』, 김효전 옮김, 문학과지성사, 1998.
4, 207쪽 [1963]

B. 카를 슈미트, 『정치적인 것의 개념 : 서문과 세 개의 계론을 수록한 1932년
판』, 김효전; 정태호 옮김, 살림출판사, 2012. 9, 339쪽 [1932, 1963]

위는 A의 차례이다. 슈미트는 파시스트 어용법학자이자 나치의 이데올
로그이지만, 그의 사상은 독일 파시즘으로만 환원되지 않는다. A는 빨치산의
생성과 발전에 대한 훌륭한 통찰, 그리고 전쟁과 역사의 변화에 관한 탁월한
인식을 보여준다.[19] A를 인용과 요약의 중간쯤 되는 수준에서 정리한다.

---

19. 『파르티잔』은 빨치산을 소재로 그 국제법적·국제정치적인 의미를 '정치적인 것'의 개념 규정
    을 위한 중간 논평으로 발표한 것이다. 그런데 우리 한국인에게 빨치산이나 유격대라는 말
    은 '지리산 빨치산'이나 모택동의 '항일유격대'와 같이 공산주의 전략의 독점물이나 불순한

서론. 빨치산 문제에 관한 고찰의 출발점은 1808~1813년 프랑스에 대항한 스페인 인민의 게릴라전이다. 클라우제비츠도 이 전쟁에서 영향을 받았고, '전쟁이 정치의 계속'이라는 공식은 간결한 형태로 빨치산이론을 포함하고 있다. 레닌과 모택동은 그 논리를 극단적으로 수행했다. 17세기의 30년전쟁 때 비정규 병사는 노상강도나 부랑자와 비슷했다. 18세기에도 빨치산은 경무장 부대나 범죄자로서 법 밖에 존재했다. 이런 인식은 스페인의 게릴라전쟁 이후에 달라졌다. 빨치산은 비정규적인 투쟁자이고, 정규 병사는 제복에 표현되어 있다. 빨치산은 높은 수준의 정치적 성격을 갖고 있고, 그래서 약탈자, 범죄자, 해적과 구분된다. 내전과 식민전쟁은 빨치산과 동질적이다. (스페인에서 프랑스 군대와 같은) 점령군은 현지 경찰에게 안전과 질서 유지에 필요한 복종을 요구하는데, 빨치산은 이 안전과 질서를 교란시킨다.

이론 전개. 1813년 4월 프로이센에서 나폴레옹에 대한 적대선언이 프로이센 칙령으로 나타났는데, 이것은 빨치산주의의 전체 역사에서 제일 놀라운 문서이다. 프로이센 왕이 그 칙령에 서명했기 때문이다. 이것은 빨치산주의의 일종의 마그나 카르타이고, 민족을 방위하는 빨치산을 정통화하는 공식 기록이라는 점에서 특별한 의미를 갖는다. 빨치산에게 신임장이 부여되고 시민권이 주어진 것이다. 빨치산은 군사적·기술적으로뿐만 아니라 철학적으로도 발견되었다. 역사적인 지위와 정신적인 존엄을 획득하게 되었다. 군사 분야를 넘어선 정치적인 빨치산이론은 베를린에서 이루어진 신임장 수여에 의해 비로소 가능하게 되었다.

클라우제비츠는 1810~1811년에 소규모 전쟁에 관한 강의를 했고, 그에게 게릴라전은 실로 혁명적인 성격을 갖는 최고의 정치적인 사건이었다. 인민

사상으로 인식되고 터부시되었다. 민족분단의 비극은 개념을 분단시키고 곡해하기까지 이른 것이다(9~10쪽). 번역자 김효전의 '옮긴이의 말'은 전적으로 타당하다. 하지만 나는 빨치산 개념을 (슈미트와 마찬가지로) 공산전략이나 불온한 사상으로 여기지 않기 때문에 '파르티잔'이 아니라 '빨치산'으로 표기한다. 우리나라 빨치산 문학의 최고봉은 조정래의 『태백산맥』이다.

무장이나 혁명전쟁에 대한 승인은 프로이센에게 새로운 것이고, 법치국가의 차원에서 다소 벗어나는 어떤 위험한 것이다. 클라우제비츠는 인민전쟁과 빨치산을 '전쟁 중에 폭발하는 여러 가지 힘'의 본질적인 부분으로 인식했고, 그것을 『전쟁론』의 체계에 넣었다. 제6편 제6장 '방어수단의 범위'와 제8편 제6장 B '전쟁은 전치의 수단이다'에서 그는 이 새로운 잠재력을 인정했다. 우리는 클라우제비츠에게서 방데의 내란처럼 개별적인 소수의 빨치산일지라도 충분히 '군대라는 이름을 요구할 권리를 가질' 수 있다는 놀랍고도 사려 깊은 언급을 보게 된다.

1870년 보불전쟁에서 프로이센이 승리했다. 고전적인 전쟁규칙에 따른다면 승리 후에 평화가 도래해야 했다. 그런데 프랑스에서 패배한 황제의 정부가 폐지되었고, 새 공화정부는 프로이센에 대해 '최후까지의 전쟁'을 선포했다. 낡은 국가 간 전쟁과 민주적인 인민전쟁의 구분에 관한 모든 것이 일반적인 것으로 통용된다면 '최후까지의 인민전쟁'도 올바른 것이 된다. 은밀성과 어둠성은 빨치산의 제일 강력한 무기이고, 빨치산은 그 무기를 버릴 수 없다.

해방전쟁(1813~1815년) 이후 프로이센에서는 헤겔 철학이 지배했다. 헤겔 철학은 혁명의 불꽃을 간직하고 있었고, 역사철학을 통해 혁명에 위험한 이데올로기적 무기를 제공했다. 그 역사철학적 무기는 마르크스와 엥겔스의 수중으로 들어갔다. 마르크스주의는 레닌이라는 직업혁명가에 의해 오늘날과 같은 세계사적인 힘이 되었다. 레닌은 빨치산을 내전과 국제전에서 중요한 존재로 파악하고 혁명의 전체 과정에서 필수적인 요소로 인정한 최초의 인물이었다. 공산당 중앙으로부터 통제받는 빨치산은 평화의 전사이자 명예로운 영웅이고, 이런 통제를 회피하는 빨치산은 무정부주의적인 불량배이다.

레닌이 제1차 세계대전 중인 1915년에 『전쟁론』을 집중적으로 공부하여 발췌하고 주석을 달고 밑줄을 긋고 감탄부호를 달아서 만든 『클라우제비츠 노트』는 세계사와 정신사에서 제일 위대한 문서 중의 하나이다. 『전쟁론』의 편집자인 하알벡에 의하면, 레닌의 독창적인 업적은 레닌이 클라우제비츠를 1789년의 부르주아혁명으로부터 1917년의 프롤레타리아혁명으로 계속 인도했고, (국가와 민족 중심으로부터 계급전쟁이 된) 전쟁이 경제공황 대신에 나타난다는 것을 인식했다는 점에 있다. 레닌은 클라우제비츠에게서 적과 동지의 구별뿐만 아니라 이 구별이 전쟁과 정치를 규정한다는 인식도 배웠다. 레닌이 우월한 것은 절대적인 적을 진지하게 생각한 점에 있고, 그에게 절대적인 적은 계급상의 적, 부르주아지, 서구 자본가, 그들의 사회질서였다. 적을 아는 것이 레닌이 가진 엄청난 폭발력의 비밀이었다. 철학과 빨치산의 결합이라는 레닌의 업적은 유럽 중심적 세계의 분쇄 이상의 결과를 가져왔다. 구체제의 위대한 사상가 메스트르는 문제가 무엇인가를 예리하게 예견했고, 그가 제일 두려워한 것은 '아카데믹한 푸가초프'였는데, 레닌이 바로 아카데믹한 푸가초프였다.

모택동은 현대 혁명전쟁의 최고 실천가이자 제일 유명한 이론가이다. 1934년 11월부터 시작된 '대장정'은 일련의 빨치산 행동이자 빨치산 경험이었고, 그 결과 중국 공산당은 빨치산을 핵심으로 하는 농민과 병사의 당으로 집결되었다. 모택동의 유격전 관련 저작은 현대판 『전쟁론』이다. '인민무장'은 프로이센 참모본부의 직업장교들의 표어였고, 클라우제비츠도 그 일원이었다. 하지만 정규군의 직업장교라는 실존 때문에 클라우제비츠는 (직업혁명가라는 실존의) 레닌이나 모택동이 할 수 있었던 것처럼 빨치산의 논리를 체계적으로 궁극에까지 이끌어갈 수 없었다.

모택동은 사물의 내면적인 핵심에 레닌보다 더 가까이 접근했고 외면적인 사고를 완성하는 가능성을 얻었다. 즉 모택동의 혁명은 레닌의 혁명보다 더 많이 토지에 기초를 두고 있었다. 볼셰비키의 전위와 중국 공산당 사이의 현저한 차이는 내부적인 집단구조뿐만 아니라 '대지와 인민의 관계'에 있다. 볼셰비키들은 망명가들로 구성된 이론가 집단에 의해 지도되는 소수자들이었고, 모택동과 중국 공산주의자들은 20년에 걸쳐 자기 민족의 대지 위에서 국민당이라는 민족의 적과 엄청난 빨치산전쟁을 토대로 투쟁한 이들이었다. 모택동이 처한 상황에는 여러 종류의 절대적 적대관계가 동시에 발생했다. 백인 식민착취자에 대한 인종 적대관계, 자본주의 부르주아에 대한 계급 적대관계, 동일한 인종에 속하는 일본 침략자에 대한 민족 적대관계, 길고도 격렬한 내전 속에서 같은 민족동포에 대한 적대관계 등인데, 이 모든 것은 구체적인 상황 속에서 확대되고 강화되었다. 토착적 빨치산주의에서 모택동은 스탈린의 선배였고, 이론적 인식에서도 레닌을 뛰어넘어 전쟁이 전쟁의 수단이라는 클라우제비츠의 공식을 진전시켰다.

전쟁이 적대관계에서 의미를 갖는다면, 전쟁은 정치의 계속이기 때문에 정치도 적대관계를 포함한다. 평화 내부에 전쟁의 가능성이 있다면, 평화도 잠재적인 적대관계의 계기를 포함하고 있다. 모택동에게 오늘날의 평화는 현실적인 적대관계의 현상형태에 지나지 않는다. 이런 적대관계는 냉전에서도 중단되지 않는다.

라울 살랑에 관한 논의는 그 성격이 유럽적이고 살랑에 대해 내가 아는 바가 없기 때문에 서술을 생략한다.

최근 국면. 빨치산은 육지의 잠수함에 비유된다. 비정규적이고 토착적인 방식으로 투쟁한다. 스페인 게릴라에 대한 나폴레옹의 격분과 독일 잠수함에 대한 영국의 격분은 예측하지 못한 공간의 변화에 대한 부정적 가치판정이라는 (정신적으로 동일한 격분의) 평면에 있다.

(점령군의) 공동체는 공공성으로 존재하고, 그 속에서 공공성을 유효한 것으로 인정하지 않는 비공공성의 공간이 형성되면 그 공동체에 문제가 생긴다. 빨치산은 이 공공성을 인정하지 않으면서 (점령군의) 사회질서를 파괴하는 새로운 전쟁방식을 수행한다.

세계정치의 관계에서 빨치산은 그 자신의 정치적 무대를 갖게 된다. 즉 제3자로부터 정치적인 원조, 동조, 지지를 얻게 된다. 제3자는 빨치산에게 무기, 탄약, 약품, 금전 등을 지원한다. 또한 비정규적으로 싸우는 빨치산이 강도나 해적과 같은 비정치적인 것, 즉 범죄적인 존재로 추락하지 않기 위해 필요한 정치적 승인도 제공한다.

순전히 기술적인 낙관론에 따르면 핵시대에는 빨치산의 원시적인 투쟁방식이 사라질 것이다. 하지만 핵시대에도 세계열강들에 의해 통제되는 제한

전쟁, 이른바 '개싸움'은 여전히 일어나고 있다. 그리고 빨치산도 '기계화'되고 있다. 빨치산도 그에 맞서는 측도 현대 기술과 과학에 보조를 맞추고 있다. 기술적 진보는 빨치산 문제를 전 지구적 차원으로 확대시킬 것이고 새로운 격렬성만을 야기할 것이다.[20]

빨치산이 정치적인 영역에서 자기를 유지하고 범죄자가 되지 않으려면 정당화가 필요하다. 그런데 합법성은 정당성보다 더 유효하다. 합법성은 현대 국가의 군대가 기능하는 양식이다. 군대가 싸워야 하는 적이 누구인가를 결정하는 것은 합법적인 정부이다. 스스로 적을 결정하려는 자는 (합법적인 정부가 결정한 적에 따르지 않으려고 할 경우에) 새로운 합법성을 요구하는 것이다.

전쟁을 선언하는 것은 늘 적을 선언하는 것이다. 하나가 아니라 둘 이상의 적을 갖는 것은 내부 분열의 표시일 것이다. 여기에 1812~1813년 겨울에 프로이센의 요크가 처한 상황을 인용할 수 있다. 요크는 나폴레옹의 동맹부대로서 프랑스의 막도날 군대에 소속된 프로이센 여단을 지휘하고 있었다. 요크는 1812년 12월에 적 러시아에 투항하여 타우로겐 조약을 맺었고, 이때 클라우제비츠가 러시아 군대의 장교로서 활동했다. 1813년 1월 3일에 요크가 프로이센 국왕과 최고지휘관에게 보낸 편지는 유명한 역사적 문서가 되었다. 요크는 그 편지에서 정중하게 (국왕의 명령을 어기고) 실제의 적 프랑스를 향해 전진해야 할 것인지, 그러면 국왕이 자기에게 유죄판결을 내릴 것인지에 대해 국왕의 판단을 기다린다고 썼다. '실제의 적'이라는 말이 핵심이다. 요크는 빨치산이 아니고 결코 빨치산이 될 수 없었다. 그러나 '실제의 적'이라는 반란적인 의미에 비극이 들어 있고, 그 개념에 빨치산주의로 옮겨가는 진보가 있다. '외부의 침입자로부터 민족의 대지를 지키는 빨치산은 실제의 적에 대해 실제적으로 투쟁하는 영웅이다. 이것이 바로 클라우제비츠를 그의 이론으로 이끌어가고 그로 하여금 『전쟁론』을 쓰도록 만든 중대한 사건의 경과

---

20. 9·11테러를 보면 슈미트의 예견은 놀라운 수준에서 들어맞았다.

였다. 100년이 지난 후 레닌과 같은 직업혁명가의 전쟁이론이 전쟁에서 모든 전래적인 틀을 파괴하자 전쟁은 절대적인 전쟁이 되었고, 빨치산은 절대적인 적에 대한 절대적인 적대관계의 담당자가 되었다.'(145~146쪽)

전쟁이론에서는 적대관계를 구별하는 것이 중요하다. 시민은 제복을 입고 빨치산은 제복을 벗었을 때 어떻게 민간인이 군인에게 승리하는지를 고려한 사람은 아무도 없었다. 구체적인 사고의 결여가 직업혁명가들의 파괴 작업을 완성시켰다. 정치적인 것에 관여하는 정도가 매우 높다는 것이 빨치산의 기준이 된다. 게바라가 '빨치산은 전쟁의 예수회원'이라고 말했을 때, 그는 정치적 개입을 염두에 두고 말한 것이다. 강도와 살인자는 빨치산이 아니다. 강도와 살인자는 정치적이지 않고 사적 권리를 위해서만 투쟁하기 때문이다. 그런 경우 비정규성은 범죄적인 것이 된다. 이 점에서 빨치산은 강도 두목과 구분된다.

'정치적인 것'의 핵심은 적과 동지를 구별하는 것이고, 적과 동지라는 양자를 전제로 한다. 빨치산은 실제의 적은 갖고 있지만 절대적인 적은 갖고 있지 않다. 빨치산은 그가 토착적인 관계를 맺고 있는 대지를 방어한다. 빨치산은 잔 다르크와 똑같은 태도를 갖고 행동한다(150쪽). 레닌은 개념의 중점을 전쟁에서 정치로, 달리 말하면 적과 동지의 구별로 옮겨놓았다. 그것은 의미 깊은 일이고, 클라우제비츠에 따르면 정치의 계속으로서의 전쟁이라는 생각을 철저하게 밀고 나간 것이다.

'이론가는 개념을 유지시키고 사물에 이름을 붙이는 것 이상의 것을 할 수 없다. 빨치산이론은 '정치적인 것'의 개념으로 합류하고, '실제의 적'과 '새로운 대지의 노모스'의 문제로 합류한다.'(154쪽)

B. 슈미트에게 적과 동지의 구별은 1932년의 『정치적인 것의 개념』에 분명하게 나타난다. 차례는 다음 쪽과 같다. 이 논쟁적인 저서에 대해서는 클라우제비츠와 관련된 부분을 인용하는 것으로 서술을 대신한다.

옮긴이 서문 요약. 정치의 본질을 권력에서 찾는 것은 국가의 정의이다.

국가 개념은 정치적인 것의 개념을 전제로 하기 때문에 정치적인 것의 개념 규정이 선행되어야 한다. 정치적인 것의 판단기준은 적과 동지의 구별이다. 적과 동지의 구별은 구체적·존재적 의미의 대립이므로 적은 '현실적 가능성으로서 투쟁하는 인간 전체'이다. 적 개념은 필연적으로 전쟁 개념을 수반한다. 적과 동지의 구별이 제일 극단적인 형태로 나타나는 것이 전쟁이기 때문이다. 전쟁은 비상사태의 극치이고 '예외는 모든 것을 증명하기' 때문에 전쟁이 모든 것을 규정한다. 중립은 성립할 수 없다. 국가만이 교전권을 갖기 때문에 다원주의 국가론은 부정되지만, '정치적 통일체는 적의 현실적 가능성을 전제로 하고 동시에 공존하는 다른 정치적 통일체를 전제로 하기' 때문에 국제정치에서는 다원론을 승인한다. 슈미트에게 지구와 인류를 포괄하는 세계국가는 있을 수 없고, 국제연맹이나 인류의 이름으로 수행되는 전쟁 또는 성전(聖戰)은 모순으로서 부정된다(6~7쪽).

본문. 도덕적인 것에서 최종적인 구별은 선과 악이고, 미학적인 것에서는 아름다움과 추함이고, 경제적인 것에서는 이익과 손해이다(38쪽). 정치적인 행동이나 동기의 원인으로 여겨지는 특정한 정치적 구별은 적과 동지의 구별이다(39쪽). 도덕적으로 악하고 미학적으로 추하고 경제적으로 해롭다고 해도 적이라고 할 수 없다. 도덕적으로 선하고 미학적으로 아름답고 경제적으로 이롭다고 해도 그것만으로는 정치적 동지가 되지 않는다(40쪽). 즉 적과 동지의 구별은 다른 구별과 분리된 독립적인 구별이다.

적이란 경쟁상대도 아니고 증오의 대상도 아니다. 현실적 가능성으로서 투쟁하는 인간 전체이다. 사적(私敵)이 아니라 공적(公敵)이다. (마태복음과 누가복음의 '너희 원수를 사랑하라.'는 사적을 사랑하라는 것이고 공적을 사랑하라는 말이 아니다.) 정치적인 대립은 제일 강도 높고 극단적인 대립이다 (42~43쪽).

중립의 개념은 적과 동지의 구별이라는 현실적 가능성의 전제 아래 성립한다. 지구에 중립성만 존재한다면 그때는 전쟁뿐만 아니라 중립 그 자체도 없어질 것이다. 투쟁의 가능성이 소멸하면 투쟁을 피하는 정책도 사라질 것이다. 투쟁의 가능성이 제거되고 소멸된 세계, 최종적인 평화에 이른 지구는 적과 동지의 구별이 없는 세계, 그래서 정치가 없는 세계일 것이다(47~48쪽).

전쟁은 극단적인 정치적 수단으로서 적과 동지의 구별의 가능성이 존재한다는 것을 드러낸다. 평화주의자가 전쟁을 막으려는 의지가 강력하여 '전쟁에 반대하는 전쟁'을 한다면 그 의지가 정치적인 동기가 된다(49~50쪽).

앵글로색슨의 다원론은 국가라는 정치적 통일체를 부정하고, 개개인이 수많은 여러 가지 사회적 결합과 연관 속에서 생활한다는 것을 반복해서 강조한다. 라스키는 '정부'에 대해 언급하지만 정치적인 것의 명확한 정의는 어디에도 없다. 국가는 다른 단체들과 경합하는 단체로 변한다. 국가는 그 내부와 외부에 존재하는 다른 많은 이익사회들과 동위이자 동렬에 있는 이익사회가 된다. 다원적 국가이론은 자유로운 개인과 개인의 자유로운 단체를 위해 단체들을 서로 대립시키고 경쟁하게 하는 것 외에 아무것도 하지 않고, 이 경우에 모든 문제나 갈등이 개인의 입장에서 결정되기 때문에 자유주의적인 개인주의의 틀을 벗어나지 못한다(55~59쪽).

위기상황에 빠질 때 국가는 주체적으로 '내부의 적'을 결정한다. 내부의 적 선언은 내란의 징조가 된다(61~62쪽). 전쟁 개념에는 정의(正義)가 포함되어 있지 않다. 정당한 전쟁을 요구하는 논리는 보통 그 자체로 다시 정치적 목적에 봉사하게 된다(66쪽). 어느 국민이 정치적 생존의 노고와 위험을 두려워한다면, 다른 국민이 그 노고를 없애주고 '외적에 대한 보호'와 함께 정치적 지배를 떠맡게 될 것이다. 그때는 보호와 복종이라는 영원한 관계에 따라 보호자가 적을 규정한다. 국제법상의 보호국, 각종 보호조약과 보장조약의 제일 단순한 공식은 그런 보호-복종 관계이다(69~70쪽).

인류 그 자체는 전쟁을 수행할 수 없다. 인류는 적어도 지구라는 행성에서는 적이 없기 때문이다. 인류 개념은 적의 개념을 배척한다. 인류의 이름으로 수행되는 전쟁은 이 단순한 진리와 모순되는 것이 아니라 단지 특별히 강한 정치적인 의미를 가질 뿐이다. 한 국가가 인류의 이름으로 정치적인 적과 싸운다면, 그것은 인류의 전쟁이 아니라 상대에 맞서 보편적인 개념을 점유하려고 하고 그 개념을 자신과 동일시하려는 것이다. 이는 평화, 정의, 진보, 문명 등을 자기에게 주고 적으로부터 박탈하려고 그것을 이용하는 것과 비슷하다(72쪽).

'양으로부터 질로의 전화'라는 헤겔의 명제는 정치적인 의미를 갖는다. 이명제는 '사물의 영역'에서 출발해도 질적으로 새로운 강도(强度)의 인간 결속에 도달한다는 의식의 표현이다. 즉 정치적인 것에 도달한다. 이는 경제적인 것에도 관련이 있다. 경제적인 소유가 일정한 양에 이르면 사회적인 권력이 된다. 소유권은 권력이 되고, 계급대립은 계급투쟁이 된다. 또한 헤겔은 적에 대해 정의하고 있다. 적이란 살아있는 전체성에서 부정되어야 할 타인으로서 인륜적으로 (도덕이 아니라 민족의 영원한 '절대적 삶'이란 입장에서) 이질적인 것이다. 그동안 헤겔은 마르크스를 넘어 레닌에게 향했다. 헤겔의 변증법은 계급의 개념에서 그 구체적인 능력을 입증했고, 변증법 그 자체가 투쟁의 무기로 전화했다(83~84쪽).

자유주의 사상은 체계적으로 국가와 정치를 피하거나 무시한다. 그 대신 두 개의 이질적인 영역, 즉 윤리와 경제, 정신과 사업, 교양과 재산이라는 (전형적이고 반복되는) 양극 사이에서 움직인다. 국가와 정치에 대한 불신은 개인이야말로 출발점이고 종착점이라는 그 사상의 체계적 원리에서 쉽게 설명된다. 자유주의 개념은 비군사화되고 탈정치화된다. 자유주의 사고에서 투쟁이라는 정치적 개념은 경제적 측면에서는 경쟁이, '정신적' 측면에서는 토론이된다. 국민은 공중, 종업원, 노동자, 소비자 대중이 된다. 지배와 권력은 정신적 극에서는 선전과 암시가, 경제적 극에서는 통제가 된다(94~96쪽).

역사철학에는 인류 역사의 3단계론(콩트, 헤겔) 또는 2단계의 대립론(스펜서, 퇴니스) 등이 있는데, 역사적으로 영향력이 제일 큰 사례는 마르크스에 의해 정식화된 부르주아와 프롤레타리아의 대립이다. 이는 강대한 적과 동지의 구별을 통해 모든 투쟁을 인류 최후의 적에 대한 마지막 투쟁으로 집약한 것이다. 이 대립은 적대자의 영토에서 적대자의 무기로 적대자를 추격했다는 데 설득력이 있다(99쪽).

윤리와 경제의 양극성은 놀라운 체계성과 일관성을 보이지만, 이런 비정치적인 (나아가 반정치적이기까지 한) 체계는 적과 동지의 구별에 봉사하거나 새로운 적과 동지의 구별로 이끌고, 정치적인 것의 귀결에서 벗어나는 것은 불가능하다(105쪽).

슈미트에 관해 더 연구하려는 사람들은 『파르티잔』170~175쪽과 『정치적인 것의 개념』 294~295, 297~298, 304~307, 309~312, 325~332쪽에 있는 참고문헌을 참조하면 좋을 것이다. 김효전의 슈미트 번역과 연구에 경의를 표한다.

A. 해리 서머스, 『미국의 월남전 전략』, 민평식 번역, 병학사, 1983. 12, 338쪽 [1981]

B1. 해리 섬머스, 『미국의 걸프전 전략』, 권재상; 김종민 옮김, 자작아카데미, 1995. 7, 329쪽 [1992]

B2. 해리 섬머스, 『미국의 걸프전 전략』, 권재상; 김종민 옮김, 간디서원, 2006. 6, 329쪽 [개정판]

지금 A를 다시 읽어보면 1980년대 서머스에 대한 평가는 좀 과장된 것 같다. 또한 이 책은 학술적인 수준의 글이 아니라 여러 사람들의 증언 모음집 정도라고 보아야 할 것 같다. 그럼에도 군인 출신으로서 자기 나라(미국)의 군사정책을 클라우제비츠의 관점에서 이 정도 수준의 객관적인 시각으로 분석하고 비판한 연구도 우리나라에서는 찾기 힘들다.

서론. 미국은 베트남전쟁에서 (클라우제비츠가 말한) 전쟁준비와 전쟁수행을 혼동했다.

제1부. 미국은 전쟁을 수행하는데 국민의 의지를 집결하지 않았다. 미국에서는 헌법에 따라 국민의 대표(의회)가 선전포고를 해야 한다. 그런데 존슨 대통령은 1964년 미군에 필요한 모든 권한을 대통령에게 부여할 것을 의회에 요구했고, 의회는 결의안을 통과시켜서 선전포고 권한을 포기했다. 국민에게 전쟁의 실상을 제대로 알리지 않고 숨겨서 여론이 나빠졌고, 국민이 반전 사상을 갖게 되었다. 전략문제를 주로 민간인 분석가들이나 국방성의 체계분석가들이 다루었다. 체계분석은 예산문제이자 비용분석이고 물자 및 장비의 보급문제를 다루었다. 이 전략은 전쟁에 어떤 수단을 쓰는지는 생각했지만, 전쟁을 어떻게 수행하는지는 생각하지 않았다. 맥나마라의 '얼마면 충분한가?'라는 말이 시대의 모토가 되었다. 소련의 핵무기 공격과 중국의 개입에 대한 공포가 과장되었다. 미국의 목표는 전쟁을 전면전(핵전쟁)으로 확대하지 않고 제한적인 형태의 재래식 전쟁을 수행하는 것이었다. 북베트남은 재래식 전쟁이 아니라 게릴라전, 인민전쟁, 민족해방전쟁 등 완전히 새로운 형태의 전쟁으로 미국을 위협했고, 미국은 이에 제대로 대응하지 못했다.

그 당시에 널리 회자된 유명한 이야기. '1969년 닉슨행정부가 들어선 후

월맹과 미국의 모든 자료, 즉 인구, GNP, 군수물자 생산능력, 병력규모, 전차, 함정, 항공기의 숫자 등을 국방성 컴퓨터에 넣고 '미국이 언제쯤 이길 수 있겠는가?'를 물었다. 그때 컴퓨터에서 나온 답은 '미국이 1964년에 승리했다!'는 것이었다.'(34쪽) 컴퓨터는 의지력과 정신력, 대담성과 신중함 등을 측정할 수 없다.

제2부는 그 나름의 논리로 구성되어 있다. 전쟁원칙의 첫 번째는 목표의 (9) 원칙이고, 이는 무엇을 달성해야 하는지에 초점을 둔다. 두 번째는 공세의 (10) 원칙이고, 이는 목표를 어떻게 달성할 것인지에 초점을 둔다. 집중·절약·기동의(11) 원칙은 작전을 어떻게 수행할 것인지 설명한다. 이는 경계 및 기습과(13) 밀접히 관련되어 있다. 이 모든 것을 하려면 지휘계통이 통일되어(12) 있어야 한다. 간명함은(14) 다른 모든 원칙의 총화이다.

제2부의 차례는 미국 야전교범(1981년)에 의한 것이고, 이 교범은 1921년의 미국 육군훈련규정에 있는 전쟁원칙을 토대로 한다. 그리고 이 전쟁원칙은 풀러의 저서에서 도출한 것인데, 풀러는 제1차 세계대전 중에 영국 육군의 부대지휘지침서를 제공하려고 이 전쟁원칙을 발전시켰다. 오늘날 약간 수정되고 변형된 미국 육군의 전쟁원칙은 다음과 같다. 목표, 공세, 집중, 절약, 기동, 지휘통일, 경계, 기습, 간명(243~252쪽).

이 논리에 따른 제2부 요약. 미국이 전술적으로는 성공했지만 전략적으로 실패한 것은 전략과 전술에 관한 군사교리를 잘못 적용했기 때문이다. 남베트남의 게릴라전은 전략이 아니라 전술이었는데, 미국의 전략은 남베트남의 게릴라전술에 집중하는 (잘못된) 전략을 수행했다. '베트남전의 화근은 베트콩이 아니라 북베트남에 있다. 미국이 문제의 화근을 송두리째 뽑는 전통적 전쟁원칙을 적용했다면 패배를 피할 수 있었을 것이다. 이 원칙의 적용이 정치적으로 비현실적인 것이었다면 미국은 아예 처음부터 전쟁에 개입하지 말았어야 했다.' 집중, 절약, 기동은 상호 밀접한 관계에 있고 클라우제비츠의 중심 개념을 적용해서 설명할 수 있는데, 미군은 북베트남의 중심을 하나도 제대로 지향하지 못했다. 그 반면 북베트남은 미국의 중심을 잘 선택했다. 지휘통일이 이루어지지 않아서 남베트남의 지상전, 북베트남에 대한 공중작전, 태평양사령부의 제한활동 간에 작전의 협력을 이룰 수 없었다. 경계 및 기습은 집중·절약·기동과 관련되어 있다. 간명함은 목표, 공세, 집중·절약·기동, 지휘통일, 기습과 경계에 모두 적용된다. '정글에서 다 헤진 군복을 입고 있는 병사와 사이공 사령부에 있는 장성들의 사치스러운 진수성찬의 차이는 (클라우제비츠가 말한) 먹고 마시고 입고 자는 문제의 간명함과 거리가 멀다.'

한국에서 미국의 군사정책은 외부의 침략을 저지하고 격퇴하는 것이었고, 전복활동 제거나 국가 건설은 한국정부의 임무였다. 이런 연합이 베트남에서는 이루어지지 않았다. 미군은 월남에 왔을 때 모든 일을 다 하려고 했고, 그래서 월남 사람들은 주도권을 잃어버렸다. 이것을 할 수 없게 되자 미국은 '월남전의 월남화'를 주장했는데, 이는 닉슨독트린으로서 월남에서 철수하겠다는 것이다.

에필로그는 제2부의 내용을 요약 정리했다.

의견. 전쟁준비와 전쟁수행부터 정신력에 관한 부분까지 거의 모든 것을 클라우제비츠로부터 인용하고 있다. 현역 출신이라서 제1부와 제2부를 4대 6의 분량으로 (전투 부분을 더 많이) 서술한 것 같다. 전쟁술을 전쟁의 '술'이나 '예술'로 번역하지 않고 '기술'로 번역한 것은 적절한 번역으로 보인다. 그런데 연립정부는 괜찮지만 '연립전쟁'은 어색하다. 동맹전쟁이 적절하다. 또한 이 책은 인명과 지명을 (월맹이나 월남 등 몇 개를 제외하고) 전부 알파벳 그대로 (일부는 틀린 알파벳으로) 표기했다. Clausewitz, Ho Chi Minh, Vo Nguyen Giap, Kennedy, Johnson, Nixon, MacArthur, Laos, Cambodia, Philippines, Hanoi, Saigon, Washington, London 등등. 책 제목도 영어 알파벳 그대로 쓴 것이 많다. Bureaucracy Does Its Thing, Report on the War in Vietnam, Airpower in Three Wars 등등. 이런 '번역'은 적절하지도 않고 독자에 대한 예의도 아니다.

우리나라에서 많은 연구자들이 클라우제비츠의 절대전쟁 개념을 순수전쟁 또는 순수한 전쟁의 개념으로 쓰는데, 이 개념은 브로디에게서 비롯된 것으로 보인다. '클라우제비츠 시대에는 핵무기가 없었는데도 그는 이른바 '순수한 전쟁(pure war)'에 대한 이론을 가정했다. 순수한 전쟁이란 극한상황까지 수행되는 전쟁을 말하고, 이는 물리학자들이 절대온도를 가정하는 것과 같다. 그는 순수한 전쟁이 상상 속에서만 존재할 수 있다고 하면서 '추상적인 것을 현실로 옮겨놓으면 모든 것이 다르게 보일 것'이라고 말했다.'(78쪽) 나는 클라우제비츠의 절대전쟁 개념이 상상 속에서만 존재한다는 브로디의 해석에 동의하지 않는다.

'사이공이 함락되기 1주일 전에 저자 서머스 대령은 협상대표로 하노이에 있었다. 그때 월맹의 소좌가 한 말은 월남에서 (미국과 월남의) 연립전이 실패한 이유를 은연중에 잘 나타내고 있다. '당신네들(미군)은 언짢아할 것이 없습니다. 당신네들은 그 이상 잘 할 수 없을 정도로 잘 했습니다. … 정말 필요 이상으로 말입니다.' 적국의 수도에 들어가서 그들이 승전을 축하하고 있는 것을 바라보는 것도 굴욕적인 일이지만, 더 굴욕적인 것은 적으로부터 '잘 싸웠다'는 위로의 말을 듣는 것이라고 생각한다. 어쨌든 이 월맹군 소좌의 말은 그가 알고 말한 것 이상으로 정확한 말이었다.'(206쪽) 위로의 말이 서머스에게 아무리 굴욕적이라고 해도 근 100년 동안 외세의 식민지배와 침략을 받은 베트남의 굴욕보다 더하지는 않을 것이다.[21]

B2는 B1의 개정판이라고 하는데, 출판사가 바뀐 것 외에 B1과 B2 사이에 다른 점이 없다. 여기에서는 B1만 본다. 차례는 다음 쪽과 같다.

미국의 국민, 정부, 군대는 '하느님의 도움으로 베트남 증후군을 물리쳤다.' 국민, 정부, 군대가 삼위일체를 이루고 주목할 만한 부흥을 이루어서 걸프전쟁에서 승리했다. 부시의 결론. "세계 여러 나라 중 미국만이 도덕을 유지하고 이를 지킬 수 있는 수단을 보유하고 있습니다. 미국만이 이 지구상에서

---

21. 호이저, 『클라우제비츠의 『전쟁론』 읽기』, 347~359쪽에 서머스의 『미국의 월남전 전략』의 일부 요약과 정리 및 논평이 있다.

평화의 힘을 모을 수 있는 국가입니다."(282쪽) 부시의 오만 불손 방자함이 하늘을 찌른다. 미국 중심주의가 책 전반을 관통하고 있다.[22]

B1은 걸프전만 언급하지 않는다. 걸프전은 늘 베트남전과 비교되어 언급된다. 여기에 한국전쟁 및 제2차 세계대전의 경험도 같이 비교된다.

다음의 언급은 새겨둘 만하다. '전략의 차원에서 볼 때 아마추어는 전술을 논하지만 프로는 군수를 논한다.'(244쪽)

러셀 위글리는 원자탄이 전략적 혁명을 대표하고, 클라우제비츠의 전략개념(전쟁목적을 이루려고 전투를 사용하는 것)에 관한 포괄적인 정의를 끝장나게 했다고 말했는데(140쪽), 이는 한국전쟁, 베트남전쟁, 걸프전쟁 등을 통해 단견으로 증명되었다.

B1은 전반적으로 뉴스기사와 정치인들의 발언 모음집이라고 보아야 할 것이다. 번역은 수준 이하이고 비문이 상당히 많다. 『전쟁론』을 인용한 부분은 전부 영어 중역이라서 제대로 이해할 수 없게 번역되어 있다.

트레버 두푸이, 『전쟁의 이론과 해석』, 주은식 번역, 한원, 1994. 3, 339쪽
  [1987]

---

22. 걸프전과 관련하여 미국이 한 거짓말에 대해서는 '역사다큐 세기의 거짓말 - 1991년 제1차 걸프전' 참조.

역자서문. 두푸이는 '클라우제비츠 이론의 현대판'을 만들었다. 그는 법칙으로 적용될 수 있는 공식의 구체화에 매달렸다.

역자는 두푸이의 '계량적 판단 모형'에서 두 가지 점을 지적한다. 설명에 관한 것과 공식에 관한 것이다. 설명에 관해. 계량적 판단 모형이 현상을 훌륭하게 설명하고 있다는 것을 보여주는 작업에 지면의 대부분을 할애했다. 그는 많은 역사적 전투현상에서 근거자료가 되는 것을 뽑아냈고 이 자료에서 계량적 판단 모형을 도출했다. 즉 그는 역사적 전투현상을 설명한 것이 아니라 자료를 설명했다. 공식에 관해. 계량적 판단 모형은 그 모형에 사용되는 공식에서 각 항의 가치를 동등한 것으로 처리한다. 그런데 '인원손실률=표준손실률지형×기상×계절×해안선×주야(晝夜)×기습×태세×병력규모×속도×피로도×적군'의 계산에서 지형, 기상, 적군은 동등한 자격으로 영향을 미치는가? 핵무기의 위력을 계산에 넣으면 다른 변수들은 거의 무의미해진다.

계량적 판단 모형을 적용한 전투 분석은 다음을 상기시킨다. 첫째, 기술수준이 대등한 무기체계를 보유해도 부대 전체의 조직적인 전투효율에 따라 발휘되는 전투는 달라질 수 있으므로 고성능 무기 확보만이 능사는 아니다. 둘째, 전투효율이 시작에 따라 변할 수 있지만 즉각적으로 향상되기를 기대해서는 안 되고 지휘·통제능력, 부대훈련, 정신전력 등의 향상을 위한 노력과 관심이 필요하다. 셋째, 병사 개인 자질에서 북한보다 우위에 있으므로 부대에서 이를 조직화·체계화하여 결집하려는 노력을 해야 한다.

두푸이는 13가지의 변하지 않는 작전적 특징을 찾아냈고, 이를 '전투의 영구불변의 진리'라고 부른다(25~33쪽).

의견. 앞부분은 역자서문의 요약인데, 이 책은 역자서문으로(7~13쪽) 독서를 대신해도 충분할 것 같다.

수의 우세 법칙만 두푸이의 계량적 판단 모형의 방정식과 일치하는데, 이는 방정식을 만들지 않아도 될 만큼 명약관화한 것이다. '두푸이에게는 '수'에 관한 부분이 제일 중요하게 느껴졌다. 두푸이는 '수의 우세 법칙'을 역사의 전 과정에서 근거가 확실하다고 주장한 클라우제비츠의 전쟁이론 중에서 제일 확실하고 명확한 수학적 전쟁이론이라고 생각한다.'(56~57쪽)

'수의 우세 법칙은 실로 종합적이고 포괄적인 전쟁이론이다.
클라우제비츠의 전투결과에 대한 개념을 비율로 나타내고자 한다.
전투결과 = $Nr \cdot Vr \cdot Qr/Nb \cdot Vb \cdot Qb$
N : 병력수(단위부대의 수)
V : 전투에서 부대에 영향을 미치는 가변 요소(전투 환경을 나타내는 변수)
Q : 부대의 질적 수준(전투자질의 계량화된 값)
r : 적군(red)
b : 청군(blue)
대립하는 측의 각각의 전투력을 P라고 한다면
$P = N \times V \times Q$
뉴턴의 물리학의 공식 이론도 간단한 공식 $F = MA$로 표현할 수 있듯이, 클라우제비츠의 전투이론도 간단한 공식 P=NVQ로 표시할 수 있다.'(59쪽)

수가 많으면 승리한다는 법칙이 수학적이다. 당연한 말을 모델화할 필요가 있을까? 그런데 두푸이는 다음 쪽에서 보는 것처럼 그것을 모델화한다.

'클라우제비츠의 서기(書記)'가 클라우제비츠의 이론을 모델화, 수량화, 계량화한 것은 아이러니이다.

두푸이가 (클라우제비츠를 오해하고 왜곡한) 풀러를 높이 평가한 것은 풀러가 1921년에 8개 전쟁원칙을 주장했고, 이것이 거의 그대로 미군 야교 100-1에 포함되었기 때문으로(43~45쪽) 보인다. 더욱이 풀러가 주장한 것과 같은 원칙은 두푸이가 만든 것과 같은 모형을 만드는데 매우 유용하기 때문

'계량적 판단 모형은 현대 무기의 계량화를 적용한 수의 우세 법칙의 발전된 모형이고, 클라우제비츠가 상술한 것을 완전히 이어받는 이론이다. 전투이론으로서 계량적 판단 모형의 요점은 다음과 같다.

1. 군대는 무기를 사용하는 병력과 장비들의 일정한 편성으로 전투에 돌입한다. 부대의 화력은 OLI(operational lethality index, 작전치사지수) 개념으로 계량화된다.

2. 부대의 무기목록에 대한 총 OLI(W)는 다음과 같은 무기 유효변수의 적용에 의해 유형전투력(S)으로 변환된다.

$$S = W \times Vw$$

3. 유형전투력은 다음과 같이 무형적 요소를 고려한 전투력(P:Combat Power)으로 변환된다.

$$P = S \times Vf \times CEV'(119\sim120쪽)$$

으로 보인다.

두푸이는 '클라우제비츠의 이론적 개념이 근본적으로 결정론적이고 예언적이고 수학적인 것에 기초하고 있다고 주장하고 싶다. 이것은 『전쟁론』에 대한 날카로운 해석이다. 클라우제비츠는 그의 시대의 수학적인 도구로 그의 개념과 상호관계를 다루는 것이 쉽지 않았다. 만약 클라우제비츠가 컴퓨터를 포함하는 현대의 수학적 분석도구를 사용할 수 있었다면 그는 많은 양의 이론들을 명백히 설명할 수 있었을 것이다.'(49~50쪽) 이런 말에 내 의견을 말할 필요는 없을 것이다. 그런 말은 아무도 증명하고 확인할 수 없는 상상의 산물이기 때문이다.

'클라우제비츠는 (코페르니쿠스와 같이) 이론에서 혁명을 시작했을 뿐아니라 (뉴턴과 같이) 그런 혁명에서 출현한 독특한 수학적 공식을 (기호가 아니라) 말로 발표했다. 그 공식이 한 세기가 넘는 동안 인식되지 못했다는 것은 중요하지 않다. 그것은 갈고 닦여지기를 기다리면서 거기에 있었다. 그래서 나는 그런 관점에서 나 자신을 클라우제비츠의 제자이며 그의 서기라고 생각한다.'(313쪽)

제자이자 서기는 겉으로 드러난 표현이고, 두푸이가 마음속으로 생각하고 있는 것은 다른 것 같다. 두푸이는 클라우제비츠를 코페르니쿠스이자 뉴턴에 비교하려는 것이 아니다. 혁명적 이론을 만든 클라우제비츠를 이론에서 혁명을 시작한 코페르니쿠스에, 클라우제비츠의 공식을 말이 아니라 수학적 기호로 표현한 자신을 중력의 법칙을 수학 공식으로 표현한 뉴턴에 비유하고 싶은 것이다. '뉴턴'이 되고 싶다고 해서 되는 것인지 의문이고, 두푸이는 현재 확실히 잊혀진 것 같다.

'그래서 계량적 판단 모형이 클라우제비츠 전투이론의 기본수학 공식인 수의 우세 법칙(Law of Numbers)의 충실한 역작임을 믿어 의심치 않는다.'(314쪽) 수가 우세한 쪽이 승리한다는 이론은 클라우제비츠에게도 우리에게도 '상식'인데, 그것을 계량화한 것이 상식이 아니라 역작이라는 두푸이의 신념은 '상식'에서 많이 벗어나 있는 것 같다.[23]

Julian S. Corbett, 『해양전략론』, 김종민; 정호섭 공역, 한국해양전략연구소, 2009. 9, 403쪽 [1912]

코벳의 『해양전략론』은 해양전략의 고전이고, 전쟁이론에 근거한 해군력의 사용방법에 관한 이론서이다. 코벳에 따르면 전쟁이론에 기반을 두지 않은 해양전략은 무의미하다. 코벳의 이론적 기반은 클라우제비츠의 『전쟁론』에 있다. 코벳은 이론연구의 유용성과 한계를 지적하고 이론적 연구의 가치

---

23. 배스포드의 홈페이지(http://www.clausewitz.com/index.htm)는 클라우제비츠와 관련된 많은 영어문헌을 언급하고 있는데, 이 홈페이지에는 두푸이의 이름조차 없다. 영어권에서 두푸이는 언급할 가치도 없고 클라우제비츠 전문가도 아닌 것 같다.

를 강조하고 있다. 그런 연구는 여러 세기에 걸쳐 유용한 이론이 될 수 있다.

전쟁이론은 전쟁의 복잡성과 모호함을 단순하게 정리할 수 있는 지적 기준점을 제시하고, 전략과 전쟁계획을 수립하는데 중요한 요소를 고려하게 한다. 여러 기능을 갖는 전력과 그 전력의 여러 조합으로 더 높은 효과를 달성할 방법을 찾는 지혜를 준다. 그전에 전쟁의 본질을 이해해야 하고 전쟁의 성격, 목적, 목표를 인식해야 한다. 그러려면 전략의 목적, 수단, 방법에 지속적으로 관심을 가져야 한다. 이는 육전, 해전, 항공우주전, 미래전 등에 필수적인 사항이고 모든 시대의 전략가들에게 요구된다.

해양전략은 그 나름대로 특수성을 갖지만 이론적 차원에서 전쟁이론에 바탕을 두어야 하고, 그렇게 될 때 전쟁목적에 충실한 전략이 될 수 있고 다른 전략과 연계성을 갖게 된다. 코벳의『해양전략론』은 국가안보전략에서 해군전략의 위상에 대한 이해를 돕고, 다른 전략과 협력하고 상위전략의 목적을 달성하는데 도움을 준다.

『해양전략론』은 특히 제1부에서(61~126쪽) 클라우제비츠를 많이 인용하고 있고, 여기에서 공격과 방어, 제한전쟁과 무제한전쟁 등의 전쟁의 본질에 대해 언급하고 있다.

김종민은 역자서문 4쪽에서 (1912년 초판이 아니라) Eric J. Grove의 주석이 달린 1988년 판을 번역했다고 밝혔다.

Lynn Rylander, 「클라우제비쯔식 전략가라는 측면에서 살펴본 모택동」, 윤석훈 번역,『해양전략』제19호(1982. 6), 해군대학, 151~166(16쪽) [1981]

II. 모는 클라우제비쯔를 연구하였는가?
III. 모의 사상은 클라우제비쯔적었는가?
IV. 모의 사상은 지속될 것인가?

요약. 모택동은 클라우제비츠식 전략가이다. 모택동은 대장정을 전후하여 클라우제비츠를 읽은 것으로 보인다. 모택동은 (『전쟁론』을 주의 깊게 읽고 상당히 많은 주석을 달았던) 레닌의 저작에 크게 의존해서 클라우제비츠를 받아들였다. 모택동의 게릴라전 6개 원칙은 클라우제비츠의 게릴라전 이론과 일치한다. 모택동은 지연전을 전략적 방어, 전략적 교착상태, 전략적 반격의 3단계로 구분했는데, 이는 클라우제비츠가 전세가 불리할 때는 나라 안으로 후퇴한 다음에 반격하라고 (반격은 방어에서 제일 빛나는 순간이다.) 말한 것과 같다. 클라우제비츠와 모택동은 전쟁에서 지형이나 기후보다 인간이 결정적인 역할을 한다고 인식한 점에서 공통된다. 변증법의 개념도 동일한 맥락에서 나타난다. 클라우제비츠, '두 사물의 대립은 사물 자체에 있는 것이 아니라 사물 간의 관계에 있다. 대립은 공격과 방어에 있는 것이 아니라 양쪽의 목표, 즉 결전에 있다.' 모택동, '전쟁에서 공격과 방어, 승리와 패배, 전진과 후퇴는 모두 상대적인 모순현상이다.' 모택동과 클라우제비츠는 둘 다 정치를 배제한 순수한 군사적 관점에 반대했다.

결론. 모택동의 핵심사상은 그 본질에서 클라우제비츠의 사상과 같다. 모택동의 군사사상은 앞으로도 중국의 주요 군사문제에 영향을 미칠 것이다.

의견. 라이랜더가 모택동과 클라우제비츠를 '쌍둥이' 수준으로 비교했다. 대체로 타당한 설명이다. 한 번 더 인용하면, '모택동은 클라우제비츠 이후 제일 일관된 클라우제비츠주의자이다.'

*　　*　　*

제2장에서는 16종의 번역을 『전쟁론』과 간접적으로 관련된 번역으로 살펴보았다. 델브뤽과 슈미트의 책 외에 전부 영어 중역이거나 영어 번역이다. 제1장을 정리하면서 한 말은 (김효전의 번역을 제외하면) 대체로 제2장에도 해당된다.

제3장

기타 번역

기타 번역은 클라우제비츠와 갖는 관련성이 간접 번역보다 적은 번역이라고 할 수 있다. 기타 번역이라는 말이 말해 주듯이 아래의 여러 번역을 몇개의 그룹으로 묶는 공통점을 발견하는 것은 어렵다. 여러 종류의 전쟁(제한전, 총력전), 전쟁사, 전략 일반, 새로운 전쟁(4세대전쟁)에서, 그 외 몇몇 주제에서, 마르크스주의 관점에서, 시대나 인물과 관련된 문헌에서, 마케팅과 관련된 문헌에서 클라우제비츠를 약간 언급한 글을 '기타 번역'으로 간주했다. 아래에서는 이 순서로 기타 번역을 언급하는데, 이는 전쟁과 관련되는 주제에서 전쟁과 덜 관련되는 주제로 이행하는 순서이다. 손자, 마키아벨리, 칸트, 마르크스 등 고전이라고 할 만한 문헌 중에 클라우제비츠와 관련되는 번역도 기타 번역으로 간주하여 이 장 마지막에 언급했다. 각 부분에서는 원서와 역서의 발행연도를 고려하여 배열했다.

A. 러버어트 E. 오스구으드, 『제한전쟁』, 국방부 정훈국, 1958. 12, 443쪽 [1957]

B. 로버트 E. 오스굿, 『신제한전쟁론』, 국방대학원 안보문제연구소, 1981. 12, 130쪽 [1979]

클라우제비츠가 나폴레옹 시대 전후의 전쟁을 현실전쟁과 절대전쟁으로 개념화했다면, 오스굿은 (핵무기를 보유한 두 초강대국이 지배하던) 냉전 시대의 전쟁을 제한전쟁과 무제한전쟁으로 개념화했다. 무제한전쟁은 전면전쟁이나 전체전쟁으로 부를 수도 있다. 제2차 세계대전 이후 제한전쟁의 사례로『제한전쟁』은 주로 한국전쟁을,『신제한전쟁론』은 주로 베트남전쟁을 다루고 있다. A의 차례는 다음과 같다.

제1부 전쟁과 정책　　　　　　　제3부 미국의 전략
　제1장 제한전쟁의 이론　　　　　제6장 현대전쟁
　제2장 미국의 전쟁태도　　　　　제7장 한국전쟁 이전의 견제전략
　제3장 공산주의자의 전쟁태도　　제8장 한국전쟁
제2부 역사의 교훈　　　　　　　　제9장 한국전쟁 후의 견제전략
　제4장 제한전쟁의 쇠퇴　　　　　제10장 제한전쟁의 전략
　제5장 전체전쟁의 도래

제1부는 이론과 설명이고, 제2부는 종교전쟁부터 제2차 세계대전까지 간략한 유럽 전쟁사이다. 제3부는 한국전쟁을 중심으로 미국의 제한전쟁 전략을 서술했다.

제한전쟁은 교전국이 전쟁목적을 구체적이고 한계가 분명한 목적에 한정하는 전쟁이다(2쪽). 7년전쟁은 많은 교전국이 휩쓸려 들었어도 전투의 규모에서 제한전쟁이었다. 한국전쟁은 미국에게는 제한전쟁이지만, 남북한에게는 생사를 건 무제한전쟁일 수 있다. 로마가 카르타고를 멸망시킨 것은 무제한전쟁이다(3~4쪽).

제한전쟁과 무제한전쟁을 상식의 기준에서 상대적으로 보면 16~17세기의 종교전쟁, 18~19세기의 프랑스혁명과 나폴레옹전쟁, 20세기의 두 차례의 세계대전은 본질적으로 무제한전쟁이었다. 18세기의 왕조전쟁, 19세기의 대부분의 전쟁, 최근의 그리스내전, 한국전쟁, 인도차이나의 전쟁은 제한전쟁이었다(4쪽).

전쟁에 대한 결정적인 제한은 목적의 제한이다(5쪽). 제한전쟁에는 정치

우위의 원칙이 지배한다. 미국의 태도에는 힘과 정치의 분리가 현저한데 반해, 소련 공산주의자의 태도에는 힘과 정치의 통합이 현저하다(제2장~제3장). 전쟁을 정치적 교류의 계속이라고 보는 관점은 공산주의자의 이론과 실천의 핵심이다. 공산주의자의 태도는 미국의 태도보다 클라우제비츠의 격언에 더 잘 들어맞는다(78쪽).

제한전쟁에서는 전쟁이 정치적 목적, 군사적 수단, 지리, 무기와 목표, 지상군 투입을 제한한다. 전술핵무기의 투입은 신중해야 한다. 경제와 예산, 여론과 국민의 동의가 중요한데, 제한전쟁에 필요한 국방비를 요구하려면 미국 국민에게 솔직하게 말하고 동의를 구해야 한다.

의견. '미국인의 태도에서 국가정책과 군사력의 분리는 폭력에 대한 뿌리 깊은 도의적·감정적 반감에서 온다. 이 반감은 기독교의 관용자비의 이상과 계몽사상에서 생겨났다. 이런 사상은 분쟁을 평화적으로, 즉 공정한 이성, 법, 도의에 부탁해서 해결하도록 인간의 역량을 발전시키는 경향이 있다.'(45쪽) 아메리카 원주민 1억 명을 학살한 것이 폭력에 대한 뿌리 깊은 반감이고 관용자비의 이상이었는지 의문이다. 미국이 공산주의, 전제정치, 독재 권력에 맞서 자유세계의 이상을 실현하는 보루이자 평화애호주의자라는 주장도 의문스럽다.

A는 1958년에 번역 출판되었는데, 몇몇 용어(인민, 한국전쟁 등)를 보면 1950년대의 '반공사상'은 1960년대 이후, 즉 박정희와 전두환의 군사독재 정권보다, 심지어 오늘날보다 심하지 않았던 것 같다. '6·25전쟁'이란 이름처럼 전쟁이 일어난 날을 기념하여 전쟁 이름을 정하는 나라는 지구상에 한국밖에 없다. 대부분의 나라들은 종전일을 기념한다.

'남한이 공산주의를 막으려는 내부적인 힘, 단결, 의지가 없었다면 남한은 미국의 원조가 있었더라도 공산주의 세력권으로 넘어갔을 것이다. 남한이 북한의 침략을 분쇄하고 방위하려는 강력한 의지를 발휘했어도 미국의 원조와 남한의 결의가 없었다면 북한의 침략을 막을 도리가 없었을 것이고, 남한은 공산주의 아래 통일되었을 것이다.'(384쪽) 결과론적 해석이지만 맞는 말일 것이다. 물리적인 힘과 정신적인 힘에서 남한과 미국, 북한과 중국은 어느 쪽도 승리할 수 없었고, 그래서 승리하지 못했다.

오스굿은 '광신'을 히틀러와 소련에게만 적용한다. 전쟁에서 전략과 전술, 인간과 무기, 승리와 패배의 가능성을 저울질하지 않고 미친 사람처럼 무조건 전쟁을 시작하고 수행하는 사람이 있는가? 아메리카 원주민 1억 명을 학살한 것이야말로 '광신'이 아닌가?

여기에서 촘스키의 말을 인용하도록 한다.

'미국에서 우리는 엄청난 학살을 저질렀습니다. 정말 변명의 여지가 없는 인종 학살입니다. 미국만이 아니라 아메리카 대륙의 위아래 전역에서 벌어졌습니다. 현재 추산에 따르면, 콜럼버스가 아메리카 대륙을 발견하기 전에는 리오그란데 강 이북에만 약 1200만 명에서 1500만 명의 아메리카 원주민이 살고 있었습니다. 유럽인들이 아메리카 대륙 경계 지역에 도달했을 무렵에 남은 원주민은 겨우 20만 명이었습니다. 엄청난 대규모 학살이 있었던 것입니다. 서반구 전역에서 인구가 1억 명에서 500만 명으로 줄었을 정도의 학살 말입니다.

이것은 정말 심각한 문제입니다. 17세기 초반부터 이런 끔찍한 일이 저질러졌는데 미국이 건국되고 나서는 더 악화되었습니다. 학살은 원주민들이 작은 지역 내에 감금되는 지경에 이를 때까지 계속되었습니다. 미국이 인디언과 맺은 조약을 무시한 역사는 기괴할 정도입니다. 인디언과 맺은 조약은 법적으로 다른 주권국가와 맺은 조약과 동일한 대접을 받아야 합니다. 하지만 미국 역사를 살펴볼 때 아무도 그 조약에 신경 쓰지 않았습니다. 땅이 더 많이 필요해지면 그런 조약 따위는 무시해버리고 땅을 일방적으로 빼앗았습니다. 추악하고 사악한 역사입니다. 히틀러는 이런 아메리카 원주민 학살을 모델로 삼았다고 노골적으로 말했습니다. 히틀러는 '우리가 유대인에게 하려고 하는 것이 바로 그것'이라고 말했습니다.

최근 독일에서는 독일어로 쓰인 500년 제국이라는 책이 나왔습니다. 1992년을 콜럼버스의 아메리카 대륙 발견 500주년으로 축하할 것이 아니라 인종 학살 500년으로 반성하자는 운동의 일환으로 나온 책입니다. 독일 사람들은 책 제목을 다음과 같이 이해했습니다. '히틀러는 '천년 제국'을 건설하려고 했다. 그런데 그 책 제목의 의미는 서반구의 식민화가 본질적으로 히틀러 제국의 양상을 띠고 있다는 것이고, 그 제국이 500년 동안 존속했다는 것이다.'

　　미국 역사를 통틀어 이런 인종 학살이 합법적인 것으로 받아들여졌습니다. 흑인을 두둔하고 노예제도를 비판한 사람들이 있었고 노예제도 철폐론자들도 있었고 민권운동가들도 있었지만, 아메리카 인디언들을 옹호하고 나선 사람들은 별로 없습니다.

　　미국이 그들의 땅을 훔쳤습니다. 우리가 앉아 있는 땅이 바로 그 땅입니다. 이보다 더 불법적인 행위는 없을 것입니다. 미국 역사가 온통 불법투성이입니다. 우리 조상은 멕시코가 먼저 공격해왔다고 주장하는 전쟁에서 멕시코 땅의 약 3분의 1을 훔쳤습니다. 그런데 관련 역사를 면밀히 들여다보면 그 '공격'이라는 것이 멕시코 땅에서 벌어졌습니다. [미국은 1848년 멕시코전쟁 이후 텍사스에서 캘리포니아에 이르는 땅을 획득했다.] 역사에 이런 사례는 무수하게 많습니다.'[1]

　　공산주의자의 태도가 클라우제비츠의 격언에 더 잘 들어맞는 것이 아니라 공산주의자들이 클라우제비츠의 이론을 더 정확하게 해석하여 자기 것으로 만든 것이다.

　　B의 차례는 다음과 같다.

제1장 미국의 대외정책과 제한전쟁	제4장 월남전 후 제한전쟁전략의 개선
제2장 제한전쟁전략의 세 유형	제5장 제3세계에서의 제한전쟁전략
제3장 월남전의 교훈	제6장 신봉쇄론

　　제한전쟁은 오래전부터 있었지만 제2차 세계대전 이후 부활했고, 그 대

---

1. 촘스키, 『세상의 물음에 답하다 1』, 328~332쪽. 우리도 미국도 미국의 역사를 정확히 알 필요가 있다.

표적인 예는 한국전쟁과 베트남전쟁이다. 제한전쟁은 소련의 핵능력과 (군사력이 정치에 봉사해야 한다는) 클라우제비츠의 원리에 근거한다. 제한전쟁에는 국지전쟁, 내전(비통상전쟁), 제한전면전쟁이 있다.

월남전의 패배원인. 월남정부와 정치체제는 대정부 전복활동에 지나치게 취약했다. 미군은 전복활동에 대항하여 전투를 하도록 적절하게 훈련, 편성, 무장되지 않아서 재래식 소모전을 하게 되었다. 미국의 단계적 확전은 군사적으로 비효율적이었고 정치적으로 치명적이었다. (급속한 확전이 정치적으로 가능하고 성공적이었을 것이라는 뜻은 아니다.) 미국의 이익이 중대하게 위협을 당한다는 사실도 미국 국민에게 충분한 호소력을 갖지 못했다.

월남전 이후 소련의 군사력 증강으로 제한전쟁전략 교리가 부활했는데, 미국에게는 유럽에서 제한전쟁전략을 확립하는 것이 아시아의 제한전쟁전략보다 중요하다. 제3세계의 제한전쟁은 그 지역의 독립투쟁, 식민지 해방투쟁, 민족해방전쟁과 섞여서 정치적·물질적 장애요소가 많고 비싼 대가를 치러야 한다.

한국전쟁 이후 미국의 대외정책은 제한전쟁전략이고, 그 핵심은 (소련과 중국의) 봉쇄이다. 동서의 군사력을 볼 때 미국의 지속적인 봉쇄정책이 필요하다. 1970년대의 데탕트는 봉쇄와 동전의 양면의 관계에 있다.

의견. 여기에는 A보다 한자가 더 많다. 1950년대보다 한글사용에서 퇴보했다. B의 번역자는 권문술, 류재갑, 은인영으로 되어 있다.

루덴돌프, 『국가총력전』, 최석 번역, 대한민국 재향군인회, 1972. 4, 225쪽
    [1935]

제1장. 전쟁이 '한 나라가 다른 나라로 하여금 자기의 의지에 굴복시키기 위한 강제위력행위'라고 한 클라우제비츠의 말은 타당하다. 하지만 『전쟁론』은 과거의 역사에 속하는 것이어서 오늘날에는 시대에 뒤떨어졌고, 『전쟁론』 연구는 두뇌에 혼란을 초래할 우려마저 있다. 오늘날 전쟁의 본질이 변하고 정치의 본질도 변한 이상, 정치와 전쟁수행의 관계도 변하지 않을 수 없다. 클라우제비츠의 이론은 이제 모두 폐기되어야 한다. 전쟁과 정치는 이제 똑같이 국민의 생존을 위해 수행되고, 특히 전쟁은 국민의 생존의지의 최고의 표현이다. 따라서 정치는 전쟁수행에 봉사해야 한다(32쪽).

제2장. 군대는 국민 속에 뿌리를 둔다. 그래서 총력전에서 군대의 강약은 국민의 육체적, 경제적, 정신적 강약에 좌우된다. 특히 정신력은 장기전에서 군대에 단결력을 부여하고, 단결력은 전쟁에서 최후의 결정을 내린다. 우리와 달리 일본 국민은 천황에 대한 충성을 토대로 한 신앙의 통일로 단결되어 있다. 유대인과 로마교회의 목적은 세계공화국 또는 기독교국가의 건설이고, 국민의 단결을 붕괴시킨다.

국민의 신앙생활은 국민생활의 기초이다. 독일인의 종교관은 정신생활을 확실히 하고 단결의 기초를 이루고 국민의 존속을 돕고 군기와 군대교육을 조장하고 총력전의 엄숙한 요구를 충족시켜야 한다. 건강한 자손의 양성을 위한 생물학적 조치를 내리고 음주, 흥분제, 니코틴 등을 배격하고 모성 임무의 신성한 수행을 부인의 국민적 의무가 되게 하고 출산율을 높여서 종족의 팽창을 도모하고 군대에 다수의 유력한 보충원을 공급하고 총력전을 수행할 수 있게 해야 한다. 총력전을 준비하려면 엄밀한 신문검열, 군사기밀 누설에 대한 엄중한 입법, 중립국 국경의 폐쇄, 집회의 금지, 불평분자의 수뇌부 구금, 철도 및 라디오의 감시 등의 특별한 조치가 필요하다. 사회민주주의와 공산주의는 국민을 분열시킨다.

클라우제비츠는 『전쟁론』에서 국민단결의 필요성을 설명하지 않았지만, 총력전에서 싸우는 것은 국가가 아니라 국민이다. 총력전의 중점은 국민에게 있다. 총력적 정치는 국민의 힘을 총력전 지도자에게 제공하고 국민을 보호

유지해야 한다. 이 깊은 법칙에 의해 국민, 전쟁, 정치의 위대한 통일이 성립될 것이다.

제3장. 국민과 군대의 유지 및 물자의 공급은 총력전 준비와 국민의 단결에 중요하다. 재정의 문제와 조치, 식량과 사료 및 기타 기호품의 공급, 의복과 피혁(구두), 석탄과 광석, 병기와 탄약, 석유와 목재 등 농업과 공업에서 국민과 군대의 수요를 충족하는 것은 중대한 임무이다. 남녀 모두에게 노동의 의무를 부여하고, 국민과 군대의 궁핍을 이용하는 이기적인 부정행위를 막아야 한다. 이것이 총력전에 대비한 경제의 의의인데, 클라우제비츠나 슐리펜은 전쟁의 경제문제에 대해 별로 설명하지 않았다.

제4장. 충분한 병력, 병사들에 대한 정신교육과 훈련, 우수한 무기와 장비는 국방군의 강도를 나타내는 지표이다. 장교와 사병의 정신적·도덕적 실체는 총력전의 요구에 오래 견디는 힘이 된다.

제5장. 국방군은 대개 육군, 해군, 공군으로 편성된다. 국방군의 내용, 형식, 사용법은 나라마다 다르고 여러 가지이다. 결전은 일반적으로 대규모이고, 결전을 하려면 오랜 행군을 해야 하고 후방에서 많은 것을 준비해야 한다. 총력전은 결전을 요구하고 지휘관에게 결정적인 지점의 공격을 요구한다. 공격에 대한 방어의 우세라는 클라우제비츠의 논의는 총력전의 진지성과 단순성에 비추어보면 오해를 일으키는 위험한 기술이다. 총력전에서 국민은 의용병으로 전투에 나서기도 한다. 국방군과 국민은 국민존속을 위해 전력을 경주해야 한다.

제6장. 공격에 의한 전투의 승리가 중요하다. 전투의 패배, 물자의 부족, 국민의 불안과 기아에도 국민정신에 이상이 없게 하려면 국민의 정신적 단결이 필요하다. 1918년에 혁명이 일어나고, 혁명정부가 헝가리 및 오스트리아의 사례처럼 군대를 국내로 소환했다. 건전한 사회의 결전이 아니라 혁명으로 전쟁의 승패가 결정되었다. 국민의 정신이 이와 같다면 총력전의 본질상 전쟁이 이런 결과로 끝나겠지만 그래서는 안 된다. 국민이 견고한 정신을 갖고 있다면 전쟁의 승패는 싸움터에서 일어나야 한다.

의견. 총력전에서 국민의 단결은 '만병통치약'으로 보인다. 그런데 단결심은 나폴레옹전쟁 때 프로이센에서 보듯이 독립변수가 아니라 정치적·경제적·사회적 관계의 종속변수이다.

제7장. 국민생존을 위해 총력전을 수행해야 하는 자는 총수이고, 총수는 최고 지위에 있어야 한다. 총수가 전쟁의 모든 것을 포괄하는 것은 총력전이 국민생활의 모든 것을 포괄하는 것과 같다. 총수는 국민생활의 결정자이다. 프리드리히 대왕은 절대군주이고 총수였고, 총수의 자질은 대왕에게서 완전히 구현되었다. 나폴레옹을 총수라고 생각하지만, 그는 프리메이슨의 수중에 있었다. 프리메이슨은 1812년에 아무런 근거 없이 러시아원정을 하게 하여 나폴레옹이 몰락하도록 만들었다. 총수는 정치가 전쟁수행에 봉사하는 데 수행해야 할 사항의 대강을 결정한다. (클라우제비츠처럼 정치가 전쟁에 봉사해야 한다는 것에 반대해도 전쟁의 요구를 바꿀 수 없다.) 총력전은 총수에게 무한한 요구를 부여한다. 오늘날의 총수에게는 프리드리히 대왕 같은 총수에게도 요구된 일이 없을 정도의 활동과 정력을 요구한다. 국민은 총수에게 복종하고 몸과 힘을 다 바쳐야 하고, 총수와 국민은 일체를 이루어야 한다.

전체 의견. 『국가총력전』으로 루덴도르프는 독일의 군국주의와 나치 이데올로기의 기초를 확립했다. 오늘날 이 책은 총력전 개념을 소개한 책이라는 문헌학적 가치 이외에 다른 가치는 없을 것이다.

재향군인회장의 말에 따르면, 현대전쟁이 국가총력전으로 수행되어야 한다는 것은 루덴도르프의 탁견이다. 이 책은 '침략적인 전쟁준비에 광분하고 있는 북괴와 대결하고 있는 우리에게 국민의 국방의식을 드높이는데 좋은 참고가 될 것이다.'(225쪽) 나치의 이데올로기와 잘 어울리는 말이다. 나치의 이데올로그인 루덴도르프의 『국가총력전』이 '재향군인회'에서 번역 출판되었다는 것이 (그것도 『전쟁론』 번역의 출판보다 앞서) 유신독재의 전조를 암시하는 듯하다.

이 책에는 서지사항도 없고 역자 소개도 없다.[2] 단어, 문장, 표현 등을 보면 일어 중역으로 보인다. 번역 수준과 맞춤법에 대해서는 언급하지 않는다. 이 책의 조야한 번역과 어처구니없는 맞춤법을 (움지길 준비[움직일 준비], 生긴다[생긴다], 이르킨다[일으킨다], 힘을 기우려야(기울여야) 등) 분석하느라고 시간과 에너지를 쓰고 싶지 않다.

프라이탁-로링호벤, 『전쟁과 리더십 : 클라우제비츠로부터 배운다』, 정토웅 번역, 황금알, 2006. 11, 240쪽 [1911 독어, 1955 영어 번역]

이 책은 앞에서 말한 『클라우제비츠의 전쟁 원칙과 리더십론』(정토웅 번역, 육군사관학교 화랑대연구소, 1999년 출간)에서 『전쟁론』의 '부록'을 제외하고 프라이탁-로링호벤의 '리더십'에 관한 글만 다시 출간한 책이다. 정토웅은 이 번역에서 1911년의 독일어 책이 아니라 1955년에 출간된 영어 번역을 중역했다. 이 책은 프라이탁-로링호벤이 『전쟁론』과 다른 책에서 리더십에 관한 내용을 발췌하여 모으고 여러 전쟁의 사례를 들어 설명한 책이다. 전쟁사의 예를 들 때는 지도도 넣었다. 차례는 다음과 같다.

1. 전쟁은 위험의 영역이다
2. 전쟁은 육체적 노력과 고통의 영역이다
3. 전쟁은 마찰의 영역이다
4. 전쟁은 불확실성의 영역이다
5. 지휘관은 상상력이 풍부해야 한다
6. 지휘관은 야심을 지녀야 한다
7. 강한 정신만이 전쟁에서 생기는 심각한 장애들을 극복할 수 있다
8. 지휘관은 강한 성격을 지녀야 한다
9. 성공하는 리더십의 본질

차례에서 보는 것처럼, 프라이탁-로링호벤은 전쟁의 분위기를 이루는 네

---

2. 최석의 군대생활과 이력을 보면 역자 소개가 없을 만하다.

가지 요소(위험, 육체적 고통, 마찰, 불확실성)를 들고 이를 극복하는 지휘관의 자질로 상상력, 야심, 강한 정신, 강한 성격을 들고 있다. 리더십의 본질은 높은 정신력과 명예심에 있다.

이 책은 리더십에 관한 책이라기보다 전쟁사에 관한 책이라고 해야 정확할 것 같다. 7년전쟁, 나폴레옹전쟁, 남북전쟁, 프로이센-오스트리아전쟁, 프로이센-프랑스전쟁, 러시아-터키전쟁, 보어전쟁, 러일전쟁 등 전쟁의 사례가 많이 나오고, 이 사례를 통해 장군과 병사들의 리더십과 정신력을 설명했기 때문이다.

정토웅은 1999년의 『클라우제비츠의 전쟁 원칙과 리더십론』에 있는 오류를 2006년의 『전쟁과 리더십』에서도 고치지 않았다. 위에서 지적한 '메인(Main)강'은 『전쟁과 리더십』 105~106쪽에도 그대로 반복된다. 영어책을 중역해서 인명과 지명의 오기가 풍부하다. 번역도 중역이 보이는 문제점을 많이 드러내고 있다.

루퍼트 스미스, 『전쟁의 패러다임:무력의 유용성에 대하여』, 황보영조 번역, 까치글방, 2008. 12, 488쪽 [2005, 2007]

서론:무력의 이해
제1부 산업 전쟁
 1 기초:나폴레옹, 클라우제비츠
 2 발전:철, 증기, 규모
 3 정점:세계대전
제2부 냉전 대립
 4 반테제:게릴라, 아나키스트, 마오쩌둥
 5 대립과 분쟁:무력 사용의 새로운 목적
 6 전력:새로운 길의 모색
제3부 민간 전쟁
 7 경향:현대의 작전들
 8 방향:무력 사용의 목적 설정
 9 보스니아:민간 무력 사용
결론:무엇을 할 것인가?

이 책은 나폴레옹으로부터 시작된 국가 간 산업전쟁 패러다임의 발전, 1945~1989년에 이르는 장기간의 패러다임 전환, 1991년부터 현재까지의 새로운 민간전쟁 패러다임을 다룬다.

이 책은 차례가 많은 것을 말하고 있다. 산업전쟁에서 냉전을 거쳐 민간전쟁으로 전쟁의 패러다임이 변했고, 그래서 무력의 유용성도 변했다. (산업)전쟁은 더 이상 존재하지 않고 그 대신에 대립, 분쟁, 전투가 세계 도처에 존재한다. 국가 간 산업전쟁은 낡은 패러다임이고, 민간전쟁이 새로운 패러다임이다. 이 패러다임의 변화에 맞게 무력을 유용하게 사용해야 한다. 무력이 모든 군사 활동의 토대이기 때문이다.

클라우제비츠와 관련해서 '1 기초'가 눈길을 끈다. '전쟁은 다른 수단으로 계속하는 정치에 지나지 않는다.'는 정의에서 스미스는 '정치적'이라는 단어를 클라우제비츠가 국가의 통치에 관련된 것보다 광범위한 의미로 사용한 것으로 이해한다. 그것은 공식적 정치체제뿐만 아니라 비공식적 정치체제 활동과의 상호작용이기도 하다. 이를테면 다이아몬드 교역으로 권력을 장악하고 자신의 군대를 거느리고 있는 현대 앙골라의 군벌은 비공식적인 것이기는 하지만 자신의 행동을 뒷받침하는 정치적 목적을 갖고 있다. 그는 정치적 입장을 관철시키기 위해 무력을 사용한다. 그리고 무력을 사용하면서도 정치적 협상이나 경제적 협상을 벌인다(88쪽). 클라우제비츠의 '정치' 개념은 스미스처럼 이해하는 것을 허락할 만큼 광범위한 개념이다.

| 프랑스 | 국가(공화정) | 시민(국민) | | 애국심 | 평민 | 장군과 장교 |
| 프로이센 | 국왕(군주정) | 용병(신민)+민족 | 돈(의무) | | 귀족 | 제후와 대공 |

프랑스혁명을 겪은 프랑스의 병사들은 국가를 위해(공화국을 지키기 위해) 전쟁을 수행했지만, 프로이센의 병사들은 국왕을 위해 전쟁을 수행했다. 혁명전쟁과 나폴레옹전쟁을 수행한 프랑스의 전사들은 애국심으로 무장한 시민이었지만, 이에 맞선 군주정 동맹국들의 전사들은 대부분 돈을 받고 고

용된 외국인 용병이거나 군주에 대한 의무를 지는 신민(臣民)이었다. 프랑스의 장군과 장교는 대부분 평민 출신이었고(나폴레옹도 평민 출신이었고) 실력으로 진급했지만, 프로이센의 장교는 대부분 보수 성향의 융커 출신 귀족이었고(평민은 장교가 될 수 없었고), 이들 제후와 대공들은 엄격한 위계와 조직 아래에서 주로 채찍으로 군대를 지휘했다. 프랑스혁명으로 생긴 프랑스의 변화와 여전히 군주정으로 남아있는 프로이센의 차이는 이렇게 컸다. 예나전투의 참패로 증명된다. 이런 변화를 제일 먼저 파악한 사람이 샤른호스트였다. 그를 중심으로 일단의 장교들이 프로이센 군대를 개혁하려고 했다. 개혁가들은 '민족의 가슴에 잠들어 있는 힘'을 끌어내야 했다. 하지만 이는 (프랑스처럼) 혁명으로 이어져서 프로이센의 군주정을 파괴하고 국가의 민주화로 이어질 '위험'이 있었다. 이들은 프로이센 왕의 전통적인 정통성을 민족의 정통성(자존심)과 결합시켜야 했다.

이런 변화가 프랑스혁명에서 비롯되었는데도 스미스에게는 이런 요소들이 프랑스혁명과 유기적이고 긴밀하게 연결되어 있지 않고 이에 관한 역사적인 통찰도 부족하다. 나폴레옹의 대규모 병력과 화력, 조직의 기동성과 유연성, 분리행군과 공동전투 등에 대해서만 자세히 설명하는 스미스는 천생 '직업군인'이다. 클라우제비츠와 『전쟁론』에 대한 이해도 전반적으로 피상적인 수준에 머물러있다.

산업전쟁은 나폴레옹으로부터 시작되었고, 1861년에 발발한 미국의 남북전쟁은 교통, 통신, 무기의 발전을 결합한 최초의 산업전쟁이었고, 이는 이후 1864~1871년의 독일 통일전쟁으로 이어졌고, 두 번의 세계대전에서 정점에 이르고 완성되었다. 스미스는 대략 1790~1945년의 약 150년을 산업전쟁 시기로 본다.

산업의 효율성을 고려할 때 1945년의 원자폭탄은 모든 면에서 월등했다. 한 대의 항공기로 오직 한 발의 폭탄을 히로시마에 투하하여 66,000명의 사망자와 70,000명의 부상자를 내고 건물의 65퍼센트를 파괴했다. 이 폭발의 결과로 1950년까지 약 200,000명이 사망했다. 1950~1980년에 방사능 관련 암으로 또 약 100,000명이 사망했다. 1943년에 영국과 미국의 공군이 독일의 함부르크에 약 3000회 출격해서 항공기 86대를 잃고 174대의 손상을 입으면서 불과 50,000명을 사망에 이르게 한 것과는 비교가 되지 않는 높은 효율성이다. 그래서 국가 간 산업전쟁의 패러다임은 1945년 8월 6일 문자 그대로 산산조각이 나서 날아가 버렸다(186~188쪽).

스미스에 따르면, 산업전쟁의 반테제의 기원은 1808~1814년 이베리아반도 전쟁 당시의 스페인 게릴라 활동으로 거슬러 올라간다. 이때에는 민중의 전쟁과 군대의 전쟁이 격돌했다. 이 전쟁에서는 시간과 공간을 교환하여 약자가 강자에게 유리한 전투를 수행했다.

레닌의 러시아혁명, 모택동의 대장정과 게릴라전술, 유고슬라비아의 공산당 빨치산, 프랑스의 레지스탕스 등의 반테제는 게릴라전쟁과 혁명전쟁을 결합했다. 1956년까지 산업전쟁과 혁명전쟁의 두 모델이 존재했다.

산업전쟁의 패러다임에는 평화-위기-전쟁-해결의 순서가 전제되어 있지만, 대립(냉전)과 분쟁에는 이런 순서가 없고 군대는 개선, 봉쇄, 억지(강제), 파괴만 할 수 있다. 산업전쟁의 지위는 원자폭탄이 발명되면서 상실되었지만, 민간전쟁은 냉전 말기에 지배적인 전쟁형태로 변했다. 스미스는 보스니아 유엔 평화유지군 사령관으로 근무했고, 이 경험을 통해 민간전쟁을 이해하고 서술한다. 민간전쟁의 특징은 다음과 같다. 첫째, 싸우는 목적이 바뀌고 있다. 둘째, 주민들 속에서 싸운다. 셋째, 분쟁이 시간의 구애를 받지 않는다. 넷째, 무력을 보존하기 위해 싸운다. 다섯째, 매번 구식무기와 조직의 새로운 용도를 발견한다. 여섯째, 상대는 대부분 비국가행위자들이다.

스미스는 40년의 직업군인 경험 때문인지 무력을 유용하게 사용하는데 관심이 많다. 그가 말하는 무력은 주로 무기이다. 제1차 세계대전의 참호전에서도 주로 무기의 유용성에 관해서만 언급한다. 그는 패러다임의 전환을 말하지만, 전쟁에 대한 이해에서는 무기와 무력을 넘지 않는다. 그래서 책의 많은 부분이 중립적인 인식과 기계적인 서술로 이루어져 있다. 추상적인(막연하고 모호한) 부분도 적지 않다. 또는 사소한 내용을 장황하게 설명한다. 많은 부분에서 군복무의 경험기록, 즉 일기 이상이 아닌 것 같다. 그래서 이 책의 독서는 전체적으로 흥미롭게 시작해서 지루하게 끝났다.

말라야 분쟁, 한국전쟁, 북아일랜드 갈등, 베트남전쟁, 아랍-이스라엘 분쟁 등에 대해 영국인의 관점에서 전술적이고 기술적인 측면을 강조하는 서술은 무미건조하다. 그래서 이 책은 대체로 몰가치적이고 몰역사적이다. 제국주의 전쟁과 식민지배, 그에 따른 폭력과 학살, 지배와 억압, 착취와 수탈, 삶과 죽음이 스미스에게는 보이지 않는다. 어떤 상황에서든 (침략자이든 저항자이든) 무력을 유용하게 사용해야 한다는 것이 스미스의 논지이다. 이 책을 『전쟁론』의 현대적인(시의적절한) 개정판이라고 광고하는데, 아무래도 과장인 것 같다.

찰스 톤젠트 외, 『근현대 전쟁사』, 강창부 번역, 한울엠플러스, 2016. 2, 451쪽 [2005]

이 책은 근현대 전쟁사를 이해하고 배경지식을 얻는데 도움이 되는 책으로서 여러 사람의 공동 저작이다. 클라우제비츠와 관련된 부분 또는 인상적인 부분을 인용하고 의견을 덧붙인다.

크레벨드가 쓰고 있듯이, 1945년에는 '현대전쟁이 스스로를 없애버리고 말았다.'(33쪽) 원자폭탄에 관한 인상적인 판단이지만, 1945년 이후로도 현대전쟁은 베트남과 한국 등 세계의 여러 곳에서 스스로를 없애버리지 않고 계속되었다.

고강도전쟁이 저강도분쟁에 길을 내준 것은 (클라우제비츠가 말한) 전쟁의 '문법'이 달라진 것이다(34쪽).

제4장 '국민의 무장 I : 프랑스의 전쟁들'과 제5장 '국민의 무장 II : 19세기' 부분이 프랑스혁명과 나폴레옹전쟁을 다루고 있다. 시기적으로 『전쟁론』의 전쟁사 부분과 겹치는 부분이다. 시대배경, 군대의 징집과 조직, 전술과 전략의 변화 등을 이해하는데 도움이 된다.

조미니는 『전쟁술』(1837~1838년)에서 나폴레옹전쟁으로부터 혁명적이고 정치적인 기원을 빼내려고 했다. 나폴레옹은 (프랑스사회에서 해방된) 위험한 힘을 동원했기 때문이 아니라 영구적이고 '과학적인' 군사원칙을 명확히 인식하고 있었기 때문에 승리했다. 전쟁은 군주와 군대에 의해 수행되고, 정치적·사회적 함의를 포함하지 않는 거대한 체스경기이다. 조미니의 이런 암시와 해설은 1815년의 비인체제 이후 또 다른 '혁명'을 두려워하는 유럽의 전제군주들에게 위안을 주었다. 19세기 초에 조미니가 클라우제비츠보다 더 존경받는 군사사상가였다는 것은 우연이 아니다. 이 영향력은 1914년까지 이어졌다(102~103쪽).

클라우제비츠는 현학자가 아니었고, 『전쟁론』은 그의 경험이 증류된 책이다(114쪽).

제10장 '인민전쟁' 부분은 『전쟁론』의 문장을 인용하는 것으로 시작한다. '문명화된 유럽에서 인민전쟁은 19세기의 현상이다.'(220쪽) 나폴레옹의 군대에 맞선 스페인의 저항투사들은 파르티도나 파르티잔으로 불렸다. 프랑스인들은 이 전쟁을 작은 전쟁(petite guerre)이라고 불렀고, 작은 전쟁의 스페인어는 게릴라(guerrilla)였다. '작은 전쟁'은 어떤 점에서 잘못된 명칭이다. 그것은 인민전쟁이 '제한전쟁'의 형태라는 것을 시사하지만, 그 정신은 클라우제비츠가 '절대전쟁'이라고 말한 것에 훨씬 가깝다(221쪽). 인민전쟁의 정신이 절대전쟁에 훨씬 가깝다는 인식은 정확하고 올바르다.

프랑스혁명 때 방데의 농민반란, 1871년의 파리 코뮌, 아일랜드 공화군, 1936~1939년의 스페인 내전 등은 의심의 여지없는 인민전쟁이다. 인민전쟁 사상에 결정적인 모습을 부여한 인물은 모택동이다. 모택동은 세계혁명의 일환으로서 중국사회를 총체적으로 변혁시키는데 헌신한 사회주의자였다. 대장정으로 모택동의 명성은 강화되었고, 모택동은 지구전 전략으로 민족해방과 계급전쟁을 승리로 이끌었다(232~233쪽). 베트남도 인민전쟁으로 위대한 승리를 일구었는데, 말레이반도의 인민전쟁은 실패했다. 카스트로와 게바라는 엄격한 마르크스주의자라기보다 낭만적인 사회주의자였다. 인민해방에 대한 헌신과 영웅적인 남성다움이 두 사람의 혁명운동의 기조였다.

로렌스 프리드먼, 『전략의 역사』, 이경식 옮김, 비즈니스북스, 2014. 12, 1권
　　552쪽, 2권 842쪽 [2013]

　이 책은 부제에 보이듯이 '3000년 인류 역사 속에서 펼쳐진 국가·인간·
군사·경영 전략의 모든 것'을 다루고 있고, 두 권을 합치면 1400쪽에 가까운
분량이다. 주제, 내용, 분량 모두 방대하다.

　마르크스, 룩셈부르크, 레닌, 베버, 톨스토이, 그람시, 간디, 밀즈, 쿤, 푸
코, 레이건 등을 한데 묶고 이를 '아래로부터의 전략'으로 보고 록펠러, 포드,
블루오션 등을 한데 묶어서 '위로부터의 전략'으로 분류한 것을 보면 (이런
분류가 타당한지도 의문이지만) 프리드먼은 '민주적이고 공평한' 것처럼 보인
다. 앵글로색슨적 '공평함'이 풍겨난다.

　프리드먼은 클라우제비츠를 언급하지 않을 수 없었을 테고 일부 언급했
다. 한 장을(제2부 제7장 190~216쪽) 따로 떼어서 '클라우제비츠'라는 제목을
붙이고 클라우제비츠를 다루었다. 물론 그 전과(제6장) 후에도(제8장) 클라
우제비츠를 약간 언급했다. 하지만 이는 대부분 주마간산 격이고, 피상적인
수준의 이해를 바탕으로 한 클라우제비츠 소개이다. 대략적으로 인용하고
요약했고, 몇몇 연구자들의 글을 소개하는 것으로 그쳤다. 방대함은 디테일
에서 엄밀함을 잃는 단점이 있다. 클라우제비츠를 인용한 부분도 영어 중역
이 되어서 본래의 의미를 제대로 전달하지 못하고 있다. 이 책에서 한 가지 인

용할 만한 내용은 아래 제4부 제2장에서 다룰 것이다.

콜린 S. 그레이, 『현대전략』, 기세찬; 이정하 번역, 국방대학교 국가안전보장
　　문제연구소, 2015. 12, 610쪽 [1999]

서론 : 전략 우주의 팽창　　　　　　제7장 전략 경험의 유형
제1장 전략의 여러 차원　　　　　　제8장 전략의 법칙 1 : 지상에서의 행동
제2장 전략, 정치, 윤리　　　　　　제9장 전략의 법칙 2 : 고도와 전자
제3장 클라우제비츠의 유산　　　　제10장 소규모 전쟁과 그 밖의 야만적인 폭력
제4장 현대 전략사상의 빈곤　　　　제11장 핵무기에 관한 다른 시각
제5장 맥락으로서의 전략문화　　　제12장 핵무기의 전략 역사
제6장 전쟁을 보는 창　　　　　　　제13장 전략의 영속성

　　"전략과 전략의 역사는 영원하다."(595쪽) 이것이 이 책의 핵심이고, 그레
이는 영원하다는 것을 말하려고 책에 '현대'라는 용어를 썼다.
　　클라우제비츠와 관련된 부분. '클라우제비츠가 가장 진정한 전쟁이 어떤
전쟁인지를 평가할 때 사용한 척도는 결국 그가 속한 시대의 경험에서 비롯
될 수밖에 없었다.'(129쪽) '클라우제비츠는 먼저 아주 옛날부터 '전쟁론'을 저
술할 당시까지의 군사사를 개괄하는데, 이는 1792~1815년 사이에 등장했던
거의 완전한 형태의 절대전쟁과 다른 시기의 전쟁들을 대비하기 위한 조사였
다.'(129쪽) '당시 프랑스인들이 수행했던 전쟁수행방식, 특히 무장한 국민이
수행한 전쟁이 전쟁의 가장 완벽한 본보기인 '절대적 폭력성' 경향과 가장 유
사하다는 견해가 명료하게 드러난다.'(131쪽)
　　그레이는 중요한 말을 했다. 그레이의 일관된 발언은 클라우제비츠의 절
대전쟁 개념이 그 당시의 전쟁과 그 전쟁에 대한 클라우제비츠의 경험에서 비
롯되었다는 것, 즉 절대전쟁이 관념상의 전쟁이나 클라우제비츠의 머릿속에
만 존재한 전쟁이 아니라는 것을 분명하게 말하고 있다. 나는 그레이의 이 해
석이 옳다고 본다.
　　그리고 다음의 언급도 올바른 시각이라고 본다. "장기적인 혁명전쟁을 통

해 궁극적 승리를 쟁취하고자 한 모택동의 메시지는 정말 영웅적으로 보인다. 장기전에 관한 그의 이론과 실천은 '피와 눈물, 땀과 고생'의 산물이다. 이것은 (어쩔 수 없이 길고 어려운 길을 가야 하는) 약자들을 위한 승리의 이론이다."(500쪽)

다음 경험담은 베트남전쟁의 일면을 소개하는데, 이에 대한 그레이의 평가도 대체로 적절하다. '예컨대 제25사단 4기갑연대 3중대의 제리 해들리(Jerry Headley)는 베트남에서 자신의 경험을 이야기하는 도중 의도치 않게 전략에 대해 판단을 내리게 되었다. '내가 베트남에 도착했던 날과 베트남을 떠났던 날에 달라진 것은 아무것도 없었다. 우리는 여전히 똑같은 지형과 똑같은 지역 — 하우 응히아(Hau Nghia)와 타이닌(Tay Ninh) 지방 — 을 놓고 싸우고 있었다. 한 달 전에 매복공격을 했거나 전투를 치렀던 장소에서 우리는 다시 싸우고 있었다. 결코 아무것도 얻지 못했다. 어느 날 한 장소에서 싸우면, 다른 날 그 장소에 다시 돌아와서 싸우게 된다. 우리가 무엇을 하든지, 얼마나 많은 적을 죽이든지, 얼마나 많은 적을 생포하든지 달라지는 것이 아무것도 없다는 사실을 깨닫게 되면 매우 허탈해질 수밖에 없었다. 저 병사는 내일도 또 저 자리에 있을 것이다. 이 짓을 할수록 우리는 계속 의아할 수밖에 없다. 젠장, 도대체 내가 여기에서 뭘 하고 있는 거지? 아무런 진전이 없다. 똑같은 일이 끊이지 않고 몇 번이나 반복해서 계속된다.' 이 증언은 적어도 하급 장교가 매일 자신이 수행하고 있는 전술 활동을 어떤 전략상의 목적과 연결시키지 못했다는 점을 명확히 보여준다.'(57쪽)

그런데 이 책에서 인정할 만한 부분은 이 정도이다. 이 외에는 몇 가지 문제를 보인다. "서구문명이 20세기에 독일제국과 나치 독일, 소비에트 연방에 대항해 최소한 세 번의 큰 성공을 이룩해 온 것을 회고하는 것은 인상적이다."(XV쪽) 소비에트 연방에 대항한 냉전을 제3차 세계대전으로 보는 시각이 눈길을 끈다. 그레이는 이 책에서 앵글로색슨적 편협함을 보이고, 사회주의와 마르크스주의에 대한 극도의 편견을 드러낸다(248쪽).

전쟁사는 영미의 사례에 치중되어 있고 피상적으로만 언급되어 있다. 전쟁사에서는 주로 연도만 언급했다. 클라우제비츠는 전쟁사를 개략적으로만 언급하는 해악이 매우 크다고 말했는데, 그레이는 그런 해악을 전형적으로 보여주고 있다. 이 책은 전반적으로 수준이 낮고 신변잡기와 같은 에세이 수준의 글이다. 그레이의 사고의 깊이도 낮은 것으로 보인다.

번역은 (수많은 오기와 오자는 별개로 하고) 근래 드물게 보는 최악의 번역이다. 뒤로 갈수록 더 엉망이다. 거의 모든 문장이 이해가 안 되는 문장으로 되어 있다. 『전쟁론』의 1970~1980년대 일본어 중역을 읽는 느낌을 받는다. 핵전쟁과 관련된 장에서는 거의 모든 문장이 비문이다. 이 번역에 대해 제일 많이 후회할 사람은 아마 두 번역자, 기세찬과 이정하가 아닐까 생각한다. (내 번역이 아니니 나는 읽고 지나치면 그만이다.) 번역자들이 이 분야의 전공자도 아니고 시간도 많이 들이지 않은 상태에서 '글자'만 옮긴 것 같다. 그레이의 생각도 별로 좋지 않지만 두 사람의 번역은 더 좋지 않다. '번역자 이외에 한국에서 누가 이 글을 다 읽을까?'하는 생각이 든다. (나는 필요에 의해 어쩔 수 없이 읽었고, 이해가 안 되는 문장을 이해하면서 읽으려고 했다.) 나는 한국의 학문수준이 그간 많이 발전한 줄 알았는데, 그게 아니었나보다. 최악의 번역 사례를 하나만 든다.

"그는 마찰에 대해 이야기하면서, 전쟁의 존재에 관해 열정, 기회, 그리고 이유라는 '경이로운[그리고 훨씬 가변적인] 삼위일체'가 되는 전쟁에 관해 이야기한다."(605쪽) 클라우제비츠가 말한 삼중성의 영역이 열정, 기회, 이유라는 것은 '경이로운' 오역이고 삼중성에 대한 이해 부족이다. 삼중성의 세 주체의 역량은 격정, 용기, 지성인데, 이것이 열정, 기회, 이유로 오역되어 있다. 백번 양보해서 격정은 '열정'으로 번역할 수도 있다는 점에서 이해한다고 해도 '기회'라고 번역한 것은 코미디이다. '기회'는 개연성이나 우연을 뜻할 수도 있지만, 삼중성에서는 개연성의 영역에서 발휘되는 '용기'를 말한다. 정확히 말하면 최고지휘관의 자유로운 정신활동과 군대의 용기를 말한다. 이 부분에서 오역의 압권은 '이유'이다. 지성(이나 이성)을 '이유'로 옮긴 것은 클라우제비츠의 삼중성에 대한 완벽한 무지이다.

5·16은 군사혁명으로 부르고, 군사혁명(RMA)은 군사혁신으로 번역하는 것도 왜곡이고 오역이다.

Anthony McIvor 외, 『전쟁원칙의 신사고』, 김덕현; 권영근 번역, 국방대학교
　안보문제연구소, 2006. 12, 318쪽 [2005]

　　냉전 종식 및 정보화 시대의 도래로 전쟁양상이 네트워크 중심 전쟁으로 빠르게 변하고 있는데, 미군은 1920년대 이후 미군의 교리에 반영되어 있는 전쟁원칙이 앞으로 어떻게 될 것인지에 관해 연구를 수행했고, 이 책은 그 프로젝트의 논문 모음집이다. 철저히 미국의 시각과 미군 중심의 사고를 보이는 책이라서 우리나라에 도움이 될지 의문이다. 12편의 글 중에 그레이(제1장)와 에체바리아(제3장)의 글만 클라우제비츠와 약간 관련된다.

　　제1장. 미국의 전쟁방식의 특성은 정치적 무관심, 전략적 무관심, 비역사성, 낙관성, 문화적 무지, 과학기술 의존성, 화력 중심, 대규모, 놀라울 정도의 정규전 중심, 조급성, 탁월한 병참, 인명손실 민감성이다. 미국은 전쟁(War)과 '군사적 측면의 전쟁'(Warfare)의 혼동으로 심각한 어려움을 겪고 있다.

　　제3장. 아프가니스탄에서 수행한 군사작전이나 '이라크 자유' 작전은 전쟁방식이 아니라 전투방식이었다. 전쟁은 정치적 목표에, 전투는 군사력 파괴에 초점을 맞춘다. 미군의 전쟁원칙은 본질적으로 전투원칙이고 작전원칙이다. 클라우제비츠가 말한 바 있는 전쟁의 객관적 본질(보편적으로 타당한 것들)과 주관적 본질(특정 시공간에서만 사실인 것들)에 대한 이해가 필요하다.

　　이 외에는 제9장에 있는 레오나드의 다음과 같은 인식만 인용한다. '4세대전쟁' 이론은 비정규전을 새로운 현상으로 가정하고 있지만, 사실 비정규전은 인류 역사만큼이나 오래된 형태이다(276쪽).

크리스티안 슈타들러, 『전쟁』, 이재원 옮김, 이론과실천, 2015. 5, 167쪽 [2009]

왜 전쟁인가?：전쟁의 신 폴레모스의 출현 방식으로 본 전쟁
전쟁의 프로필

'전쟁은 유럽 문화가 시작된 이래 다양한 방법으로 이론적 성찰이 시도된 주제이다. 이 책은 전쟁이라는 현상을 체계적이면서 변증법적으로 접근하고 있다. 이런 이유로 전쟁이론의 유명한 대가들 대신 헤라클레이토스부터 하이데거에 이르는 유럽의 철학자들이 전쟁에 대해 어떤 생각을 하고 있었는지 다루었다. 전쟁의 전개 요인을 제한된 전쟁과 정치 도덕성(플라톤, 키케로, 아우구스티누스), 합법적 전쟁과 합리적 적법성(그로티우스, 스피노자, 칸트), 정당한 전쟁과 문화적 윤리성(클라우제비츠, 피히테, 니체)의 세 가지로 구분하고, 각 요인과 관련된 철학자들의 생각을 비오스(삶), 로고스(말), 폴레모스(전쟁)의 구조로 설명하였다.'

위의 인용은 책의 뒤표지에 있는 소개이다. 시대의 광범위함, 내용의 압축성, 서술의 밀도 때문에 이 책을 요약하는 것이 쉽지 않다. 그렇지 않아도 이 책은 '유럽 정신사의 기본개념'의 하나로 기획되었다.

클라우제비츠와 관련된 부분은 주로 『전쟁론』 제1편 제1장의 해설인데, 대체로 적절한 이해이다.

전쟁의 정의를 정치적 목적(적에게 자기 의기를 강요하는 것), 전략적 목표(적의 무력화), 작전적 수단(물리적 폭력)의 셋으로 이해하고 있다. 아롱과 다른 이해이고, 나와 같은 이해이다.

'두 민족과 나라에 긴장이 생길 수 있고 적대적인 요소가 한 곳으로 모일 수 있는데, 그러면 그 자체로는 전쟁의 매우 작은 정치적인 동기도 전쟁의 본질을 훨씬 뛰어넘는 효과를 낼 수 있고 엄청난 폭발을 일으킬 수 있다.'(『전쟁론』, 69~70쪽) 슈타들러는 이 말에서 19세기뿐만 아니라 20세기의 두 차례

세계대전의 암시를 읽고 있다. 정치적인 것의 본질을 규정하는 것은 대중이 될 것이기 때문이다. 물론 그 이전에 대중은 민족(Nation)으로 불려야 했다 (119쪽).

한편으로 대중(인민)은 '정치적인 것'의(슈미트) 본질을 규정하고, 다른 한편으로 그 당시에 프로이센의 대중은 아직 민족(또는 국민)으로 불리지 못했다.

Thomas X. Hammes, 『21세기 전쟁 : 비대칭의 4세대 전쟁』, 하광희; 배달형; 김성걸 번역, 한국국방연구원, 2010. 4, 436쪽 [2004]

이 책은 학술적인 가치도 없고 별로 중요하지 않은데도 이상하게 우리나라에 많이 소개, 인용, 논의되고 있는 책이다.

1. 전쟁 발전 4세대
2. 현대의 제1세대 및 제2세대 전쟁
3. 제3세대 전쟁으로의 발전
4. 사회의 변화
5. 모택동과 제4세대 전쟁의 태동
6. 제4세대 전쟁 베트남전에서 수정되다
7. 산디니스타에 의해서 다시 수정되다
8. 인티파다 : 피점령지 민간인 대 점령군
9. 알아크사 인티파다
10. 알카에다 : 초국가적인 적
11. 아프가니스탄 : 부족 네트워크
12. 이라크 : 첨단기술 대 4세대 전쟁
13. 기술 : 만능이 아니다
14. 제4세대 전쟁의 특성
15. 어디로 가야 하나?
16. 위협에 대한 평가
17. 미래는 융통성이다

나는 이 내용을 1~4세대 전쟁을 다룬 1~7, 최근의 4세대전쟁을 다룬 8~12, (현재와 미래의 전쟁, 기술 중심과 사람 중심의 전쟁을 비교하면서) 저자의 주장을 담은 13~17로 묶고 나눈다. 저자가 말하듯이, 이 책은 "학문적 입장이 아니라 실무전문가적 입장에서"(24쪽) 쓰였다.

1세대전쟁은 19세기 초 나폴레옹전쟁으로 대표되고, 나폴레옹의 대규모 군대에서 최고조에 달했고, 1세대전쟁의 절정을 이룬 것은 워털루전투였다. 이 전쟁에서는 적의 근접 전력을 파괴하는데 초점이 맞추어져 있었다. 2세대

전쟁은 제1차 세계대전의 전술에서 최고조에 달했고, 화력에 의존하면서 적의 전투력을 파괴하는데 초점이 맞추어져 있었다. 3세대전쟁은 1915년에 또는 제2차 세계대전부터[3] 시작되었고, 1940년에 최고조에 이르렀다. 이 전쟁에서는 적의 의지를 꺾기 위해 적의 지휘, 통신, 군수시설을 파괴하는데 초점이 맞추어져 있었다. 2세대전쟁이 화력 중심 전쟁이라면, 3세대전쟁은 기동 중심 전쟁이다.

4세대전쟁은 미국이 유일하게, 그것도 세 번이나 (베트남, 레바논, 소말리아에서) 패배한 전쟁이다. 이런 형태의 전쟁을 처음으로 시작한 사람은 모택동이다. 4세대전쟁은 네트워크전쟁으로서 모택동의 인민전쟁에 그 뿌리를 둔 복잡하고 장기간에 걸친 유연한 전쟁이다. 모택동의 16자 전법과 6대 주의사항이 눈길을 끈다. 이 전쟁에서는 적의 정치적 의지를 꺾는 것과 정치적인 메시지가 중요한데, 저자는 국가와 정부(이스라엘)도 팔레스타인에 대해 4세대전쟁의 전략을 썼고 쓸 수 있다고 본다. 저자는 4세대전쟁을 매우 폭넓게 정의하고 있다.

저자가 볼 때 미국은 최근의 4세대전쟁에 제대로 대응하지 못하고 있다. 이는 미국의 국방조직이 위계적인 관료주의에 머물면서 사람보다 기술을 중시하기 때문이다. 이 조직은 앞으로 기능적인 네트워크로 변해야 하고, 기술보다 사람에 초점을 맞추어야 한다. 그러려면 (1890년대에 만들어진) 현재 미국 군대의 인사시스템을 근본적으로 바꾸어야 한다.[4]

시대 구분을 제외하면 대체로 동의할 수 있는 내용이고 주장이다. 최근 4세대전쟁의 여러 모습을 신문기사처럼 잘 읽히도록 서술한 것도 '실무전문가'의 강점으로 꼽을 수 있다.

---

3. 모든 시대 구분이 그러하듯이 1~4세대 전쟁의 구분도 명확한 시작과 끝을 확정할 수 없기 때문에 이런 약간의 혼란은 크게 문제 삼지 않는다. 함메스의 전쟁 구분은 다른 대다수 학자들의 전쟁 구분과 다르다. 함메스는 홉스봄의 '긴 19세기'와 '짧은 20세기'의 개념에 동의하는지 않든지, 그 개념을 모르는 것 같다.
4. 이 인사시스템의 개선을 중언부언하고 있는 점은 좀 지루하다.

그런데 저자는 다음과 같이 말하고 있다. 4세대전쟁은 자신을 지지하는 대중을 통해 의사결정자에게 메시지를 보낸다. 이 점에 착안한다면 미국은 크게 유리한 입장에 설 수 있다. 미국은 인류 역사상 어떤 메시지보다 강력한 메시지를 주고 있다. 우리는 개인을 소중히 여기고 모든 사람이 자신의 꿈을 이루기 위해 열심히 일할 수 있는 환경을 제공한다. 사람들은 이곳에서 그들의 자녀들이 좀 더 나은 삶을 살 수 있다는 것을 알고 있다. 미국으로 오기 위해 아우성치는 수백만의 사람들, 이들이 바로 미국이 주는 메시지가 널리 인정받고 있다는 것을 증명하고 있다. 이런 믿음을 메시지의 핵심 논지로 삼는다면 4세대전쟁을 수행하는데 개방된 우리 사회의 특별한 강점을 유리하게 이용할 수 있다. 그런 메시지를 보완하여 사용함으로써 4세대전쟁에서 승리하는 것은 우리의 몫이다(412쪽). 저자의 생각에 따르면 미국은 개인의 자유, 꿈의 실현, 더 나은 삶을 보장하는 '유토피아'인 것 같다. 그런데 저자는 "이 세계에는 미국과 미국 시민을 해치려고 하는 사람들이 계속해서 나올"(408쪽) 것이고, 그들은 4세대전쟁으로 그렇게 할 것이라고 전망한다. 그 사람들은 왜 '유토피아'를 해치려고 하는 것일까? 그 '유토피아'가 전쟁을 일으키고 세계에 해악을 끼치기 때문이 아닐까? 전쟁을 해야만 돌아가는 미국 군산복합체의 생리에 따라 미국이 주기적으로 전쟁을 생산하고 재생산하기 때문이 아닐까?[5] 저자는 이 근본원인을 제거하는데 필요한 철학적·거시적인 논의에는 침묵하고 현상으로 드러난 4세대전쟁에 대한 미국의 반격에 관해서만 말하고 있다. 저자는 철저히 미국 중심적이고, 그래서 맹목적이고 미시적인 차원의 '애국자'인 것 같다. 저자가 그 '유토피아'에서 벌어지는 인종차별과 빈부격차를 줄이는 데도 관심을 갖기 바란다.

강호석, 「윌리엄 린드의 4세대 전쟁과 쟁점」, 『공군평론』 제136호(2015. 12), 합동군사대학교, 69~91(23쪽) [1989~2006]

---

5. 버틀러, 『전쟁은 사기다』 참조.

이 글은 린드의 세 글, '4세대로의 전쟁 변화'(1989년), '4세대 전쟁 이해'(2004년), '4세대 비판 : 좋은 글, 나쁜 글, 최악의 글'(2006년)의[6] 번역이다. 강호석이 'I. 역자서문'에 린드의 글을 번역한 이유와 글의 출처를 밝히고, 'III. 결론'에 요약을 실었다. 'II. 번역문'에 린드의 세 글의 번역이 있다.

'4세대로의 전쟁 변화'(1989년). 1세대 전쟁양상에는 선과 열 전술이 나타났다. 이 전쟁은 프랑스혁명의 열기와 낮은 훈련 수준에 의해 발명되었다. 나폴레옹이 1세대 작전술을 구사했지만, 그것이 개념으로 발전하지는 못했다. 2세대 전쟁양상은 화력과 이동에 기초했다. 간접사격에 크게 의존했다. '포병은 정복하고 보병은 점령했다.' 프로이센이 2세대 작전술을 공인하고 채택했다. 1980년대까지 미국 교리의 근간을 이루었다. 3세대 전쟁양상의 모습은 1918년 봄에 드러났고, 기본 개념은 1918년 말에 나타났다. 소모보다 기동에 기초했다. 이 전술은 최초의 비선형 전술이었다. 전차의 등장으로 전격전이 나타났다. 2세대에서 3세대로의 변화에서 아이디어의 중요성이 강조되었고, 이 중에 4개가 4세대에 반영되었다. 임무형 지휘, 중앙 보급의 의존도 감소, 기동의 중요성, 적의 내부 붕괴 기도가 그것이다.

4세대 전쟁양상은 분산적일 것이고, 전쟁과 평화의 구분이 희미해질 것이고, 전쟁터와 전선을 한정할 수 없을 정도로 비선형적일 것이고, 민간과 군대의 구분이 사라질 것이다. 전투는 참여자의 마음에서 일어날 것이다. 이것은 3세대에도 존재했지만 4세대가 그것을 더 강조할 것이다. 레이저와 같은 지향성 에너지, 로봇, 원격조종, 인공지능 등이 새 전술을 가능하게 할 수 있다. 전방과 후방은 표적과 비표적이라는 말로 바뀔 것이다. 지휘관의 당면 문

---

6. 이 마지막 글에는 발표날짜가 없지만 '린드의 글'을 찾아 비교한 결과, 이 글은 2006년 1월경에 발표된 것으로 추론된다.

제는 표적 선정, 집중 능력, 부하 선정이 될 것이다. 범람하는 정보의 과부하를 다루는 것이 리더의 중대한 도전이 될 것이다. 심리 작전, 논리폭탄, 컴퓨터 바이러스, 미디어 조작, TV 뉴스 등이 강력한 무기가 될 것이다.

기술이 2세대 전쟁양상의 주된 추진력이었다면 3세대 전쟁양상의 주 추진력은 아이디어였다. 아이디어 중심의 4세대는 테러리즘에서 그 기원을 찾을 수 있다. (테러리즘이 4세대라는 말은 아니다.) 테러리즘에 두 가지 특징이 더 있다. 1. 테러리즘은 적이 내부로부터 붕괴하는 것을 추구할 것이다. 본토의 민간 표적을 공격하려고 한다. 2. 테러리즘은 적의 힘을 사용한다. 테러리스트는 적의 자유와 관대함을 역으로 이용한다. 테러리즘과 기술의 결합, 비국가 또는 초국가 기반의 전쟁, 문화에 대한 공격, 고도의 심리전 등의 복합 상황이 4세대 전쟁양상의 시초일 것이다.

'4세대 전쟁 이해'(2004년). 30년전쟁을 끝낸 1648년 베스트팔렌 평화조약으로부터 1세대가 시작된다. 1세대는 대략 1648년부터 1860년까지 계속된다. 2세대 전쟁양상은 대량 화력과 간접 포병사격이었다. 목적은 소모였다. 중앙에서 통제하는 보병, 전차, 포병의 화력은 세밀하고 명확한 계획과 명령에 의해 발사된다. 3세대 전쟁양상은 속도, 기습, 물리적·정신적 혼란을 기반으로 한다. 적에게 근접하여 파괴하는 대신에 적을 우회하여 붕괴시키는 것이 모토였다. 3세대 군대는 내부(과정과 방법)가 아니라 외부(상황, 적, 결과)에 초점을 둔다. 진취성이 복종보다 중요하다.

4세대전쟁에서 국가는 전쟁에 대한 독점적 지위를 상실했다. 비국가단체를 상대로 수행하는 전쟁에서 국가는 패배하고 있다. 문명 간 분쟁으로의 회귀가 두드러진다. 4세대전쟁은 국가 내에서 발생한다. 국가가 등장하기 전 전쟁방식의 되풀이이다. 4세대 적이 이용하는 전술은 전형적인 게릴라전술이다. 4세대전쟁을 규정하는 것은 싸움방식의 변화가 아니라 싸움의 주체와 목적의 변화이다.

'4세대 비판: 좋은 글, 나쁜 글, 최악의 글'(2006년). 함메스는 4세대전쟁을 훌륭하게 묘사했지만 분란전으로 너무 좁게 정의했다. 국가 정통성의 위기가

4세대전쟁의 핵심인데, 대(對)분란전은 이 위기를 설명할 수 없다. 4세대전쟁이 적대국 의사결정자들의 의지를 꺾는 것을 목표로 한다고 주장하는데, 그들은 사기 차원에서 국가를 공중 분해시킨다. 4세대 적은 상대 국가지도자들과 심리게임을 하는 것이 아니라 국민이 전쟁을 혐오하도록 약자의 힘을 이용한다. 4세대 적은 물리적으로 약할수록 사기는 더 높다.

바넷이 질서 회복을 위해 제시한 방법은 통하지 않을 것이고, 작동하더라도 그 결과는 치명적일 것이다(1). 국가 재건을 달성하기 위해 제시한 6단계 계획은 바넷의 생각처럼 용이하지 않을 것이다. 현지인을 위해 현지인을 (외국인인) 나처럼 개조하겠다는 것은 상대방을 적으로 만드는 제일 확실한 방법이다. 바넷의 주장은 많은 사람들에게 지옥일 것이다(2). 바넷의 책에서 주장하는 것은 지옥이거나 '상상 속의 문명국'이다. 바넷은 올더스 헉슬리의 『멋진 신세계』에 나오는 '완화된 형태의 전체주의'와 닮은 새로운 세계질서를 탄생시킬 것 같다. 이는 도덕적 색맹과 네오콘이 시작한 미제국 건설이라는 국제정치적 자만심의 결정체이다. 바넷은 세계와 문화를 루소의 성선설과 뉴턴의 시계태엽장치의 결정체로 보았다. 바넷의 생각이 계획대로 된다면 나쁜 결과를 낳을 것이고, 계획대로 되지 않는다면 파국을 초래할 것이다(3).

에체바리아와 같은 존경받는 학자가 허수아비논법으로 4세대전쟁을 공격하는 것은 위험하다. 에체바리아는 4세대전쟁에 관한 린드의 정의와 함메스의 정의(분란전)를 바꾸어놓고 린드를 비평했다. 또한 린드는 이데올로기나 종교와 같은 초국가를 언급했는데, 에체바리아는 이데올로기나 종교를 뺀 '초국가'만 언급한다. 그래서 미국이 제2차 세계대전이나 냉전을 초국가적 동맹 내에서 잘 지휘했다고 왜곡한다. 또한 에체바라아는 국가의 정통성 위기도 언급하지 않았다. 전략연구소 소장 에체바리아가 왜 이런 엉뚱한 글을 썼을까? 전략연구소가 육군 전쟁대학의 연구소이고, 전쟁대학이 클라우제비츠의 전당이기 때문일까? 육군은 '우리가 개발한 것이 아니면 배척하는 원칙'을 갖고 있다.

강호석의 'III. 결론'. 함메스는 4세대전쟁과 분란전을 동일시함으로써 4

세대전쟁을 전쟁수행 '방식'으로만 이해했고 전쟁의 주체와 목적의 변화를 간과했다. 4세대 적은 상대 정치지도자들의 의지를 변화시키려고 하는 것이(함메스) 아니라 그들을 포함한 국민의 사기를 저하시키려고(린드) 한다. 4세대 전쟁은 적의 자원을 감소시킬 수 있을 뿐이라고(함메스) 하지만, 적을 완전히 공중 분해시킬 수도 있다(린드). 바넷이 제시한 국가 재건 6단계 계획은 실없고 순진하다. 에체바리아는 (4세대전쟁을 반대하고 무엇인가를 찾아내려는) 미 육군을 대변하는 글을 쓴 것으로 추측되는데, 그의 글은 최악이다(린드). 기술적 해결이 세대 변화를 일으키는 원인이라고 한 것은(린드) 너무 단순한 생각이고, 기술 외에 정치, 경제, 사회, 과학기술이 무르익었을 때 세대 변화가 일어난다(함메스). 전쟁 주체는 한 개인이 될 수도 있는데, 함메스는 이를 5세대 전쟁양상이라고 부른다. 호프만은 '하이브리드' 분쟁을 소개한다. 이처럼 4세대전쟁에 공통된 개념이 없지만, 린드와 함메스는 4세대전쟁에서 정부와 군에 대한 국민의 신뢰가 매우 중요하다고 강조한다.

의견. 린드는 4세대전쟁을 주로 전술적인 차원에서 설명한다. 4세대전쟁이 거의 일어나지 않는 한국에서 '4세대전쟁' 논의의 붐은 기이하게 보인다. 이 점에서도 미국의 (별로 중요하지 않은) 연구에 대한 한국의 종속성을 볼 수 있다.

메리 캘도어, 『새로운 전쟁과 낡은 전쟁 : 세계화 시대의 조직화된 폭력』, 유강은 옮김, 그린비, 2010. 10, 280쪽 [1999 초판, 2006]

1장 서론	5장 세계화된 전쟁경제
2장 낡은 전쟁	6장 세계시민주의적 접근을 향하여
3장 보스니아-헤르체고비나	7장 이라크의 '새로운 전쟁'
4장 새로운 전쟁의 정치학	8장 거버넌스, 정당성, 안보

'새로운 전쟁'의 특징. 정치적 폭력은 어디에나 있고, 더 직접적으로 민간인을 겨냥하고, 전쟁과 범죄의 구분을 모호하게 만들고, 분열적인 정체성의

정치에 기반을 두고 그런 정치를 조장한다(9쪽).

1장. 20세기 마지막 수십 년 동안 아프리카와 동유럽을 중심으로 나타난 새로운 유형의 조직폭력은 세계화의 한 측면인데, 캘도어는 이를 '새로운 전쟁'이라고 부른다. 이는 내전, 저강도전쟁, 사유화된 전쟁, 비공식적 전쟁, 퇴화한 전쟁 등의 개념보다 낫다. 새로운 전쟁은 전쟁, 범죄, 인권침해가 뒤섞인 것이다. 새로운 전쟁에 대해서는 (국제개입에서 개인의 권리와 법의 지배를 제일 중요한 원칙으로 삼는) 세계민주주의의 정치적 대응이 필요하다.

2장. 새로운 전쟁 이전에 '낡은 전쟁'이 있었고, 그것은 유럽에서 15세기부터 20세기 후반까지 제한된 전쟁, 혁명전쟁, 총력전, 내전 등 몇몇 단계를 거쳤다. 낡은 전쟁은 (중앙집중화되고 '합리화되고' 위계적으로 조직되고 영토화된) 근대국가를 건설했다. 전쟁으로 근대국가가 생겨났고, 근대국가는 전쟁을 독점했다. 이 전쟁은 공과 사, 영토의 안과 밖, 정치와 경제, 민간과 군대, 전투원과 비전투원, 전쟁과 평화 등의 구분의 맥락에서 자리매김할 수 있다. 그런데 새로운 전쟁에서는 이런 구분이 점차 희미해지고 있다. 레지스탕스와 모택동의 게릴라전이 그 전조였다.

3장. 보스니아–헤르체고비나에는 여러 민족이 살았고, 민족 간 주된 차이는 종교였다. 보스니아 세르비아계와 크로아티아계의 정치적 목적은 '인종청소'였고, 인종청소는 20세기 동유럽 민족주의의 특징이었다. 새로운 형태의 민족주의가 등장하면서 유고슬라비아의 해체가 진행되었다. 이 민족주의는 (국가 건설을 목표로 한 과거 '근대' 민족주의와 달리) 국가의 해체와 연결되었고, (이전의 민족주의와 달리) 근대화 이데올로기가 없었다는 점에서 새로운 형태였다. 보스니아전쟁은 민간인과 시민사회를 상대로 한 전쟁이라는 점에서 내전이었다. 즉 배타적인 민족주의자들이 세속적이고 다문화적인 다원주의 사회를 상대로 벌인 전쟁이라고 할 수 있다. 새로운 형태의 인종 민족주의와 문명화된 가치 사이의 충돌이었다.

4장. 세계화로 (종교, 언어, 문화를 기반으로 하는) 정체성의 정치가 나타났는데, 이는 세계시민주의의 정체성과 배타주의 및 특수주의의 정체성이 동시에 증대되는 현상으로 나타났다.

5장. 새로운 전쟁에서 재원조달의 핵심은 약탈과 외부지원이다. 이 전쟁에서 군대는 사유화된다. 군대의 유형으로 정규군의 잔존, 준군사조직, 자위대, 외국용병, 국제적 보호를 받는 외국 정규군 등이 있다. 새로운 전쟁은 혁명전쟁과 대게릴라전 모두를 이용한다. '새로운 전사'는 정체성을 나타내는 딱지에 대한 충성으로 정치적 통제를 확립하고, 인구교체(인종청소)로 영토를 통제한다. 전쟁자금은 자산의 재분배, 시장 압박, '전쟁세와 보호비', 외부원조 등으로 조달한다. 외부원조에는 해외거주 가족의 송금, 이주노동자를 포함한 디아스포라의 직접 원조, 외국 정부의 원조, 인도주의 원조 등이 있다. 이런 폭력은 이웃 나라로 확산되고, 이와 동시에 난민도 확산된다. 결론. 새로운 전쟁은 정체성에 기초한 정치적 동원이라는 목표를 추구한다. 이를 달성하는 군사전략은 정체성이 다른 사람들의 추방, (증오와 공포를 조성하기 위한) 인종청소, 불안 조성이다. 이 정체성의 정치는 분열적이고 배타적이다. 여러 정치/군사 당파들이 보통사람들의 자산이나 국가의 잔여물을 약탈하고, 희생자들에 대한 외부원조를 가로챈다.

6장. 대안은 세계시민주의적 접근으로서 세계시민주의 정치를 동원해야 한다. 정당성을 재건해야 한다. 그래서 하향식 외교에서 세계시민주의 정치로, 평화유지/평화이행에서 세계시민주의 법집행으로, 인도주의 원조에서 재건으로 이행해야 한다.

7장. 이라크의 '새로운 전쟁'은 '눈부신' 전쟁이라고 하지만, 신기술을 활용한 낡은 전쟁의 개정판에 가깝다. 이라크 침공은 전쟁이 아니라 훈련에 가까웠다. 원거리 공중폭격과 신속한 공세적 기동전을 결합한 기술집약적인 낡은 전쟁이다. 캘도어는 '미국의 전쟁목표는 전쟁 그 자체였다.'고(241쪽) 말하는데, 이 인식은 매우 탁월하게 보인다. 2003년 5월 1일 부시의 승리 선언 이후 미국은 진정으로 새로운 유형의 전쟁으로 끌려들어가고 있다.

8장. 새로운 전쟁의 특징은 정체성의 정치, 폭력의 탈집중화, 세계화된 전쟁경제이다. 새로운 전쟁을 영토적으로 억제하는 것이 불가능하다면 정치적으로 억제해야 할 것이다. 그 방법으로 블록체제의 재건에 입각한 세계질서의 복원(헌팅턴의『문명의 충돌』), 현실주의에 대한 포스트모던적 거부(캐플런), 세계시민주의적 거버넌스(캘도어) 등이 논의되었다. 세계시민주의 거버넌스는 초국적 기구, 민족국가, 지방정부 등의 정치제도를 토대로 인간주의를 정당성의 원천으로 삼아 근대전쟁을 끝내고 세계시민주의 법집행이라는 안보양식의 시나리오를(268쪽) 따라야 할 것이다.

의견. 이 책은 우리나라와 별로 관련이 없고 내 지적인 관심과 관련도 적어서 읽기도 힘들고 중요하지도 않은 것 같다. 번역자의 말을 요약한다. '과거의 전쟁이 지정학적 목표나 이데올로기적 목표를 추구했던 것과 달리 새로운 전쟁의 목표는 정체성의 정치와 관련된다. 새로운 전쟁은 공포와 증오의 씨를 뿌리는 것을 겨냥한 대게릴라전의 불안 조성 기법을 이용하고 극단주의 정치를 동원한다. 새로운 전쟁경제는 총력전과 달리 분산적이고 외부자원에 크게 의존한다. 이를 바탕으로 캘도어는 세계시민주의에 기초한 정치적 대응을 해법으로 제시한다. 폭력의 독점을 새롭게 재건하고 세계시민주의 법집행으로 재개념화해야 한다. 세계시민주의와 법집행의 개념을 더 구체화하고 풍부하게 해야 할 것 같다.'(272~273쪽)

보스니아전쟁과 이라크전쟁을 현상 차원에서 서술해서 깊이가 부족한 것 같다. 6장의 대안은 자기 경험의 일반화로 보인다. 좋은 말을 많이 했는데, 내게는 캘도어의 결론이 좀 막연하게 들린다. '새로운 전쟁'의 개념을 선점한 것 이외에 별로 훌륭한 점을 찾을 수 없다.

『전쟁론』과 관련된 부분.『전쟁론』제1편 제1장의 중심 명제를 '전쟁이 극단으로 향하는 경향이 있다'는 것으로 이해하는 것, 삼중성과 절대전쟁의 관계를 '삼면적인 설명에서 절대전쟁 개념을 끌어냈다'고 보는 것,『전쟁론』의 결론을 '압도적인 힘과 그 힘을 행사할 준비태세가 중요하다'고 보는 것 등은 (43~45, 189쪽) 캘도어의 오해이거나 잘못된 해석으로 보인다. 이 부분에서는 번역도 불분명하다. 전쟁이 '저항적인 매체'라는 번역, 그리고 '지능의 협력'이란 번역은 오역으로 보인다. 캘도어의 오해와 유강은의 오역이 클라우제비츠

이론을 제대로 전달하지 못하고 있다.

A. 헤어프리트 뮌클러, 『새로운 전쟁 : 군사적 폭력의 탈국가화』, 공진성 옮김,
   책세상, 2012. 1, 331쪽 [2002]
B. 헤어프리트 뮌클러, 『제국 : 평천하의 논리』, 공진성 옮김, 책세상, 2015. 4,
   446쪽 [2005]
C. 헤어프리트 뮌클러, 『파편화한 전쟁 : 현대와 전쟁폭력의 진화』, 장춘익; 탁
   선미 옮김, 곰출판, 2017. 4, 475쪽 [2015]

   뮌클러의 글을 순서대로 살펴본다. 다음은 A의 차례이다.

1. 새로운 전쟁, 무엇이 새로운가?   4. 새로운 전쟁 속의 폭력의 경제
2. 전쟁 수행, 국가 건설, 삼십년전쟁   5. 국제 테러리즘
3. 전쟁의 국유화와 그 결과   6. 군사적 개입과 서구의 딜레마

   책 제목대로 새로운 전쟁은 '군사적 폭력의 탈국가화' 현상을 보인다. 국
가 중심의 영토 분쟁이나 정규군 간의 전투는 냉전 이후 무너졌다. 민간인 살
상, 테러, 군사용역 문제 등이 새롭게 부각되고 있다. 하지만 새로운 전쟁은
역사적으로 새로운 현상이 아니고, 지난 200년 동안의 대칭적 국가 간 전쟁
이 역사적으로 예외적인 현상이었다.
   새로운 전쟁의 특징은 '전쟁의 비대칭화', '전쟁의 경제화', '전쟁의 탈군사
화'이다. 새로운 전쟁에서는 비대칭적으로, 즉 동등하지 않은 적이 맞서 싸운
다. 이런 전쟁은 다른 문화 간에 발발할 가능성이 높고, 전사들의 에토스와
전사들을 전쟁법적으로 구속하는 형식과도 관련된다. 대량살상무기의 사용
중지나 전쟁포로에 대한 고문 금지 같은 자기제한을 부과하려는 경향은 약
해진다. 폭력은 약하지만 더 잔혹하고 끔찍하다. 무엇보다도 훨씬 오래 지속
된다. 새로운 전쟁의 지속 기간은 몇 년이 아니라 몇십 년이다. 이 전쟁은 사회
구조에 훨씬 깊이 파고들고, 사회경제적으로 더 심각한 영향을 미친다.

새로운 전쟁의 두 번째 특징은 '전쟁의 경제화'이다. 그 주역은 '군벌'과 '민간군사회사'이다. 이 세력은 전쟁이 경제적으로 이익이 되고 전쟁에 참가하는 것이 더 많은 수입을 보장한다는 전제에서 군사적 폭력의 사용과 공급을 돈벌이 수단으로 간주한다. '새로운 전쟁'은 늘 새로운 전쟁참가자 유형을 만들어낸다. 이들은 드러나는 곳에서는 민간인이지만, 가능한 곳에서는 전사이다. 새로운 전쟁에 규칙을 부과하고 유효하게 만드는 것이 어렵게 된다.

세 번째 특징은 '전쟁의 탈군사화'이다. 정치적 논리는 경제적 논리와 결합되고, 전쟁폭력은 일상의 삶이 된다. 전쟁과 평화의 경계도, 전쟁과 범죄의 경계도 흐려지기 시작한다. 새로운 전쟁은 난민 행렬, 비참한 수용시설, 굶주리는 사람들의 모습으로 나타난다. 전투원과 비전투원을 구분하지 않고, 싸움의 목표와 목적도 명확히 드러나지 않는다.

대칭적 전쟁은 비대칭적 전쟁으로 대체되었고, 이것이 21세기 역사를 결정할 것이다. 이에 대해 유럽은 대칭적 정치를 위한 필수불가결의 최소 조건을 복구하려고 하는데, 미국은 직접 비대칭화의 경로를 따른다. 유럽은 테러 네트워크가 뿌리 내릴 수 있는 기회를 줄이고 테러리스트의 존재와 활동조건을 제약하려고 한다. 그 반면에 미국은 테러리스트 조직에 맞서는 장기적인 전쟁을 준비한다. 테러리스트 조직을 치고 빠지는 식으로 공격한다. 이런 전쟁에 승산이 있을지 의문이다. 그것은 새로운 '제국의 야만 경계선'에서 계속 타오르는 전쟁이 될지 모른다.

2003년 3월 걸프전쟁에서 미국은 압도적인 군사적 우위로 이라크를 공격했고, 적이 자국에 큰 피해를 입히지 못할 것임을 확신했다. 이라크는 대량살상무기를 갖고 있지 않았다. 공식적인 주장과 달리 미 행정부는 이 사실을 알고 전쟁을 시작했다. 미국의 비대칭적 우위는 온전히 확보될 수 있었고, 고전적인 방식의 전쟁에서 이라크가 군사적으로 이길 가능성은 없었다. 이 상황은 미국과 영국의 부대가 이라크를 점령하고 공공의 안전과 물, 에너지, 생필품의 보급이 요구되면서 바뀌었다. 병사들은 건물과 송유관을 지키려고 보초를 서야 했고, 분산된 부대에 물자를 공급해야 했다. 개별 초소와 소규모

수송대는 쉽게 지하 투사들의 공격목표가 되었다. 전쟁이 끝난 후 미군이 입은 피해규모는 전쟁 중에 입은 피해규모를 넘어섰다. 전후의 상황은 뒤집힌 비대칭성으로 바뀌었다. 원래의 전쟁이 미국의 힘의 비대칭적 우위에 의해 결정되었다면, 전후의 상황은 이라크 저항세력이 수행하는 '작은 전쟁'의 비대칭성을 통해 결정된 것이다. 우리는 매우 시끄럽고 요동치는 시대로 진입했다.

다음은 B의 차례이다.

제1장 제국이란 무엇인가?
제2장 제국, 제국주의, 패권 : 필수적인 구분
제3장 초원 제국, 해양 제국, 지구적 경제 : 제국적 지배에 관한 간략한 유형학
제4장 문명화와 야만인 경계 : 제국적 질서의 과제와 특징
제5장 약자의 힘에 좌절하는 제국
제6장 제국 이후의 시대에 놀랍게 돌아온 제국

이 책은 제국적 지배의 유형, 팽창과 공고화의 형식, 제국 건설을 완성하는 매체를 다룬다. 이 책의 관심은 해양제국과 육상제국, 무역제국과 군사제국, 공간 통제를 기반으로 발전한 제국적 질서와 인간, 상품, 자본의 흐름에 대한 통제에 기반을 둔 제국적 질서를 구분하는데 국한되지 않고 행위자들의 합리성과 세계지배의 논리를 밝히는데 있다. 또한 이 책은 미국제국의 지속성과 안정성을 진단하고, 유럽이 어떻게 구성되어야 하는지 고찰한다(18쪽). 그래서 이 책은 제국에 대해 순수 군사적인 범위를 넘어선 고찰을 하고 있다.

클라우제비츠의 '공격의 정점'을 제국의 과잉 팽창 문제와 관련지어 논의한 부분이(254~258쪽) 우리의 관심을 끈다. 공격의 정점과 관련된 키신저의 유명한 말은 제국과 빨치산의 관계를 잘 보여준다. '빨치산은 지지 않으면 이기지만, 정규군은 이기지 않으면 진다.'(256쪽)

미국제국이 제국의 행동을 영토에 대한 지배에서 자본과 정보, 상품과 서비스의 흐름에 대한 통제로 바꾸었다는 지적은(263쪽) 상식이면서 훌륭하다. 제국의 과잉 팽창을 알리는 신호는 앞으로 지도에서는 찾을 수 없겠지만

자본의 흐름, 정보경쟁, 기술혁명, 전략 혁신의 활용에서 찾을 수 있게 될 것이다(266쪽). 거칠게 말하면, 미래의 미국제국은 '땅의 제국'이 아니라 '돈의 제국'이 될 것이다.[7]

다음은 C의 차례이다.

제1부 20세기의 대전쟁들
　1. 1914년 여름 ― 세계사적 분기점
　2. 폭력의 격화 ― 1914년 7월위기에서 '혁명 전염'의 정치로
　3. 신화적 희생자와 현실의 사망자
　4. 제1차 세계대전과 부르주아 세계의 종말
　5. 제2차 세계대전 ― 세계질서를 둘러싼 전쟁
제2부 탈영웅적 사회와 전사 에토스
　6. 영웅, 승자, 질서 설립자 ― 대칭적 및 비대칭적 전쟁 시대의 전사 에토스
　7. 영웅적 사회와 탈영웅적 사회
　8. 새로운 전투체계와 전쟁 윤리
　9. 새로운 전쟁에서 무엇이 새로운가?
　10. 이미지 전쟁 ― 비대칭적 전쟁에서 미디어의 역할
제3부 고전적 지정학, 새로운 공간 관념, 하이브리드 전쟁
　11. 지정학적 사고의 효용과 단점
　12. 우크라이나와 레반트 ― 유럽 주변부에서 전쟁과 새로운 세계질서
　13. 21세기의 '공간' ― 지정학적 변혁 및 변동
　14. 과거의 현재 ― 2014년을 1914년 전쟁 발발에 비추어 이해하려는 시도

이 책은 지난 100년 동안 전쟁의 전제가 되는 정치적·사회적·문화적 조건과 자원이 어떻게 변했는지, 이런 변화와 21세기의 전쟁폭력 양상이 어떤 관계에 있는지, 현재의 전쟁폭력에 현실적으로 어떻게 대응할 수 있는지 탐색한다.

오늘날의 전쟁폭력 양상은 고전적 전쟁(대칭적인 국가들이 정규군으로

---

7. 존슨의 말에 따르면, 미국은 '땅의 제국'은 포기해도 '해외군사기지의 제국'은 포기하지 않을 것이다. 그것이 비용이 덜 드는 생산적인 제국 유지 방식이기 때문인데, 그 비용의 일부도 해당 나라에 유지비용을 떠넘기고 있기 때문에 기지의 제국은 매우 효율적이고 경제적으로 운용되고 있다. 찰머스 존슨, 『제국의 슬픔』 참조.

치르는 전쟁) 유형과 완전히 다른 '새로운 전쟁'이다. 새로운 전쟁의 개념은 미국의 이라크 및 아프가니스탄 개입, 우크라이나 동부와 레반트의 전쟁, 이슬람국가(IS) 등 이슬람 무장단체들의 테러와 그에 대한 서방세계의 대응을 포괄한다. 새로운 전쟁의 특징은 전쟁폭력의 민영화, 비대칭화, 탈군사화의 '동시상영'이다. 새로운 전쟁의 유형으로서 걸프전쟁과 이라크전쟁은 세계질서 전쟁이고, 유고슬라비아 해체전쟁은 분리 및 정체성 전쟁이고, 소말리아와 르완다의 전쟁은 자원전쟁이다. (자원전쟁에서는 '전쟁이 전쟁을 부양한다.')

이런 전쟁은 전쟁폭력 '진화'의 결과로 생긴 새로운 전쟁모델이다. 전쟁모델이 달라지면 전략행동의 창조성, 합리성, 정당성의 평가기준도 달라진다.

서방사회는 두 차례의 세계대전을 거치면서 '탈영웅적' 사회가 되었다. 이런 사회에서는 시민에게 (심지어 군인에게도) 일반적인 희생을 기대할 수 없다. 이런 사회는 자국민이 많은 희생을 치러야 하는 장기간의 전쟁을 견디지 못한다. 하지만 예를 들어 레반트 사회는 영웅적 사회 이전의 단계에서 영웅적 사회로 전환하는 중이고, 이런 사회에서 영웅적 희생의 가치는 매우 높다. 테러리즘은 (무기에서 열세인) 영웅적 사회의 전사들이 (무기에서 절대적으로 우세한) 서방의 탈영웅적 사회에 맞서 이 사회의 취약한 집단심리를 노리는 합리적 전략이다. 테러리스트에 대한 통신 감청과 드론 공격은 탈영웅적 사회의 합리적 대응전략이 될 것이다.

국가 간 전쟁이 사라지면 '영원한 평화'가 온다는 칸트의 구상은 비현실적인 생각이다. 새로운 전쟁의 전쟁폭력의 강도나 그 결과의 참담함은 결코 약해졌다고 할 수 없다. 오늘날 동등한 권리를 갖는 국가들의 수평적 관계는 평화의 조건이 아니다. 세계질서를 형성하는 권력으로서 글로벌 플레이어가 필요하다. 현대사에서 전쟁폭력이 극심했던 지역이 '제국 이후'의 공간이기 때문이다. 미국, 중국, 러시아, 유럽이 글로벌 플레이어가 될 것이다. 그들에게는 영토 지배보다 정보·자본·인간 등 유동적인 것의 흐름에 대한 통제가 관건이다. 유럽은 글로벌 플레이어가 되어야 하고, (유럽 중심부 강국으로서) 독일은 그 구심력을 만드는 역할을 해야 한다.

의견. 이는 옮긴이의 말 중에서 6~8쪽의 내용을 요약한 것이다. 클라우제비츠를 다루는 우리에게 뮌클러의 미래 전망적 구상은 중요하지 않다. 하지만 그의 기획은 새겨들을 만하다. 그런데 클라우제비츠와 관련된 논의에도 새겨들을 만한 부분이 있다. 뮌클러는 '새로운 전쟁' 이론가이지만, 새로운 전쟁으로 클라우제비츠가 폐기되었다는 이분법 이론가들보다 한 차원 높은 수준의 논의를 전개한다. 앞으로 우리나라에서 새로운 전쟁이나 4세대전쟁을 논의하는 이들은 (뮌클러가 유럽을 중심으로 논의하고 있지만) 뮌클러를 참고해야 할 것이고, 뮌클러의 수준 아래로 떨어지지 않도록 해야 할 것이다. 즉 린드나 함메스만 언급하는 수준에서 벗어나야 할 것이다.

　　크레벨드와 키건은 근본적으로 다른 전제에 기초해서 클라우제비츠를 비판했다. 그 점을 구분하는 것은 중요하다. 캘도어도 새로운 전쟁의 이론적 모델을 내놓은 것은 아니다(263~265쪽). 전쟁의 변화로 생긴 '새로운 전쟁'은 클라우제비츠가 전쟁의 카멜레온과 같은 모습이라고(274쪽) 말한 것과 같다. 즉 전쟁의 (논리는 아니더라도) 문법이 근본적으로 달라졌다(284쪽).

　　'새로운 전쟁'을 논의하는데 클라우제비츠가 없어서는 안 될 곳은 없었다. 새로운 전쟁을 논의하면서 그처럼 자연스럽게 클라우제비츠를 인용한 점에 뮌클러의 탁월함이 있다.

　　번역은 자연스러운데, 전문용어에서 몇 가지 오류가 보인다.

앨빈 토플러, 『전쟁과 반전쟁 : 21세기 출발점에서의 생존전략』, 이규행 감역,
　　한국경제신문사, 1994. 3, 402쪽 [1993]

1장 충돌	3장 탐험
2장 궤도	4장 지식
5. 제1물결 전쟁	5장 위험
6. 제2물결 전쟁	6장 평화
9. 제3물결 전쟁	

　　토플러에게는 1차, 2차, 3차 산업이 제1, 제2, 제3 물결이고, 이 물결이 제

1, 제2, 제3 물결 문명이고, 이 문명에서는 제1, 제2, 제3 물결 군대로 제1, 제
2, 제3 물결 전쟁을 수행한다. 제1, 제2, 제3 물결은 제1물결 전쟁(백병전, 근접
전), 제2물결 전쟁(대량파괴, 대량살육), 제3물결 전쟁(하이테크전쟁)에 상응
하고, 이 전쟁은 각각 농업군대, 산업군대, 제3물결 군대로 수행한다. 이에 맞
게 제1, 제2, 제3 물결 평화를 구분해서 생각해야 한다. 토플러의 '물결'은 동
어반복이고 순환론이다. 토플러는 단지 '산업분류'에 불과한 것을 물결, 문명,
국가, 변화, 속도, 군대, 무기, 기술, 전쟁, 혁명, 평화 등 거의 모든 분야에 적용
하는 지적 만용과 용감무雙함을 보인다.

제1물결	제1물결 문명	제1물결 전쟁	농업군대	1차 산업	제1물결 평화
제2물결	제2물결 문명	제2물결 전쟁	산업군대	2차 산업	제2물결 평화
제3물결	제3물결 문명	제3물결 전쟁	제3물결 군대	3차 산업	제3물결 평화

　　1991년의 걸프전쟁은 300년 만에 처음 보는 새로운 형태의 전쟁이다. 제
2물결의 대량파괴와 달리 '목표선정, 주문파괴에 맞게 고안된 제3물결 무기'
로(103쪽) 싸운 하이테크의 제3물결 전쟁이다. 그런데 제3물결 전쟁은 틈새
전쟁(저강도분쟁), 우주전쟁, 로봇전쟁, 스마트전쟁, 무혈전쟁으로 변할 것이
고, 미래의 전쟁은 지식전쟁이 될 것이다. 그래서 미국이 매우 위험하다! 역사
에서 유추할 수 있다. 프랑스혁명과 나폴레옹전쟁으로 유럽대륙은 프랑스제
국의 지배 아래에 놓였지만, 나폴레옹 제국은 1815년에 몰락했다. 오늘날 소
련의 공산주의는 붕괴했고 미국은 지구에서 유일한 초강대국으로 등장했지
만, 미국의 세계지배도 순식간에 끝날 것 같다. [그래서 토플러는 걱정이 많
다.]

　　군사비와 방위산업 축소, 무기와 전쟁의 문민화와 상업화, 군대의 민간
기술 의존 심화, 미군 정보에 대한 손쉬운 접근, 여러 나라의 핵무기 개발, 핵
무기의 규제 및 관리 부재, 금융위기, 국경선 붕괴 등으로 미국이 위험하다.
미디어의 힘, 국제기구의 쇠퇴, 상호의존의 위험성으로 미국이 위험하다. 과거

에 농노, 노동자들의 봉기가 있었다면 앞으로는 부자들의 반란이 예상된다. 우크라이나, 중국, 인도, 브라질의 부유층은 나라를 분리하거나 떠나려고 한다. 이것이 내전으로 발전하면 미국이 위험하다. 아시아의 경제성장, 유럽과 일본의 무역장벽, 러시아나 이란의 종교 갈등, 이슬람의 지하드 등으로 미국이 위험하다.

1991년의 걸프전쟁, 즉 300년 만에 처음 보는 하이테크의 제3물결 전쟁에서 승리한 미국이 앞으로 그 '지구적 패권'을 잃을 것 같아서 미국이 위험하다. 미국을 구출해야 한다. 이것이 토플러의 논지이다.

제1물결 평화는 관습으로, 제2물결 평화는 여러 협정, 협약, 조약으로 이루었다. 각국 정부와 유엔도 힘을 잃었다. 토플러의 제3물결 평화안. '평화주식회사'를 만들어서 평화라는 제품을 생산하면 평화에 투자하는 투자자들이 나타날 것이고, 평화가 돈벌이 사업이 될 것이다. 무기와 관련된 정보와 지식을 모든 나라들이 교환한다. 무기기술에 현상금을 걸어 내부고발자에게 포상한다. 수출하는 무기에 칩을 내장하여 추적하고, 그 무기를 수입한 나라가 수입 목적에 맞지 않게 사용하면 그 무기를 파괴한다. 제3세계나 이슬람세계의 핵 관련 지식인을 암살한다. 제3물결 무기를 판매하는 대신에 제2물결 무기를 회수한다. 전쟁에 반대하는 세력에게 재정적·정치적 지원을 한다. 전쟁반대 프로파간다를 한다. 그러면 빈곤국가의 국민이 미국으로 이주하거나 난민이 되지 않을 것이고 서방의 연금수령자가 되지 않을 것이기 때문에 (미국의) 평화가 보장될 것이다. 인간의 생존본능이 핵무기의 폭발을 막았다. 또한 지식, 부, 전쟁의 혁명적인 연관성을 깊이 이해해야 한다.

토플러의 명제. 전쟁방법은 부의 창출방법을, 반전쟁의 방법은 전쟁의 방법을 반영한다. 우리의 생존경쟁도 전쟁의 영향을 받는다. 복잡한 세계에서는 전쟁이 더 크고 가공할 전쟁을 예방하는데 도움이 될 수 있다. 전쟁이 반전쟁이다. [미국, 러시아, 유럽, 일본에서만 그럴 가능성이 높다.]

나의 한 문장 서평. 평화로운 홈의 안락한 소파에 앉아 양키의 관점에서 쓴 전쟁에 관한 잡다한 이야기 모음집. 전쟁에서 인간 이외의 거의 모든 것을 초역사적이고 몰이데올로기적으로 다루었다. 피상적인 지식과 천박한 인식을 보이는 신문기사 수준의 글이다. 여러 책의 짜깁기이고 인터뷰 모음집이다. 철학과 역사에 대한 인식과 의식이 없는 것은 대다수 미국 학자나 저널리스트와 공통된다. 클라우제비츠를 몇 번 언급했는데, 그 지식은 파편적이고 피상적이다.

지식과 정보를 혼동하고 있다. TV로 세상을 3개의 세계로 나누는 상상력도(247쪽) 기이하다. 토플러는 미래학자이고 미래를 말하지만, 그가 책에서 말한 모든 것은 과거이다.

노동에 대한 자본의 착취는 없고 '부의 창출'만 존재한다. 자본과 폭력, 착취와 수탈, 제국주의와 식민주의, 학살 등의 용어를 무해한 개념으로 순화했다. 자본과 폭력 빼고 종교, 인종, 지역 등 다 있다. 인간에 대한 예의와 인간의 존엄성에 대한 인식이 없다.

이런 책이 '폭발물에 의해 얼굴이 반쯤 찢겨진 보스니아 어린이와 (눈물 젖은 눈으로 현장을 바라보는) 그 어머니를 위한 책'인지(7쪽) 의문이다.

감역(監譯)이란 말을 이 책에서 처음 봤다. 감수와 번역을 합친 개그 수준의 조어이다. 번역은 황건(黃建)이 했는데, 사전에도 없는 감역이란 말로 이규행(李揆行)이 감역자로 되어 있다. 황건의 이름은 안 보이고 이규행의 이름만 보인다. 그런데 이규행은 『전쟁과 반전쟁』 외에도 토플러의 5권의 책을 감역했다. 이규행은 '감역'이 직업인 것 같다.

이 책은 2003년에 '한국경제신문'에서 『부의 법칙과 미래』라는 '사기적인 제목'으로(알라딘 독자의 말) 다시 출간되었다. 이 책을 읽을 생각이라면 2011년 청림출판에서 나온 김원호의 번역을 추천한다.

앨빈 토플러, 『부의 법칙과 미래』, 이규행 감역, 한국경제신문, 2003. 2, 374쪽
앨빈 토플러, 『전쟁 반전쟁』, 김원호 옮김, 청림출판, 2011. 4, 426쪽

걸프전쟁이 300년만의 최초의 하이테크전쟁이라면 그 이후 이라크전쟁은 '하이하이테크전쟁'이어야 할 것이다. 그런데 제3물결 전쟁을 주창한 토플러가 이라크전쟁을 '종교전쟁'이라고 정의한 것은[8] 코미디이다. 토플러에게는

전쟁의 원인에 대한 비판적 인식이 없다.

A. Samuel P. Huntington, 『군인과 국가: 민군관계의 이론과 정치』, 허남성; 김국헌; 이춘근 옮김, 한국해양전략연구소, 2011. 5, 650쪽 [1957, 1985 개정판]

B. 새뮤얼 헌팅턴, 『문명의 충돌』, 이희재 옮김, 김영사, 2016. 2, 600쪽 [1996]

A는 서양의 군사직업 태동과 민군관계의 이론과 실제(제1부), 역사적 맥락에서 본 미국 민군관계의 발전 양상(제2부~제3부)을 다루고 있다.

클라우제비츠를 간략히 언급한 부분이 있다. 전쟁은 정치에 대해 종속적이면서 자율적이고, 그래서 전쟁에 관한 과학은 종속적인 과학이면서 자율적인 과학이다. 전쟁은 다른 수단으로 하는 정치의 계속이고, 전쟁은 정치에 복종해야 한다는 말로 '클라우제비츠는 군인전문직업에 대한 최초의 이론적 명분을 체계화했고, 문민통제에 대한 최초의 이론적 정당화에 공헌했다.'(69쪽)

의견. 번역은 대체로 엉망이다. 전쟁에서는 "탄환이 외부문서를 대신할 뿐이다."는(68쪽) 문장은 전쟁은 "외교문서를 작성하는 대신에 전투로 하는 정치가 된다."는(『전쟁론』, 998쪽) 문장으로 번역해야 한다. 탄환도 어색하지만 '외부문서'는 (외교문서의 오기가 아니라면) 놀라운 코미디이다. "전쟁은 그 자체의 법칙을 가지고 있으나 그 자체의 논리를 가지고 있지 않다."는(68쪽) "전쟁에는 전쟁 자체의 문법은 있지만, 전쟁 자체의 논리는 없다."로(『전쟁론』, 995쪽) 번역해야 한다. 논리와 문법의 관계를 논리와 법칙으로 오역했다.

B의 문제의식은 현재 미국이 주도하고 있는 서구문명의 헤게모니를 다음 세기에도 계속 유지해야 한다는 것이다.

이 황당한 책은 문명 간의 전쟁이라는 할리우드 영화적 발상법에 (성조

---

8. 중앙일보, 2007. 6. 4 참조.

기로 상징되는) 팍스 아메리카나를 결합한 무협지에 가깝다. 미국적 오만과 편견과 무지와 촌스러움의 금자탑이다.[9]

헌팅턴에 관한 논쟁과 비판으로 아래의 책 하나만 소개한다.

하랄트 뮐러, 『문명의 공존 : 하랄트 뮐러의 反 헌팅턴 구상』, 이영희 옮김, 푸른숲, 2000. 2, 360쪽

이 책은 책 제목 그대로 헌팅턴에 대한 적절한 비판을 담고 있다.

필립 모로 드파르쥐, 『지정학 입문 : 공간과 권력의 정치학』, 이대희; 최연구 옮김, 새물결, 1997. 3, 223쪽 [1994]

제1장 지리적 인식
제2장 해양세력의 지정학
  I. 클라우제비츠에서 매헌까지
   A. 클라우제비츠 : 지정학 이전에 힘과 전쟁
    1. 클라우제비츠, 근대 열강의 예언자
제3장 대륙세력의 지정학 : 독일의 지정학
제4장 지리학, 지정학, 전쟁
제5장 지정학과 지경학(地經學–지역경제학)
제6장 지정학과 프랑스

여기에서 클라우제비츠는 지정학의 관점에서 간략히 언급되어 있다. 클라우제비츠가 관찰한 시대의 전쟁에 놓여있는 '단절'에 대한 이해는(47쪽) 올바르고 적절하다. 그 단절은 애국주의자로 구성된 공화국과 제국의 군대 대(對) 용병으로 이루어진 왕과 제후의 군대의 대립을 말한다.

---

9. 『한겨레21』 제296호, 2000. 2. 24 참조.

데이비드 H. 새터화이트, 「오만, 고난, 겸손, 그리고 희망 : 한반도의 평화 및
    화해 정착을 위한 근본적 패러다임의 시급한 전환」, 권희정 번역, 『기독
    교 사상』 2018년 12월호, 대한기독교서회, 93~113(21쪽)

'클라우제비츠를 거꾸로' ― 강대국의 경쟁, 간섭, 그리고 전쟁 역사의 종식
오만 vs 겸손 ― 패권주의 의사결정의 오만을 넘어서
비핵화된 한반도를 향한 발걸음 ― 역사적 맥락과 미래를 향한 현실적 방안
'평화 정착'의 발걸음 ― 검증 가능한 화해에서의 비핵화와 평화구축 패러다임

　　한반도 정세와 근현대사 및 (이를 초래하고 유지하는) 미국과 일본의 오
만함에 관한 새터화이트의 식견은 상식에 해당하는데, 한국에서는 이런 상
식이 아직 잘 통하지 않는다. 여기에서 새터화이트의 글을 요약하지는 않는
다. 새터화이트의 글을 일독할 것을 권한다. 클라우제비츠와 관련된 부분만
언급한다.
　　클라우제비츠가 말한 '다른 수단으로 하는 외교의 연장'은 지속적인 전
쟁상태이고, 외교의 완전한 부재와 유사하다. 외교적인 노력을 하려면 클라
우제비츠의 말과 정반대가 되어야 한다. 즉 전쟁이 '외교의 연장'이 아니라 외
교가 '전쟁의 연장'이어야 한다. 전쟁이 '운전자석에' 앉아 있었고 지배적인 패
러다임이었고, 외교는 뒷북의 역할만 했다(98~99쪽). 이제 '클라우제비츠를
거꾸로'(Clausewitz on the head) 하는 패러다임의 전환이 필요하다. 미국의
대북정책이 주도하는 '전쟁 지향적 태도'를 거꾸로 해야 한다(110쪽).
　　새터화이트의 견해는 대부분 적절하고 타당한데, 클라우제비츠에 관한
새터화이트의 설명은 오해이다. 클라우제비츠의 명제는 논설문이 아니고, 정
치를 하려면 전쟁을 계속하라고 주장한 것이 아니다. 나폴레옹전쟁에서 전쟁
이 절대적인 형태로 변한 것은 정치의 영향 때문이고, 전쟁은 정치적 목적을
물리적 폭력으로 이룬다는 점에서 정치의 수단이고, 그런 점에서 그 명제는
전쟁이 다른 수단(물리적 폭력)으로 계속하는 정치라는 전쟁의 본질을 진술
한 설명문이다.

알랭 족스, 「무질서의 제국에서 지정학과 문명들」, 『이론』 제10호(1994. 12), 진보평론, 161~175(15쪽) [1990]

이 글에서 족스는 '제국주의와 민족운동'을 '무질서의 제국'이라고 부를 수 있는 상태에 따라 재정식화한다. 무질서의 현대적 사회학을 재정립하려면 (1) 정치적 폭력을 경제와 관련지어 재정의하고, (2) 현재의 무질서를 '신중세적 무질서'로 정의하고, (3) 지정학과 문명 사이의 관계에 더 많은 주의를 기울일 것을 제안한다(162쪽).

클라우제비츠와 관련하여 월러스틴의 다음과 같은 인식이 특히 인상적이다. '폭력은 '다른 수단으로 하는 경제적 경쟁의 추구'라는 종속적 지위에 머물 수밖에 없다.'(163쪽) 클라우제비츠의 정치와 전쟁의 목적-수단 관계를 월러스틴은 경제와 폭력의 관계로 이해한다. 적절한 이해이다. 월러스틴은 최종심에서 경제의 규정이라는 원리를 유지하고 있다.

A. 에티엔 발리바르, 「정치의 종언인가, 종언 없는 정치인가? ― 맑스와 '공산주의적 정치'의 아포리아」, 최원 번역, 『레프트대구』 창간호(2010. 5), 민중행동, 137~165(29쪽) [2008. 12]
B. 에티엔 발리바르, 「마르크스주의와 전쟁」, 임필수 옮김, 『사회운동』 제111호(2013. 6), 사회진보연대, 119~145(27쪽) [2010]

A는 정치와 전쟁(내전)의 관계에 관한 탁월한 해석이다. 계급투쟁, 내전, 정치의 관계를 해명하는 것이 문제의 핵심이다. 『공산당선언』은 계급투쟁을 정치적 투쟁으로 규정하면서도 정치의 종언으로 전망한다. 마르크스는 계급투쟁을 내전과 동일시하여 계급투쟁과 정치의 관계의 아포리아를 더욱 강화한다. 계급들이 최후의 결투를 벌이고 이를 통해 모든 착취와 지배체계를 종식시키는 묵시록적 사고에 따라 사고한다. 하지만 『자본』 제1권은 정상적인 노동일의 입법에서 계급투쟁=내전이라는 등식의 의미를 전도시킨다. 계급 간

의 내전은 역사를 갖기 때문에 이질적 요소들(국가, 공장감독관, 시민사회의 여론 등의 '배달부')의 개입으로 매개된다. 여기에서 계급투쟁은 착취의 정상성의 형태로 이행하려는 투쟁으로 이해되고, 착취에 대한 사회적 통제를 세력관계의 논리에 따라 사고한다. 하지만 마르크스는 이 정식을 끝까지 유지할 수 없었는데, 국민의 한복판에서 실제 내전(파리 코뮌)이 발발했기 때문이다. 마르크스의 질문은 군사적 대결 속에서 닫힌 정치의 공간을 어떻게 다시 열 수 있는가이다. 이것은 봉기의 정치와 시민인륜의 정치의 변증법적 관계를 이해하는 문제이기도 하다. 즉 '혁명의 문명화' 문제를 고민해야 한다.

클라우제비츠와 관련된 부분을 인용한다. '정치와 전쟁의 가역성은 푸코까지 연장된다. 클라우제비츠의 정식을 뒤집어서 정치가 '다른 수단으로 하는 전쟁의 계속'이라는 푸코의 정식화는 계급투쟁에 관한 지적인 틀을 완전히 재정의했다. 이 포스트-레닌주의적 계기는 푸코에 앞선 그람시와 슈미트를 포함한다. 여기에서 적대가 없이는 정치가 없다는 테제에 대한 성찰이 작동한다.'(148쪽)

B에서는 번역자의 말을 통해 글을 간략히 요약하고 정리한다.

B의 「마르크스주의와 전쟁」은 세 가지 질문을 제기한다. 첫째, 계급투쟁을 '내전'(civil war) 또는 '사회적 전쟁'(social war)으로 개념화하는 것이 적절한가? 마르크스는 『공산주의자 선언』에 나타난 '계급투쟁=내전'이라는 등식을 유지할 수 있었나? 러시아혁명 이후 프롤레타리아 독재 모델을 '지속되는 내전'으로 보는 관점은 마르크스주의에 어떤 효과를 발휘했나?

둘째, 자본주의 내부에서 전쟁의 특유성은 무엇인가? 마르크스와 엥겔스의 분석은 여전히 유효한가? 여기에서 무기 경쟁이 자본 축적 과정만큼이나 무제한적이라는 문제가 출현하며, 나아가 식민지 분할 또는 포스트-식민지 분할이라는 조건에서 세계적인 수준에서 대중의 분할이라는 문제에 직면한다. 따라서 "국제주의의 '현실검증'은 정확히 전쟁 중에 이루어졌다."는 진단은 의미심장하다.

셋째, '혁명전쟁'이라는 개념은 여전히 유효한가? 앞서 언급한 것처럼 모택동은 역사적으로 제일 클라우제비츠적으로 그의 공리를 재해석하고 실천했으나 고유한 난점에 봉착했다. 따라서 '새로운 전쟁' 또는 '세계적 폭력시대'라는 조건에서 사회변혁적 전망은 극단적 폭력의 영구적 구조를 다루어야만 한다. 전쟁은 항상 이미 정치의 정상적 수단이었지만, 이제 우리는 정치를 만드는 '다른 수단'을 탐색해야 한다는 영구적 과제를 안고 있다.

P. H. 비거, 『소련의 전쟁관·평화관·중립관』, 권인태; 이민룡 번역, 형성사,
　　1984. 8, 298쪽 [1975]

전쟁, 평화, 중립에 관한 소련 공산당의 관점, 견해, 전제를 비교적 객관적으로 정리했다. 전쟁관에 관한 서술 분량이 전체 분량의 70%를 넘는데 비해 평화관과 중립관은 간략히 서술되어 있다. 레닌과 소련의 전쟁관에는 클라우제비츠의 이론이 깊이 각인되어 있다. 책 전체에 걸쳐 클라우제비츠를 언급하고 있지만, 주로 제2장의 10~12(111~124쪽)에서 클라우제비츠를 자세히 다루고 있다. 몇 가지 중요한 내용을 인용하는 것으로 요약을 대신한다.

'기독교 교리를 알지 못하는 사람이 서구의 역사를 제대로 파악하지 못하는 것처럼, 레닌의 교리를 알지 못하면 소련의 정치경제를 올바르게 연구할 수 없다.'(9쪽)

'서방세계는 전쟁을 신이 인간에게 내리는 징벌처럼 가혹한 재앙으로 간주하는 경향이 있다. 즉 전쟁은 뚜렷한 이유 없이 일어나고, 전투가 끝나도 목적은 실현되지 않는다고 생각한다. 예를 들어 제1차 세계대전은 인간의 어리석음과 철도의 특수성이 복합되어 발발했다고 본다.'(12쪽) '하지만 마르크

스-레닌주의에서 전쟁은 사회에 계급이 존재하기 때문에 발생한다. 노예사회, 봉건사회, 자본주의사회에서 전쟁은 불가피한 현상이다.'(13쪽)

'소련은 전쟁을 정치적 행동으로 파악한다. '전쟁이 정치의 수단'이라는 클라우제비츠의 명제에 레닌은 전적으로 동의했다. 전쟁에 대한 레닌의 관심은 주로 전쟁이 혁명에 미치는 영향과 사회적 현상으로서의 전쟁에 있었다.'(16~20쪽)

'마르크스와 엥겔스에 따르면 전쟁은 계급사회의 산물이고, 볼셰비키 혁명가들도 전쟁을 계급사회를 혁명화하는 촉매제로 평가했다. 마르크스의 견해로는 전쟁의 유일한 원인은 계급체계의 존재이다. 착취계급과 피착취계급, 지배계급과 피지배계급의 존재가 전쟁을 일으킨다.'(24~25쪽)

'지배계급은 노동자들을 복종시키려고 군대를 사용할 수 있다. 예를 들어 영국은 1926년의 총파업에 군대를 동원했는데, 이때 군대의 동원은 외부의 침입으로부터 영국을 보호하는 것과는 아무런 상관이 없었다. 군대로 파업을 억누르고 자본가들은 승리했다. 총파업 기간에 자본가들은 영국 군대의 도움으로 이익을 보았고 노동자들은 손실을 입었다. 착취계급은 전쟁을 하는 것이 그들에게 이익이 된다면 언제나 전쟁에 탐닉한다. 자본주의가 존재하는 한 전쟁은 계속 존재하고, 제2차 세계대전의 발발이 공산주의자들의 견해가 옳다는 것을 증명한다. 이런 견해를 갖고 있기 때문에 마르크스-레닌주의자들은 (모든 전쟁에 반대하는) 순진한 평화론자들을 경멸한다.'(26~27쪽)

서방세계는 독립된 주권국가들 간의 전쟁만을 연구대상으로 삼는데, 마르크스주의 이론은 내전, 민족해방전쟁, 혁명전쟁을 모두 고려한다. 예를 들어 17세기의 영국혁명, 18세기의 프랑스혁명, 파리 코뮌, 러시아의 10월혁명은 내전이다. 19세기 초에 프랑스에 맞선 스페인의 전쟁은 민족해방전쟁이고, 1792년의 발미전투 이후 프랑스혁명군이 무력으로 봉건세력에 맞선 것은 혁명전쟁이다(29~31쪽).

'부르주아 지배자들은 전쟁으로 이익을 볼 수 있다면 언제든지 전쟁을 하려고 한다. 예를 들면 1920년에 레닌은 미국과 일본 간에 전쟁이 일어날 것이라고 예견했다.'(38~39쪽)

'전쟁에는 정당한 전쟁과 부당한 전쟁이 있다. 전자는 합법적, 진보적, 혁명적 전쟁이고 후자는 반동적, 약탈적, 강탈적 전쟁이다. 인민을 예속시키려는 외부의 침략에서 인민을 수호하거나 자본주의 예속에서 인민을 해방시키거나 제국주의자들의 압제에서 식민지나 예속국가를 해방시키려는 목적으로 수행하는 비약탈적 전쟁은 정당한 전쟁이다. 다른 국가나 인민을 장악하고 예속시키는 목적을 갖는 약탈적 전쟁은 부당한 전쟁이다.'(40~41쪽)[10]

'공격적 전쟁과 방어적 전쟁은 서방 사람에게는 완전히 상반되는 것일지 모르지만, 레닌에게는 이 개념 간에 본질적으로 차이가 없다. 이보다는 침략전쟁과 자위전쟁의 구분이 소련에 더 적절하다.'(83쪽)

'마르크스와 엥겔스는 혁명주의자들이 혁명적 목적을 위해 일으키는 침략에 대해 전적으로 찬성했다. 레닌에게도 실제로 누가 먼저 발포했느냐 하는 문제는 전쟁 책임을 판단하고 어느 편을 지지할 것인지를 결정하는데 중요하지 않다.'(94~97쪽)

'1930년대에 지구상에서 가공할 만한 군사력을 보유한 팽창주의적 강대국은 독일, 이탈리아, 일본이었다. 이들은 '침략'에 해당하는 행동을 저질렀다.'(105~106쪽)

'미국이 한국전쟁에 참전한 것은 서구의 영향력 있는 많은 간행물로부터 '침략'(서방 사람들에게 극히 감정적인 단어)이라는 오명을 받았다. 또한 이들 간행물은 서구세계 정부의 태도에도 현저한 영향을 미쳤다. 소련은 한국전쟁을 '민족해방전쟁'으로 간주하기 때문에 북한이 남한을 침공한 것은 침략에 해당되지 않는다.'(106~107쪽)

'전쟁이 다른 수단으로 하는 정치의 계속이라는 클라우제비츠의 명제는 레닌과 오늘날의 소련에 큰 의미를 던져주고 있다.'(112쪽)

---

10. 이런 정의와 구분은 이 책의 39~82쪽에서 여러 번 나온다.

'레닌에 따르면 파리 코뮌은 너무 '온건해서' 실패했다. 파리 코뮌은 프롤레타리아혁명을 지향했고 프롤레타리아혁명이 성공하려면 냉혹성과 엄격함을 갖추어야 했다.'(118쪽)

'러시아혁명 기간에 그리고 내전이 발발하기 전에 레닌은 러시아의 부르주아들이 저항하리라는 것을 알았고, 이미 1905년에 그것을 예견했다. 그런데 레닌은 그들이 저항하기를 원했다. 그것이 그들을 붕괴시키는데 제일 쉬운 방법이기 때문이다. 혁명은 내전 없이는 성공할 수 없다.'(119쪽)

'전쟁은 국가에 대한 시험이다. 전쟁은 경화되어가는 사회구조에 대해 가차 없이 사형을 선고한다.'(137쪽)

'폭력은 낡은 사회를 새로운 사회로 이행시키는 산파 역할을 담당한다. 폭력 그 자체는 경제적 힘에 해당한다.'(173쪽)

레닌, '폭력의 성질이 혁명적인지 반동적인지 구분 짓는 조건을 검토하지 않은 채 일반화된 폭력의 개념을 말하는 것은 혁명을 포기하는 것과 다름없고, 궤변으로 자신뿐만 아니라 타인을 기만하는 행위와 같다.'(175쪽)

'바라는 것이 있을 때 이를 결코 말하지 않는다. 자기가 바라는 것을 갖고 있는 자들을 정복하는 것이 자신의 도덕적·종교적 의무라는 불같은 확신이 들 때까지 참고 기다린다. 그때에 이르면 행동을 억누를 수 없게 된다.' 대영제국을 건설하려는 빅토리아 시대의 영국 사람들을 버나드 쇼는 이렇게 묘사했다. 이와 마찬가지로 소련은 '마르크스주의적 열망'과 '소비에트 민족주의'에 이익이 되지 않는 한 폭력을 쓰지 않을 것이다(177~178쪽).

'소련 지도자들은 서방세계의 경제력이 전반적으로 공산진영의 경제력보다 우위에 있다는 것을 잘 알고 있다. 그래서 그들은 그들 자신의 이론에 비추어 실패할 것이 틀림없는 전쟁에 결코 개입하지 않을 것이다.'(188쪽)

'서방세계가 소련을 두려워한다는 것은 서구인들에게 새로운 사실이 아니다. 하지만 소련인들도 역시 서방세계를 두려워한다는 사실을 서구인들은 잘 모르는 것 같다.'(189쪽)

'어떠한 경우에도 소련은 핵전쟁을 원하지 않고, 핵전쟁으로 확대될지도

모르는 어떠한 모험도 매우 꺼려한다.'(192쪽)

'평화는 전쟁이나 갈등이 없는 상태로 정의되지만, 레닌은 다르게 해석한다. '두 전쟁 사이에 일시적이고 불완전한 휴전' 또는 '전생 사이의 휴식기'이고, 전쟁은 여러 형태의 평화를 얻는 수단이다. 브레스트-리토프스크 조약이 그 대표적인 예에 해당한다.'(227~228쪽)

베트남전쟁과 한국전쟁의 비교, 평화조약을 맺느냐 맺지 않느냐 하는 데서 지리적 조건이 미친 영향에 관한 서술은 설득력이 있다(229~233쪽). 베트남전쟁에 대한 분석과 설명은 상당히 객관적인 시각을 보인다(287~288쪽).

'중립주의 외교정책에는 네 가지 중요한 의미가 내포되어 있다. (1) 냉전에서 어느 한쪽도 지지하지 않는다. 그래서 자신의 영토를 어느 한쪽의 군사기지로 제공하지 않는다. (2) 반식민주의. (3) 전 세계적인 군비축소 지지. (4) 유엔의 여러 전쟁결정기관에 중립주의 국가들의 대표권을 더 신장시킬 것을 요구한다.'(250쪽)

공산주의가 전 지구상에 수립될 때까지 소련은 전쟁을 외교정책의 수단으로, 세계적 혁명 과정의 가치 있는 대행물로 간주할 것이다. 소련의 관점에서 사회주의와 자본주의 간에 평화와 호의, 평화와 상호협력이라는 의미의 평화와 같은 개념은 있을 수 없다. 중립의 개념은 마르크스의 이론에 의해 인정되지 않는다.

역자후기, '이 책만큼 전쟁, 평화, 중립에 대한 소련의 태도를 잘 정리한 책은 없는 것 같다. 마르크스, 엥겔스, 레닌의 견해로부터 오늘날 소련 공산당 지도자들의 견해에 이르기까지 전쟁 문제에 대한 공산주의자들의 태도를 객관적인 차원에서 체계적으로 분석했다. 그들은 전쟁을 군사적, 기술적 측면보다 정치적, 사회적 측면에서 해석하고 있다. 이 책은 고전적인 마르크스-레닌주의의 전쟁 개념뿐만 아니라 오늘날 소련의 전략적 사고방식도 이해하게 한다.'(297쪽)

프랑스혁명과 나폴레옹전쟁에 관한 문헌을 언급한다.

알베르 소불, 『프랑스혁명사』, 최갑수 옮김, 교양인, 2018. 6, 810쪽 [1962, 개정
    판 1995]

여기에서는 우리나라 군인 출신 연구자들이 '국민총동원령'이라고 언급
하는 부분만 인용한다.
    '국민공회는 1793년 8월 16일 총동원의 기본 방침을 확정했고, 공안위원
회는 1793년 8월 23일 바레르의 보고에 따라 총동원의 시행 세칙안을 제출
하기로 했다. '이제부터 적군이 공화국의 영토 밖으로 쫓겨날 때까지 모든 프
랑스인은 군대에 복무하기 위해 상시 징집된다. 젊은이들은 전쟁터로 갈 것이
다. 기혼 남성들은 무기를 제조하고 식량을 운반할 것이다. 부녀자들은 막사
와 제복을 만들고 병원에서 간호를 맡을 것이다. 아이들은 헌 속옷으로 외과
용 거즈를 만들 것이다. 노인들은 광장에 모여 사기를 고무하고, 군주들에 대
한 증오심과 공화국을 통합해야 할 필요성을 가르칠 것이다.'(383~384쪽)
    Levée en masse는 이 번역처럼 총동원으로 번역하는 것이 정확하다. 총
징집, 대량동원으로 번역할 수도 있다. 이 말에는 '국민'이 없고, 그래서 국민
총동원이라고 할 필요는 없다.

막스 갈로, 『프랑스 대혁명』, 박상준 옮김, 민음사, 2013. 6, 1권 510쪽, 2권 512
    쪽 [2008~2009]

이 책에서도 한 부분만 언급한다.
    '혁명지도자 중에 한 사람이었던 시에예스는 대중적인 소책자 『제3신분
이란 무엇인가?』에서 혁명가들의 목표를 짧고 간결하게 말했다.
    우리는 우리 자신에게 세 가지를 질문해야 한다.
    첫째, 제3신분이란 무엇인가? 모든 것이다(everything).
    둘째, 제3신분은 현재까지 정치적으로 무엇이었는가? 아무것도 아니었
다(nothing).

셋째, 제3신분은 무엇을 요구하는가? 상당한 것이(something) 되기를 요구한다.'11

A. 에릭 홉스봄, 『혁명의 시대』, 정도영; 차명수 옮김, 한길사, 1998. 9, 590쪽 [1962]
B. 에릭 홉스봄, 『자본의 시대』, 김동택 옮김, 한길사, 1998. 9, 606쪽 [1975]
C. 에릭 홉스봄, 『제국의 시대』, 김동택 옮김, 한길사, 1998. 10, 638쪽 [1987]
D. 에릭 홉스봄, 『극단의 시대: 20세기 역사』, 이용우 옮김, 까치, 1997. 7, 839 쪽 [1994]

A에서 홉스봄은 나폴레옹이 속전속결에서는 승리했고 지구전이나 장기전에서는 패배했다는 간단한 도식으로 나폴레옹전쟁을 요약한다. 라이프치히전투나 워털루전투를 보면 홉스봄의 말이 완전히 맞는 것은 아니다.

A는 나폴레옹전쟁 자체보다 프랑스혁명과 나폴레옹전쟁 그리고 그 시대배경을 이해하는 자료로 훨씬 좋다. 이 시대를 넘어 '긴 19세기' 전체를 이해하는 데는 홉스봄의 시대 3부작(『혁명의 시대』, 『자본의 시대』, 『제국의 시대』)을 전부 읽어야 할 것이다. 시대 3부작은 우리 시대의 고전이다.

A에서 (나폴레옹전쟁과 무관하게) 내게 인상적으로 다가온 문장 하나를 인용한다. '이론적으로는 재능에 대해 문호가 활짝 열린 세계, 그리고 실제로는 질서정연한 불공정에 의해 비열한 관료들과 배부른 속물들이 독점한 세계, 이 두 세계가 크게 대조를 이루면서 하늘에 구원을 애걸했다.'(480쪽) 이것은 낭만주의 시대, 모든 중간적인 것에 적대적이고 무엇이든지 극단주의적이었던 유럽의 낭만주의 시대를 특징화한 문장인데, 1948년 이후부터 오늘날까지의 한국을 묘사하는 문장으로도 손색이 없다. 그 점에서 한국은 무척

11. 갈로, 『프랑스 대혁명 1』, 130쪽 참조. 시에예스의 『제3신분이란 무엇인가』가 우리말로 번역되어 있다. 인용한 부분은 시에예스, 『제3신분이란 무엇인가』, 13~56쪽 참조. 이 부분의 번역은 휴버먼, 『자본주의 역사 바로 알기』, 189쪽에 있는 번역이 좋다.

'낭만적인' 세계인 것 같다. 홉스봄의 문장은 (번역자가 지적하듯이) 정곡을
찌르면서도 잘 다듬어져서 우아하고 아름다워서 거역하기 어려운 설득력으
로 다가온다(582쪽).

그레고리 프리몬-반즈; 토드 피셔, 『나폴레옹 전쟁 - 근대 유럽의 탄생』, 박
　　근형 번역, 플래닛미디어, 2009. 8, 651쪽 [2004]

　　이 책은 서지사항만 언급한다. 책에 옮긴이 소개와 말이 없어서 좀 의아
하다.
　　프랑스혁명이나 나폴레옹의 시대와 달리 프리드리히 대왕의 시대를 알
수 있는 자료는 드문 편이다. 아래에 하나를 소개한다.

프란츠 메링, 『레싱 전설』, 윤도중 옮김, 한길사, 2005. 6, 590쪽 [1891/1892,
　　1893]

제1부 레싱 전설의 비판적 고찰　　　8. 프리드리히의 외교와 작전
　　5. 프리드리히 왕과 레싱　　　　　9. 7년전쟁의 심리학
　　6. 브란덴부르크-프로이센 국　　제2부 레싱과 레싱 전설
　　7. 프리드리히의 계몽전제주의

　　이 책으로 프랑스혁명 이전 프로이센의 역사를 간접적으로 알 수 있다.
레싱은 1729~1781년에 살았고, 프리드리히 대왕은 1712~1786년에 살았다. 메
링의 고전 『레싱 전설』에는 (특히 제1부 5~9에는) 7년전쟁을 전후한 시기에
프로이센의 군대와 전쟁을 이해하는데 도움이 되는 배경지식이 많이 담겨 있
다. 18세기 프로이센의 역사에 관해 우리말로 된 책이 드문 상황에서 메링의
『레싱 전설』은 매우 유용하다.

　　전쟁과 시대배경을 이해하는데 도움이 되는 글을 소개한다.

A. 마이클 하워드, 『평화의 발명 : 전쟁과 국제 질서에 대한 성찰』, 안두환 옮김, 전통과현대, 2002. 10, 168쪽 [2000, 2002]

B. 마이클 하워드, 『유럽사 속의 전쟁』, 안두환 옮김, 글항아리, 2015. 6, 400쪽 [1975, 개정판 2009]

두 책은 18~19세기를 포괄하면서 개괄적으로 설명하고 있다. 다음은 A의 차례이다.

A는 전쟁에서 어떻게 평화를 '발명'해야 하는지 고민하고 있는 글이다. 우리에게는 유럽의 중세와 근대의 전쟁 모습과 시대배경을 이해하는데 도움이 된다. 특히 'Ⅱ 성직자와 왕 : 800~1789'와 'Ⅲ 국민과 국가 : 1789~1918'이 그러하다. 이 책은 B 초판의 속편 격이다.

독일어 『전쟁론』 첫 페이지에 나오는 용어와 관련해서 번역자 안두환은 중요한 각주를 달았다. 푸블리치스텐(Publizisten, 단수는 Publizist)은 '18세기 독일의 계몽주의 철학자 및 저술가를 통칭하는 말로 사회적인 문제에 대한 비판적 사고를 개진하였다.'(41쪽 각주 17) 안두환이 이 해설의 출처를 달았으면 좋았을 것이다. 그러면 『전쟁론』 첫 페이지의 해당 부분, 즉 "여기에서는 여론을 듣고 느리고 번거롭게 전쟁을 정의하지 않고"(『전쟁론』 59쪽, 원문은 'Wir wollen hier nicht erst eine schwerfällige publizistische Definition des Krieges hineinsteigen.') 부분을 달리 번역할 수 있을 것 같다.

다음 쪽은 B의 차례이다.

B도 클라우제비츠와 직접 관련이 없지만 읽을 만한 글이다. 유럽의 전쟁을 기사들의 전쟁, 용병들의 전쟁, 상인들의 전쟁, 전문가들의 전쟁, 혁명의 전

쟁, 국민들의 전쟁, 기술자들의 전쟁으로 나누어서 서술했다. 클라우제비츠와 관련된 부분은 제5장 '혁명의 전쟁' 부분이다.

이 책에서는 군주정과 공화정의 차이를 잘 보여주는 한 부분만 인용한다. '예나전투의 패배 이후 샤른호스트는 프로이센 군대를 개조할 목적으로 설립된 군개혁위원회의 위원장에 임명되었다. 프로이센 군대가 국민으로부터 경멸받고 채찍에 의해서만 질서가 잡히는 장기복무 징집병들로 이루어져 있는 한, 어떠한 개혁도 불가능했다. 군대는 애국자들로 구성되어야 했다. 하지만 그나이제나우가 냉정하게 지적했듯이 '조국을 효과적으로 지키려면 먼저 그들에게 조국을 주어야 했다.' 그런데 조국이 단순히 호엔촐레른 가문의 세습영토를 말하는 것인가? 그렇지 않으면 좀 더 광범위하고 숭고한 개념으로서 독일을 말하는 것인가? 이는 위험한 생각이었다. 호엔촐레른 왕가와 합스부르크 왕가 그리고 그들을 따르는 귀족들은 바로 그와 같은 생각을 억누르려고 프랑스와 전쟁을 하고 있었기 때문이다. 프랑스혁명의 불길에 또 다른 '혁명'으로 맞서는 것은 프로이센과 오스트리아의 군주와 영주들에게 결코 매력적인 전망이 아니었다. 샤른호스트와 그의 동조자들은 궁정과 군대에서 극심한 반대에 부딪혔고, 클라우제비츠를 포함한 일부 장교들은 프로이센의 현실에 실망하여 러시아 군대로 자리를 옮겼다.'(196쪽) 나폴레옹전쟁을 수행하는 동안에도 프로이센과 오스트리아 '국가'는 여전히 호엔촐레른 가문과 합스부르크 가문의 소유물이었다.

『전쟁론』에 나오는 '제국 군대'를 독일 제3제국 군대로 이해하는 번역이 있는데, 이는 오류이다. 제국 군대는 신성로마제국 군대를 가리킨다. 또한 『전쟁론』에는 30년전쟁에 관한 언급이 몇 번 나온다. 이 두 가지와 관련된 우리말 문헌을 소개한다.

기쿠치 요시오, 『결로 사라지지 않는 로마, 신성로마제국』, 이경덕 옮김, 다른
　　세상, 2010 [2002]
C. V. 웨지우드, 『30년 전쟁 : 오늘의 유럽을 낳은 최초의 영토 전쟁 1618~
　　1648』, 남경태 옮김, 휴머니스트, 2011. 6, 727쪽 [1938, 2005]

　『30년 전쟁』은 30년전쟁에 관한 방대한 역사서로서 그 시대와 전쟁에 관
한 배경지식을 얻는데 유용하다.
　마지막으로 마케팅과 관련된 책을 약간 언급한다.

A1. 앨 리스; 잭 트라우트, 『전쟁론에서 배우는 마케팅 불패의 전략』, 조경애;
　　김형철 옮김, 길벗, 1995. 10, 270쪽 [1986, 2006]
A2. 앨 리스; 잭 트라우트, 『마케팅 전쟁 : 클라우제비츠의 『전쟁론』에서 배우
　　는 21세기 마케팅 행동원칙』, 안진환 옮김, 비즈니스북스, 2006. 4, 317쪽
　　[2002]

　우리는 A2를 살펴보는데, 이런 대중서적은 출판사의 책소개를 인용하는
것도 괜찮을 것 같다. '이 책은 (2500년간의 전쟁사를 연구한) 클라우제비츠
의 전략적 원칙을 통해 오늘날 기업과 마케터들이 언제 어떻게 공격과 방어
전술을 펼쳐야 하는지 알려준다. 또한 전쟁사에 농축된 전략적 원칙을 마케
팅의 본질과 핵심에 적용하여 성공적인 마케팅에 이르는 구체적인 방법과 지
름길을 제시한다.
　마케팅에 관한 고전적인 정의는 소비자의 필요와 욕구를 충족시키는 것
이지만, 오늘날에는 소비자의 욕구를 아는 것만으로는 강력한 경쟁력을 갖
지 못한다. 이미 다른 경쟁기업들도 동일한 고객의 욕구를 충족시키고 있기
때문이다.

이제 모든 기업들은 경쟁자에 초점을 맞춰야 한다. 즉 경쟁회사들의 강점과 약점을 발견하고 언제 어떻게 공격하고 방어해야 할지를 배우지 않으면 21세기 마케팅 전쟁에서 살아남을 수 없다.'

마케팅은 영업, 판매, 홍보, 시장 등으로 번역할 수 있을 것이다. 광고가 '자본주의의 꽃'인 것처럼, 이 책은 책 전체에서 광고전략을 많이 소개하고 있다. 각 장마다 클라우제비츠의 문장을 인용하는 것으로 시작한다.

이런 대중서적에서 번역 문제를 지적할 필요는 없을 테지만 오역이 심각해서 두 군데만 지적한다. 『마케팅 전쟁』 독자들이 『전쟁론』 독자들보다 많을 것이고, 『마케팅 전쟁』을 통해 클라우제비츠의 생각이 잘못 전달될 수 있기 때문이다. A2의 번역으로는 문장의 뜻이 제대로 전달되지 않는다.

김만수 번역(18), 385쪽	A2, 230쪽
피를 흘리지 않고 승리한 최고지휘관이 있다는 말은 듣지 못했다. 물론 피비린내 나는 전투는 무서운 광경이다. 하지만 이는 다만 전쟁의 적나라한 모습을 더 정확히 인식하게 하는 이유가 되어야 하는 것이다.	피를 흘리지 않고 정복했다는 장군의 말에 귀를 기울이지 말라. 대량학살은 끔찍한 광경이기는 하지만, 이것은 전쟁에 더욱 경의를 표해야 할 근거인 것이다.

안진환이 말한 정복이나 대량학살은 오역이다. 그런데 이 맥락에서 '경의'는 최악의 오역이다. 클라우제비츠는 그렇게 말하지 않았다. 아래에는 A1과 A2의 오역을 같이 본다.

김만수 번역(18), 76~77쪽	A1, 268쪽	A2, 303쪽
인간의 활동 중에 전쟁만큼 그렇게 끊임없이 그리고 그렇게 폭넓게 우연과 접촉하고 있는 활동도 없다. 인간 행동의 모든 영역에서 전쟁이 도박에 제일 가깝다.	인간이 행하는 활동 가운데 운과 그토록 지속적이고도 보편적으로 관계를 맺고 있는 것이 또 있을까. 전쟁은 카드게임과 너무도 비슷하게 닮았다.	지속적으로 또는 보편적으로 기회와 연결되는 인간행동은 없다. 전쟁은 카드 게임과 아주 흡사하다.

독일어는 우연(Zufall)과 운(Glück)을 구분해서 사용하지만 운에 우연의 뜻도 있어서 A1의 운이 A2의 기회보다 낫다. A2의 첫 번째 문장에서 안진환은 (독어의 Zufall의 영어 번역에 해당하는) chance를 기회로 옮긴 것으로 보인다. 그 영어 단어만 보면 기회가 맞을 수도 있지만 『전쟁론』의 맥락에서는 오역이다. '우연'이라고 해야 한다.[12]

보스턴컨설팅그룹 전략연구소 편, 『전쟁과 경영 : 클라우제비츠에게 배우는
　　전략의 지혜』, 보스턴컨설팅그룹 서울사무소 옮김, 21세기북스, 2001. 1,
　　245쪽 [2001]

오늘에서 본 클라우제비츠	1장 천재는 전장에서 만들어진다
『전쟁론』에서 발견하는 경영 전략	2장 불확실성 속에서 빛나는 이성
역사 속의 클라우제비츠	3장 전략 : 전체 행동의 조용한 조화
클라우제비츠 전략론의 기본 원칙	4장 군인의 미덕은 훈련되는 것이다
군사 전략과 경영 전략	5장 전략을 넘어서

'오늘에서 본 클라우제비츠'는 책의 구성 의도가 무엇인지, 클라우제비츠의 전략론이 오늘날 기업경영에 어떤 시사점을 주는지 소개했다. 본문은 『전쟁론』 중 전략론의 정수를 보여주는 내용을 편집해서 수록했다(8쪽). 즉 이 책의 1장~5장은 (배스포드가 말하듯이) 『전쟁론』 중에 CEO의 성공적인 비즈니스에 도움이 될 만한 내용의 발췌 번역이다.[13] 그 부분의 분량이 책 본문 분량의 77%에 이른다. 그래서 이 책이 경영전략에 포커스를 맞춘 책일 것이라는 우리나라 독자의 예상은 무참히 깨진다.[14] 그럼에도 '오늘에서 본 클라

---

12. 『전쟁론』과 관련된 다른 영어문헌의 번역을 보아도 대부분의 번역이 '우연'을 '기회'로 잘못 옮긴다. 우리말로 우연은 '아무런 인과관계 없이 뜻하지 아니하게 일어난 일'이고, 기회는 '어떤 일을 하는데 적절한 시기나 경우'이다. 완전히 다른 뜻이다. 영어는 chance로 우연과 기회를 모두 표현하지만, 독일어는 우연(Zufall)과 기회(Gelegenheit)를 다른 단어로 표현한다. 운(운수)은 '이미 정해져 있어 인간의 힘으로는 어찌할 수 없는 것으로서 천운'을 말한다. 물론 나는 이 문장 하나로 A1의 번역과 A2의 번역의 수준을 평가하지는 않는다.

13. http://www.clausewitz.com/mobile/cwzbiblenglish.htm

우제비츠 : 경영자를 위한 전략론'의 내용은 훌륭한 편이다. 차례에서 언급한 내용을 충실하게 담고 있다.

이 책은 경영전략을 염두에 두면서 『전쟁론』 일부를 읽는다고 생각하고 편한 마음으로 대해야 할 것이다. (영어 중역이라서 오역이 가끔 보인다.) 번역 중간의 박스 안에 담긴 많은 글을 통해 19세기의 유럽 상황과 주요 개념을 이해할 수 있다.

옮긴이의 말 일부를 인용한다. '이 책에서 소개하는 전략은 전쟁의 성공 요소를 원론적으로 이해하고 현실의 기업경쟁에서 그 교훈을 되새겨보려는 독자에게 기습, 후퇴, 반격, 게릴라전 등의 의미와 효과에 대한 시각을 제공한다.…이 책은 근본적으로 때로 철학적으로 전쟁의 다양한 요소를 전략적으로 고찰한다. 불확실한 상황에서의 방향설정, 자원관리, 지도자의 역할 등은 현대 기업의 무한경쟁에서의 전략설정, 핵심역량 제고, 최고경영자의 역할과 많은 유사점이 있다.'(6~7쪽)

이 책의 시사점. 첫째, 불확실성에서 문제의 해결대안을 하나의 원칙이나 이론으로 명확히 하려는 시도는 무모하다. 둘째, 천재성을 상황 인식의 엄격함, 차별화를 위한 부단한 시도, 용기와 결단력으로 정의한다. 셋째, 전략의 중요성을 강조하면서도 절대적 힘의 우위 또는 수적 우위를 인정한다(7~8쪽).

* * *

이제 고전 또는 고전이라고 할 만한 문헌을 따로 언급한다. 『전쟁론』을 언급하면서 『손자병법』을 빼놓을 수 없다. 『전쟁론』과 늘 비교되는 책이 『손

---

14. 알라딘 독자서평 참조.

자병법』이기 때문이다. 제일 먼저『손자병법』을 언급한다. 아래의 두 종만 언급한다.

A. 리링,『전쟁은 속임수다 : 리링의『손자』강의』, 김승호 옮김, 글항아리, 2012. 12, 928쪽 [2007]

B. 손자,『손자병법』, 김원중 옮김, 휴머니스트, 2016. 9, 360쪽

다음은 A의 차례.

제1강『손자』는 어떤 책인가	제9강 제7편 군쟁
제2강『손자』, 어떻게 읽을 것인가	제10강 제9편 행군
제3강 제1편 시계	제11강 제10편 지형
제4강 제2편 작전	제12강 제11편 구지
제5강 제3편 모공	제13강 제8편 구변
제6강 제4편 군형	[부록] 마오쩌둥의 군사론
제7강 제5편 병세	제14강 제12편 화공
제8강 제6편 허실	제15강 제13편 용간

A는 매우 훌륭하다. '현존하는 최고의『손자』주석서이자 해설서'라는 말이 과장이 아닌 것 같다. 이 책은 원문에 대한 문헌학적 연구 성과를 토대로 엄정하게 분석하고, 이 바탕에서 역사와 철학 등의 인문학 지식을 덧붙이고, 원문을 이해하는데 도움이 되는 많은 역사·문화 지식을 보충했다(897쪽).

책 곳곳에 클라우제비츠의『전쟁론』을 언급하고 있는데,『전쟁론』에 대한 리링의 이해는 대체로 정확하고 그 수준도 높다. 클라우제비츠의『전쟁론』과 관련해서 나폴레옹, 헤겔, 레닌, 모택동에 대한 인용과 이해도 적절하다.

B는 한문 문장의 깊이와 멋을 충실히 살린 번역이어서 독서를 즐겁게 한다.

A1. 니콜로 마키아벨리, 『군주론』, 강정인; 김경희 옮김, 까치, 2015. 2, 267쪽 [1513]

A2. 니콜로 마키아벨리, 『마키아벨리 군주론』, 신동준 옮김, 인간사랑, 2014. 10, 362쪽

A3. 니콜로 마키아벨리, 『군주론』, 박상훈 옮김, 후마니타스, 2014. 4, 352쪽

A4. 니콜로 마키아벨리, 『군주론』, 박상섭 옮김, 서울대학교출판문화원, 2013. 4, 226쪽

A1의 제3판 개역본 해제는 『군주론』을 '위기의 정치학'이라고 하는데, 나는 여기에 '권력의 심리학'을 덧붙이고 싶다. 인상적인 부분 몇 군데만 인용한다.[15]

'인간이란 다정하게 대하거나 완전히 짓밟아야 한다. 인간은 작은 피해에 대해서는 보복하려 들지만, 엄청난 피해에 대해서는 감히 복수할 엄두조차 내지 못하기 때문이다. 사람들에게 피해를 주려면 그들의 복수를 두려워할 필요가 없을 정도로 크게 주어야 한다.'(22쪽)

'소모성 열병은 초기에 치료하기는 쉽지만 진단하는 것이 어렵고, 시간이 흐르면 진단하기는 쉽지만 치료하는 것이 어렵다. 국가를 통치하는 일도 이와 마찬가지이다. 정치적 문제를 일찍 인지하면 문제를 신속히 해결할 수 있다. 그 문제를 인식하지 못하고 사태가 악화되어 모든 사람들이 알아차릴 정도가 되면 어떤 해결책도 소용없게 된다.'(25쪽)

'전쟁이란 피할 수 있는 것이 아니라 다만 적에게 유리해지고 당신에게 불리해지도록 지연되는 것에 불과하다. 전쟁을 피하려면 그 화근이 자라는 것을 결코 허용해서는 안 된다.'(25~31쪽)

'새로운 형태의 제도를 만드는 것보다 더 어렵고 위험하고 성공하기 힘든 일은 없다. 구질서에서 이익을 누리던 모든 사람들이 개혁자에게 적대적이 되

---

15. 나는 A1의 제3판 개역본을 읽었고, 여기에 언급한 쪽수도 A1의 제3판 개역본의 쪽수이다.

는 반면에, 새로운 질서에서 이익을 누리게 될 사람들은 기껏해야 미온적인 지지자로 남아있기 때문이다.'(44쪽)

'정복자는 국가권력을 탈취한 후에 그가 저지를 필요가 있는 모든 가해행위에 관해 결정해야 하고, 모든 가해행위를 일거에 저질러서 매일 되풀이할 필요가 없도록 조치해야 한다. … 지속적으로 저지르는 가혹행위로 신민들이 그에게 안심할 수 없기 때문이다. 가해행위는 모두 일거에 저질러야 하고, 그래야 그 맛을 덜 느끼기 때문에 반감과 분노를 적게 일으킨다. 그 반면에 은혜는 조금씩 베풀어야 하고, 그래야 그 맛을 더 많이 느끼게 된다.'(66쪽)

'용병대장은 야심만만하지만 용병은 분열되어 있고 기강이 문란하고 신의가 없다. 용병은 동료들과 있을 때는 용감하게 보이지만, 강력한 적과 부딪치면 약해지고 비겁해진다. 당신은 평화 시에는 용병에게, 전시에는 적에게 시달릴 것이다. 그들은 너무 하찮은 보수 이외에는 당신을 위해 전쟁에 나가 생명을 걸고 싸울 어떤 이유도 없다. 당신이 전쟁을 하지 않으면 그들은 당신에게 봉사하지만, 막상 전쟁이 일어나면 도망가거나 탈영한다.'(84쪽)

'전쟁은 군주의 직업이다.'(100쪽)

'악덕 없이 권력을 보존하기 어려울 때는 그 악덕으로 악명을 떨치는 것도 개의치 말아야 할 것이다. 미덕이 자신의 파멸을 초래하는 반면에, 악덕이 결과적으로 자신의 안전을 확보하고 번영을 가져오는 경우가 있기 때문이다.'(107쪽)

'현명한 군주는 신민의 결속과 충성을 유지할 수 있다면 잔인하다는 비난을 걱정해서는 안 된다. 너무 자비롭기 때문에 무질서를 방치해서 그 결과로 많은 사람이 죽거나 약탈당하게 하는 군주보다 소수의 몇몇을 시범적으로 처벌함으로써 기강을 바로잡는 군주가 실제로는 훨씬 더 자비로운 셈이 될 것이기 때문이다.'(112~113쪽)

'현명한 군주는 자신을 두려운 존재로 만들되, (비록 사랑은 받지 못해도) 미움을 받는 일은 되도록 피해야 한다. 미움을 받지 않으면서도 두려움을 느끼게 하는 것은 얼마든지 가능하다. 군주가 시민과 신민의 재산과 부녀자에게 손을 대는 일을 삼가면 항상 성취할 수 있다. 무엇보다도 재산에 손을 대어서는 안 된다. 인간이란 어버이의 죽음은 쉽게 잊어도 재산의 상실은 좀처럼 잊지 못하기 때문이다.'(114~115쪽)

'중립은 적을 만든다.'(148쪽)

'신중한 것보다 과감한 것이 더 좋다. 운명은 여성이다. 당신이 그 여성을 손에 넣고 싶다면 그녀를 거칠게 다루는 것이 필요하다. 그녀는 냉정하고 계산적인 사람보다 과단성 있게 행동하는 사람들에게 더 매력을 느낀다.'(167쪽)

A1. 임마누엘 칸트, 『영원한 평화를 위하여』, 오진석 옮김, 도서출판 b, 2011. 4, 110쪽 [1795, 1796 개정판]

A2. 임마누엘 칸트, 『영원한 평화』, 백종현 옮김, 아카넷, 2013. 7, 386쪽

이 책은 서지사항만 언급한다.

앙투안 앙리 조미니, 『전쟁술』, 이내주 옮김, 책세상, 1999. 1, 494쪽 [1838]

제1장 전쟁과 관련된 정략	제5장 부분적 전략 및 혼성작전
제2장 군사정책	제6장 군수 : 부대이동의 실제
제3장 전략	제7장 부대대형과 3개군의 통합·분리
제4장 대전술과 전투	

조미니는 근대 군사이론의 창시자이고, 『전쟁술』은 그의 대표작이다. 조미니는 시공과 무기체계의 변화를 초월하여 불변하는 전쟁원리를 도출하려고 했다. 19세기 전체에 걸쳐 그의 용어와 전쟁원리는 유럽과 미국에 (클라우제비츠의 『전쟁론』보다 더) 큰 영향을 미쳤고, 특히 미국의 남북전쟁에 많은 영향을 미쳤다.

조미니는 『전쟁술』에서 전략, 대전술, 군수, 공병, 소전술 등을 다루었다.

특히 '전략'에 전쟁의 모든 작전을 지배하는 불변의 과학적 원리가 있다고 강조했는데, 그 원리는 결정적 지점에 병력을 집중하는 것이다. 전략을 정치적·사회적 맥락에서 분리하여 독립적 영역으로 설정했다.

그는 군사정책, 전략, 전술, 병참, 정보 등을 체계적으로 구분했고 작전선, 공세작전, 적극방어, 기동, 행군 등의 중요성을 강조했다. 나폴레옹전쟁의 군사사상과 전쟁방식을 분석하여 용병의 기본원리로 개념화했다.

조미니는 전쟁을 기하학적인 원칙에서 설명했고 전쟁과 정치의 관계에 주목하지 않았다고 비난받지만, 직업군인제도의 발전에 기여했고 교범을 선보였다.

크레벨드는 『전쟁의 역사적 변화』 305쪽에서 조미니의 『전쟁술』에 대해 '전략에 관한 고전적 '기하학적' 접근'이라는 간략한 평을 남겼다. 『전쟁술』은 오늘날 주로 역사적·문헌학적인 가치만 갖고 있다. 이내주는 『전쟁술』의 1862년 영어 번역을 중역했다고 밝혔다.

A. 카를 마르크스, 『프랑스 혁명사 3부작』, 임지현; 이종훈 옮김, 소나무, 2017. 1, 503쪽

B1. 프리드리히 엥겔스, 『반뒤링론』, 김민석 옮김, 새길, 1988. 3, 410쪽 [1877~1878]

B2. 프리드리히 엥겔스, 『반뒤링론: 오이겐 듀링씨의 과학혁명』, 김민석 옮김, 중원문화, 2010. 1, 410쪽

B3. 프리드리히 엥겔스, 『반뒤링론: 오이겐 듀링씨의 과학혁명』, 김민석 옮김, 새길, 2012. 7, 410쪽 [개정판]

B4. 프리드리히 엥겔스, 『반뒤링론. 오이겐 뒤링 씨가 과학에서 일으킨 변혁』, 한철 옮김, 이성과현실, 1989. 10, 534쪽

마르크스와 엥겔스, 그리고 마르크스주의에 관한 문헌은 클라우제비츠와 『전쟁론』에 관한 문헌보다 방대하다. 전쟁 및 마르크스주의와 관련해서

는 위의 두 종만 언급한다.

A에는 「프랑스에서의 계급투쟁」, 「루이 보나파르트의 브뤼메르 18일」, 「프랑스 내전」의 세 글이 실려 있다. 이 기념비적인 저작에 대해 여기에서 자세히 논의하는 것은 주제넘은 짓이 될 것이다. 서지사항만 언급한다.

B1, B2, B3은 같은 책이다. B2는 B1의 복사판이다. 더 정확히 말하면 '영인본'이다. B3의 차례 일부는 다음과 같다.

서론
　제1장 총론
제1편 철학
　제12장 변증법. 양과 질
　제13장 변증법. 부정의 부정

제2편 정치경제학
　제2장 폭력론
　제3장 폭력론(계속)
　제4장 폭력론(끝)
제3편 사회주의

고대에서 근대까지 폭력과 전쟁이 수행한 역할과 위상에 대한 수준 높은 해설을 들으려면 제2편 제2장~제4장의 '폭력론'을 읽는 것이 좋다. 또한 제2편 제3장에서 횡대대형과 종대대형을 절대주의 군대와 혁명군대와 비교한 부분은 군사학도들에게도 관심이 있을 것이다.

특히 변증법의 기초를 알고 싶다면 제1편 제12장~제13장을 읽을 것을 권한다. 변증법은 역사발전의 제일 보편적인 법칙이다. 여기에서 1법칙 양에서 질로, 질에서 양으로 이행하는 법칙은 헤겔 논리학의 존재론에 대응된다. 2법칙 대립물의 상호침투의 법칙은 헤겔 논리학의 개념론과 본질론에 대응된다. 3법칙 부정의 부정 법칙은 헤겔 철학체계의 근본법칙에 대응된다.

『반뒤링론』 전체를 통해 마르크스주의를 최소한의 수준에서 이해할 수 있을 것이다.

레프 톨스토이, 『전쟁과 평화』, 박형규 옮김, 문학동네, 2016. 11, 1권 575쪽, 2017. 4, 2권 604쪽, 2017. 8, 3권 599쪽, 2017. 11, 4권 599쪽 [1869]

톨스토이는 전투의 모습을 (실제로 전투의 한복판에 있는 것처럼) 생생하게 잘 묘사하고 전달하고 있다. 특히 1812년 러시아원정에서 나폴레옹의 전진과 후퇴를 눈앞에 펼쳐진 것처럼 생생하게 묘사했다. 이런 서술은 『전쟁론』의 무미건조한 서술과 대비된다.

『전쟁과 평화』에는 '클라우제비츠'라는 이름의 인물이 등장하고, 그는 볼초겐(또 다른 독일인)에게 다음과 같은 말을 한다. '전쟁에서 유일한 목적은 적을 약하게 만드는 거야. 이 과정에서 개개인이 목숨을 잃는 손실 같은 것에 구애될 수는 없지.'[16]

이 말을 들은 안드레이는 두 독일인을 경멸한다. '독일인들은 내일 전투[보로디노 전투]에서 이길 생각이 없어. 되는대로 부숴버리려고 할 뿐이지. 저들의 머릿속에는 하찮은 이론만 있을 뿐 내일에 필요한 것이 없어. 티모힌의 마음에 있는 그것. 프로이센은 온 유럽을 나폴레옹에게 바쳤으면서도 이제와서 우리를 가르치러 왔단 말이야. 참 훌륭한 교사들이지!'[17]

티모힌의 마음에 있는 그것은 '승리는 진지, 장비, 숫자에 달린 것이 아니라 내 안에, 사람 안에, 하나하나의 병사들 안에 있는 감정으로 결정된다는'[18] 생각을 말한다. 그래서 클라우제비츠의 '이론은 '달걀껍질만큼의 가치도 없다.'는 것이 안드레이의 판단이자 톨스토이의 판단이다.'[19]

이런 판단의 근거도 있다. '내 소설에서 역사적 인물이 말하고 행동하는 모든 대목은 내가 만들어낸 것이 아니라 여러 자료에서 나온 것이고, 원고를 집필하는 동안 내 서재는 참고자료들로 완전히 도서관을 이루었고, 자료의 제목을 여기에 열거할 필요는 없겠지만 나는 언제라도 그것을 보여줄 수 있다.'[20]

서재가 참고자료로 도서관을 이루었다는 것과 어느 책을 제대로 읽고

---

16. 톨스토이, 『전쟁과 평화 3』, 322쪽.
17. 앞 책, 322쪽.
18. 앞 책, 320쪽.
19. 프리드먼, 『전략의 역사 1』, 223쪽.
20. 톨스토이, 「『전쟁과 평화』에 대한 몇 마디」, 『전쟁과 평화 4』, 544쪽.

이해한다는 것은 별개의 문제인 것 같다. 톨스토이는 클라우제비츠를 절대전쟁론자로 잘못 이해하고 있는데, 이는 톨스토이가 『전쟁론』을 제대로 이해하지 못했고, 그래서 섣부르게 판단한 것으로 보인다. 물론 지나가듯 서술한 클라우제비츠가 톨스토이나 『전쟁과 평화』 전체에 중요하지는 않을 것이다.

'1812년에 일어난 여러 사건의 원인은 무엇일까? 왜 수백만이 서로를 죽였을까. 그것은 필연적이었기 때문이고, 가을의 꿀벌처럼 혹은 수컷 짐승들처럼 서로를 죽이는 자연의 동물학적 법칙을 인간들도 수행했기 때문이다. 이 두려운 물음에 다른 대답은 없다.'[21] 수많은 병사들이 다른 수많은 병사들을 '죽인' 원인, 상대를 죽인 원인, 즉 '살인'의 원인은 톨스토이처럼 말할 수 있을지 모른다. 하지만 그것이 '전쟁'의 원인은 아니다.

'우리의 행동이 추상적일수록, 즉 타인의 행동과 결부되지 않을수록 우리는 그만큼 더 자유롭고, 타인과 결부될수록 그만큼 더 부자유에 가까워진다. 타인과 제일 강력하고 갑갑하게 끊임없이 결부되는 것은 타인에 대한 권력인데, 권력의 참된 의미는 타인에 대한 제일 큰 의존일 뿐이다.'[22] 이 말에는 작가의 통찰력도 보이고, 헤겔의 주인과 노예의 변증법도 보인다.

'1812년의 역사적인 사건의 묘사에서 나는 사건을 지배하는 듯이 보였지만 실상 다른 관련자 누구보다 부자유스러웠던 사람들의 행동에 의의를 부여할 수 없었다.'[23] 영원하고 위대한 자연에 비하면 나폴레옹의 영웅적인 행동도 초라한 것이다. 또한 전쟁에는 수많은 상황, 우연 등의 지배를 받는다. 이 역시 작가로서 느낄 법한 생각이다.

'역사적 사건에서 이른바 위대한 인물이 지닌 의미는 그리 크지 않다.'[24] '우리는 어떤 행동을 할 때 자신의 자유의지로 한다고 확신하지만, 그 행동을 역사적 의미에서 고찰하면 나는 그 행동이 예정된 것이고 피할 수 없는 것이

---

21. 앞 책, 544~545쪽.
22. 앞 책, 546~548쪽.
23. 앞 책, 548쪽.
24. 앞 책, 544쪽.

었다고 확신한다.'[25] 예정설을 말하는 것인가? 그럴 수도 있고 아닐 수도 있을 것이다. 하지만 이 말은 '승리는 하나하나의 병사들 안에 있는 감정으로 결정된다는' 앞의 말과 모순된다. 물론 이런 모순도 작가에게는 중요하지 않을 수 있다.

A. 레닌, 『사회주의와 전쟁』, 양효식 옮김, 아고라, 2017. 7, 335쪽 [1915]
B. 레닌, 『제국주의, 자본주의의 최고 단계』, 이정인 옮김, 아고라, 2017. 10, 239쪽 [1917]
C. 레닌, 『마르크스』, 양효식 옮김, 아고라, 2017. 7, 183쪽

A는 제국주의와 전쟁에 관한 올바른 인식을 보인다. 이 글에서 제국주의 전쟁을 내전으로 전화하자는 구호를 선명하게 읽을 수 있다. 몇몇 부분을 인용하는 것으로 요약을 대신한다.

'전쟁은 다른(폭력적인) 수단에 의한 정치의 계속이다. 이 유명한 경구는 전쟁 문제에 관한 가장 심오한 저술가 중 한 사람인 클라우제비츠가 한 말이다.'(37쪽)

'자본주의는 생산수단의 사적 소유이고 생산의 무정부성이다. … 어떠한 분배도 오직 '힘에 비례해서만' 이루어질 수 있고, 힘은 경제적 발전의 추이에 따라 변한다. 1871년 이후 독일의 힘의 증강 속도는 영국과 프랑스에 비해 3배 또는 4배 빨라졌고, 일본의 경우는 러시아에 비해 10배 정도 빨라졌다. 전쟁 말고 자본주의 나라의 실력을 확인하는 방법은 없고 있을 수도 없다. … 자본주의에서는 산업의 공황과 정치의 전쟁 말고는 주기적으로 교란되는 균형을 회복할 다른 수단이 없다.'(104~105쪽)

'이 전쟁은 실제로는 두 그룹으로 나뉜 강도적 대국 간의 전쟁이고, 식민지의 분할과 타민족의 예속과 세계시장에서의 이권과 특권을 위해 벌이는 전

---

25. 앞 책, 546쪽.

쟁이다. 가장 반동적인 전쟁, 자본주의적 노예제를 유지하고 강화하기 위한 현대판 노예 소유주들의 전쟁이다.'(159~160쪽) 이 전쟁은 제1차 세계대전을 말한다.

'우리는 '제국주의 전쟁의 내란으로의 전화'라는 슬로건, 즉 서구에서의 사회주의혁명이라는 슬로건을 내걸 것이다.'(191쪽)

'제국주의는 한 줌의 강대국들에 의한 전 세계 민족들의 억압이 누적적으로 고조되고 있음을 의미한다. 제국주의는 민족 억압을 확대하고 강화하기 위해 그들 강대국들이 벌이는 전쟁의 시기를 의미한다.'(244쪽)

'1912년의 바젤 선언은 이렇게 규정하고 있다. '이 충돌은 자본주의적 제국주의의 기초 위에서 일어난 충돌이다. 발칸반도 지배권을 둘러싼 오스트리아와 러시아 간의 충돌, 영국과 프랑스와 독일 간의 '소아시아에서의 정복 정책'을 둘러싼 충돌, 오스트리아와 이탈리아 간에 '알바니아를 각자 자신들의 세력권으로 끌어들여' 자신들의 '지배'하에 두려는 충돌, 영국과 독일 간의 상호 '적대'를 원인으로 두고 있다. 나아가 '아르메니아, 콘스탄티노플 등을 탈취하려는 차리즘의 시도'로 인한 영국과 독일 양국의 충돌이 모두 제국주의적 충돌인 것이다.' 그래서 이 전쟁은 타민족을 노예화하기 위해 수행되고 있고, 공공연하게 드러내고 있는 약탈적이고 제국주의적이고 반동적인 성격을 잘 보여준다. 이 전쟁은 '자본가의 이윤과 왕조의 야망을 위하여' 준비되고 있는 전쟁이다.'(303쪽)

'1914~1915년 전쟁에서 모든 대국은 약탈과 세계분할, 시장 획득 그리고 타민족에 대한 예속을 목적으로 전쟁을 수행하고 있다. 부르주아지에게 전쟁은 더 높은 고율의 이윤을 가져다준다. 한 줌의 노동관료와 노동귀족, 그리고 노동운동의 '동반자'인 소부르주아지(인텔리겐치아 등)에게 전쟁은 그 이윤의 부스러기를 약속해준다.'(307쪽)

B는 제국주의에 관한 탁월한 해석이다. 여러 자료나 도표 등을 인용하여 주장의 설득력을 높였다.

B에서 다음은 카우츠키를 비난하는 대목이지만 '조선'을 예로 들고 있어

서 인용한다. '만약 어느 일본인이 미국의 필리핀 합병을 비난한다고 가정해 보자. 그것이 필리핀을 합병하려는 자신의 욕망이 아니라 모든 병합에 대한 반대에서 나온 것이라고 믿을 사람이 얼마나 될까? 일본인의 합병 반대 '투쟁' 은 그가 일본의 조선 합병에 반대하여 들고일어날 때만, 즉 일본으로부터 조선이 분리할 자유를 요구하는 경우에만 비로소 성실하고 정치적으로 정직한 것으로 고려될 수 있다는 점을 인정해야 하지 않을까?'(203쪽) 레닌의 말은 상식이라고 할 만하다.

'제1차 세계대전은 양 진영 모두에게 제국주의 전쟁(즉 침략적이고 약탈적이고 강도 같은 전쟁)이었다. 이 전쟁은 세계를 나눠 먹기 위한 전쟁, 식민지와 금융자본의 '세력권'을 분할하고 재분할하기 위한 전쟁이었다.'(11쪽)

생산의 집적과 집중으로 독점, 카르텔, 트러스트, 콘체른이 생겨난다. 이런 현상은 은행에도 일어나서 은행자본은 금융자본화하고 금융과두제가 출현한다. 자유경쟁 자본주의는 상품을 수출하는데, 독점이 지배하는 자본주의는 자본을 수출한다. '영국의 식민지 제국주의와 구분해서 프랑스는 고리대 제국주의라고 할 수 있다.'(104쪽) '자본수출은 상품수출을 촉진하는 수단으로 활용되는데, 이때 대기업 사이의 거래는 '매수'와 종이 한 장 차이이다.'(106쪽)

'자본수출국은 은유적인 의미에서 세계를 분할했지만, 금융자본은 실질적으로 세계를 분할했다.'(109쪽) '자본가들이 세계를 나눠 먹는 것은 그들이 특별히 나쁜 마음을 먹었기 때문이 아니라 집중에 도달한 자본주의 단계가 이윤 획득을 위해 그들을 선택의 여지없이 그 길로 몰아넣기 때문이다. 이와 동시에 그들은 세계를 자본에 비례해서, 즉 힘에 따라서 나눠 먹는데, 상품생산과 자본주의 체제에서 다른 분할 방식은 있을 수 없다. 그런데 힘은 경제적·정치적 발전에 따라 변한다. 자본가들 사이에서 벌어지는 투쟁과 협약의 본질 문제를 투쟁과 협약의 형태 문제(평화나 전쟁)로 바꾸는 것은 궤변이다.'(122~123쪽)

'열강들은 세계를 분할했고, 제국주의는 자본주의의 특수한 단계이다.

독점은 자유경쟁의 직접적 대립물이다.'(143쪽) '자본주의라는 토대 위에서 한쪽의 (예를 들어 독일의) 생산력 발전 및 자본 축적과 다른 쪽의 (예를 들어 영국의) 금융자본을 위한 식민지 및 세력권의 분할 사이에 존재하는 불균형을 없애는데 전쟁 이외에 다른 수단이 있을 수 있겠는가?'(160~161쪽) '아프리카의 9/10가 정복되고 전 세계가 분할되었을 때 세계의 분할과 재분할을 위한 특별히 첨예한 투쟁의 시대가 오는 것은 필연적이었다.'(207쪽)

'세계 최고의 상업국가 영국에서 금리생활자의 소득이 외국무역에서 얻는 소득의 5배에 이른다. 이것이 제국주의와 제국주의적 기생성의 본질이다.'(165쪽) '독점, 과두제, 지배를 향한 열망, 제일 부유하고 힘센 민족이 약소민족을 착취하는 것 등이 제국주의를 기생적 자본주의 또는 부패하고 있는 자본주의로 규정하게 한다. '금리생활자 국가' 또는 '고리대금업자 국가'의 형성이 제국주의 경향으로 뚜렷이 나타나고, 그 나라의 부르주아는 점점 더 자본수출과 '이자놀이'로 생활하게 된다.'(207쪽)

'높은 독점이윤을 획득한 자본가들은 그 결과로 노동자의 특정계층을 매수할 수 있는 경제적 가능성을 지니게 된다. 그 계층을 나머지 모든 노동자들에 맞서 부르주아 편으로 끌어당길 수 있게 된다. 세계분할로 제국주의 국민들 사이에 대립이 격화된 것은 이런 지향을 강화한다. 그래서 제국주의와 기회주의의 유착이 만들어진다. 이 유착은 어느 곳보다 빠르고 명확하게 영국에서 나타났다.'(209쪽)

'제국주의의 경제적 본질을 보면 제국주의는 사멸하고 있는 자본주의로 규정해야 한다.'(210쪽)

C. '전쟁은 우연히 일어나는 일이 아니며, 기독교 목사들이 생각하는 것과 같은 '죄악'이 아니다. (기독교 목사들은 애국, 인류, 평화를 설교하는 일에서 기회주의자들에게 조금도 뒤지지 않는다.) 전쟁은 자본주의의 불가피한 단계로서 평화만큼 자본주의적 생활방식의 적법한 형태이다.'(54쪽)

'우리 대러시아 민족은 민족적 긍지의 감정으로 충만해 있고, 바로 이 때문에 우리의 노예적인 과거와 노예적인 현재를 특히 증오한다. (노예적인 과거는 지주 귀족이 헝가리, 폴란드, 페르시아, 중국의 자유를 질식시키려는 전쟁으로 농민을 몰아넣은 과거를 말한다. 노예적인 현재는 똑같은 지주들이 자본가들의 지원으로 폴란드와 우크라이나를 목 조르려고, 페르시아와 중국의 민주주의 운동을 짓밟으려고, 우리 대러시아인의 민족적 존엄에 치욕이 되는 로마노프, 보브린스키, 푸리시케비치 도당을 강화하려고 우리를 전쟁으로 몰아넣고 있는 현재를 말한다.) 노예로 태어난 것은 죄가 아니다. 그러나 자유를 향한 지향과 노력을 회피할 뿐만 아니라 자신의 노예 처지를 정당화하고 찬미하는 (예를 들어 폴란드와 우크라이나를 목 조르려는 전쟁을 대러시아인의 '조국 옹호'라고 부르는) 노예, 이런 노예는 분노, 경멸, 혐오의 감정을 일으키는 아첨꾼이고 시녀이다.

　　마르크스와 엥겔스는 다음과 같이 말했다. '다른 민족을 억압하는 민족은 자유로울 수 없다.' 우리 대러시아인 노동자는 이웃 민족과 인간적인 평등의 원칙에 바탕을 둔 관계를 수립해야 한다. 모든 혁명적 수단으로 조국의 군주제, 지주, 자본가, 즉 우리나라의 최악의 적들과 싸우는 것 외에 20세기의 유럽에서 '조국 옹호'란 불가능하다. 차리즘의 패배 이외의 방식으로는 '조국을 옹호할' 수 없다. 차리즘은 러시아의 9/10의 주민을 경제적·정치적으로 억압할 뿐만 아니라 그들에게 다른 민족을 억압하도록 가르치고 이 수치스러운 짓을 위선적이고 사이비 애국적인 언사로 덮어 감추도록 가르침으로써 그들에게 모욕과 불명예를 안기고 그들을 타락시키고 저속화시키기 때문이다.'(172~174쪽)

　　이 책에서 변증법을 이해하는 데는 61~142쪽, 특히 73~88쪽을 읽은 것이 많은 도움이 될 것이다.

　　레닌에 '관한' 책은 너무 많은데, 아래의 한 권만 언급한다.

에티엔 발리바르 외, 『맑스주의의 역사』, 윤소영 엮음, 도서출판 민맥, 1991. 12, 310쪽

II. 맑스, 레닌, 마오, 알튀세르
　2. 레닌 1914~1916 : 전쟁에 의해 규정된 정치에서의 철학적 계기 [1988]
　3. 마오 : 스탈린주의의 내재적 비판? [1988]

　　이 책은 발리바르와 알튀세르 등 몇몇 사람의 글을 윤소영이 번역하고 편집한 책이다. 발리바르의 논문이 6편으로 제일 많다. 우리는 『전쟁론』과 관련해서 II의 2만 본다(125~145쪽). 이 글은 발리바르가 썼는데, 발리바르의 논문은 레닌에 관한 탁월한 해석이다. 이 글은 레닌의 『사회주의와 전쟁』의 맥락을 이해하는데 큰 도움이 되고 『사회주의와 전쟁』을 쓸 당시 레닌의 생각을 잘 정리했다. 몇 부분을 인용한다.

　　'엄밀하게 보면 레닌에게는 단 한 번의 철학적 계기가 있었는데, 그 계기를 규정한 것은 바로 전쟁이었다.'(125쪽)

　　'1914~1918년의 사람들에게 전쟁과 혁명이라는 두 사건은 곧 일체가 되었다. 제3인터내셔널의 고취자로 등장한 '새로운 레닌'은 세계를 붕괴시킨 전쟁의 재난을 배경으로 인지되는 레닌이고, 10월혁명의 레닌이다.'(126~127쪽)

　　'레닌은 1916~1917년에 모든 혁명은 계급운동과 민족적 정치적 요구를 동시에 결합하고 있으므로 '순수하지 않다'는 생각에 이르게 되었다. … 레닌은 유럽 열강의 '제국주의적 평화'를 '또 다른 수단을 통한 제국주의적 전쟁의 계속'으로 이미 고발했다.'(131쪽)

　　'레닌이 클라우제비츠에게서 교정하는 것은 군사적 전략을 (실제로 불변적이거나 클라우제비츠의 평가에서 자율적인 것으로 남아있는) 국가의 '정치'의 도구로 보는 생각이다. 전쟁은 그 속으로 정치의 본질이 옮겨가는 형태이고, 정치의 실현형태 자체가 되는 것이다. 전쟁은 그 유명한 정식에 따라 '다른 수단으로' 정치를 계속하면서 정치를 표현할 뿐만 아니라 정치의 진행 조건과 행위자를 변형시키기도 한다.'(138쪽) 이는 발리바르의 탁월한 인식이고, 우리는 여기에서 푸코를 읽을 수 있다.

　　'제국주의적 전쟁의 혁명적 내전으로의 전화'라는 슬로건에는 전쟁은 파국이 아니라 과정이고, 이 과정의 특수한 모순을 분석하는 것이 중요하다는 근본사상이 엄격하게 응용되고 있다(140쪽).

'레닌은 『전쟁론』의 유명한 정식을 '변증법적으로' 활용하면서 자기 스스로 클라우제비츠적이라고 자처했던 전략가들(포쉬나 슐리펜)보다 훨씬 더 실제적으로 클라우제비츠적이었고, 우리는 그것에 주목하게 된다.'(140쪽 각주 20)

'레닌은 대중이 전쟁 속에 있다는 사실에 관심을 가졌다. 레닌은 전쟁이 사회적 행위이고 국가 간의 대결로 환원될 수 없다는 생각을 갖게 된다. 이런 생각은 전쟁이 이중적 성격을 갖고 있다고 주장할 수 있게 한다. 즉 전쟁은 제국주의적 열강 사이의 대결일 뿐만 아니라 각 교전국이 그 자신의 프롤레타리아를 굴복시키려고 적대국의 세력을 이용하는 것이기도 하다.'(140~141쪽)

'이 시기에 '유럽합중국'은 불가능하거나 반동적인 것이다. 그것은 제국주의적 전쟁의 제국주의적 평화로의 전화 혹은 새로운 세계분할이라는 생각을 표상한다.'(143쪽)

'이 시기에는 전쟁이 혁명적 상황 개념 자체를 근원적으로 변형시킨 것으로 보인다. … 혁명은 과잉 결정된 역사적 단절이자 새로운 변증법의 출발점이고, 이런 개념은 헤겔과 클라우제비츠에 대한 [레닌의] '실천적' 독해로부터 도출된 교훈과 일치한다.'(144쪽)

A1. 모택동, 『모택동 선집 1~4』, 중국민족어문번역쎈터 옮김, 민족출판사, 1992. 5, 1905쪽 [1951, 1991]
A2. 모택동, 『모택동 선집 1~4』, 김승일 옮김, 범우사, ① 2001, ② 2002, ③ 2007, ④ 2008 [1991 제2판]

나는 중국 연변조선족자치주에 있는 민족출판사가 발행한 『모택동 선집』 전 4권을 지인에게 얻어서 소장하고 있다. 이 번역은 중국 인민출판사가 출간한 '1991년 6월 제2판 북경 제1차 인쇄본'에 근거하여 중국민족어문번역센터가 '조선문(朝鮮文)'으로 옮긴 책이다. 네 권의 쪽수를 일련번호로 매겼고 총 1905쪽으로 되어 있다.

A2는 A1과 같다. A1을 구할 수 없는 독자는 A2를 읽어도 된다.

A1의 네 권에 있는 많은 내용 중에 우리는 다음의 네 글만 언급한다. 제1권의 실천론과 모순론에서는 모택동의 유물론 철학과 변증법에 대한 이해를, 제2권의 '항일유격전쟁'과 '지구전에 대하여'에서는 모택동의 전략과 전술 사상을 읽을 수 있다. 아래의 네 글을 읽으면 모택동이 '제일 일관된 클라우제비츠주의자'라는 많은 전문가들의 말을 이해하게 된다.

제1권
  실천론(1937년 7월)
  모순론(1937년 8월)

제2권
  항일유격전쟁의 전략문제(1938년 5월)
  지구전에 대하여(1938년 5월)

제2권의 글을 보면 모택동이 유격전쟁의 전략문제, 중일전쟁의 성격, 중국과 일본의 정치적·경제적·군사적인 장단점, 망국론과 속승론(도망주의와 결사주의)에 대한 비판, 무기 만능론에 대한 비판, 소모전과 섬멸전의 관계, 유격전과 지구전의 관계, 아시아와 유럽을 포함한 그 당시의 국제정세 등을 정확이 이해하고 있었다는 것을 알 수 있다.

재미있는 부분을 인용한다. '용감하게 싸우고 나서 국토를 포기하면 그것은 자체 모순이 아닌가? 이런 용감한 투사들의 피는 헛되이 흘린 것이 아닌가? 이것은 부당한 질문이다. 밥을 먹고 나서 뒤를 보면 헛먹은 것이 아닌가? 잠을 자고 나서 일어나면 헛잔 것이 아닌가? 문제를 이렇게 제기할 수 있는가? 밥을 먹는다면 곧장 먹기만 하고 잠을 잔다면 곧장 자기만 하고 용감하게 싸운다면 압록강까지 곧장 쳐나가야 한다고 생각하는 것은 주관주의적이고 형식주의적인 환상이다. 시간을 쟁취하고 반격을 준비하려고 피 흘려 싸우면 국토 일부는 포기하지 않을 수 없겠지만, 그 대신에 시간을 얻고 적에게 섬멸과 소모를 주게 되고 자기의 전투경험을 쌓게 되고 궐기하지 않았던 인민이 궐기하게 되고 국제적 지위가 제고된다. 국토를 포기하는 것은 군사력을 보전하기 위한 것이고, 또 국토를 보전하기 위한 것이다. 지금 국토 일부를 포기하는 것은 나중에 국토 전부를 보전하려는 것이다.'(649~650쪽) 이 부분은 정확히 클라우제비츠의 '나라 안으로 하는 후퇴'를 연상시킨다. 모택동의 '대장정'이 바로 나라 안으로 하는 후퇴이다. 공간을 한시적으로 내어주고 시간을 버는 것은 지구전의 핵심전략이다.

장교는 병사를 존중하고 군대는 인민을 존중해야 한다는 태도도(655쪽) 바람직한 태도로 보인다.

클라우제비츠에 관한 내용은 「지구전에 대하여」의 '전쟁과 정치' 부분에서 읽을 수 있다. 그리고 이 부분에 모택동의 유명한 문장이 나온다. '정치는 피를 흘리지 않는 전쟁이고, 전쟁은 피를 흘리는 정치이다.'(612쪽)

모택동에 관한 해설로는 다음의 책 한 종만 언급한다.

A1. 에드가 스노우, 『중국의 붉은 별』, 신홍범 번역, 두레, 1985. 3, 557쪽 [1937, 1939, 1944, 1968, 1971]

A2. 에드가 스노우, 『중국의 붉은 별』, 홍수원; 안양노; 신홍범 옮김, 두레, 2013. 4, 756쪽 [개정판]

혁명을 수행하는 인간이 어느 정도까지 위대할 수 있고 위대해질 수 있는지, 어느 정도까지 숭고해질 수 있는지 알게 되는 감동의 휴먼드라마이다. 인간의 숭고함에 절로 경의를 표하게 되는 글이다. 중국의 인민전쟁과 관련하여 읽으면 도움이 될 것이다.

안토니오 그람시, 『그람시의 옥중수고』, 이상훈 옮김, 거름, 1999. 10, 1권 384쪽, 2권 350쪽 [1920]

그람시의 책은 서지사항만 언급한다.

A. 미셸 푸코, 『안전, 영토, 인구 — 콜레주드프랑스 강의 1977~1978년』, 심세
　　광; 전혜리; 조성은 옮김, 난장, 2011. 8, 575쪽 [2004]
B. 미셸 푸코, 『"사회를 보호해야 한다" — 콜레주드프랑스 강의 1975~1976
　　년』, 김상운 옮김, 난장, 2015. 1, 415쪽 [1997]

　　푸코는 우리 시대의 사상가이다. A는 생명관리권력 개념을 심화시키려던
강의였는데, 강의가 진행될수록 '통치성'이라는 개념을 전면에 부각시킨다. '통
치성' 개념에 의해 근대국가의 계보학이라는 새로운 연구영역이 열린다. 푸코
가 새롭게 묘사하고 있는 근대국가의 계보학은 자유주의에서 출발한다.
　　푸코가 파악한 자유주의의 핵심은 경제가 정치에 간섭하는 것, 즉 '경제
의 형식으로 권력을 행사하는 기술이다.' 경제의 어원인 '오이코노미아'가 원래
'가정관리술'을 뜻했다는 것에서도 알 수 있듯이 정치의 실천에 경제를 도입
한다는 것은 국가 수준에서 경제를 사용하는 것, 국가 전반에 경제를 적용하
는 것을 말한다.
　　루소는 '가족의 공동선을 위해 가정을 지혜롭게 통치하는 것'이 경제라
고 말하면서 가정의 통치가 어떻게 국가의 관리에 유입될 수 있는지 아는 것
이 문제라고 말했다. 즉 가족과 재산에 대한 가장의 감시와 통제만큼 주민,
국가의 부, 만인의 품행에 세심한 주의를 기울이는 것이 통치이다.
　　클라우제비츠와 관련해서는 11강(387~419쪽)을 참조할 수 있다. 여기에
서 푸코는 클라우제비츠의 유명한 정식(전쟁은 다른 수단으로 하는 정치의
계속)을 베스트팔렌조약 때 일어난 변화를 사실로 확인한 것에 다름 아니라
고 본다(412쪽).
　　B는 '푸코 르네상스'를 불러온 계기가 된 책이다. B의 핵심은 ('생명권력/
생명정치' 개념이라기보다) 권력관계의 새로운 분석틀로 제시된 '전쟁' 모델이
다. 즉 '전쟁'(전투, 내전, 침략, 반란, 봉기 등)이야말로 우리의 역사와 사회, 그
리고 향후 전망을 이해할 수 있게 해준다.
　　'전쟁(침략, 전투, 정복, 승리, 패자에 대한 승자의 관계, 약탈, 강탈, 봉기

등의 여러 측면)은 어떻게 역사, 더 일반적으로는 사회적 관계의 분석틀로 사용됐는가?'

B에서 푸코는 '전쟁이 다른 수단으로 하는 정치의 연속'이라는 클라우제비츠의 명제를 뒤집어서 자신의 '전쟁' 모델을 설명한다. 푸코에 따르면 '정치는 다른 수단으로 하는 전쟁의 계속이다.' 정치권력은 '조용한 전쟁'으로 이 힘의 관계를 제도와 경제적 불평등에, 심지어 각자의 신체에 계속 기입해 넣으려고 한다. 정치란 전쟁에서 드러난 힘의 불균형을 승인하고 갱신하는 것이다. 정치투쟁, 권력과 관련된 투쟁, 힘 관계의 변경 등의 모든 것은 정치체제에서 전쟁의 계속으로 해석되어야 한다. 그리고 최종 결정은 전쟁에서, 즉 무기가 최후의 판관이 되는 힘겨루기에서 나올 수밖에 없다(34~35쪽).

푸코는 정치란 다른 수단으로 하는 전쟁의 계속이라는 원칙이 클라우제비츠의 원칙보다 훨씬 전에 있었다고 생각한다(66쪽과 206쪽).

*   *   *

기타 번역에서는 57종의 번역을 살펴보았다. 몇 종의 원어 번역을 제외하면 거의 대부분 영어 번역이다. 일어 중역과 영어 중역도 있다. 고전의 번역에서는 원어를 완역한 수준 높은 번역이 많이 보이는 편이다.

전반적으로 군인 출신 연구자들의 번역 수준보다 민간인 출신 연구자들의 번역 수준이 높다. 최근으로 올수록 번역의 질이 높아지는 것은 당연하고 바람직한 현상이다. 특히 시대배경이나 마르크스주의를 다룬 번역에서 번역의 질이 우수하다.

기타 번역을 전체적으로 보면 다음과 같이 말할 수 있다. 우리나라의 클라우제비츠 연구수준은 인접 학문분야의 수준이 높아질 때 비로소 향상될 수 있을 것이다.

제4장

번역해야 할 저서와 논문

앞의 제1장~제3장을 보면 우리나라는 클라우제비츠와 관련된 번역에서 많이 부실한 편이다. 군인 출신 연구자들은 주로 실전과 관련된 문헌을 번역한다. 출판사들은 전쟁과 관련된 주제에서 대부분 리더십과 자기계발서류의 책을 많이 번역한다.

또한 다음의 제3부를 보면 우리나라 연구자들이 특정 저서를 많이 인용하는 것을 볼 수 있다. 그런데도 그 저서들 중에 우리나라에 아직 번역되어 있지 않은 것이 많다.

클라우제비츠 전문가들에 따르면 20세기 초에는 린네바흐, 로트펠스, 로진스키, 쉐링, 켓셀 등의 연구가 중요하고 20세기 후반기에는 하알벡, 파렛, 아롱 등의 연구가 중요하다. 여기에서는 그 전문가들의 말을 참고하여 한국 클라우제비츠 연구의 발전을 위해 꼭 우리말로 번역해야 한다고 생각하는 저서와 논문을 들고 간략히 설명한다.

나는 이미 『전쟁론 강의』 583~611쪽에 많은 외국문헌을 언급한 적이 있다. 여기에서는 그때보다 적은 문헌만 들 것이지만 그 문헌을 좀 더 자세히 설명할 것이다. 아래에서 몇 권씩 묶어서 논의하는 데는 특별한 이유가 없다.

이 장에 나오는 모든 글의 저자, 제목, 차례, 내용 등의 우리말 표기와 번역은 최종적인 것이 아니다. 잠정적이고 임시적인 것이다. 나중에 누가 그 책이나 논문을 번역한다면 나와 다르게 표기하고 번역할 수 있을 것이다.

　　번역해야 할 저서로 다음의 두 책을 제일 먼저 언급한다. 우리나라 군인 출신 연구자들의 클라우제비츠 연구는 거의 전부 파렛과 아롱의 연구를 '번역하고' 소개한 것이라고 할 수 있기 때문이다.

A. 피터 파렛, 『클라우제비츠와 국가. 인간, 이론, 시대』(Peter Paret, Clause-
　　witz and the State. The Man, His Theories, and His Times, Prince-
　　ton : Princeton University Press, 1976)
B. 레몽 아롱, 『전쟁을 생각한다, 클라우제비츠』(Raymon Aron, Penser la
　　guerre : Clausewitz, tome 1 : L'Âge européen, tome 2 : L'Âge plané-
　　taire, Paris : Gallimard, 1976)

　　파렛의 책은 1976년에 초판이 나왔고, 2007년에 저자의 머리말이 추가된 판이 나왔다.

1 클라우제비츠의 프로이센	7 포로생활과 독일적 자유의 이상
2 프랑스혁명	8 개혁의 시기
3 주둔지 생활과 완전지향적인 인간성	9 나폴레옹의 몰락
4 샤른호스트 : 구체제와 신체제의 중개자	10 왕정복고
5 초기 저작	11 대표적인 역사적·이론적 저작
6 프리드리히 대왕 형(型) 국가의 붕괴	12 마지막 시기

　　이 책은 클라우제비츠에 관해 영어로 쓰인 최고의 전기라는 평을 받고 있다. 나는 그 평에 대체로 수긍하는 편이다. 매우 재미있고 흥미롭다. 수준도 높다. 11장에서 『전쟁론』을 설명하고 있다. 우리나라 군인 출신 연구자 중에 이 책을 인용하지 않는 사람이 거의 없는데도, 이 책이 출판된 지 40여년이 지나도록 누구도 이 책을 번역하지 않았다.

　　혁명기를 살았던 한 인간의 전기를 읽고 만감이 교차한다. 클라우제비츠의 삶에 연민과 동정을 느낀다. 끝없이 높은 자존심, 학문에 대한 깊은 열정,

군인으로서 인정받고 싶은 욕망 등이 그의 삶에 복합적으로 교차한다. 군주정 사회에서 귀족 신분인지 아닌지 불확실한 출신의 문제가 그의 평생을 따라다녔다. 그래서 귀족 출신의 부인과 결혼하는 데도 (장래의) 장모의 극렬한 반대에 부딪혔다. (결국 결혼했다.) 그 행복한 결혼생활에 아이가 없었다(아이를 낳지 못했다). 사회적으로 인정받으려고 치열하게 살았지만 그의 성격은 내성적이고 소극적이었다. 군인으로서 탁월한 전략가이자 이론가였지만 군대에서 승진은 늘 늦거나 잘 안 되었다. 그럼에도 천성적으로 남과 경쟁하는 것을 싫어했다. 프랑스와 동맹을 맺는 것이 자신의 신념에 맞지 않는다고 조국을 떠나 러시아 군대의 군인으로 복무하기도 했다. (그래서 왕의 눈 밖에 났다.) 워털루전투 후에 다시 조국으로 돌아왔고 조국의 군인이 되었다. 나폴레옹의 폐위 후에 프로이센과 유럽 전역의 보수반동의 흐름 속에서 개혁가로서 자기의 신념을 더 이상 펼칠 수 없게 되었다. 샤른호스트도 죽고 그나이제나우도 죽고, 뜻을 같이 했던 프로이센의 군사개혁가들이 세상을 떠나니 그의 입지는 더욱 좁아졌다. 1831년의 콜레라보다 신경쇠약과 심장마비가 그의 죽음의 원인이었을 것 같다.

책을 읽고 나니 이 책은 군인 출신 연구자들이 번역하기 어려울 것 같다는 생각이 든다. 이 책이 우리나라 대부분의 군인 출신 교수들의 지적 수준을 훨씬 뛰어넘기 때문이다. 또한 이 책은 영어를 안다고 번역할 수 있는 책이 아닌 것 같다. 18~19세기 유럽 역사(군사사, 정치사, 문화사)에 대한 방대한 지식이 필요하다. 파렛이 1차 사료에 근거해서 매우 치밀하게 글을 썼다. 그래서 이 책은 18~19세기 유럽 역사를 전공한 민간 역사학자가 번역해야 한다는 생각이 든다. 그런데 그런 민간학자들은 전쟁이나 클라우제비츠에 별로 관심이 없고, 군인 출신 교수들은 이 책을 번역할 능력이 부족하다. 어찌할 것인가! 군인 출신 교수들이 시간을 많이 들이고 공동작업을 해서라도 이 책을 꼭 번역하기 바란다.

B는 클라우제비츠와 『전쟁론』에 관한 우리 시대의 고전이다. 프랑스어 원전은 두 권으로 출간되었다.

제1권은 유럽을, 제2권은 (유럽 외에) 미국, 소련, 중국, 아시아, 아프리카 등을 다루고 있다. 그래서 제1권은 주로 19세기를, 제2권은 주로 20세기를 다루고 있다. 아롱은 이 책에서 클라우제비츠와 그의 『저작집』과 관련된 약 100년 동안의 연구 성과를 철저하게 분석하고 훌륭하게 종합했다. 특히 제1권 제2부와 제3부에서 클라우제비츠의 저작을 자세히 분석하고 해석했다.

아롱은 절대전쟁을 현실에 존재하지 않는 전쟁으로, 즉 순수한 개념으로 이해한다. 이와 달리 델브뤽은 절대전쟁을 현실에 존재하는 전쟁으로 (나폴레옹의 전쟁으로) 해석한다. 『전쟁론』 제1편은 아롱처럼 이해할 수도 있지만, 『전쟁론』 제8편과 『전쟁론』 전체를 보면 델브뤽의 해석이 더 타당한 것으로 보인다. 이 외에도 아롱의 해석에 동의할 수 없는 부분이 더러 있다.

Clausewitz. Den Krieg denken, Frankfurt am Main : Propylän, 1980 은 아롱 책의 독어 번역이고, Clausewitz : Philosopher of War, Englewood Cliffs, N. J. : Prentice-Hall, 1985는 영어 번역이다. 배스포드는 이 영어 번역을 최악의 번역이라고 평했다.[1] 엉터리 영어 번역을 중역한다면, 우리말 번역

은 그야말로 엉망진창이 될 것이다. 독어 번역에 대해서는 아롱 자신이 자신의 불어 원문과 하나도 다르지 않다고 말했다.[2]

클라우제비츠와『전쟁론』에 대한 이해 수준이 지금보다 훨씬 높아져야, 즉 아롱의 수준이 되어야 이 책이 우리말로 번역될 수 있을 것 같다.[3] 달리 말하면 이 책이 아직 우리말로 번역되지 않은 것은 불어 전문가의 부족 때문이 아니라 우리나라 군사학과 정치학의 수준이 아직 아롱의 수준에 미치지 못하기 때문인 것 같다.

아롱의 책을 읽으면 클라우제비츠의『저작집』전 10권이 아니라 그 중 제1권~제3권에 해당하는『전쟁론』에만 국한되어 있는 한국의 클라우제비츠 연구는 부분적이고 파편적일 수밖에 없겠다는 생각이 든다. 그런데 그『전쟁론』에서도 일부 주제만 다루고 있으니 한국의『전쟁론』연구는 더욱 파편적일 수밖에 없을 것이다.

우리나라 군인 출신 연구자들이 클라우제비츠에 관해 쓰는 글은 이 두 책의 인용과 표절 수준이라고 말할 수 있다. 파렛과 아롱의 책은 둘 다 1976년에 출간되었다. 두 책을 제대로 번역하는 일은 우리나라에서 박사학위논문을 쓰는 것보다 훨씬 많은 노력과 시간을 요구하고, 그런 연구번역은 우리나라 대부분의 박사학위논문보다 훨씬 큰 가치를 갖는다.

---

1. 배스포드는 영어 번역을 다음과 같이 말했다. "A notoriously poor translation — most reviewers advise the reader to get this book in the original French." 이 말은 https://www.clausewitzstudies.org/mobile/cwzbiblenglish.htm 참조.
2. "Das den deutschen Lesern präsentierte Werk unterscheidet sich in nichts von der französischen Fassung."(아롱 책의 독어 번역, 11쪽.)
3. 인터넷 검색 중에 일단의 군인장교(국방대학교 학생장교)들이 2005년에 이 책의 (엉터리) 영어 번역의 일부(6, 7, 8, 10, 14장)를 우리말로 중역했다는 사실을 알게 되었다. 그들의 카페는 비공개로 되어 있어서 그들의 우리말 중역을 읽지는 못했다. "영어도 어렵고 한글도 어렵고 이 길이 아닌가벼." 7장을 중역한 이의 말은 읽었다. 자기가 번역한 한글이 어렵다니, 한글이 어려운 것이 아니라 영어 번역이 엉망이고, 그 내용과 수준이 군인장교들이 이해하기에 난해하기 때문일 것이다. 아롱의 책은 영어를 안다고 번역할 수 있는 책이 아니라는 것이 증명된 것 같다. 그 카페는 유감스럽게 2005년 상태에서 멈춰 있다.

A. 한스 로트펠스, 『카알 폰 클라우제비츠 : 정치와 전쟁; 사상사적인 연구』(Hans Rothfels, Carl von Clausewitz : Politik und Krieg; Eine ideengeschichtliche Studie, Berlin : Dümmler, 1920, 1980)

B. 귄터 딜 펴냄, 『클라우제비츠에 대하여 : 클라우제비츠 자료집』(Günter Dill(Hrsg.), Clausewitz in Perspektive : Materialien zu Carl von Clausewitz, Frankfurt am Main : Ullstein, 1980)

에드워드 얼이 1943년에 편찬한 『신전략사상사』에 실린 로트펠스의 글 '클라우제비츠'는 우리나라의 거의 모든 연구자들이 인용하는 글인데, A는 바로 그 로트펠스의 하이델베르크대학교 박사학위논문(1918년)의 출판본이다. 니마이어(Joachim Niemeyer)가 후기를 덧붙여 1980년에 재출간했다. 클라우제비츠 연구의 고전이고, 클라우제비츠의 광범위한 지적 발전에 관한 가치 있는 연구이다. 이 책에서 로트펠스는 대략 35세까지(1815년까지) 클라우제비츠의 삶을 자세히 분석했다. 이 논문 이후에도 로트펠스는 평생 클라우제비츠의 저작을 출판하고 해석하는데 힘썼다.

B는 클라우제비츠 연구에 매우 유용한 여러 글의 모음집이다. B에는 다음 쪽의 차례에 있는 글이 실려 있다.

B는 편집자 딜이 클라우제비츠와 관련된 여러 글을 선정하여 7개의 주제(II~VIII) 아래 담은 글이다. 그 주제와 관련된 글의 일부(또는 전부)를 발췌하고 독어로 (독어가 아닌 글은 독어로 번역하여) 출판한 책이다. 차례에서 I은 『전쟁론』의 부록이다. 클라우제비츠와 관련된 탁월한 글을 많이 실어서 (과장하면) 이 책 하나만 읽어도 클라우제비츠와 『전쟁론』에 관한 많은 지식과 인식을 얻을 수 있다. 매우 훌륭한 자료 모음집이다. 얼의 『신전략사상사』에 있는 로트펠스의 글은 여기에도 실려 있다.

---

4. *는 (내가 찾을 수 있는 한) 우리말 번역이 있는 글을, **는 그 저자의 다른 책의 우리말 번역
   이 있는 글을 가리킨다.

A. 크리스토퍼 배스포드, 『영어권의 클라우제비츠 : 클라우제비츠에 관한 영국과 미국의 반응』(Cristopher Bassford, Clausewitz in English : The Reception of Clausewitz in Britain and America 1815~1945, New York : Oxford University Press, 1994)

B. 앨런 베어천, 「클라우제비츠, 전쟁의 비선형성과 예측 불가능성」(Alan D. Beyerchen, Clausewitz, Nonlinearity and the Unpredictability of War, in : International Security 17(3), 1992, 59~90쪽

A는 배스포드의 1991년 박사학위논문이다. 영미권에서 클라우제비츠를 어떻게 받아들였는지(이해, 오해, 왜곡 등) 연구했다. 클라우제비츠가 1945년까지 영어권에 어떤 영향을 미쳤는지 서술하고 있다.[5]

차례는 다음과 같다.

A를 읽으면 우리나라의 클라우제비츠 연구에서 앞으로 어느 책을 번역

---

5. 배스포드의 책은 연구사, 사상사, 학설사라고 할 수 있는데, 내가 이 책 『클라우제비츠와의 마주침』을 쓰기로 생각한 것은 배스포드의 책에서 영감을 받았기 때문이다.

해야 하는지 알 수 있을 것이다. A는 그런 길잡이로서 좋다.

B에 대해 배스포드는 지난 30년 동안 클라우제비츠에 관해 출판된 논문 중에 제일 중요한 논문이라고 말했다.[6] 차례는 다음과 같다.

'비선형성'이란 무엇인가?
전쟁은 클라우제비츠에게 비선형적인가?
비선형성은 전쟁론에 어떻게 나타나는가?
　상호작용에서 생기는 예측불가능성
　마찰에서 생기는 예측불가능성
　우연에서 생기는 예측불가능성
선형성의 역할

린도 이 글에 대해 다음과 같은 평을 남겼다. B는 '대단히 흥미로울 뿐 아니라 『전쟁론』에 대한 제일 극단적인 현대적 해석이라고 할 수 있는 견해를 제시하고 있다. 이 논문은 클라우제비츠가 아직 비선형이론과 카오스이론이 알려지지 않은 시대에 살았음에도 이 이론들을 이해하고 있었던 이론가라고 주장한다. 베어천은 클라우제비츠 이론의 복잡성과 불확정성이, 클라우제비츠가 전쟁을 비선형이론과 삼위일체의 3극점에 근거하여 유동하는 것이라고 설명했기 때문이라고 주장한다.'[7]

바실 헨리 리델 하트, 『나폴레옹의 유령』(Basil Henry Liddel Hart, The Ghost of Napoleon, Faber & Faber, London, 1933(Greenwood Press, Westport：CT, USA, 1980), 199쪽)

이 책에서 리델 하트는 클라우제비츠가 정신적 영역을 강조한 것만 전쟁

---

6. 'This is perhaps the most important article published on Clausewitz in the past thirty years.'(http://www.clausewitz.com/mobile/readings.htm 참조.)
7. 린, 『배틀』, 749쪽 주석 130. 이 인용에서 마지막 문장은 (내용을 이해할 수는 있지만) 비문이다.

의 이론에 이바지한 것이라고 본다. 그 외에는 클라우제비츠를 비난하는 문장이 대부분이다. 리델 하트에게는 텍스트에 대한 비판적 분석능력이 결여되어 있는 것 같다. 리델 하트가 클라우제비츠를 얼마나 왜곡했는지 살펴보는 의미에서도 이 책은 번역되어야 한다.

특히 이 책에는 우리나라 군인 출신 연구자들이 많이 인용하는 (그러면서 잘못 번역하는) 표현이 들어 있다. 'the Mahdi of mass and mutual massacre'(120쪽). 이 표현은 '다수와 상호 대량학살의 마흐디' 또는 '수의 우세와 상호 대량학살의 구세주(지도자)'라고 번역하는 것이 적절하다. 또한 다음의 문장도 있다. 'they differed from the generals of this last half-century, intoxicated with the blood-red wine of Clausewitzian growth.'(21쪽) 프로이센의 장군들을 '클라우제비츠 산(産) 핏빛 적포도주에 취한 장군들'이라고 말한 것인데, 지난 반세기는 대략 1870~1920년을 뜻할 것이다.

가브리엘, 『클라우제비츠 재고(再考) : 그의 저작 연구 및 억제이론과 관련된 그의 저작의 논의에 관한 연구』(Jurg Martin Gabriel, Clausewitz Revisited : A Study of His Writings and of the Debate Over Their Relevance to Deterrence Theory, Ph. D. Dissertation, The American University, 1971)

이 책은 길정우, 류재갑, 강진석 등 많은 연구자들이 우리나라에 인용하고 소개했고, 그래서 (앞의 파렛과 아롱의 두 책과 달리) 우리나라에서 클라우제비츠를 오해하고 왜곡하는데 지대한 영향을 미친 논문으로 보인다. 그 오해와 왜곡을 알고 제거하기 위해서도 이 책을 번역하는 것이 필요할 것이다.

A. 헤어프리트 뮌클러, 『전쟁에 관하여. 전쟁사의 단계와 그 이론적 반영』(Herfried Münkler, Über den Krieg. Stationen der Kriegsgeschichte im Spiegel ihrer theoretischen Reflexion, Weilerswist : Velbrück Wissenschaft, 2002)

B. 헤어베르크-로테, 『클라우제비츠 수수께끼. 대립하고 있는 정치적 전쟁이론』(Andreas Herberg-Rothe, Das Rätsel Clausewitz. Politische Theorie des Kriegs im Widerstreit, Müchen : Wilhelm Fink Verlag, 2001)

A의 차례는 다음과 같다.

1. 전쟁원인 분석. 아리스토파네스, 투키디데스, 플라톤, 통치자의 이성
2. 전쟁수행능력은 정치적 명령이다 : 마키아벨리의 국가 간 관계
3. '죽음을 불사하는 자에게 누가 굴복을 강요할 수 있겠는가.' 전쟁철학자 피히테
4. 결전전투와 빨치산전쟁 사이에서. 클라우제비츠의 전쟁이론
5. 클라우제비츠의 도구론적 전쟁관과 존재론적 전쟁관
6. 군사주의의 변증법이냐 전쟁의 보존이냐. 엥겔스와 슈미트의 전쟁과 평화
7. 사회의 진보와 폭력의 역할. 전쟁이론가 엥겔스
8. 빨치산의 모습. 유래와 미래
9. 미래의 전쟁과 국가의 미래
10. 21세기 전쟁의 민영화
11. 군사개입 ─ 인권 보호를 위한 수단?
12. 비대칭적인 권력. 테러리즘은 정치군사적인 전략이다

A의 책제목은 중요하지 않은 것으로 보인다. 뮌클러가 이전에 쓴 글을 모은 모음집이기 때문이다. 전쟁에 관한 많은 논의를 모았다. 클라우제비츠

와 관련되는 부분은 4~6이다. 이 책 한 권으로도 클라우제비츠와 관련된 우리나라 연구에 있는 많은 '표절'을 확인할 수 있다.

B는 2007년에 Clausewitz's Puzzle : The Political Theory of War (Oxford : Oxford University Press)의 제목으로 영국 옥스포드대학교 출판부에서 번역 출간되었다. 번역자 이름이 없는 것으로 보아 헤어베르크-로테가 영국에 머물면서 직접 영어로 번역한 것으로 추측된다. 차례는 다음과 같다.

I. 프롤로그 : 클라우제비츠와 반(反)클라우제비츠 ─ 전쟁과 폭력의 의미론
II. 대립과 양면성
  1. 클라우제비츠와 나폴레옹 ─ 예나, 모스크바, 워털루
  2. 폭력, 공포, 권력 ─ 전쟁의 무제한성과 제한성
III. 클라우제비츠가 본 전쟁의 모습
  3. 절대전쟁과 현실전쟁 사이의 전쟁 개념
  4. 초기 저작에 나타난 명예와 인정
  5. 목적합리성
IV. 클라우제비츠와 같이 클라우제비츠를 넘어
  6. 클라우제비츠의 '유언'
  7. 공격과 방어의 양극성과 비대칭성
V. 21세기의 전쟁과 클라우제비츠
  8. 새로운 존재론적 전쟁관과 전쟁문화
  9. 공식 : 전쟁의 정치

B는 박사학위논문이 아니라 교수자격취득논문(Habilitation)이다. 박사학위논문보다 한 단계 높은 수준의 논문이라고 할 수 있다. 위의 뮌클러가 헤어베르크-로테의 교수자격취득논문의 지도교수였다.

나는 이 책을 읽기 전에 독일 아마존에서 독자 Lucullus가 2005년에 한 독자서평을 먼저 읽었다. Lucullus는 별 5개 중에 2개만 주면서 헤어베르크-로테의 책이 '혼란스럽고 이해하기도 어렵다고' 혹평했다.[8]

---

8. 독일 아마존 참조.

나는 이 선입견을 갖고 책을 읽은 것 같다. 선입견에도 불구하고 매우 흥미롭게 읽었다. 책을 다 읽어보니 Lucullus가 평한 것처럼 헤어베르크-로테의 책이 수준 이하는 아닌 것 같다. 외국 독자에게는 (독일 독자에게는 지루한) 글자나 자구에 대한 자세한 해석도 도움이 된다.

『전쟁론』 처음에 나오는 전쟁의 정의를 목적, 목표, 수단의 세 가지로 해석한 것은 내 해석과 같다. 클라우제비츠를 연구하면서 헤겔, 나폴레옹, 클라우제비츠의 삶, 그리고 그 시대와 전쟁을 연관 지어 서술하고 해석하는 것은 우리나라 학자로는, 특히 한 개인으로는 어려울 것 같다. 그런 해석은 도움이 되었다.

그런데 이 책에는 연구의 틀을 잘못 설정한 근본적인 문제가 있는 것 같다. 헤어베르크-로테는 나폴레옹으로만, 나폴레옹의 예나, 모스크바, 워털루의 세 전투로만, 그리고 여기에 참전한 클라우제비츠의 관찰과 경험으로만 『전쟁론』을 설명하고 해석한다. 클라우제비츠 스스로 말했다. "연구와 관찰, 철학과 경험은 결코 상대를 경멸해서도 안 되고 배제해서도 안 된다. 그것은 상대를 상호 보증하는 관계이기 때문이다."(『전쟁론』, 52쪽) 헤어베르크-로테는 클라우제비츠의 '연구와 철학'을 거의 완전히 배제하는 오류를 범했다.

이 틀로 인해 헤어베르크-로테는 『전쟁론』 해석에서 프리드리히 대왕을 완전히 '제거'했다. 『전쟁론』은 18세기 프리드리히 대왕의 전쟁과 19세기 초 나폴레옹의 전쟁을 주로 다루고 있는데, 헤어베르크-로테는 그의 『전쟁론』 분석에서 프리드리히 대왕의 전쟁을 완전히 배제한 것이다. 이것은 『전쟁론』의 반쪽짜리 해석이 아닌가?

『전쟁론』을 나폴레옹전쟁하고만 관련을 짓다보니 헤어베르크-로테는 클라우제비츠의 사상 형성을 다시 나폴레옹전쟁하고만 관련짓는다. 그래서 헤어베르크-로테는 1806년의 예나전투 경험을 초기 클라우제비츠로 보고, 1815년 워털루전투 경험을 후기 클라우제비츠로 해석한다. 1812년의 고백록도 초기로 해석한다. 26세는 물론 32세까지의 클라우제비츠를 초기로 보고 35세의 클라우제비츠를 후기로 해석하는 것은 생물학적으로도 받아들이기 어렵다. 그래서 결국 나폴레옹이 승리한 전투는(예나) 절대전쟁이고 패배한 전투는(워털루) 현실전쟁이라고 해석하는 것을 나는 클라우제비츠에 대한 협소한 이해라고 본다.

나는 헤어베르크-로테가 말한 존재론적 전쟁관, 즉 존재하겠다는 것, 죽지 않겠다는 것, (적의 공격이든 침입이든 또는 그 무엇이든) 타인이나 외부의 공격에 맞서 죽지 않고 살아남겠다는 것이 최고의 정치라고 본다. 그래서 그의 존재론적 전쟁관도 도구론적 전쟁관으로 해석할 수 있다고 생각한다. 헤어베르크-로테는 존재론적 전쟁관은 너무 넓게, 도구론적 전쟁관은 너무 좁게 해석했다. 그 해석의 틀에서는 클라우제비츠를 옳게 해석한 것이겠지만, 나는 그 틀이 심한 불균형을 이룬다고 본다.

참고문헌에 델브뤽이 없다. 델브뤽을 읽지 않고 클라우제비츠를 해석할 수 있나? 헤어베르크-로테의 독서가 편협하거나 편향되어 있지 않은가 하는 생각을 했다.

이런 문제점에도 불구하고 이 책은 우리말로 번역할 가치가 있는 책이다. 『전쟁론』 자체를 자세히 분석했기 때문이다.

마지막으로 두 마디만 더 한다. 첫째, '번역해야 할 저서'에 기존 번역의 재번역을 추가했으면 한다. 예를 들면 얼의 『신전략사상사』, 파렛의 『현대전략사상가』, 클라우제비츠협회의 『전쟁 없는 자유란』, 한델의 『클라우제비츠와 현대전략』, 그리고 국방대학원에서 펴낸 몇몇 고전은 충분한 시간을 들여 다시 (제대로) 번역할 가치가 있는 책이다. 둘째, 클라우제비츠를 연구하려면 그의 『저작집』 전 10권을 번역해야 한다. 두 경우 모두 원전 완역이라야 할 것이다.

그런데 한국 군사학계의 연구풍토에서 이 두 가지 일이 수행될 수 있을까?

*   *   *

제2부를 간략히 정리한다. 『전쟁론』과 직접 관련된 번역의 양과 범위는 (13종) 간접적으로 관련된 번역보다(16종) 적고 좁다. 그 외의 '기타 번역'이 월등하게 많다(57종). 출판시장에서는 대체로 '말랑말랑한' 책들이 많이 번역되고 있고, 학술서의 번역은 제대로 이루어지지 않고 있다. (이는 우리나라의 협소한 독서시장 때문이기도 할 것이다.) 클라우제비츠 연구와 관련하여 번역해야 할 책을 아직 번역하지 않았다.

이미 출판된 번역물도 대부분 영미권 문헌에 치중되어 있고 그 문헌에 종속되어 있다. 영어로 된 문헌을 보면 '그레이트 브리튼'과 '팍스 아메리카나'의 앵글로색슨족은 프랑크족, 게르만족, 슬라브족에 대한 편견을 갖고 있고, 아프리카와 아시아 등 다른 대륙의 문화에 대한 (때로는 은밀한, 때로는 공공연한) 비난, 폄하, 조롱을 보인다. 이들의 글을 읽을 때는 이런 점을 염두에 두어야 할 것이고, 이런 점을 보완하는 의미에서도 독일과 프랑스, 중국과 일본 등의 문헌을 더 많이 번역해야 할 것으로 보인다.

번역을 보면 대부분 그 수준이 매우 낮다. 이는 번역자의 자질, 수준, 의욕이 낮기 때문에 생긴 결과일 것이다. 이 점을 보완하려면 번역에 시간을 많이 투자해야 하는데 그렇지도 않은 것 같다. 또한 관련 기관의 제도적 지원도 부족하다. 우리나라는 번역을 연구물로 (제대로) 인정하지 않고 있다. 번역물의 대상에 따라 번역물을 석사학위논문이나 박사학위논문으로, 또는 이에 준하는 다른 이름의 업적으로 (몇몇 다른 나라의 사례를 따라) 인정하는 제도를 도입하는 것이 바람직할 것으로 보인다.

클라우제비츠와 마르크스

클라우제비츠를 평가한 마르크스의 단 하나의 짧은 문장이 영어로 (그리고 일본어로도) 번역되어 있고, 그래서 그 문장이 우리말로도 중역되어 있다. 그 문장이 여러 가지 '다채로운' 버전으로 옮겨져서 우리나라의 여러 책에 반복되어 언급되고 있는 것은 그것이 (다른 사람이 아니라) 바로 마르크스가 한 말이기 때문일 것이다. 그렇다면 그런 반복과 중복을 충분히 이해할 수 있다. 하지만 우리말 중역은 이해할 수 없는데, 그 문장이 심각한 오역이나 우스꽝스러운 번역이 되어서 클라우제비츠를 오해하게 만드는데 '이바지했기' 때문이다. 그래서 『전쟁론』과 관련된 번역을 살펴보는 제2부를 마치면서 마르크스의 그 유명한 문장과 그 문장의 우리말 '번역'을 살펴보도록 한다.

그 문장은 이종학이 1986년에 처음 우리나라에 소개했다.

"마르크스는 클라우제비츠가 '위트에 한계가 있는 상식적인 사람'이라고 말했다."[1]

클라우제비츠는 군대에서 지휘관이 되고 싶었지만 그의 경력에서 한 번도 지휘관이 되지 못했다. 참모로만 지냈다. 외교관이 되려고 지원했지만, 그의 개혁성향을 우려하는 이들의 반대로 무산되었다. 군대에서 소명을 이루려

---

1. 이풍석 편, 『클라우제비츠의 생애와 사상』, 285쪽. 풍석은 이종학의 호.

는 모든 희망이 좌절되었다. 생애 마지막 12년 동안 군사학교의 교장이라는 한직에서 조용히 지냈다. 클라우제비츠는 조용하고 내성적인 성격이지만 자존심이 매우 강했다. 왕의 정책이 자신의 신념과 맞지 않는다고 조국 프로이센을 떠나 러시아의 군인이 된 적도 있다. 전체적으로 볼 때 클라우제비츠를 명랑하고 활발한 성격이라고 볼 수는 없을 것이다.

그래서 이종학의 문장을 읽고 나는 클라우제비츠의 글이 무겁고 무미건조하고 유머나 위트가 없다고 (그래서 재미도 없다고) 생각했다. '상식적인 사람'이라는 말도 오해를 일으켰다. 상식적인 사람, 그러니까 평범한 사람이 세계 최고 수준의 고전을 쓸 수는 없지 않을까? 이종학의 번역은 내게 오랫동안 나쁜 영향을 미쳤고, 클라우제비츠에 관해 그리고 그의 글에 관해 잘못된 인상을 강하게 심어주었다.

이종학의 문장을 읽은 후에 『전쟁론』을 읽었고, 마르크스가 했다는 말의 출처를 찾아 마르크스의 문장을 직접 읽었다.

"Der Kerl hat einen common sense, der an Witz grenzt."(Marx Engels Werke(MEW), 제29권, 256쪽)

마르크스는 많은 글을 독어, 불어, 영어를 섞어 쓴다. 박사학위논문은 많은 부분이 희랍어로 쓰여 있고, 『자본론』의 불어판 서문은 자신이 직접 불어로 썼다. 위 문장에도 독어와 영어가 섞여있다.

여기에서 이종학이 '한계가 있다'고 말한 부분은 마지막 단어인 grenzt이다. 이 동사의 기본형은 grenzen이고 명사형은 Grenze이다. 명사는 '경계, 한계, 가장자리, 끝'이란 뜻이고, 그런 점에서 '한도, 극한'이란 뜻도 있다. 그런데 동사는 '한계가 있다'는 뜻이 아니라 '무엇에 경계를 맞대고 있다, 무엇에 인접하다, 무엇에 가깝다'는 뜻이다. '무엇에 한계를 맞대고 있다, 거의 같다, 그 극한에 닿아있다'는 뜻이다. 한계로 쓸 것이라면 (한계에 닿아있기 때문에) 한계가 없다고 하는 것이 적절하다. 사전에서 보면 'Das grenzt an Wahnsinn.'이란 문장이 있는데, 이는 '그것은 광기에 가깝다.'는 뜻이다.

그러니까 마르크스의 문장을 직역하면 '그 녀석은 상식이 있고, 그것은

(그 상식은) 위트에 가깝다, 위트와 거의 같다, 위트라는 극한(한계)에 닿아있다.'는 뜻이다. 그래서 그 문장은 "그 녀석의 상식은 위트에 가깝다."로 직역할 수 있고, 그것이 마르크스의 의도에 제일 잘 맞는다. 또한 독일어 문장을 문장 순서대로 처음부터 마지막으로 번역하는 것이 자연스럽다. 독일어의 Witz는 영어 wit의 번역어이고, 그래서 위트로 번역하면 된다. wit를 기지, 재치, 슬기 등으로 옮기는 것을 나는 개인적으로 좋아하지 않고, 그래서 wit는 그냥 위트로 쓴다. 하지만 나는 위트와 유머 사이에서 늘 갈등한다. 51대 49 사이에서 갈등한다. 유머로 쓰고 나면 위트로 써야 할 것 같고, 위트로 쓰고 나면 유머로 써야 할 것 같다. 어제는 유머로 번역했는데, 오늘은 위트로 번역해야 할 것 같다. 51대 49의 방황은 Kerl에서도 나타난다. 마르크스 쯤 되니 클라우제비츠를 Kerl이라고 하는 것 같다. Kerl의 번역은 '녀석'이지만 '친구'가 더 적절한 경우가 많다. 좀 점잖고 무난하게 옮기면 '사람'으로 번역할 수도 있다.

오랜 고민 끝에 나는 마르크스의 그 문장을 2016년에 출판한 『전쟁론』 전면개정판 뒤표지에 '그 사람 상식이 있고 그 유머에 끝이 없네.'로 (상당히 보수적으로) 번역해서 실었다. 마르크스의 문장을 읽고 나자 『전쟁론』에 들어 있는 촌철살인, 즉 위트, 유머, 풍자, 비유, 신랄함 등이 (그러니까 내가 폴레믹(Polemik, polemic)이라고 말하는 것이) 제대로 눈에 들어왔고 이해되었다.

마르크스의 문장을 해설하면 다음과 같다. '사람들이 클라우제비츠의 전쟁이론을 난해하다고 하는데, 자기가 보기에 그것은 대부분 상식이다. 그 상식은 위트에 가까운데, 그래서 그의 상식은 비범하다.'

『전쟁론』에는 유명한 문장이 매우 많은데, 다음도 그 중 하나이다. '침략자는 늘 평화를 사랑하고 우리나라에 매우 조용히 들어오고 싶어 한다.'(『전쟁론』, 578쪽)[2] 이 문장을 마르크스는 『자본론』에서 다음과 같은 내용으로 패러디했다. '자본가는 늘 평화를 사랑하고 노동자를 매우 조용히 착취하고

---

2. 이 말은 나폴레옹이 한 것으로 알려져 있다.

싶어 한다. 마르크스는 『전쟁론』을 다른 누구보다 더 잘, 충분히, 제대로 이해하고 있었다. 노동자들이 자본가들에 맞서 집회, 파업, 투쟁 등을 해서 '평화가 깨지고 시끄럽게 되는 것을 자본가들은 좋아하지 않는다. 그렇더라도 자본가가 노동자를 착취한다는 사실에는 변함이 없지만, 그래도 자본가는 '평화롭고 조용한 착취'를 원한다. 이런 문장을 독일에서 폴레믹이라고 하는데, 『전쟁론』에는 (『자본론』에도) 폴레믹이 매우 많고, 이런 폴레믹은 독서를 즐겁고 유쾌하고 행복하게 한다.

결론. 마르크스의 말은 이종학의 심각한 오역과 정반대의 뜻이다. 나는 이종학의 오역과 그 오역의 잘못된 영향에서 벗어나는데 오래 걸렸다.

그런데 이종학의 오역은 '다채로운' 버전으로 계속되고 있다. 마르크스의 문장을 이춘근은 1996년에 다음과 같이 번역했다.

"그 친구는 기지(wit)라고 말해야 할 정도의 상식을 가지고 있었다."[3]

이춘근의 우리말 문장이 어색하다. 영어 문장은 다음과 같다.

'The fellow has the kind of common sense that comes close to wit.'[4]

'기지라고 말해야 할 정도의 상식'은 영어 번역을 직역한 것으로 보인다. 갈리의 영어 번역에서는 이춘근의 번역과 같은 것이 나올 수도 있겠다는 생각이 든다.

허남성은 2013년에 마르크스의 문장을 다음과 같이 번역했다.

"카를 마르크스는 클라우제비츠에 관해 '그 친구는 지혜의 경지에 이르는 상식을 지니고 있다'고 썼다."[5]

'지혜의 경지에 이르는 상식'이 무엇일까? 어떤 상식이 지혜의 경지에 이르는 상식일까? 속담을 말하는 것인가? 클라우제비츠가 속담 같은 말을 많이 했다는 뜻인가? 이해가 잘 되지 않는다. 스트레이천의 영어 원문은 다음과 같다.

---

3. 갈리, 『전쟁과 평화의 철학』, 이춘근 옮김, 80쪽.
4. W. B. Gallie, Philosophers of Peace and War, 47쪽.
5. 스트레이천, 『전쟁론 이펙트』, 허남성 옮김, 37쪽.

"Karl Marx, had written of Clausewitz, that 'the fellow has a common sense that borders on wit'."[6]

윤시원은 2016년에 그 문장을 다음과 같이 번역했다.

"마르크스는 클라우제비츠가 '유머에 한 다리 걸친 상식'을 가졌다고 평했다."[7]

'유머에 한 다리 걸친 상식'? '한 다리 걸친'? 윤시원의 문장이 매우 우스꽝스럽다. 영어 원문은 다음과 같다.

"Marx in turn thought Clausewitz had 'common sense … bordering on wit'."[8]

스트레이천은 독일어 Kerl을 fellow로 번역했는데, 호이저는 번역하지 않아서 Kerl이 없다. 전체적으로 스트레이천의 번역이 호이저의 번역보다 낫다. 두 영어 문장에서 핵심은 border인데, border는 grenzen과 거의 같은 뜻이다. '경계 또는 경계를 접하다'는 뜻으로 이해하면 된다. 사전에서 'She felt an anxiety bordering on hysteria.'라는 문장은 '그녀는 히스테리에 가까운 불안을 느꼈다.'로 번역되어 있다. 허남성과 윤시원은 border를 '자유분방하게' 번역했다. 허남성은 '경지에 이르는'으로 적절하게 번역한 것 같은데, 지혜와 상식의 쌍이 너무 어색해서 그 문장의 이해를 떨어뜨린다. 윤시원의 번역은 '한 다리를 걸쳤든 두 다리를 다 걸쳤든' 내용을 이해할 수 없게 만든 우스꽝스러운 오역이다.

마르크스주의 쪽에서도 이 문장을 번역했는데, 이해영은 1987년과 1989년에 마르크스의 문장을 다음과 같은 두 가지 버전으로 옮겼다.

"그 녀석은 재기에 가까운 상식을 가졌다."[9]

"그 사람은 탁월한 상식을 가졌다."[10]

---

6. Hew Strachan, Clausewitz's On War : A Biography, 21쪽.

7. 호이저, 『클라우제비츠의 『전쟁론』 읽기』, 윤시원 옮김, 51쪽.

8. Beatrice Heuser, Reading Clausewitz, 13쪽.

9. 이해영, 『Friedrich Engels의 군사사상에 관한 일연구』, 27쪽 각주 9.

이해영이 '녀석'을 2년 후에 '사람'으로 수정했다. '녀석'이 클라우제비츠에게 부적절하다고 생각해서 '사람'이라는 무난한 표현으로 바꾼 것 같다. 이해영의 번역을 보면 첫 번째 번역이 두 번째 번역보다 낫다. '재기에 가까운'을 '탁월한'으로 옮긴 것은 마르크스의 독일어 문장에서 많이 벗어난 번역이다. '탁월한 상식'도 어색하다. 상식이 그 자체로 '탁월하지' 않기 때문이다. 탁월하면 상식이 아닐 것이고, 상식이라면 탁월하지 않을 것이다.

요약. 이종학, 이춘근, 허남성, 윤시원, 이해영은 마르크스의 문장에서 관계대명사 전후의 어절을 (우리가 중학교 영어시간에 배운 것처럼) 뒤에서부터 앞으로 번역했다. 그래서 문장을 이해하기 어렵게 만들었다.

마르크스는 전체적으로 클라우제비츠를 객관적으로 올바르게 평가했다. 51대 49의 방황에서 다른 경우를 선택하고, 마르크스의 문장을 약간 '진보적인' 버전으로 바꾸면 다음과 같다.

'그 친구 상식 있고 그 위트에 끝이 없네.'

나는 이 번역을 마르크스 문장의 최종 번역으로 삼고 싶다. 지금까지 말한 것을 다음 쪽과 같이 표로 정리하는 것이 좋을 것 같다. 오역 중에는 '위트에 한계가 있다'고 말한 이종학의 오역이 제일 심각한 오역으로 보인다.

마르크스를 언급한 김에 하나 더. 아래 제3부에서 많이 보게 될 텐데, 우리나라의 클라우제비츠 연구자들 중에 클라우제비츠의 성명을 Karl Von Clausewitz라고 잘못 쓰는 이들이 상당히 많다. Karl도 잘못된 표기인데, 이것을 심지어 Kal로 쓴 글도 보았다. Kal Von Clausewitz. 클라우제비츠의 이름은 Kal이나 Karl이 아니라 Carl이다. Karl은 클라우제비츠의 이름이 아니라 마르크스의 이름이다. Karl Marx. 예를 들어 박정희와 박청희는 명백히 다른 이름이 아닌가? ㅈ이 ㅊ과 다르듯이 C는 K와 다르다. 또한 von을 Von으로 쓰는 이들이 적지 않다. von은 유럽이나 미국식 가운데 이름(middle

---

10. 이해영 편, 『엥겔스 연구』, 249쪽 각주 61.

번역	원문(또는 영어 번역)
마르크스는 클라우제비츠가 '위트에 한계가 있는 상식적인 사람'이라고 말했다. 이종학, 1986	이종학이 번역 원문을 밝히지 않았음.
그 녀석은 재기에 가까운 상식을 가졌다. 그 사람은 탁월한 상식을 가졌다. 이해영, 1987/1989	Der Kerl hat einen common sense, der an Witz grenzt.
그 친구는 기지라고 말해야 할 정도의 상식을 가지고 있었다. 이춘근, 1996	The fellow has the kind of common sense that comes close to wit.
카를 마르크스는 클라우제비츠에 관해 '그 친구는 지혜의 경지에 이르는 상식을 지니고 있다'고 썼다. 허남성, 2013	Karl Marx, had written of Clausewitz, that 'the fellow has a common sense that borders on wit'.
마르크스는 클라우제비츠가 '유머에 한 다리 걸친 상식'을 가졌다고 평했다. 윤시원, 2016	Marx in turn thought Clausewitz had 'common sense … bordering on wit'.
그 사람 상식이 있고 그 유머에 끝이 없네. 김만수, 2016	Der Kerl hat einen common sense, der an Witz grenzt.
그 친구 상식 있고 그 위트에 끝이 없네. 김만수, 2020	(최종 버전)

name)이 아니다. 즉 찰스 다윈(Charles Robert Darwin, 1809~1882)의 로버트(Robert)나 존 F. 케네디(John Fitzgerald Kennedy, 1917~1963)의 피츠제럴드(Fitzgerald)와 같은 가운데 이름이 아니다. von은 귀족 출신 가문에 붙이는 칭호이고, 그래서 그 첫 번째 알파벳을 대문자가 아니라 소문자로 써야 한다. Von이 아니라 von으로 써야 한다. 드물지만 Clausewitz를 Klausewitz로 잘못 쓴 글도 보았다.

결론. 클라우제비츠의 이름은 Carl von Clausewitz(카알 폰 클라우제비츠)이다.

한국 저자들의 클라우제비츠 연구

클라우제비츠와 관련하여 이제 번역이 아니라 저술을, 역자가 아니라 저자를 다룬다. 이것이 '한국' 클라우제비츠 연구에 더 잘 부합할 것이다. 여기에서는 제2부의 차례와 같이 클라우제비츠나 『전쟁론』을 직접적으로 다룬 연구와 간접적으로 다룬 연구를 구분하여 살펴본다.

제1장

직접 관련된 연구

클라우제비츠나 『전쟁론』을 직접적으로 다룬 글을 먼저 살펴본다. 그런데 클라우제비츠나 『전쟁론』을 직접적으로 논의한 연구자 중에는 평생 클라우제비츠를 연구한 사람도 있고, 논문 한 편만 발표한 사람도 많다. 그들이 한국 클라우제비츠 연구에서 차지하는 위상은 다를 수밖에 없다. 그래서 그들을 구분하였다. 전자는 '연구자별'로, 후자는 '주제별'로 묶고 구분해서 논의했다.

1. 연구자별 분류

　　한국의 클라우제비츠 연구자 중에 이종학, 김홍철, 류재갑과 강진석, 류제승, 김만수를 독립적으로 다루었다. 이 중에 이종학, 김홍철, 김만수는『전쟁론』을 번역하고『전쟁론』과 관련된 많은 논문을 발표하고 저서를 출간했다. 류제승도『전쟁론』을 번역하고 몇 편의 논문을 발표했다. 류재갑과 강진석은『전쟁론』을 번역하지는 않았지만, 류재갑은『전쟁론』이외의 외국문헌을 많이 번역했고 강진석은 몇 권의 저서를 출간했다. 이들은 모두 한국 클라우제비츠 연구에서 다른 연구자들보다 중요한 인물이다.

1.1. 이종학

이종학은 한국 클라우제비츠 연구의 1세대이다. 우리나라에서 사실상 최초로 『전쟁론』을 번역하고 클라우제비츠를 소개했다. 클라우제비츠와 관련된 많은 논문을 발표하고 저서를 출간했다. 그래서 한국의 클라우제비츠 연구는 이종학으로부터 시작해야 한다. 그의 클라우제비츠 관련 연구를 다음과 같이 대략 발표순으로 정리하고 분석한다.

A. 「전쟁론 해설」, 클라우제비츠, 『전쟁론』, 이종학 번역, 대양서적, 1972. 12, 55~66(11쪽)

B. 「적극적 공격주의, 전술·전략의 경영학 : 클라우제비츠의 『전쟁론』을 중심으로」, 『현대경영』 제97호(1974. 11), 한국능률협회, 116~120(5쪽)

C1. 「클라우제비츠 『전쟁론』의 현대적 조명(상)」, 『국제문제』 제178호(1985. 6), 국제문제연구소, 11~20(10쪽)

C2. 「클라우제비츠 『전쟁론』의 현대적 조명(중)」, 『국제문제』 제179호(1985. 7), 국제문제연구소, 80~89(10쪽)

C3. 「클라우제비츠 『전쟁론』의 현대적 조명(완)」, 『국제문제』 제180호(1985. 8), 국제문제연구소, 18~28(11쪽)

D. 이풍석 편저, 『클라우제비츠의 생애와 사상』, 박영사, 1986. 11, 305쪽

A는 이종학이 『전쟁론』 번역서 앞에 붙인 해설이다. D의 '1. 『전쟁론』 입문'에 중복 게재되어서 여기에서 살펴보지 않는다.

B의 앞부분은 1962년 6월 22일자 일본경제신문에 실린 池田 純久의 「사업에 쓸모 있는 병서」 일부의 번역이고, 뒷부분은 위 A 일부의 중복이다. 앞부분만 요약한다.

池田 純久는 1920년경 훈련 중에 어느 부호의 집에서 하룻밤을 지냈는

데, 그 집에 병서가 많았다. 부호는 군사전략을 경영전략에 응용했고, 적극적 공격이 전쟁에도 경영에도 중요하다고 생각했다. '군인에게는 일생동안 전쟁이 있을까말까 하겠지만 기업가에게는 그날그날이 전쟁의 연속이기 때문이다.' 전법(戰法)은 상법(商法)과 동일하다. 하지만 병법은 기만에, 경영은 신의에 바탕을 둔다는 점에서 둘은 차이가 있다. 병법은 임기응변의 기술이다. 송양지인(宋襄之仁)은 후세의 조롱거리가 될 뿐이다.

C1, C2, C3은 D의 '3. 클라우제비츠의 생애와 사상'에 중복 게재되어서 살펴보지 않는다.

D의 차례는 다음과 같다.

1. 『전쟁론』 입문 / 이풍석
2. 클라우제비츠論 / 한스 로드펠즈
3. 클라우제비츠의 생애와 사상 / 이풍석
4. 클라우제비츠는 유용한가? / 에베르하르트 봐게만
5. 클라우제비츠에 있어서의 철학과 이론 / 베르너 할베크
6. 클라우제비츠의 정치적 견해 / 피터 파레트
7. 클라우제비츠에 있어서의 정치적 전략의 개념 / 레이몽 아롱
8. 정치목적과 군사목표의 상호관계에 관한 고찰 / 만프리이드 라우헨슈타이너
9. 『전쟁론』의 수용과 그 유포 / 베르너 할베크

D에 있는 9개의 글 중에 1과 3을 제외하면 전부 번역이다. 이런 책을 '편저'라고 할 수 있을까? '편역'이 적절하지 않을까?

1은 M의 제I부 '1. 『전쟁론』 입문'에,

3은 M의 제I부 '2. 클라우제비츠의 생애와 사상'에 중복 게재되었다. 이를 정리하면 A는 D에, C1과 C2와 C3은 D에, D는 M에 중복 게재되었다.

D에서 2는 로트펠스의 글인데, 앞에서 본 얼의 『신전략사상사』 제5장 '독일의 해설자 — 클라우제비츠'와 같은 글이다. 이종학의 문장은 곽철 번역을 거의 그대로 옮긴 것이다. 곽철의 번역이 1980년에 출간되었고 이종학의 책이 1986년에 출간되었으니 표절에 대한 합리적인 의심이 든다. 4~8의 글은

클라우제비츠협회가 펴낸 『전쟁 없는 자유란』에 있는 글이다.

D는 우리나라에서 '클라우제비츠'라는 이름을 달고 출판된 최초의 단행본이다. 그런데 이종학이 쓴 1과 3은 이전 글의 중복이고 (나중에) 이종학의 다른 책(M)에 또 중복 게재되었다. D에서는 9의 '『전쟁론』의 수용과 그 유포'만 새로운 글이다. 여기에서는 9만 살펴본다.

요약. 『전쟁론』에 나타나는 전쟁의 기본구조나 원리에 대한 서술은 오늘날에도 타당하다. 전쟁의 본질과 현상, 정치와 전쟁, 이론과 실제, 정신적인 힘, 측정 불가능한 것들의 역할(마찰), 목적-목표-수단의 관계, 전략, 인민전쟁(인민무장투쟁), 공격과 방어의 상호관계에 관한 클라우제비츠의 견해가 그러하다.

클라우제비츠는 사후에 더 큰 영향력을 갖게 되었다. 뵈니스는 3권짜리 클라우제비츠 해설서를 펴냈는데, 이 책은 대중에게 좋은 반응을 얻었다. 19세기 중엽에 『전쟁론』이 불어로 번역되었고 스위스, 오스트리아, 네덜란드에도 소개되었다. 하지만 이때에는 여전히 조미니가 전쟁 문제의 권위자로 인정받았다. 보불전쟁에서 프로이센의 승리, 독일 통일, 프랑스의 패배로 『전쟁론』이 일거에 주목의 대상이 되었다. 이때부터 제1차 세계대전까지 『전쟁론』에 대한 전반적인 고찰이 시작되었다. 러일전쟁에서 일본의 승리도 클라우제비츠 사상의 영향 때문이라고 볼 정도였다. 프랑스에서는 질베르, 카몽, 로케가, 영국에서는 그래험, 마우드, 머리가, 이탈리아에서는 마르셀리, 구리니가 『전쟁론』을 자기 나라에 소개했다. 러시아, 오스트리아, 헝가리, 스웨덴, 미국에도 클라우제비츠가 소개되었다. 독일에서 몰트케는 『전쟁론』의 군사적인 관점은 긍정했지만 정치적인 사상은 거부하거나 조건부로 인정했다. 루덴도르프도 편협한 군사기술상의 완벽주의로 나아갔다. 하지만 클라우제비츠의 철학적·정치적 사상이 인정받지 못할수록 그는 더 높은 평가를 받는 인상을 풍겼다. 프라이탁-로링호벤, 메어하임프, 캠머러 등이 클라우제비츠의 철학을 높이 평가했다.

『전쟁론』의 정치적·철학적 중심사상에 주목하고 이를 제대로 이해한 것은 혁명적인 마르크스주의자들이었다. 마르크스, 엥겔스, 레닌이 그들이다. 레닌은 클라우제비츠를 혁명적 마르크스주의의 구체적 목표 설정에 이용하고 계급투쟁의 수행과 연관시켰다. '제국주의 전쟁은 지배계급이 다른 수단으로 하는 제국주의 정치의 계속에 지나지 않는다.' 마르크스주의자들이 클라우제비츠의 학설을 제대로 수용한 것은 우연이 아니다. 그들은 『전쟁론』을 정치적·철학적 '이론'으로만 받아들였고, 전쟁을 (독자적인 가치를 갖는 그 자체로 여기지 않고) 도구로 보았다. 그들은 전쟁을 사회주의혁명과 관련지어 해석했고, 전쟁을 결코 낭만적이거나 형이상학적으로 과장해서 생각하지 않았다. 레닌의 해석이 소련에서 정설로 인정받았고, 이는 동독에도 영향을 미쳤다. 소련에서 크베트코프의 심오한 연구도 주목할 만하다. '헤겔 철학이 마르크스 철학의 근원이라면, 클라우제비츠의 전쟁이론은 마르크스 전쟁이론의 근원이다.'

1918년에서 1945년 사이에 클라우제비츠 연구는 학문적인 측면에서도 활발해졌다. 로트펠스, 엘제, 켓셀, 린네바흐, 말름스텐과 같은 역사학자와 사회학자들의 수준 높은 연구가 발표되었다. 제1차 세계대전 이전에는 델브뤽과 마이네케가 클라우제비츠 연구에 몰두했다. 루덴도르프에게는 벡이 반박했고, 히틀러는 클라우제비츠의 모든 이론을 무시했다. 서방세계도 클라우제비츠를 위반했다. 로트펠스, 가츠케, 리델 하트를 통해 클라우제비츠가 잘 알려졌는데도 그러했다. 1945년 이후에도 클라우제비츠 연구는 계속될 수밖에 없었다. 1955년에 프랑스에서 『전쟁론』 원전이 최초로 완역되었고, 리델 하트도 클라우제비츠를 새롭게 주목했다. 체코, 헝가리, 호주에서도 『전쟁론』이 비평과 함께 새롭게 번역되었다. 전 6권으로 계획된 광범위한 클라우제비츠 선집도 간과해서는 안 된다. 보프르, '레닌이 클라우제비츠를 칭찬했기 때문에 클라우제비츠는 권위를 누리게 되었고 지적 순례의 대상이 되었다.' 하지만 보프르는 실용주의적이고 피상적인 고찰로 클라우제비츠 해석의 핵심을 놓치고 있다.

처음에는 군인들만이 『전쟁론』에 흥미를 보였다. 그들은 『전쟁론』의 정치적·철학적인 토대에 별로 주목하지 않았는데, 이는 그들이 그것을 이해하는데 필요한 지식을 제대로 갖추지 못했기 때문이다. 그래서 클라우제비츠는 군인들에게 제대로 이해되지 못했다. 클라우제비츠 이론은 일방적인 방향으로 독단화되거나 오해를 받았다. 그들은 '파괴'의 원칙을 말할 때만 클라우제비츠를 인용했다. 1914~1918년에 군인 이외에 정치가, 철학자, 역사학자, 사회학자, 경제학자들이 클라우제비츠의 사상을 연구하기 시작했다. 1945년 이후 전쟁구조, 경제, 전쟁술의 수단, 이념의 대립(냉전)이 근본적으로 변했기 때문에 클라우제비츠 연구도 새로운 방향으로 나아가고 있다.

클라우제비츠의 『전쟁론』은 오늘날 세계문학의 표준작품에 속한다. 사람들은 그것을 고전이라고 말한다. 하지만 그것에서 실제 행동에 필요한 규칙을 얻거나 그것을 무조건 무시한다면 클라우제비츠 사상의 핵심을 놓치게 될 것이다.

의견. 매우 훌륭한 입문이다. 이종학이 이 글의 출처를 밝혔으면 좋았을 것이다.

E. 「클라우제비츠 : 전쟁철학자 ― Raymond Aron, Clausewitz : Philosopher of War, Translated by Christine Booker and Norman Stone, London : Routledge & Kegan Paul, 1983, pp. 418」, 『국방연구』 제29권 2호 (1986. 12), 국방대학원 안보문제연구소, 397~402(6쪽)

F. 「클라우제비츠·『전쟁론』: 핵무기시대에 그 중요성 더해가다」, 『자유』 제206호(1990. 10), 자유사, 134~143(10쪽)

E는 아롱 책의 서평인데, M의 '서평'에 중복 게재되어서 살펴보지 않는다.

F는 D의 1과 3의 이곳저곳을 짜깁기하고 『전쟁론』의 이곳저곳을 인용한 글이다. F에서는 '클라우제비츠가 구명하려고 한 전쟁의 본질과 분석방법에 대한 해답은 그 당시보다 핵무기 시대에 그 중요성을 더하고 있다.'는(143

쪽) 파렛의 말을 인용한 부분만 새로운 내용으로 보인다.

G1. 「고전적 전쟁이론의 현대적 조명(I)」, 『공군평론』 제96호(1995. 8), 공군
　　대학, 115~128(14쪽)

G2. 「고전적 전쟁이론의 현대적 조명(II)」, 『공군평론』 제97호(1996. 1), 공군
　　대학, 32~65(34쪽)

G3. 「고전적 전쟁이론의 현대적 조명(III)」, 『공군평론』 제98호(1996. 9), 공
　　군대학, 53~96(44쪽)

G4. 「고전적 전쟁이론의 현대적 조명(IV)」, 『공군평론』 제99호(1997. 2), 공군
　　대학, 100~122(23쪽)

G5. 「고전적 전쟁이론의 현대적 조명(V)」, 『공군평론』 제100호(1997. 8), 공군
　　대학, 370~392(23쪽)

H. 「클라우제비츠의 「전쟁론」 ― 군사에 대한 정치우위사상의 원전」, 『한국
　　군사』 제3호(1996. 8), 한국군사문제연구원, 232~242(11쪽)

I. 「마이클 헨델, 『전쟁의 거장들 : 고전적 전략사상』」, 『국방논집』 제36호
　　(1996. 12), 한국국방연구원, 241~246(6쪽)

　　G1은 Q의 제1부 'I. 고전적 전쟁이론은 유용한가'에,

　　G3은 M의 제I부 '3. 클라우제비츠의 『전쟁론』'에 중복 게재되었다.

　　G3의 55쪽에는 '필자의 논평에 헨델 교수의 회신'과 '일본 클라우제비츠
학회의 「학회보」에 소개된 왕복 서간'이 영인되어 있는데, M의 제1부 3에는
이것이 삭제되었다.

　　G5는 M의 제I부 4와 Q의 제1부 II의 두 곳에 중복 게재되었다.

　　G1은 Q에서, G3과 G5는 M에서 살펴볼 것이다. G2는 손자병법을 다루
고, G4는 조미니를 다루고 있다. G2와 G4는 클라우제비츠와 관련이 적어서
살펴보지 않는다.

　　H는 G3의 축약이고, I는 G5의 축약이다.

I는 한델 책의 서평이다. 한델의 책은 1996년에 개정판이 나왔는데, 이종학은 1992년 초판으로 서평을 했다. 이 서평에서 이종학은 한델의 머리말을 요약했고, 서평 내용은 G5의 축약 수준이다.

J. 「『전쟁론』을 읽는 방법 : 클라우제비츠의 현대적 의의」, 『군사』 제45호 (2002. 4), 국방부 군사편찬연구소, 301~315(15쪽)

K1. 이종학 편저, 『전략이론이란 무엇인가 : 『손자병법』과 『전쟁론』을 중심으로』, 서라벌군사연구소 출판부, 2002. 7, 335쪽

K2. 이종학 편저, 『전략이론이란 무엇인가 : 『손자병법』과 『전쟁론』을 중심으로』, 충남대학교출판부, 2005. 2, 337쪽 [재판]

K3. 이종학 편저, 『전략이론이란 무엇인가 : 『손자병법』과 『전쟁론』을 중심으로』, 충남대학교출판부, 2010. 9, 343쪽 [개정판]

K4. 이종학 편저, 『전략이론이란 무엇인가 : 『손자병법』과 『전쟁론』을 중심으로』, 충남대학교출판문화원, 2012. 2, 372쪽 [개정보완판]

J는 M의 제II부 '6. 『전쟁론』을 읽는 방법 : 클라우제비츠의 현대적 의의'에 중복 게재되었다.

K2~K4의 세 책은 (재판, 개정판, 개정보완판이라고 되어 있지만) K1과 같은 책이다. K4의 머리말은 K3의 머리말과 내용도 날짜도 똑같다. 여기에서는 K4만 본다. K4는 『손자병법』의 번역, 클라우제비츠의 『전쟁론』과 조미니의 『전쟁술』의 초역으로 이루어져 있다. 세 번역이 편저인지도 의아하다. 세 번역 앞에 '전략이란 무엇인가'라는 글을 실어서 '편저'인가?

머리말에 다음과 같은 말이 있다. '『전쟁론』을 개역해야 하겠다는 생각이 들었다. 오역과 지금의 관점에서 더 적절한 용어로 수정해야 한다는 것과 새로운 원전의 자료가 발굴되었기 때문이다. … 독일에서도 초판에 의해 축소된 레크람(Reclam)판이 1980년에 출간되었는데, 『전쟁론』의 1853년 재판부터 일부 내용이 개찬(改竄)되어 있었기 때문이다.'(iv쪽)

독일에서는 하알벡이 1952년의 『전쟁론』 제16판부터 『전쟁론』의 1853년 재판(제2판)에 있는 오류를 수정했다. 그래서 『전쟁론』의 1853년 재판부터 일부 내용이 개찬되었기 때문에 『전쟁론』 번역을 개역한다는 말은 이종학이 1853년의 『전쟁론』 재판에 들어 있는 오류를 모른다는 말이다. 1980년에 레클람 출판사의 축소판이 출간되어서 『전쟁론』을 개역한다는 말도 황당하다. 이종학이 독일어를 읽고 이해할 능력이 있는 것도 아니기 때문이다. 이종학의 개역은 1853년의 재판 및 1980년의 레클람판과 무관하다.

K4의 『전쟁론』 번역은 이종학의 1972년 번역에 비해 분량이 너무 적다. 여기에 실린 '전략이란 무엇인가'도 이전 글의 중복이다.

L1. 「클라우제비츠 『전쟁론』 재번역에 관한 단상」, 『군사논단』 제32호(2002. 9), 한국군사학회, 143~149(7쪽)

L2. 「클라우제비츠의 『전쟁론』 연구(1) : 전쟁의 삼위일체에 대하여」, 『군사논단』 제33호(2002. 12), 한국군사학회, 156~166(11쪽)

L3. 「클라우제비츠의 『전쟁론』 연구(2) : 전쟁이론이란 무엇인가」, 『군사논단』 제34호(2003. 3), 한국군사학회, 126~141(16쪽)

L4. 「클라우제비츠의 『전쟁론』 연구(3) : 전쟁의 목적·목표 및 수단에 대하여」, 『군사논단』 제37호(2004. 3), 한국군사학회, 152~162(11쪽)

L5. 「클라우제비츠의 『전쟁론』 연구(4) : 공격과 방어의 변증법」, 『군사논단』 제39호(2004. 9), 한국군사학회, 179~192(14쪽)

L6. 「클라우제비츠의 『전쟁론』 연구(최종회) : 각국에서의 『전쟁론』 수용에 관하여」, 『군사논단』 제40호(2004. 12), 한국군사학회, 127~146(20쪽)

L1~L6 중에 L1~L5는 M에 중복 게재되었다.

L1은 M의 제II부 '5. 클라우제비츠 『전쟁론』 재번역에 관한 단상'에,

L2는 M의 제II부 '7. 전쟁의 삼위일체(三位一體)에 대하여'에,

L3은 M의 제II부 '8. 전쟁이론이란 무엇인가'에,

L4는 M의 제II부 '9. 전쟁의 목적·목표 및 수단에 대하여'에,

L5는 M의 제II부 '10. 공격과 방어의 변증법'에 중복 게재되었다.

여기에서는 L6 '각국에서의 『전쟁론』 수용에 관하여'만 살펴본다.

전쟁이 정치의 수단이라는 클라우제비츠의 명제에 대해 프로이센에서 비스마르크는 '정치'를, 몰트케는 '전쟁'을 강조했고, 이 갈등에 보불전쟁 승리의 비극의 씨앗이 싹텄다. 루덴도르프도 『총력전』에서 몰트케의 관점과 같았다.

프랑스에서는 1849년에 『전쟁론』이 번역되었다. 카르도가 『전쟁론』을 강의했고, 포쉬는 1903년에 『전쟁원칙』을, 1904년에 『전쟁수행론』을 발표했다. 포쉬는 클라우제비츠의 '정신력'을 강조했다. 그 이후 아롱이 1976년에 『전쟁을 생각한다, 클라우제비츠』를 출간하여 프랑스에서 클라우제비츠 연구의 맥을 이었다.

영국에서는 코벳이 해전에서도 클라우제비츠의 적합성을 지적했지만, 제1차 세계대전 이후 클라우제비츠는 피에 굶주린 예언자로 비쳐졌다. 리델 하트는 『나폴레옹의 망령』에서 클라우제비츠를 혹평했다. 이종학은 리델 하트의 클라우제비츠 오해와 왜곡의 원인을 (리델 하트가 생활비를 벌려고 벼락치기로 집필했기 때문이라는) 리델 하트 부인의 증언을 근거로 댄다(136쪽). 풀러가 클라우제비츠를 절대전쟁론자로 판정한 것도 모순이다.

미국에서는 1943년에 『전쟁론』이 번역되었다. 맥아더는 몰트케의 사상을 연상케 하고, 미국 군부는 전쟁에 대한 정치의 우위를 거부했다. 월남전쟁의 패배와 서머스의 『전략론』으로 클라우제비츠에 대한 관심이 높아졌다.

일본에서 『전쟁론』 번역은 1886년부터 시작되었다. 청일전쟁과 러일전쟁의 승리에는 독일 참모의 교육이 큰 영향을 미쳤다. 『전쟁론』의 대중화는 1933년 이와나미(岩波) 문고판의 출간에서 비롯되었고 1960년대에 여러 번역이 출간되었다. 그 이후 일본 클라우제비츠학회를 중심으로 활발하게 클라우제비츠를 연구하고 있다.

한국에서는 이종학이 『공군신문』 창간호(1957. 10. 10)에 「클라우제비츠

장군의 생애와 그의 전쟁원칙」을 발표한 것이 클라우제비츠를 소개한 최초의 글일 것이다.

의견. 이보다 먼저 이덕승의 「전쟁론의 비판」(상)이 『군사평론』 창간호 (1956. 11. 5)에 실렸다.

M. 『클라우제비츠와 전쟁론: 클라우제비츠의 생애와 사상』, 주류성, 2004. 11, 389쪽

M은 클라우제비츠와 『전쟁론』에 관한 이종학 최초의 저서이다. 이종학은 1957년 『공군신문』 창간호에 클라우제비츠를 소개한 때로부터 무려 47년이 지나서 최초의 저서를 출간했다. 한편으로는 매우 늦은 출간이지만, 다른 한편으로는 이종학이 '평생' 클라우제비츠와 『전쟁론』을 연구했다고 할 만하다. M은 이종학이 이전에 쓴 거의 모든 글을 실은 모음집이다. M의 차례는 다음과 같다.

제I부 『전쟁론』 입문
 1. 『전쟁론』 입문
 2. 클라우제비츠의 생애와 사상
 3. 클라우제비츠의 『전쟁론』
 4. 고전적 전쟁이론의 비교분석
제II부 『전쟁론』 연구
 5. 『전쟁론』 재번역에 관한 단상
 6. 『전쟁론』을 읽는 방법
 7. 전쟁의 삼위일체(三位一體)

 8. 전쟁이론이란 무엇인가
 9. 전쟁의 목적·목표 및 수단에 대하여
 10. 공격과 방어의 변증법
 11. 전쟁사 연구의 방법과 활용에 대하여
 12. 일본 군국주의 형성에 대한 연구
 13. 日本の西洋軍事理論受容に關する研究
 14. 『戰爭論』飜譯に關する斷想
 15. 戰爭の三位一休に關して
서평 클라우제비츠: 전쟁철학자

M에는 먼저 발표된 각 논문에서 글자를 약간씩 수정한 부분이 있다. 13~15는 일본어라서 살펴보지 않는다. 그렇지 않아도 14는 5의 일어 번역이고, 15는 7의 일어 번역이다. 아래에 각 글을 요약한다.

1. 『전쟁론』 입문. 이 글은 앞부분에서 클라우제비츠에 대한 후대의 평가를 소개하고 클라우제비츠의 생애를 요약한다. 그리고 『전쟁론』이 오랜 생명

력을 갖는 이유를 전쟁철학적 방법론, 전쟁과 정치의 관계를 정립시킨 점, 전쟁의 본질을 밝힌 점, 정신적 요소의 우월성을 강조한 점이라고 본다. 클라우제비츠는 『전쟁론』에서 양적 방법론(체계분석, 비교 분석, 게임이론 등)이 아니라 질적 방법론을 추구했다. 병에 걸렸을 때 병원체를 연구해야 하는 것처럼 평화를 누리려면 (평화를 파괴하는 병원체인) 전쟁을 연구해야 하는데, 이른바 평화주의자들은 이런 현실을 직시하지 않는다.

2. 클라우제비츠의 생애와 사상. 이 글은 레닌과 모택동의 클라우제비츠 해석, 일본과 미국의 클라우제비츠 수용, 한국의 클라우제비츠 수용을 간략히 소개한다. 그리고 클라우제비츠 생애를 요약하고 클라우제비츠의 시대를 개관하고 『전쟁론』의 체계를 소개한다. 그다음에 핵무기 시대에 『전쟁론』이 갖는 의의를 검토하고 『전쟁론』의 주요 내용을 요약한다.

핵무기의 등장으로 전쟁이 정치의 계속이라는 점이 서방에서는 폐기된 반면에, 소련에서는 여전히 그 명제를 타당하다고 본다. 전쟁에서는 전투가 중심이고, 목표는 영토가 아니라 군대이고, 병력은 집중해야 한다. 전쟁에는 마찰이 존재하므로 정신력이 중요하고, 전쟁은 '과학'이 아니다. 방어가 공격보다 강력한 형태이다.

한국전쟁에서 맥아더의 사례는 문민우위 원칙을 보여주고, 맥아더는 몰트케의 사고방식을 지니고 있다.

이종학은 클라우제비츠의 사상이 절대전쟁에서 현실전쟁으로 옮겨간 것으로 이해한다. 이 글에는 앞의 1에 있는 내용이 많이 중복되어 있다.

3. 클라우제비츠의 『전쟁론』. 『전쟁론』은 절대전쟁과 현실전쟁의 상이한 입장이 혼재된 미완성 작품이기 때문에 오해되었다. 『전쟁론』은 칸트에서 헤겔에 이르는 독일 관념론 철학과 과학적 방법을 병용했기 때문에 난해하다. 『전쟁론』의 철학적 기반은 클라우제비츠 자신의 체험과 사색, 독일 관념론 철학, 후기 계몽주의 미학이론, 샤른호스트의 전쟁 사례 활용 등에 있다. 『전쟁론』의 기본 사상은 전쟁에서 인간정신의 우위성을 강조한 점, 절대전쟁에서 현실전쟁으로 전환한 점, 전쟁과 정치의 관계를 정립한 점에 있다. 클라우

제비츠는 전투를 강조한 군사전략적 접근을 하고 있다. 이는 전쟁의 본질이 투쟁이고, 프로이센이 유럽의 중앙에 자리 잡고 있고 프랑스에 비해 열세에 놓여있기 때문이다.

의견. 이 글의 앞부분은 다른 사람들의『전쟁론』평가 모음집이고, 전체적으로『전쟁론』의 번역, 요약, 소개 수준이다. 방어는 정립, 공격은 반정립, 선수후공(先守後攻)은 종합이라는 것은(100~102쪽) 헤겔의 변증법이 될 수 없고 방어자 입장의 동어반복이다. 이종학은『전쟁론』제7편과 제8편이 현실전쟁의 입장에 있다고 주장하는데, 제8편이 절대전쟁을 언급한다고 말하면서 제8편에서 절대전쟁의 많은 사례를 끌어들이고 있다(109~111, 117쪽). 모순이다.

4. 고전적 전쟁이론 비교분석. 한델 교수는 이종학에게『전쟁의 거장들』증보판(1996년)을 보냈는데, 이종학은 초판(1992년)을 근거로 논의한다.『손자병법』과『전쟁론』이 오늘날까지 생명을 유지하는 근본적인 이유는 깊은 철학적 기반과 역사적·문화적 환경에서 비롯되는데, 한델은 이 점을 제외시켰다. 손자는 노자에게서, 클라우제비츠는 헤겔에게서 직접적인 영향을 받았다. 손자는 국가전략적 접근을, 클라우제비츠는 군사전략적 접근을, 조미니는 작전전략적 접근을 했다. 클라우제비츠의 중심 개념은 작전 수준의 개념으로 보는 것이 타당하다. 통치자와 지휘관 또는 정치와 전쟁의 관계에 대해 손자와 클라우제비츠의 견해는 일치한다. 지휘관은 인간으로서 그리고 장수로서 꾸준히 연구, 수양하고 체험을 쌓아 지휘관의 자질을 갖추어야 한다.

의견. 이 글에서 이종학은 클라우제비츠 변증법의 사례를 공세(정), 수세(반), 선수후공으로(합), 절대전쟁이론(정), 현실전쟁이론(반), 각 시대의 독자적인 전쟁이론으로(합), 물질적 요소(정), 정신적 요소(반), 물질·정신적 요소의 겸비로(합) 이해하는데(134쪽), 이는 헤겔과 클라우제비츠 변증법의 완벽한 오해이다. 그렇게 '고정'되어 있는 것은 정반합의 요소가 될 수 없고 변증법의 본질에도 어긋난다.

5.『전쟁론』재번역에 관한 단상. 1972년에 번역한『전쟁론』을 2002년에

재번역하면서 해석의 열쇠가 되는 몇 개 단어를 고찰한다. 『전쟁론』에서 독일어 Politik은 정치가 아니라 정책으로, Verstand는 이성이나 지성이 아니라 오성으로, Kriegführung은 전쟁지도가 아니라 전쟁수행으로 번역해야 한다.

의견. 나는 이종학의 주장에서 전쟁수행으로 번역하는 것에만 동의한다.

6. 『전쟁론』을 읽는 방법. 이 글은 '郷田 豊 外, 『戰爭論の讀み方 — クラウゼヴィッツの現代的意義』, 芙蓉書房出版, 2001'의 '서평'이라고 되어 있지만, (이종학의 말처럼) 서평이라기보다 책에 대한 간략한 소개이다.

『전쟁론』은 독일 관념주의 철학에 토대를 두고 있고 광범위한 학문적 접근을 구사했고 변증법적 설명을 했기 때문에 난해하다. 『전쟁론』에는 절대전쟁과 현실전쟁이 혼재되어 있어서 오해되었다. 『전쟁론』 제1편(제1장 제외)과 제2편~제6편은 절대전쟁을, 제1편 제1장과 제7편~제8편은 현실전쟁을 서술하고 있다. 『전쟁론』 제2판(1853년)의 잘못된 수정이 정부와 최고지휘관의 역할을 오해하게 만들었고, 이것이 독일과 일본에 악영향을 미쳤다.[1] 미국의 월남전쟁 패배 이후에 클라우제비츠의 이론은 와인버거 독트린(1984년)에 반영되었고, 소련과 중국은 물론 일본에서도 널리 읽히고 연구되고 있다. 『전쟁론』은 제1편 제1장, 제1편 전부, 제8편, 제7편, 제2편~제6편 순서로 읽을 것을 권한다.

의견. 『전쟁론』 제1편(제1장 제외)과 제2편~제6편을 절대전쟁으로, 제1편 제1장과 제7편~제8편을 현실전쟁으로 구분하는 것은 『전쟁론』의 내용과 맞지 않는다.

7. 전쟁의 삼위일체에 대하여. 클라우제비츠는 당초 절대전쟁에서 40대 후반에 현실전쟁으로 관점을 바꾸었다. 이는 『전쟁론』 제8편 제2장에서 알 수 있다. 절대전쟁은 원한과 복수를 낳는다. 전쟁이 정치의 교섭이라는 주장은 현실전쟁론이다.

---

1. 앞의 오해와 달리 여기에서는 『전쟁론』 제2판의 성격을 제대로 이해했다. 그런데 이 글이 2002년에(J를 발표한 해) 처음 발표되었으니, 2002년에 제대로 이해한 것을 이종학이 2010년에(K3을 출간한 해) 잘못 이해했다는 말이 된다. 이종학의 서술이 종잡을 수 없다.

클라우제비츠는 오성(Verstand), 지성(Intelligenz), 이성(Vernunft)을 구분했다. 그래서 삼위일체에 있는 세 번째 문장은 '전쟁은 순수히 오성의 영역에 속한다는 것에 의해 정치적 도구로서의 종속적 성격을 가진다.'로(191쪽) 번역해야 한다.

8. 전쟁이론이란 무엇인가. 이 글은 클라우제비츠의 생애와 시대, 조미니의 전쟁이론과 그의 클라우제비츠 비난, 『전쟁론』의 방법론과 정신력의 강조, 클라우제비츠와 모택동의 게릴라전, 클라우제비츠와 조미니의 비교로 구성되어 있다.

9. 전쟁의 목적·목표 및 수단. 정책은 정치적 목적을 결정하고, 전략은 군사적 목표를 선정하고, 전술은 전투를 실시하는 것이다. 군사목표에는 중심(重心)이 중요하다. 제1차 이라크전쟁에서 미국은 중심을 후세인이 아니라 이라크 군대로 잘못 설정했다. 일본의 진주만 기습은 전술적으로는 승리이지만 군사목표(중심)를 잘못 설정했고 정치적 목적을 달성하는 데도 실패했다.

미국 자본주의 체제는 대체로 10년 주기로 전쟁을 해야만 군수산업이 구식무기를 소비하고 신식무기를 시험할 수 있다.

10. 공격과 방어의 변증법. 방어는 공격보다 강력한 전쟁형태이다. 클라우제비츠는 변증법 논의에서 헤겔의 변증법을 받아들였고, 헤겔은 (칸트의 철학에 대립함으로써 독자적인 변증법 사상에 도달했다고 하지만) 공자, 주역, 노자의 '모순' 철학을 받아들여 변증법을 발전시킨 것으로 추정된다.

11. 전쟁사 연구. 명장이 되는 유일한 길은 과거의 명장들이 수행한 전쟁사를 연구하고 배우는 것이다. 전쟁은 경험과학에 속하므로 과거의 전쟁을 연구해야 한다. 클라우제비츠에 따르면 전쟁사 연구는 역사적 사건의 비판적 서술이어야 한다. 즉 의심스러운 사건을 탐구하고 원인에서 결과를 설명하고 수단을 검토해야 한다. 그러면 전쟁사는 역사적 교훈이 될 수 있다.

러일전쟁을 연구한 일본 육군성의 『러일전쟁사』(1913년)는 그 당시 관련 인사들의 압력으로 객관적이고 냉철한 보고서가 되지 못했다. 한국 국방부가 편찬한 『한국전쟁사』도 이와 비슷하다. 독일과 미국의 예를 따르는 것이 바람직하다.

채병덕(당시 육군 총참모장)과 정국은(당시 연합신문 주필)의 행적, 1950년 6월 25일 새벽 2시까지 벌인 2차 심야파티, 이 파티의 비용을 댄 정국은, 정국은의 사형 언도와 집행, 정국은의 재판기록 분실에 관한 이야기는 한국전쟁에 관한 저자의 연구에 기초하고 있다.

6·25전쟁은 스탈린의 승인을 얻고 모택동의 동의를 얻어 김일성이 일으킨 침략전쟁이다. 스탈린은 휴전에 반대했고, 휴전은 스탈린의 사망 이후 비로소 체결되었다.

의견. 이 글은 전쟁사에 관한 글이라기보다 한국전쟁에 관한 글이라고 해야 정확할 것이다. 이종학은 냉전시대의 반공이데올로기를 마음속에 고이 간직하고 있는 것 같다. 이종학은 브루스 커밍스의 『한국전쟁의 기원』을 불만스럽게 언급했는데, 그렇다면 박명림의 『한국전쟁의 발발과 기원』을 읽도록 권하고 싶다.

12. 일본 군국주의의 형성. 일제 육군은 몰트케의 군사적 사고와 참모본부를 모델로 하여 창설되었다. 통수권의 독립과 현역무관 전임제로 군국주의, 군부의 성역화, 정치적 영향력 강화가 나타났고, 이는 내각의 존폐를 좌우하고 의회정치를 말살하는 방향으로 나아갔다. 일제 육군은 국력을 무시한 침략전쟁을 확대하다가 결국 태평양전쟁에서 망하고 말았다.

의견. 일본 군국주의 형성을 다룬 글에 몰트케의 참모본부를 번역·서술하는 것은 이해가 되지만, 클라우제비츠의 『전쟁론』을 무려 13쪽에 걸쳐 (본문의 40% 이상) 중복 서술한 것은 이해가 되지 않는다.

서평. 클라우제비츠 : 전쟁철학자. 이 글은 아롱의 『전쟁을 생각한다, 클라우제비츠』(Penser la guerre : Clausewitz, 1976년)의 영역본(1983년)에 대한 서평이다. 문장이 혼란스럽고 난삽해서 서평을 읽는 것은 괴롭고 이해하는 것은 어렵다. 그래서 이 글이 이종학이 영역본을 읽고 쓴 서평인지 아니면 일본어 서평을 번역한 것인지 확신이 안 선다. 이는 아롱의 책이 『전쟁론』을 이해할 수 있는 바탕이 마련되어 있지 않은 우리들에게 쉽사리 접근할 수 있는 저서가 아닌 것 같다."는(361~362쪽) 말 때문이다.[2] 또한 도립(倒立)이라는 (우리말에서 매우 드물게 쓰이는) 단어 때문이다.

이 영역본은 많은 학자들에 의해 최악의 번역이라는 평을 받았는데,[3] 이 것을 읽고 아롱의 견해를 제대로 이해하는 것은 어려울 것이다. 이종학이 영 역본을 읽었다고 해도 아롱의 논지를 제대로 이해하는 것은 힘들 것이다.

이종학이 영역본을 읽었든 안 읽었든, 이종학은 아롱과 하알벡의 레닌 해석을 의심한다. 그렇다면 정말 아롱의 책을 (일어 번역이라도) 꼼꼼히 읽을 것을 이종학에게 권하고 싶다.

N. 「리델 하트의 『전쟁론』 비판에 대한 논평」, 『해양전략』 제135호(2007. 9), 해군대학, 131~178(48쪽)
O. 이종학 편저, 『나의 학문과 인생』, 충남대학교출판부, 2009. 10, 606쪽

N은 아래 O의 제1편 'X. 리델 하트의 『전쟁론』 비판에 대한 논평'에 중 복 게재되어서 살펴보지 않는다.

O는 이종학의 팔순을 맞이하여 이종학이 이전에 발표한 글과 제자들의 글을 실은 책이다. 클라우제비츠와 관련해서는 제1편의 'X. 리델 하트의 『전 쟁론』 비판에 대한 논평'만 살펴본다. 차례는 다음과 같다.

2. 리델 하트의 생애
3. 『전쟁론』에 대한 평가
   가. 『전쟁론』이 오해받는 이유는?
   나. 『전쟁론』이 난해한 이유는?
   다. 전쟁이론의 기능과 한계
4. 『전쟁론』 비판에 대한 논평

가. 클라우제비츠는 절대전쟁론자인가?
나. 전략의 목표에 대하여
다. 수의 우위에 대하여
라. 클라우제비츠는 사이비 전쟁철학자?
마. 『전쟁론』이 독일에 미친 영향은?
바. 리델 하트 두 저서의 수정할 사항

---

2. 『전쟁론』 번역자 및 연구자인 이종학의 판단과 평가에 따르면 1986년까지 우리나라에는 '『전쟁론』을 이해할 수 있는 바탕이 마련되어 있지 않았다!'
3. 위의 274~275쪽과 275쪽 각주 1 참조.

요약. 리델 하트는 '20세기의 클라우제비츠'로 알려져 있지만, 그의 『전쟁론』 비판은 납득하기 어렵다. 그의 『나폴레옹의 망령』(1933년)과 『전략』(1954년)을 반박한다.

리델 하트는 솜므 전투에 참전하여 충격을 받고 '간접접근' 전략을 세웠다. 그는 (학사)학위가 없고 군사지식이 없고 『전쟁론』을 읽지 않은 것으로 보이고 생활비를 벌려고 늘 벼락치기로 글을 썼다.

리델 하트는 대륙국가와 해양국가의 차이를 소홀히 생각했고, 클라우제비츠를 절대전쟁론자로만 이해했다. 전쟁에서 유일한 수단이 전투라고 한 것은 장군용이 아니라 하사관용이다. 클라우제비츠의 '수의 우위'가 대량집중의 대학살로 나타났다는 것은 오해와 비약이다. 클라우제비츠가 철학적 지성을 함양하지 않았고 칸트 철학의 이원론을 받아들였다는 주장도 잘못된 것이다. '절대전쟁과 현실전쟁 사이에는 많은 중간단계가 있고, 두 종류의 전쟁은 칸트의 영향을 받지도 않았고 이원론에 속하지도 않는다.'(232쪽) 독일 군인들은 『전쟁론』을 제대로 연구하지 않았는데, 제1차 세계대전의 대량학살의 책임이 클라우제비츠에게 있다는 것은 어불성설이다.

의견. 리델 하트에 대한 비판은 적절하다. 차례에서 '3. 클라우제비츠의 『전쟁론』에 대한 평가'는 앞서 발표한 글의 이곳저곳의 중복이다. 이 글에서 논리적으로 3이 필요한지 의문이 든다. 3이 없어도 4의 논의를 전개할 수 있다.

풀러에 의하면 『전쟁론』은 '문장이 길고 반복이 많고 상투적이고 알고 있는 내용이 많고 여러 곳에서 극도로 복잡하고 모순되는 곳도 있다.'(208쪽) 이종학의 글도 확실히 '문장이 길고 반복이 많고 상투적이고 알고 있는 내용이 많고 여러 곳에서 극도로 복잡하고 모순되는 곳도 있다.'

이종학은 리델 하트의 『전쟁론』 이해와 해석을 (원효의 비유를 빌린다면) '술잔으로 바닷물을 잔질하고 대롱으로 하늘을 엿보는 격이라고'(243쪽) 적절하게 비판했다. 내가 보기에는 이종학의 클라우제비츠 이해와 해석도 원효의 비유에 해당한다.

O에서 'X. 리델 하트의 『전쟁론』 비판에 대한 논평' 이외에 다른 글에 대한 단상. O의 33~86쪽에는 이런 종류의 자서전이 갖게 마련인 치명적인 결함이 있다. 자신의 치부를 드러내지 않은 것이다. 긍정적인 면과 사건 중심으로 인생을 단편적으로 나열해서 이 글로 이종학 인생의 전체 모습을 보는 것이 어렵다. 그런 결함에도 불구하고 이 부분을 읽으니 젊은 시절의 이종학을 '순진하고 몰정치적인 문학청년'으로 요약할 수 있을 것 같다.

인조가 '환향녀'(還鄕女)는 홍제천에서 목욕하고 들어오라고 한 것처럼, 이종학은 '멀지 않아 북한이 붕괴될 것은 확실하고, 민족통일이 이루어졌을 때 공산주의 간부들은 대동강에서 목욕을 시켜 통일국가의 완성과 발전에 기회를 부여하는 것이 바람직한 전략이라고 생각한다.'(36~37쪽) 17세기 '군주정' 시대의 처녀성 개념을 21세기 '공화정' 시대의 양성평등과 탈이데올로기 시대에 적용하는 이종학의 생각은 시대착오적인 개그이다. 그리고 이종학이 '멀지 않아'가 언제인지 (10년 후인지, 100년 후인지, 1000년 후인지) 대충이나마 특정했으면 좋겠다.

분단현실과 국제정치를 무시하는 시대착오적인 개그는 또 있다. '935년 신라 경순왕이 태자의 반대를 무릅쓰고 고려의 태조에게 국가권력을 이양한 것처럼, 바람직한 시나리오는 김정일 국방위원장이 한국정부에 권력을 이양하고 따뜻한 제주도에서 여생을 편안하게 사는 것이리라.'(88~89쪽) 제주도는 따뜻할지는 몰라도 바람이 많이 불고 비가 많이 와서 (이미 사망한) 김정일이 (또는 아직 살아있는 김정은이라도) '여생을 편안하게' 지낼 수 있을지 의문이다. 이종학이 제주도에서 산 다음에 경험을 알려주면 좋겠다.

6·25전쟁이 '내전'이라는 브루스 커밍스의 주장과 이에 동조하는 강정구의 견해는 허구이고, 이종학은 이 견해에 동의할 수 없다(47쪽). 이는 냉전시대의 반공이데올로기로서 앞에서 말했다.

이종학은 '어떤 명제에 대한 주장은 계급의 상하에 의해 판단할 문제가 아니라 실사구시에 의해 판단할 문제라고 생각하고'(55쪽) 있다. 바람직한 생각이다. 군인에게 계급의 상하도 문제가 안 되는데, 하물며 나이의 고하가 문제가 되겠는가. 이종학은 자신에 대한 나의 비판도 실사구시로 생각할 것이다. 이 책에서 언급하고 논의한 논문과 저서의 모든 연구자들도 그러할 것이다. 그것이 학문적 토론의 바람직한 태도이다.

P. 「클라우제비츠 『전쟁론』은 어떻게 읽어야 하나?」, 『군사평론』 제409호 (2011. 2), 육군대학, 115~174(60쪽)
Q. 『군사고전의 지혜를 찾아서』, 충남대학교출판문화원, 2012. 11, 537쪽

P는 M의 제II부 '6. 『전쟁론』을 읽는 방법 : 클라우제비츠의 현대적 의의'의 일부, 그 외에 M에 있는 다른 많은 글의 일부, D의 '9. 『전쟁론』의 수용과 그 유포'의 일부를 짜깁기한 글이다. 또한 Q의 제3부의 XII에 중복 게재되어서 살펴보지 않는다.

Q의 제목은 『군사고전의 지혜를 찾아서』이다. 이종학은 주간지, 월간지, 학술지 등에 발표한 글을 나중에 책으로 엮어서 그 글을 일일이 찾는 수고를 덜어준다. 그런데 그 중복이 너무 많아서 중복을 찾아 가려내는 것이 큰일이다. 이종학은 '군사고전의 지혜를 찾아서' 책을 내는데, 나는 '이종학의 중복을 찾아서' 책을 읽는다.

Q에 있는 모든 글은 이전 글의 중복 게재이다. 차례는 다음과 같다.

I. 고전적 전쟁이론은 유용한가. 이종학의 결론. 유용하다. 그래서 손자의 『손자병법』, 클라우제비츠의 『전쟁론』, 조미니의 『전쟁술 개요』를 비교

분석하면서 오늘날에도 활용할 수 있는 전쟁, 정치와 군사, 전략의 원리와 원칙이 무엇인지 규명할 것이다.

의견. 학술적 내용과 '일기'를 섞은 글. 대체로 이전 글의 짜깁기이다.

VII. 클라우제비츠 장군의 생애와 그의 『전쟁원칙』. 이것은 『공군신문』 창간호에 실린 「클라우제비츠 장군의 생애와 그의 전쟁원칙」이다. 이 글은 이전에 M의 8쪽에 영인해서 실렸는데, 글자가 작아서 읽을 수 없었다. (그래서 이 중복은 고마운 중복이다.) 내용은 제목 그대로 생애와 『전쟁론』의 간략한 소개이다.

M과 Q에서 중복 게재된 글의 관계는 다음과 같다. M에 있는 7개의 글이 Q에 중복 게재되었다.

M. 2004년 출간		Q. 2012년 출간
3. 클라우제비츠의 『전쟁론』	→	IX. 클라우제비츠와 『전쟁론』
4. 고전적 전쟁이론의 비교분석	→	II. 고전적 전쟁이론의 비교분석
5. 『전쟁론』 재번역에 관한 단상	→	VIII. 『전쟁론』의 재번역에 관한 단상
6. 『전쟁론』을 읽는 방법	→	XII. 『전쟁론』은 어떻게 읽어야 하나?
7. 전쟁의 삼위일체에 대하여	→	X. 전쟁의 삼위일체에 대하여
8. 전쟁이론이란 무엇인가	→	III. 전쟁이론이란 무엇인가
10. 공격과 방어의 변증법	→	XI. 공격과 방어의 변증법

이런 식으로 중복 게재하면 '책의 무한증식'을 가능하게 할 것 같다. 결론. 이종학의 클라우제비츠 연구는 M의 『클라우제비츠와 전쟁론: 클라우제비츠의 생애와 사상』 하나만 보면 될 것 같다.

여기에서 살펴본 글 외에도 이종학에게는 『군사전략론』(1987, 개정판 2009), 『군사논문선』(1991), 『한 군사학도의 연구 발자취』(2006), 『동북아시아의 전쟁과 평화』(2016) 등의 저서들이 더 있는데, 이는 대부분 '교과서'이거나 중복 게재이고 『전쟁론』에 관한 책이 아니다. 책 곳곳에 『전쟁론』에 관한 언급이 있지만, 이는 이전 글의 수정, 보완, 중복이 대부분이다.

예를 들어『한 군사학도의 연구 발자취』는 군사학, 군사전략, 군사사학, 광개토왕 비문, 6·25전쟁 등에 관한 글로서『전쟁론』에 관한 책이 아니다. 책 곳곳에『전쟁론』에 관한 언급이 있지만, 이전 글의 '수정, 보완, 중복이 여러 곳 있어서'(이종학의 머리말) 살펴보지 않는다.

『군사전략론』(개정판)은 미국 군사전략 교재의 발췌 번역이다. 18명의 글을 번역해서 실었다. 마지막 제19장에 이종학이 '군사전략 수립의 방법론'을 실었는데, 이 글은 이종학이 이전에 발표한 글이다.『군사전략론』에서 클라우제비츠와 관련된 글로 하워드, 보프르, 리델 하트, 브로디의 글이 관심을 끄는데, 여기에서 하워드의 글만 간략히 보도록 한다.

하워드, 전략의 잊어버린 차원. 이 글은 전략의 작전적, 군수적, 기술적, 사회적 차원을 설명한다. 나폴레옹전쟁에서는 작전적 차원이, 남북전쟁에서는 군수적 차원이 지배적이었다. 1945년 이후 핵전쟁에서는 기술적 차원만 고려한다. 20세기 전반부에 군수적 차원이 중요했던 것처럼 후반부에 기술적 차원이 중요해졌지만, 정치적 자각과 사회적 차원이 매우 중요해졌다. 군사력의 유지와 지원은 사회적 단결과 정치적 결의의 상징이기 때문이다. '우리의 잠재적인 적은 대단히 현명하게도 전쟁의 사회적인 중요성을 무시하는 따위의 징후를 전혀 나타내지 않고 있는데 반해, 우리는 그것을 무시해버리고 전략의 작전적인 요구를 희생하고 전략의 기술적 차원에 의존하고 있는 것 같다.'(63쪽)

하워드는 소련과 서방을 모두 비판하는데, 다음 지적은 적절한 것으로 보인다. '오늘날 대부분의 전략 시나리오는 가능성이 거의 없는 정치적 상황, 즉 소련이 정치적 변명의 여지없이 서구에 대해 전혀 까닭 없는 군사적 침공을 해온다는 것에 기초를 두고 있다.'(60쪽)

* * *

이종학의 클라우제비츠 연구 17종을 정리한다.

이종학은 클라우제비츠 연구에서 학문적 공명심과 부족한 실력 사이의 격차를 중복 게재와 재수록으로 달랜다. 이종학의 글에는 중복 게재가 엄청나게 많다. 먼저 발표된 글의 일부분이 나중에 발표된 글에 나오고, 이 글에 나온 내용이 저 글에 나온다. 하나의 글 안에도 앞부분의 서술이 뒷부분에 또 나온다. 그 모든 중복을 찾아서 밝히는 일은 '라비린스'를 헤매는 일이 될 것이다. 이 모든 중복은 출처를 명확히 밝히지 않은 경우 '자기표절'에 해당한다.[4]

결론. 클라우제비츠에게 '전쟁은 다른 수단으로 하는 정치의 계속'인데, 이를 패러디하면 이종학에게 '글(책)은 그 일부를 이전의 내용으로 채우는 앞 글(앞 책)의 계속'이다.

이종학은 평생 『전쟁론』을 연구했지만, 그의 논문과 저서는 『전쟁론』에 대한 이해의 부족을 드러낸다. 대부분 일본의 연구와 미국의 (일부) 연구를 '번역'하여 논문으로 발표했고(즉 표절했고), 이를 나중에 자기의 저서에 재수록했다. 독일어 원전과 문헌을 읽지 못해서 『전쟁론』에 대한 이해 수준이 낮다. 그의 논문과 저서는 『전쟁론』 일부의 번역, 요약, 소개가 대부분을 차지하고, 그래서 클라우제비츠 연구에 독창적인 해석과 기여를 거의 하지 못했다. 현재 한국 군사학계의 수준, 특히 클라우제비츠 연구의 수준은 대체로 이종학의 수준에 머물러있다.

선생의 적절한 지도를 받지 못하고 독학한 점, 클라우제비츠 연구에서 독일어 텍스트에 접근하지 못하고 주로 일본어 문헌과 일본의 연구에만 의존한 점, 그래서 『전쟁론』을 이해하려는 노력의 수준에 머물러있는 점, 『전쟁론』 일부에서는 치명적인 오해를 하고 있는 점, 칸트와 헤겔에게 압도당한 점, 그들의 원전에 접근할 수 없었던 점 등이 이종학으로 하여금 같은 말을

---

4. 이종학이 자기 글의 '자기표절 일람표'('중복 게재 일람표' 또는 '중복 출판 일람표')를 만드는 것이 필요해 보인다. 나중에 어느 후학이 '이종학의 클라우제비츠 연구'로 학위논문을 쓸 수도 있지 않겠는가.

계속 반복하게 만든 것으로 보인다.[5]

　물론 이 말은 일본과 미국의 학문에 대한 종속성과 표절 현상이 이종학에게만 국한된다는 것도 아니고, 클라우제비츠 연구에만 한정된다는 것도 아니다. 우리나라에서 이종학과 비슷한 세대의 학자들은 대부분 그러했고, 다른 인문사회과학 분야에서도 그러했다. 문제는 (최근에 인문사회과학 분야에서는 그런 일이 드물어지고 있고 훌륭한 연구와 번역물이 나오는데 반해) 클라우제비츠와 관련된 연구에서는 여전히 종속성과 표절이 심하게 나타나고 있다는 것이다. 이는 우리나라에서 '클라우제비츠'를 대부분 군인 출신 연구자들이 독점하고 있기 때문으로 보인다. 독점의 폐해는 생각보다 크고 심각하다.

---

5. 이종학이 일제 강점기에 일본어로 교육을 받고 주로 일본어로 된 글만 읽어서 외국의 인명과 지명을 대부분 잘못 표기했다는 것은 지적하지 않는다. 이종학은 논문을 수필처럼 쓰고 논문에 신변잡기를 많이 담는데, 이것은 이종학의 글쓰기 스타일이라서 문제 삼지 않는다.

1.2. 김홍철

김홍철은 우리나라에서 전쟁과 클라우제비츠 연구의 선구자이고 1세대 연구자이다. 『전쟁론』을 번역했고, 『전쟁론』과 관련된 몇몇 저서를 출판했다. 그의 연구를 다음과 같이 정리하고 살펴본다.

A. 「현대전쟁론 : 그 이론과 실제」, 『세대』 제2권(1964. 6), 세대사, 96~103(8 쪽)
B. 「현대 '전쟁상태'의 이원적 갈등상 : 전쟁제도와 전략개념의 현대적 이해 를 위한 일고찰」, 『국제정치논총』 제12집(1972. 12), 한국국제정치학회, 14~26(13쪽)

A는 전쟁에 관한 견해를 짧게 풀어놓은 글이다.

一 전쟁의 의미　　　　　三 현대전쟁의 시대적 배경
二 전쟁의 학문적 정의문제　　四 전쟁론은 과연 무엇을 연구하려는 것인가

요약. 전쟁은 인간의 일상생활에 직결되는 큰 영향을 미치지만, 정치적으로 자기관철적이고 군대에 의해 수행된다. 전쟁은 여러 가지로 정의되어 정의하는 자의 주관성을 탈피하기 어려운 것 같다. 현대전쟁은 확실히 세계적 의미를 갖고, 무기에서는 원자핵무기의 혁명이 일어났다. 제2차 세계대전 이후 전쟁에 대해 비로소 과학적으로 연구하기 시작했다. 전쟁 연구의 목적은 인류의 생존을 위협하는 현실을 올바르게 이해하고 평화롭게 살려고 하는 인류의 실천적 노력에 기여하려는데 있을 것이다.

B는 현대의 전쟁을 이원적으로 분석한 글로, 차례는 다음 쪽과 같다.

요약. B에서 현대 '전쟁상태'는 냉전을 말하고, 이원적 갈등상은 동서갈

등을 말한다. 군사사적 의미에서 현대의 상황은 2개의 이질적인 '전쟁상태'가 대결하고 있는 갈등상이다. 동서의 냉전 대립은 선전포고 없는 세계적 '정치 전쟁상태'의 무한한 계속을 시사하고 있다.

역사를 보면 서구는 '신의 평화' 제도를, 이슬람세계는 지하드의 제도를 갖고 있었고, 중국문명은 '천하'의 질서로 전쟁을 제도화했다. 오늘날에도(제 2차 세계대전 종전 이후) 전쟁은 제도화되어 있다. 자본주의질서와 공산권은 각자 자기 나름대로 전쟁을 이원적으로 제도화했고, 이는 '일반국제법'과 '사 회주의국제법'으로 나타났다.

오늘날의 국제관계 질서는 본질적으로 '전쟁상태'이면서도 '선전포고 없 는 전쟁상태' 속에서 일방적인 평화질서를 추구하고 있고, '평화적 전쟁상태' 속에서 전쟁 추구의 가속화 현상이 촉진되고 있다. 현대적 '전쟁상태'의 이원 적 갈등상황은 국가 대 국가 간의 전쟁상태 유형과 계급 대 계급 간의 전쟁 상태 유형으로, 특히 국가 대 계급 간의 대결질서라는 현실상황으로 상정할 수 있다. 그래서 우리는 전쟁과 평화 사이의 갈등이 영속할지도 모르는 시대 에 살고 있다.

의견. 냉전시대 동서갈등을 국민전쟁 대 인민전쟁의 갈등으로 개념화했 다. 극우반공독재정권이 지배하던 시기에 (오늘날 상식에 불과한) '인민전쟁' 이란 개념을 썼다는 점에서 김홍철은 학문적으로 용기 있다고 말할 수 있다.[6]

공통경험이 없는 두 사람 (이 중에 한 사람은 맹인) 사이에 의사소통이 불가능하다는 것을 보여주는 라포포트의 예는(23~24쪽) 경험과 언어의 관계 를 잘 보여준다. 이와 관련하여 경험-언어-의미, 그리고 현실과 개념, 그리고 정의, 본질, 진실, 사실의 관계에 대한 성찰이 매우 좋은데, 이는 대부분 라포

---

6. B는 유신헌법이 공포된 1972년 12월에 발표되었고, 김홍철은 나중에 '고통'을 겪는다.

포트의 설명을 인용한 것이다.

클라우제비츠의 전쟁철학을 '정책의 효과적 수단도구'라고(22쪽) 이해한 것은 김홍철의 오해인데, 이 오해도 라포포트에게서 비롯된다. 이 글에서 영어와 일어책을 많이 참고했는데, 정치를 정책으로 번역한 것은(24~25쪽) 영어와 일어 번역의 영향으로 생각된다. 이 글은 수정 보완되어서 C1의 '서장'에 실렸다.

C1. 『전쟁유형연구 : 국민전양식과 인민전쟁론 : 특히 현대 전쟁상태의 이원적 갈등상을 중심으로』, 서울대학교 대학원 박사학위논문, 1975. 12, 340쪽
C2. 『전쟁과 평화의 연구 : 현대전쟁유형의 이론과 실제』, 박영사, 1977. 4, 417쪽
C3. 『전쟁과 평화의 연구 : 현대전쟁유형의 이론과 실제』, 박영사, 1987. 12, 423쪽

C1은 김홍철의 박사학위논문이고, C2는 그 출판본이다. 그런데 C2는 박정희 독재정권에 의해 판매금지를 당했다. 이 금지는 1987년에 해제되었고, 김홍철은 C2를 1987년에 다시 출판했고 그것이 C3이다.

C3을 출판하면서 김홍철은 머리말 제목을 완강하게(!) '책을 다시 펴내면서'라고 했다. "이 책이 처음으로 세상에 태어난 것은 1977년 4월의 일이다. 책은 출판되자마자 이른바 '금서'로 묶이고 동시에 '판금조치'당했다. 저자는 그 이유를 아직도 잘 모르고 있다. 어떻든 1987년 10월에 이르러서야 비로소 '해금된 책'으로 풀리었다. 어언 10년 7개월 만에 처음 햇빛을 보게 된 셈이다. …그 동안의 금서기간은 이 책이 '전쟁의 고역'을 치른 셈이 되었고, 오늘의 해금은 책의 '평화회복'을 의미한다고도 말할 수 있게 되었다. 그만큼 나의 현재의 감회는 실로 깊고 벅찰 뿐이다."(i쪽)

그런데 김홍철은 C3을 펴내면서 반성을 한다. '지금 보면 이 책을 만들어낼 당시의 저자의 문장력은 빈약하고 어설프고, 설명력과 표현력도 부족하

고, 책의 내용은 딱딱하고 난해하다. 한자를 너무 많이 사용했고, 낱말도 고루하기 이를 데 없다. 지난 10년 동안 이 분야의 연구 동향과 추세를 우선 문헌자료 면에서 보완하고 싶다.'(i쪽)

그런데도 김홍철은 C2를 '일체의 자구 수정이나 내용의 수정·보완 없이 본래 있는 그대로를 다시 펴내기로 했다. 위에 적은 몇 가지는 10년 전에 저자가 학문적으로 아직 미숙했던 여러 가지의 단점들이 함께 담겨진 것이라고 생각되기 때문이다. 즉 저자의 학문적 미성숙과 넓고 깊지 못한 도량을 그대로 보여준 단면도이며 자화상이기도 하다. 그 때문에 책을 그대로 다시 펴내 놓고 보면서 저자 자신의 성숙과정을 지켜보고 자성하는 가운데 여러 가지 모자란 점들을 충실히 해갈 수 있는 거울로 삼으며 발전의 밑거름으로 삼고자 한다.'(ii쪽) 자구를 일체 수정하지 않고 내용을 전혀 수정·보완하지 않고 본래 내용을 그대로 다시 펴낸 데서 C2를 금서로 묶은 박정희 독재정권에 대한 김홍철의 반발도 읽을 수 있다.

C1, C2, C3은 내용, 차례, 쪽수에서 똑같다. (박사학위논문을 단행본과 똑같은 쪽수로 편집하는 것이 어려웠을 텐데도 김홍철은 그렇게 했다.) C3은 부록에 영문참고문헌, 도표 및 수치표, 색인, 전쟁·군사사사건일람표를 덧붙였는데, 이것만 C1 및 C2와 다르다. C3의 차례는 다음 쪽과 같다.

C3은 3부 7장으로 구성되어 있다. C3은 전체적으로 국민전쟁과(제1부) 인민전쟁을(제2부) 대비하고 있는 글이다. 전쟁 개념을 보편타당하게 객관적으로 일의적(一義的)으로 정의하는 것은 매우 어렵다. 1945년 이후 정치·군사적 의미의 현대정치질서는 2개의 이질적인 전쟁상태가 제도·유형적으로 대결하는 갈등의 모습을 보이기 때문이다(ix~x쪽). 현대 국제관계 질서에서 전쟁제도 유형으로서 국민전쟁과 인민전쟁의 상호 갈등상은 전쟁에 관한 클라우제비츠류의 전쟁철학과 마르크스-레닌주의적 전쟁철학의 대결질서로 설명할 수 있다(xix쪽). 김홍철의 논의 전체를 지배하고 있는 전쟁의 이원적 갈등상을 (요약하거나 길게 서술하지 않고) 다음 쪽에 표로 정리한다.

국민전쟁(유형, 이론, 양식)		인민전쟁(유형, 이론, 양식)
국민(Nation) 개념		인민(People) 개념
물량·과학기술 우선주의		정신전력 우선
서구자유민주주의 자본주의체제		인민민주주의 공산사회주의체제
클라우제비츠류의 전쟁철학		마르크스–레닌주의 전쟁철학
국민국가 대 국민국가의 전쟁	⟺	계급 대 계급의 전쟁
국가의 이익		계급의 이익
국민군대 간의 전쟁		혁명전쟁·민족해방전쟁
정규전		빨치산전쟁·게릴라전·유격전
현실적인 적		절대적인 적

　　그래서 '이원적·이질적 전쟁유형의 대결·갈등상이 빚어낸 현대질서의 전쟁상태는 (만약 양자 간에 호혜적 생존과 이익을 보전하는 융화와 조절의 상호 공동노력이 결실을 맺지 못한다면) 결국 극한적 경쟁상태를 피하기 어려울 것이다. 인류 전체의 평화질서 회복을 염원하는 모두의 희망은 결과적으

로 끝없이 계속될 전쟁상태의 황야를 방황할 것이다.'(326쪽)

의견. 마지막 문장에 있는 김홍철의 견해는 핵전쟁의 위협에 직면한 냉전 시대의 어두운 그림자를 짙게 드리우고 있다.

김홍철의 전쟁유형(국민전과 인민전) 연구와 해석은 클라우제비츠가 말한 전쟁이 오로지 국민전쟁이라는 것이 아니다. 19세기의 전쟁이 주로 국민전쟁의 시대였고, 20세기의 전쟁에 인민전쟁이 등장했다는 것이다. 18세기 말의 프랑스혁명으로 혁명전쟁과 나폴레옹전쟁이 일어났고, 이것은 유럽 국가들의 전쟁이었다. 프랑스혁명으로 근대의 '국민국가'가 생기면서 왕가 대 왕가의 전쟁이 국민 대 국민의 전쟁으로 바뀌었고, 이것이 19세기 내내 전쟁의 지배적인 형태가 되었다. 20세기 초에 러시아혁명과 중국의 혁명 과정에서 혁명세력은 인민전쟁 양상으로 전쟁을 수행했는데, 이 전행형태는 20세기 내내 전 세계로 전파되었다. 그래서 20세기에는 국민전쟁 대 인민전쟁의 대립구도가 형성되었고, 이는 미국과 소련이 핵무기로 무장하고 대치하고 있는 냉전시대에 극명하게 드러난다.

하지만 이미 19세기 초에 스페인과 포르투갈에서 인민전쟁이 일어났고 (1814~1817년), 클라우제비츠는 이 전쟁을 언급했다. (김홍철도 그것을 알고 있다.) 김홍철이 '전쟁'을 다룬 것이 아니라 '시대'를 다룬 것이라고 해도, 즉 최대한 김홍철의 입장에 선다고 해도 이 모순을 해결할 수 없다. 이 점에서 김홍철의 이원적 갈등상은 이분법이고, 이 해석에 따르면 클라우제비츠는 국민전쟁 이론을(이론만) 대변한다. 김홍철의 논의의 중심을(시대) 다른 중심으로 (클라우제비츠) 옮기면 김홍철과 다르게 해석하게 된다. 19세기의 마르크스와 엥겔스, 20세기의 레닌과 모택동 등이 모두 클라우제비츠 이론을 받아들였기 때문이다. 나의 해석을 그림으로 (간략히) 표현하면 다음 쪽과 같다.

나는 다음 쪽의 그림을 김홍철의 이분법의 극복이자 시대의 극복이고, 클라우제비츠에 관한 올바른 해석이라고 생각한다.

'클라우제비츠가 생각한 '인민' 개념은 국민을 형성하는 인적 요소로 간

클라우제비츠의 전쟁철학

클라우제비츠의 전쟁철학

⤦   ⤵

국민전쟁(유형, 이론, 양식)   ⟺   인민전쟁(유형, 이론, 양식)
서구 부르주아 군사사상   마르크스-레닌주의 전쟁철학
　　　　⋮   　　　　⋮

주될 뿐이고, 그는 이 개념에 특정한 정치적 의미를 부여하지 않았다.'(39쪽) 라포포트도 인민을 어느 지방의 주민 또는 현지 주민으로 이해하고 있다. '클라우제비츠의 인민전쟁론은 적의 개념, 정치목적, 전쟁수행방식, 기본적인 발상에서 마르크스-레닌주의의 인민전쟁 문제와 판이하다.'(39쪽) 이것이 (프랑스혁명을 겪었지만) 절대주의 시대 프로이센에서 살았던 클라우제비츠에게 적절한 '인민' 개념이다. 즉 자연인, 사람, 백성을 지칭한다(154쪽). 물론 마르크스주의가 해석한 '인민'의 씨앗은 이미 클라우제비츠에게 들어 있었다.

　　전체적으로 김홍철은 상당히 꼼꼼하고 철저한 성격인 것 같다(ix쪽 참조).[7] 인민과 인민전쟁 개념에 대한 상세한 고찰(154~166쪽), 빨치산과 빨치산전쟁 개념에 대한 자세한 설명은(219~224쪽) 저자의 성실성을 보여준다. 그런데 빨치산에 관한 부분은 대체로 슈미트의 빨치산이론의 요약이다.

　　김홍철은 이원적 갈등상에서 글럭스만과 라포포트의 견해를 요약한 듯 서술했다. 클라우제비츠의 양극성 원리에 대해서는 오해한 것으로 보인다. C3의 제1장 제3절의 클라우제비츠에 관한 부분은 『전쟁론』의 요약인데, 『전쟁론』의 이 부분 저 부분을 혼란스럽게 인용해서 서술이 일관되지 않다. 클라우제비츠의 삼중성을 우리나라에서 '합리적(이성적), 도구적, 국민적' 전쟁으로 이해하는데, 이는 김홍철이 라포포트의 견해를 우리나라에 처음 소개했기 때문으로 보인다(30~31쪽). 김홍철은 클라우제비츠를 국민전 사상가로 보고 총동원과 대규모 국민군대를 옹호한 인물로 해석하고 여기에 적합한

---

7. 이는 아래 E1에서 늘 원서의 초판 발행연도를 ⓒ로 표시하여 밝히는 데서도 짐작할 수 있다.

논의를 주로 인용했다.

D. 「『전쟁론』 해제」, 클라우제비츠, 『전쟁론』, 김홍철 옮김, 삼성출판사,
1977. 6, 13~32(20쪽)

D는 『전쟁론』 번역의 앞부분에 실린 '해제'이다. 해제에서 김홍철은 클라
우제비츠와 『전쟁론』을 간략히 소개하고 있다. 차례는 다음과 같다.

1. 클라우제비쯔의 생애   3. 『전쟁론』의 주요사상
2. 클라우제비쯔의 작품세계   4. 『전쟁론』의 현대적 의의

이 해제가 권영길, 이종학, 류제승, 허문순 등 다른 『전쟁론』 번역자들의
해제와 특별히 다른 점은 '클라우제비츠의 가계보'를(14~15쪽) 실었다는 것이
다. 클라우제비츠의 고조부, 증조부, 조부, 부, 형제자매의 가계도를 만들고,
부인 마리의 조부와 부의 가계도를 만들었다. 해제 끝에 '클라우제비쯔에 관
한 참고문헌'을 실었는데, 한두 개를 제외하면 이 문헌은 대부분 아직 우리말
로 번역되어 있지 않다.

클라우제비츠의 생애와 작품, 『전쟁론』의 주요사상과 현대적 의의를 비
교적 잘 서술했다. '현대적 의의'에는 그의 박사학위논문의 내용, 즉 국민전
양상과 인민전 양상이 대비되어 있다. '클라우제비츠가 정립한 국민전쟁 양식
은 마르크스주의 군사사상과 인민전쟁(민족해방혁명전쟁, 게릴라전쟁, 계급
전쟁 등을 포함)으로부터 심각한 도전을 받게 되었다.'(29쪽) 김홍철은 이 대
립 양상을 20세기 전쟁의 모습으로 보고 있다.

장황한 문체는 김홍철의 스타일이기도 하고 1970년대의 특성이기도 했
던 것 같다.

E1. 『전쟁론』, 1991. 3, 민음사, 461쪽
E2. 『전쟁론』, 2002. 3, 민음사, 461쪽 [신장판]

E1은 1991년에, E2는 2002년에 출간되었다. E2는 '신장판'이라고 되어 있는데, E2에 '신장(新粧)'된 부분은 없다. 본문이 17~439쪽에, 사항색인이 445~461쪽에 있다는 점에서 E1과 E2는 똑같다. E1의 머리말은 5~11쪽에 있고, (이 머리말과 같은) E2의 머리말은 4~10쪽에 있다. E2의 11쪽에 2002년 2월 25일에 김홍철이 쓴 '신장판 서문'이 있는 것만 E1과 다르다. '신장개업(新裝開業)'에서 많이 보던 '신장'이란 표현이 책에 있는 것이 낯설다. 겉표지만 신장(新粧)된 것인가?

		발행연월	쪽수	머리말	신장판 서문	본문	사항색인
E1	초판	1991. 3	461	5~11쪽		17~439쪽	445~461쪽
E2	신장판	2002. 3	461	4~10쪽	11쪽	17~439쪽	445~461쪽

신장판 본문의 쪽수를 초판 본문의 쪽수와 다르게 편집하면 초판과 신장판을 인용할 때 쪽수에 혼란이 생기는데, 이 혼란을 막으려고 본문의 쪽수를 초판과 신장판에서 동일하게 편집한 것으로 보인다.

여기에서는 E1을 살펴본다. E1의 차례는 다음 쪽과 같다.

E1은 3장 7절 16항으로 되어 있다. 제1장은 전쟁론의 학문적 위상 정립과 (19세기부터 현재까지) 연구 동향을 정리했다. 제2장은 전쟁 본질의 기초 개념을 정리했다. 제3장은 현대 전쟁론의 중심과제를 압축했다. 이때 클라우제비츠의 이론이 핵시대에 어떻게 조명되는지 정리했다. 다음 쪽의 차례에서는 클라우제비츠를 다룬 '제3장 1' 부분은 자세히, 그 외의 부분은 간략히 적었다.

클라우제비츠 부분은 (차례에서 알 수 있는 것처럼) 대부분 클라우제비츠의 생애, 사상, 영향, 『전쟁론』의 내용을 (외국 학자들의 견해를 인용하면서) 요약하고 정리한 것이다. "지금까지의 이 대목은 위에 적시한 책들 중에서 다음의 책들을 주로 인용·중인(重引)하면서 기술하였다."(263쪽 각주 2) 아롱과 파렛의 글을 인용하고 재인용했다. "이 대목의 『전쟁론』 내용소묘와 평전에 관한 논술은 주로 앞에 나온 Peter Paret의 소론에 의존하고 필자 역서에 실린 「『전쟁론』 해제」를 참작하여 요약하고 정리해본 것이다."(275쪽 각주 6) "필자는 우선 M. 호와드와 R. 아롱의 연구 논저를 빌어 금세기에 미친 바 있는 클라우제비츠 영향의 대강을 간결하게 고찰하고 핵시대사적 재조명 시각을 정리해두면서 이 대목을 끝마치기로 했다."(276쪽) "지금까지의 이 대목 설명은 앞에 밝힌 대로 Michael Howard의 연구논문내용을 간추려 정리하여 소개하고 이를 인용하는 방법을 취하였다."(284쪽 각주 8) "지금까지의 이 대목 논술은 위의 「주9」에서 밝힌 바와 같이 Aron의 Penser la guerre…, vol Ⅱ. Deuxième partie(L'Age Nucléaire - le pari sur la raison), pp. 136~264와 동영역본 Clausewitz : Philosopher of War, p. 315~399의 내용을 함께 참조비교하면서 요점을 간결하게 소개하고 요약해본 것이다."(296쪽 각주 11)

　　이와 같은 말은 클라우제비츠를 다룬 부분뿐만 아니라 이 책 전체에 반복해서 나타난다. 그래서 이 책도 근본적으로 '소개' 수준을 넘지 못한다. 한국 클라우제비츠 연구 역사는 대체로 소개와 요약의 역사였다.

"제1장에서는 전쟁론의 학문적 위상 정립과 19세기부터 현대에 이르기까지의 전쟁에 관한 세기적 연구 동향을 정리하였다."(7쪽) 제1장만이 아니라 사실 E1 전체에서 그러하다. 정리, 요약, 소개가 이 책에 제일 많이 등장하는 단어가 아닐까 생각한다. E1은 외국문헌, 주로 미국문헌을 들고 그것이 어떠어떠한 내용이라는 것을 말하는 것으로 이루어져 있다. 그 문헌 또한 방대한데, 김홍철은 일개인으로서 그 방대함을 혼자 감당할 수 없는 자괴감을 느끼고 책이름을 드는 것으로 저서를 만들었다. 그 많은 저서 중에 한두 권이라도 제대로 번역했으면 한국의 클라우제비츠 연구와 발전에 기여했을 것으로 생각된다.

또한 김홍철은 우리나라에 번역이 있는 문헌도 그것을 참고하지 않고 대부분 외국문헌을 참고했다. 영어문헌만 참고하는 것도, 번역이 있는데도 영어 원서를 참고하는 것도 나는 미국 학문에 대한 종속이자 '학문적 사대주의'라고 본다.[8] 또한 이는 번역을 경시하는 태도이고 우리나라의 번역 발전에도 바람직하지 않다.

E1에서 클라우제비츠에 관한 부분은(253~298쪽) '클라우제비츠에 관한 집중 연구고찰이 아니다. 클라우제비츠의 전쟁사상이나 저작내용은 아직 많은 해석상의 차이를 보이는 신화적 성격을 갖고 있다. 여기에서는 클라우제비츠에 관해 널리 퍼져있는 시각을 정리하여 클라우제비츠에 관한 이해를 돕는 것에 국한한다. 이를 위해 다음 자료들을 중점적으로 참고하면서 이 대목을 논급하고 정리했다.'(253~254쪽 각주 1) 첫째, 그런데도 이 부분은 우리나

---

8. 인문사회과학 분야에서 서울대 석사학위논문, 서울대 박사학위논문, 서울대 출신 교수들의 논문이나 저서 등은 국내의 문헌을 인용할 때 그 저자가 서울대 출신이 아니면 (또는 자기의 서울대 스승이 아니면) 잘 인용하지 않는다. 주로 영어문헌을 인용한다. 나는 이것도 학문적 사대주의이고 식민주의라고 본다. 이는 동시에 연고대 등 다른 대학 출신(과 그 교수들)에 대해서는 '제국주의적' 행태이다.

라의 다른 많은 (군인 출신) 연구자들의 연구보다 더 '집중적인' 고찰이다. 전문적인 영어문헌과 연구를 많이 참조했기 때문으로 보인다. 둘째, 국내 연구자들이 그동안 이런 종류의 연구를 많이 참조하여 여기에 서술한 내용이 널리 그리고 많이 알려졌다. 그래서 여기에 김홍철의 '클라우제비츠 재조명'을 요약하지 않는다.

그 대신에 눈에 띠는 한두 부분만 살펴보고 지적한다. "클라우제비츠가 두문불출하면서 『전쟁론』의 유고 집필에 전념하는 동안에는 더욱 심하게 지병인 신경통과 관절염의 고통을 이기기 힘들었으며, 알콜 중독 증세까지 겹치고 이 같은 고독과 고통을 덜기 위하여 마약까지도 가까이 하였던 것이다."(256~257쪽) 김홍철이 이 부분의 출처를 밝혔으면 좋았을 것이다. 내가 읽은 책에서 클라우제비츠의 알코올 중독과 마약에 관한 이야기는 없었기 때문이다.[9] 클라우제비츠가 살아서 『전쟁론』 원고(原稿)를 쓰고 있는 중에 유고(遺稿)를 집필할 수는 없다. 여기에서 '유고'라는 표현은 맞지 않는다.

"지금 클라우제비츠와 그의 부인 폰 마리(von Marie)는 브레슬라우의 국군묘지에 조용히 함께 잠들고 있다."(258쪽) 클라우제비츠 부인의 이름은 마리, 폰 브륄, 폰 클라우제비츠의 셋 중에 하나로 적어야 한다. '폰 마리'는 안 된다. 클라우제비츠와 그의 부인의 유해는 이미 1971년에 (즉 김홍철이 E1을 출판하기 20년 전에) 폴란드의 브레슬라우에서 동독의 부르크(클라우제비츠의 고향)로 옮겨졌다.[10]

*   *   *

---

9. 앞의 갈리에게 있었는데, 갈리도 출처를 밝히지 않았다. 갈리의 서술은 162쪽 참조.
10. https://www.stadtburg.info/carl-von-clausewitz.html 참조.

김홍철의 연구 5종을 살펴보았다. 김홍철이 그의 박사학위논문에서 현대의 전쟁양상을 국민전쟁과 인민전쟁으로 구분해서 이해한 것은 그의 독립된 견해이고 업적으로 보인다.

클라우제비츠에 관한 연구는 그의 생애,『전쟁론』,『전쟁론』에 관한 2차 문헌의 소개와 요약이 주를 이룬다. 김홍철을 혹평하면, 김홍철은 주로 영어문헌을 참고했다는 점에서만 (주로 일어문헌을 참고한) 이종학과 구분된다고 할 수 있다. 김홍철을 긍정적으로 평가하면, 그는 클라우제비츠 연구에서 무엇이 중요하고 중요하지 않는지 파악했고, 몇몇 중요한 영어문헌을 우리나라에 소개하는데 노력했다고 할 수 있다. 김홍철에 대한 객관적인 평가는 후학에게 맡긴다.

1.3. 류재갑과 강진석

류재갑과 강진석은 『전쟁론』을 번역하지는 않았다. 하지만 두 사람은 공저를 출간했고 많은 논문과 저서를 발표했다. 류재갑은 클라우제비츠협회가 편찬한 『전쟁 없는 자유란』 제4부의 6개 글 전부를 번역하고, 파렛이 편찬한 『현대전략사상가』 중에 9개의 글을 번역하고, 많은 글을 쓰고 제자를 가르쳤다. 강진석은 많은 제자를 기르지는 않았지만, 우리나라에서 클라우제비츠와 관련된 최초의 본격적인 연구서를 펴내고 몇 권의 책을 냈다. 이런 점에서 두 사람은 한국 클라우제비츠 연구에서 중요하다고 말할 수 있는데, 특히 한국의 클라우제비츠 오해에 지대한 영향을 미쳤다는 점에서 중요하다.

먼저 류재갑의 연구를 살펴보는데, 그 첫 번째 그룹은 다음과 같다.

A. 「군사전략·전술의 이론과 실제(1): 전략학습의 필요성을 중심으로」, 『호국』 제181호(1989. 1), 국방부, 57~63(7쪽)

[『호국』 제182호 ~ 제183호 중략]

B. 「군사전략·전술의 이론과 실제(4): 전략의 철학적 기초③ ─ 전쟁의 본질」, 『호국』 제184호(1989. 4), 국방부, 67~72(6쪽)

C. 「군사전략·전술의 이론과 실제(5): 전략의 철학적 기초④ ─ 전쟁의 이중성(절대전과 현실전)」, 『호국』 제185호(1989. 5), 국방부, 41~46(6쪽)

D. 「군사전략·전술의 이론과 실제(6): 전략의 철학적 기초⑤ ─ 현실전의 이중성(섬멸전과 소모전)」, 『호국』 제186호(1989. 6), 국방부, 56~61(6쪽)

[『호국』 제187호 ~ 『국방』 제232호 중략]

E. 「군사전략·전술의 이론과 실제: 중국군의 즉응 반격교리 발전」, 『국방』 제233호(1993. 5), 국방부, 152~161(10쪽)

F. 류재갑; 강진석, 『전쟁과 정치: 전략의 철학 ─ 클라우제빗츠 논고』, 한원, 1989. 11, 425쪽

G. 「개관 : 클라우제비츠와 현대 국가안보 전략」, 강진석, 『전략의 철학』, 평단
　　문화사, 1996. 7, 25~72(48쪽)

　　류재갑은 A부터 E까지 (즉『호국』 제181호부터 『국방』 제233호까지) 53
회에 걸쳐 4년 5개월 동안 군사전략과 전술에 관한 글을 『호국』과 『국방』에
게재했다.[11] 그런데 이 글을 검토한 결과, 이 글은 대부분 미국책의 '번역'과 요
약으로 보인다.[12] 여기에서는 (53회의 글을 모두 살펴보지 않고) 클라우제비
츠와 관련된 B, C, D에 대해서만 언급한다.[13]
　　그런데 B, C, D에 대한 언급은 F, G를 본 다음에 해야 한다. F의 『전쟁
과 정치』는 류재갑과 강진석의 공저이고, G의 『전략의 철학』은 강진석의 저
서이다. 두 책은 완전히 다른 책으로 보인다. 그런데 F와 G를 비교 검토한 결
과 두 책이 다른 책이라는데 의문을 갖게 되었다. F와 G의 내용은 나중에 분
석하고 다음 쪽에 F와 G의 차례만 보도록 한다.

　　본문을 보면 F의 제3장 개관이 G의 제일 앞 개관으로 이동했다. 부록을
보면 F에는 브로디의 글이 있는데, G에는 (브로디의 글이 빠지고) 한델의 글
이 들어갔다. 그 부분을 밑줄로 표시했다. 이 두 가지 외에 F와 G는 같은 책
이다.
　　G의 25쪽에는 다음과 같은 말이 있다. "본 개관은 클라우제비츠 현대적
해석의 전반적 개요로서 국방대학원 재직시 필자의 연구를 지도해 주었던 류
재갑 교수의 본서의 출판에 즈음한 특별기고이다." 이 '개관' 때문에 F의 『전
쟁과 정치』가 류재갑과 강진석의 공저가 된 것 같다. 강진석이 1996년에 다시

---

11. 이 잡지 이름은 1974년 2월~1982년 4월에는 『정훈』이었고, 1982년 5월~1989년 7월(제187
　　호)에는 『호국』이었고, 1989년 8월(제188호)~1995년 11월에는 『국방』이었다. 1995년 12월부
　　터는 잡지명이 『국방저널』로 바뀌었다.
12. 강진석, 『현대전쟁의 논리와 철학』, 502쪽 참조.
13. 분량 때문에 53개의 글의 서지사항을 전부 언급하지 않고 B, C, D만 언급한다. A와 E는 그
　　시리즈의 처음과 끝에 있는 글이어서 언급했다.

F. 『전쟁과 정치』, 1989년

제1장 서론
제2장 클라우제빗츠 해석의 논리
제3장 클라우제빗츠 논고 개관
제4장 클라우제빗츠 해석의 제견해
제5장 클라우제빗츠의 인식방법
제6장 클라우제빗츠의 전쟁관
제7장 클라우제빗츠의 유용성 논쟁
제8장 전쟁의 이중성과 클라우제빗츠
제9장 결론
부록 클라우제빗츠의 유용성 논의
  1. 『전쟁론』의 기원/파레트
  2. 클라우제빗츠의 개념체계/아롱
  3. 클라우제빗츠의 영향/하워드
  4. 『전쟁론』의 항구적 가치/브로디

G. 『전략의 철학』, 1996년

개관: 클라우제비츠와 국가안보 전략
  제1장 논의를 시작하며
  제2장 클라우제비츠 해석의 논리
  제3장 클라우제비츠 해석의 여러 시각
  제4장 클라우제비츠의 전쟁 인식방법
  제5장 클라우제비츠의 전쟁관
  제6장 클라우제비츠 유용성 논쟁
  제7장 전쟁의 이중성과 클라우제비츠
  제8장 초현대적 국가안보 개념
  덧붙임 클라우제비츠의 유용성 논의
  1. 클라우제비츠와 현대전략/한델
  2. 『전쟁론』의 기원/파레트
  3. 클라우제비츠의 개념체계/아롱
  4. 클라우제비츠의 영향/하워드

책을 내면서 F의 제3장에 있던 류재갑의 글을 G에서 앞의 '개관'으로 옮기고 제목을 『전략의 철학』으로 바꾸어서 (공저가 아니라) 단독저서로 출간한 것이다.

그러면 다음 쪽에 F의 제3장과 G의 개관의 차례를 비교한다.

두 글은 똑같다. F에서 4의 나. '섬멸전략적 소모전략'은 '섬멸전략과 소모전략'의 오기로 보인다. 이제 B, C, D와 G의 개관을 339쪽에 비교한다.

B, C, D와 G의 개관의 차례도 똑같다. 내용도 똑같다. 이로부터 'B, C, D = F의 제3장 = G의 개관'이라는 공식이 성립한다. 류재갑의 '자기표절'이다. 우리는 G의 개관만 살펴본다. 차례의 번호에 따라 핵심내용을 인용 또는 요약하고 내 해석을 덧붙인다.

1. '강압적 평화는 절대전의 개념이고 섬멸전에 의한 전의(戰意) 박탈로만 가능하다. 클라우제비츠는 현실전을 전제로 하는 협상적 평화를 제시했

F. 제3장, 70~112(43쪽)

1. 전쟁의 위상
2. 전쟁의 삼위일체적 본질
   가. 제1극 : 인적 요소
   나. 제2극 : 우연성과 개연성의 요소
   다. 제3극 : 지적 요소
   라. 의지적 투신과 자아통제
3. 전쟁의 이중성 : 절대전과 현실전
   가. 평화와 전쟁의 상관성
   나. 절대전의 현실전으로의 전환
4. 현실전의 이중성
   가. 현실전의 두 가지 유형
   나. 섬멸전략적 소모전략
   다. 기동전 전략의 본질
   라. 방어우위의 전략사상
   마. 전략의 선택 : 삼위일체

G. 개관, 27~72쪽(46쪽)

1. 전쟁의 위상
2. 전쟁의 삼위일체적 본질
   가. 제1극 : 인적 요소
   나. 제2극 : 우연성과 개연성의 요소
   다. 제3극 : 지적 요소
   라. 의지적 투신과 자아통제
3. 전쟁의 이중성 : 절대전과 현실전
   가. 평화와 전쟁의 상관성
   나. 절대전의 현실전으로의 전환
4. 현실전의 이중성
   가. 현실전의 두 가지 유형
   나. 섬멸전략과 소모전략
   다. 기동전 전략의 본질
   라. 방어우위의 전략사상
   마. 전략의 선택 : 삼위일체

다. 현실전은 전쟁이 정치적 목적에 의해 발발하고 정치적 고려에 의해 수행되는 제한전쟁이다.'(29~31쪽) 류재갑은 절대전쟁과 현실전쟁을 이분법으로 이해하는데, 이는 클라우제비츠의 이해와 다르다.

'클라우제비츠에 대한 후대의 해석은 세 갈래로 나뉜다. 첫째, 독일 군부의 주류는 클라우제비츠를 절대전쟁론자이자 결전주의자로 이해한다. 이들은 혈전으로 승리하려고 하는 클라우제비츠주의자이다. 이들은 전쟁이 '적의 의지를 굴복시키려는 폭력행위'라는 클라우제비츠의 정의에 초점을 맞춘다.⋯ 둘째, 제2차 세계대전 이후 영미의 핵전략가들의 견해로서 이 민간학자 중심의 이론전략가들은 클라우제비츠의 현실전 사상을 강조하는 신클라우제비츠주의자이다. 전쟁은 다른 수단으로 하는 정치의 계속이므로 정치적 목적에 종속되어야 한다는 견해를 갖고 있다. ⋯ 제3의 입장은 클라우제비츠가 전쟁의 본질을 '현실주의적 시각'에서 파악했지만 전쟁현상의 양면성을 제시했다고 보는 견해이다. 양면성은 폭력으로서의 전쟁과 정치 도구로서의 전쟁이다. 한스 델브뤽은 클라우제비츠의 전쟁론을 섬멸전과 소모전으로 파악한

B. 『호국』 제184호

전략가적 차원에서 본 전쟁의 위상
전쟁의 삼위일체적 본질
   가. 제1극 : 인적 요소
   나. 제2극 : 우연성과 개연성의 요소
   다. 제3극 : 지적 요소
   라. 의지적 투신과 자아통제

C. 『호국』 제185호

문제제기
평화와 전쟁의 상관성
절대전의 현실전으로의 전환단계

D. 『호국』 제186호

현실전의 두 가지 유형
섬멸전략과 소모전략
기동전 전략의 본질
방어우위의 전략사상
전략의 선택 : 삼위일체

G. 개관

1. 전략가적 차원에서 본 전쟁의 위상
2. 전쟁의 삼위일체적 본질
   가. 제1극 : 인적 요소
   나. 제2극 : 우연성과 개연성의 요소
   다. 제3극 : 지적 요소
   라. 의지적 투신과 자아통제

3. 전쟁의 이중성 : 절대전과 현실전
   가. 평화와 전쟁의 상관성
   나. 절대전의 현실전으로의 전환단계

4. 현실전의 이중성 : 섬멸전과 소모전
   가. 현실전의 두 가지 유형
   나. 섬멸전략과 소모전략
   다. 기동전 전략의 본질
   라. 방어우위의 전략사상
   마. 전략의 선택 : 삼위일체

최초의 전략사상가이다.'(31~33쪽) 클라우제비츠주의자도 신클라우제비츠주의자도 클라우제비츠를 일면적으로 이해했다. 델브뤽의 해석이 타당하고 적절하다. 델브뤽의 섬멸전과 소모전 개념이 클라우제비츠의 절대전쟁과 현실전쟁에 상응한다.

   2. 여기에서 류재갑은 클라우제비츠의 삼중성을 요약했다. 여기에서는 Verstand를 지성이라고 번역한 것만 동의할 수 있을 것 같다. '절대전은 아이디어(개념)상으로만 존재하는 형태의 전쟁이 된다. 두 사람간의 사투(결투)는 절대전 형태의 좋은 예에 속한다.'(36~37쪽) 『전쟁론』 제1편에는 이런 해석을 가능하게 하는 부분이 있지만, 그러면 『전쟁론』 제8편을 부정하게 된다. 『전쟁론』을 전체적으로 보면 혁명전쟁과 나폴레옹전쟁을 절대전쟁으로 보는 것이 타당하다. 결투가 아이디어만으로 존재해야 할 이유도 없다.

삼중성에서 '지성은 균형, 조화, 공존, 지식, 분별지를 의미한다.'(40쪽) 말이 좋다고 내용도 좋은 것은 아니다. 이 부분은 류재갑이 가브리엘을 인용한 것인데, 삼중성에서 정부의 '지성'은 전쟁의 목적을 규정하고 전쟁을 정치의 수단으로 쓰는 문제를 다룬다. 조화와 공존을 바란다면 전쟁을 할 이유가 없어진다.

'세 극의 균형점에서 각 극의 고유한 자체운동을 정지한 현상이 현실전쟁이다.'(43쪽) 세 극이 정지한다는 것이 무슨 말인지 모르겠고, 전쟁에서 세 극이 정지한다는 것도 납득이 안 된다. 이 부분은 가브리엘의 '번역' 같은데, 류재갑이 번역을 좀 제대로 했으면 한다. 『전쟁론』을 오해한 가브리엘에 대한 류재갑의 무분별한 추종이다.

3. 절대전과 현실전을 "양극성 원칙에 입각하여"(44쪽) 이해하는 것은 양극성에 대한 오해이다.[14] 절대전과 현실전을 이중성이라고 이해하는 것도(44쪽) 오해이다. 절대전쟁과 현실전쟁은 두 종류의 전쟁 또는 두 유형의 전쟁이다. 전쟁의 '이중성'이 아니다.

'클라우제비츠는 절대전과 현실전을 이분법적으로 구분하고, 절대전은 하나의 극화 경향을 나타내는 현상인데 반하여 현실전은 세 개의 극이 기묘한 평형상태를 이루는 삼위일체로 존재하는 상태라고 갈파했다.' 그리고 절대전은 현실전으로 전환된다(48쪽). 우리나라에서 두 종류의 전쟁과 삼중성에 대한 오해의 기원이 여기에 있는 것 같다. 클라우제비츠에게 현실전쟁은 인민의 참여 없이 용병만으로 수행되는 18세기의 전쟁이다. 현실전쟁에서는 삼위가 일체를 이루지 않는다. 혁명전쟁과 나폴레옹전쟁과 같은 절대전쟁에서만 삼위가 일체를 이룬다. 삼위일체를 현실전쟁에만 있는 것으로 오해하니 세 극이 '정지'한다는 그로테스크한 논리를 편다. 3의 글은 클라우제비츠의 말도 아니고 『전쟁론』의 내용도 아니다. 류재갑은 여러 단계의 양극성을 도입하여(48쪽 이하) 두 종류의 전쟁을 설명하고 절대전쟁이 현실전쟁으로 전환된다

---

14. 『전쟁론』, 73~75쪽 참조.

고 설명하는데, 이것도 클라우제비츠와 무관한 설명이다.

4. '현실전은 섬멸전과 소모전의 두 유형으로 존재한다. 델브뤽은 전략의 유형을 섬멸전략과 소모전략의 두 가지 유형으로 구분했다. 그는 섬멸전략의 대표적인 사례로 나폴레옹의 결전전략을 제시하고, 이것이 단일한 경향(극)을 지향하는 것이라고 파악했다. 그 반면에 소모전략의 대표적인 사례로 프리드리히의 전략을 제시하고, 이 전략은 기동과 전투를 결합시킨 양극적 지향성을 갖는다고 지적했다.'(59쪽) 델브뤽이 정확하게 이해했다. 나폴레옹의 전쟁을 절대전쟁으로, 프리드리히 대왕의 전쟁을 현실전쟁으로 이해하는 것이 『전쟁론』의 내용에 부합한다. 하지만 델브뤽의 섬멸전과 소모전을 현실전에만 존재하는 것으로 보는 해석은 류재갑의 오류이든지, 류재갑의 가브리엘 추종이다. 여기에서 류재갑은 양극성, 이중성, 이분법의 개념을 혼란스럽게 섞어 쓰고 있다.

'클라우제비츠의 사상은 일원론적 개념화(monist conception)에서 출발하여 이중적 개념화(dualist conception)로 발전되고 종국적으로 삼위일체적 정의(threefold definition)로 종결된다. 그는 추상과 현실의 이중성을 삼위일체로 조정 통합했다.'(71쪽) 클라우제비츠의 사상이 이런 식으로 '출발하고 발전되고 종결된다고' 해석할 수 있는지 의문이다. 류재갑의 이 해석에 우리나라의 모든 클라우제비츠 오해의 근원이 있는 것 같다. 류재갑의 해석을 다음 쪽과 같은 그림으로 표현한다.

절대전에서 현실전으로 넘어가고(그래서 절대전 개념을 버리고), 그다음에 현실전에서 삼위일체론으로 넘어간다면(그래서 현실전 개념을 버린다면), 이는 모순이다. 클라우제비츠의 삼중성 이론은 절대전과 현실전을 모두 포함하고 있고, 절대전과 현실전은 '넘어갈' 수 없기 때문이다. 절대전(일원론)에 현실전을 추가하고(그래서 절대전+현실전의 이원론이 되고), 이 이원론에 삼위일체론이 추가된다면(그래서 절대전+현실전+삼위일체전이 된다면), 이때 삼위일체론은 절대전과 현실전을 모두 포함하게 된다. 어떻게 해석하고 표현

최초의 정의	두 번째 정의	세 번째 정의
전쟁은 우리의 의지를 실현하려고 적에게 굴복을 강요하는 폭력행동이다.	전쟁은 다른 수단으로 하는 정치의 계속이다.	전쟁은 증오와 적대감의 원시적 폭력성, 개연성과 우연의 도박, 정치의 수단이라는 종속적 성질을 띤다.
절대전쟁(일원론)	현실전쟁(이원론)	삼위일체 전쟁
정책의 붕괴	정책의 수단	세 경향의 균형
클라우제비츠주의자	신클라우제비츠주의자	제3의 입장(델브뤽)

⇐ 절대전쟁 ⇒	⇐ 현실전쟁 ⇒
⇐ 전쟁의 이중성(절대전쟁과 현실전쟁) ⇒	⇐ 전쟁의 삼위일체 ⇒

하든 클라우제비츠의 사상을 '출발하고 발전되고 종결된다고' 이해하면, 남는 것은 삼위일체론뿐이다. 절대전과 현실전과 삼위일체론을 통합적으로 이해하지 못하고 기계적으로 분리하면 류재갑처럼 이해할 수 있지만, 그런 이해는 클라우제비츠의 이론과 무관한 기계적인 해석이다.

G는 전체적으로 서구이론을 자기 나름대로 (짜깁기하여) 번역, 요약, 소개한 것이고 류재갑의 해석이 아닌데, 류재갑은 이 소개에서 '전략가[클라우제비치의 양심과 논리를 읽을 수 있어 숙연해짐을 금할 수 없다.'(72쪽) 나는 류재갑의 '숙연한 짜깁기'에 숙연해짐을 금할 수 없다.

류재갑의 글에서 내가 두 번째 그룹으로 분류한 글은 다음과 같이 정리한다. 류재갑이 제자들의 석사학위논문에서 일부를 발췌하고 '표절'한 것으로 보이는 글이다.

H1. 정의환, 『월남전의 제한적 성격』, 국방대학원 석사학위논문, 1984. 12, 96쪽

H2. 류재갑; 정의환, 「'제한전쟁'의 현대적 의의」, 『국방연구』 제27권 2호

(1984. 12), 국방대학원 안보문제연구소, 317~340(24쪽)

H3. 정의환, 「월남전에 있어서 미국의 제한전쟁 수행방식」, 『군사평론』 제255호(1986. 2), 육군대학, 77~104(28쪽)

I1. 박태순, 『작전술의 현대적 발전과 적용 : W.W.II 이후 미·소작전술개념을 중심으로』, 국방대학원 석사학위논문, 1987. 12, 99쪽

I2. 류재갑; 박태순, 「작전술의 현대적 발전」, 『국방연구』 제30권 2호(1987. 12), 국방대학원 안보문제연구소, 269~296(28쪽)

I3. 박태순, 「작전술의 현대적 발전」, 『군사평론』 제272호(1988. 6), 육군대학, 5~32(28쪽)

J1. 노양구, 『풀러의 마비전 사상』, 국방대학원 석사학위논문, 1988. 12, 121쪽

J2. 류재갑; 노양구, 「마비전 전략사상의 현대적 고찰(I)」, 『국방연구』 제31권 2호(1988. 12), 국방대학원 안보문제연구소, 345~364(20쪽)

J3. 류재갑; 노양구, 「마비전 전략사상의 현대적 고찰(II)」, 『국방연구』 제32권 1호(1989. 6), 국방대학원 안보문제연구소, 183~206(24쪽)

J4. 노양구, 「마비전 전략사상의 현대적 고찰 I」, 『군사평론』 제277호(1989. 2), 육군대학, 25~45(21쪽)

J5. 노양구, 「마비전 전략사상의 현대적 고찰 II」, 『군사평론』 제278호(1989. 5), 육군대학, 47~76(30쪽)

J6. 류재갑, 「현대 기계화 기동전의 역사적 발전 : 풀러의 선구적 역할」, 『군사』 제25호(1992. 12), 국방군사연구소, 42~74(33쪽)

K1. 송준범, 『작전전략수준에서 본 OMG와 FOFA』, 국방대학원 석사학위논문, 1989. 12, 109쪽

K2. 류재갑; 송준범, 「작전전략수준에서 본 OMG와 FOFA의 비교」, 『국방연구』 제33권 1호(1990. 6), 국방대학원 안보문제연구소, 97~126(30쪽)

L1. 최문규, 『중심의 개념과 적용 : 목표 선정과 노력 집중의 논리』, 국방대학원 석사학위논문, 1990. 12, 100쪽

L2. 류재갑; 최문규, 「중심의 개념과 식별」, 『국방연구』 제34권 1호(1991. 6), 국방대학원 안보문제연구소, 173~201(29쪽)

이 그룹에서 중요한 것은 내용보다 형식인데, 그것은 나를 놀라게 했다. H1은 정의환의 석사학위논문인데, H2는 류재갑과 정의환의 공저이다. (H3은 정의환의 저작이다.) I1은 박태순의 석사학위논문인데, I2는 류재갑과 박태순의 공저가 되었다. (I2 이후 6개월 만에 박태순은 I2를 자기 이름으로 『군사평론』 제272호에 실었고, 그것이 I3이다.) J1은 노양구의 석사학위논문인데, J2와 J3은 류재갑과 노양구의 공저가 되었고, J6은 아예 류재갑의 저작으로 둔갑했다. (노양구는 두 글을 자기 이름으로 『군사평론』 제277호와 제278호에 발표했고, 그것이 J4와 J5이다.) K1은 송준범의 석사학위논문인데, K2는 류재갑과 송준범의 공저가 되었다. L1은 최문규의 석사학위논문인데, L2는 류재갑과 최문규의 공저가 되었다.

류재갑이 지도교수로서 제자들의 석사학위논문을 줄여 『국방연구』에 실으면서 자신을 공저자로 둔갑시킨 것으로 보인다. 즉 류재갑은 먼저 제자들의 석사학위논문을 지도하고, 그다음에 이 논문을 줄여서 자신을 공동 저자로 만들고, 그 이후에 그 논문을 자신의 단독 논문으로 발표하는 패턴의 행동을 반복했다. 류재갑은 이런 '무임승차'를 1984년부터 1991년까지 무려 8년 동안 계속했다.

물론 제자들의 석사학위논문이 류재갑의 '공저'와 완전히 똑같지는 않다. 예를 들어 H2는 H1에 없던 표를(327~328쪽) 실었다. 또한 H2의 I과 IV는 H1에 없다. H1은 월남전과 월남전에서 미국의 제한전쟁 수행방식을 주로 다루었는데, H2는 이것을 대부분 없애고 제한전쟁 일반에 대해, 즉 제한전쟁의 개념과 기준에 대해 서술한 부분만 H1에서 가져왔다. 하지만 H2의 II와 III은(319~333쪽) H1의 제2장을(7~32쪽) 거의 그대로 옮겨놓은 것이다. (H3은 정의환이 H1의 일부를 순서를 바꾸어서 학술지에 실은 글이다.)

I의 경우에는 I1의 일부를 I2에 거의 그대로 실었고, 그래서 I2는 I1의 '성

실한' 축소판이다. I1의 제1장 제1절은 I2의 I에, I1의 제2장 제1절은 I2의 II
에, I1의 제2장 제2절과 제3절 일부는 I2의 III에, I1의 제3장과 제4장 일부는
I2의 IV에, I1의 제5장은 I2의 V에, I1의 제6장은 I2의 VI에 실었다.

J의 경우에 J1은 대부분 그 차례대로 내용을 일부 줄여서 J2와 J3에 실
렸다. J6은 J1에서 풀러의 마비전 사상과 그 공헌을 실었는데, 이는 대부분
J1의 표절이다. 류재갑은 J1을 일부 변경하여 『국방』 제222호(1992년 6월)~
제232호(1993년 4월)에도 자신의 이름으로 실었다.

K의 경우에도 대체로 K1의 차례에 따라 K1의 내용을 일부 삭제하여
K2에 실었다. K1에 있는 많은 그림 중에 26쪽의 그림은 K2의 99쪽에 그대
로 옮겼다. 하지만 K1의 27, 52, 54, 68, 63쪽의 그림은 (분량의 이유 때문인지)
K2에서 모두 삭제되었다.[15]

L2는 L1에서 제1장 서론, 제2장 중심의 개념, 제3장 중심의 식별에서 일
부를 차례의 순서대로 실은 글이다. 즉 L1의 제4장 중심의 적용은 L2에 없다.

류재갑의 글을 읽을 때 나는 '수사관'의 입장이 된다. 류재갑이 누구의
글을 어디에서 어떻게 베꼈는지 조사하는 수사관. 여기에 류재갑의 이름으로
(도) 발표된 글은 류재갑의 연구 업적으로 간주할 수 없기 때문에 내용을 살
펴보지 않는다. 군사학계의 '(자기)표절'의 활성화는 박근혜의 '지하경제의 활
성화'는 명함도 못 내밀 만큼 이미 오래전부터 진행되고 있었던 것 같다.

류재갑의 글에서 내가 세 번째 그룹으로 분류한 글은 다음의 두 글이다.

M. 류재갑; 김인열, 『클라우제빗츠의 전쟁사상 연구 : 그의 철학적 이중성과
    교조적 입장』, 국방대학원, 1993. 12, 37쪽
N. 류재갑, 「한반도에서의 전쟁과 평화의 접근방법 : Clausewitz적 탐색」, 『지
    성의 현장』 제9권 통합호(1999. 6), 도서출판 소화, 197~221(25쪽)

---

15. K1과 K2에서 OMG는 작전기동단(Operational Maneuver Group)을 말하고, FOFA는 후
    속부대공격(Follow-On Force Attack)을 말한다.

M의 차례는 다음과 같다.

1. 서언 : 한 시대의 전환기적 사상형성
2. '이론(법칙)'에 관한 클라우제빗츠의 철학적 입장
3. 클라우제빗츠의 논리적 이중성
4. 클라우제빗츠의 논리체계의 이중성과 삼위일체 전쟁이론
5. 교조주의 이론

한 문장 요약. 클라우제비츠의 전쟁철학은 논리적으로 이율배반이어서 교조주의가 되었다.

M의 내용과 각주를 검토한 결과, 이 글은 가브리엘과 갈리 책의 표절로 보인다. 특히 가브리엘 책의 표절. 그의 글을 '번역'하고 각주에 그 책의 페이지를 언급하는 형식의 표절. 즉 류재갑과 김인열은 외국문헌의 번역을 자기 논문으로 만들었다. 이 글에는 두 사람의 견해가 없고, 대부분 가브리엘과 갈리의 견해뿐이다.

그래서인지 류재갑과 김인열이 무슨 내용인지 모르면서 쓴 것으로 보이는 부분이 적지 않다. 내용 전달도 잘 안 되고 논리에 일관성도 결여되어 있다. '번역'조차 제대로 하지 못해서 이해가 안 되는 부분이 적지 않다. 그들이 내용을 이해하고 번역한 것이 아니라 제대로 이해하지 못한 내용을 번역한 것 같다. "클라우제빗츠의 오류는 바로 그가 '힘으로 하는 투쟁'(struggle with power)에 관해 이론화한 그의 삼위일체론에 완전히 대립되는 '힘을 위한 맹목적 투쟁'(blind struggle for power : power maximization)의 이론을 형성하려 했다는 점이다."(28쪽) 예를 들면 이 부분은 무슨 말인지 모르겠다. 그리고 각주도 없는데, 류재갑과 김인열은 이 영어 표현을 어디에서 본 것인가? 직접 영어로 작문하고 밑줄까지 그은 것인가?

'결국 클라우제빗츠의 전쟁론을 읽는 독자들은 전쟁원칙이나 행동지침에 대한 그의 참 의도가 무엇인지 어리둥절하게 되고 전략과 전술의 구분이 불명확하기 때문에 어리둥절하게 된다. 그의 작품은 '원고뭉치 상태로 남겨졌

고', 그래서 '끝없는 오해를 불러일으킬 정형 없는 사상의 덩어리'였고, '어설픈 비판을 불러일으킬 수 있는 것'이었다.'(32쪽) 각주가 없으니 이것은 (가브리엘의 견해가 아니라) 류재갑과 김인열의 1993년 견해인가? 그러면 '전략가의 양심과 논리를 읽을 수 있어 숙연해짐을 금할 수 없었던' 1989년의 류재갑은 어디로 갔는가? 클라우제비츠에 관한 해석이 4년 만에 이렇게 극과 극을 달릴 수 있는 것인가?

클라우제비츠에 대한 가브리엘의 몰이해, 가브리엘의 글에 대한 류재갑과 김인열의 '오역'과 오해에 나는 어리둥절하게 된다. 외국 학자의 클라우제비츠 몰이해에 바탕을 둔 글의 오역을 류재갑과 김인열이 자신의 논문으로 둔갑시켰다. 이렇게 어리둥절해진 류재갑이 1989년 4~6월에는 B, C, D의 『호국』 제184호~제186호에서, 1989년에는 F의 『전쟁과 정치』에서, 1996년에는 G의 『전략의 철학』에서 클라우제비츠의 이론을 클라우제비츠주의자, 신클라우제비츠주의자 등으로 '분석'한 것인가?

류재갑과 김인열의 혼돈은 (가브리엘의) antinomy를 이중성으로 옮긴 데서(24쪽) 잘 드러난다. M에 있는 이중성은 antinomy이다. 가브리엘은 클라우제비츠의 전쟁철학을 antinomy로, 즉 이율배반이나 자기모순으로 이해하고 있다. 클라우제비츠의 철학이 '순수하게 칸트적인 것도 아니고 순수하게 헤겔적인 것도 아니고, 여러 가지 철학의 일관성 없는 혼합이라는'(24쪽) 가브리엘의 견해를 류재갑과 김인열이 그대로 따른다면, antinomy는 이율배반이나 자기모순으로 번역하는 것이 낫다. 류재갑과 김인열은 이중성의 이중을 '속 다르고 겉 다름'으로 이해하는 것 같다. 그런데 '이중'은 '이중 번역, 이중 삼중으로, 세금을 이중으로 냈다, 이중의 군사 목적을 수행했다' 등 두 번 거듭되거나 겹치는 것을 나타내기도 한다. 이런 경우 이중성은 duplicity, duality, double, twoness, twofold, duplexity 정도의 의미를 갖는다. M에 쓰인 이중성은 류재갑이 앞의 G에서 '절대전쟁과 현실전쟁의 이중성'이나 '추상과 현실의 이중성'이라고 말한 것과도 맞지 않는다. 이중성이 아니라 이율배반이 antinomy의 제일 적절한 번역어이다.

다음은 N의 차례이다.

현대 국제안보 개념과 Clausewitz 사상의 현대적 함의
삼위일체론 : 전쟁제한(현실전)의 논리
협상적 평화 : 억제를 넘어서서

　　본문은 198~210쪽에 있고, 질문 및 답변이 210~221쪽에 있다.

　　N에서 류재갑은 1989년 『호국』 제184호부터 줄곧 얘기한 혼란과 오해
를 반복했다. 클라우제비츠를 결전주의자로 해석하는 클라우제비츠파와 정
치적 제한전 사상가로 보는 신클라우제비츠파와 클라우제비츠 사상의 이중
성(전쟁과 평화의 양면을 내재한 현실)을 간파한 델브뤽의 제3의 입장, 강압
적 평화와 협상적 평화, 정치의 붕괴와 정치의 계속 등에 대한 언급은 류재갑
이 이전에 했던 논의의 반복이다.

　　삼중성의 '세 가지 경향이 중심점 또는 지렛목에서 균형 있게 버티고 있
어야 한다. 이 균형 있게 정지되어 있는 상태가 곧 하나의 통합적 전체로서의
기묘한 균형상태인 삼위일체 상태이다.'(206쪽) '현실태의 전쟁은 자연적인 각
각의 극(경향)이 세 극 사이의 마찰의 작용으로 인해 고유한 자체운동을 정
지하고 상호작용하는 상태이다.'(209쪽) '현실태의 전쟁은 세 가지 자연적 극
의 자율적 정지 또는 공존에 의한 자기 헌신적 평형상태로 존재하기 때문에
양극성을 포괄하는 이중적 성격을 지니게 마련이다.'(209쪽) 이런 이해는 클
라우제비츠와 무관한 이해이고, 사이비종교의 교주와 같은 미스터리한 해석
이다. '정지'라는 말은 1981년 길정우의 해석에서 비롯된 것으로 보이는데, 우
리나라 클라우제비츠 해석에 큰 악영향을 미쳤다.

　　류재갑이 (그리고 강진석도) 여러 번 언급한 '분별지' 개념은 클라우제비
츠의 '지성'으로 이해하는 것으로 충분하다.

　　류재갑의 글에서 4번째이자 마지막으로 살펴볼 글은 다음의 3개 서평이
다.

O. 「전쟁과 정치 : 전쟁지도론(Bernard Brodie, War and Politics, New York, Macmillan, 1973, 514pp.)」,『국방연구』제23권 2호(1980. 12), 국방대학원 안보문제연구소, 399~402(4쪽)

P. 「미국의 월남전 전략 : 그 비판적 분석(Harry G. Summers, Jr., 미국의 월남전 전략, 민평식 역, 서울 : 병학사, 1983년, 338면)」,『국방연구』제27권 1호(1984. 6), 국방대학원 안보문제연구소, 199~206(8쪽)

Q. 「전쟁론(김홍철 저, 전쟁론, 민음사, 1991. 3, 461면)」,『국방연구』제34권 2호(1991. 12), 국방대학교 안보문제연구소, 215~220(6쪽)

O. 브로디 책에 대한 서평. 브로디의 책은 아직도 우리말로 번역되어 있지 않다. 이 책에서 브로디는 군대에 대한 문민통제의 중요성을 강조한다. 승리일변도의 선입관, 획일성, 편협성, 징벌주의, 무능하고 무기력한 전략적 사고 등과 같은 군사적 사고를 통렬히 비판하고 있다. 맥나마라와 그 동료들이 전략적 통찰과 인식을 수학전문가들에게 의존하고 있는 것, 그들이 역사와 정치에 대한 인식을 결여하고 있는 것도 비판한다. 월남전쟁은 '심장은 이상주의에 젖어있고 두뇌는 기술적 전문성으로 가득 차 있는 '뉴프런티어'의 영웅들이 저지른 과오였다.'(402쪽)

맥아더와 트루먼의 갈등에 대해. '맥아더는 정부당국이 아니라 상급 군사당국, 즉 합동참모본부의 고급장교들에 대해 불복종한 것이다. 이들은 맥아더를 억제하려고 했는데, 그것은 유럽에 대한 소련의 공격을 두려워했기 때문이다. 이 염려는 크나큰 과오였다. … 한국전쟁에서 미국 정부가 직면한 문제는 군부에 대한 통제문제가 아니라 문민당국이 무엇을 해야만 할 것인가에 대한 대안을 갖고 있지 않았다는데 있었다.'(401쪽)

한국전쟁에서 미국이 맥아더의 주장대로 중국에 원자폭탄을 투하하면 소련이 유럽에 핵폭탄을 떨어뜨려 보복한다는 것, 그래서 제한전쟁은 무제한 전쟁이 되고 제3차 세계대전이 일어나고 그 결과는 아무도 예측할 수 없다는 것, 이것을 염려한 것이 크나큰 과오였는지는 의문이다. 그 당시에 충분히 생각할 수 있는 시나리오였다는 점에서 문민당국은 무엇을 해야 하는지 알고 있었다. 미국 입장에서 한국전쟁은 철저하게 제한전쟁이어야 했고, 맥아더는 그것에 불복종한 것이다.

전쟁의 정치적 목적은 합당한가? 전쟁은 너무나 비극적이기 때문에 정치가와 외교관의 수중에만 맡길 수 없다. 특히 그들의 정치적 경륜의 실패로 전쟁의 비극을 초래케 한 정치가와 외교관의 수중에는 더더욱 맡길 수 없다. 브로디는 '왜 싸우는가 하는 문제가 수단의 고려를 지배해야 한다.'는 단순명제를 말했는데, 브로디가 이 명제를 '싸우기 위해 합당한 정치적 목적을 가져야 한다.'는 또 하나의 중요한 명제로 발전시켰으면 더 좋았을 것이다.'(402쪽) '경륜의 실패'라는 말이 이상하다. 또한 이것은 류재갑의 말처럼 '푸줏간 주인에게 왜 좋은 빵을 만들지 않았느냐고 비난하는'(아래 P의 205쪽) 것과 같다. 브로디가 하지 않은 것을 하지 않았다고 비난하는 것은 바람직하지 않다. 그것은 류재갑의 관심사항이므로 류재갑이 연구하고 발전시키면 더 좋을 것이다.

P는 서머스 책에 대한 서평이다. '전쟁이 너무나 중요한 것이기 때문에 이제 더 이상 장군들에게만 맡길 수 없다면'(클레망소) '이제 전쟁은 너무나 비극적인 것이기 때문에 정치가와 외교관의 수중에만 맡겨둘 수 없다.'(200쪽)

류재갑은 서머스의 『미국의 월남전 전략』을 읽고 "그간에 맺혔던 체증이 내려가는 듯한 기분을 느낀다."(200쪽) 서머스의 논의는 전쟁에서 정치가 중요하다는 말인데, 베트남전에서 미국이 패배한 것이 군인 출신으로서 정치가의 실패를 목격한 것이라서 고소하다는 말인가? 서머스는 패전의 이유를 미국의 정치지도자와 국민들의 결의의 결여, 정치가들의 (국민과 군대를 한데 연결하는) 지도력의 부족으로 들고 있다. 그만큼 정치가 중요하다는 말인데, 그것이 고소해야 할 말인지 의문이다.

류재갑은 한편으로는 고소하지만 다른 한편으로는 원통하다. 미국이 베트남전쟁에서 패배했기 때문이다. 류재갑은 베트남전쟁에서 철저히 미국의 편에 선다. 미국과 베트남의 전쟁에서 일본과 조선식민지의 관계를 떠올리지 못한다. 그렇다면 류재갑에게는 일본이 조선에서 물러난 것도 땅을 치고 원통할 노릇인가? 피터 버거의 말도 류재갑의 논조와 비슷하다. '반전운동은 월남에서 미군철수를 가져오게 한 요인이 되었으며, 월맹의 승리는 '인류의 큰 재앙'이 되었다. 이 전쟁의 결과로 지구상에서 전체주의의 판도는 더 넓어지고 미국의 정치 및 군사력은 위축되었으며 세계평화의 달성은 더 어렵게 되었다. 그뿐만 아니라 월남전은 미국을 '병든 사회'로 만들었다. 어떤 형태로든지 반전운동에 참가한 사람은 누구나 이에 대한 책임을 느껴야만 할 것이다.'(203쪽) 이는 100여년에 걸친 베트남의 민족해방투쟁과 독립전쟁을 무시하고 미국의 관점에만 서는 제국주의적인 발언이다.

'교실에서만 배우는 전쟁, 정치학자들이나 체계분석가의 열정 없는 논문 등은 때에 따라서는 국민을 비굴하고 소극적인 소시민으로 만든다.'(203쪽) 그럴지 모른다. 하지만 이런 말은 제자들의 논문을 '열정적으로' 표절한 사람이 할 말은 아닌 것 같다. '제자들의 논문을 열정적으로 표절하는 사람은 자신과 제자들을 비굴하게 만든다.'

Q 요약. 김홍철의 『전쟁론』은 평화를 위한 철학서이고 저자의 필생의 고뇌가 담긴 책이다. 저자가 전쟁 분야에 평생의 심혈을 쏟은 것은 고독한 결단이자 지성적 용기이다. 저자는 전쟁을 독립적인 학문분야로 끌어올린 고독한 개척자이다. 김홍철의 『전쟁론』은 제1장에서 전쟁 문제의 연구경향을 정리하여 제시했고, 제2장에서 전쟁현상 자체를 규명했고, 제3장에서 현대 전쟁론의 중심과제를 요약했다. 서평자는 이 책이 이 나라 평화건설에 기여하는 학문적 길잡이가 되기를 기대한다.

의견. '주례사 서평'이다. 책의 내용에 대한 논의와 토론이 없고 책과 저자를 소개하는데 그쳤다. 외국 책(O와 P)에는 (편견이 있지만) 적절하게 서평하고 우리나라 책(Q)에는 주례사 서평을 하는 이유를 모르지는 않지만, 어쨌든 이것은 매우 '비굴하고' 일관되지 못한 태도이다.

* * *

이제 강진석의 글을 살펴본다.

A. 『클라우제빗츠에 있어서의 전쟁의 이중성 : 정책의 붕괴로서의 전쟁과 정책의 계속으로서의 전쟁』, 국방대학원 석사학위논문, 1985, 164쪽

B1. 「클라우제빗츠에 있어서의 전쟁 이중성(상) : 정책붕괴로서의 전쟁과 정책의 계속으로서의 전쟁 − (클라우제빗츠의 현대적 해석)」, 『공군평론』 제74호(1987. 5), 공군대학, 107~150(44쪽)

B2. 「클라우제빗츠에 있어서의 전쟁의 이중성(하)」, 『공군평론』 제75호(1987. 7), 공군대학, 94~139(46쪽)

C. 류재갑; 강진석, 『전쟁과 정치 : 전략의 철학 − 클라우제빗츠논고』, 한원, 1989. 11, 425쪽

D. 『전략의 철학 : 클라우제비츠의 현대적 해석 − 전쟁과 정치』, 평단문화사, 1996. 7, 511쪽

E. 「클라우제비츠와 현대 군사전략 − 전쟁과 정치, 전략의 철학 : 클라우제비츠의 현대적 해석」, 『합참』 제8호(1996. 7), 합동참모본부, 214~227(14쪽)

A는 B1, B2와 같다(A = B1, B2). 강진석은 B1이나 B2 어디에도 이것이 A라는 것을 밝히지 않았다. C와 D의 관계는 앞의 류재갑에서 (F와 G를 비교할 때) 보았다. 여기에서는 A와 D만 다음 쪽에 비교한다.

A에는 D의 제4장과 제6장에 해당하는 부분이 없다. A에 없는 서술을 D의 각 장이나 각 절 앞부분 여러 군데에 덧붙였다. 새로운 내용을 덧붙인 경우도 있다. 예를 들면 웬델 코트의 견해와(D, 162~170쪽) 해리 서머스의 견해는(D, 171~183쪽) A에 없다. D는 현실전의 삼위일체 부분을(236~277쪽) A의 현실전 부분보다(94~114쪽) 더 자세히 서술했다. 시대 변화를 반영하여 A의 소련을 D에서는 구소련으로 바꾸었다. 이런 것을 제외하면 A의 내용은 글자 그대로 D로 들어갔다. A = D이다. 전체적으로 보면 A = B1, B2 = C =

A. 석사학위논문, 1985년   D. 『전략의 철학』, 1996년

D의 공식이 성립한다. 우리는 D만 살펴본다.

제2장. 전쟁을 정치의 단절(붕괴)로 보는 이들은 클라우제비츠의 절대전쟁 개념만 보고 강조한다. '전쟁이 다른 수단으로 하는 정치의 계속'이라는 명제는 전쟁을 정치의 '자의적 도구'와 '이성적 도구'로 보는 두 가지 해석을 낳았다. 전자로 해석하면 전쟁은 정치의 붕괴가 되고, 후자로 해석하면 전쟁은 정치의 연장이 된다. 전자를 클라우제비츠주의자라고 하고, 후자를 신클라우제비츠주의자라고 한다. 전쟁이 정치의 계속이라는 명제는 전쟁은 정치의 계속이어야 한다는 규범적 명제로 대체되어야 한다. 이것은 자유진영의 해석이다.

소련의 해석은 두 가지 면에서 변질되었다. 첫째, 전쟁의 본질을 결정하는 원리는 정치이고 폭력은 수단이다. 둘째, 전쟁의 본질은 정치의 계속이고 그 현상은 경제, 외교, 이데올로기적 투쟁 등의 여러 방법과 형태로 나타난다.

의견. 전쟁과 정치의 관계에 관한 몇몇 미국 학자들의 견해를 정리하고 편집했다. 정치의 단절과 계속, 자의적 도구와 이성적 도구 등은 전쟁의 정의와 본질의 오해에서 비롯된 혼란스러운 해석이다. 규범적 명제로 대체되어야 한다는 것은 라포포트의 해석이다. 설명문을 논설문으로 이해하는 것은 라포포트의 자유(로운 오해)이다. 레닌의 해석은 클라우제비츠에 대한 정확한 이해이고 변질된 것이 아니다.

제3장. 클라우제비츠는 절대전 이론의 선구자이고 정치를 전략의 노예로 만들었다(리델 하트). 클라우제비츠의 모든 이론은 폐기되어야 한다. 전쟁과 정치는 국민 생존의지의 최고의 표현이다(루덴도르프). 클라우제비츠의

절대전쟁 개념은 전쟁 그 자체의 본질에서 나오는 이념형이자 완전형이다(로트펠스). 전쟁은 정책의 연장이 아니라 정책의 붕괴이다(티볼트). 핵시대에 정치는 군사력을 제한된 목적에 사용해야 한다(오스굿). 전쟁과 전략은 국가정책의 목적을 따라야 한다(브로디). 전쟁뿐만 아니라 평화도 국가의 의지를 실현하는 수단이 될 수 있다(키신저). 클라우제비츠는 전쟁의 전체 모습을 분석하는 정의에 최초로 정치를 집어넣어 하나의 개념과 방법론을 발전시켰다(파렛). 클라우제비츠는 전쟁이 정치의 연장이라는 주장 외에 정신력의 중요성에도 관심을 기울였다(깁스). 핵시대는 전쟁을 정치행위로 다루어야 하는데, 이때 적절한 전쟁이론은 클라우제비츠의 연구를 기초로 할 수밖에 없다(코트). 이처럼 많은 이론가들의 견해를 소개한 후에 마지막으로 서머스의 『미국의 월남전 전략』과 『미국의 걸프전 전략』의 서문을 통째로 옮겨놓았다.

의견. 이 부분은 클라우제비츠에 관한 여러 해석의 소개이고, 서머스의 두 서문의 인용이다. 이런 식으로 서구이론을 나열하는 이유의 일단을 강진석 스스로 증언하고 있다. "1985년도에 한국의 군교육기관을 졸업한 외국군 소령 한 사람이 필자에게 한국 군교육기관의 특성을 '해답을 하나밖에 제시하지 않는 기이한 교육'이라고 지적한 바 있음을 상기하고 싶다."(196쪽 각주 19) 그런 '기이한 교육'의 폐해를 D가 잘 보여주고 있다. 자기 이해, 해석, 생각, 견해, 주장이 없고 외국 학자들의 말만 늘어놓고 있다. D는 '해답을 하나밖에 제시하지 않는 기이한 책'이 아니라 '해답을 제시하지 않는 기이한 책'이거나 '해답을 갖고 있지 않은 기이한 책'이다. 국어와 문장은 '기이하면서 비참한' 수준이다.

제4장. 19세기 전후에 전쟁술에 관한 사고는 계몽주의적 전쟁이론에 경도되어 있었고, 이런 경향은 전쟁원칙 및 기하학적 전쟁이론 등 일반화된 과학적 전쟁원리를 추구했고, 뷜로와 조미니가 그 대표적인 이론가였다. 뷜로의 이론은 합리주의적이고 자연과학적인 지식을 논의하는 계몽주의 시대의 정신을 반영했다. 이론에 전쟁원칙 중심의 교리주의적 경직성이 대두되고 발전되었다.

나폴레옹과 프랑스혁명은 뷜로 식의 자연적 한계를 무너뜨리고 인간의 창조성을 보여주었다. 전쟁에 작용한 제일 큰 힘은 물질적인 것이 아니라 정신적인 것이었다. 클라우제비츠는 한편으로 나폴레옹전쟁을 자신의 이론을 위한 문제제기의 차원에서 보았고, 다른 한편으로 전쟁수행을 위한 해답의 차원에서 보았다. 전쟁의 불확실성과 비결정성은 클라우제비츠를 '기하학적 전쟁이론'의 비판자가 되게 했다.

전쟁사에서 전쟁경험에 대한 비판적 시각은 몰트케에 의해서도 수용되었다. 골츠도 '전쟁원칙'에 회의를 제기했다. 풀러도 타인의 경험과 사상에 비판적 분석을 사용하는 방법을 제안했다. 하지만 제1차 세계대전과 제2차 세계대전에서 이런 제안은 무시되거나 도외시되었고 물량주의적 전쟁과학이 지배했다. '비용 대 효과 분석'이 전략사상을 대체하게 되었다. 베트남전쟁 이후 '전쟁술'이 다시 '전쟁과학'의 자리를 차지하게 되었다.

제5장. 절대전은 정치의 붕괴 차원이고, 현실전은 정치의 연장 차원이다. 강진석은 델브뤽의 견해를 따르고 있는데, 전쟁은 기본적으로 절대전과 현실전의 두 가지 면을 가질 수 있다. 이에 따라 강진석은 전쟁의 이중성을 제시한다. 클라우제비츠는 전쟁의 추구보다 전쟁의 회피를 위해 노력한 사상가이다.

의견. 이 부분은 가브리엘 책의 번역인 것 같다. 강진석이 클라우제비츠의 삼중성에서 인적 요소(인민)를 정으로, 지적 요소(정부)를 반으로, 우연과 천재(최고지휘관과 군대)를 합으로 본 것은(275쪽) 정반합 변증법에 대한 오해이다.[16] 인민과 정부를 논한 다음에 천재를 설명하는 것은 전쟁을 군대 중심으로 보는 해석이다. 국어와 문장이 엉망이라서 글을 이해하는 것이 어렵다.

제6장. 핵전쟁이 클라우제비츠 이론과 관련되는지에 대한 논란은 아롱

---

16. (앞에서 본) 이종학뿐만 아니라 (여기에서 보는) 강진석과 (아래에서 보게 될) 다른 많은 군인 출신 연구자들도 헤겔의 정반합 명제와 변증법의 논리를 잘못 이해하고 있다. 그래서 제3부의 마지막 '여담 — 클라우제비츠와 헤겔'에서 그 문제를 살펴보려고 한다. 그때까지는 많은 연구자들의 정반합 변증법을 언급만 할 것이다.

과 라포포트에 의해 제기되었다. 아롱은 핵전쟁이 클라우제비츠와 관련된다고 보았다. '핵전쟁의 위협은 전략적 외교행위의 필수적인 부분이다. 우리는 클라우제비츠가 제기한 문맥에서 벗어날 수 없다.'(281쪽) 이에 반해 라포포트는 핵시대에 클라우제비츠주의로 복귀하는 것은 '비극이 아니라 소름끼치는 웃음거리'라고(281쪽) 비판하면서 아롱과 상반되는 결론을 내렸다.

의견. 아롱과 라포포트는 클라우제비츠주의를 다르게 이해하고 있다. 그 외에는 강진석이 무슨 말을 하고 있는지 잘 모르겠다. 이 말 저 말을 인용하고 설명하고 있는데, 국어와 문장이 수준 이하라서 글을 이해하기 어렵다. 강진석도 글을 다시 읽으면 자기 글이 무슨 말인지 모를 것 같다. 라포포트가 '『전쟁론』의 철학이 비스마르크의 '철혈철학'이고 히틀러의 '나의 투쟁'의 철학이라고'(299쪽) 주장했다면, 이는 라포포트가 클라우제비츠를 오해하고 왜곡한 것이다.

제7장. 핵전쟁과 핵억제에 관한 논의에는 '공포의 균형'으로 평화를 달성하려는 합리주의, 군축으로만 평화를 달성할 수 있다는 평화주의, 전쟁과 평화의 공존과 핵전쟁과 핵협력의 가능성의 공존을 주장하는 현실주의가 있다. 하카비에 따르면, 억제에는 최종성과 신뢰성의 주장이 대립하고 있다.

현대전에서 전쟁은 정치의 자의적인 수단으로서 정치적 붕괴를 초래할 수도 있고, 정치의 자위적인 수단으로서 정치의 계속이 될 수도 있다. 전쟁이 다른 수단으로 하는 정치의 계속이라는 클라우제비츠의 명제는 정치의 계속성과 정치의 도구성을 동시에 포함하고 있다. 전자는 힘을 분별 있게 사용하는 자제성을 의미하고, 후자는 전쟁을 자의적·남발적 도구로 사용하는 것을 말한다.

의견. 국어와 문장이 혼란스러워서 글을 이해하는 것이 어렵다. 외국 학자들의 이론을 (자기도 무슨 말인지 모르면서) 광범위하게 '번역'하고 짜깁기한 것으로 보인다.

제8장. 전쟁이 다른 수단으로 하는 정치의 계속이라는 명제는 '전쟁이 다른 수단으로 하는 정치의 계속이어야만 한다'는 당위적·규범적 명제로 대체

되어 이해되어야만 한다(341쪽). 그래야 그 명제가 정책의 정당한 도구가 된다.

국가안보정책을 수립할 때는 전쟁을 정책의 도구로서 인식해야 한다. 그 것은 국가안보의 목적이 추구하는 정통성의 범위, 합리적 도구의 사용 범위·정도·내용에 대한 분별력 있는 선택, 전략·작전계획 수립에서 군사력 운용 개념의 확립이 요청되기 때문이다.

의견. 이 부분은 클라우제비츠와 무관한 내용이다. 당위적·규범적 명제 는 클라우제비츠에게 없다. 제8장은 결론인데, 결론에 등장하는 칸트와 헤겔 은 강진석의 결론과 별로 관련이 없는 것으로 보인다.

D의 총평. 강진석이 이 책을 '한 군사학도의 습작쯤으로 보아주시길 바 랄 뿐'이라고(15쪽) 한 말은 겸손의 표현이 아니라 말 그대로 받아들여야 할 것 같다. 이 책은 여러 학자들의 이론을 번역, 요약, 소개, 정리한 '습작쯤' 될 것이다. 1985년의 석사학위논문의 내용을 1996년 책에 그대로 실었다는 점에 서도 이 책은 10년 이상 계속되는 습작이 될 것이다. 강진석에게 책은 '습작의 계속'이다.

전반적으로 문장을 이해할 수 없을 만큼 강진석의 국어는 엉망이고 복 잡하고 혼란스럽다. 강진석에게 글을 짧고 간결하고 명확하게 쓰는 훈련이 부족한 것으로 보인다.

D를 끝내기 전에 D의 '덧붙임'에 있는 마이클 하워드의 '클라우제비츠의 영향'에서 한 부분만 보도록 한다. 다음 쪽에 정리했다.

D에서 강진석이 말한 '선험적인 논문'이 이해가 안 된다. C에는 '先驅 的인 論文'이라고 되어 있다. 강진석이 선구(先驅)를 선험(先驗)으로 잘못 읽 은 것이 아닌가 하는 의심이 든다. 그래서 하워드의 원문을 찾아보았다.

원문에는 a seminal article로 되어 있다. 그러면 중요한 논문, 독창적인 논문, 영향력이 큰 논문 등으로 옮기는 것이 적절할 것이다. '선구적인 논문'이 라고 할 수 있다. '선험적'은 강진석의 한자 실력의 부족을 드러낸다. 또한 원문

한스 로스펠스는 얼이 편찬한 『근대전략사상가』 속에서 클라우제비츠에 관한 <u>선험적인 논문</u>을 발표함으로써 1914년 이래 영·미세계의 사람들이 갖고 있던 클라우제비츠에 관한 그릇된 이미지를 씻기 시작했다.　　　D. 『전략의 철학』, 1996년, 488쪽

한스 로스펠스는 얼이 편찬한 『근대전략사상가』 속에서 클라우제빗츠에 관한 <u>先驅的인 論文</u>을 발표함으로써 1914년 이래 영미세계의 사람들이 갖고 있던 클라우제빗츠에 관한 그릇된 이메지를 씻기 시작했다.　　C. 『전쟁과 정치』, 1989년, 380~381쪽

Hans Rothfels published <u>a seminal article</u> in E. M. Earle's collection of studies, Makers of Modern Strategy(1943) which revealed to a new generation the Clausewitz who had for so long been studied and admired by German scholars as well as German soldiers, and went a long way to dissipate the false image which had dominated the English-speaking world since 1914.

On War, Alfred Knopf 판, 1993, 45~46쪽

E. M. 얼르가 편찬한 『근세 군략사상가론』에 독일의 클라우제비츠 연구가로 알려진 로트펠스가 「클라우제비츠」라는 논제의 연구 논문을 기고하였다. 이 논문은 1914년 이래로 적어도 영어권에서 통행해온 클라우제비츠에 대한 잘못된 이해를 말끔하게 씻어 없애고 새 세대들에게 새로운 클라우제비츠 像을 심어주려는 의도에서 쓰여진 논문이었다.　　　　　　　김홍철 저, 『전쟁론』, 민음사, 1991, 281~282쪽

을 보니 강진석의 글에는 원문의 문장을 빼먹은 부분이 보인다.

　　하워드의 문장은 김홍철의 저서 『전쟁론』에도 나온다. 그런데 김홍철의 표현은 강진석의 문장과 약간 다르다. 김홍철의 저서에 있는 문장이 하워드의 영어 문장의 내용에 더 잘 부합하고 더 정확한 것 같다. 최소한 빼먹은 부분 없이 번역했다. 다만 강진석의 경우에는 그것이 번역으로 되어 있는데, 김홍철의 해당 부분은 번역이 아니라 김홍철의 저서로 되어 있다. 이것을 김홍철의 저서라고 할 수 있는가? 이런 '번역'은 표절이 아닌가?

　　이제 E의 「클라우제비츠와 현대 군사전략」을 보도록 한다. 차례는 다음 쪽과 같다.

　　E는 류재갑의 글을 줄여서 강진석이 『합참』 지에 실은 것이다. 류재갑의 '특별기고'가 사실이 아니거나 강진석의 마음에 들지 않았던 것 같다. D의 『전략의 철학』을 출판한 바로 그 1996년 7월에 류재갑의 특별기고 축소판을 강

강진석 E, 214~227(14쪽)	류재갑 G, 개관, 27~72쪽(46쪽)
I. 현대전과 클라우제비츠의 부활	
II. 전쟁의 본질과 위상　←	1. 전쟁의 위상
1. 클라우제비츠 해석과 비판	
2. 전쟁의 삼위일체적 본질　←	2. 전쟁의 삼위일체적 본질
가. 제1극:인적 요소　←	가. 제1극:인적 요소
나. 제2극:우연성과 개연성　←	나. 제2극:우연성과 개연성의 요소
다. 제3극:지적 요소　←	다. 제3극:지적 요소
라. 의지적 투신과 자아통제　←	라. 의지적 투신과 자아통제
III. 전쟁의 이중성:절대전과 현실전　←	3. 전쟁의 이중성:절대전과 현실전
IV. 현실전의 이중성　←	4. 현실전의 이중성
V. 결론:전략의 선택과 삼위일체　←	마. 전략의 선택:삼위일체

진석이 『합참』 지에 자기 이름으로 발표했기 때문이다. 이제 우리는 그 글이 류재갑의 글인지 강진석의 글인지 알 수 없게 되었다.

　"우리는 '전략가의 양심'과 논리를 읽을 수 있어 숙연해짐을 금할 수 없다."(류재갑의 말, 강진석의 D, 72쪽) "우리는 전략가의 '양심'과 '윤리'를 읽을 수 있어 숙연해짐을 금할 수 없다."(강진석의 말, 강진석의 E, 226쪽) 두 사람이 하나의 글을 두고 각자 저작권을 주장하는 것인가? 류재갑과 강진석은 참으로 '숙연해지는' 선후배이자 은사·제자의 관계인 것 같다. E의 내용에 대한 설명은 생략한다.

F. 「클라우제비츠의 천재 개념과 플라톤의 철인왕 개념의 비교 연구」, 『공군 평론』 제106호(2000. 8), 공군대학, 299~316(18쪽)

G. 「최근의 클라우제비츠 비판 분석:문명논쟁과 정치적 전쟁관, 그리고 정보 전 시대의 유용성에 대한 대 논쟁」, 『공군평론』 제107호(2001. 2), 공군대 학, 54~111(58쪽)

　F의 차례는 다음 쪽 윗부분과 같다.

한 문장 요약. 플라톤의 철인왕과 클라우제비츠의 천재는 비슷하다. 비교의 핵심을 아래와 같이 표로 표현한다.

	정	반	합(제3의 요소)
플라톤	이상국가	철인군주	혼합국가
클라우제비츠	인적 요소 (절대전쟁) 자연적 본능	지적 요소 (현실전쟁) 정치적 제한	우연의 요소 (천재) 규범적 해결

의견. 강진석은 군대의 최고지휘관을 한 나라의 통치자와 동격에 놓고 싶어 하는 것 같다. 『전쟁론』에 (군주이자 최고지휘관이었던) 프리드리히 대왕과 나폴레옹만 나오는 것은 아니다. 두 사람 외에도 많은 최고지휘관이 나온다. 예를 들어 웰링턴, 블뤼허, 다운은 왕이 아니(었)다.

'모든 나라에서 철학자가 군주가 되지 않는 한, 군주(통치자)가 지혜를 사랑하지 않는 한, 정치적인 힘과 철학(지혜의 사랑)이 한 사람에게 합일되지 않는 한, 둘 중 하나가 어느 한쪽으로 따로 가는 상태를 강제적으로나마 저지하지 않는 한, 많은 나라들의 (나아가 인류 전체의) 행복은 실현되지 않는다.'(305쪽) 나라의 행복을 실현하는 플라톤의 철학적 군주와 전쟁의 승리를 실현하는 클라우제비츠의 전쟁천재는 개념의 범주와 차원이 다르다.

'클라우제비츠는 삼위일체의 세 경향을 모두 통합하고 극복할 수 있는 능력이 천재에게만 나온다고 보고 있다. 그에 의하면 천재는 법칙 위에 있고 업무수행의 기적적인 능력을 지니고 있기 때문에 천부적인 예견의 능력을 발휘하고, 정열과 훌륭한 지적 능력과 샘솟는 직관력을 겸비하고 있기 때문에 자석의 힘에 의해 '균형점 위에 버티고 있는 신비로운 이론(힘의 정지이론)'의 살아있는 본보기이다.'(306~307쪽) 강진석의 문장이 신비롭다. 좋은 말을 다 모으고, 같이 언급할 수 없는 것을 (세 경향, 천재, 법칙, 예견, 정열, 지적 능력, 직관, 자석, 신비, 이론 등) 다 섞어서 무슨 말인지 알 수 없는 말을 만들었다. 어쨌든 천재가 기적적인 능력과 천부적인 예견 능력으로 신비로운 존재만 된다면 강진석에게는 오케이인 것 같다.

여기에서 한 가지만 지적한다. 천재가 법칙 위에 있다는 말은 오해를 불러일으킬 수 있다. 그 말은 그 시대의 전쟁이 뷜로나 조미니 등의 기하학의 울타리 안에서 움직였다는 것, 뷜로나 조미니가 인간의 자유로운 정신활동을 전쟁에서 배제했다는 것, 그런 전쟁을 과학이자 규칙이라고 했다는 것, 천재가 하는 것이 제일 좋은 규칙이 되어야 한다는 것을[17] 클라우제비츠가 설명하고 강조한 말이다.

'절대적인 상태의 절대전쟁에서 모든 요소는 상호 교호작용이 불가능한 단일 방향으로만 작용하여, 힘이 절대적으로만(한 방향으로만) 작용한다.'(313쪽) '절대'라는 말이 이런 뜻이었나? 모든 요소의 상호 교호작용이 불가능하고 힘이 한 방향으로만 작용하는 것은 클라우제비츠가 말한 절대전쟁도 아니고 전쟁도 아니다. 모든 전쟁은 (상대에게 작용하고 반작용하여 상호작용하는) 산 자와 산 자의 투쟁이다. 예를 들어 내가 망치를 두드린다면 내 힘이 망치에 한 방향으로만 작용할 것이고, 망치는 내게 반항하거나 저항하지 (반작용하지) 못할 것이다. 전쟁에서 (절대전쟁에서도) 아군과 적군이 인간과 망치(무생물)의 관계에 있나? 한쪽의 힘이 압도적으로 우세하여 다른 쪽이 저항다운 저항을 하지 못하는 경우에도 전쟁은 산 자와 산 자의 투쟁이다. 이 오해는 클라우제비츠의 절대전쟁을 관념상의 전쟁이나 이 세상에 존재하지 않는 전쟁으로 오해하는 데서 비롯된다. 그러면 관념상의 그 절대전쟁이 혹시 안드로메다 은하에는 존재할까?

---

17. 『전쟁론』, 160~161쪽 참조.

이 글은 전체적으로 클라우제비츠에 대한 오해를 바탕으로 클라우제비츠와 플라톤을 비교했기 때문에 이 비교를 타당하다고 볼 수 있을지 의문이다.

G의 차례는 다음과 같다.

I. 헌팅턴의 『문명의 충돌』(1996년), 키건의 『세계전쟁사』(1993년), 크레벨드의 『전쟁의 역사적 변화』(1991년)는 문명 및 문화로 전쟁을 설명하면서 클라우제비츠를 오해하고 있다. 후쿠야마의 『병속의 마지막 인간』(1998년)은 『역사의 종언』(1988년)의 오류를 인정하면서 새로운 역사관을 제시했다. 이들의 클라우제비츠 비판을 개관하고 그 논리와 문제점을 검토한다.

II. 냉전 종식 이후 이데올로기의 대립은 끝났고 서구문명 대 비서구문명의 충돌이 예견된다. 서구를 공동의 적으로 삼아 유교문명과 이슬람문명이 동맹을 맺는 것은 서구문명에게 악몽이다. 문명 간 협력이 대안이다.

강진석의 비판. 헌팅턴이 말하는 문명은 주로 '종교'이다. 그는 문명을 '지배계급'과 동일시한다. 세계를 선과 악으로 나누는 냉전시대의 이분법에서 한 치도 벗어나지 못했다. 철저한 미국 중심주의자로서 미국의 국제적 헤게모니 고수에 집착하고 있다. 다른 문명권에 대해 악의적인 편견과 적대적인 경계심을 보이고 있다. 헌팅턴의 대안은 '그의 격렬한 분석에 따를 때 진지하게 받아들일 수 없는 화해 프로그램'일 뿐이다(젱하스).

III. 전쟁은 정치의 수단이 아니라 문화적인 현상이다. 군인은 문명의 적이 아니라 문명의 수호자로 간주되어야 한다.

강진석의 비판. 정치와 문화는 범주와 차원이 다르다. 전쟁을 문화현상으로 볼 수 있지만, 그렇다고 전쟁의 정치적 성격이 없어지는 것은 아니다. 인간은 사회적(정치적) 동물이고, 그래서 사회적 동물만 전쟁을 한다. 전쟁은 정치적 상호작용의 결과이다.

IV. 오늘날의 전쟁은 저강도분쟁이다. 저강도분쟁으로 클라우제비츠의 삼위일체는 와해되고 있다. 정의로운 전쟁, 종교전쟁, 생존전쟁 등 비정치적인 전쟁이 늘고 있다.

강진석의 비판. 전쟁은 게임이 아니다. 게임에서는 평등한 참가자들이 상대를 필요로 하지만, 전쟁에서는 불평등한 참가자들이 상대를 파괴하려고 한다. (18세기 군주들 간의 전쟁은 게임에 근사한 것이었다.) 또한 저강도분쟁은 전쟁의 전부가 아니라 일부에 지나지 않는다.

V. 사회주의 체제의 몰락은 철벽같은 '인간 본성'의 개조 불가능성 때문에 일어난 것이다. 앞으로 생명공학의 발달로 인간의 본성을 바꾸고 새로운 인간형을 창조할 수 있을 것이다. 그러면 인간은 더 이상 '인간 그 자체'로만 존재하지 않고 '포스트휴먼' 시대가 시작될 것이다.

강진석의 비판. 정보혁명과 세계화는 공황이나 온난화 등과 이에 대한 정부와 민간단체 등의 대응으로 역전될 수 있다. 인간 본성은 유전형질만으로 구성되지 않고, 유전인자이든 환경요인이든 하나만 바꾸거나 조작할 수 없다. '역사의 종언'은 공산주의의 몰락을 지나치게 확대해석한 결과이다.

VI과 VII. 클라우제비츠를 절대전 사상가로만 보고 호전주의자라고 비난하는 것은 잘못이다. 이런 영미권의 오해를 로트펠스가 1943년에 처음으로 적절하게 반박했다. 클라우제비츠는 평화주의자이다. 전쟁은 사회현상이고, 제거될 수 있는 것이 아니라 통제될 수 있을 뿐이고, 정치의 수단이다. 클라우제비츠의 현실전 개념은 삼위일체 전쟁이론으로 불린다. 전쟁이 정치의 계속이라는 명제를 전쟁을 정책의 자의적 도구로 보는 해석과 이성적 도구로 보는 해석이 있다. 전자는 절대전 논리와 같고 정치의 붕괴가 되고, 후자는 현실전 논리가 되고 삼위일체 전쟁이론이다. 미래의 정보전에서 손자의 이론은 적합하고 클라우제비츠의 이론은 그렇지 않다는 견해가 있는데, 이는 앞에서 본 오해의 반복이다. '평화를 위한 전략은 클라우제비츠의 깊이 있는 전략적

고려와 일치된다.'

의견. 이 부분은 강진석이 A의 석사학위논문부터 계속한 것, 즉 외국의 여러 학자들의 견해를 번역, 요약, 정리한 것이다.

전체 의견. 본론의 분량에서 II는 8쪽, III은 7쪽, IV는 9쪽, V는 5쪽, VI은 23쪽이다. II~V의 분량이 29쪽이다. 그래서 II~V 대 VI의 분량이 29쪽 대 23쪽이고, 백분율로 대략 55대 45이다. 헌팅턴, 키건, 크레벨드, 후쿠야마를 서술한 분량만큼(II~V) 클라우제비츠를(VI) 서술했다. 그래서 이 글은 (문명에 관한 논쟁이라기보다) 클라우제비츠에 대해 강진석이 지금까지 말한 내용에(VI) 헌팅턴, 키건, 크레벨드, 후쿠야마를(II~V) '양념'으로 덧붙인 것 같은 인상을 준다.

클라우제ㅂ츠(클라우제비츠), 정칙적(정치적), 확율, 환율(확률), 있엇다(있었다), 저술분장으로(저술분량으로), 진적되고(지적되고), 상시시키려고(상기시키려고), 표병(포병), 보편인인 철도(보편적인 척도) 등등 한 페이지에 몇 개씩 나오는 오탈자나 오기를 제외하고도 강진석의 국어는 비문이나 맞춤법의 오류 등에서 클라우제비츠 연구자 중에 최악이다.

H.『현대전쟁의 논리와 철학』, 동인, 2012. 10, 514쪽
I.『클라우제비츠와 한반도, 평화와 전쟁』, 동인, 2013. 5, 538쪽

G를 발표하고 11년이 지나서 강진석은 H와 I의 전문도서 두 종을 출간했다. H와 I는 D의 단행본을 출간한 후로는 16년만의 단행본이다. H는 3장 19절로 구성되어 있다. 클라우제비츠와 관련이 적어서 다음과 같이 간략히 요약한다.

제1장. 전쟁철학의 탐구에서 전쟁과 정치의 관계 분석은 전쟁과 평화의 관계 분석이다. 정치는 정의의 실현이다. 전쟁의 본질은 정치의 계속이고 정치의 계속이어야 한다. 그래서 전쟁은 정의실현이고 정의실현의 계속이어야 한다. 이는 평화와 연계된다.

본고는 평화 달성을 위한 새로운 시도로서 신자유주의, 구성주의, 실용적 현실주의적 접근 등을 조화적 접근방법으로 제시한다. 평화에 관한 연구에는 크게 현실주의 입장과 자유주의 입장이 대별된다. 또한 평화는 소극적 평화와 적극적 평화로 대별된다. 소극적 평화는 현실주의적 입장이고, 적극적 평화는 (신)자유주의적 입장이다. 실천적 평화를 구축하려면 신자유주의와 구성주의 정치철학이 요구된다. 특히 한국의 현실에서는 실용적 현실주의 철학이 요구된다.

제2장. 현대전쟁의 양상은 획기적으로 변했다. 지상, 해상, 공중의 3차원에서 기동과 속도가 획기적으로 발전된 4차원을 넘어 우주와 사이버전의 5차원으로 전쟁영역이 확대되었다. 전략에는 4차원 전쟁이, 작전에는 혼합전 개념이 등장했다.

핵전쟁과 핵전략의 시대에 절대전쟁 이론이나 절대평화 이론은 비현실적이다. 현실전쟁 이론에 입각한 제한전 및 제한핵전이 현실적 접근이고, 이것이 신클라우제비츠주의자의 이론이다. 이들에 따르면 전쟁은 현실적으로 불가피하고 전쟁에 대비해야 하고 전쟁에서 승리전략을 추구해야 한다. 이 관점이 현대 국가안보·군사전략의 토대를 이루었다. 조화적 접근법은 진정한 제한전쟁의 추구이다.

제3장. 정의로운 전쟁에 대한 견해에는 평화주의 접근과 현실주의 접근이 있다. 현대의 정의전쟁론은 전쟁의 개시, 수행, 종결의 정의로 구성된다. 개시는 전쟁과 정치의 관계를, 수행은 전쟁과 전략의 관계를 주로 다룬다.

정의전쟁론의 유용성. 첫째, 정의전쟁 교리가 국제질서 유지를 위한 이론적 배경과 전쟁 억제의 지침을 제공한다. 둘째, 현대 국가의 군사력 건설과 운용 기준을 제공한다. 셋째, 전쟁수행 및 전후처리의 기준을 제공한다. 정의전쟁론의 한계성. 첫째, 정의전쟁론은 사후평가적인 논의이다. 둘째, 전쟁종결에 관해서는 세부적인 내용이 발전하지 못했다. 셋째, 승자 위주의 전쟁법 적용이다. 넷째, 전쟁 개시의 타당화 논리에 대한 국제적 제재규범이 없다. 그래서 정의전쟁론은 국제이성과 인류의 이념에 의해 추구될 수밖에 없다.

의견. 이 내용과 견해에 대해 나는 할 말이 없다. 그 대신 다른 문제를 언급한다. 강진석은 이 책을 내면서 "다수의 전문연구자들의 글을 본서 집필 의도에 따라 인용하고 저자들의 양해를 얻어 요약 발췌 및 부분 수록하였다."(11쪽 각주 3) 그래서 어느 부분은 '김홍철, 『전쟁론』(민음사, 1991), pp. 143~185 '핵시대의 정치목적과 도전받는 전쟁의 전통적 고정관념' 요약 발췌 및 추가'이고(39쪽 각주 23), 다른 부분은 'William V. O'Brien, 국방대학원 역, 『전쟁의 정당성과 제한전쟁』(국방대학교, 1987), pp. 320~341 요약 발췌 및 추가'이고(139쪽 각주 55), 또 다른 부분은 '전성훈, 「억제이론과 억제전략에 대한 소고」, 『전략연구』 제31호(한국전략문제연구소, 2004), pp. 123~148 요약 및 추고'이고(149쪽 각주 70), '핵무기와 위력' 부분은(173~184쪽) '위키백과 참고'이고(173쪽 각주 114), '이 부분은 한용섭, 「핵무기 없는 세계 : 이상과 현실」, 『국제정치논총』 제50집 2호(2010), pp. 251~271 내용을 저자의 양해 아래 수록한 것'이다(210쪽 각주 157).

강진석은 계속해서 '한용섭, 「한반도 안보문제에 대한 군비통제적 접근 : 이론, 평가, 전망」, 『국제정치논총』 제49집 5호(2009), pp. 101~127 참조. 저자의 양해를 얻어 수록'하고(297쪽 각주 255), '김재명의 박사학위논문을 기초로 전쟁종결의 정의에 대한 원칙, 기준, 발전방향을 검토'하고(358쪽), '공군본부 법무감실, 『승리를 위한 전쟁법 핸드북』(공군본부, 2011. 8) 요약 발췌'하고(377쪽 각주 60), '더글래스 래키, 『전쟁과 평화의 윤리』(철학과현실사, 2006), pp. 287~318'을 광범위하게 참조하고(398쪽 각주 63), '이 부분은 김병렬, 「4세대전쟁에서의 민간인의 보호를 위한 국제인도법에 관한 일고찰」, 『국제법학회논총』(2010), pp. 55~77 내용을 저자의 양해 아래 참조하여 서술'하고(415쪽 각주 91), '박정순, 「마이클 왈처의 정의전쟁론」, 철학연구회 편, 『정의로운 전쟁은 가능한가』(철학과현실사, 2006), pp. 152~160'을(456쪽 각주 168) 참조했다. 이 모든 글에 있는 각주는 자동으로 '강진석'의 각주로 둔갑했다. 이 외에도 참고자료라는 이름으로 잡지 기사, 조약안, 조약 초안, 회의결과, 결의안, 국제인도법 현황 등을 통째로 실었다.

참 이것저것 많은 것을 짜깁기했다. 대학생의 리포트도 이 정도로 많이 짜깁기할 것 같지는 않다. 이렇게 몇십 페이지나 몇백 페이지를 통째로 수록하고 요약하고 발췌하는 것은 짜깁기라고 부르는 것이 공자의 '정명론(正名論)'에 부합할 것이다. 그래서 이 책은 '전쟁철학에 관한 연구서'라기보다(12쪽) 짜깁기 책이 되었다.

이렇게 짜깁기를 한 이유의 일단을 강진석이 또 스스로 증언하고 있다. '그간 우리는 미국의 전쟁철학, 군사교리, 군사전략을 차용하여 사용했다. 그러다보니 미군의 군사전략과 작전계획에 우리 것을 꿰어 넣는 것이 우리의 군사전략이고 작전계획이 되었다.'(501쪽) '불행히도 우리 군은 이런 문제[전쟁철학]에 대해 한 번도 진지하게 고민한 적이 없다. 격동의 역사에서 해방, 한국전쟁, 그 이후 한미동맹 체제에서 북한의 무력도발에 최우선적 대비를 하면서 한국의 안보문제를 독자적으로 고민할 여유가 없었고, 미군의 군사제도와 무기체계를 도입하여 운영하면서 미군의 전쟁 교훈과 교리를 학습하기에도 버거웠고, 문제가 있는 것은 이미 미군이 감당하여 국내외적으로 심판받았기 때문에 우리는 그런 것에 신경 쓸 필요가 없었다. 고백하건대 필자도 교리처장으로 재직하면서 한 일이란 미군의 전략전술과 교리를 번역하고 공부하는 일이 전부였다고 할 수 있다.'(502쪽)

'전쟁에 대한 규범적 윤리적 접근'이 이런 수준이었다는 말인데, 한국 클라우제비츠 연구의 거의 모든 것이 이런 수준이었을 것이다. 이 말은 "33년 동안의 군 생활을"(6쪽) 경험한 군인 출신 연구자의 고백이니 믿을 수 있을 것이다. 이 말을 들으면, 한국의 군대는 심각한 수준으로 미국에 의존하고 종속되어 있다. 이런 의존 상태에서, 즉 스스로 생각할 능력을 상실한 상태에서 어떻게 독창성을 키울 수 있을 것인가?

그것이 '전부'였다면 강진석의 모든 저서와 논문은 강진석의 독창적인 저술이 아니고 미국문헌의 '번역'이자 소개에 불과하고, 강진석은 그것을 자기의 이름으로 발표하여 자기의 저서와 논문으로 만든 것이다. (류재갑도 마찬가지이다.)

강진석은 H에서 "천학비재하고 무모하기까지 한 졸견에 대해 용서를 빌며 호질을 달게 받고자 한다."고(6쪽) 말했다. 다른 사람에게 용서를 빌 정도의 견해는 일제 강점기에 친일파들의 견해나 히틀러 집권 시기에 나치주의자들의 견해 정도일 것이다. 천학비재한 견해 때문에 용서를 빌 필요는 없다. 하지만 다른 연구자들의 글을 광범위하게 번역하고 표절하고 짜깁기한 것은 용서받을 수 없다. 나는 강진석에게 호질을 줄 생각은 없고, 그냥 강진석이 이런 책을 내지 않았으면 좋았을 것 같다.

I는 H보다 클라우제비츠와 관련된 부분이 많다. 다음은 I의 차례.

제1부. 클라우제비츠는 절대전과 현실전을 동시에 상정하여 전쟁의 이중성을 제시하였고, 전쟁보다 평화를 추구한 전쟁철학자였다. 핵무기의 등장,

베트남전쟁, 이라크전쟁, 4세대전쟁 등의 도전도 클라우제비츠를 무력하게 만들지 못했다. 클라우제비츠와 손자를 정반대의 전략사상가로 이해하지만, 그들은 모두 현실주의적 전쟁관에 입각한 이론가이다. 현대는 총력전 시대로서 모든 국가와 국민은 항재전장(恒在戰場)의 개념으로 평시에도 상비군을 유지하고 전쟁에 대비해야 한다. 여기에 필요한 분별지를 클라우제비츠로부터 얻을 수 있다.

제2부. 국민의 건전한 전쟁철학, 굳건한 기반안보 확립, 한반도 평화프로세스의 단계적 접근이 조화 안보 통일의 핵심이다. 그것은 국가가치, 전쟁철학, 국제안보, 기반안보, 상생안보의 5개 차원의 구도를 갖는다. 이 중에 국가가치는 자유민주주의와 시장경제를 넘어서는 범우주적 가치라고 할 수 있다. 그것은 성통광명, 제세이화, 홍익인간으로서 단군조선의 건국이념이다. 안보를 전제로 하지 않는 통일은 위험하고, 안전하게 통일에 접근하는 방법은 조화 안보 통일의 접근이다.

의견. 21세기에 클라우제비츠와 한반도 통일을 논의하면서 홍익인간이 나오고 단군이 나오고 우주까지 나온다. 강진석이 사이비종교의 '교주'라도 된 것인가?

제3부. 통치역량은 국가 물리력의 유지와 행사를 원만하게 관리하고, 크고 작은 국가행위자들을 감독하고, 각종 제도를 유지 발전시키고, 외적 환경을 관리하는 것이다. 특히 근대 국민국가에서는 주권자의 인간적 품성과 시민적 덕성과 여러 사회세력의 힘의 분포를 관리하면서 일반의지를 도출해야 한다. 미래 통일한국의 지도자는 국민생활 안정, 경제발전, 북한의 핵위협 극복, 동북아 신냉전체제에 대한 효과적 대응, 통일 추진 등의 과제를 수행해야 한다.

의견. 강진석은 '대통령의 선생'이 되고 싶어 하는 것 같다.

I의 (내용이 아니라) 구성을 보도록 한다. 위에서 I의 차례 끝에 각 Chapter의 분량을 적었는데, 각 Chapter의 분량이 기이할 정도로 불균형을 보인다. I에는 (제3부 Chapter 3 결론의 4쪽짜리 분량을 제외하면) 144쪽짜

리 Chapter도 있고, 9쪽짜리 Chapter도 있다. 또한 제1부, 제2부, 제3부의 분량이 61대 29대 10의 비율을 보인다. 기형적이고 비대칭적이다. 강진석이 일관된 생각과 기준에 따라 책을 집필한 것이 아니라 이 글 저 글, 이 책 저 책을 짜깁기한 것이 아닌가 하는 의심이 들게 한다. 그 의심은 먼저 다음의 차례 비교표로 확인된다.

D, 1996년		I의 제1부, 2013년
『클라우제비츠의 현대적 해석』		Chapter 2 클라우제비츠의 현대적 해석
개관	→	제1절 『전쟁론』 해석 개관
제1장 논의를 시작하며	→	제2절 전쟁철학의 접근
제2장 클라우제비츠 해석의 논리	→	제3절 클라우제비츠 해석의 논리
제3장 클라우제비츠 해석의 시각	→	제4절 클라우제비츠 해석의 시각
제4장 클라우제비츠의 전쟁 인식	→	제5절 클라우제비츠의 전쟁 인식
제5장 클라우제비츠의 전쟁관	→	제6절 클라우제비츠의 전쟁관
제6장 클라우제비츠 유용성 논쟁	→	제7절 클라우제비츠 유용성 논쟁
제7장 전쟁의 이중성	→	제8절 전쟁의 이중성
제8장 초현대적 국가안보 개념	→	Chapter 7 클라우제비츠의 의의와 교훈

I의 제1부 Chapter 2의 제목 '클라우제비츠의 현대적 해석'은 D에서는 책 제목의 일부였다. D의 개관은 I의 제1부 Chapter 2 제1절의 개관과 많이 다르다. 하지만 I의 제1부 Chapter 2는 전체적으로 D의 제1장~제7장의 자기표절이다. I의 제1부 Chapter 7은 D의 제8장의 자기표절이다. I의 제1부 Chapter 2의 제6절 끝부분에 스미스의 '삼위일체의 삼위일체' 그림을 인용하고 설명한 것만(178~179쪽) D에 없는 내용이다.

둘째, I에도 (H에서 보았던) 그의 발췌, 인용, 수록, 참고, 참조는 계속된다. '조한승, 「4세대 전쟁의 이론과 실제 : 분란전 평가를 중심으로」, 『국제정치논총』 제50집 1호(2010), pp. 217~236'을(211쪽 각주 417) 광범위하게 발췌하고, '김광수 역, 『손자병법』(책세상, 2011), pp. 446~447. 요약 발췌'하고(263쪽 각주 486), '강성학, 「21세기 군사전략론」, 『국방연구』 제22권 3호(2009), pp. 3~21. 요약 발췌'하고(267쪽 각주 505), '류재갑, 「군인(장교)들에게 요구되는 자질」,『군사전략·전술의 이론과 실제(공군대학, 1999), pp. 21~31. 저자의 양해를 득하여 전재'한다(510쪽 각주 *). 이 외에도 발췌와 인용은 많다. 강진석의 모든 저술 A~I의 자기표절 관계를 다음과 같이 정리한다.

D ⊇ E → I의 제1부 Chapter 2 제1절~제8절
        → I의 제1부 Chapter 7
F   → I의 제1부 Chapter 4
G   → I의 제1부 Chapter 6 제5절

　A = B1, B2 = C = D는 위에서 보았다. 강진석의 글에서 A~C와 E는 D에 중복 게재되어 있고, F와 G는 I에 중복 게재되어 있다. 달리 말하면 D 이전의 모든 글은 D에, D 이후의 모든 글은 (D 포함) I에 들어 있다. 강진석이 제일 늦게 출판한 H와 I는 자기표절, 중복 게재, 짜깁기의 '금자탑'이다.

　결론. 강진석은 1985년의 석사학위논문(A)부터 2013년의『클라우제비츠와 한반도』(I)에 이르기까지 근 30년 동안 클라우제비츠에 관해 같은 글을 (그것도 외국의 저서와 논문을 발췌하여 '번역'해서 표절에 해당하는 글을) 학위논문으로 발표하거나 학술지에 싣거나 저서로 출간했다.

　H와 I에 대해 나는 아직 서평을 보지 못했다. 아무도 읽지 않는 책을 쓰고 메아리 없는 외침을 하고 이런 '짜깁기'를 책으로 내고, 그러면서도 강진석은 호질을 달게 받겠다고 한다.

　H는 538쪽이고 I는 514쪽이다. 합계 1052쪽에 달하는 방대한 분량이다. 강진석의 두 책은 '평화로운 통일 전략' 방향을 네 단계로 접근하고 있다. 1단계는 클라우제비츠의 현대적 해석, 2단계는 현대전쟁의 논리와 철학, 3단계는 한반도의 통일 전략, 4단계는 통일한국의 지도자이다. 2단계는 전쟁과 정치, 전쟁과 전략, 전쟁과 윤리의 세 영역을 다룬다. 분량을 보면 대략 1단계 300쪽, 2단계 420쪽, 3단계 140쪽, 4단계 50쪽이다.[18] 2단계는 H의 대상이고, 1,

---

18. 한 단계가 다른 단계에 비해 1/8의 분량을 갖는 것이 분량상 논리적인지 의문이다.

3, 4단계는 I의 주제이다.[19] 이 프로젝트는 저자의 말마따나 "너무 방대하고 지난한 작업이다."(I, 6쪽)[20] 나는 강진석의 이 통일 전략을 대체로 인정하고 싶다.

강진석이 H를 쓰고 나서 "전쟁철학 탐구의 대장정을 마치고 난 소회가 깊다."고(H, 501쪽) 했는데, 나도 강진석의 두 책의 짜깁기와 표절 검토의 '대장정을 마치고 난 소회가 깊다.'

강진석은 이 모든 짜깁기와 표절에 대해 인상적인 말을 남긴다. 내게 변명이나 '고해성사'처럼 들리는 그 말은 다음과 같다. "사회과학의 영역에서 어느 분야를 막론하고 저자가 독창적인 작품을 집필할 수 없으며, 국제정치학 및 전쟁 연구도 예외일 수 없다. 특히 전쟁철학 분야에 있어서는 더욱 그렇다. 본서는 국제정치학 및 전쟁철학, 전쟁 연구의 많은 연구 업적과 자료에 크게 의존하고 있다."(H, 11쪽) 첫 문장은 매우 그로테스크하다. 그렇다면 학문은 왜 하는 것이고, 책은 왜 쓰는 것인가? 플라톤, 아리스토텔레스, 공자, 맹자, 정약용, 박지원은 무엇을 한 것인가? 칸트, 헤겔, 마르크스, 베버, 뒤르켕, 다윈은 무엇을 한 것인가? 이들을 모두 제외하더라도 강진석이 그토록 칭찬해마지 않는 클라우제비츠는 무엇을 한 것인가? 독창적인 작품을 집필하지 않은 것인가? 그렇다면 『전쟁론』은 독창적인 작품이 아닌가? 그 말로 강진석은 1000페이지를 넘는 두 책이 표절과 짜깁기라는 것을 변명하려고 한 것인가? 강진석 스스로 고백하듯이, 강진석의 두 책에 독창적인 내용은 별로 없다. 독창적인 내용도 아닌데, 그 작업이 왜 그렇게 '지난한 작업'이었는지 의아하다.

사회과학에서 독창적인 작품을 집필할 수 없는 것이 아니라 강진석처럼 짜깁기와 표절로 이루어진 작품은 독창적인 작품이 될 수 없는 것이다. 명령에 복종만 하는 군대문화에서 자기의 생각이나 견해를 갖는다는 것은 어렵

---

19. 분량 때문이라고 하지만 1, 3, 4단계를 하나의 책으로, 2단계를 또 하나의 책으로 분책하는 것은 매우 어색한 구성으로 보인다.
20. 이 작업은 저자의 말대로 "이념적으로 편파적이고 폄훼될"(I, 6쪽) 수 있는데, 이 점에 대해서는 다루지 않는다.

고, 독창적인 사고를 기대할 수도 없을 것이다.[21]

생각해 보자. 이순신이 명나라의 전략전술 교리를 연구해서 위대한 모든 장군 중에서도 최고로 위대한 장군이 되었는가? 나폴레옹이 영국의 교리를 연구해서 위대한 장군이 되었는가?

강진석은 H의 성격을 "전쟁철학에 관한 연구서"라고(H, 12쪽) 규정했다. 그런데 '연구서'에 찾아보기가 없다. 개념들이 정리되어 있지 않은 것이다. 물론 찾아보기는 I에도 없다. 강진석은 교수로서 찾아보기가 무엇이고 어떤 의미를 갖는지 충분히 알 것이다. 그런데도 찾아보기를 만들지 않은 것이다. 찾아보기를 만들 시간이 없거나 능력이 안 되는 것이다. 찾아보기가 없는 책을 대하면 지도 없이 목적지를 찾아 암흑을 헤매는 느낌이 든다. 찾아보기기 없다는 것은 이런 종류의 연구서에 치명적인 결함이기도 하고, 글을 쓰고 책을 만드는데 시간을 들이지 않았다는 반증이기도 하다. 이 말은 다시 두 책(H와 I)이 다른 여러 책의 여기저기에서 이것저것 짜깁기해서 책을 냈다는 반증이 된다.[22]

그다음으로 지적하고 싶은 것은 I의 표지그림이다. 한반도 지도에서 남쪽은 푸른색의 나무, 바다, 하늘, 새들로 '평화롭게' 채우고 북쪽에는 옅은 붉은색으로 시작해서 핵폭탄이 터지는 모습을 넣은 다음에 검은색을 넣었다.[23] 이 한반도 그림이 강진석의 '평화로운 통일 전략'을 대변하는지 의아하다. 이 그림은 북한의 관점에서는 악의적이고, 남한의 관점에서는 왜곡되어

---

21. 학문은 의심하고 회의하는 데서 출발한다. 새로운 해석이나 재해석은 모두 이전의 해석에 대해 의심하고 회의하는 데서 생긴다. 의심하고 회의하지 않으면 새로운 생각이나 이론은 생겨나지 않는다.

22. 인터넷에는 다음과 같은 말이 흘러 다닌다. "한 영국 학자는 '책에 색인을 만들지 않은 저자는 사형시켜야 한다!'면서 매우 과격한 발언을 했다고 한다." 그 학자의 분노가 느껴진다. 나는 이 말의 출처를 찾으려고 노력했지만 찾지 못했고, 블로그를 출처로 밝히는 것도 적절하지 않은 것 같다. 독자들의 이해를 바란다.

23. 북한이 핵무기의 암흑 세상이라는 것을 말하고 싶은 것이거나 북한을 핵무기로 암흑처럼 만들고 싶다는 소망이 느껴진다. 『클라우제비츠와 한반도』의 표지 그림은 인터넷 서점에서 쉽게 확인할 수 있다.

있고, 독자의 시각에서는 불편하다. H의 표지도 비행기, 탱크, 군함이 얼음으로 된 바닥을 깨는 이미지인데, 이 그림도 '논리와 철학'이라는 제목과 어울리지 않는 것으로 다가온다.

강진석은 오래전부터 국어를 쓰는데 초지일관 심각한 문제를 드러냈다. I에서 몇 개만 보도록 한다. "그 이유는 에 있어서"(I, 154쪽). '그 이유에 있어서'인 것으로 짐작하지만 확실하지는 않다. 다른 말을 빼먹었을 수도 있다. 이 표현이 들어간 문장과 단락 전부를 이해하는 것이 조금 고통스럽다. "가브리엘은 이러한 상태를 뉴턴의 사과하지 못하면 사과가 떨어지도록 외부적인 힘을 적용시키는 것은 가능하다."(I, 163쪽) 이 문장은 무슨 뜻인지 모르겠다. 문장이 안 되는 비문이라서 알고 싶지도 않다. "전쟁을 치루기 위해"(I, 216쪽). 여기에서 '치루다'는 틀렸다. '치르다'가 맞다. "국민계병(國民皆兵)"에서(I, 43쪽) 皆兵은 '계병'이 아니라 '개병'이다.[24]

"무장적 관조(armed observation)에 이르는 연계선상을"(I, 289쪽). 관조는 '고요한 마음으로 사물이나 현상을 관찰하거나 비추어 본다.'는 뜻이고 명상, 묵상과 비슷한 말이다. observation은 관찰, 감시, 관측이 적절하고 전쟁의 맥락에서는 정찰도 가능하다. 고요한 마음으로 사물이나 현상을 비추어 보려면 무장을 풀어야 할 것 같다. 무장을 갖추고 관조하는 것은 매우 힘들 것 같다. 도를 닦은 이들은 완전 무장을 하고도 관조를 할 수 있을 것이다. 무장을 갖추고 관조를 하려고 해도 국어로 '무장 관조'면 충분하지 '무장적 관조'를 하는 것은 매우 불편할 것 같다. 이 부분은 무장 관측이나 무장 관찰이 적절할 것이다.

한 사람의 이름이 본문에는 '박진'으로, 각주에는 '최진'으로 되어 있다(I, 490쪽). 『대통령 리더십 총론』의 저자는 박진이 아니라 최진이다. 이런 오류를 보면 이 부분을 강진석이 직접 집필했는지 다른 사람이 대필했는지 의문

---

24. 이것은 그래도 이전 책에 비하면 많이 나아진 것이다. 이전의 책에는 거의 매 쪽마다 하나 이상씩 오기와 오타가 있었다.

이 든다. 이 외에도 매우 많지만 이것으로 줄인다.

물론 나도 국어를 완벽하게 쓰고 있다고 생각하지 않는다. 그래서 늘 조심한다. 생각하고 반성한다. 깊이 있는 생각과 내용을 짧은 문장에 쉽게 쓰려고 늘 고민한다.

강진석은 말한다. "이제부터 해야 할 일은 너무나 많다."(H, 502쪽) 맞다. 그리고 공감한다. 강진석은 또 말한다. "최근 '평화와 국방'이라는 책을 펴낸 박휘락 교수는 군 간부들이 군사 이론과 교리에 무지하다며 '제발 공부 좀 하자'며 당부하고 있다."(I, 520쪽) 강진석에게 해당되는 이 말에도 공감한다.

우리가 해야 할 일. '제발 공부 좀 하자.' 무엇보다 먼저 국어 공부 좀 하자. 국어 좀 제대로 쓰자. 표절하지 말자. 짜깁기 하지 말자. 외국어로 된 책을 하나라도 제대로 번역하자.

이 말은 강진석의 두 책(H와 I)을 대상으로 했지만, 이 말이 향하는 대상은 강진석만이 아니다. 나는 독자들이 이 글에서 '강진석'을 고유명사가 아니라 보통명사로 받아들이기 바란다. 논문이나 책을 표절과 짜깁기로 채우는 모든 사람을 대상으로 한 말이다. 평생 본 적도 만난 적도 없는 강진석에게 개인적인 감정이 전혀 없음을 언급(하지 않아도 되는데 혹시 하는 노파심에 언급)한다.

한국에서 이런 식의 논쟁적인 글을 쓰면 대부분 나를 '성격 파탄자'나 '사회 부적응자'라고 할 것이다. 내 글이나 나를 보지 말고 이 글이 말하고 있는 문제의 본질을 보기 바란다. 임금님이 옷을 입지 않았을 때 정확한 반응은 '임금님이 벌거벗었다'는 것이다. 그것이 진실이고 상식이다. 몰상식이 아니라 상식이 통하는 사회에서 살고 싶다.

*　　*　　*

류재갑의 17종의 글과 강진석의 9종의 글을 살펴보았다. 두 사람의 글에 대해 충분히 논의했으니 여기에서는 할 말이 많지 않다. 전체적으로 류재갑과 강진석은 클라우제비츠에 대한 이해에서 김홍철보다 낮은 수준에 있고 이종학보다 높은 수준에 있는 것 같은데, 이는 류재갑과 강진석이 표절한 외국문헌이 그런 수준이었기 때문인 것으로 보인다.

1.4. 류제승

류제승은 클라우제비츠에 관해 많은 글을 쓰지는 않았지만, 『전쟁론』을 번역했다는 점에서 한국의 클라우제비츠 연구에 일정 정도 이바지한 바가 있다. 『전쟁론』 번역을 제외하면 클라우제비츠와 관련된 류제승의 글은 다음과 같다.

A1. 「클라우제비츠와 전쟁론」, 『군사평론』 제334호(1998. 5), 육군대학, 43~90(48쪽)
A2. 「클라우제비츠와 『전쟁론』」, 클라우제비츠, 『전쟁론』, 류제승 옮김, 책세상, 1998. 6, 469~519(51쪽)
B. 「중심과 중점의 교리화 연구」, 『군사평론』 제335호(1998. 8), 육군대학, 37~56(20쪽)

앞의 제1부 제1장에서(22, 31쪽) 류제승의 『전쟁론』 번역이 529쪽이라고 했는데, 번역은 5~467쪽에 있고 총 463쪽으로 책 전체의 88%이다. 나머지 12%는 469~519쪽에 있는 류제승의 해설이다. 이 해설은 류제승이 『군사평론』 제334호에 실은 글과 같다. 류제승의 『전쟁론』 번역이 1998년 6월에 출판되었으니, 같은 글이 『군사평론』과 『전쟁론』 번역에 거의 동시에 실렸다. 즉 A1과 A2는 같은 글이다. 여기에서는 A2만 살펴본다. A2의 차례는 다음과 같다.

1. 클라우제비츠와 『전쟁론』에 대한 인식의 출발
2. 클라우제비츠는 어떤 인물인가?
3. 『전쟁론』은 어떤 책인가?
4. 클라우제비츠와 『전쟁론』은 후세에 어떤 영향을 미쳤는가?
5. 클라우제비츠와 『전쟁론』에 대한 논의의 확산

1. 『전쟁론』은 전쟁이론서, 군사이론서, 전쟁철학서이다. 클라우제비츠는 군인, 전쟁이론가, 전쟁철학자이다. 『전쟁론』은 난해하고 완역, 초역, 중역으로 우리나라에 소개되었지만 제대로 이해되지 못했다. 그래서 『전쟁론』 관련 논문을 통해 『전쟁론』을 이해하려는 기이한 현상도 나타났다. 『전쟁론』은 인과의 연쇄와 사유의 실을 따라 논리적으로 서술되어서 논리적 사고력을 갖춘 독자라면 이해할 수 있다. 필자는 우리의 현실과 『전쟁론』에 대한 인식을 기초로 『전쟁론』을 새롭게 번역했다. 『전쟁론』 제1편 제1장과 제8편의 독일어 텍스트를 완역하고, 제2편~제7편은 피커트와 슈람의 발췌본을 번역했다.

2. 클라우제비츠는 1780년에 태어났고 1831년에 세상을 떠났다. 할아버지는 신학 교수였고, 아버지는 프로이센군의 장교였다. 1792년에 12세의 소년으로 군대에 들어갔다. 1801년에 베를린 군사학교에 입학하여 샤른호스트를 만났다. 1805년에 당대 최고의 군사이론가 뷜로의 이론을 반박하는 논문을 발표하여 세간의 주목을 끌었다. 1806년에 클라우제비츠는 프로이센의 군사적·정치적 붕괴를 체험했다. 1807년 샤른호스트의 보좌관으로서 프로이센군의 개혁에 힘쓰면서 1816년까지 왕성하게 활동했다. 이와 동시에 전쟁 연구도 열심히 하고 키제베터에게서 칸트 철학을 배웠다. 그나이제나우를 만났고 마리와 결혼했다. 1812년에 러시아 군대에 복무하면서 타우로겐 협정을 체결하는데 중요한 역할을 했다. 나폴레옹전쟁이 끝난 후 1818년에 소장으로 진급하고 베를린 군사학교의 교장이 되어서 『전쟁론』을 집필하기 시작했다.

3. 『전쟁론』은 철학책, 논리학책, 정치학책, 군사학책이다. 『전쟁론』은 주로 군인, 정치가, 철학자들의 연구대상이었지만, 최근에는 경제 분야에서 리더십, 판매전략, 인수합병의 논리를 설명하는데 『전쟁론』이 많이 인용되고 있다. 『전쟁론』에서 시대를 초월한 의미를 갖는 주제는 전쟁의 본성과 개념, 전쟁과 정치의 관계, 목적·목표·수단의 관계, 이론과 실제의 관계, 전쟁이론의 요건, 전략과 전술의 문제, 관념과 실행상 격멸원리의 문제, 전투력의 시간적·공간적 집중, 예비대 운용, 방어와 공격의 관계, 주력회전, 정신적·심리적 요소, 계량할 수 없는 요인의 역할, 국민전쟁, 배합과 중심의 개념 등이다.

4. 프로이센에서는 덱커, 블레손, 푀니츠가 최초로 클라우제비츠의 사상을 전파했다. 클라우제비츠와 『전쟁론』에 대한 인식은 보불전쟁이 끝나고 제1차 세계대전이 시작되기 전까지 프로이센-독일 군대에 확산되었다. 몰트케, 골츠, 프라이탁-로링호벤, 슐리펜이 주도적인 역할을 했다. 루덴도르프는 1922년에 클라우제비츠 이론이 폐기되어야 한다고 주장했지만, 젝트는 1928년에 클라우제비츠의 핵심 명제를 긍정적으로 평가했다. 하지만 1930년에 클라우제비츠는 제대로 평가되지 않았다. 1950년대에 켓셀, 슈람, 벡 등이 클라우제비츠를 연구했다. 권위 있는 클라우제비츠 연구자로 하알벡을 빼놓을 수 없다.

일본, 네덜란드, 스위스, 러시아, 이탈리아, 프랑스에서도 『전쟁론』을 번역하고 연구했다. 영국에서는 제1차 세계대전 이후 풀러가 클라우제비츠를 비판했다가 인정했고, 리델 하트는 클라우제비츠의 절대전쟁 이론을 비난했다. 해양역사가 코벳은 『전쟁론』을 해상전쟁의 문제와 조건에 적용했다. 최근에는 하워드가 클라우제비츠를 깊이 있게 이해하고 영국의 클라우제비츠 오해를 바로잡는데 힘쓰고 있다. 미국은 영국보다 늦게 클라우제비츠를 받아들였다. 에드워드 얼의 『신전략사상사』, 로진스키와 로트펠스의 연구가 미국에 클라우제비츠를 소개했지만, 호프만과 바그츠는 클라우제비츠에 대해 비판적인 입장을 취했다. 그 이후 파렛과 브로디가 클라우제비츠를 올바르게 이해하고 해석하는데 힘썼다.

5. 우리나라에서도 위와 같은 논의가 좀 더 활발하게 전개되기를 기대한다. 군대에도 샤른호스트와 클라우제비츠의 사제관계, 그나이제나우와 클라우제비츠의 상하관계가 생기기를 바란다. 위관장교들도 『전쟁론』을 논의할 수 있기를 소망한다. 그러려면 군대에 그런 논의를 할 수 있는 풍토가 조성되어야 할 것이다.

의견. 전반적으로 (외국문헌을 광범위하게 '번역한') 평범하고 무난한 소개이고 적절한 톤이다.

다음은 B의 차례이다.

요약. 클라우제비츠는 『전쟁론』 제6편 제27장과 제28장에서, 그리고 제8편 제4장과 제9장에서 중심에 관해 논의했다. 클라우제비츠는 Schwerpunkt를 중심과 중점의 의미로 논술했고, 적의 중심을 식별한 후에 아군이 중점을 형성하여 적의 중심을 신속히 타격해야 한다고 역설했다.

중심은 형성되어 있는 대상으로 정적인 개념에 가깝고, 중점은 형성되어야 하는 대상으로 동적인 개념에 가깝다. 중점은 중심에 비해 가변성이 높다. 중심은 분석적 도구이고 중점은 구심적 기능을 한다. 중심과 중점의 교리를 전쟁원칙과 작전교리에 포함시키는 것이 좋을 듯하다.

의견. 류제승은 이 글에서 Schwerpunkt, Center of Gravity, Main Effort의 의미와 한국군 작전요무령에 표현된 중심과 중점의 의미를 서술했다. 그리고 독일, 미국, 일본의 교리를 설명했다. 중심과 중점에 관한 군사교리 차원의 논의는 철학적·정치적 차원의 논의가 아니기 때문에 요약과 의견 진술을 생략한다.

글의 논리와 관련해서 한 가지만 지적한다. 클라우제비츠의 중심, 그리고 한국, 독일, 미국, 일본의 작전요무령의 서술이 글의 대부분을 차지한다. 그런데 Ⅲ~Ⅶ을 보면 미국의 작전요무령을 서술한 분량이 한국, 독일, 일본의 작전요무령 및 클라우제비츠의 중심을 서술한 분량과 거의 같다. 즉 미국의 작전요무령을 다른 나라들의 작전요무령에 비해 압도적으로 많이 서술했다. 그래서 이 글은 '중심'을 잃은 것으로 보인다.

결론. 류제승은 『전쟁론』을 초역한 것 외에 한국의 클라우제비츠 연구에 특별히 기여한 바가 없다. (클라우제비츠와 관련 없는 다른 연구물이 조금 더 있다.) 그런데 이 정도가 군복무 중에 할 수 있는 최고이자 최대의 연구 결과물인 것 같다. 그 이상을 요구하는 것은 (앞의 류재갑과 강진석의 예에서 본 것처럼) 자기표절이나 짜깁기를 하게 되든지 현역 장교에게 무리로 보인다.

1.5. 김만수

김만수는 2001년에 대전대학교 군사연구원 및 군사연구원장 김준호 교수와 인연을 맺어 『전쟁론』을 접하고 2003년부터 『전쟁론』을 번역했다. 2006년에 『전쟁론』 원전 제1권을 완역하고, 2009년에 『전쟁론』 원전 제2권과 제3권 완역했다. 2016년에 『전쟁론』 원전 초판을 텍스트로 삼아 (앞의 『전쟁론』 세 권의 번역을 개정한) 『전쟁론』 번역의 전면개정판을 출간했다. 또한 같은 해에 전쟁론 해설서인 『전쟁론 강의』를 출간했다. 2018년에는 『전쟁론』의 '부록'을 번역하고 해설을 덧붙여서 『전쟁이란 무엇인가』를 출간했다. 이 번역과 해설로 김만수는 한국의 『전쟁론』 연구에 기념비적인 업적을 쌓고 굳건한 초석을 놓았다. 번역을 하면서 다음과 같은 논문과 저서를 발표했다.

A. 「『전쟁론』 번역서 유감」, 『군사학연구』 제1호(2003. 12), 대전대학교 군사연구원, 1~34(34쪽)
B. 「클라우제비츠의 전쟁이론과 평화이론」, 『군사학연구』 제2호(2004. 12), 대전대학교 군사연구원, 1~21(21쪽)

A의 차례는 다음과 같다.

2. 기존 번역서 개괄 및 특징 　5. 용어 유감
3. 이해 유감　　　　　　　　6. 국어 유감
4. 문장 유감

A는 『전쟁론』 번역을 시작하면서 쓴 논문이다. 1972년부터 1998년까지 출판된 『전쟁론』 번역서 12종을 분석하고 그 특징을 비교하여 복사판과 해적판을 밝혔고, 이를 토대로 12종 번역서의 표절계통도를 만들었다. 12종 중에 표절이 아닌 5종의 번역서를 비교 검토했다.

먼저 『전쟁론』에 대한 이해 부족에서 오는 오역, 변증법에 대한 이해 부족에서 오는 오역, 칸트 철학을 클라우제비츠에게 무분별하게 적용하는 데서 생기는 오역 등의 문제를 지적했다. 텍스트를 너무 장황한 문장으로 번역한 경우도 있다. '지표물'이나 '부녀자'와 같이 잘못된 용어로 번역하는 경우도 있다. 라틴어 지식의 부족으로 동부를 북부로 잘못 번역한 경우도 있고, 4~5시간을 70~80리로 옮겨서 시간을 길이로 임의로 바꾼 경우도 있다. 권영길과 이종학의 번역에는 일어투의 낱말과 비문이 많이 나타났다. 목측(目測), 촌탁(忖度), 찰지(察知), 자가약롱중(自家藥籠中) 등이 있다.

'일제의 잔재에 미국식 용어가 더해져서 군사적으로 번역하면 『전쟁론』을 이해하는 것은 어려울 것이다.'(32쪽) 문장은 짧고 글은 쉬워야 한다. 『전쟁론』에도 그런 번역이 나올 때가 되었다.

B의 차례는 다음과 같다.

2. 전쟁수행이론과 전쟁준비이론   4. 클라우제비츠의 전쟁이론
3. 클라우제비츠 이전의 전쟁이론   5. 클라우제비츠의 평화이론
6. 전쟁천재

요약. 클라우제비츠는 전쟁이론을 전쟁준비이론과 전쟁수행이론으로 구분했다. 병사들을 징집하여 훈련하고 무기를 만드는 등의 활동은 전투력을 유지하는 활동, 전투 이외의 활동, 전쟁을 준비하는 활동이다. 이런 활동에 관한 이론은 전쟁준비이론이다. 전쟁에서 전투력을 직접 사용하는 활동은 전투이고 전쟁활동이다. 이런 활동에 관한 이론은 전쟁수행이론이다. 클라우제비츠 이전에는 전쟁준비이론을 전쟁이론으로 잘못 이해했다. 또한 전쟁활동에서도 수의 우위, 기지, 내선 등 물질적인 측면과 실증적인 측면만 고찰했고 정신적인 측면을 전쟁에서 배제했다.

클라우제비츠의 전쟁이론은 전쟁수행이론이다. 전쟁수행이론을 확립하려면 전쟁활동의 특징을 살펴보아야 한다. 전쟁활동은 정신적·심리적 활동이다. 전쟁터는 위험하고 위험에서 벗어나려면 용기가 필요하다. 전쟁은 활발

한 행동과 반응의 상호작용으로 이루어진다. 전쟁에서 얻는 자료와 정보는 매우 불확실하다. 이런 이유로 전쟁에 관해 실증적인 이론을 세우는 것은 불가능하다. 재능과 천재성은 법칙 밖에 있고, 이론은 교범이 아니다. 전쟁이론은 전쟁의 수단과 목적을 구분하고, 수단의 특징과 효과를 설명하고, 목적의 성격을 분명히 규정해야 한다. 전쟁수행이론에 필요한 지식은 매우 단순하다. 이 지식은 정신으로 넘어가서 지휘관의 능력이 되어야 한다.

전쟁은 보통 선전포고로 시작되고 평화조약으로 종결된다. 전쟁을 수행하는 양쪽 중에 한쪽이 완전히 패배하고 파괴되면 전쟁을 끝낼 수 있고 평화조약을 맺을 수 있다. 대부분의 경우에 한쪽이 완전히 패배하기 전에 항복을 해도 평화조약을 맺을 수 있다. 전쟁에서 평화조약을 맺으면 전쟁은 끝나고 평화가 온다. 전쟁은 더 나은 평화를 얻는 수단이다.

전쟁에서 평화를 얻는 방법은 많고, 최고지휘관에게는 여러 가지 선택의 가능성이 있다. 전쟁에서 최고지휘관에게는 천재성이 요구되는데, '전쟁천재'는 전쟁활동에 필요한 정신적 능력과 성향을 뜻한다.

의견. 이 글은『전쟁론』제1편과 제2편에서 전쟁, 전쟁이론, 평화에 관한 내용을 요약한 글이다. 내가 썼지만 수준 이하의 논문이다.[25]

C.「『전쟁론』완역 후기」,『군사학연구』제7호(2009. 12), 대전대학교 군사연구원, 305~331(27쪽)

D.「수량 표현과 문화의 이해 : 클라우제비츠의『전쟁론』을 중심으로」,『번역학연구』제11권 1호(2010. 3), 한국번역학회, 97~126(30쪽)

E.「클라우제비츠의『전쟁론』번역 비교 분석」,『번역학연구』제12권 2호(2011. 6), 한국번역학회, 7~31(25쪽)

---

25. 그런데 다음의 '2. 주제별 분류'나 '제2장 간접 관련된 연구'에 있는 여러 석사학위논문의 수준을 보면 이 글도 충분히 '석사학위'를 받을 수 있는 논문이 되지 않을까 생각한다.

C, D, E의 세 글은 오기와 오류를 수정하고 내용을 약간씩 보완하여 F의 『전쟁론 강의』 제3편 제1장, 제2장, 제3장에 실었기 때문에 여기에서 살펴보지 않고 F에서 살펴본다.

F. 『전쟁론 강의 : 강의로 쉽게 읽는 클라우제비츠의 전쟁론』, 갈무리, 2016. 10, 627쪽

G. 「클라우제비츠의 4세대 전쟁 이론」, 『원광군사논단』 제11호(2016. 12), 원광대학교 군사학연구소, 1~16(16쪽)

H. 「『전쟁이란 무엇인가』 해설」, 클라우제비츠, 『전쟁이란 무엇인가』, 김만수 옮김·해설, 갈무리, 2018. 5, 197~270(74쪽)

F의 차례는 다음과 같다.

제1편 제1장 머리말의 해설. 『전쟁론』에 있는 클라우제비츠의 머리말, 부인의 머리말, 『저작집』 제7권에 있는 부인의 머리말을 요약했다. 이를 통해 『전쟁론』의 집필 목적, 출판 배경, 출판 전후의 상황을 이해하는데 도움이 되도록 했다.

클라우제비츠는 자신의 전쟁이론이 '혁명적인 이론'이 될 것을 알았지만 생전에 『전쟁론』을 출판하지 않기로 했다. 그는 전쟁에 관해 짧고 간결한 문장을 쓰려던 생각에서 체계를 확립하려는 생각으로 옮겨갔다. 2~3년 후에 잊

혀질 책이 아니라 오래 읽힐 책을 쓰려고 했기 때문이다. 이론은 경험과 현실에 토대를 두어야 한다는 것이 클라우제비츠의 신념이다.

제1편 제2장 전 3권의 해설.『전쟁론』의 모든 장을 각각 해설했다. 해설할 때 표나 그림으로 내용을 개관하고 나서『전쟁론』의 모든 장을 충실하게 요약하여 서술했다. 이 해설에는 나의 해석도 포함되어 있다. 필요한 경우에 자료도 실었다.

제2편 제1장 125개 장의 재구성.『전쟁론』의 125개 장의 내용을 분석하여 125개 장을 40개로 재구성했다.『전쟁론』제1편의 8개 장을 4개로, 제2편의 6개 장을 4개로, 제3편의 18개 장을 5개로, 제4편의 14개 장을 5개로, 제5편의 18개 장을 5개로, 제6편의 30개 장을 9개로, 제7편의 22개 장을 5개로, 제8편의 9개 장을 3개로 재구성했다. 이를 통해 많은 장이 내용상으로 어떻게 관련되어 있는지 좀 더 쉽게 파악할 수 있을 것이다.

제2편 제2장 8개 편의 재구성.『전쟁론』8개 편을 인식론(제2편), 정치론(제1편과 제8편), 전략론(제3편~제7편)으로 재구성했다. 인식론은 전쟁에 관한 인식이론과 관련되고, 정치론은 전쟁의 본질, 전쟁과 정치의 관계 등과 관련된다. 전략론은 전략의 요소, 전투와 전투력, 방어와 공격을 (전술이 아니라) 전략의 수준에서 다룬다.

제2편 제3장 전체의 핵심.『전쟁론』전체의 핵심을 하나의 삼각형 그림으로 표현하여 전쟁의 정의, 종류, 본질, 성향을 담았다. 삼각형의 여러 경우를 만들어서 여러 종류와 형태의 전쟁을 보여주었다.[26]

제3편 제1장 「『전쟁론』완역 후기」, 김만수,『전쟁론 강의』, 갈무리, 2016. 10, 435~460(26쪽)

---

26. 영어권의 많은 삼각형 그림을 검토해도 클라우제비츠의 (전쟁의 삼중성을 포함하여) 전쟁 철학 전체를 하나의 그림으로 표현한 경우를 나는 보지 못했다. 나는 나의 해석이 클라우제비츠에 관한 일관되고 통일적인 해석이고, 클라우제비츠가 말한 '순수한 금속'에 해당한다고 생각한다. 나의 그림으로 클라우제비츠에 관한 여러 해석에 보이는 모순도 해결할 수 있다.

요약. 『전쟁론』 번역서의 현황을 밝히고, 특히 허문순의 2009년 번역을 자세히 언급했다.

『전쟁론』을 번역한 7년(2003~2009년)은 '악랄한' 책을 붙들고 '발악'을 한 시간이었다. 7년 동안 하루 10시간 2~3페이지씩 번역했다. 원서를 5번 읽었고 그다음에 문장을 다듬었다. 이 원고로 대학에서 강의를 한 다음에 용어와 문장을 더 다듬었다. 강의 후에 해설을 넣었다.

클라우제비츠가 『전쟁론』 원고를 완결하지 못한 점, 내용의 난해함, 『전쟁론』의 복합적인 성격, 기존 번역서의 국어와 문장이 엉망이었던 점 때문에 『전쟁론』을 읽고 이해하는 것이 어렵다. 그보다 더 중요한 이유는 연구방법과 서술방법의 변증법적인 관계 그리고 개별성, 특수성, 일반성의 변증법적인 서술에 있다. 200~300년 전 유럽의 인물, 지리, 전쟁도 우리에게 낯설다.

그래서 『전쟁론』의 해설서를 써야 하고 『전쟁론』 번역의 개정판을 내야 한다. 그러려면 『전쟁론』으로 활발한 강의와 토론을 해야 한다. 장기적으로는 한국에 '클라우제비츠학회'를 만들어야 한다.

의견. 그 학회는 아직 만들어지지 않았다.

제3편 제2장 「수량 표현과 문화의 이해」, 김만수, 『전쟁론 강의』, 갈무리, 2016. 10, 461~489(29쪽)

『전쟁론』에 나오는 프로이센 마일을 킬로미터로 '번역'해야 한다는 의견이 있다. 『전쟁론』의 영어 번역은 프로이센 마일(약 7500미터)을 영미식 마일(약 1600미터)로 '환산'했다. 그런데 그 환산이 일관되지 않고, 넓이의 경우에는 혼란스럽다. 우리말 번역도 프로이센 마일과 영미식 마일을 섞어서 혼란스럽다. 일어 번역과 영어 번역을 혼란스럽게 참조한 번역도 있다.

1947년 동독에서 마르크스의『자본론』을 출간했을 때 동독의 편집진은 1867년의『자본론』제1권 초판의 수량표현(파운드, 실링, 페니 등의 화폐단위)을 그대로 썼다. 1990년에 동독은 서독에 흡수되었고 서독의 화폐를 쓰게 되었다. 동독의 화폐는 사라졌다. 그런데 2008년에는 독일의 화폐도 사라지고 독일에 유로화가 등장했다. 동독과 독일이 그때마다『자본론』의 수량표현을 '번역'해서『자본론』에 나오는 파운드화를 마르크화, 도이체 마르크화, 유로화로 '번역'해야 하는가? 그것은 바람직하지 않다.

『전쟁론』이나『자본론』과 같은 동서고금의 고전에 있는 수량표현을 번역할 때는 수량표현을 음차하고 수치도 그대로 쓴 다음에 해설을 다는 것이 바람직하다. 그것이 문화상대주의에 부합하는 번역이다.

제3편 제3장「클라우제비츠의『전쟁론』번역 비교 분석」, 김만수,『전쟁론 강의』, 갈무리, 2016. 10, 491~515(25쪽)

이 글은 번역학의 일반적인 기준을 충족하여『전쟁론』번역을 비교 분석했다는 점에서 A와 다르다. 즉 이 글은 충실성과 가독성의 기준에 따르고 비교 분석의 방법론을 설정하고 대안번역을 제시했다.

번역학의 관점에서『전쟁론』번역을 분석한 글이 없다. 비교 분석의 방법론을 설정하고 이를 '미시분석' 또는 '현미경 분석' 방법론으로 부른다. 많은 번역이 여론을 (일어 번역을 따라) '공법'이나 정론으로 오역했다. 전쟁의 '야성'보다 전쟁의 '잔인함'이 적절하다. 격멸, 수반, 야기 등 한자어를 많이 쓰는 것도 문제인데, 이는 일어 중역이기 때문인 경우가 많다. 프랑스의 발랑시엔을 스페인의 발렌시아로 오역해서는 안 된다. 어느 장소를 공격하거나 폭격하는 전쟁에서 장소의 올바른 번역은 특히 중요하기 때문이다. 장황한 문장을 만들어서 번역인지 번안인지 알 수 없게 만드는 것도 자제해야 한다. 『전쟁론』 번역에서는 일어 중역, 초역, 표절 등의 악영향이 오래 지속되었다.

'미시분석' 방법론은 이 논문의 장점이자 한계이다. 사례를 적게 들었고 문장 이하 수준에서 분석한 것이다. 이런 연구를 축적하면 '거시분석'이 될 것이고, 『전쟁론』 번역에서 학술번역(또는 연구번역) 수준의 번역이 나올 것이다.

제3편 제4장 전쟁으로서의 정치, 정치로서의 전쟁. 앞에서 말한 발리바르의 탁월한 논문을 여기에 전재하여 많은 독자들이 이 글을 읽을 수 있게 했다.

제4편에서는 클라우제비츠의 저서와 논문(제1장), 한국 저자의 문헌(제2장), 한국어로 번역된 문헌(제3장), 외국어 문헌과 『전쟁론』 관련 사이트(제4장) 등을 실어서 『전쟁론』을 더 깊이 연구하려는 이들에게 도움이 되게 했다.

이상으로 F에 관한 논의를 마친다.

G는 내용을 대폭 수정하고 보완하여 H의 제3부 제1장에 실었기 때문에 여기에서 살펴보지 않는다.

H를 살펴보는데, H의 차례는 다음과 같다.

제1부 전쟁이란 무엇인가 ― 『전쟁론』 부록
제2부 『전쟁이란 무엇인가』 해설 / 김만수
    제1장 가우디 장군에게 제출한 초안
    제2장 전쟁 수행의 제일 중요한 원칙
    제3장 전투력의 유기적인 분할
    제4장 전술 연구 또는 전투 이론 연구의 길잡이
제3부 『전쟁론』 관련 논문
    제1장 클라우제비츠의 전쟁의 삼중성과 4세대 전쟁 이론 / 김만수
    제2장 마르크스주의와 전쟁 / 에티엔 발리바르·임필수

제1부는 『전쟁론』 '부록'의 독일어 원전 초판을 국내 최초로 완역한 것이다.

제2부는 그 '부록'의 해설이다.

이 책 앞의 제1부 제2장 「'부록'의 번역'에서 이 부분을 다루었기 때문에 여기에서는 그 서술을 생략한다.

제3부 제1장 「클라우제비츠의 전쟁의 삼중성과 4세대 전쟁 이론」, 클라우제비츠, 『전쟁이란 무엇인가』, 김만수 옮김·해설, 갈무리, 2018. 5, 275~301(27쪽)

1. '순수한 금속' 4. 영어권의 삼위일체 이론
2. 클라우제비츠의 전쟁의 삼중성 5. 우리나라의 삼위일체 이론
3. 클라우제비츠의 4세대 전쟁 이론 6. '삼위일체'에서 삼중성으로

나는 클라우제비츠의 '미완성 유고'에서 논리적인 수미일관성을 발견했고, 그것을 (세계 최초로) 단 하나의 그림에 표현했다(277쪽). 이 삼각형 그림에 전쟁의 정의(전쟁은 우리의 의지를 실현하려고 적에게 굴복을 강요하는 폭력행동), 전쟁의 본질(전쟁은 다른 수단으로 하는 정치의 계속), 전쟁의 삼중성(정치성, 개연성, 폭력성), 두 종류의 전쟁(절대전쟁과 현실전쟁)을 모두 담았다. 또한 삼각형의 화살표를 이동하고 여러 삼각형 모양을 만들어서 1세대전쟁부터 4세대전쟁을 모두 표현했다. 크레벨드의 저강도분쟁, 캘도어의 '새로운 전쟁', 린드와 함메스 등의 4세대전쟁 이론이 클라우제비츠의 전쟁을 국가 간의 전쟁으로 보고 클라우제비츠의 이론을 부정하는데, 내 해석에 따르면 『전쟁론』은 그들의 해석을 모두 포괄한다. 클라우제비츠의 『전쟁론』은 전쟁이론의 '혁명'이다(『전쟁론』, 46쪽).

한델, 에드먼즈, 스미스 등 영어권의 삼위일체 그림은 과학기술을 강조하거나 불필요하게 복잡하다. 미국 국방부의 삼위일체 그림이 그나마 클라우제비츠를 제대로 이해했다. (우리나라의 많은 연구자들은 영어권의 삼위일체 해석과 삼각형 그림을 무비판적으로 추종한다.) 우리나라에서 조상제와 허남성이 삼중성을 삼각형으로 표현했지만, 이들의 그림은 클라우제비츠 이론을 제대로 이해하지 못하거나 오해한 그림이다. 최근 김태현은 『전쟁론』에 대

한 그로테스크하고 위험한 해석으로 삼각형을 그렸다. 정재학의 삼각형이 그나마 클라우제비츠를 제대로 이해하려고 노력한 그림이다.

삼위(정부, 군대, 인민)는 전쟁에서 일체를 이룰 수도 있고 이루지 않을 수도 있다. '삼위일체'는 절대전쟁만 받아들이는 개념이다. 클라우제비츠가 『전쟁론』에서 삼위일체(Dreieinigkeit) 개념을 쓰지도 않았다. 삼위일체 개념을 버리고 삼중성(Dreifaltigkeit) 개념을 쓸 것을 제안한다. 클라우제비츠가 『전쟁론』에서 쓴 개념이 바로 그것이기 때문이다.

의견. 한국 군사학계가 내 해석과 삼각형 그림을 이해하는데 많은 시간이 걸릴 것으로 보인다.

제3부 제2장 마르크스주의와 전쟁. 앞에서 살펴본 발리바르의 탁월한 논문을 여기에 전재했다.

＊　　＊　　＊

김만수도 이종학이나 김홍철처럼 클라우제비츠와 『전쟁론』을 독학으로 공부했다. 『전쟁론』 독어 원전을 완역해서인지 김만수는 번역 문제를 비교적 많이 다루었다. 2003년에 『전쟁론』 번역과 연구를 시작해서 13년 만에 『전쟁론』 해설서를 (2016년의 『전쟁론 강의』) 출간했고, 15년 만에 본격적인 논문을 (2018년의 「클라우제비츠의 전쟁의 삼중성과 4세대 전쟁 이론」) 발표했다. 이 두 글로 김만수는 한국에서 클라우제비츠를 올바르게 이해할 수 있는 굳건한 토대를 마련했다.

2. 주제별 분류

    한국 클라우제비츠 연구에서 앞의 6명의 연구자보다 덜 중요한 사람들을 '주제별 분류'로 설정하고 여기에서 살펴본다. 주제별로 분류하면서 글의 발표연도순을 고려하여 글을 배열했다.

2.1. 전쟁의 본질과 사상

전쟁의 본질과 사상을 개괄적으로 다룬 글, 몇몇 주제(마찰, 파괴, 방어 등)를 통해 전쟁의 본질과 사상을 다룬 글을 여기에 모아서 살펴본다. 『전쟁론』 제1편 제1장을 다룬 글도 여기에서 언급한다.

2.1.1. 인용과 요약에서 오해와 왜곡으로

박인수, 「전쟁과 정치 : 크라우제빗쓰의 이론을 중심으로」, 『청주대학 창립10주년 기념논문집』 제1집(1957. 12), 청주대학, 137~151(15쪽)

 II. 전쟁의 기원   V. 정치와 전쟁지도
 III. 전쟁의 본질   VI. 평화사상과 전쟁관
 IV. 전쟁과 정치   VII. 전쟁의 가능성과 국방의 의무

요약. 전쟁의 기원에는 원시사회 투쟁설(홉스)과 원시사회 평화설(루소)이 있다. 전쟁은 인류가 정치적 단체(국가)로 조직된 이후에 야기된 인류 간의 투쟁의 일부이다. 클라우제비츠가 말한 전쟁의 본질은 전쟁이 정치적 행위이고 정치적 대외관계의 계속이라는 것이다. 전쟁과 정치의 관계란 전쟁이 타의 수단으로 하는 정치의 계속이라는 관점이다. 정치가 전쟁을 지도해야 하느냐는 문제에서 클라우제비츠의 정치우위론은 루덴도르프의 정치종속론과 대비된다. 박인수는 이 둘을 종합하여 새로운 이론을 구성하려고 한다. '프리드리히 대왕이나 나폴레옹에게는 정치지도자와 군사지도자가 한 사람에게 장악되어 있어서 별 문제가 없다. 그렇지 않은 경우에는 역사의 교훈을 따른다. 즉 정치는 전쟁의 개시를 결정하는데 우위를 점하고, 전쟁이 계속되는 동안

에는 군사적 고려가 정치에 대해 우위를 점하고, 전쟁의 종결에는 다시 정치가 전면에 대두하여 강화의 시기와 방법을 결정한다.(146~147쪽)

인류는 전투적·적극적 민족과 평화적·소극적 민족으로 나눌 수 있다. 전자는 제국주의로 향하고, 후자는 영구평화를 희구한다. 유대인과 로마민족은 전자에서 후자로 이행했다. 르네상스 이후 그로티우스는 전쟁의 자연법 이론을 수립했는데, 이에 따르면 공격자에 대한 방어전쟁은 허용된다. 칸트는 영구평화론을 제창하고 전제군주의 전횡을 근절할 공화제적 헌법을 요구했다. 이에 대해 헤겔은 전쟁이 국가 존립의 필요 때문에 수행되는 것이라고 보았다.

전쟁은 인간의 공포나 두려움과 같은 본능적 감정을 바탕으로 인종적 편견, 호전적 정서, 애국심, 향토애 등과 같은 사회적 심리에 의해(1), 군비 때문에(2), 토지자원 분배가 불공평하기 때문에(3), 전제정치 때문에(4) 일어난다. 영구평화의 실현에 비관적인 대답을 하지 않을 수 없다. 무기제조업자와 전쟁에서 이익을 얻는 자들의 선동과 자극도 간과해서는 안 된다.

현재 우리나라는 침략전쟁을 부정한다. 하지만 국토방위의 신성한 의무라는 방어전쟁은 인정하고 있다. 우리나라에 이 의무를 망각하는 이들이 있으니 탄식할 일이다. 국토방위의 신성한 의무를 재인식하고 국방태세에 만전을 기해야 할 것이다.

의견. 전체적으로 『전쟁론』 일부의 인용이다. 박인수가 말한 '종합'은 박인수의 견해도 아니고 종합도 아니다. 독일과 미국의 많은 장군들이 그렇게 생각했고, 한국에서도 이를 따르고 있다. 이 글은 외국문헌의 광범위한 인용과 표절로서 오늘날 문헌학적 가치만 갖는 글로 보인다.

"전쟁과 같이 위험한 사업에 있어서 송양(宋襄)의 인(仁)처럼 가공할 오류는 없는 것이기 때문에"(142쪽). 이종학이 쓴 송양지인(宋襄之仁)과 같다. 박인수와 이종학이 같은 일본어 텍스트를 참고한 것으로 보인다.

이 글에서 박인수는 일본의 이와나미 전쟁론(岩波文庫 戰爭論) 이곳저곳을 인용하고 있다. 이와나미 전쟁론을 인용한 것을 나쁘게 보고 싶지 않고 나쁘게 볼 수도 없다. 1957년에 『전쟁론』의 우리말 번역이 없었기 때문이다. 박인수가 이와나미 전쟁론을 인용한 것은 오늘날 하워드/파렛의 영어 번역을 인용하는 것과 같다.

박인수의 문장은 '기미독립선언서'를 연상시키는 국한문혼용체로 되어 있다. 오인(吾人), 어시호(於是乎) 등의 표현을 보면 알 수 있다. 조사와 부사 등을 빼고 한자로 쓸 수 있는 모든 글자를 한자로 썼다.

A. 조太환, 「Clausewitz의 전쟁본질론 분석」, 『육사논문집』 제3집(1965. 12), 육군사관학교, 223~239(17쪽)
B. 윤태헌; 서영산, 「Clausewitz의 전쟁사상에 대한 연구」, 『춘천교대논문집』 제17호(1977. 2), 춘천교육대학, 353~369(17쪽)

두 글은 다른 저자들이 다른 때에 다른 곳에 발표했지만 같이 살펴본다. 아래에 차례를 비교한다.

A, 1965년	B, 1977년
一. 전쟁론의 사적 고찰	II. 전쟁론의 역사적 배경
1. Napoleon전쟁의 사적 의의	1. 봉건시대의 배경과 전쟁
2. Napoleon전쟁의 군사학적 의의	2. Napoleon전쟁의 의의
二. 전쟁본질론에 대한 분석	III. 전쟁의 본성
1. 전쟁의 정의	1. 전쟁의 정의
2. 전쟁과 정치의 상호관계	2. 전쟁의 본질
3. 전쟁의 본질	3. 전쟁의 목적과 수단
4. 전쟁의 목적과 수단	(1) 전쟁의 목적
(1) 전쟁의 목적	(2) 전쟁의 수단
(2) 전쟁의 수단	IV. Luddendorf의 비판론
三. Clausewitz의 영향과 비판	V. Clausewitz의 사상의 영향과 비판

A. 국가목적 달성을 위한 수단으로 전쟁이 있고, 전쟁은 정치목적의 달성을 위한 본래의 목적을 갖게 된다. 여기에서 두 가지 문제를 지적할 수 있

다.

첫째, 전쟁은 정치의 계속에 불과하다는 클라우제비츠의 명제를 '전쟁은 정치의 일부'로 전환하고, (비스마르크나 히틀러처럼) '전쟁은 정치의 도구'라는 명제로 비약하게 된다면 파시스트나 군국주의자의 독단을 면할 수 없다. 이렇게 되면 모든 문제를 전쟁수단에 호소하는 오류를 범하게 된다. 둘째, 적의 저항의지를 굴복시키는 수단에서는 적의 섬멸, 즉 적의 전투력을 물리적 폭력으로 파괴하는 것만 최상일 수 없다. 정치목적은 정치나 외교에 의해서도 달성될 수 있다. 폭력은 수단의 일부이고 전부가 아니다. 경제적 봉쇄, 외교활동, 선전, 정치중심지에 대한 위협 등으로 적을 굴복시킬 수도 있다. 원자폭탄은 완전한 승리를 얻는 무기가 아니고, 그 이후 더 발달된 핵무기는 평화를 얻는 수단이 아니다. 폭력에 의한 군사적 승리는 인류를 비극으로 몰아넣을 것이다. 클라우제비츠가 말한 '현실적인 제한'에 주의를 돌려야 한다.

루덴도르프에 관해. 루덴도르프는 클라우제비츠의 전쟁과 정치의 관계를 뒤집었다. '전쟁은 국민의 생존의지의 최고 표현이다. 정치는 전쟁수행을 위해 봉사해야 한다.'(235쪽) 이렇게 왜곡된 클라우제비츠 사상이 독일과 일본의 군사사상이 되었다. 몰트케는 클라우제비츠를 우상으로 만들었고, 멕켈은 일본에 클라우제비츠를 전파했다. 클라우제비츠가 적의 파괴만이 모든 것을 지배하는 최고의 목적이라고 말했다는 것이 그들의 클라우제비츠 해석이었다. 이 해석을 받아들여 영국의 리델 하트는 『전쟁론』이 비스마르크의 '철혈' 이념이고 히틀러의 『나의 투쟁』의 이념이라고 보았다. 지난 반세기 동안 독일의 장군들은 클라우제비츠의 새빨간 술에 도취되었고(리델 하트), 풀러는 클라우제비츠로부터 루덴도르프에 이르는 군사사상이 전쟁 개념을 극도의 폭력과 동일시했다고 불평했다.

의견. 조태환은 이 글에서 주로 루덴도르프의 클라우제비츠의 오해를 다루고 있고 이를 바로잡으려고 한다. 그 부분(二의 '4. 전쟁의 목적과 수단')이 본론에서 약 40%의 분량을 차지하고 있다. 二의 4와 三이 본론 분량의 50%을 차지한다. 二에서 그 외 부분은 『전쟁론』 제1편 일부의 요약이다.

이 논문은 (특히 一에서) 프랑스혁명, 혁명전쟁, 나폴레옹전쟁에 대한 이해 수준이 높다. 二의 '전쟁본질론에 대한 분석'에서도 전쟁의 정의, 전쟁과 정치의 관계, 전쟁의 본질, 전쟁의 목적과 수단에 대한 적절한 이해를 보인다. 전쟁사에 대한 지식도 훌륭하다.

'19세기 말 자본주의 국가 간의 식민지 획득과 쟁탈은 자본주의 발전의 필연적인 귀결이었고, 이는 식민지를 재분할하는 제국주의로 치달았다. 자본주의 열강 간에 전쟁은 피할 수 없게 되었고 제1차 세계대전이 일어났다.'(234쪽) 이와 같이 마르크스주의적인 관점에서 (정확히 말하면 레닌의 관점에서) 제1차 세계대전의 발생 원인을 설명한다는 것은 1965년 반공제일의 대한민국 육군 소령의 일반적인 세계관과 지식수준으로는 거의 불가능하다. 이 글은 조태환의 글이 아닌 것으로 보인다. 낱말이나 문장이 일어를 읽는 느낌을 주고, 일본 논문의 표절이나 짜깁기로 보인다. 참고문헌도 일어 일색이다.

B는 A와 상당한 정도로 비슷하다. 윤태헌과 서영산은 참고문헌에 주로 우리나라 문헌(번역본)을 언급했지만, 조태환의 글과 차례와 내용에서 비슷하고 루덴도르프를 언급한 것도 비슷하다. (루덴도르프를 비교적 자세히 다루었기 때문에 루덴도르프를 따로 제목으로 뽑은 것은 조태환의 차례보다 적절하고 논리적으로 보인다.) 일부분에서만 다른 내용을 덧붙여서 조태환 글의 표절이라고 할 만하다. 아래에 한 부분만 비교한다.

A, 226쪽	B, 356쪽
18세기말에서 19세기 초에 걸쳐 많은 국가가 그의 봉건적인 체제를 개조하여 광범한 지역적 기초 위에 근대적 국가로 형성하였다. 이 근대적 통일국가를 형성하게 되는 선봉이 불란서 혁명이었으며 이를 확립한 것이 Napoleon전쟁이었다. Louis 14세 때까지만 해도 France는 지방에 귀족이 웅거하고 승려가 또한 확대한 토지를 소유하여 독립적인 권력을 펴고 있었다.	18세기말에서 19세기 초에 걸쳐 많은 국가가 그의 봉건적인 체제를 개조하여 광범한 지역적 기초 위에 근대적 국가로 형성하였다. 이 근대적 통일국가로 형성되게 한 선봉이 Napoleon에 의한 France혁명의 완수이다. France혁명 이전의 Louis 14세 때까지만 해도 France는 전제주의 시대이며 귀족들이 독립적 권력을 행세하고 있었다.

B가 A의 표절이 아니라면 A와 B는 같은 일본 논문을 표절했을 가능성이 높다. 이처럼 클라우제비츠에 관해 단 한 편의 글만 쓰고 마는 사람들은 대개 클라우제비츠 전공자도 아니고 『전쟁론』 연구자도 아니다. 이런 사람들의 글은 대체로 표절일 확률이 높다.

김효성, 『클라우제비츠에 있어서 전쟁의 정치연장이론에 관한 연구』, 경북대학교 교육대학원 석사학위논문, 1975. 12, 43쪽

제2장 클라우제비츠의 시대와 생애　　제4장 전쟁관의 적용
제3장 전쟁관　　　　　　　　　　　제5장 전쟁과 정치

요약. 클라우제비츠가 전쟁이 정치의 연속이라고 인식한 것은 오늘날까지 전쟁의 본질에 관한 탁월한 견해이다. 그 성격은 현대전에서 더 뚜렷이 나타나고 있다. 그는 강력한 국방력을 가져야 한다고 강조했다. 현대 국제관계에는 국력이 바탕이 되어야 한다. 자주국방의 개념은 시공을 초월해서 항상 중요하다.

무기가 고도로 발달한 현대에 폭력사용에 제한을 받는다고 하는 그의 사상은 다시 고찰할 필요가 있다. 국가 간의 분쟁이나 관계를 적과 우리 편으로 보는 경향은 그의 시대적 배경(근대국가가 군사국가였다는 성격)에서는 불가피한 것이었다.

의견. 이 글은 분량으로나 내용으로나 1970년대 수준의 '편집논문'이다. '전쟁관' 부분은 『전쟁론』 제1편 제1장~제3장 일부의 요약이다. '전쟁관의 적용' 부분은 제3편 일부의 요약이다. '전쟁과 정치'를 다루는 장에 왜 전투와 전투력, 방어와 공격을 언급했는지 의문이 든다. 다른 사람들의 견해를 인용한 후에 전쟁이 정치와 밀접한 관계에 있다는 '상식'을 말하는 것으로 제5장을 끝냈다.

김종민, 「전쟁의 목적과 목표에 대한 Clausewitz의 사상」, 『해양전략』 제32

호(1984. 10), 해군대학, 90~105(16쪽)

1. Clausewitz의 사상   2. 전략 Idea의 발전사에서 본 Clausewitz의 영향
                      3. Liddel Hart와 Beaufre의 평가 및 Fuller의 비판[27]

클라우제비츠의 많은 언명은 부정확하게 해석될 위험성이 있다. 김종민은 '전쟁의 궁극적 목표가 적의 군사력과 그 의지의 파괴'라는 언명에 반대하고, '전쟁은 정치적 교섭과정의 일부로서 전쟁의 목표는 현실적인 정치목적을 만족시킬 수 있는 동시에 적으로 하여금 우리의 의지를 받아들이게끔 할 수 있는 것'이어야 한다는 결론을 제시한다.

이 점에서 김종민은 클라우제비츠의 전쟁의 목적과 목표에 대한 사상, 전략 아이디어의 발전, 클라우제비츠 사상의 영향을 정리한다. 그리고 '전쟁의 궁극적인 목표는 적의 군사력과 그 의지의 파괴'라는 클라우제비츠의 언명에 대한 리델 하트, 보프르, 풀러의 잘못된 해석을 반박한다.

'클라우제비츠 사상의 이해는 그의 언명에 대한 표면상의 긍정적인 수용보다 전쟁의 본질, 절대전쟁에서 현실전쟁으로 변화되는 제반 마찰의 요인 등의 논리적 구조를 이해할 때 현실전쟁의 강도를 완화할 수 있고, 전쟁의 횟수를 줄일 지혜를 발견할 수 있을 것이다.'(103~104쪽)

의견. 마지막 문장은 좋은 말인데 비문이고, 내용상 클라우제비츠와 무관하고 클라우제비츠에 관한 오해이다. 마찰의 '논리적' 구조가 무엇인지 궁금하다. 마찰의 논리적 구조를 이해하면 전쟁의 강도를 어떻게 완화할 수 있다는 것인지도 의아하다. 마찰이 심해서 전쟁당사자들이 전쟁을 '대충' 하고 전쟁 횟수를 줄인다는 것인가?

참고문헌에는 길정우의 석사학위논문과 류재갑의 글이 있는데, 각주에서는 이들을 언급하지 않았다. 이 글은 전체적으로 두 사람 글의 표절 수준의 짜깁기로 보인다. 특히 『전쟁론』 제1편 제1장의 28개 항의 분류는 길정우

---

27. 이것은 'II. 본론'의 하위제목이다.

가 분류한 것을 대부분 그대로 따랐다(92~93쪽).

정기수, 『크라우제비츠의 사상에 관한 연구』, 경북대학교 교육대학원 석사학
    위논문, 1987. 7, 62쪽

제2장 시대적 배경 및 생애   제1절 전쟁의 정치 연장 이론
  제1절 크라우제비츠의 시대적 배경   제2절 국민전 이론
  제2절 크라우제비츠의 생애   제3절 크라우제비츠의 정치사상
제3장 전쟁과 정치   제4절 크라우제비츠 사상의 수용과 비판

요약. 클라우제비츠는 전쟁을 적을 굴복시켜서 자기의 의지를 강요하기 위해 사용하는 폭력으로 규정한다. 폭력은 수단이고 목적은 적에게 자기의 의지를 강요하는 것이다. 국가적인 전쟁은 정치적인 상태에서 출발하여 정치적인 것에 의해 종식된다. 전쟁은 정치적 행동일 뿐만 아니라 정치적 수단이고 다른 수단에 의한 정치의 교섭에 지나지 않는다.

그는 자신이 체험한 나폴레옹전쟁을 연구하여 국민전이라는 새로운 전쟁양식을 체계화하였다. '내각전쟁'과 달리 프랑스혁명 이후 19세기의 전쟁은 국민전 양상을 띠게 되었다. 국민전 양상은 그 본질에서 정치적인 변화를 말해준다. 정치는 국왕의 것이었다가 모든 시민(국민)의 문제가 되었고, 전쟁도 그렇게 되었다. 이는 절대왕조 시대가 물러가고 근대 시민사회의 등장을 말하는 것이다. 이것이 바로 국민전 이론의 정치적 의의이다.

클라우제비츠의 정치적 전쟁철학은 그 이후 마르크스주의자들에 의해 더 연구 발전되었다. 레닌은 전쟁을 '특정한 계급(피지배계급)의 정치의 연속'으로 보고 『전쟁론』의 국민을 피지배계급(프롤레타리아)으로 규정하여 국민전쟁을 프롤레타리아 혁명이론과 연관시켰다. 모택동은 이를 더 발전시켜서 중국의 혁명적 게릴라전쟁을 인민전쟁으로 확대 발전시켰다.

『전쟁론』은 두 가지 점에서 비판된다. 첫째, 클라우제비츠는 군국주의자들의 전쟁행위를 정당화하고 정치를 지극히 단순화했다. 둘째, 정치를 단순

한 외교적 교섭으로만 파악하는 단순함을 보여주었고, 정치에서 계급을 배제하여 인민대중의 내전을 이해할 수 없었다.

의견. 이 논문은 전체적으로 『전쟁론』 일부의 '번역', 인용, 요약 수준이다. 권영길, 이종학, 김홍철의 번역, 박희춘과 서종호의 「클라우제빗츠 전쟁론 요해」, 얼의 『신전략사상사』, 길정우의 『카알 폰 클라우제비즈의 정치적 전쟁 철학과 레닌의 수용』 등 몇 개의 문헌을 이용하여 짜깁기하는 수준으로 논문을 작성했다. 정기수는 자기 논문이 클라우제비츠를 '피상적으로 간단하게'(56쪽) 언급했다는 것을 알고 있을 것이다.

정기수는 클라우제비츠와 루덴도르프의 차이를 인식하지 못하여 클라우제비츠 이론을 루덴도르프 이론으로 바꾸어놓았다(50~51쪽).

정기수는 전쟁의 폭력성, 개연성, 정치성을 '3重性'이라고(17쪽) 썼다. 삼위일체 개념이 아니라 '삼중성' 개념을 쓴 것은 한국에서 정기수가 처음이다. 전쟁이 정치의 수단이라는 점을 '정치와 군사의 2위1체성(二位一體性)'이라고 (46쪽) 표현한 점이 특이하다. 목적과 수단의 관계를 '일체'라고 말할 수 있는지 의문이 들기 때문이다.

김원배, 『클라우제비쯔의 전쟁관에 관한 연구』, 경상대학교 교육대학원 석사
　　학위논문, 1988. 6, 57쪽

요약. 전쟁에는 절대전쟁과 현실전쟁이 있다. 클라우제비츠는 모든 전쟁이 정치에 의해 제한되는 현실전쟁이 될 수밖에 없다고 보았다. 전쟁의 방지는 정치안정과 정치지도자의 자제에서 확보된다.

군사적 행동의 정지는 균형상태와 불완전한 상황판단에 있다. 이런 시각

은 오늘날의 세력균형이론과 동일한 시각이다. 군사행동의 방지는 힘의 우위 내지 균형에서 실현된다.

전쟁의 목적은 전투에 의해서만 달성되는 것이 아니기 때문에 전쟁은 억제할 수 있다. 그래서 전쟁의 방지는 평화로운 정치관에 의해 가능하다.

사기는 전력의 증가에 중요한 역할을 한다. 전력의 증대, 즉 힘의 우위는 전쟁을 방지할 수 있다. 정치지도자의 부국강병정책 수행과 이를 위한 국민화합과 일체성은 전쟁을 방지할 수 있다.

의견. 분량이나 내용에서 편집논문 수준이다. 'II. 전쟁의 본질'의 전쟁의 개념, 유형, 기능에서 여러 학자들의 견해를 요약하고 정리했다. III의 1과 2의 클라우제비츠의 생애와 시대배경에서는 주로 김홍철의 『전쟁론』 '해제'를 광범위하게 인용했다. III이 '전쟁론의 구성'인데, 여기에 클라우제비츠의 생애와 시대배경이 있는 것이 이상하다. 달리 말하면, 클라우제비츠의 생애와 시대배경을 설명하는 장이 'III. 클라우제비쯔의 전쟁론의 구성'인 것이 이상하다. IV에서는 『전쟁론』 제1편과 제8편 일부를 인용했다. 김홍철과 이종학의 글을 많이 참조했다. V에서도 『전쟁론』 이곳저곳을 많이 인용했다.

클라우제비츠가 말한 전쟁행동의 중지를 세력균형으로 보는 것은 오해를 일으킨다. 클라우제비츠가 말한 중지는 방어의 우세함으로 양극성이 효과를 잃고 상황에 대한 판단이 불완전해서 지금 전진을 해야 할지 후퇴를 해야 할지 모르기 때문에 중지하는 것을 말한다. 전투의 중지나 전술 수준의 중지를 말한다. 최대한 넓게 해석해도 전략적인 수준의 중지에 불과하다. 두 나라 사이의 세력균형으로 전쟁이 일어나지 않는 것을 말하는 것이 아니다. 중지를 '정지'로 표현하는 것도 매우 어색하다.

'전쟁의 방지는 정치지도자의 자제와 평화사상을 요구하고, 힘의 우위 내지 균형을 필요로 하고, 국민화합과 국민의 일체성으로 확보된다.'(52쪽) 이는 클라우제비츠와 상관없이 '좋은 말'이다.

김광오, 『Carl Von Clausewitz의 전쟁본질의 일 연구 : 특히 그의 논저 내용

을 중심으로』, 한양대학교 행정대학원 석사학위논문, 1997. 12, 95쪽

요약 생략.

의견. 이 논문은 (김광오 자신의 말처럼) 지도교수 김홍철의 역서『전쟁론』과 저서『전쟁론』의 요약이다. 제2장은 김홍철의 역서『전쟁론』의 '해제'와 저서『전쟁론』의 요약이다. 제3장은 김홍철의 역서『전쟁론』제1편을, 제4장은 김홍철의 역서『전쟁론』제8편을 거의 그대로 옮겨놓았다. 논문에『전쟁론』제1편과 제8편의 번역 일부를 그대로 실은 것이다. 이 번역 부분이 논문 전체에서 66%의 분량을 차지한다. 김광오의 글은 논문이라고 할 수 없다. 충격적인 수준이고 충격 받았다.

참고문헌은 전부 국내문헌이다. 단행본이 8권이고 논문이 9편이다.

김광오는 '감사의 글'에서 자기 글을 '글 같지 않은 글'이고 '한낱 보잘 것 없는 글'이라고 했는데, 이는 겸손의 표현이 아니라 사실의 진술로 보인다. 김광오는 '글 같지 않은 글'을 왜 쓴 것일까?[28]

나종남, 「Carl von Clausewitz의 현실주의적 전쟁사상」,『육사논문집』제54집(1998. 6), 육군사관학교, 55~81(27쪽)

---

28. 내가 알지 못하는 어떤 특별한 이유가 있지 않는 한, (1970년대도 아니고 1980년대도 아닌) 1997년에 이런 글이 석사학위논문으로 제출되고 통과되는 것은 불가능할 것이다.

요약. 사상적인 측면에서 클라우제비츠는 (절대적인 것을 추구하는 헤겔의 변증철학이 아니라) 칸트 철학으로 대표되는 독일 관념철학의 실천적·현실주의적 입장을 수용했다. 그는 나폴레옹전쟁에서 과거와 다른 새로운 전쟁양상을 파악했다. 그의 전쟁인식은 자신이 겪은 현실체험의 결과이고, 절대전쟁의 개념은 현실전쟁을 더 쉽게 설명하기 위한 도구에 지나지 않는다. 그에게 정치는 국가이익을 추구하는 내셔널리즘의 성격을 갖는 정책이다. 그는 국민국가의 철저한 군사화를 통해 국가이익이라는 정치적 목적을 달성해야 한다고 주장했다.

의견. 클라우제비츠가 '철저한 군사화'와 같은 주장을 했다는 것은 나종남의 오해로 보인다. 이 글은 전체적으로 '아무말 대잔치'같이 보인다. 하워드, 파렛, 가브리엘, 아롱, 라포포트, 그리고 류재갑의 글과 『전쟁론』 일부를 필요에 따라 혼란스럽게 인용하고 짜깁기하여 글을 썼다.

'클라우제비츠는 정(인적 요소), 반(지적 요소)에 대한 합을 제시하지 않았다. 다만 제3의 요소로서 우연을 제시할 뿐이었다.'(61쪽) 인적 요소와 지적 요소는 정과 반의 관계도 아니고, 클라우제비츠는 그런 정반합을 제시한 적도 없다. 우연은 합도 아니고 제3의 요소가 될 수도 없다. 클라우제비츠가 그렇게 제시하지도 않았다.

나종남은 전쟁의 정의를 절대전쟁으로 보고 전쟁의 본질을 현실전쟁으로 이해하고, 이를 전쟁의 이중성으로 파악한다. 그리고 제1편 제1장의 글의 순서에 따라 '삼위일체'를 현실전쟁의 삼위일체로 본다. '절대전쟁은 하나의 극을 지향하고, 현실전쟁은 세 가지 요소가 평형을 이룬다.'(69쪽) 오해이다.

"보다 바람직한 결론은 정치가가 군인보다는 더 높은 지위에서 결정권을 갖고 있다 하더라도, 군인은 정치가의 결정에 영향을 미칠 수 있는 위치에 있어야 한다고 할 수 있겠다."(73~74쪽) 이는 바람직하지도 않고 클라우제비츠의 견해도 아니라고 '할 수 있겠다.'

군인 출신 '연구자'들은 클라우제비츠에 관해 글을 한 편 정도는 쓰는 것 같다. 그러면서 여러 글을 참고하는데, 이는 대부분 '참고' 이상이다. 외국문헌을 광범위하게 '번역'하고 표절하고 짜깁기한다. 우리나라의 선행연구를 통째로 인용하고 수용한다. 자기가 읽지 않은 (것으로 보이는) 글을 각주와 참고문헌에 올린다. 우리나라 군사학계에는 서로 표절을 묵인하는 '아량'이 있는 것 같다.

차연석,「전쟁의 정치적 목적과 군사적 목적」,『군사논단』제30호(2002. 4), 한국군사학회, 174~183(10쪽)

Ⅱ. 사회현상으로서의 전쟁과 정책의 도구로서의 전쟁
Ⅲ. 전쟁의 이중성과 전략의 이중성
Ⅳ. 지성의 힘

요약. 클라우제비츠의 절대전쟁과 현실전쟁을 사회현상으로서의 전쟁과 정책 도구로서의 전쟁, 폭력현상으로서의 전쟁과 정치 도구로서의 전쟁의 이중성으로 이해하고, 이에 따라 전략도 섬멸전략과 소모전략, 억제의 최종성과 신뢰성이라는 이중성으로 이해한다. 클라우제비츠가 말한 지성의 힘은 정치의 계속으로서의 전쟁과 정치적 도구로서의 전쟁을 가능하게 한다.

'전쟁의 정치목적과 군사목표는 모두 전쟁의 범위와 정도를 결정하고 제한한다.'(미국 야전교범) '전쟁은 합당한 정치적 목적을 가져야 하고, 군사작전은 정치적 목적에 합리적으로 조화되어야 한다.'(클라우제비츠)

분별력 있는 지성의 힘에 의해 설정된 정치적 목적과 군사적 목표만이 오늘날 핵전쟁의 위험 속에서도 제한적이고 통제된 전쟁이 될 수 있을 것이다(183쪽).

의견. 마지막 문장은 비문이다. 전반적으로 류재갑의 논문 몇 편과 강진석의 석사학위논문의 표절이다.

A1. 조상제, 「클라우제비츠의 전쟁론 사상과 논리 : 전쟁의 이중성과 삼위일체 중심으로」, 『군사평론』 제367호(2004. 4), 육군대학, 73~137(65쪽)

A2. 조상제, 「클라우제비츠의 전쟁론 사상과 논리(II) : 군사적 천재 중심으로」, 『군사평론』 제373호(2005. 3), 육군대학, 171~213(43쪽)

A3. 조상제, 「클라우제비츠의 사상과 논리(III) : 전쟁의 과학과 술 중심으로」, 『군사평론』 제388호(2007. 8), 육군대학, 34~67(34쪽)

다음은 A1의 차례이다.

　 A1. 클라우제비츠가 살던 시대에는 정치·사회적인 면에서 프랑스혁명과 나폴레옹전쟁 등으로 절대주의와 왕정이 붕괴되는 변혁이 일어났고, 사상적인 면에서 계몽주의와 관념론이 발달했고, 교육적인 면에서 스스로 인성을 개발하고 인간의 마음을 교육하는 방법이 생겨났다. 이 영향을 받아서 클라우제비츠는 추상적인 개념과 실제적인 개념으로 전쟁을 연구했고, 전쟁의 이중성과 삼위일체를 밝혔다. 그의 이론은 후세에 난해한 것으로 받아들여졌다. 『전쟁론』은 오늘날 핵시대 및 정보화 시대에도 (일부 군사상가 및 학자의 비판과 논쟁에도 불구하고) 대부분 유용하게 적용될 수 있다.

　 의견. III과 IV에서 전쟁의 이중성과 삼위일체의 해석과 평가는 조상제의 것이 아니라 류재갑과 강진석의 것이다. II에서는 다른 글도 참고했다. 이 글은 전체적으로 류재갑과 강진석의 공저 『전쟁과 정치』의 (표절이라고 할 수 있는) 광범위한 인용과 짜깁기로 이루어져 있다.

칸트, 헤겔, 뉴턴, 페스탈로치의 언급이나 몰트케, 골츠, 젝트, 루덴도르프, 벡 등 독일 군부에 미친 영향이나 리델 하트, 풀러, 파렛, 하워드, 한델, 오스굿, 브로디, 서머스 등 영미권에 미친 영향 등도 『전쟁과 정치』를 짜깁기한 것이다. 그래서 이 글에는 조상제의 견해가 거의 없다.

우리나라 연구자 중에 최초로 삼중성을 삼각형 그림으로(115쪽) 표현한 것을 보고 나는 조상제가 군대에 대한 정부의 우위성을 잘 인식한 것으로 평가했다.[29] 하지만 133쪽에서 한델의 4위1체 그림을 그대로 수용한 것을 보고 이전의 내 견해를 수정한다. 조상제는 우연히 정부를 삼각형의 위에 두었을 뿐 군대에 대한 정부의 우위를 제대로 인식하지 못했다.

류재갑과 강진석의 글이든 한델의 글이든 조상제는 다른 사람의 글을 따져보지 않는다. 분석, 비판, 판단, 평가를 하지 않는다. 그냥 받아들일 뿐이다. 다른 사람들의 다른 해석을 받아들이고 짜깁기해서 자신의 이름으로 글을 낸다. 암기식교육과 명령복종에 체질화되어서 그런지 몰라도 이는 학문을 연구하는 올바른 자세가 아니다.

분석의 틀은(98쪽) 잘못되었다. 전쟁의 이중성은 전쟁의 두 종류로, 삼위일체는 삼중성으로 이해해야 한다. 문장과 표현은 엉망이다.

A2의 차례는 다음 쪽과 같다.

A2. 군사적 천재의 상대짝으로 출현한 것이 마찰이고, 두 개념은 불가분의 관계에 있다. 오늘날 마찰은 전장환경을 방해하는 요소이고, 군사적 천재는 지휘관이 구비해야 하는 지휘통솔과 같은 맥락에 있다. 클라우제비츠는

---

29. 김만수, 「클라우제비츠의 전쟁의 삼중성과 4세대전쟁이론」, 289쪽 참조. 이 글에서 나는 조상제의 삼각형 그림에 들어 있는 다른 문제점을 자세히 분석하고 지적했는데, 그것은 289~291쪽 참조.

전장의 불확실성과 같은 마찰을 군사적 천재로 해결하려고 노력했다.

마찰과 군사적 천재의 개념은 전쟁의 이중성과 삼위일체와 밀접한 관계에 있다. 전쟁의 이중성과 삼위일체는 클라우제비츠 전쟁론의 전반적인 총론인 반면에, 마찰과 군사적 천재는 삼위일체를 설명하기 위한 각론이고 분석의 도구이다.

절대전쟁은 삼위일체와 마찰로 인해 현실전쟁이 된다. 군사적 천재의 역할은 삼위일체와 마찰(위험, 육체적 고통, 정보의 불확실성, 우연)에서 비롯된다(176쪽). 위험은 용기로, 육체적 고통은 체력과 정신력으로 극복한다. (용기, 체력과 정신력은 인성이다.) 불확실성과 우연은 지성으로 극복한다. 지성은 혜안이자 통찰력이고, 용기는 결단력이자 정신적 용기이다. 마찰과 삼위일체는 (이론적으로 통찰력 및 정신적 용기를 갖추고, 실천적으로 전쟁경험을 갖춘) 군사적 천재로 극복한다.

오늘날 마찰과 군사적 천재는 독일, 미국, 한국의 교범에 적용되고 있다. 천재 개념은 미국과 한국의 전투지휘 또는 독일의 임무형 지휘 개념과 비슷하다.

의견. 절대전쟁이 삼위일체와 마찰로 인해 현실전쟁이 된다는 말은 『전쟁론』에 없다. 폭력의 무제한성, 적이 저항하지 못하게 하는 것, 힘의 무제한성이 (세 가지 상호작용) 전쟁을 절대전쟁으로 만든다. 전쟁이 정치와 무관하지 않고, 단 한 번의 결전으로 이루어지지 않고, 전쟁의 결과가 절대적인 것이 아니라는 점이 전쟁을 현실전쟁으로 만든다(『전쟁론』, 60~68쪽). 현실의 전쟁과 문서로 하는 전쟁의 개념은(『전쟁론』, 138쪽) 현실전쟁과 절대전쟁의 개념과 다르다.

군사적 천재의 역할이 삼위일체와 마찰에서 비롯된다는 말을 이해할 수 없다. 삼중성은 전쟁의 성향을 말한 것이고, 여기에서 클라우제비츠는 최고 지휘관의 자유로운 정신활동과 군대의 용기를 언급하고 있다. 전쟁천재의 역할이 『전쟁론』 제1편 제1장의 삼중성에서 비롯되어야 할 논리적인 이유를 찾을 수 없다. 제1편 제1장에서는 전쟁천재의 개념을 논리적으로 추론할 수 없다. 그래서 분석의 틀(179쪽) 윗부분은 잘못되었다.

또한 삼위일체를 '극복'한다는 말을 이해할 수 없다. 그것이 극복의 대상인가? 삼중성과 마찰을 연결 지어 논의한 것은 무리이고 오류이다.

용기 있는 행동에 계층적 구조가 있다는 것은(193~194쪽) 클라우제비츠의 말이 아니라 (조상제가 인용한) 칩맨의 해석일 것이다. 또한 결단력과 강한 성격이 클라우제비츠에게 용기인지도 의문이다.

이 글은 『전쟁론』 제1편 제1장의 28번, 제1편 제3장~제8장 일부의 ('번역'에 가까운) 과도한 인용과 혼란스러운 요약이다. 195~208쪽에서 마찰과 천재에 관한 미국과 한국의 교범을 장황하게 서술했다.

두 종류의 전쟁(절대전쟁과 현실전쟁)을 전쟁의 이중성으로, 전쟁의 삼중성(폭력성, 개연성, 정치성)을 삼위일체로 개념화하고 이해한 것이 이 글의 (그리고 대부분의 군대 출신 연구자들의) 제일 심각한 오해로 보인다.

다음 쪽은 A3의 차례이다.

A3. 클라우제비츠는 계몽주의, 관념론, 교육철학, 과학철학의 입장에서 과학과 술의 입장을 견지했다. [무슨 말인지 모르겠다.] "전쟁은 과학이다? 술이다? 등 의견이 분분하나, 대체로 과학과 술의 개념을 이론이나 교리에 적용하고 있다는 것이다."(65쪽) [무슨 말인지 모르겠다.] 클라우제비츠의 개념은

술과 과학의 양면성을 지니고 있다. 클라우제비츠는 과학보다는 술의 입장에 비중을 두었다.

의견. 조상제가 무엇을 말하고 있는지 알고 쓴 것인지 의문이 든다. 그의 결론이 무엇을 말하고 있는지도 불분명하다. 『전쟁론』을 광범위하게 인용했고 혼란스럽게 요약했다.

칸트, 헤겔, 뉴턴, 페스탈로치에 관한 언급은 A글 일부의 중복이다. 이 학자들을 언급했는데 칸트, 헤겔, 뉴턴, 페스탈로치의 문헌이 전무하다. 조상제는 어느 책을 읽고 칸트, 헤겔, 뉴턴, 페스탈로치 등을 알게 된 것일까? 읽지도 않고 알게 된 것일까? 불가사의하다.[30] 그러면 대부분 표절이라는 결론밖에 안 나온다.

계몽주의와 관념론에 관한 책을 읽지 않고도 계몽주의와 관념론에 대해 서술하는 조상제의 능력이 '경이롭다'.

월남전에 관한 서머스의 분석 요약도 A글 일부의 중복이다. 조상제의 글에는 중복이 엄청나게 많다. 하나의 글 안에도 앞부분의 내용이 뒷부분에 또 나온다.

'Trinity of war'는 삼위일체, 세 가지 속성, 삼극성 등 다양하게 번역되고 있다. 삼위일체는 류재갑 교수가 최초로 번역했다(60쪽 각주 81). 첫째, 조상

---

30. 참고문헌에는 교육에 관한 2차 문헌이 한 권 있을 뿐이다.

제의 말이 맞는다면 (조상제가 출처를 밝히지 않았기 때문에) 류재갑은 한국 클라우제비츠 오해에 지대한 영향을 미쳤다.[31] 둘째, 클라우제비츠에게 양극성의 개념이 있다고 해서 trinity(Dreifaltigkeit)를 '삼극성'으로 번역하는 것은 부적절하다. 세 가지 경향이나 성향이기 때문에 '삼중성'으로 번역하는 것이 적절하다. '양극성은 하나의 대상에서 양의 크기와 음의 크기가 상쇄되는 경우에 존재한다. 전투에서는 둘 다 승리하려고 하는데 이것이 양극성이다. 공격과 방어는 양극성이 아니다. 공격과 방어 모두 관련되어 있는 결전에 양극성이 존재한다.'(『전쟁론 강의』, 27쪽) 정치성, 개연성, 폭력성이 힘의 크기에서 정확히 상쇄되는 성질인지 의문이다. 클라우제비츠의 양극성을 삼중성에 적용하여 '삼극성'이라고 표현하는 것은 코미디이다. 클라우제비츠가 쓴 말은 Tendenz(경향 또는 성향)와 Seite(측면)이다.

조상제의 세 글은 『전쟁론』과 류재갑과 강진석의 『전쟁과 정치』를 광범위하게 인용하고 다른 사람들의 글을 폭넓게 수용해서 짜깁기한 글이다.

김재철, 「클라우제비츠 전쟁론의 현대적 평가: 제1편 전쟁 본질을 중심으로」, 『군사발전연구』 제10권 1호(2016. 8), 조선대학교 군사학연구소, 101~118(18쪽)

 II. 전쟁본질에 대한 클라우제비츠의 핵심사상
III. 클라우제비츠 전쟁론의 현대적 유용성
IV. 전쟁양상의 변화에 따른 클라우제비츠 전쟁론의 한계

『전쟁론』 제1편을 전쟁의 정의, 절대전쟁과 현실전쟁, 삼위일체, 마찰, 군사적 천재 순으로 요약했다. 이것은 오늘날에도 유용한 측면이 있다. 하지만 전쟁의 정의는 기술을 포함하지 못했고, 핵무기와 정치목적의 관계나 기술

---

31. 내가 확인한 결과 '삼위일체' 개념은 이덕승의 「전쟁론의 비판 (2)」, 『군사평론』 제2호(1957. 5)에 먼저 나온다. '삼위일체' 개념은 역사가 길다.

적·경제적 측면을 고려하지 않았다. 클라우제비츠의 이론을 전략의 수준에서 보면 정치적·사회적 측면에서는 유용하지만 기술적·경제적 측면에서는 오늘날의 전쟁에 적용하는데 한계가 있다(는 '상식'을 말하는 것으로 논문을 끝냈다).

지금까지 클라우제비츠가 말한 전쟁의 본질과 사상에 대해 또는 『전쟁론』 제1편 제1장에 대해 개략적으로 설명한 글을 살펴보았다. 대부분 '인용과 요약을 통해 번역하고 짜깁기한 편집논문' 수준이다. 그런데 아래 김석구의 글은 인용과 요약을 넘어 오해와 왜곡을 보여준다. 김석구는 한국의 클라우제비츠 오해와 왜곡에서 정점에 있다.

김석구, 「클라우제비츠 전쟁철학에 대한 소고 : 이론적 오류 및 악용 가능성을 중심으로」, 『합동군사연구』 제22호(2012. 12), 합동참모대학 합동교리발전부, 173~222(50쪽)

II. 클라우제비츠 전쟁철학 등장배경
  1. 독일 국기에 표현된 독일인의 전쟁관
  2. 개인적 성장과정 및 주요경력
  3. 클라우제비츠 전쟁론이 출현하게 된 배경
III. 클라우제비츠 전쟁철학 중심이론 이해
  2. 전쟁과 정치의 동일시
  3. 전쟁을 3가지 속성을 지니는 삼성체로 정의
  4. 극단적 절대전 수행의 당위성 강조
  5. 클라우제비츠 전쟁이론의 파급효과
IV. 클라우제비츠 전쟁철학 중심이론 검토
  1. 전쟁은 단지 다른 수단의 의한 정치의 연속인가?
  2. 삼성체 이론은 냉엄한 국제관계에서의 현실에서 적용되는가?
  3. 극단적 절대전을 지향하는 가치관은 현대의 전장환경에 적절한가?
  V. 클라우제비츠 전쟁이론의 인식 및 해석

요약. 전쟁이 다른 수단에 의한 정치의 연속이라면 '삼단논법'에 의해 '전쟁=정치활동'이 된다(207쪽). 이 명제가 "상식적으로 말이 되는 소리인가?"(208쪽) 삼성체 이론은 어느 국가 또는 비국가행위자가 자국민의 지지(적개심과 여론)를 얻으려고 전쟁의 명분과 구실을 조작하는데 악용될 수 있다(210~212쪽). 극단적 절대전을 지향하는 가치관은 핵무기가 존재하는 현대의 전장환경에 적절하지 않다(212~216쪽).

클라우제비츠 이론을 접하는 독자들은 다음과 같은 자세를 견지해야 한다. 첫째, 주요 개념 및 이론이 유발할 수 있는 결과에 대한 비판적 추론능력을 견지해야 한다.『전쟁론』의 여러 군데에 흩어져있는 클라우제비츠 이론을 조합하면 '전쟁=평화=정치'라는 등식이 성립한다. 전쟁이 어떻게 평화가될 수 있고 정치와 같을 수 있다는 말인가? 전쟁과 테러리즘이 정치적 이유로 폭력을 쓴다는 점에서 본질적으로 동일하다면, 군인이 테러리스트란 말인가?[32] 극단적이고 절대적인 폭력수단의 사용을 강조한다면 핵무기까지 사용하라는 말인가?(216~217쪽) 둘째, 클라우제비츠의 전쟁이론이 작전, 전술, 전투 수준에서는 적용될 수 있지만 그것을 전략, 정책, 정치 수준에서 적용하면 심각한 모순을 일으킨다는 것을 이해해야 한다(217쪽). 셋째, 클라우제비츠의 사고에는 억제논리가 없고 적을 정복하여 타도한다는 군사모험주의적 관점이 있다는 것을 파악해야 한다. 동양에서는 군인을 무인(武人)이라고 하는데, 무(武)는 창을 의미하는 과(戈)와 행동의 방지를 의미하는 지(止)의 합성어이다. 동양에서 전쟁은 (피를 흘리게 하는) 창을 사용하지 못하게 하는 억제를 의미한다. 클라우제비츠의 전쟁이론도 동양의 한 수 높은 심오한 전쟁철학의 관점에서 객관적으로 비판되어야 하지 않을까?(218~219쪽)

앞으로 해야 할 일. 첫째, 클라우제비츠 논리의 비약, 오류, 악용 가능성을 사례를 들어 설명한 서적의 간행 및 홍보가 필요하다. 둘째, 클라우제비츠형 인간을 홍익인간형 인간으로 대체해야 한다. 셋째, 지구촌의 인류가 핵전

---

32. 김석구는 테러리스트를 미국과 강자의 관점에서 이해하는 것 같다. 국제정치학의 상식에서 보면 테러는 강자의 폭력에 맞서 약자가 강자에게 대항하는 폭력의 방식이고, 이는 인류 역사에서 오래전부터 있었다. 국제정치학의 상식으로 보면 '안중근은 이토 히로부미에 대한 테러로 의사(義士)가 되었다.'

쟁 억제의 개념에서 핵무기 없는 세계로, 핵무기로 인한 자유에서 핵무기로 부터의 자유로 전환해야 한다. 핵무기 보유국은 핵무기를 방어용으로만 사용하고 일촉즉발 태세를 완화하고 핵무기를 완전히 제거하고 그 결과를 검증해야 할 것이다(220~221쪽).

의견. 이런 논의를 하려고 김석구는 하워드의 Clausewitz : A Very Short Introduction의 주요 내용을 번역, 요약하고(183쪽), 『전쟁론』 색인에서 '정치'라는 단어가 들어간 문장을 모두 찾아 요약하고(191쪽), 『전쟁론』 색인에서 절대전, 절대적, 격멸, 섬멸, 유혈 등의 단어가 포함된 문장을 거의 모두 찾아 정리했다(194쪽). 그것도 라포포트가 요약하고 정리한 것을 토막토막 '번역'해서 이해했다. 색인을 이용하여 『전쟁론』 여기저기에 흩어져있는 내용을 조합한 라포포트의 글을 '번역'한 것이 김석구의 논문이 될 수 있는가? 자기에게 필요한 말만 모아서 클라우제비츠를 부정하는 것이 '상식적으로 말이 되는 소리인가?' 김석구는 '한국의 리델 하트'나 '한국의 키건'이 되려고 하는 것인가? 이 글은 논문이라기보다 김석구의 견해와 목적을 이루는 수단이다. 삼단논법과 진위검증 방식의 논리로도 김석구의 클라우제비츠 왜곡을 막을 수 없을 것 같다.

오늘날을 기준으로 과거를 보면 클라우제비츠만 부적절하겠는가? 공자나 아리스토텔레스도, 칸트나 헤겔도, 나폴레옹이나 이순신도, 아담 스미스나 케인스도 부적절할 것이다. 클라우제비츠는 부적절한데, (김석구가 인용하고 번역하고 표절하는) 하워드와 라포포트가 계속 적절해야 하는 이유는 무엇일까?

김석구뿐만 아니라 라포포트도 『전쟁론』을 절대전쟁과 현실전쟁의 이분법으로 단선적으로 이해하고 있다. 변증법적 이해가 결여되어 있다. 영어와 독어가 다른 것처럼 학문세계와 학문적 사고에서 클라우제비츠의 이해와 라포포트의 해석은 많이 다른 것 같다. 하이데거의 말처럼, 역시 '언어는 존재의 집이다.'[33]

클라우제비츠에 따르면 전쟁(투쟁)=평화=정치라는 이해하기 힘든 등식이 형성된다(176쪽). 프랑스혁명, 모택동의 혁명투쟁, 동학농민전쟁, 3·1운동, 4·19혁명 등은 투쟁으로 평화라는 정치적 목적을 얻으려고 했다. 이해하기 힘든가? 형식논리로 변증법적 논리를 이해한다는 것은 김석구에게 영원히 불가능할 것 같다.

　policy를 (정책도 아니고) 정략으로 번역하는 것은(175쪽 각주 7) 김석구에게는 타당할지 모르지만, 클라우제비츠의 Politik을 정략으로 번역하는 것은 전혀 타당하지 않다. 차례의 III에 있는 '중심이론'은 클라우제비츠의 중심(重心)을 말하는 것이 아니라 중심적인 이론, 중요한 이론이란 의미이다. 오해를 불러일으킨다. 철혈재상 비스마르크에 대한 언급은 김석구의 오해이다. 유학경험담이나 독일 국기(삼색기)에 관한 일화는 개인 일기장에 쓰는 것이 적절할 것이다.[34] 이사람 저사람한테 들은 이야기로 어떤 생각을 갖는 것은 '아줌마들의 수다'에서 흔히 있는 일이다. 그런 수다를 토대로 독일, 국기, 클라우제비츠에 관한 편견을 갖고, 수다를 일반화하여 논문을 쓰는 것은 학문의 세계에서는 부적절한 것 같다. 김석구는 논리 전개보다 '설교'에 관심이 더 많은 것 같다. 이 글은 이종학의 '무한중복'보다 더 놀라운 글이다. 무(武)의 어원을 알게 된 것만 이 글에서 얻은 소득이다.

　클라우제비츠의 전쟁철학을 검토하고 비판하는데 논리적으로 차례의 II는 필요하지 않다. III의 '5. 파급효과'도 필요하지 않다. 이렇게 불필요한 22쪽을 삭제하면 논문 분량을 절반 정도로 줄일 수 있었을 것이다.

　'필자가 클라우제비츠의 전쟁론을 통독하면서 받은 인상은 클라우제비츠의 말이 섬뜩하고 무시무시하여 정상적 사고를 하는 사람이 수용하기에는 무리가 있지 않은가 하는 것이었다. … 독자로 하여금 그는 파괴와 살상을 본질로 하는 전쟁의 속성을 완벽하게 구현하는 것을 광적(狂的)으로 추구하는

---

33. 하이데거, 『숲길』, 454쪽.
34. 김석구는 독일이 국기(삼색기)를 1848~1852년에, 그리고 1867~1945년에 썼다고 하는데, 독일 국가는 1871년부터 존재했다. 1780~1831년에 살았던 클라우제비츠는 프로이센 사람이었고, 프로이센 국기는 삼색기가 아니었다.

극단적 절대전주의자라는 판단과 평가를 하지 않을 수 없게 한다.'(197쪽) 나로 하여금 김석구는 겁이 많은 것 같다는 '판단과 평가를 하지 않을 수 없게한다.' 책을 읽는 상황은 총알이 날아다니는 상황도 아닌데, 책을 읽으면서 겁을 먹을 필요는 없을 것 같다. 겁내지 말고 전쟁론 책을 (색인을 통해 토막토막 읽지 말고) 한 장 한 장 넘기면서 차분히 정독할 것을 권한다.

2.1.2. 몇몇 주제에 관한 (불충분한) 고찰

강경옥, 『클라우제비츠의 마찰의 개념과 정신요소』, 국방대학원 석사학위논
　　　문, 1987. 12, 61쪽

제2장 마찰이론의 재음미　　　제4장 전쟁의 우연성과 불확실성
제3장 마찰과 군사천재　　　　제5장 전쟁의 정신적인 요소

　　요약. 마찰이론, 군사천재, 우연성과 불확실성, 전쟁의 정신요소는 독립적으로 존재하는 것 같지만 삼위일체론에서 출발하고 상호 연관되어 있다.
　　마찰은 절대전쟁과 현실전쟁을 구분하는 개념으로서 전장에서 자신에게 영향을 미칠 때는 부정적 의미를, 상대편에게 영향을 미칠 때는 긍정적 의미를 갖게 된다. 마찰은 전쟁계획과 수행에 지대한 영향을 미치기 때문에 결코 간과되어서는 안 된다.
　　무덕은 중요한 정신요소의 하나이고, 장군보다 부대에 더 많이 관련된 공동체정신이다. 강경옥은 공동체정신의 현대적 의미로서 도덕심에 바탕을 둔 전문가 양성, 우수한 군사술 개발, 실제적이고 효과적인 훈련의 지속, 법규 준수로 군기강 확립, 군의 외적 환경의 올바른 조성을 그 실천적 요소로 제기한다. 지형이나 다른 상황이 전쟁의 형태를 복잡하게 할수록, 그리고 병력이 분산될수록 공동체정신이 더 많이 필요하기 때문이다.

과학가술이 발전한다고 해서 전쟁의 인적 요소와 전장환경적 요소를 무시하거나 경시하는 경향은 배제되어야 한다. 클라우제비츠의 마찰이론과 정신요소는 전쟁 연구에서 현대의 과학기술적 접근방법에 대한 자기성찰의 거울이 되어야 할 것이다.

의견. 논문의 제2장에서 위험, 육체적 고통, 우연, 불확실성을 언급했는데, 우연성과 불확실성이 따로 제4장에 분리되어 있어야 하는 이유를 이해하기 어렵다. 전쟁에서 자유로운 정신을 발휘하는 것이 최고지휘관(의 천재성)이므로 제3장과 제5장이 분리되어 있는 것도 이해할 수 없다. 강경옥은 마찰의(제2장) 대응 개념을 군사천재로(제3장) 보고, 마찰의 핵심요소인 우연성과 불확실성을(제4장) 정신요소로(제5장) 극복해야 한다는 논리를 전개했다. 즉 천재와(제3장) 부대를(제5장) 분리해서 논의했다.

강경옥이 삼중성을 마찰과 비논리적으로 연결 짓고 있다. 마찰은 절대전쟁과 현실전쟁을 구분하는 개념이 아니라 현실의 전쟁과 문서로 하는 전쟁을 구분하는 개념이다. 절대전쟁이든 현실전쟁이든 모든 전쟁에는 마찰이 존재한다. 마찰을 극복하는 중요한 수단은 전쟁경험이다. '결론적으로 필자는 클라우제비츠가 마찰과 정신요소라는 2개의 주제를 삼위일체 이론으로 설명하고 있는 것으로 보았다.'(55쪽) '필자'가 무엇을 잘못 보았을 것이다.

이 논문은 류재갑 지도교수가 논문을 지도했는지 의문이 드는 최악의 수준이다. 내용이 전체적으로 극히 혼란스럽다. 문장과 국어도 혼란스럽다. 이 논문은 『전쟁론』 일부의 이 부분과 저 부분을 혼란스럽게 긁어모았고, 몇몇 사람들의 논문을 (특히 류재갑의 논문과 『전쟁 없는 자유란』의 몇 개 글) 잡다하게 짜깁기했다. 자기 견해가 거의 없다. 앞부분에서 서술한 것을 나중에 또 서술하는 중복도 많이 보인다. 강경옥의 문장을 패러디한다. '결론적으로 필자는 강경옥이 자기 논문을 매우 부끄럽게 생각할 것으로 본다.'

진삼도, 『K.V.Clausewitz의 방어우위사상에서 본 현대적 방어의 발전방향』, 국방대학원 석사학위논문, 1988. 12, 70쪽 요약. 모든 것이 동등하다면(공격과 방어 양측이 같은 수단을 가졌다면) 방어가 공격보다 더 강한 전쟁형태이지만, 실제로 모든 상황이 동등하게 유지될 수 없다. 공격자도 공격이 갖는 이점(예를 들어 시간, 장소, 수단, 기습 등)을 주관적으로 최대한 이용할 수 있다. 공격 종말점에서 방어자의 위치로 전환하여 방어의 이익을 활용할 수 있다. 현대의 군사과학기술은 방어자와 공격자의 상대적인 힘에 과거보다 더 빈번한 변화를 주고 있어서 공격과 방어의 관계는 클라우제비츠가 가정한 바와 같이 정적인 것이 아니라 순환적인 것이라고 할 수 있고, 전략과 전술 수준에서 어느 것이 더 강력한지는 불확실하다.

전쟁에서 시간은 두 적대자에게 공유되고, 양측 모두 시간에서 그들의 의지를 상대에게 강요하기 때문에 시간을 더 잘 활용하는 쪽이 이점을 취한다. 그리고 공간에 대한 기본적인 지식을 갖고 군대를 주둔시키고 기동시켜야 한다.

'그저 막아야만 하겠다는 소극적이고 수세적인 방어사상의 누적은 방어선의 일부가 뚫리면 안 된다는 심리적 불안만을 가져오고, 고정된 방법만의 반복은 언제나 공격의 집중 앞에 와해를 자초한다.'(63~64쪽)

의견. 전체적으로 『전쟁론』 일부를 인용하고 요약한 글이다. 클라우제비츠는 공격과 방어의 관계를 정적이라고 말하지 않았고 순환적이라고 말하지도 않았고 불확실하다고 말하지도 않았다. 진삼도는 시간을 더 잘 활용하는 쪽이 이점을 갖고, 공간에 대한 지식을 갖고 군대를 주둔하고 이동시켜야 한다고 말하는데, 이는 클라우제비츠와 무관하게 맞는 말이다. 하지만 진삼도는 방어의 본질과 특징에 대해, 시간과 공간이 방어에서 갖는 의미에 대해 제대로 이해하지 못하고 있다.

"방어 본연의 임무를 달성하고야 말겠다는 공세적인 방어사상의 정립이 매우 중요한 문제라고 하겠다."(64쪽) 진삼도의 그로테스크한 문장이 독서를 '즐겁게' 한다. 패러디한다. 진삼도에게는 '그저 써야만 하겠다는' 의지로 논문을 '완성하고야 말겠다는 공격적 논문사상의 정립'이 매우 중요했던 것 같다.

김찬구, 『클라우제비츠 전쟁종결 사상에 관한 연구 : 제1차 세계대전과 한국전쟁 사례를 중심으로』, 한남대학교 행정정책대학원 석사학위논문, 2004. 12, 61쪽

제2장 전쟁종결에 대한 사상　　제3장 전쟁종결 사례분석
　　제1절 클라우제비츠와 전쟁론　　　제1절 제1차 세계대전
　　제2절 전쟁종결 사상　　　　　　　제2절 한국전쟁

요약. 절대전쟁(A)은 사회적 시각에서 바라본 전쟁이고, 현실전쟁(B)은 정치적 시각에서 바라본 전쟁이다. A는 적의 붕괴를 통해 달성하는 강압적 수단으로서의 전쟁이고, B는 적 군사력의 파괴나 적 지역의 점령으로 달성하는 협상적 수단으로서의 전쟁이다.

전쟁종결에 대한 클라우제비츠의 사상은 강압적 수단에 의한 전쟁종결(A')과 협상적 수단에 의한 전쟁종결(B')의 두 가지이다. A'에서는 한쪽에 의해 일방적으로 전쟁이 종결되고, B'에서는 쌍방의 합의에 의해 전쟁이 종결된다. B'에서는 전쟁의 목적과 전투력 손실의 상관관계를 고려하여 전쟁을 종결(b1) 수도 있고, 교전당사국의 상대적인 전쟁수행능력을 고려하여 전쟁을 종결할(b2) 수도 있다. 한델은 b1을 '전쟁의 합리적 계산'(c1)으로, b2를 '최적의 전쟁종결 시점'(c2)으로 표현했다.

제1차 세계대전은 A의 성격이 강했고 A'의 사례이다. 독일은 B'의 기회가 있었다. 독일은 1914년 9월 마른 전투 이후에는 c1로, 1917년 말~1918년 초에는 c2로 전쟁을 종결했어야 한다. 이 시기를 놓치자 연합군이 A'를 관철했다.

A'는 '20년간의 휴전에 불과했고' 부적절한 전쟁종결로 많은 인명과 재산 피해를 낳았다.

한국전쟁은 B의 성격이 강했고 B'의 사례이다. 1951년 6월에 북한과 연합군은 c1이나 c2로 전쟁을 종결했어야 한다. 이 시기를 놓치자 2년의 '전쟁과 담판', 소모전과 고지전으로 많은 인명과 재산 피해를 낳게 되었다.

이론적으로는 A'와 B'를 찾을 수 있지만, 실제적으로는 A'와 B'가 상호 혼합된 가운데 전쟁이 종결된다. 두 방법은 복합적으로 상호작용하여 전쟁 종결에 영향을 미친다. 전쟁종결에서도 원원전략이 필요하다.

의견. 절대전쟁과 현실전쟁, 강압적 수단과 협상적 수단, 강압적 종결과 협상적 종결 부분은 대부분 기존 연구의 '표절'과 무비판적인 수용이다. 전쟁이 이론상으로는 하나의 방법으로 종결되겠지만 실제로는 두 방법이 복합적으로 상호작용한다는 말은 상식에 속한다. 각주의 불필요한 설명, 참고문헌의 초라한 양(국내문헌 9개, 외국문헌 5개)과 수준이 논문의 질을 떨어뜨린다.

한델의 '전쟁의 합리적 계산'과 '최적의 전쟁종결 시점', 그리고 그것을 그래프로 서술한 부분은 간단하면서도 여러 가지를 시사한다. 하지만 (저자도 지적하듯이) 인간은 '최적의 합리적 존재'가 아니다.

성연춘, 『클라우제비츠의 '적 전투력 격멸' 개념에 대한 현대적 해석 : 진의 규명과 영속적 함의를 중심으로』, 국방대학교 안전보장대학원 석사학위논문, 2005. 12, 120쪽 요약. 격멸의 의미는 물질적 전투력 우위 관점에 입각한 섬멸 추구(A), 정신적 전투력 우위 관점에 입각한 마비 및 붕괴 추구(B), 물질적 전투력 파괴를 통한 정신적 전투력의 궁극적인 무력화 추구(C)의 세 가지로 해석할 수 있다. 클라우제비츠가 『전쟁론』에서 의도한 '적 전투력 격멸'의 의미는 C에 해당한다.

클라우제비츠의 사상은 독일, 영국, 프랑스에서 후세의 이론가에 의해 폄하되거나 오해되었고, 그의 사상이 제1차 세계대전 서부전선에서 일어난 대량살상 소모전의 사상적 근거라는 편견이 생겨났다. 하지만 클라우제비츠의 '격멸'의 의미를 보면 이런 비난은 부적절하다.

풀러의 '마비전 이론'과 리델 하트의 '간접접근전략'은 B에 해당하여 정신적 전투력의 중요성을 강조했지만, 그들은 클라우제비츠를 오해했다. 클라우제비츠의 '격멸' 개념은 그들보다 먼저 적의 정신적 전투력의 무력화를 주장한 것이다.

실제의 기동전 사례(1940년 5월 독일군의 전격전, 1973년 10월 이스라엘군의 수에즈 역도하, 2003년 3월 미국의 이라크 자유작전)를 보면 기동과 전투는 상호 보완적인 관계이다. 기동전을 '적의 군사력을 물리적으로 파괴하기보다는 기동을 통해 심리적 마비를 추구하여 최소의 전투로 결정적 승리를 달성하는 전쟁수행방식'이라고 정의할 때, 기동전의 격멸 방식은 C에 해당하고 클라우제비츠의 개념과 일치한다. 클라우제비츠의 격멸 개념은 현대 기동전의 사상적 근거가 될 수 있는 영속적인 개념이다.

의견. 정신적 전투력의 무력화를 클라우제비츠는 적의 의지를 꺾는 것이라고 간단히 말했다. 격멸과 섬멸(12쪽), 결전과 회전(43쪽) 개념의 차이를 설명한 부분은 좋은데, 성연춘이 앞으로 이 개념을 좀 더 자세히 비교 분석하면 더 좋을 것이다.

'클라우제비츠는 『전쟁론』 제8편에서 현실전쟁의 종류를 나폴레옹전쟁과 같은 국가총력전과 프리드리히 대왕 등이 유럽의 세력균형적 정치체제 내에서 제한적인 목적을 달성하려고 수행한 제한전쟁의 2가지 형태로 구분했다.'(42쪽) 나는 성연춘의 이 해석이 잘못되었다고 본다. 클라우제비츠는 나폴레옹전쟁을 절대전쟁(에 가까운 전쟁)으로, 프리드리히 대왕의 전쟁을 현실전쟁으로 보았다.

이 글은 대부분 2차 문헌에 의거한 광범위한 인용과 해설인데, 서술을 간결하게 하면 논문 분량을 절반 정도로 줄일 수 있었을 것이다. 즉 '격멸'을 말하는 데는 제2장, 제3장의 제3절, 제5장만 필요했다. 제3장의 제1절과 제2절, 제4장은 없어도 되는 부분이다.

2.1.3. 탁월한 논문, 탁월한 표절?

손주영,『클라우제비츠의 전쟁철학에 대한 고찰 : 도박성을 중심으로』, 서울
   대학교 대학원 석사학위논문, 1994. 2, 67쪽

2. 예비적 고찰
   2.1. 클라우제비츠의 지적 배경
   2.2.『전쟁론』의 개관
3. 전쟁의 주관적 도박성
   3.1. 주관적 마찰

3.2. 군사적 천재
4. 전쟁의 객관적 도박성
   4.1. 공격과 방어의 불균형
   4.2. 상황에 대한 불완전한 정보
   4.3. 우연성

요약. 클라우제비츠의 전쟁철학을 정치와 전쟁의 관계를 중심으로 연구하는 것은 편향된 연구이고『전쟁론』을 왜곡하는 출발점이다. 전쟁의 전체상을 이해하려면 도박성을 중심으로『전쟁론』을 살펴보아야 한다. 도박성은 『전쟁론』전체를 관통하고 있다.

클라우제비츠는 전기에 관한 에르만의 이론을 접하고 진자/자석의 운동을 삼성체에 적용하고 힘의 중심점을 전투이론에 응용했다. 뉴턴의 역학, 자기학, 전기역학 등은 클라우제비츠가 전쟁철학을 구성하는데 이바지했고, 전자기학의 저항과 마찰의 개념은『전쟁론』에서 중요하게 사용되었다. [이것을

전부 파렛의 저작에서 인용한 것은 문제로 보인다.]

삼성체의 요소는 폭력성, 도박성, 정치성이다. 삼성체는 유클리드적인 삼각형이나 삼위일체가 아니다. 클라우제비츠의 삼성체는 2차원이 아니라 3차원의 공간에 존재한다. 전쟁의 본질은 삼성체의 요소들 사이에 존재하는 정점(定點)이 아니라 요소들 사이에서 복잡하게 움직이는 궤도이다. '삼성체는 동적인 전쟁상으로 절대전쟁에서 현실전쟁에 이르는 모든 종류의 전쟁을 상정하고 있다.'(30쪽)

마찰은 위험, 육체적 노력, 정보이고 주관적 마찰과 객관적 마찰로 나눌 수 있다. 위험과 육체적 노력은 주관적 마찰이고, 정보는 객관적 마찰이다. 주관적 마찰은 군사적 천재로 극복할 수 있다. 객관적 마찰은 공격과 방어의 불균형, 상황에 대한 불완전한 정보, 우연성 때문에 생기는데, 도박성의 출발점은 우연성이다. 전쟁이론에서는 경험에서 나타나는 도박적인 요소들(위험, 우연성, 가능성, 불확실성, 상호작용, 마찰 등)을 충분히 반영해야 한다. 도박은 정해진 규칙에 의해 승패가 결정되지만, 전쟁의 도박은 그렇지 않다. 도박성은 예상치 못한 결과를 초래하여 정치적 목적을 수정하게 하고, 이는 전투에 영향을 미치고 전투의 도박적 속성을 높인다. 전쟁은 도박적 속성 속에서 이루어지는 폭력성과 정치성의 반향적인 상호작용 관계로 이해해야 한다.

의견. 대학원 학생의 수준으로 보면 손주영의 논문은 일부 측면에서 매우 훌륭한 수준을 보인다. 클라우제비츠가 18세기 이후 과학기술의 발달에서 생긴 저항, 마찰, (무게)중심 개념을 전쟁철학에 받아들이고 이를 바탕으로 삼중성 이론을 발달시켰다는 언급은 (비록 파렛의 인용이지만) 설득력이 있다. '삼위일체'의 개념을 쓰지 않고 삼성체의 개념을 쓴 것도 전쟁의 본질과 『전쟁론』의 핵심을 이해했기 때문으로 보인다. 특히 앞의 30쪽의 인용 문장이 보여주는 인식은 (그것이 표절이 아니고 손주영의 해석이고 견해라면) 탁월하다. 과학기술의 발달을 언급한 부분은 파렛의 '번역'이다. 다른 부분은 손주영의 견해인지 파렛의 견해인지 불분명하다.

2차원과 3차원의 지적도 타당한 것으로 보인다. 하지만 그것은 삼중성을 2차원의 종이에 그리기 때문으로 이해할 수 있다. 또한 삼중성의 삼각형을 3차원으로 그리면 정사면체(삼각뿔)를 만들게 되고, 그러면 면과 꼭짓점이 네 개씩 생겨서 삼중성을 넘어선다.

전쟁의 삼중성은 폭력성, 개연성, 정치성이고, 개연성에 우연이 더해지면 도박이 된다는 것이 클라우제비츠의 논지이다. 손주영은 전쟁의 모든 측면을 도박이라는 거울에 비추어서 설명한다. 그래서 삼중성 개념을 부정확하게 이해했다.

손주영은 마찰의 네 요소(위험, 육체적 고통, 불확실성, 우연)를 제대로 구분하여 이해하지 못하고 있다. 정보를 마찰이라고 오해하는데, 정보는 마찰이 아니다. 정보가 불확실하다는 것이 마찰을 일으키고 마찰의 원인이 된다. 육체적 고통을 '육체적 노력'으로 이해한 것도 오류이다.

『전쟁론』 8개 편을 제1편, 제2편, 제3편~제4편, 제5편~제7편, 제8편으로 구분하여 이해하는 것은 손주영이 『전쟁론』을 읽지 않고 파렛의 견해를 그대로 따른 데서 생기는 오해로 보인다.

논문의 차례에서 '3.2. 군사적 천재'는 마찰이 아니기 때문에 논리상 부적절한 곳에 있다. 천재적인 지휘관은 (손주영이 말한 것처럼) 마찰을 이해하고 마찰에 단호하게 대처하기 때문에 '마찰의 극복 방안'이라고 해야 적절하다. 그러면 '4. 전쟁의 객관적 도박성' 아래 있는 세 개의 제목과 호응되지 않는다. 이는 손주영이 주관적 도박성, 객관적 도박성, 주관적 마찰의 개념을 명확히 정립하지 않았기 때문에 생긴 혼란이다. 3.1.을 육체적 긴장으로, 3.2.를 위험으로 설정하고, 4. 다음에 따로 5.를 설정하여 '5. 군사적 천재'로 구성하면 논리적일 테지만, 그러면 논문의 전체 틀과 맞지 않는 문제가 생긴다.

절대전쟁에는 마찰이 없을까? 나폴레옹을 도박사 중에 제일 과감한 도박사로 본다면(35쪽 각주 12), 그리고 나폴레옹전쟁을 절대전쟁으로 본다면, 절대전쟁에도 마찰이 있다. 전쟁이 살아있는 적과 하는 상호작용인 한, 마찰 없는 전쟁은 있을 수 없을 것이다.

전체적으로 보면, 이 글은 클라우제비츠의 전쟁철학에 관한 올바른 인식과 도박성으로 치우친 해석이 심한 불균형을 이루는 논문이다. 또한 손주영의 이해와 해석이라기보다 아롱과 파렛의 글을 표절 수준으로 광범하게 인용하고 짜깁기한 글로 보인다. 특히 논문의 주제와 관련하여 3. 전쟁의 주관적 도박성과 4. 전쟁의 객관적 도박성 부분에서는 『전쟁론』을 '번역'하는 수준으로 글을 작성했다.

이재유, 「클라우제비츠의 『전쟁론』에 대한 철학적 고찰 : 근대적 주체의 해체와 새로운 주체 가능성을 중심으로」, 『시대와 철학』 제20권 2호(2009. 6), 한국철학사상연구회, 187~222(36쪽)

1. 왜 클라우제비츠에 주목하는가
2. 클라우제비츠의 『전쟁론』의 네 가지 공리 체계 : 클라우제비츠의 아포리아
   1) 전쟁의 정의로서 '다른 수단에 의한 정치의 계속'이다
   2) 전략으로서 방어는 본질적으로 공격이나 공세보다 우월하다
   3) 절대 전쟁과 제한 전쟁의 구분
   4) 전쟁 역사에서 다른 전략적 요인에 대한 도덕적 요인의 최우선성
3. 네 가지 공리 체계의 이론적 배경 : 헤겔과 칸트
4. 맑스주의의 클라우제비츠 재전유의 한계에 대한 비판 : 마오쩌둥과 그람시
   1) 마오쩌둥
   2) 그람시
5. 클라우제비츠의 아포리아 극복 : 새로운 주체 형성의 가능성

    요약. 클라우제비츠의 아포리아는 전쟁에 대한 정치의 지배를 통해 근대적 주체를 확립하고자 했다는 점에 있다. 이 아포리아는 마르크스주의에도 나타나는데, 그것은 노동자와 농민대중이 계급의식을 갖지 못하고 사물화된 의식을 갖고 있다는 점에서 유래한다. 그들에게는 전쟁에 대한 정치적 공포만 있고, 이는 지배계급뿐만 아니라 혁명적 노동자와 지식인에게도 해당된다. 그래서 노동자와 농민대중은 기회주의적이다. '당'은 근대적 주체(부르주아 국가)처럼 이성의 화신이 될 수밖에 없다.

    클라우제비츠의 철학적 아포리아를 해결하려면 새로운 주체의 가능성

을 모색해야 한다. 그 주체는 자본주의사회 내부에 그 외부(코뮌)를 형성함으로써 가능할 수 있다.

의견. 이재유의 '코뮌'이 클라우제비츠를 읽고 해석한 결과에 따라 필연적으로 도출되는 결론인지 의문이다. 그 '코뮌'은 『전쟁론』과 별개로 이재유 스스로 갖고 있는 생각일 수 있다.

이 논문은 세계적인 수준의 논문처럼 보인다. 확인한 결과, 이재유의 글은 앞에 언급한 발리바르 논문 「전쟁으로서의 정치, 정치로서의 전쟁」의 광범위한 표절이었다. 클라우제비츠, 모택동, 그람시, 마르크스 부분 등 발리바르 논문의 거의 전체를 표절했다. 표절이 너무 많은데, 먼저 차례를 비교한다. 다음은 다시 발리바르 논문의 차례이다.

1) 전쟁은 다른 수단에 의한 정치의 계속이다
2) 공격 전략에 대한 방어 전략의 우월성
3) 제한 전쟁과 절대 전쟁
4) 전략에서 도덕적 요인의 최우선성
5) 전쟁과 마르크스주의 전통

발리바르의 논문은 번호 없이 다섯 개의 장으로 이루어져 있다. 여기에서는 이재유의 논문과 비교하려고 이재유와 같은 번호를 붙였다. 1) 앞에 서론적 성격을 띠는 부분이 있고, 5) 다음에 결론적 성격을 띠는 부분이 있다. 이재유 논문의 2장 구조는 발리바르의 논문 1) ~ 4) 그대로이다. 발리바르 논문의 간략한 제목과 달리 이재유 논문의 제목이 좀 긴 편이다. 이재유 논문의 4장 중에 모택동 부분은 발리바르 논문의 5)에 많이 의존하고 있다.

이재유는 발리바르 논문의 구조뿐만 아니라 내용도 표절하고 있다. 이재유는 표절과 인용을 제대로 구분하지 않든지, 인용에서 출처를 제대로 밝히지 않았다. 출처를 밝히지 않은 부분은 명백한 표절이든지 이재유의 '각색'이다. 명백한 표절에서는 조사나 단어를 바꾼 것 외에 이재유와 발리바르 문장의 차이를 볼 수 없다. 각색에서는 발리바르의 문장을 줄이거나 늘리고 문장의 순서를 바꾸고 의문문을 평서문으로 바꾸는 등 문장을 변형했다. 이재유 논문에는 발리바르의 문제의식 또는 아이디어를 가져온 부분도 보인다. 표절로 의심되는 몇 군데만 비교한다.[35]

영어 원문[36]	발리바르 논문, 115쪽	이재유 논문, 191쪽
The 'continuation' thesis is repeated twice, with some significant nuances, in two separate places, Book I and Book VIII of Vom Kriege.	'계속' 명제는 『전쟁론』의 분리된 두 곳, 1편과 8편에서 [서로 미묘한 차이를 드러내는] 의미심장한 뉘앙스로 두 번 반복된다.	이 명제는 『전쟁론』의 분리된 두 곳, 1편과 8편에서 미묘한 뉘앙스의 차이를 나타내고 있다.

이제 영어는 생략하고 발라바르 논문과 이재유의 논문만 비교한다.

발리바르 논문, 121쪽	이재유 논문, 193쪽
방어의 우위라는 관념은 정치적 목적(Zweck)과 무관하고, 정치적 목적을 달성할 수 있게 하는 군사적 목표(Ziel)와 '오직' 관련된다.	방어의 우위라는 개념은 정치적 목적(Zweck)과 무관하고, 정치적 목적을 달성할 수 있게 하는 군사적 목표(Ziel)와 관련할 뿐이다.

독어 단어를 쓴 것까지 발리바르 논문과 똑같다.

발리바르 논문, 142쪽	이재유 논문, 215쪽
그러나 이런 경우에는 어떻게 '전쟁'의 범주 그 자체가 유지될 수 있는지를 설명해야 하는 문제가 남는다.	그러나 이러한 대안은 클라우제비츠의 '전쟁' 개념의 범주 자체가 어떻게 유지될 수 있는지를 설명해야 하는 문제가 남는다.

---

35. 나는 발리바르의 글과 이재유의 글 전부를 비교 분석했고, 이재유가 발리바르의 글 어디를 표절했는지 비교한 표를 작성했다. 분량 문제 때문에 여기에서는 그 일부만 밝힌다.

36. '발리바르의 글' 참조. 이 글은 홈페이지에 있어서 이 글의 쪽수를 적지 못한다.

세계적인 수준과 비교할 때『전쟁론』연구의 불모지 한국에서 이런 글이 나오기는 어렵다. 세계적인 수준의 탁월한 실력으로 클라우제비츠에 관한 이재유의 논문이 이것 하나로 일회성에 그친 것도 이해하기 어렵다.

이재유의 '세계적인 수준의 독창적인 논문'을 비유적으로 설명한다. 예를 들면 현재 미국의 바둑계가 '이창호'나 '이세돌'을 낳을 수준은 아니지 않는가. 이재유의 글은 바둑의 불모지 미국에서 갑자기 등장한 이창호나 이세돌과 같다. 이런 이유로 이재유의 글은 발리바르 논문의 표절이라는 '합리적 의심'이 든다.

A. 김태현,「클라우제비츠 '전쟁론'에 대한 재인식 : 전쟁의 존재론적 해석과 '국민'의 역할을 중심으로」,『군사』제82호(2012. 3), 국방부 군사편찬연구소, 75~107(33쪽)

B. 김태현,「『전쟁론』1편 1장에 대한 이해와 재해석 : 전쟁의 무제한성과 제한성을 중심으로」,『군사』제95호(2015. 6), 국방부 군사편찬연구소, 185~230(46쪽)

A의 차례는 다음과 같다.

2. 전쟁의 본질 : 경이로운 삼위일체
  1) '정치' 변수의 상대성
  2) 전쟁의 경이로운 삼위일체

3. 전쟁의 망각된 차원 : 존재론적 전쟁관
  1) 전쟁수행에서 '국민'의 역할
  2) 존재론적 전쟁의 특징과 전략적 의미
4. 클라우제비츠의 딜레마

요약. 클라우제비츠의 전쟁이론은 '전쟁이 정치의 연속'이라는 도구론적 전쟁관으로 널리 알려졌다. 하지만 그의 이론은 전쟁이 국민의 '정신적 해방과 새로운 정치체제의 형성'이라는 관점(존재론적 전쟁관)도 내포하고 있다. 두 전쟁관은 '경이로운 삼위일체'에 집대성되어 있다. 삼위일체에는 정치(정부)와 전쟁의 관계 이외에 감성(국민)과 전쟁의 관계성이 동등한 가치로 존재한다.

클라우제비츠의 두 전쟁관은 1806년 이후 나폴레옹 군대의 전쟁수행의 성공과 실패라는 사례에서 도출되었다. 그래서 그는 전쟁을 '오성'이 지배하는 정치의 도구로 귀속시키면서도 감정이 지배하는 국민의 영역을 이와 동일한 가치로 인정했다. 기존의 연구는 도구론적 전쟁에 주목하여 클라우제비츠의 전쟁론을 단선적인 차원으로 해석했다.

존재론적 전쟁관은 제2차 세계대전 이후의 혁명전쟁의 관점과 궤를 같이 한다. 이런 관점의 전략이 게릴라 또는 빨치산전쟁이다. 이런 존재론적 전쟁에서는 정부보다 '국민'이 전쟁수행의 핵심 주체로 등장하고 이념의 힘으로 작동되는 국민의 광범위한 정치적 동원과 무장이 요구된다.

클라우제비츠는 프로이센의 국민동원이 나폴레옹의 국민전쟁과는 다른 형식으로 발전되어야 한다는 딜레마에 직면했다. 그 방식으로 프로이센의 국민이 정부의 존립을 위협할 수 있는 적대세력이 될 수 있고, 국민동원이 프로이센의 봉건적 군주체제를 무너뜨릴 수 있기 때문이다. 이런 긴장관계는 북한에도 적용될 수 있다. 외부위협에 대항하려는 '인민' 역량의 결집이 내부적으로 북한정권의 안보에 직접적인 위협을 줄 수 있다. 전쟁 분석에는 '정부–전쟁'의 관계 못지않게 '국민-전쟁'의 관계도 중요하다.

의견. 이 글은 한국에서 근래 보기 드물게 탁월한 논문이고 한국 클라우제비츠 연구에서 최고 수준의 글인 줄 알았는데, 그것이 아니었다. 이 논문에 있는 '존재론적 전쟁관'과 '도구론적 전쟁관'은 뮌클러에서 비롯되고 헤어베르크-로테가 받아들인 개념이다. 그러니 김태현의 논문은 두 사람의 저서 일부를 표절하거나, (출처를 밝혔으니 표절이 아니라고 한다면) 두 사람의 논문 일부를 '번역'해서 짜깁기하거나, (그것도 아니라면) 두 사람의 논리와 주장을 소개한 글이다. 어느 경우이든 존재론적 전쟁관과 도구론적 전쟁관의 개념은 김태현의 것이 아니다. 본론에 한 번도 나오지 않고 결론 마지막에 느닷없이 등장하는 황당한 비교, 즉 19세기 초 프로이센의 군주정을 21세기 초 북한정권과 동일선상에 놓고 비교한 것만(104~105쪽) 김태현의 '독창적인' 생각이다. 하지만 이는 시대적, 개념적, 논리적 연관성이 결여되고 이데올로기적으로 편향된 그로테스크한 비교이다.

'전쟁이 다른 수단으로 하는 정치의 계속'이라는 명제를 김태현은 '정치가 전쟁의 개전부터 종결까지 모든 것을 결정하기 때문에 전쟁 자체의 독립성은 부인되고, 전쟁은 단지 정치의 하부 수단에 불과하다는 것'으로(76쪽) 해석한다. 오해이다. '정치적인 요소가 전쟁의 하나하나의 부분에 깊이 관여하지는 않는다. 전초기병을 배치하고 순찰대를 보내는 일을 정치적인 고려에 따라 하지는 않는다. 하지만 전체 전쟁, 원정, 때로 전투 자체에 대한 계획에서는 정치적인 요소의 영향이 그만큼 결정적인 역할을 맡게 된다.'(『전쟁론』, 996쪽) 클라우제비츠는 전쟁의 '문법'을 부정하지 않았고, 전쟁이 정치의 수단이라는 말로 전쟁 자체에 존재하는 문법을 부정할 만큼 극단적인 사람이 아니다. 김태현이 존재론적 전쟁관을 주장하려고 도구론적 전쟁관을 극단적으로 과장했다.

'클라우제비츠의 삼위일체는 전쟁과 정치의 관계성이 전쟁의 본질을 규정하는 절대적인 요소라기보다 세 가지 경향의 부분적인 요소에 해당되는 상대적인 변수임을 분명히 밝히고 있다. 다시 말해 정치는 전쟁을 구성하는 세 가지 요소의 하나일 뿐이고, 정치(정부)와 더불어 '우연(군대)'과 '감정(국민)'의 영역도 전쟁의 속성을 규정하는데 동등하게 중요한 구성요소임을 말해준다. 클라우제비츠가 제시한 전쟁의 삼위일체는 '전쟁-정치'의 관계성이 '전쟁-우연(군대)', 그리고 '전쟁-감성(국민)'의 관계성과 함께 전쟁의 본질을 구성하는 일부 국면, 정확히 말하면 '1/3의 비중'을 차지한다는 점을 명확히 한 것이다.'(81~82쪽) 잘못된 해석이다. '1/3의 비중'은 『전쟁론』에 없는 '기계적인 형평성'이고, 전쟁의 카멜레온적인 성질과 삼중성을 정면으로 부정하는 것이다.[37] 이 짧은 글에서 감정과 감성을 혼용하고 있다. 감정인지 감성인지 명확히 할 필요가 있다.

---

37. 김만수, 「클라우제비츠의 전쟁의 삼중성과 4세대전쟁이론」, 295쪽 참조.

'로테에 의하면 클라우제비츠는 1806년 예나 전역, 1812년 모스크바 전역, 1815년 워털루 전역의 사례연구를 통해 전쟁과 정치의 관계를 더욱 완전히 이해하게 되었다.'(82쪽)[38] 김태현은 헤어베르크-로테의 주장을 무비판적으로 추종하여 『전쟁론』의 '다른 절반'에 해당하는 7년전쟁을 『전쟁론』에서 몰아낸다. 『전쟁론』에서 나폴레옹만 보고 프리드리히 대왕은 보지 않는다. 김태현은 클라우제비츠의 세 전투경험을 지나치게 강조함으로써 클라우제비츠의 연구와 관찰에서 연구를, 철학과 경험에서 철학을, 그리고 다년간의 사색을(『전쟁론』, 52~54쪽) 『전쟁론』에서 몰아낸다.

'클라우제비츠의 삼위일체는 예나, 모스크바, 워털루의 세 전쟁수행 경험과 분석에서 폭력의 무제한성 대 제한성, 존재론적 전쟁관 대 도구론적 전쟁관, 군사력 우위 대 정치 우위, 공격의 우선 대 방어의 우세에 관한 문제를 포괄하고 있다.'(82쪽) '예나 전역의 나폴레옹 전쟁수행의 분석에서 배태된 초기 클라우제비츠는 존재론적 전쟁관, 폭력의 무제한적 발휘, 공세와 결전, 정치에 대한 군사력의 우위로 대표된다.'(83쪽) '모스크바 전역 이후 클라우제비츠는 공세에 대한 방어의 우세, 결전 회피의 군사적 가치, 군사적 수단에 내재된 한계성, 군사적 승리에 대한 정치의 우위를 인식하였다.'(84쪽) '클라우제비츠는 나폴레옹 전략의 한계를 경험하고 전쟁수행에 대한 '정치의 우위' 명제를 이끌어냈는데, 이 관점은 워털루 전역에서 나폴레옹의 결정적 패배를 경험한 후에 재차 확인되었다.'(85쪽) 클라우제비츠의 삼중성 이론을 단지 세 전투에 근거하여 설명할 수 있는지 의문이다. 클라우제비츠는 1806년에 '초기 클라우제비츠'였고 1812년부터 '후기 클라우제비츠'라는 말인데, 한 인간의 사상을 6년 차이로 초기와 후기로 구분할 수 있는지 의문이다. 그렇게 구분한 근거도 없다. 또한 헤어베르크-로테의 클라우제비츠 해석을 받아들이고 헤어베르크-로테의 글을 '번역'한 것이 김태현의 '논문'이 될 수 있는지 의문이다.

---

38. 사소한 지적. 김태현은 '로테'라고만 쓰는데, 로테의 이름은 '헤어베르크-로테'로 적어야 한다.

'클라우제비츠의 전쟁론은 초기 클라우제비츠와 후기 클라우제비츠의 상반된 사례연구에서 도출한 네 가지 대비논점을 통합하여 발전시켰기 때문에 정-반-합의 변증법적인 논리구조를 가지고 있다.'(85쪽) 결국 김태현은 예나(정), 모스크바(반), 워털루(합) 또는 예나(정), 모스크바/워털루(반), 세 전역(합)의 변증법을 말하고 싶었던 것이다. 그런데 이것은 변증법이 아니라 억지이다. 이런 변증법은 클라우제비츠에게도 헤겔에게도 존재하지 않는다.

존재론적 전쟁관이 도구론적 전쟁관과 구분되고 다르다는 것, 정치의 도구와 수단이 아니라는 것에 의문을 제기한다. 존재론적 전쟁과 도구론적 전쟁은 모두 정치의 수단이고, 절대전쟁과 현실전쟁은 모두 정치의 수단이다. '전쟁은 단지 '적에게 우리의 의지를 강요하기 위한 폭력행동'이 아니라 스스로 자신의 의지를 증명하고 자신의 능력에 확신을 갖고 정치적인 의지를 갖기 위한 적극적인 행위로 이해해야 한다. 여기에서 전쟁은 정치의 수단이라기보다 최고 형태의 정치행위 그 자체이다. 이런 존재론적 전쟁관은 제3세계 국가들의 식민지 해방운동에서 발전되었던 폭력의 정당화 과정에서 그 사상적 계승성을 발견할 수 있다.'(92쪽) 그러니 절대전쟁이 바로 정치이다! 식민지 해방투쟁은 그들의 의지를 식민지모국에 관철하여 독립을 쟁취하려는 폭력행동이다. 전쟁이 폭력행동이라는 클라우제비츠의 정의는 (김태현의 말처럼) 부정되지 않고 존재론적 전쟁관과 모순되지 않는다. 그래서 도구론적 전쟁관과 존재론적 전쟁관에 대한 김태현의 해석은 관념의 놀이이자 현학이 되었다. (또는 뮌클러와 헤어베르크-로테의 부정확한 이해가 되었다.)

'클라우제비츠는 정치와 전쟁에서 배제되었던 '국민'이 프랑스혁명을 통해 정치와 전쟁의 전면에 나섬으로써 기존 전쟁체제를 혼돈스럽게 만든 점을 우려했다.'(101쪽) 이 주장에 대한 근거로 김태현은 클라우제비츠를 끌어들인다. '전쟁은 갑자기 국민의 문제가 되어버렸다. 다시 말해 시민으로 간주되었던 3천만의 국민의 것이 되었다. … 전쟁에 국민이 참여함과 동시에 내각과 육군 대신에 전체 국민이 그들의 자연스러운 비중과 함께 저울위에 올라왔다.'(101쪽 각주 67) 김태현은 클라우제비츠가 우려했다고 생각할지 모르지만,

이 문장에서 클라우제비츠의 우려를 읽을 수는 없다. 나는 위의 문장에서 클라우제비츠가 프랑스혁명으로 인한 전쟁의 변화를 객관적으로 인식하고 서술한 것으로 본다.

논문의 제목으로 '클라우제비츠의 전쟁론에 대한 재인식'보다 '클라우제비츠의 전쟁경험에 대한 재인식'이 더 적절했을 것 같다. 한 번도 등장하지 않은 북한을 결론에 등장시켜서 공산국가 북한과 봉건국가 프로이센을 같은 범주에 두고 비교하는 것은(104~105쪽) 독서를 당혹스럽게 만들었다. 북한을 제외하면 김태현의 논문은 전체적으로 (뮌클러를 따른) 헤어베르크-로테의 클라우제비츠 해석의 번역과 표절, 답습과 추종이다. 이에 비하면 문장이 혼란스럽고 서술에 중복이 보이고 오자가 많은 것은 사소한 흠이다.

『전쟁론』을 절대전쟁, 현실전쟁, 삼위일체 전쟁으로 해석하는 류재갑의 '단계론'이든, 클라우제비츠의 전투경험(예나, 모스크바, 워털루)으로 해석하는 김태현의 '경험론'이든 이들이 『전쟁론』에서 인용하지 않고 빼먹는 부분이 있다. '모든 전쟁은 정치적인 행동으로 간주할 수 있다. 어느 종류의 전쟁에는 정치가 완전히 사라진 것처럼 보이는 반면에, 다른 종류의 전쟁에는 정치가 매우 분명하게 나타난다. 하지만 어느 종류의 전쟁은 다른 종류의 전쟁만큼 정치적이다.'(『전쟁론』, 81쪽) 정치가 완전히 사라진 것처럼 보이는 전쟁은 절대전쟁이고, 정치가 매우 분명하게 나타나는 전쟁은 현실전쟁이다. 절대전쟁도 현실전쟁도 정치적인 행동이다. 모든 전쟁은 정치적인 행동이다. 도구론적 전쟁도 존재론적 전쟁도 정치적인 행동이다. 그래서 모든 전쟁은 정치의 수단이다.

B의 차례는 다음 쪽과 같다.

요약. 『전쟁론』 1편 1장은 예나/아우어슈테트(1806년), 모스크바(1812년), 워털루(1815년) 등 세 전역 사례를 분석의 주요 모티브로 하여 전쟁의 본질적 요소를 고찰했다. 예나/아우어슈테트 전역이 절대전쟁의 특성을 도출하는데 직접적인 동기가 되었다면, 모스크바 원정과 워털루 전투의 실패는 현실전쟁의 특성을 도출하는데 직접적인 유발요인이 되었다. 예나 전역을 초기 클라우제비츠라고 한다면 모스크바/워털루 전역은 후기 클라우제비츠라고 할 수 있다. 두 유형을 하나의 이론으로 수렴하기 위한 고민이 ‘경이로운 삼위일체’에 녹아있다. 1편 1장에서 클라우제비츠는 전쟁의 이중성(카멜레온)과 삼위일체(이성-감성-우연)의 연계를 규명하여 전쟁의 무제한성과 제한성의 동학을 입증했다. 여기에서 분명한 것은 절대전쟁은 존재하지 않는다는 점이다. 절대전쟁은 극단적인 참고점으로서 현실에서는 달성되지 않고 단지 이론의 영역에 해당된다. 전쟁의 무제한성과 제한성의 동학은 ‘왜 나폴레옹은 전쟁에 한편으로는 성공하고 다른 한편으로는 실패했는가?’라는 전략문제와 직결되어 있다.

　　의견. 김태현의 헤어베르크-로테 추종은 놀랍다. 또한『전쟁론』전체를 오직 예나, 모스크바, 워털루의 세 전투로만 이해하려는 ‘고집’도 완고하다. 이 둘을 결합하여 김태현은 (클라우제비츠가 완성했다고 생각하는 유일한 부분인) 제1편 제1장을 오로지 세 전투로만 이해하고 재해석한다. 김태현은 제1편 제1장의 논리구조를 예나, 모스크바, 워털루 전투로, 초기와 후기의 클라우제비츠로, 그래서 세 전투를 폭력의 극단화, 완화, 정지로, 이를 절대전쟁, 현실전쟁, 삼위일체 전쟁으로 이해한다(202쪽). 이 이해에 따라 제1편 제1장의 28

개 명제를 1~5(절대전쟁), 6~27(현실전쟁), 28(삼위일체)로 분류한다. 그리고 이 해석을 토대로 삼위일체와 전쟁의 경향성을 도표와 삼각형 그림으로 표현했다.[39] 그런데 이런 분류는 헤어베르크-로테에 의존하지 않고 혼자 힘으로도 할 수 있었을 것이다.

명제 2에는 '전쟁은 우리의 의지를 실현하려고 적에게 굴복을 강요하는 폭력행동'이라는(『전쟁론』, 60쪽) 정의가 나온다. 김태현을 포함하여 우리나라의 거의 모든 연구자들이 이 정의를 절대전쟁으로만 이해하는 것을 납득할 수 없다. 절대전쟁이든 현실전쟁이든 모든 전쟁은 폭력행동이고 아군의 의지를 실현하려 하고 적에게 굴복을 강요한다. 이 정의는 절대전쟁과 현실전쟁을 모두 포괄한다. 그래서 나는 28개의 명제를 1~2(정의), 3~22(절대전쟁과 현실전쟁), 23~27(전쟁과 정치), 28(삼중성)로 나눈다.[40]

'『전쟁론』의 분석대상은 1806~1815년간 수행된 나폴레옹전쟁이다.'(190쪽) '로테에 따르면 클라우제비츠는 예나 전역(1806년), 모스크바 전역(1812년), 워털루 전역(1815년) 등 세 가지 전쟁형태에 대한 연구를 통해 전쟁론의 전체적인 초점과 관점을 정립하게 되었다.'(198쪽) 앞에서 말한 것처럼, 김태현은 『전쟁론』에서 프리드리히 대왕의 7년전쟁을 무시하는 '이론적 폭력'을 저지른다. 그런데 브로디에 따르면 '클라우제비츠는 『전쟁론』에서 거의 예외 없이 워털루에서 끝나는 75년간의 역사적 경험만을 다루고 있다.'[41] 75년이라면 대략 1740년부터 1815년까지이다. 그리고 이것이 맞는 말이고, 이 기간이 『전쟁론』에 나오는 전쟁사 범위의 최소한이다.

'클라우제비츠는 절대전쟁의 모습을 1806년 예나 전역에서 나폴레옹군의 전쟁수행 형태에서 추론했고, 이런 형태의 전쟁을 이론화하는 과정에서 관념속의 전쟁의 모습과 대비했다. 관념속의 전쟁 또는 절대전쟁은 현실 속에

---

39. 이에 대한 비판은 김만수, 「클라우제비츠의 전쟁의 삼중성과 4세대전쟁이론」, 293~296쪽 참조.
40. 자세한 세분화는 김만수, 『전쟁론 강의』, 23~31쪽 및 아래 제4부 제2장 참조.
41. 브로디, 『전쟁론』의 항구적 가치, 712쪽.

는 그 자체의 형태로서 존재하지 않는다. 클라우제비츠는 절대전쟁은 현실세계에서는 존재하지 않는다는 점을 분명히 했다. 폭력, 목표, 강도가 무한대로 고조되는 절대전쟁은 현실에는 없다. 다만 절대전쟁의 경향을 띤 전쟁은 존재할 것이다.'(210쪽) 언어의 유희이다. 현실에서 일어난 예나전투가 왜 관념속의 전쟁이어야 하는가? 절대전쟁은 현실에 존재하지 않는데, 클라우제비츠는 절대전쟁을 (현실에 존재했던) 예나전투에서 도출한 것인가? 나폴레옹의 전쟁을 경험하지 않고 클라우제비츠가 절대전쟁 개념을 생각할 수 있었을까?

"모스크바 전역이 초기 클라우제비츠의 절대전쟁론에 대한 변화의 시발점이었다면 워털루 전역은 자신의 '정치의 우위' 인식을 재확인하는 사례가 되었던 것이다."(201쪽) 나중에 '후기 김태현'은 '초기 김태현'의 이런 생각에서 벗어날 수 있을까? 잘못된 견해를 버리는 것은 용기이다.

김태현의 글이 전체적으로 헤어베르크-로테 글의 표절은 아닐 것이다. 헤어베르크-로테 생각의 표절이고, 헤어베르크-로테 논문의 '번역'이다. 그래서 B는 김태현의 '논문'이라고 할 수 없을 것이다.

2.1.4. 적절한 이해

여기에는 전쟁의 본질과 사상에 대해 또는 『전쟁론』 제1편 제1장에 대해 적절한 수준의 이해를 보이는 글을 살펴본다. 다음의 글은 클라우제비츠를 제대로 이해하고 해석하려고 노력한 흔적을 보인 글이다.

정재학, 「클라우제비츠 「전쟁론」의 전쟁의 3가지 경향과 삼위일체에 대한 이해 : 제1장 "전쟁이란 무엇인가?"의 논리적 연계성 파악을 중심으로」, 『군사평론』 제396호(2008. 12), 육군대학, 43~58(16쪽)

요약. 이 글은 『전쟁론』 제1편 제1장 28개 명제의 논리적 연계성을 밝혔다. 전쟁의 정의(2절)에서 나오는 절대전쟁은 관념 속에서 세 가지 극단적인 상호작용으로 치닫는다. 이는 현실에서 제한되고(6~9절), 전쟁의 정치적 목적이 등장한다(11절). 전쟁은 다른 수단으로 정치를 계속하는 것이고(24절), 모든 전쟁은 정치행위이다(26절). 전쟁은 절대전쟁, 현실전쟁, 정치목적 달성의 전쟁 등으로 다양하다(25절).

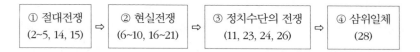

이는 삼위일체(28절)의 세 경향에 대응된다. 절대전쟁은 폭력성에, 현실전쟁은 개연성에, '정치전쟁'은 이성에 연결된다(53쪽).43 세 전쟁이 협의의 전쟁이라면 삼위일체 전쟁은 광의의 전쟁이다.

의견. 이 글은 『전쟁론』 제1편 제1장의 28개 명제를 세밀하게 분석하고 세 개의 그림으로 표현했다. (위의 그림은 그 중에 51쪽의 그림이다.) 많은 문헌을 참고하지는 않았지만 혼자 힘으로(표절하지 않고) 연구했다. 하지만 2절의 정의를 절대전쟁으로 이해한 점과 절대전쟁, 현실전쟁, 정치전쟁의 관계를 파악하지 못하고 별개로 이해한 점은 부족한 이해이다.44

---

42. 이것은 'II. 본론'의 하위제목이다.

43. '클라우제비츠는 제1의 경향(증오심)의 순수형태의 전쟁을 절대전, 제2의 경향(우연성)의 전쟁을 현실전, 제3의 경향(지적 능력)의 전쟁을 정치전으로 개념화한다.'(강진석, 『전략의 철학』, 259~260쪽 각주 76) 정재학이 강진석의 개념을 받아들인 것으로 보인다.

44. 나는 이 글을 다룬 적이 있어서 여기에서는 간략히 살펴본다. 이 논문에서 다른 측면에 대

A1. 김장일, 『클라우제비츠의 전쟁론과 '역사'』, 부산대학교 대학원 석사학위 논문, 2018. 2, 40쪽

A2. 김장일, 「클라우제비츠의 전쟁론과 '역사'」, 『역사와 세계』 53(2018. 6), 효 원사학회, 277~318(42쪽)

A2는 A1에서 서술과 인용 등을 약간 삭제하고 줄인 글이다. 아래에서는 최근에 발표된 A2만 살펴본다.

II. 클라우제비츠 전쟁론의 방법론
III. 절대전쟁과 제한전쟁
IV. 전쟁을 변화시키는 세 가지 성격

첫째, 클라우제비츠가 『전쟁론』 등의 저술활동으로 독자들에게 주려고 한 것은 관점뿐이었다. 나아가 그의 전쟁이론은 분석과 관찰의 기준일 뿐이 다. 이는 그의 인간관과 이론관에서 기인했다. 둘째, 그가 절대전쟁과 제한전 쟁의 두 형태로 의도한 것은 전쟁의 다양한 특성을 묘사하는 것뿐이다. 그는 두 전쟁의 우열을 가리는 일에는 관심이 없었고, 그 전쟁의 양상을 빚어내는 요인을 추출하는 일에만 집중했다. 셋째, 그의 '기묘한 삼중성'은 변화하는 개 별 전쟁의 양상을 분석하는 기준일 뿐이다. 이 세 요소를 사회요소에 종속시 킴으로써 전쟁과 그 주변 환경을 연결했다. 그래서 클라우제비츠의 이론은 뷜로나 조미니의 이론과 완전히 다르다.

클라우제비츠의 이론관과 역사관은 초기 역사주의자들의 그것과 닮아 있다. 그는 (기계론적 세계관을 지니고 있던 계몽주의자들에 맞서) 각각의 현 상이 띠는 개별성을 지키려고 노력했고, 인간 활동의 다양한 양상이 우열을 가릴 수 있는 것이 아니라고 주장했고, 인간 활동의 모습이 내적인 필연성에

한 논의, 특히 논문 55쪽의 두 삼각형 그림에 대한 논의는 김만수, 「클라우제비츠의 전쟁의 삼중성과 4세대전쟁이론」, 292~293쪽 참조.

의해 자연스럽게 결정되는 것이라고 주장했다.

그의 전쟁 연구는 전쟁이 띠어야 하는 형태를 말한 것이 아니라 전쟁이 띠는 형태를 설명하려는 것이었다. 전쟁도 사회현상처럼 그 배경에 따라 자연스럽게 결정된다. 그래서 전쟁이 나타내는 독특한 모습을 무시해서는 안 된다. 그는 모든 시대를 고찰하려고 했고, 이를 통해 자기 이론이 모든 전쟁의 독특성을 포괄하는 것이 되기를 희망했다. 그는 미래에 대한 예언을 의도적으로 피했고 철저하게 과거와 현재를 관찰했다.

『전쟁론』이 전쟁을 관찰한 책이라는 사실이 자주 무시되었고, 지금까지 『전쟁론』을 전쟁수행의 행동지침으로 받아들였다. 클라우제비츠는 끊임없이 변하는 전쟁에서 미래에 적용할 지침이 존재할 수 없다고 생각했다. 그의 저서는 지침이 아니라 독자들이 그 저서를 읽고 판단을 기를 수 있도록 사례를 중심으로 구성되었다. 그래서 『전쟁론』은 군사교범이 아니라 전쟁사의 사례를 모은 사례집이고, 그의 역사인식을 바탕으로 (시대의 변화를 뛰어넘는) 전쟁의 특징을 탐색한 역사서이다. 클라우제비츠는 전쟁에 대한 역사적 탐구에 집중하여 사실 그 자체를 규명하려고 노력한 최초의 '근대적 전쟁역사가'였다고 평가할 수 있다.

의견. 『전쟁론』이 논설문이 아니라 설명문이라는 것과 교범, 교리, 지침이 아니라는 것을 역사주의 관점에서 서술하고 증명했다. 김장일이 (『전쟁론』을 전쟁이나 전투에 적용, 활용, 응용할 교범이나 교리로 받아들이는) 군사학도가 아니라 역사학도이기 때문인지 『전쟁론』을 편견 없이 제대로 이해한 것 같다. 김장일의 이해와 해석은 (표절이 아니라면) 대체로 타당하다.[45]

리델 하트, 키건, 브로디 등이 현실의 전략이나 정치적 문제를 해결하는데 클라우제비츠의 군사사상이 오늘날 여전히 유효한지 아닌지, 실용성이 있는지 없는지 하는 질문에 답하는데 집중하고 있다는 지적, 한국의 클라우제비츠 연구도 대부분 현실에 대한 적용 문제를 다루고 있다는 지적도

---

45. 내가 역사학 문헌을 잘 모르기 때문에 김장일의 논의가 표절인지 아닌지 말할 수 없다.

(280~281쪽) 타당하다, 그런 질문은 클라우제비츠의 이론이 오늘날 실용성이 없거나(리델 하트, 키건, 핵무기의 등장을 강조한 이들), 여전히 유효하다는(하워드, 파렛, 서머스 등) 두 가지 답만 제시하게 된다.

2.2. 전쟁의 삼중성

김경영, 「클라우제비츠 삼위일체론의 현대 전략적 의미」, 『해양전략』 제97호
      (1997. 12), 해군대학, 228~278(51쪽)

요약. 군사문제 연구의 첫 단계는 전쟁의 본질에 대한 질문으로부터 전략의 출발점과 임무를 제시하는 것이다. 이 점에서 클라우제비츠의 『전쟁론』은 의미가 깊다. 그런데 우리나라에서 『전쟁론』의 이론연구는 부족하고, 삼위일체 연구는 더 부족하다. 해군에는 클라우제비츠 연구를 기피하는 현상까지 있다. 미국에서는 월남전쟁 패배 이후 클라우제비츠를 활발하게 연구했다.

클라우제비츠는 전쟁의 본질을 이루는 요소를 '기묘한 삼위일체'로 표현했다. 삼위일체는 인적, 우연적, 지적 요소로 이루어져 있다. 또한 전쟁에는 절대전쟁과 현실전쟁의 이중성이 있다. 클라우제비츠의 사상적 흐름은 일원적 개념화에서 출발하여 이중적 개념으로 발전되고 삼위일체적 정의로 종결된다.

월남전쟁에서 미국은 인적 요소의 지원 부족, 정부의 과다한 통제, 전장의 불확실성 증대로 전쟁의 삼위일체적 요소가 불균형을 이루어서 패배했다. 그 반면에 걸프전쟁에서는 전쟁에 대한 의회와 국민의 지지, 명확한 목적 제시와 적절한 통제 유지, 전략·전술의 개발을 통한 전장의 불확실성 감소로 삼위일체의 균형을 이룬 상태에서 승리했다. 이 사례에서 삼위일체 이론의 현대 전략적 의미를 확인할 수 있다.

현대전쟁은 비삼위일체적 전쟁으로 변했고, 기술이 발달하여 삼위일체를 사위일체로 수정해야 한다. 전쟁의 마찰과 불확실성을 군사적 천재에 의해서만 해결해야 한다는 논리는 현실의 세계와 괴리되는 현상을 초래한다.

삼위일체론의 이론적 의미는 교육적 성격에 있다. 삼위일체가 균형과 조화를 이루었을 때 승리의 가능성이 증대된다. 전략·정책적 의미는 전쟁의 정치적 목적과 군사적 수단의 분별 및 조화가 중요하다는 것, 정치적 목적을 정당화하려면 국민의 지지 획득이 중요하다는 것, 실제 전장에서 불확실성을 줄이려면 교리 발전과 교리의 융통성 있는 적용이 요구된다는 것, 지휘관의 창조적이고 자유로운 정신활동을 보장할 교육체계를 발전시키고 지휘통제에서 권한의 집중과 분산의 조화를 꾀할 것, 기술적 요소와 관련하여 고도의 무기체계 개발 및 획득에 관심을 가질 것 등에 있다.

의견. 김경영은 『전쟁론』에서 전쟁의 두 종류(절대전쟁과 현실전쟁)와 삼중성에 대한 이해가 부족하다. 한델 등 외국의 이론을 무비판적으로 수용하고 이를 한국에 무차별적으로 적용한다. 이 글은 전체적으로 외국 이론의 번역·소개이자 류재갑과 강진석 책의 표절 수준의 광범한 인용이고 김경영의 생각이 아니다.

김경영에 따르면, 헤겔은 정반 명제에 대한 합을 제시했는데 클라우제비츠는 합을 제시하지 못했다. 삼위일체론에서 정(인적 요소)과 반(지적 요소)에 대한 합이 없다. 제3의 요소로 우연성을 제시하고 이를 통해 정과 반의 '정지(停止)'를 제시했다. 이 균형적 정지를 달성하는 해결적 존재로서 군사적 천재를 제시한 것은 정·반에 대한 합의 대안으로 볼 수 있다(267쪽). 이 해석은 헤겔 변증법에 대한 오해이자 클라우제비츠 변증법의 왜곡이다. '정지'도 운동, 변화, 발전의 논리를 설명하는 변증법에 존재하지 않는 개념이다.

A1. 허남성, 「클라우제비츠 『전쟁론』의 '3위1체론' 소고」, 『군사』 제57호
    (2005. 12), 국방부 군사편찬연구소, 305~339(35쪽)
A2. 허남성, 「클라우제비츠 『전쟁론』의 '3위1체론'과 '군사천재론', 그리고 그

현대적 함의」, 허남성, 『전쟁과 문명』, 플래닛미디어, 2015. 8, 305~402(98쪽)

다음은 A1의 차례이다.

2. 『전쟁론』의 시대적 배경　　　(2) 제1극 : 폭력성과 적개심
　(1) 철학적·지적 배경　　　　(3) 제2극 : 우연성과 개연성
　(2) 정치적·군사적 배경　　　(4) 제3극 : 합리성과 정치적 종속성
3. 전쟁의 3위1체론　　　　　4. 군사이론의 유용성
　(1) 개요

요약. 이 글은 『전쟁론』 본문을 더 잘 읽기 위한 안내의 목적으로 '전쟁의 3위1체론'을 서술하고 있다. 클라우제비츠가 『전쟁론』에서 진정으로 의도한 것은 전쟁의 본질에 대한 진지한 탐구이다. 그는 전쟁이 인간정신과 의지의 특이하고 극한적인 대결의 표출현상이라는 점을 이론적으로 설명했다. 전쟁의 본질에 대한 깊은 이해라는 토대에서만 건전한 군사전략과 리더십의 탑을 쌓을 수 있다. 이것을 그는 전쟁의 3위1체론으로 집대성했다. 3위1체론은 그의 전쟁이론의 정수이다.

3위1체론의 핵심은 폭력성, 개연성, 정치적 종속성이다. 제1극은 비이성적인 힘이고, 제2극은 비합리적인(비논리적인) 힘이고, 제3극은 이성적이고 합리적인 힘이다. 그리고 클라우제비츠는 이 힘을 인간적·사회적 행위 분야인 국민, 지휘관과 군대, 정부에 연계시켰다. 전자를 '힘의 3위1체'로, 후자를 '행위의 3위1체'로 부른다면, 전자는 전쟁의 일반적인 내적 속성 사이의 역학관계를 다룬 전쟁의 본질에 대한 설명이고, 후자는 그 내적 속성이 행위자들에 의해 겉으로 표출된 현상을 나타낸다. 내적 속성과 표출된 현상은 늘 타당하지 않을 수도 있다(318쪽).

3위1체에 있는 3개의 극은 개별적인 요소라기보다 일체로서 해석할 때 전쟁의 본질에 접근하게 된다. 클라우제비츠도 세 경향 사이의 내재적 긴장, 갈등, 조화를 총체적·변증법적 시각으로 보여주려고 했다. 폭력성, 우연성, 합

리성이 함께 작용하여 본능적 감정을 통제하고, 전쟁이 극단으로 치닫는 것을 제어(정지)하고, 이를 통해 이론전쟁이 현실전쟁으로 현존하게 된다. 클라우제비츠의 3위1체론은 전쟁이 인간의 정신(의지) 요소 사이의 상호작용이라는 것을 강조한 산물이다(329쪽).

정치우위론은 전쟁이 정치의 지배를 벗어나서 정치를 지배할 수 있음을 경계한 통찰이기도 하다. 클라우제비츠의 전쟁이론과 같은 군사이론은 인식적, 실용적, 교육적 기능을 갖고 있다.

의견. 3위1체를 삼각형으로 그린 것은(318쪽) 허남성의 독창성을 보여주는 것 같다. 두 삼각형 그림에서 허남성의 노력의 흔적을 볼 수 있지만, 두 그림은 좀 복잡하고 혼란스럽다.[46]

허남성은 이성적이고 합리적인 정부에 종속되어 있는 인민과 군대가 왜 비이성적이고 비합리적인 힘이어야 하는지 설명하지 못한다. 즉 (비)이성적, (비)합리적, (비)논리적이라는 개념은 삼중성의 본질을 설명하는데 부적절하다.

차례에서 2는 문체도 좋고 내용도 좋고 잘 읽힌다. 그런데 2는 『전쟁론』의 배경이고 3위1체론의 배경이 아니다. 즉 2에서 논리적으로 3이 추론되지 않는다. 3은 전체적으로 『전쟁론』 제1편 제1장과 제8편 일부의 요약에 불과하다. 또한 3에서 4가 나와야 할 논리적인 이유도 없는 것처럼 보인다. 4는 3 없이도 나올 수 있다. 결론적으로 2, 3, 4의 논리적인 연결이 느슨하고 긴밀성이 떨어진다.

허남성은 (이종학과 달리) 『전쟁론』 제1편 제1장과 제8편만 현실전쟁으로 이해한다. 또한 절대전쟁과 현실전쟁을 잘못 이해하고 있다.[47]

A1은 허남성의 논문이라기보다 전체적으로 4개 글의 번역과 소개로 보

---

46. 이에 대한 논의는 김만수, 「클라우제비츠의 전쟁의 삼중성과 4세대전쟁이론」, 291~292쪽 참조.

47. 한국에서 이종학과 허남성은 군인 출신 연구자들의 클라우제비츠 연구에 많이 인용되는 인물이고, 그래서 그들의 클라우제비츠 오해는 후속 세대에 큰 영향을 미쳤다.

인다. 4개의 글은 하워드의 『클라우제비츠』, 파렛의 '클라우제비츠'(『현대전략사상가』 제7장), '전쟁론의 기원'(『전쟁 없는 자유란』 제4부 첫 번째 글), 『클라우제비츠와 국가』(Clausewitz and the State)이다. A1은 4개의 글을 압도적으로 많이 인용해서 4개 글을 번역한 것이 아닌가 하는 생각이 들 정도이다. 독일 관념론과 변증법을 제대로 '소화'하지 못한 채 외국 학자들의 이론을 소개하고 있다. A1에는 허남성의 독창적인 생각이 거의 없다.[48]

A1에 허남성의 독창적인 생각이 하나 있는데, 그것을 인용한다. "오늘날 선진 각국의 군사교육 체계에 있어서 군사사가 그 핵심에 자리 잡고 있다는 점은 사실상 상식에 속하는 문제이다. 또한 모든 고등의 군사이론 역시 군사사에 기초하고 있다는 사실 또한 상식의 문제이다. 상식은 새삼스럽게 검증이나 논란을 필요로 하지 않는다. 그럼에도 불구하고 우리나라의 군사교육에 있어서 군사사 과목을 확충한다거나 군사사 교수의 숫자를 보강하는 과제는 늘 험난한 논란과 좌절의 연속으로 점철되어 왔다. 선진 각국에서는 심지어 민간대학에서조차 광범하게 개설되어 있는 군사사 과목들이 우리나라에서는 군사교육기관에서마저 밥상 위의 간장 종지처럼 있어도 좋고 없어도 그만인 존재로 치부되고 있는 이유는 과연 무엇일까? 그것은 우리나라 군사교육의 후진성의 노출 그 이상도 그 이하도 아니다."(335쪽)

허남성이 군사사 교수로서 울분을 토로하고 있다. 그 이유는 (허남성의 말을 뒤집으면) 우리나라 군사교육기관에 '상식'이 없기 때문일 것이다. 또한 우리나라 군사학계에 군사사에 대한 인식, 즉 역사인식, 역사의식, 역사철학, 역사관이 부재하기 때문일 것이다. 그리고 이는 일제 만주군 출신의 친일파들(과 그 후예들)이 해방 이후에 우리나라 군부(와 정치와 경제 등 거의 모든 분야)를 지배했기 때문이고, 그 영향이 계속되고 있기 때문일 것이다.[49]

A2. 허남성은 2005년에 『군사』지에 A1을 발표하고 나서 10년이 지난

---

48. "이하의 논의는 주로 하워드, 파렛, 브로디 등의 논평을 참고로 하여 필자가 재구성한 것이다."(335쪽 각주 59). '이하'의 논의뿐만 아니라 이 논문 전체가 대체로 그러하다.

49. 친일인명사전편찬위원회 엮음, 『친일인명사전』 참조.

2015년에『전쟁과 문명』이라는 제목의 단행본을 출간했고,『전쟁과 문명』마지막 제9장에 약 100쪽 분량으로 A1의 확장판을 실었다. 그것이 A2이고, 차례는 다음과 같다.

『전쟁과 문명』제9장은 (2005년 논문에 없던) '군사천재론과 그 현대적 함의'를 상술했다. 그런데 제9장의 글도 2005년에 쓴 것이다. 허남성은 제9장의 글을 2005년 10월에『군사』지에 투고했는데, 그 당시 나는 (군사편찬연구소의 의뢰를 받아서) 그 글의 '익명의 심사자' 중의 한 명이었다. 나는 논문의 구성과 내용을 지적했고, 허남성은 그 지적을 일부 받아들여서 논문의 분량을 크게 줄였고, 그렇게 줄어든 글이 2005년『군사』제57호에 실린 것이다.

그런데 허남성은 2015년에『전쟁과 문명』을 출간하면서 그 책 제9장에 자신의 2005년 원고(내가 심사한 원고)를 거의 그대로 실었다. 허남성이 자기 '자식'을 살리고 싶었던 것 같다. 2005년 원고의 '뉴우턴'과 '율러'는 2015년 책에서 뉴턴과 오일러로 수정되었고, 2005년 원고의 '오른팔'과 같은 부적절한 낱말은 2015년 책에서 삭제되었다. 하지만 2005년 원고의 '장욱진'과 '장한나'는 2015년 책에 그대로 다시 등장했다. I. 서론과 VII. 소결론에서 약간의 내용을 보완한 것 외에 A2와 A1 사이에 다른 점이 거의 없다. 그래서 A2의 요약을 생략한다.

간략히 언급하면, 클라우제비츠 전쟁이론의 본질은 3위1체론이다(IV). 이 토대 위에서만 건전한 군사전략과 리더십을 쌓을 수 있다(V). 클라우제비츠의 군사이론은 오늘날 인식론적, 실용적, 교육적 유용성을 갖는다. 군사천재론과 관련해서 허남성은 군사교육, 군사사, 실질적 훈련, 리더십, 인사체계에 대한 제언을 한다(VI). '인사권은 지휘관에게 부여된 권리가 아니라 신성한 의무라는 사실을 골수에 사무치도록 깨달아야 한다.'(400쪽)

　　마지막 문장은 허남성이 부당한 인사처우를 당했다는 것을 암시하는 문장이다. 이 말과 위의 '군사사' 관련 언급을 보면 허남성이 (논문의 주제와 관련하여 해야 할 말을 논리적으로 전개했다기보다) 논문의 형식을 빌려서 하고 싶은 말을 작심하고 쏟아낸 것 같은 인상을 준다.

　　IV와 V는 『전쟁론』의 인용과 요약이다. VI은 IV와 V 없이도 나올 수 있는 제언이다. II부터 VI까지의 논리적 긴밀성이 떨어진다.

구용회, 「클라우제비츠 삼성체론의 한계와 대안적 이해」, 『군사연구』 제138집(2014. 12), 육군군사연구소, 321~344(24쪽)

　　요약. 클라우제비츠는 프랑스혁명의 시대배경에서 대불동맹군의 일원으로 참전했다. 혁명전쟁의 양상과 국제정치의 파급효과를 자세히 파악했고 이를 세 권의 전쟁론으로 저술했다.

　　전쟁론의 복잡한 내용을 하나로 엮어주는 연결선은 전쟁의 세 가지 속성을 설명한 삼성체론(삼위일체론)이다. 이는 적에 대한 국민의 적개심, 전장에서 승리를 바라는 군대의 도박심, 명확한 정치적 목적 아래에서 전쟁을 기획하고 지도할 수 있는 정부의 능력이다.

하지만 산업화·정보화로 무기의 정밀성, 치사성, 파괴성이 비약적으로 발전했고, 특히 핵무기에 의한 인류 공멸 가능성이 증가된 현재 및 미래 전략환경 속에서 클라우제비츠의 삼성체론은 현대적 관점에서 이해할 필요가 있다. 삼성체론에 전쟁의 폭력성 및 비인도성을 추가하여 오성체론(五性體論)으로 재정의해야 한다.

의견. 도발적인 글이다. 이런 무모한 주장도 학문적인 논의를 활발하게 하고 학문적인 발전을 이루는데 나쁘지 않다고 생각한다. 어쨌든 '주례사 서평'보다 좋다. 무모한 만큼 오해와 편견과 왜곡을 많이 보인다. 구용회가 말한 순서에 따라 논의한다.

삼중(三重)은 '세 겹 또는 셋이 겹쳐 있거나 거듭됨'을 말하는 것으로 구용회의 지적처럼 '세 가지가 중복(중첩)되는 성질로'(329쪽 각주 18) 이해되기도 한다. 하지만 나는 '삼중'을 단지 '세 가지'라는 의미로 받아들인다. 어느 전쟁(현실전쟁)에는 세 가지 성향(정치성, 개연성, 폭력성) 중에 일부만(두 가지만) 나타날 수도 있고, 다른 전쟁(절대전쟁)에는 세 가지 성향이 모두(세 가지) 나타날 수도 있다. 이것이 전쟁의 역사와 부합하고 클라우제비츠의 이론과도 부합한다. 이런 뜻으로 쓰려면 삼위일체 개념은 부적절하고 클라우제비츠의 이론에도 맞지 않는다. 그래서 나는 삼위일체 개념을 거부하고 삼중성 개념을 (삼중의 개념이 중복이나 중첩이라는 의미를 갖고 있어서 약간 혼동을 일으키는 점을 감수하고) 쓴다. 독일어의 Dreifaltigkeit는 삼위일체가 아니고, 삼위일체라고 번역할 수 있다고 해도 위에 말한 이유로 '삼위일체'라고 쓸 수 없다.

삼중성은 적개심, 도박심, 정치적 종속성이(323쪽) 아니라 폭력성, 개연성, 정치성이다. 구용회의 폭력성과 비인도성은 같은 말이고, 이는 폭력성에 포함되어 있다. 즉 구용회가 삼중성 중에 두 가지를 적개심과 도박심으로[50] 본 것은 잘못된 이해이다. 그리고 전쟁의 3가지 성향(성질 또는 경향으로서 정치성, 개연성, 폭력성)은 전쟁의 정의, 단계, 특징, 주체, 영역에 논리적으로 긴밀하게 연결되어 있다.[51] 적개심과 도박심은 이런 논리와 맞지 않는다.

클라우제비츠는 삼중성 이론이 '완벽한 논리적 체계를 갖추고 있고 하등의 결함이 없는 이론'이라고(332쪽) 말하지 않았다. 삼중성이 '우리의 사고를 적대성, 도박성, 정치적 종속성이라는 낱개의 요소에 한정'한다는(332쪽) 말에 동의하기 어렵다. 폭력성, 개연성, 정치성을 계통적으로 통일하여 전쟁현상 전체를 바라보게 하는 것은(332쪽) 우리를 모순에 빠지게 하지 않는다.

적대성은 국민뿐만 아니라 정부와 군대에도, 도박성은 군대뿐만 아니라 국민과 정부에도, 정치적 환경은 정부뿐만 아니라 국민과 군대에게도 모두 적용될 수 있다(332~333쪽). 폭력성이 정부에도, 개연성이 인민과 정부에도, 정치성이 인민과 군대에도 적용될 수 있는지는 의문이다. 클라우제비츠와 상관없이 자기만의 이론을 만들려면 그렇게 말할 수 있을 것이다. 하지만 클라우제비츠는 폭력성이 인민에, 개연성이 군대에, 정치성이 정부에 '주로' 해당된다고 말했다.

적대성, 도박성, 정치적 종속성은 전투력의 승수효과를 증진하는 요소이기 때문에 폭력성, 비인도성과 같이 전투력의 승수효과를 감소시키는 요소를 추가해야 한다(334쪽). 폭력성과 비인도성이 승수효과를 감소시키는지는 의문이다. 비폭력성과 인도성은 전쟁의 승수효과를 감소시킬 것이다.

국민의 사기 저하, 사회기간시설의 파괴, 전쟁터에서 사망하거나 불구자가 되어 돌아오는 남편 및 아이들을 보면서 느끼는 여자들의 전쟁혐오, 국민생활의 내핍, 민간인이 느끼는 생명의 위협, 미래에 대한 불확실성이 전쟁의 파괴성과 비인도성을 보여준다(334쪽). 여기에서 구용회는 전쟁의 주관적, 객관적, 심리적, 개인적, 사회적, 경제적, 정치적 요소를 섞어놓았는데, 이런 식으로는 전쟁을 논리적으로도 과학적으로도 분석할 수 없다. 논리적으로 분석

---

50. 도박성이 아니라 '도박심'이란 표현도 매우 어색하다.
51. 김만수, 『전쟁론 강의』, 30~33쪽 참조.

하려면 전쟁이 왜 일어나는지와 여자들이 전쟁을 얼마나 싫어하는지를 구분해서 연구해야 한다. 이런 것을 섞으면 연구 자체를 할 수 없다. '이질적인 것을 구분하는 것은 모든 이론의 중요한 임무이다.'(『전쟁론』, 148쪽) 이런 의미에서 클라우제비츠는 (예를 들어 전투나 결전 등과 같은) '전쟁수행'과 (예를 들어 식량조달, 무기조달, 총기 손질 등과 같은) '전쟁준비'도 구분했다. 전투력을 쓰는 문제와 전투력을 준비하는 문제는 근본적으로 다른 문제이다(『전쟁론』, 148쪽). 하물며 어떻게 전쟁의 원인과 불구자가 된 남편을 보는 아내의 절망감'을 한데 섞을 수 있겠는가!

구용회는 적의, 적대감, 적개심을 말하는데, 클라우제비츠는 적대감정과 적대의도를 구분했다. 적대감의 개념은 '적대감을 증폭시켜서 전쟁이란 수단으로 해결하라는 말'이(335쪽) 아니고 클라우제비츠가 그렇게 말하지도 않았다.

도박성에서 클라우제비츠는 개연성과 우연이 합쳐지면 도박이 된다는 것을 말했다. 즉 전쟁에 도박의 속성이 있다는 것을 말한 것이다. 클라우제비츠는 '도박에 임하는 마음으로 전쟁을 기획 및 수행해야 한다고'(335쪽) 말하지 않았다. '군대는 도박에 임하는 마음으로 남용되어서는 안 되고 적대세력의 도발을 억제하는데 사용해야 할 것이다.'(335쪽) 구용회는 도덕이나 윤리를 강조하는 것 같은데, 전쟁은 도덕이 아니고 『전쟁론』은 윤리책이 아니다.

'국가 간의 정치적 이해관계의 대립을 정치의 연장선에서 전쟁을 통해 해소하고자 하는 우를 범해서는 안 될 것이다.'(336쪽) 전쟁이 정치의 계속이라는 말은 국가 간의 대립을 전쟁으로 해소하라는 '주장'이 아니다. 클라우제비츠가 정의한 전쟁을 '정복전쟁'으로(339쪽) 보는 것은 구용회의 '자유로운' 오해이다.

'클라우제비츠의 『전쟁론』을 정독해보면 그의 생각이 정상적이기보다는 광적(狂的)으로 느껴지고, 논리의 흐름이 정연하지 못하여 이해하기가 무척 난해함을 느낀다.'(341쪽) 좀 더 정독하든지 『전쟁론 강의』를 읽을 것을 권한다. 구용회의 글과 참고문헌을 보면 그의 『전쟁론』 이해가 초라하고 왜곡되어 있고 그의 이해력에 문제가 있는 것 같다.

　구용회는 여러 개념과 단어에 대한 국어사전의 이해 수준에서 전쟁에 관한 클라우제비츠의 철학적 이해에 문제를 제기하고 있다. 그는 『전쟁론』에 관한 국제수준의 논의에 무지하여 용감하다! 이제는 자신의 이해력 부족과 『전쟁론』에 대한 오해와 왜곡에 구용회 스스로 부끄러움을 느낄 것 같다.

2.3. 전쟁천재

박기련, 「군사고전에서 본 장수론」, 『군사평론』 제326호(1997. 1), 육군대학,
    131~160(30쪽)

요약. 장수는 모든 지휘관이라기보다 장군에 가깝고, 최소한 연대급 이상의 지휘관이다(132쪽 각주 2). 손자의 장수론(將帥論)은 지신인용엄(智信仁勇嚴)이다. 오자(吳子)의 장수론은 용지위덕인(勇智威德仁)이다. 육도(六韜)의 장수론은 용지인신충(勇智仁信忠)이다.

클라우제비츠의 천재론은 지성과 인성이다. 지성은 지식, 지식이 몸에 배어있을 것, 지형감각의 세 가지로 분류할 수 있다. 인성에서 기본은 용기이다. 용기에는 개인적인 자질로서의 용기와 결심의 결과에 대한 확신을 갖는 용기가 있다. 즉 클라우제비츠의 천재론은 지(智)와 용(勇)으로 함축될 수 있다.

롬멜의 장수론은 통찰력, 실천력, 신뢰관계, 실리적 견고성, 협조성으로서 지용신엄(智勇信嚴)이다. 이들 다섯 가지의 장수론을 종합하면 용지신인엄(勇智信仁嚴)의 순서가 되고, 그 핵심은 용(勇)과 지(智)이다.

의견. 이 장수론은 박기련의 해석이라기보다 손자, 오자, 육도, 클라우제비츠, 롬멜에 대한 주석을 소개한 글이다. 클라우제비츠 부분은 박기련의 해석이 아니라 킬리언(T. H. Killion)의 해석이다. 클라우제비츠의 전쟁천재는 지성과 감성, 지혜와 용기, 통찰력과 결단력인데, 박기련의 지성과 용기의 분류와 해석은 혼란스럽다. 인성은 감성과 다른 개념이다. 지식, 지식이 몸에 배어있을 것, 지형감각은 지성과는 다른 범주로서 지성에 같이 넣을 수 없다. 개인적인 자질과 결과에 대한 확신도 용기에 대한 불분명한 설명이다.[52]

presence of mind는 현장감이(150쪽) 아니라 침착성이다. 영어의 presence of mind도 독어의 Geistesgegenwart도 침착성이라고 번역하고 이해하는 것이 적절하다.

김재선, 「Karl Von Clausewitz의 'On Military Genius'에 관한 연구」, 『중부
　　대학교 논문집』 제13집(1999. 8), 중부대학교, 425~435(11쪽)

II. 클라우제비츠의 전쟁관　　　　　　2.4. 전쟁의 목적과 수단
　2.1. 절대전쟁과 현실전쟁　　　　　　2.5. 전략과 전술
　2.2. 전쟁이 갖는 정치적 목적　　　III. 정치지도자와 군사지도자
　2.3. 물리적 힘과 도덕적 힘의 종합

　　　요약. 클라우제비츠의 전쟁관은 절대전쟁과 현실전쟁의 구분, 전쟁의 정치적 목적, 물리적 요소와 심리적 요소의 종합으로 압축될 수 있다. 『전쟁론』에서 군사적 천재가 차지하는 위상은 클라우제비츠의 이론 전체와 관련된다. 하지만 몰트케는 클라우제비츠의 전쟁이론을 잘못 이해하여 큰 실수를 저질렀고, 리델 하트는 이 점을 적절하게 지적했다. 클라우제비츠가 기술발달과 경제적 요인을 중요하게 생각하지 않은 것은 시대적 한계 때문이다.

　　　의견. 『전쟁론』 제1편 제1장~제3장 일부를 인용하고 외국 학자들의 견해를 '번역'한 글. 수준 이하의 논문이다.

임익순, 「클라우제비츠의 『전쟁론』에서 '군사적 천재'의 의미」, 『군사』 제99호
　　　(2016. 6), 국방부 군사편찬연구소, 323~370(48쪽)

　　　요약. 군사적 천재의 의미는 4의 가, 나, 다의 차례의 제목과 같다. 첫째, 군사적 천재는 삼위일체 요소들인 감성(폭력성, 국민)과 이성(정부)을 중재하는 존재이다. 둘째, 군사적 천재의 정신적 힘은 불확실성과 우연을 지배하는

---

52. 김만수, 『전쟁론 강의』, 42~49쪽 참조.

능력이다. 셋째, 군사적 천재는 전쟁이론의 정립에서, 그리고 전략의 수립과 실행에서 중심적 역할을 한다.

　군사적 천재 개념은 현대에 다음과 같은 함의를 준다. 첫째, 삼위일체에 대한 이해는 현대에도 중요하다. 둘째, 불확실성은 전쟁에서 영원히 제거될 수 없으므로 불확실성을 지배할 수 있어야 한다. 셋째, 군사적 천재로서 탁월한 리더십 역량을 계발해야 한다.

　의견. 이 글은 우리나라에서 클라우제비츠의 전쟁천재에 관한 제일 깊이 있는 연구이다. 몇 가지 용어에 대한 천착과 통계분석은 훌륭하다.

　논문의 구성은 논리성이 떨어진다. 차례에서 2는 12쪽, 3은 11쪽, 4는 16쪽 분량이다. 분량, 내용, 제목을 보면 4가 논문의 핵심이다. 그런데 4에 도달하는 논리적인 필연성으로 2가 필요했는지 의문이다. 3은 『전쟁론』 일부의 인용이다. 2와 3, 4의 논리적인 연계성이 떨어진다.

　임익순은 삼중성을 (다른 군인 출신 연구자들처럼) 감성, 우연, 이성으로 이해하는데, 이는 개념의 혼란이고 오해이다. 삼중성은 정치성, 개연성, 폭력성으로 이해해야 한다. 352쪽의 삼각형 그림도 전쟁에서 군대에 대한 정부의 우위와 문민우위 원칙을 보여주지 못한다.

　이 논문에서는 전쟁의 삼중성과 전쟁천재의 논리적인 연결이 애매하다는 것이 제일 심각한 문제이다. 임익순의 중재 개념도 클라우제비츠의 통합 개념과 다르다. 나폴레옹과 같은 천재는 전쟁의 삼중성에서 정부, 군대, 인민을 잘 '중재'했는지 모른다. 하지만 이순신과 같은 천재는 정부, 군대, 인민을 중재하지 못했어도, 정부로부터 핍박을 받고 유배를 갔어도 불굴의 의지로 많은 전투에서 승리했다. 클라우제비츠의 천재 개념은 '중재'가 아니라 전쟁에 필요한 많은 힘을 조화롭게 통합하는 사람이나 능력을 말한다.

군인 출신 연구자들은 클라우제비츠의 '독특한 삼중성' 개념을 '경이로운 삼위일체'로 기독교화하고 미스터리하게 신비화하려는 집착이 매우 강한 것 같다. 그래서 종교적 삼위일체를 전쟁의 삼위일체와 비교한다. 그들은 클라우제비츠 이론을 삼위일체 이론으로 보고, 모든 전쟁에서 (특히 북한의 도발에 대비하기 위해) 정부, 국민, 군대의 일치단결을 주장한다. 하지만 '삼위일체' 전쟁은 혁명전쟁과 나폴레옹전쟁 때 나타난 예외적인 현상이다. 다른 전쟁에서는 세 주체가 일체를 이루지 않았다. 프리드리히 대왕은 7년전쟁에서 인민과 무관하게 용병으로 전쟁을 수행했다. 즉 세 주체는 일체를 이룰 수도 있고 이루지 않을 수도 있다. 오늘날의 전쟁이 비삼위일체 전쟁이라는 것은 많은 학자들의 상식에 속한다. 『전쟁론 강의』 422쪽의 그림은 삼위일체이든 비삼위일체이든, 테러전쟁이든 저강도분쟁이든, 3세대전쟁이든 4세대전쟁이든 모든 형태의 전쟁을 클라우제비츠의 이론으로 설명한다. 나는 이 해석이 클라우제비츠 이론에 대한 올바른 해석이고, 그래서 클라우제비츠의 이론만큼 신축성이 있다고 본다.

임익순은 Feldherr를 최고지휘관이 아니라 야전사령관으로 번역하겠다고 밝혔다(325쪽 각주 4). 그런데도 최고지휘관의 개념을 13회(326, 343, 348, 349, 359, 360, 361, 362, 363, 364(2회), 366, 367쪽)나 쓰고 있다. 심지어 최고지휘관과 야전사령관을 합친 듯한 '최고사령관'이란 개념도 2회(348쪽)나 쓰고 있다. 나는 임익순이 어느 개념을 쓰는지 관심이 없다. 다만 임익순이 자기가 한 말의 일관성을 지켰으면 한다. 그런데 나폴레옹과 같은 최고 수준의 지휘관, 황제로서 한 나라의 군대 전체를 통솔한 사람을 야전사령관이라고 할 수 있는가? 전쟁천재를 군대에 속하는 인물로 한정하려는 '군인'의 희망인가?

'전쟁에 전쟁 자체의 문법은 있지만 전쟁 자체의 논리는 없다.'는(『전쟁론』, 995쪽) 말을 이용하여 임익순은 "연구는 그 자신의 문법은 가지고 있으나 스스로의 논리를 가지고 있지는 않다."고(327쪽) 주장한다. 임익순은 연구를 둘러싼 객관적 상황과 현상을 논리로, 그 논리의 주관적 기술을 문법으로 해석한다. 클라우제비츠의 논리와 문법을 임익순은 객관과 주관으로 이해하는데, 이는 재치 있는 비유 같지만 혼란을 일으키는 오해이다. 클라우제비츠의 논리와 문법은 객관과 주관이 아니라 목적과 수단의 관계로 이해해야 한다. 목적(왜 연구를 하는지) 없이 수단만으로(서론, 본론, 결론과 개념 등) 어떤 주제를 연구하는 연구자는 없을 것이다.

임익순의 인용과 출처 중에 카시러, 알튀세르(프랑스의 철학자이자 20세기에 제일 큰 영향을 미친 마르크스주의 이론가 중의 한 사람), 아롱, 칸트, 헤겔, 컬린저, 가톨릭대사전, '대한토목학회지' 등은 논문의 성격에 맞지 않은 것 같고 논문에 필요했는지도 의문스럽다.

2.4. 중심

박기련, 「클라우제비츠의 집중점 개념에 대한 현대적 이해」, 『군사평론』 제
    295호(1991. 7), 육군대학, 25~42(18쪽)

II. Schwer Punkt의 개념   IV. 적용·전례 : 1940년 독일의 프랑스 침공
III. Schwer Punkt의 분석   V. Schwer Punkt의 현대적 이해

요약. 클라우제비츠의 『전쟁론』에 나오는 Schwerpunkt는 중심점(重心
點)이 아니라 집중점으로 이해해야 한다. 그것은 무거운 지점, 무게가 집중
되는 지점, 핵심, 요점을 말한다. Schwerpunkt는 전투력을 최대한 집중하는
것, 전투력 집중점으로서 용병술의 핵심 개념이다. 결정적인 지점과 같이 전
투력 투입장소를 말하는 것이 아니다. 이에 따라 Schwerpunktbildung은 병
력 집중점 형성으로서 집중점을 달성하는 것이다. 전자는 계획 및 준비와 같
은 정적인 차원이고, 후자는 용병과 실행의 차원으로서 기동의 핵심이다. 집
중의 개념은 『손자병법』 허실편(虛實篇)의 병형상수(兵形象水)와 같다.

의견. 군대, 수도, 동맹국, 이해관계, 여론 등 클라우제비츠가 말한 중심
(重心)에 (병력을) 집중(集中)하게 되므로 독어 본래의 의미에 따라 중심으로
번역하고 이해해도 별 문제 없으리라고 생각한다.

중심 개념이 병형상수와 같은 개념인지에 대해서는 더 많은 논의가 필요
할 것으로 보인다. 군대, 수도, 동맹국, 이해관계, 여론 등에 대한 집중과 적의
실한 곳을 피하고 약한 곳을 공격하는 것이 같은 맥락에서 비교할 수 있는
지 의문이 들기 때문이다. 박기련은 Schwerpunktbildung을 적의 반응에 따
라 임기응변으로 군사력의 집중을 형성하는 것이라고 이해하는데, 이 이해에
도 동의하기 어렵다. 박기련이 든 웰링턴의 예는(35쪽) 임기응변에는 맞지만
Schwerpunkt에는 맞지 않는 것으로 보인다. 박기련은 작전 수준에서, 클라
우제비츠는 전략 수준에서 중심을 논하고 있는 것으로 보인다.

이런 문제에도 불구하고 박기련의 해석과 논의는 학문과 교리 발전에 필요하다고 생각한다. 그런데 이 모든 해석이 박기련의 견해가 아니라 (박기련이 인용한) 린드의 견해라는 생각이 든다(31~32쪽).

'에베레스트 산은 아프리카의 사하라 사막이나 태평양 한가운데 있는 것이 아니고, 히말라야는 높은 산맥의 한 봉우리라고'(40쪽) 클라우제비츠가 어디에서 말했는지 박기련이 출처를 밝혔으면 좋았을 것이다. 『전쟁론』에서 읽은 적이 없는 구절이기 때문이다.

'이제 시야를 우리 스스로에게로 돌이켜볼 때 직업군인으로서 우리 장교들이 가져야 할 직업의식의 일단을 가늠케 해주는 몇 가지를 발견할 수 있다. 지금 우리는 군인이면서 군과 거리가 제일 먼 생각을 갖고 있지는 않은지? 자기의 직위와 계급에 비추어 스스로 자기의 자질을 성찰하고는 있는지?'(41쪽) 박기련은 고집이 세고 대쪽 같은 군인일 것 같다. 군과 거리가 제일 먼 생각은 '정치'를 말하는가? 아니면 진급이나 돈? 그것도 아니면 쿠데타?

육군대학 편, 「重心과 重點에 관한 논의」, 『군사평론』 제335호(1998. 8), 육
　　군대학, 5~14(10쪽)

요약. 이 글은 중심 개념이 한국군에 도입된 역사를 간략히 서술했다. 이 개념에 대한 몇 사람의 토의 결과 미군의 Center of gravity는 중심(重心)으로, 독일군의 Schwerpunkt는 중점(重點)으로 정리하고 수용하는 것이 적절할 것이다.

중심 및 중점에 대한 이해를 도우려고 몇몇 자료를 발췌 요약했다. 1차 자료는 『전쟁론』, 미군의 야교 '작전'과 '작전요무령'이다. 연구 자료는 박기련의 「클라우제비츠의 집중점 개념에 대한 현대적 이해」, 홍성태의 『한국전의 기동전 분석』, 육군대학 자료, 기동전 편람 등이다.

의견. 연구 자료가 전부 미국 자료의 번역이거나 해석이다. 클라우제비츠의 중심은 장소의 의미가 아니고 중점은 지점처럼 장소를 떠올리기 때문에

나는 중심 개념을 선호한다.

박정이,「중심의 개념 고찰」,『군사평론』제335호(1998. 8), 육군대학, 57~
　　75(19쪽)

　　요약. 클라우제비츠는 중심 개념을, 조미니는 결정적 지점 개념을 썼다.
두 개념은 구분되면서도 밀접한 관계에 있다. 독일교범은 중심 개념에 충실하
다. 미국교범은 중심을 작전 수준 이상에 적용되는 개념으로 한정하고, 작전
술의 핵심이 적의 주전투력의 원천에 효과를 집중시킬 수 있는 능력에 달려
있다고 강조한다.

　　중심을 적용한 사례로 1940년 독일의 프랑스 침공계획, 한국전쟁 때 중
국의 공세작전, 걸프전이 있다. 작전계획을 세울 때는 중심 설정이 중요하고,
중심을 설정하려면 중심을 잘 식별해야 한다. 기동전에서는 적의 약한 곳으
로 아군의 중심을 신속하게 기동해야 한다.

　　중심 개념은 군단급 이상의 대부대 작전에만 사용하고 기타 부대에서는
현재의 교리를 적용하는 것이 중심 개념의 교리를 정립하는 바람직한 방향이
다.

　　박정이의 견해와 달리 편집자는 Schwerpunkt를 중심(Center of Grav-
ity)과 중점(Main Effort)으로 구분하여 이해하는 것이 합리적일 것이라고
본다(57쪽).

　　의견. 클라우제비츠가 말한 중심은 (수도를 제외하면) 어느 지리적 지점
으로 환원되지 않는다. 또한 전술 수준이 아니라 전략과 정치 수준의 개념이
다. 물론 전술과 전투 수준에서 중심의 교리를 정의하려는 노력도 필요하다
고 생각한다.

나종남,「클라우제비츠 중심 이론의 현대적 적용:작전적·전술적 적용을 중
　　심으로」,『학예지』제6집(1999. 12), 육군사관학교 육군박물관, 207~

　　요약. 중심은 『전쟁론』 제6편에서는 주력부대인데, 제8편에서는 수도, 동맹국의 이해관계, 정치지도자, 여론 등이어서 혼란스럽다. 하지만 '혼란'은 중심의 전략, 작전, 전술의 수준을 구분하지 못한 견해이다. 제6편의 중심은 작전과 전술 수준에서, 제8편의 중심은 전략, 정치, 외교, 국가전략 수준에서 고려해야 한다.

　　중심은 힘의 근원이자 물리적·심리적 균형의 중추이다. 신속하고 효율적·경제적인 방법으로 적을 파괴하려면 적절한 중심을 선정하는 것이 매우 중요하다. 현대 용병이론에서 작전과 전술 수준에서는 주력부대가 적의 중심이다.

　　중심은 목적, 목표, 수단 간의 연결고리 역할을 하는 개념이다. 중심이론은 현대의 불확실한 전장상황에서 목적의 적합성과 수단의 최적성을 동시에 달성하는데 이바지한다. 중심 개념은 전쟁의 각 수준의 개별요소를 전체의 관점에서 통합하고 파악할 수 있게 하는 개념적 틀을 제공한다는 점에서 유용하다. 하지만 중심이론은 영구불변의 법칙이 아니라 하나의 요소에 불과하다는 점에서 한계가 있다. 중심의 식별은 전략의 첫 단계에 불과하기 때문에 전략적 성공을 위해서는 중심의 결정 이상(중심을 타격하는 국가전략, 군사전략, 작전술, 전술에 이르는 개념의 정리와 구체적 방법의 모색)을 할 수 있어야 한다.

　　의견. 중심 개념에 관한 연구를 요약하고 정리했다. '중심의 결정 이상'이 구체적으로 무엇이고 그것을 어떻게 수행하겠다는 것인지는 애매하다.

＊　　＊　　＊

    제1장 2. 주제별 분류에서 클라우제비츠와 직접 관련된 연구로 33편의 글을 살펴보았다. 1950~1980년대에는 일본 문헌의 표절로 보이는 글이 많다. 최근에는 영어문헌이나 독어문헌을 표절한 글로 보이는 글이 늘고 있다. 군인 출신 연구자들의 글에는 류재갑과 강진석의 연구를 표절 수준으로 인용한 글이 많다. 탁월한 것으로 보이는 몇몇 논문은 외국문헌의 표절로 보인다. 그렇지 않은 경우에는 '상식'을 말하거나 외국의 군사교범을 늘어놓거나 그로테스크한 논의를 전개한 글이 대부분이다. 클라우제비츠를 제대로 이해하고 분석한 글은 적은 편이다.

간접 관련된 연구

클라우제비츠를 손자나 마키아벨리 등 다른 사상가들과 비교한 글, 클라우제비츠가 후대에 어떤 영향을 미쳤는지를 다룬 글, 클라우제비츠의 전쟁 철학이 오늘날 어떻게 적용되는지(적용될 수 있는지) 논의한 글, 오늘날의 전쟁과 개념을 다루면서 클라우제비츠를 언급한 글 등은 클라우제비츠의 전쟁 철학이나 중요한 개념을 직접 논의한 글이 아니라고 보아서 '간접 관련된 연구'로 간주하고 여기에서 다룬다.

1. 클라우제비츠와 몇몇 사상가들의 비교

먼저 비교연구를 살펴본다. 클라우제비츠를 손자, 마키아벨리, 모택동 등의 사상과 비교한 글을 비교연구로 간주한다.

1.1. 손자와 클라우제비츠

신정도, 「손자·부전주의의 병법 : 크라우제빗쯔를 능가하는 병서」, 『사상계』
　　제13권 12호(1965. 11), 사상계사, 232~239(8쪽)

　　이 글은 먼저 『손자병법』의 유래, 위상, 체계를 간략히 서술하고 그다음
에 손자와 클라우제비츠를 비교하고 있다.

　　1. 클라우제비츠는 전쟁을 상법(常法)으로, 손자는 변법(變法)으로 생각
했다. 2. 손자는 전략의 요소로 도천지장법(道天地將法)의 오사(五事)를, 클
라우제비츠는 정신적·물리적·수학적·지리적·통계적 요소를 내놓았다. 클라
우제비츠의 요소는 손자의 요소에 비해 실체성이 적고 모호한 데가 많다. 3.
손자는 전략의 수단으로 칠계(七計)와 세자(勢者) 둘을, 클라우제비츠는 전
투 하나만을 제시했다. (칠계와 세자는 오늘날 경계와 기동이다.) 4. 손자는
전략의 법칙을 기만이라고 했는데, 클라우제비츠는 (전략의 수단으로 제시
한) 전투를 재등장시켰다. 전투는 전략의 법칙으로서 무가치하다. 손자가 도
합 4수를 이김으로써 손자의 「시계(始計)」와 클라우제비츠의 『전쟁론』 제1
편 사이에 벌어진 바둑판은 손자에게 결정적으로 유리하게 되었다(235~236
쪽).

　　5. 손자는 국가전략가인 동시에 군사전략가인데, 클라우제비츠는 순수
한 군사전략가이다. 6. 클라우제비츠는 전략의 원칙을 손자만큼 정연하게 확
신을 갖고 제시하지 못했다. 7. 클라우제비츠는 적절한 전략선(戰略線)을 미
처 생각하지 못했다. 8. 클라우제비츠는 작위와 부작위(적극적 행위와 소극
적 행위)를 구체적으로 설정하지 못했다(236~239쪽). 클라우제비츠는 도합 8
수를 빼앗겼다. '동양의 병성(兵聖) 손자와 서양의 병학거성(兵學巨星) 크라
우제빗쯔가 바둑판 위에서 벌인 역사적 대국은 손자의 결정적인 승리로 끝난
다.'(239쪽)

의견. 글의 중간 이후 부분에서(236~278쪽) 서술이 좀 혼란스럽다. 이런 식으로 비교하면 이런 결론을 내릴 수밖에 없을 것 같다. 신정도는 『손자병법』은 자세히 인용하고 설명한 대신에 『전쟁론』의 내용은 제대로 인용하지도 않았는데, 클라우제비츠의 『전쟁론』 내용을 어떻게 알았을까? 한국에서 『전쟁론』을 번역하지도 않고 클라우제비츠를 제대로 연구하지도 않은 시기(1965년)에 일본 문헌을 표절했기 때문일까? 그렇다면 신정도는 논문이라는 '바둑판에서 결정적으로 패배했다'고 말할 수 있을 것이다.

손자를 기준으로 클라우제비츠를 보면 클라우제비츠가 '패배할' 것이고, 클라우제비츠를 기준으로 손자를 보면 손자가 '패배할' 것이다. 이런 비교는 다른 시대에 살고 다른 전쟁을 경험한 두 사상가를 비교하는 객관적인 방법이라고 하기 어렵다. 앞에서 본 한델의 『클라우제비츠 손자 & 조미니』가 좀 더 객관적인 비교이다.[1]

이중희, 『클라우제비츠의 전쟁론과 손자병법의 전쟁성격 비교연구』, 경북대학교 교육대학원 석사학위논문, 1977. 12, 45쪽

요약. 지금까지는 클라우제비츠와 손자의 전쟁이론을 분리해서 연구하는 경향이 있었다. 이들을 비교하여 연구하면 전쟁의 본질이 명확히 구명될 것이다.

클라우제비츠는 전쟁이 진지하고 중대한 현상이라고 생각했고, 손자는 전쟁이 나라의 중대한 일이고 전쟁에 국민의 생사와 국가의 존망이 달려있다

---

1. 한델의 비교는 100~104쪽 참조.

고 말했다. 두 사람은 전쟁이 생사를 좌우하는 중대사라는데 의견이 일치한다. 두 사상가는 전쟁을 정치의 계속이라고 하여 전쟁이 고립된 현상이 아니라 연속된 현상이라고 본 점에서 공통된다. 승리를 위한 전략은 다르다. 클라우제비츠는 절대적인 섬멸전을 주로 하여 승리해야 한다고 했고, 손자는 싸우지 않고 승리하는 것이 최상의 승리라고 했다.

이 비교연구에서 이중희는 싸우지 않고 승리하는 손자의 전쟁철학에 입각하되 전쟁을 피할 수 없는 경우에는 클라우제비츠의 전쟁사상을 원용해야 한다고 생각한다. 다시 말하면 두 사상가의 사상을 슬기롭게 종합하는 것이 바람직하다.

의견. 이중희의 생각과 '종합'은 상식으로 보인다. '연속된 현상'이라는 말은 불분명하다. 클라우제비츠가 주로 절대적인 섬멸전으로 승리해야 한다고 말했다는 것은 이중희의 오해이다. 1970년대 수준의 편집논문이다.

신진희, 『손자와 클라우제비츠의 전쟁사상 비교 : 국가정책 수단으로서의 전쟁』, 국방대학원 석사학위논문, 1994. 11, 73쪽

이 차례도 일부를 생략하고 적은 것이다. 손자와 클라우제비츠를 이런 식으로 기계적으로 비교할 수 있는지도 의문이지만, 이런 비교는 논리적으로 보이는 것이 아니라 차례를 불필요하게 장황하게 만든다. 손자를 한편으로, 클라우제비츠를 다른 한편으로 묶으면 차례가 훨씬 간결해질 것이다.

이 논문은 정치현실주의 시각에서 손자와 클라우제비츠의 전쟁사상을 연구했다. 이들은 전쟁의 목적, 현실인식, 대처방향에서 유사하지만 전쟁의 분석틀, 접근시각에서 차이가 있다. 전쟁에 대한 접근시각에서 손자는 실천가로서 국가정책적 수준에서 폭넓게 접근하는데, 클라우제비츠는 이론가로서 전략가적 입장에서 전쟁 자체의 수행에 관한 술을 역설했다. 손자는 싸우지 않고 적을 굴복시키는 방법을, 클라우제비츠는 작전적 차원에서 전장 승리를 강조한다.

손자는 부전성(不戰成)에 주안을 두었고, 클라우제비츠는 전쟁의 제한과 예방에 관심을 기울였다. 즉 손자가 전쟁을 정치적·외교적 활동의 수단으로 본 것처럼, 클라우제비츠도 전쟁을 정치활동의 일부로 보고 정치의 수단으로 인식했다.

전략적인 대안으로서 손자는 개전 전의 책략에 의한 목적 달성을 추구하되 무력전을 수행할 때는 단기 속결전으로 국민의 생명과 국가의 재정에 대한 손실을 최소화할 것을 권하고 있다. 클라우제비츠는 작전적 수준에서 방어의 이점을 최대한 살리면서 공세로 이전하여 전쟁의 목적을 달성할 것을 주장했다.

전략의 요소에 대해 손자는 오사(五事), 칠계(七計), 궤도(詭道)를 들고 있고, 클라우제비츠는 정신적, 물리적, 수학적, 지리적, 통계적 요소를 제시했다. 용병의 원칙에서 그들의 생각은 목표, 공세, 집중, 기동, 기습에서 일치를 보이지만, 손자는 경계와 창의를 중시한 반면에 클라우제비츠는 지휘통일을 중시했다. 작전지원에서 손자는 통신에 관심을 보인 반면에 클라우제비츠는 기술적 요소를 언급했다. 둘 다 병참이 중요하다는 것을 강조했다. 정보에 관해서는 둘 사이에 차이가 많다.

손자와 클라우제비츠가 시사하는 것은 다음과 같다. 정치지도자들은 국가정책적 수준에서는 부전(不戰)을 통해 목적을 달성해야 한다. 하지만 전쟁을 수행해야 한다면 전략적 대안으로 손자는 공세적인 단기 속결전을, 클라우제비츠는 공세적 방위전을 권하고 있다.

의견. 이 비교에서는 클라우제비츠의 전쟁사상이 다소 왜곡되어 나타난다. 손자를 실천가로, 클라우제비츠를 이론가로 구분한 것은 두 사람이 전쟁의 시기에 전쟁을 직접 체험한 군인이었다는 말과 어울리지 않는다.

A1. 강성학, 「21세기 군사전략론 : 클라우제비츠와 손자간 융합의 필요성」, 『국방연구』 제52권 3호(2009. 12), 국방대학교 안보문제연구소, 3~21(19쪽)

A2. 강성학, 「21세기 군사전략론 : 클라우제비츠와 손자간 융합의 필요성」, 『안보학술논집』 제20집 2호(2009. 12), 국방대학교 안보문제연구소, 99~143(45쪽)

B1. 강성학, 『무지개와 부엉이 : 국제정치의 이론과 실천에 관한 논문 선집』, 박영사, 2010. 9, 994쪽

B2. 강성학, 『전쟁神과 군사전략 : 군사전략의 이론과 실천에 관한 논문 선집』, 리북, 2012. 8, 448쪽

강성학은 국제정치학자로서 클라우제비츠 전문가가 아니다. 하지만 그는 『전쟁론』을 읽었고 많은 군 장교 제자들을 지도했고 클라우제비츠와 관련된 논문을 썼기 때문에 여기에 언급한다. 강성학이 쓴 클라우제비츠 관련 글은 A2 하나이다. A1은 A2의 요약이다. A2는 (강성학이 밝힌 것처럼) B1의 제25장(923~977쪽)에 재수록되었고, 이것은 다시 B2의 제1장(13~66쪽)에 재수록되었다. 여기에서는 제일 늦게 (제일 최근에) 출간된 B2만 살펴보는데, B2는 (강성학에 따르면) 주로 군사전략과 관련된 글만 모은 '헌 책'이다.

B2의 제1장의 제목은 A2의 제목과 같고, 차례는 다음과 같다.

I. 서론
II. 테러행위의 이해와 대테러전쟁
III. '힘의 중심부'를 통한 직접접근법
IV. 21세기 손자의 귀환
V. 전쟁수행에서 손자의 간접접근법
VI. 대테러전과 손자의 전쟁 원칙
VII. 손자식 간접접근법의 한계
VIII. 결론 : 융합이론을 향해서

요약. 9·11테러는 전쟁의 본질을 바꾸어놓은 것처럼 보였지만, 미국의 아프가니스탄과 이라크 침공은 전쟁의 본질이 근본적으로 변하지 않았음을 입증했다.

클라우제비츠는 '경이로운 삼위일체'로 전쟁의 카멜레온적인 성질을 보여주었는데, '경이로운 삼위일체'는 21세기의 테러와 대테러전쟁에서도 전쟁의 성격을 이해하는데 유용하게 적용될 수 있다. 테러와 대테러전쟁에는 일치하지 않는 많은 목적이 복잡하게 얽혀있고, 모두 매우 높은 적개심을 보여주고, 인간(주민)이 물리적으로나 심리적으로 무기이면서 목표물이 되었다. 클라우제비츠는 전쟁에서 적을 패배시키려면 적의 힘의 중심부를 공격하고, 이 공격을 되도록 소수의 공격이나 한 번의 공격으로 줄여야 한다고 말했다. 즉 극도의 집중과 최대의 속도로 공격하는 것이다. 인민무장투쟁에서 힘의 중심은 지도자의 인격과 여론에 있다. 이슬람의 리더와 성직자들의 행동을 보면 알 수 있다. 클라우제비츠가 말한 중심은 대테러전쟁에서도 유효하다. 그런데 세계화된 현대에 테러집단의 대량살상무기는 전 세계에 분산되었고 소규모집단은 자율적으로 강력한 파괴력을 보유하게 되었는데, 이것은 힘의 중심부라는 개념을 잘못 적용할 가능성을 크게 높인다. 대안이 필요하다.

클라우제비츠의 『전쟁론』은 전쟁 이전과 이후와 전쟁 중의 외교술에 대한 것이 아니라 전쟁수행의 기술에 관한 것이다. 손자에게 외교와 전쟁은 깊이 관련되어 있다. 전쟁과 전략을 분석하는 손자의 포괄적인 분석틀은 오늘날 클라우제비츠의 분석틀보다 훨씬 더 적실성이 있어 보인다. 클라우제비츠의 중심부 이론과 달리 손자는 보편적이고 신비로운 충고를 했다. '적의 전략을 공격하라.' 적의 계획과 전략을 공격하고 적의 동맹을 와해시킨 다음에 적의 군사력을 공격한다. 필요한 경우에는 적의 약한 곳을 공격한다. 9·11테러는 손자의 간접접근법이었다. 미국이 알카에다와 탈레반 지지세력을 아프가니스탄에서 신속하게 추방한데 대해서도 손자는 깊은 인상을 받았을 것이다. 또한 손자는 미국에게 외교적 노력을 더 기울이도록 조언하고 정보의 역할을 강조할 것이다. 하지만 손자의 '속임수'는 오늘날 거의 불가능한 전략이다. 장군의 역할을 지나치게 강조해서 문민통제의 원칙을 망각하게 할 우려가 있다. 포위된 적에게 퇴로를 열어주고 절망한 적을 너무 심하게 몰아붙이지 말라는 말은 위험하고 어리석다. 손자의 분석은 적이 바보이거나 수동적이어서 아군과 비슷한 전술을 추구하지 않을 것이라고 가정하는 것처럼 보인다. 손자에게는 클라우제비츠가 강조한 상호성이 없다.

클라우제비츠가 말한 '힘의 중심부'를 잘못 해석하면 무력을 너무 쉽게 사용하게 만들 수 있다. 손자의 간접접근법은 교활함과 속임수로 전쟁을 '지적인 운동'으로 전환시킨다. 최상의 선택은 두 접근법(클라우제비츠의 직접접근법과 손자의 간접접근법)을 지성적이고 분별력 있게 융합하는 것이고, 이들 간의 적절한 균형을 이루는 것이다.

의견. 많은 테러집단은 '국가'가 아닌데, 테러와의 전쟁이 이론적으로 국가 간 전쟁인지 의문이다. 강성학이 『전쟁론』에서 인용한 부분은 대부분 절대전쟁을 서술한 부분이고, 그래서 강성학은 이 논문에서 클라우제비츠를 절대적 섬멸론자로 이해한다.

많은 군인 출신 연구자들이 이른바 RMA(Revolution in Military Affairs)를 '군사혁신'이라고 번역하는데 반해, 강성학은 이를 정확히 '군사혁명'이라고(57쪽) 옮겼다. 우리나라 군인들은 '5·16 군사혁명'을 주도하고 겪었는데도 (주도하고 겪었기 때문에?) '혁명'이란 단어에 본능적인 거부감을 갖고 있는 것 같다.

『전쟁神과 군사전략』의 제1장 이외에 다른 글에서는 강성학이 클라우제비츠를 주로 인용하는데 썼다. 단순한 인용 이외에 『전쟁론』의 내용에 대한 해석이 개입될 때는 강성학의 심각한 오해가 보인다. "클라우제비츠에게 전쟁은 국가정책의 효과적인 수단이었다. 그것은 제한된 목적을 위한 전쟁이었기에 그럴 수 있었다. 그러나 기존의 모든 국제적 관습을 무시하고 기존의 국제체제를 완전히 파괴하려는 절대적 목적은 나폴레옹식의 절대전쟁의 수단을 필요로 한다. 여기에 클라우제비츠와 나폴레옹의 본질적 차이가 있다. 잔인한 침략적 전쟁은 정책의 수단으로서의 전쟁에 대한 클라우제비츠의 전쟁 개념과 양립할 수 없었다."(186~187쪽) 이것이 강성학의 견해인지 (강성학이 인용한) 본드(Brian Bond)의 견해인지 알 수 없다. 적어도 마지막 문장은 본드의 견해일 것이다.

첫째, 전쟁이 정치의 수단이라는 클라우제비츠의 말을 전쟁의 합리화로, 즉 전쟁이 정치(정책)의 '효과적인' 수단이고 정치를 하려면(정책을 펴려면) 전쟁을 해야 한다는 말로 이해하는데, 이는 클라우제비츠에 대한 오해이고 왜곡이다. 둘째, 절대전쟁은 정치의 수단이 아니고 제한전쟁만 정치의 수단이라는 해석은 클라우제비츠와 양립할 수 없다. 절대전쟁과 제한전쟁 모두 정치의 수단이다. 셋째, 영국과 독일 등 대부분의 나라에서 클라우제비츠는 절대전쟁 주창자이고 제1차 세계대전에 책임이 있다고 오해했다. 그런데 위에서는 거꾸로 나폴레옹을 절대전쟁론자로, 클라우제비츠를 제한전쟁론자로 오해한다. 나폴레옹전쟁을 경험하고 절대전쟁에 관한 이론을 확립한 것이 클라우제비츠이다. 나폴레옹이 절대적인 전쟁을 추구하고 수행했지만, 이런 식으로 나폴레옹과 클라우제비츠를 구분하는 것은 납득할 수 없는 해석이다. 넷째, 침략전쟁, 그것도 '잔인한' 침략적 전쟁은 클라우제비츠뿐만 아니라 나폴레옹, 히틀러, 부시의 전쟁 개념과도 양립하지 못할 것이고, 누구의 전쟁 개념과도 양립하지 못할 것이다. 스스로 '잔인한 침략적 전쟁'이라고 규정하고 전쟁을 수행하는 사람은 없을 것이기 때문이다.

"전쟁이란 클라우제비츠의 말처럼 문법은 있으나 논리가 없는 불확실성의 세계이다."(239쪽) 이 문장은 독자를 약간 혼란스럽게 한다. 강성학이 클라우제비츠의 논리와 문법의 비유를 불확실성과 연관 지었기 때문이다. 『전쟁론』에서 '불확실성'은 주로 정보의 불확실성 또는 (전쟁이나 전투) 상황의 불확실성과 관련된다. 전쟁이 불확실성의 세계라는 것은 전쟁의 논리나 문법과 무관하다. '전쟁에 전쟁 자체의 문법은 있지만 전쟁 자체의 논리는 없다.'는 (『전쟁론』, 995쪽) 말은 전쟁이 정치의 수단이라는 맥락에서 나온 말이다. 전쟁의 문법(기습, 책략, 전투, 배치, 야영, 행군, 사영, 식량조달, 지형, 요새, 진지, 수송 등)은 전쟁에서 지휘관과 병사들이 결정하고 수행하지만, 전쟁의 논리

(전쟁을 할 것인지 말 것인지, 전쟁을 왜 하는지, 전쟁으로 무엇을 이루려고 하는지 등)는 전쟁 자체에 없고 정치의 논리에 따라 결정된다는 것이다. 문법과 논리는 수단과 목적의 관계로 이해해야 한다.

끝으로 강성학의 번역을 하나만 살펴본다.

김만수 번역(18), 2016년, 60쪽	강성학의 영어중역, 2012년, 61쪽
이 말이 아무리 그럴듯하게 들린다고 해도 <u>이런 잘못된 생각은 버려야 한다</u>. 전쟁과 같이 위험한 일에서 <u>인정 때문에 잘못된 생각을 하게 된다면</u> 그것이 바로 최악의 생각이기 때문이다.	듣기에는 그럴 듯하지만 그것은 <u>반드시 폭로될 수밖에 없는 환상이다</u>. 왜냐하면 전쟁이란 <u>친절함에 기인하는 실수들이야말로</u> 최악의 것들이 되는 아주 위험스러운 일이기 때문이다.

강성학의 첫 문장은 오역이다. 둘째 문장에서 밑줄 친 부분은 매우 어색한데, 특히 '친절함'이 어색하다. 또한 긴 관형절 문장을 써서 번역 투라는 것을 잘 드러내는 문장이 되었다. 전체적으로 강성학의 문장은 내용을 제대로 이해할 수 없게 만드는 어색한 문장이다.

강성학처럼 어느 문헌의 우리말 번역이 있는데도 참고문헌에 영어문헌만 적는 학문적인 사대주의에 대해서는 김홍철을 언급할 때 이미 말했다.[2]

클라우제비츠와 손자를 비교한 이중희, 신진희, 강성학은 (신정도를 제외하면) 대체로 비슷한 논조를 보인다. 더 깊이 있는 비교에는 이르지 못했다.

---

2. 앞의 332쪽 참조.

1.2. 손자 이외의 사상가들과 클라우제비츠

A1. 이덕숭,「전쟁론의 비판 (1)」,『군사평론』제1호(1956. 11), 육군대학,
72~76(5쪽)

A2. 이덕숭,「전쟁론의 비판 (2)」,『군사평론』제2호(1957. 5), 육군대학,
131~140(10쪽)

A3. 이덕숭,「전쟁론의 비판 (3)」,『군사평론』제3호(1958. 5), 육군대학,
101~106(6쪽)

세 글은 총 21쪽이다. 이 중에 A1은 (지금까지 확인한 바에 따르면) 한국
에서 '클라우제비츠'의 이름을 제일 먼저 언급한 글이다.[3] 세 글의 차례는 다
음과 같다. 제一장, 제二장, 제三장의 제목은 각각 A1, A2, A3의 제목이다.

제一장 전쟁의 세기　　　제二장 크라우제뷧치의 전쟁론
　　　　　　　　　　　제三장 루댄돌푸의 전체전쟁론

요약. 클라우제비츠 시대의 전쟁은 국민전쟁이었고, 오늘날의 전쟁은 전
체전쟁이다. 클라우제비츠는 전쟁 중에 국민적 단결의 필요성을 전혀 언급하
지 않았다. 그러나 100년 동안의 세계정세에서 전쟁의 실태는 완전히 변했고,
전쟁을 하는 것은 국민이고, 장차 전쟁을 수행하려면 국민을 대상으로 계획
해야 한다. 국민, 작전, 정치의 일체는 장래의 전쟁에서 승리와 국민존속의 기
초가 된다.

의견. 이 글은 클라우제비츠와 루덴도르프를 비교했는데, 루덴도르프의
총력전의 관점에서 클라우제비츠를 비판한 글이다. 클라우제비츠를 크라우
제윗치나 크라우제뷧치로, 루덴도르프를 루댄돌푸나 루덴돌푸로 표기했다.

---

3. 그래서 '한국 클라우제비츠 연구 60년'의 시작을 1956년으로 잡은 것이다.

제二장에서 주로 클라우제비츠를 언급했는데, 이는 대부분『전쟁론』제1편 제1장과 제2장 일부의 발췌 번역이다. 제三장은 루덴도르프 이론의 요약과 소개이다. 이 글은 전반적으로 일어문헌의 표절로 보이는데, 오늘날 문헌학적 가치만 갖는다고 할 수 있다.

송지용,『클라우제빗츠와 모택동의 비교연구 : 전쟁관과 정치·군사적 적용을 중심으로』, 국방대학원 석사학위논문, 1990. 12, 99쪽

제2장 전쟁관
　제1절 클라우제빗츠의 국민전쟁관
　제2절 모택동의 인민전쟁관
제3장 전쟁과 정치와의 관계

제1절 클라우제빗츠
　1. 정치단절로서의 전쟁
　2. 정치계속으로서의 전쟁
제4장 전쟁관의 군사적 적용
제5장 핵시대 하에서의 적용과 발전

　　제2장. 클라우제비츠의 국민전쟁관과 모택동의 인민전쟁관은 큰 차이가 있다. 클라우제비츠의 국민전쟁관은 국가 단위의 국가주의를 기반으로 하고, 적의 개념도 국가 대 국가의 관계에 존재한다. 경제적 기반으로 인적·물적 동원능력을 중시하고, 군사적 기반으로 대병력주의사상을 높이 평가하고 주로 정규전을 수행한다. 모택동의 인민전쟁관은 인민의 개념에 기반을 두고 부르주아계급을 적으로 규정한다. 경제적·사회적 기반으로 인간의 정신을 강조하고 인민대중의 잠재력을 중시한다. 군사적으로 인민대중을 기반으로 비정규전과 잠재병력을 높이 평가하고 주로 비정규전을 수행한다.

　　제3장. 전쟁과 정치의 관계에서 모택동은 (전쟁이 정치의 계속이라는 클라우제비츠의 명제를 유물사관의 입장에서 이어받아) 전쟁은 정치이고 정치적인 성격을 갖는 행동으로 규정하여 전쟁과 정치를 일체적인 것으로 파악한다. '클라우제비츠는 정당한 정치적 목적에 합당한 이성적 통제에 속하는 분별력 있는 힘의 사용이 건전하게 설정되어 통제되어야 하는 것으로 보았다.' 모택동은 국내정치와 전쟁의 관계를 설정한 반면에, 클라우제비츠는 국가 간의 관계만 설정하였다. 모택동은 전쟁을 정치의 붕괴로 보고 절대전을 추구

한 반면에, 클라우제비츠는 절대전과 현실전의 이중성을 모두 보았다.[4]

제4장. 클라우제비츠의 인민무장은 외국의 침략에 대항하는 저항운동으로서 유격전을 의미하고, 정규전이 붕괴되었을 때 보조수단으로 쓰이든지 정규전에 협력하여 순수한 군사적 활동으로 고려되었다. 모택동의 유격전은 외침에 대한 저항과 국내정부의 타도활동으로 고려되고 있다. 정규전에 협력할 수도 있고 정규군이 조직되기 전에 활동할 수도 있다. 유격전은 정치적 활동과 군사적 활동의 배합으로 간주된다.

제5장. 핵시대에 국민전은 군사 목적과 수단이 정치에 종속되어 제한전쟁이 되었다. 중국은 인민전쟁 전략과 핵전략을 각각 독립된 개념으로 보는 방향으로 나아갔다. 보 구엔 지압과 게바라는 모택동의 이론을 베트남과 남미의 상황에 맞게 적용하여 성공했다. 현재 국민전쟁과 인민전쟁의 예가 베트남전쟁과 아프가니스탄전쟁이다. 국민전쟁과 인민전쟁의 구분은 현재에도 유용하다. 향후 한국은 국민전쟁 수행방식을, 북한은 인민전쟁 수행방식을 채택할 가능성이 매우 높다.

의견. 제2장에서 클라우제비츠의 국민전쟁관과 모택동의 인민전쟁관을 서술한 부분은 김홍철의 표절로, 제3장에서 정치단절로서의 전쟁과 정치계속으로서의 전쟁을 서술한 것은 티볼트와 강진석의 표절로 보인다.

개념과 문장이 혼란스럽다. 송지용이 내용을 '소화하지' 못하고 쓴 글로 보인다. 송지용이 국어 공부를 더 했으면 한다.

A1. 김성훈, 『마키아벨리와 클라우제비츠의 군사사상 비교 : '전쟁의 불확실성'과 그 대안에 대한 연구를 중심으로』, 국방대학교 안전보장대학원 석사학위논문, 2005. 12, 100쪽

A2. 김성훈, 「마키아벨리와 클라우제비츠의 군사사상 비교 : '전쟁의 불확실성'과 그 대안에 대한 연구를 중심으로」, 『군사평론』 제379호(2006. 4),

---

4. 이 부분은 송지용의 (이해가 안 되는) 문장을 내가 최대한 '국어화'한 것이다.

육군대학, 104~125(22쪽)

A2는 A1의 축약이어서 A1만 살펴본다. 아래는 A1의 차례이다.

　요약. 마키아벨리에게 운명적 불확실성(fortuna)을 제거하기 위해서는 군주의 강력한 인성적 역량(virtu)이 요구되고, 이는 강력한 군사력으로 구체화된다. 군주는 인성적 역량을 보유할 때 시대적 강제의 필요성(necessita)을 명확히 인식할 필요가 있다. 클라우제비츠는 감성-국민, 이성-정치, 불확실성-군사적 천재라는 삼위일체 개념으로 전쟁의 본질을 설명했다. 군사적 천재의 정신적 역할은 전쟁의 불확실성을 극복하는 것이다.

　마키아벨리와 클라우제비츠는 전쟁을 정치의 수단으로 간주했고 전쟁의 불확실성을 인정했고 그 불확실성을 극복할 대안을 제시했다. 그 대안은 지도자, 정신력, 군대에서 찾을 수 있다.

　마키아벨리에게 지도자는 강력한 비르투를 갖고 자신과 국가의 운명을 극복하는 군주이다. 비르투는 인성적 역량과 신성적(神性的) 운명으로 획득한 권력을 사적 윤리와 정치적 윤리로 분별하여 도덕과 기만을 활용하는 역량을 의미한다. 클라우제비츠에게 지도자는 전쟁의 불확실성을 혜안과 통찰력으로 극복하는 군사적 천재이다. 군사적 천재는 신성적 천재와 (학습으로 양성되는) 인성적 천재로 구분된다.

마키아벨리에게 정신력은 종교와 법률을 통한 애국심이다. 종교는 (부패하기 쉬운) 인간심성을 정화하고 개인과 집단의 동질감과 일체감을 형성한다. 법률은 육체를 강제로 통제할 수 있는 제도이다. 클라우제비츠에게 정신력은 감정과 이성이다. 군사적 천재는 육체적 용기와 책임의 용기를 갖고 있어야 한다. 책임의 용기는 이성, 혜안, 자제심을 의미한다. 국민과 군대에게는 육체적 용기가 더 중요하다. 생존의 열망에서 발휘되는 적극적 동기가 애국심이고 (클라우제비츠가 말한) 정신력의 실체이다.

마키아벨리가 요구하는 군대는 '강제적 시민군(Contado Militia)'이고, 이는 제도적 용병을 대체하는 상비군이다. 이 시민군은 군주의 신하, 부하, 시민으로 구성된다. 클라우제비츠는 '자발적 국민군'을 요구한다. 그러려면 무국적자나 하류층 등 혐오와 기피의 대상이 되는 (국민과 유리된) 상비군을 개혁해야 한다.

마키아벨리와 클라우제비츠의 군사사상이 오늘날 우리에게 주는 교훈은 '인간'이다. 전쟁의 중심에는 인간이 있다. 인간 중심의 전쟁에는 무엇이 요구되는가? 첫째, 철학과 사상이 있는 군대가 요구된다. (군사)지도자에게 요구되는 철학은 선비정신과 상무정신이다. 직업군인의 전문성을 제고하려면 복지 및 사기 앙양에 관한 조치도 병행해야 한다. 모든 군인에게 요구되는 무덕은 애국심과 전우애이다. 이를 고취할 수단은 강제적 제도와 종교이다. 강제적 제도는 징병제를 뜻하고, 종교는 사회의 유지와 통제 및 개인의 심리적 안정을 보장한다. '그러므로 종교적 가치를 통한 '신앙 전력화'에 대한 깊은 고찰이 요구된다.' 둘째, 창의적 상상력이 생동하는 군대가 요구된다. 인성적 천재를 육성하는 수단은 학습이다. 우리나라 군대에 간부교육을 경시하는 경향이 있는데, 현재 실시되고 있는 합참대학과 안보과정의 제도적 보완이 요구된다.

의견. 전쟁이 불확실하지 않아도 모든 전쟁에는 김성훈이 말한 지도자,

군대, 정신력이 필요할 것이다. 클라우제비츠의 삼중성을 감성, 우연, 이성으로 혼란스럽게 정리했다. 클라우제비츠가 천재를 신성적 천재와 인성적 천재로 구분했다는 것은 클라우제비츠를 마키아벨리에 꿰어 맞춘 억지이다. 클라우제비츠는 그런 구분을 하지 않았다. 클라우제비츠의 감정, 이성, 용기 등의 개념을 제대로 이해하지 못했다. Kopernikanische Wende는 '코페르니쿠스적 발상'이(12쪽) 아니라 코페르니쿠스적 전환이라고 번역하는 것이 적절하다. 경우에 따라 '변혁'이나 '혁명'으로 번역할 수도 있다. '발상'은 희한한 발상이다.

이 논문의 '압권'은 '신앙 전력화'에 대한 고찰을 요구한 점이다. 오늘날의 한국이 제정일치 사회도 아니고, 그 요구는 헌법 제20조에도 어긋난다. 대한민국의 헌법과 정체성을 부정하는 말이다.

이 논문에서 제일 심각한 논리적 오류는 지도자, 정신력, 군대(제3장~제5장)이다. 이 그로테스크한 범주는 예를 들면 연필, 볼펜, 버스와 같다. 연필과 볼펜은 필기도구이지만, 버스는 이동수단이다. 범주가 다르다. 이와 같이 김성훈은 지도자, 정신력, 군대처럼 같이 있을 수 없는 범주를 같이 언급했다. 지도자와 군대는 인간, 집단, 주체이지만 정신력은 '주체'가 아니다. 정신력을 '국민'으로 바꾸면 될 것 같지만 김성훈이 말한 정신력은 종교와 법률, 군사적 천재, 국민과 군대 등 이질적인 주체, 제도, 성질을 포괄한다.

제3장	지도자	군주/군사적 천재
제4장	정신력	종교와 법률/군사적 천재/국민과 군대
제5장	군대	시민군/국민군

지도자는 김성훈에게 군주이기도 하고 군사적 천재이기도 하다. 달리 보면 김성훈에게 지도자는 군사지도자이고, 정신력은 군사적 천재에게 요구되는 것이다. 즉 지도자, 정신력, 군대 모두 군대와 (군대)지도자에 대한 언급이다. 이것은 삼중성의 정부, 군대, 인민이 아니다. 군사적 천재의(제3장) 정신력

으로(제4장) 불확실성을 극복할 수 있다고 해석하면 되지만, 그러면 제5장 군대의 위상이 애매해지고 마키아벨리와 클라우제비츠의 비교는 혼란스러워진다. 논문의 구조를 보면, 이런 식으로 마키아벨리와 클라우제비츠를 비교하는 것은 무리였던 것 같다.

이지원, 「전쟁 원인의 복합성과 비극적 서사」, 『국제정치논총』 제55집 2호
   (2015. 6), 한국국제정치학회, 45~73(29쪽)

II. 전쟁 원인의 복합성 : 왈츠와 클라우제비츠
   1. 왈츠와 전쟁의 외생적 원인
   2. 클라우제비츠와 전쟁의 내생적 원인
III. 전쟁 발발의 전형적 경로 : 바스케즈와 아롱
   1. 바스케즈의 전쟁단계이론
   2. 아롱의 역사사회학적 인과분석
IV. 전쟁 원인의 투키디데스적 종합 : 비극적 서사

   요약. 전쟁 원인의 복합성과 발발 경로의 다양성은 이성을 통해 전쟁을 예방하거나 완화하려는 노력을 불가능하게 만드는 제일 큰 원인이다. 복합적인 전쟁 원인을 종합하려고 한 (왈츠의) 실증주의적 성격의 이론과 (클라우제비츠의) 탈실증주의적 성격의 이론을 분석하여 더 포괄적인 종합의 가능성을 모색할 수 있다.
   둘의 근본적인 차이는 '전쟁은 왜 일어나는가?'에서 '왜?'를 이해하는 방식에 있다. 왈츠는 그것을 '무엇 때문에?'로, 클라우제비츠는 그것을 '무엇이기에?'로 이해했다. 왈츠는 전쟁의 원인을 세 가지 범주(인간 본성, 국내체제, 국제적 무정부성)로 제시했고, 클라우제비츠는 전쟁의 본질을 구성하는 세 가지 요소(정치, 열정, 운)를 밝혔다. 두 사람은 전쟁 원인 연구의 기틀을 마련했지만 상반된 결론에 도달했다. 커키(M. Kurki)에 따르면, 두 질문은 더 '넓은' 개념에서는 동일한 질문이고 종합의 가능성을 내포하고 있다.
   전쟁 원인에 대한 왈츠와 클라우제비츠의 메타이론을 비교할 때 양측은

상이한 결론에 도달했다. 그 메타이론을 바탕으로 전쟁 원인을 종합하려고 한 바스케즈의 '전쟁단계이론'(영토 분쟁, 국제위기의 반복, 전쟁 발발, 확대)과 아롱의 '역사사회학적 인과분석'(동질성–이질성, 물질적 요인–정신적 요인, 역사적 인과)을 비교할 때 양측은 투키디데스의 비극적 서사라는 동일한 결론에 도달했다.

한 문장 요약. 커키의 해석과 주장을 전쟁의 원인(왈츠와 클라우제비츠)과 경로(바스케즈와 아롱)에 적용하면 결국 투키디데스를 만나게 된다.

의견. 일반 군사학의 영역을 넘어서는 글이다. 이 글은 (이지원이 밝힌 것처럼) 자신의 2012년 박사학위논문 『일본의 동아시아 패권정책과 미국의 견제정책에 관한 연구』에서[5] 주로 제2장을 보완 발전시킨 글이다.

작용인과 목적인을 외생적 원인으로, 질료인과 형상인을 내생적 원인으로 간주하는 커키의 주장은(47~48쪽) 분석적이고 실증적인 면이 강하고 변증법적인 측면이 부족하다. 불[火](이라는 하나의 대상)의 원인을 설명하는 데는 적절할지 모르지만, 전쟁(이라는 적을 대상으로 하는 양쪽의 상호작용)의 원인을 설명하는 데도 적절할지는 의문이다. 모든 이들을 커키에 적용해서 설명했다.

인과적 서사(메커니즘 경로, 우연의 일치, 인간의 행위)로 개별 전쟁의 원인을 설명하는 수가나미(H. Suganami)의 주장이 클라우제비츠가 제시한 삼위일체의 세 가지 요소에 상당히 잘 대응되는지(61~62쪽) 의문이다.

클라우제비츠와 관련되는 부분을 지적한다. '전쟁은 무엇에 의해, 혹은 무엇이기에 일어나는가?'라는 질문에 대해 클라우제비츠는 권위 있는 답을 제시했다. … 그는 전쟁이 본질적으로 경이로운 삼위일체로 구성된다는 결론에 도달했다. … 전쟁의 본질에 대한 이 분석은 전쟁 원인 연구에 함의를 갖는다. 전쟁의 내생적인 원인들이 존재하는 곳은 정치, 열정, 운으로 범주화할 수 있고, 그 구체적인 담지자들은 정치지도자, 국민, 군사지도자이다(53~55쪽).

---

5. 아래 625쪽 참조.

결론 부분에서 이지원은 '전쟁의 내생적 원인을 고찰한 클라우제비츠의 삼위일체'라고(67쪽) 단정한다.

전쟁의 본질에 대한 분석이 전쟁의 내생적 원인을 고찰한 것인지 의문이다. 본질과 원인은 '함의'라는 말로 연결될 수 없는 근본적인 차이를 갖고 있다. 박사학위논문의 논리도 이 글과 달랐다. '전쟁이 무엇인지에 대한 가장 권위 있는 설명은 클라우제비츠가 제시했다.'(박사학위논문, 13쪽) '무엇이기에 (또는 무엇에 의해) 일어나는지'와 '무엇인지'는 크게 다르다. 즉 클라우제비츠의 삼중성을 박사학위논문에서는 전쟁의 본질로 보았는데, 이 글에서는 내생적 원인으로 간주하고 있다. 이는 이 글에 맞게 (왈츠의 외생적 원인과 대비하여) 클라우제비츠를 수정한 것으로 보인다. 클라우제비츠의 삼중성은 전쟁의 (내생적) 원인이 아니고 전쟁의 본질도 아니다. 그것은 전쟁의 성향이라고 이해해야 한다.

2. 클라우제비츠의 수용과 영향

클라우제비츠 이후의 사상가들이 클라우제비츠를 어떻게 이해하고 해석했는지, 클라우제비츠가 그들에게 어떤 영향을 미쳤는지 다룬 글을 여기에 모았다. 여기에 모은 글은 그 사상가들과 클라우제비츠의 비교연구라고 볼 수도 있어서 비교연구 다음에 배치했다. 그 사상가들의 시대, 중요도, 글의 발표순서로 고려해서 글을 배열했다.

2.1. 오해와 왜곡

레닌, 아롱, 키건의 클라우제비츠 해석을 오해했든지 불충분하게 이해한 연구자들의 글을 살펴본다. 여기에는 표절이나 짜깁기로 보이는 글이 있는데, 제일 먼저 살펴보는 길정우의 해석은 우리나라의 클라우제비츠 이해에 지대한 악영향을 미쳤다.

길정우, 『카알 폰 클라우제비쯔의 정치적 전쟁철학과 레닌의 수용』, 서울대학교 대학원 석사학위논문, 1981. 2, 147쪽

제1장 클라우제비쯔의 전쟁철학:「전쟁론」 주석
   제1절 전쟁의 정의
      1. 개념적 구성:「전쟁론」 제I권 제1장
      2. 종합화된 전쟁의 정의:개념화 작업의 결실
   제2절 「전쟁론」 주석
      1. 절대적 전쟁과 현실의 전쟁
      2. 전쟁의 목적과 수단
      3. 전쟁은 정치의 한 도구이다
      4. 정치적인 것(das Politsche)의 의미
제2장 레닌의 클라우제비쯔 노우트
   제2절 레닌 군사사상의 요체
   제3절 레닌의 클라우제비쯔 수용:전쟁과 정치
      2. 사회·정치적 현상으로서의 전쟁 인식
      3. 정책의 수단으로서의 전쟁
제3장 클라우제비쯔 해석의 제 유형
   제1절 서방진영에서의 해석
   제2절 소련에서의 클라우제비쯔 해석 논의
부록:「전쟁론」 제I권 제1장의 역주
   1.「전쟁론」역주에 붙여
   2. 역주

요약. 이 논문은 클라우제비츠의 정치적 전쟁철학의 요체를 구명한다. 이는 한편으로 『전쟁론』의 주요 부분을 번역하고 그 부분에 주석을 달면서, 다른 한편으로 마르크스주의에 의해 해석된 클라우제비츠 사상을 관찰하면서 수행했다. 『전쟁론』은 클라우제비츠가 살고 경험한 현실세계의 문제에 대한 절실한 통찰의 산물이다. 클라우제비츠에 대한 마르크스주의자들의 관심도 그들이 살고 활동한 시대상황의 현실적인 필요성 때문에 생긴 것이다. 사상이란 당대를 살던 사상가들의 혜안으로 당대의 절실한 문제를 파악하고 분석한 결실인데, 그런 점에서 사상과 현실세계에서 클라우제비츠와 레닌의 조우는 많은 것을 시사한다.

클라우제비츠의 정치적 전쟁철학은 당시의 유럽 국제정치에서 전쟁과 정치의 관계를 밝히려는 노력의 결실이었다. 그 당시처럼 오늘날의 국제질서도 주권 국민국가들의 권력과 영향력의 상호관계 아래에 있다. 하지만 핵무기로 대표되는 현대 무기체계의 혁명은 클라우제비츠가 인식한 국민전 양식에 중대한 변화를 가져왔다. 현대의 국제질서는 호전적 평화와 평화적 전쟁의 상태에서 갈등과 시련을 겪고 있고, 우리는 공포의 균형 속에 살고 있다.

이런 현실에서 클라우제비츠가 전쟁철학자로서 계속 그 중요성을 인정받는 이유는 무엇인가? 그는 시공을 초월하여 전쟁을 인식할 수 있는 개념적 틀을 마련했다. 또한 전쟁과 정치의 관계를 몇 가지 명제로 구명했다. 그 명제의 의미는 폭력의 개념으로 규명한 절대적 형태의 전쟁도 아니고 의식의 세계에만 존재하는 추상적 형태의 전쟁도 아닐 것이다.

전쟁에는 내정의 모든 이해관계가 집약되어 있고, 전쟁은 지성을 갖춘 통치자가 국가정책을 합리적으로 행사하는 것이다. 이것이 클라우제비츠가 말하고자 한 것이다. 인격화한 국가의 지성을 강조한 점은 핵시대의 절박한 상황에서 매우 중요하다. 클라우제비츠의 전쟁철학은 순수전쟁에서 현실전쟁까지 해명하고, 자본주의와 사회주의 이데올로기 진영 모두에 전쟁에 관한 사고의 중요한 근거이고, 그래서 현대 국제정치에서 전쟁과 평화를 생각하는 데도 의미가 크다.

의견. 길정우의 결론을 요약했는데, 이 결론은 본론의 요약이라기보다 클라우제비츠를 중심으로 현재와 미래를 언급한 글이다. 그래서 레닌 부분이 거의 없다.

제2장 레닌의 언급을 약간 인용한다. 혁명 없는 평화는 속된 유토피아이다(53쪽). 전쟁이 잔인하다고 비난하지만, 사회가 계급으로 나뉘고 인간에 의한 인간의 착취가 존재하는 한 전쟁은 불가피하다. 이 착취를 절멸하기 위해서는 전쟁을 고려하지 않을 수 없을 것이다(55쪽). 전쟁은 지배계급의 정치의 계속이지만, 노예의 반란처럼 피지배계급의 정치의 계속이기도 하다(61쪽). 전쟁이 (평화 시의) 정치의 계속이라면 평화도 (전쟁 시의) 정치의 계속으로 이해해야 하는데, 브레스트-리토프스크 조약이 그 좋은 예이다(70~71쪽).

제3장. 자본주의 진영은 전쟁의 본질을 군국주의, 현실주의, 평화주의 관점에서 해석한다. 군국주의 관점은 주로 제1차 세계대전까지 있었고, 이 관점에 따르면 일단 전쟁이 발발하면 전쟁은 정치에 의해 통제될 수 없고 군사적 고려에 따라서만 수행되어야 한다. 정치적 현실주의는 제2차 세계대전 이후 생긴 흐름인데, 현실주의자에 따르면 전쟁은 정치적 통제 아래에서 수행될 수 있고 그렇게 되어야 한다. 평화주의는 (전쟁이 불가피한 현실이라는) 군국주의와 현실주의의 전제를 모두 부정하고 분쟁의 정치적 해결을 모색하는 철학을 제시한다. 평화주의적 관점에는 윤리적 시각, 이상주의적 전통, 평화연구가 있다. 사회주의 진영(소련)은 정치에 국가 이외에 계급을, 전쟁에 국가 간의 전쟁뿐만 아니라 내전을 포함시킨다. 전쟁을 (관념론이 아니라) 유물론으로 해석한다. [제3장은 길정우의 해석이 아니라 라포포트 이론의 번역이자 소개이고, 그래서 전체적으로 표절 수준의 글이다.]

이 논문의 특이한 점은 52쪽 분량의(96~147쪽) 부록인데, 부록이 논문 전체의 35%를 차지한다. 길정우는 부록에 『전쟁론』 제1편 제1장을 번역하고 각주에 해설을 달았다. 각주에는 주로 레닌의 클라우제비츠 노트를 번역하고 설명했다.

길정우는 이 논문 제1장 제1절에서(9~26쪽) 『전쟁론』 제1편 제1장을 '번역'했다.『전쟁론』제1편 제1장의 사고전개 추이를 두 마디의 용어로 정의한 전쟁(2항)에서 세 마디의 용어로 정의한 전쟁(28항)으로 이해하여(10~11쪽) 아롱의 해석을 그대로 받아들였다. 그리고『전쟁론』제1편 제1장을 '편의상' 4단계로 나누어서 요약했다. 제1단계(1~5항)를 '전쟁의 고유논리'로, 제2단계 (6~11항)를 '현실세계에서 수정되는 절대적 형태의 전쟁'으로, 제3단계(12~22 항)를 '적개심 정지의 모순'으로, 제4단계(23~28항)를 '정치와 정책'으로 이해 하여 제1편 제1장을 요약했다(12~22쪽). 길정우가 한 아롱의 소개와 편의상 의 '단계론'이 류재갑과 강진석 등에게 받아들여져서 그 이후 우리나라의 클 라우제비츠 오해에 지대한 영향을 미쳤다.

제1단계는 현실세계의 실제전에 적용되어 설명되지 않았고, 이 단계에서 는 순수한 개념으로서 사변세계의 전쟁이 논의되었다(15~16쪽). 제2단계에서 는 추상적 개념의 전쟁이 실제전과 조우한다. 제3단계에서는 '적개심이 정지 되는 모순'을 설명했다. [이 부분은 행동하는데 좀 더 유리한 순간을 기다리려 고 전쟁행동이 중지된다는 것을 서술한 부분이다. 그 이유는 (방어가 공격보 다 우세하기 때문에) 양극성의 효과가 사라지고 상황 파악이 불완전하기 때 문이다.]⁶ 3단계에서 이성적 사고에 대한 정신적 가치의 우위는 4단계에서 전 도되고, 실제전과 마찬가지로 절대적 형태의 전쟁도 정치적으로 결정된다. 전 쟁의 목적을 이룬다는 점에서 국가정책의 우위는 2항의 정의에도 내재되어 있다(21~22쪽). [이제 길정우는 자신의 단계론을 뒤집고 절대전쟁과 현실전쟁 을 혼란스럽게 섞는다.]

클라우제비츠는 정치에 의해 통제되지 않는 순수한 폭력의 행사를 절대 적인 전쟁으로 인식했다(27쪽). 다른 해석을 표절한 것이든 길정우의 해석이 든 이것은 잘못된 해석이다. 절대전쟁이든 현실전쟁이든 모든 전쟁에는 정치

---

6. 적개심이 '정지'된다는 국어도 코미디이다. 적개심, 즉 마음이 어떻게 '정지'된다는 것일까? 마음이라는 것이 '정지'될 수 있는 것인가? 길정우의 적개심은 클라우제비츠가 말한 적대의도와 적대감 중에 적대감에 가까운데, 클라우제비츠는 적대감보다 적대의도를 중요하게 보았고 적대의도로 전쟁을 정의했다(『전쟁론』, 제61쪽 참조).

가 없을 수 없다. 절대전쟁이 마찰 때문에 현실전쟁이 된다면(28쪽) 절대전쟁에는 마찰이 없다는 말인가? 현실전쟁이 위험하고 고통스럽다면 무제한의 폭력을 쓰는 절대전쟁은 (무제한으로) 더 위험하고 고통스럽지 않을까? 길정우는 문서로 하는 전쟁과 절대전쟁의 개념을 혼동하는 것 같다. 위험, 육체적 고통, 정보의 불확실성, 우연은 절대전쟁과 현실전쟁에 모두 존재한다. 절대전쟁에는 (폭력을 무제한으로 쓰고 한 번의 결전으로 전쟁의 결과가 결판나기 때문에) 정보의 불확실성과 우연만 상대적으로 덜 중요하게 나타날 것이다.

『전쟁론』제1편 제1장은 전쟁 본연의 폭력행동, 인간정신의 자유로운 활동, 정책적 고려의 세 요소를 종합한 개념이다. 이 개념은 포괄적인 전쟁이론을 정립하는데 부족하고, 이 부족을 길정우는 논문 제1장 제2절에서(26~46쪽)『전쟁론』제8편의 (더욱 노골적인) '번역'으로 채운다. 논문 제1장 제2절은 『전쟁론』제8편 제6장의 여기저기를 옮겨놓았다. 요약하면 논문 제1장 제1절은『전쟁론』제1편 제1장의 '번역'이고, 논문 제1장 제2절은『전쟁론』제8편 제6장의 '번역'이다.

논문 제2장은(47~71쪽) 레닌의 클라우제비츠 노트를 (길정우가 밝힌 것처럼 中村 丈夫가 편역한『マルクス主義 軍事論』을 참조하여) '번역'했다.『マルクス主義 軍事論』에서 무려 32쪽 분량을(243~274쪽) '참조'하여 번역한 것은 인용이라기보다 표절이라고 해야 할 것이다. '프로이센 군부사회가 현실적인 필요에서 그[클라우제비츠]의 저서 이곳저곳에서 자기들에게 필요한 논제만을 인용하거나 활용했다면'(48쪽) 길정우는 '석사학위를 받으려는 현실적인 필요에서'『전쟁론』의 이곳저곳,『マルクス主義 軍事論』의 이곳저곳, 라이더의 논문 이곳저곳에서 자기에게 필요한 논제만 인용하거나 활용했다. 제3장은 (72~92쪽) 주로 라포포트와 라이더의 인용과 표절이다.

결론. 길정우의 논문 제1장은『전쟁론』제1편 제1장의 번역과 해설이고, 제2장은 레닌의 노트를 번역한 것이고, 제3장은 라포포트의 글을 번역한 것이다. 전반적으로 인용과 표절을 섞은 짜깁기이다.

길정우는 1981년의 이 논문으로 한국의 클라우제비츠 이해에 지대한 악영향을 미쳤다. 『전쟁론』 제1편 제1장을 단계론으로 이해한 점, 제1편 제1장의 해석에서 '적개심의 정지'란 개념을 쓴 것, 정치를 '정책'으로 옮긴 점, 제1편 제1장 2항의 전쟁의 정의를 절대전쟁만의 정의로 본 것, 28항의 Verstand를 지성으로 이해하지 않고 (라포포트를 추종하여) '합리적인 것'으로 번역한 것 등을 들 수 있다.

대학원생의 나이에 『전쟁론』을 읽고 제1편 제1장과 제8편 제6장에 심취하는 것은 이해할 수 있다. 클라우제비츠를 탁월하게 이해하고 해석한 레닌의 수준 높은 학습능력에 감탄할 수도 있다. 하지만 그 부분을 거의 통째로 옮겨놓은 것을 학위논문이라고 보기는 어려울 것이다.

조성환, 『레이몽 아롱의 전쟁 및 전략 사상 연구 : 현대전쟁의 클라우제빗츠적 해석을 중심으로』, 서울대학교 대학원 석사학위논문, 1985. 1, 119쪽

요약. 클라우제비츠는 19세기 역사에서 전쟁을 이해가능한 지성적 영역

으로 끌어들여 그 진수와 실천적 함축성을 제시했다. 아롱은 현대의 대전쟁을 체험하고 산업문명적 핵시대의 위기의식에서 자신의 전쟁관을 제시했다.

아롱에 의하면, 핵전쟁과 인민전쟁이 존재하는 현대의 국제정치 상황에서도 문명의 주체인 국가는 새로운 형식의 안전 확보와 자기제한으로 전쟁과 평화의 환경을 부단히 진동하고 있다. 이는 정치적 이해와 무력 사용 간의 균형을 역설한 클라우제비츠적인 정치적 전쟁철학의 타당성을 핵문명의 현실에서 재입증한 것이고, 아롱의 정치적 실천지와 관련되어 분명해지는 실천적 요청이다. 클라우제비츠는 인격화한 국가의 지성이라는 논지에서 국제정치의 현실을 (제국적 힘의 추구가 아니라) 자조와 자결로 자기제한을 하는 정치단위체 간의 동태적 균형으로 보고 그 정치적 이성을 지적했다. 아롱은 현대 산업사회에서 진보의 안티노미(대량생산에 의한 인간해방과 대규모 파괴력에 의한 문명의 포기)를 보편성과 이질성의 변증법 속에서 구하는 정치적 이성과 실천성을 구축했다. 국가라는 부분적 지역사회는 전체 사회적 요청(세계 정부)과 달리 여전히 자율적이다.

현대 국제정치의 실천의 장에서 이념형은 민족국가이고, 보편적 계급이나 세계 제국적 현실은 이념형이 될 수 없다. 현대의 핵문명에서는 핵의 출현에 의해 핵전쟁, 인민전쟁, 통상전쟁이라는 이질적인 폭력수단이 상대적인 독립성을 갖고 있다. 그래서 아롱은 클라우제비츠의 삼색체(인민, 군대의 지도자, 국가의 통치자)를 모택동 전통의 인민전쟁론, 서방의 핵억지론, 전체주의적 소비에트로 상징적인 표상화를 시킬 수 있었다.

아롱이 핵문명에서 정치적 실천지를 강조하고 있는 것은 그의 정치사회학적 계보가 몽테스키외를 시조로 하고 토크빌로 이어지는 프랑스 정치사회학파의 총아였다는 사실을 분명히 한다. 클라우제비츠의 정치적 전쟁철학론의 예지를 현대적 핵문명에 접합시킨 것도 인간사회의 힘의 균형이라는 사물의 법칙적 질서에 대한 몽테스키외의 인간적 선택의 자유라는 점에서 이해할 수 있다.

'세계는 과학, 행정, 경영과 같은 통제 아래에서 합리화되어 있지만 계급,

국가, 신들 사이의 투쟁은 계속되고 있다. 이런 투쟁에 조종자는 없고 인간적인 태도만 남게 된다. 이것이 곧 결단, 인간이 역사에서 하는 선택과 결정이다.' 결국 아롱은 역사에 대한 '인간의 선택과 결단'이라는 역사철학적 입장에서 정치단위체 간의 전쟁과 평화의 문제를 규명하려고 했다. 클라우제비츠의 전쟁론이 그의 이론적 표본이 된 것은 전쟁을 그 본연의 순수이론에서 인식하여 그 속에서 현실의 실천적 함축성을 끌어내는 현상학적 이해와 연결되어 있다. 아롱은 클라우제비츠의 전쟁에 대한 현상학적 이해를 원용하여 무정부적인 인류공동체의 사회적 지반에서 작동하는 국제정치적 실천에 고유한 정치적 에토스를 규명할 수 있었다. 아롱은 국제정치적 실천이 세계에 고유한 현상학적 논리를 발견했다.

의견. 조성환은 이 논문에서 언급한 '실천지' 및 '강요된 평화'와 '타협된 평화'의 개념으로 이후 강진석과 후학들에게 지대한 악영향을 미쳤다.

논문의 차례도 복잡하지만 내용도 그에 못지않게 복잡하다. 위의 요약도 무슨 말인지 모르겠지만, 그의 논문은 전체적으로 무슨 말인지 알 수 없는 말로 채워져 있다.[7] 아무데나 한 군데만 인용한다. '아롱의 핵과 이의 도덕성과의 관계에 대한 판단은 자신의 정치적 실천지와 밀접히 관계되어 있어 비도덕적이기보다는 몰도덕적인 그의 정치사상에 의거 클라우제비츠적인 정치적 오성을 빌어 결과에 있어서의 도덕성을 확보하고 있다.'(86~87쪽) 국어인지 외국어인지, 말인지 막걸리인지, '아무말 대잔치'인지 알 수 없다. 조성환의 논문을 읽고 그것이 무슨 내용인지 이해하는 것은 매우 어렵다. 지금 조성환이 읽어도 자기 글이 무슨 말인지 모를 것 같다.

조성환의 논문은 전체적으로 레몽 아롱의 Penser la guerre : Clausewitz의 이 부분 저 부분을 발췌하여 '번역'한 글로 보인다. 그것도 내용을 제대로 소화하지 못한 번역이자 혼란스러운 직역. 그래서 논문의 거의 모든 문장이 '아롱이 이렇게 말했다고 한다.' 또는 '아롱이 저렇게 말했다고 한다.'는

---

7. 위의 요약은 내가 최대한 이해할 수 있는 문장으로 바꾼 것이다.

투로 되어 있다. 논문의 차례도 Penser la guerre : Clausewitz의 차례와 비슷한 부분이 있다.

대학원생의 나이에 아롱의 책을 읽고 그 높은 수준과 깊은 통찰에 압도될 수는 있다. 하지만 그 책의 '번역'을 학위논문으로 발표하는 것은 곤란하지 않을까 생각한다. 조성환의 논문은 전반적으로 과도한 인용과 표절로 보인다. 조성환이 이 석사학위논문을 쓴 후에 (아롱이든 클라우제비츠든) 이 주제에 관해 다시는 연구 업적을 내지 않았다는(또는 내지 못했다는) 사실이[8] 그 점을 분명하게 증명한다.

A1. 박창희, 『중국의 전쟁수행 전략에 관한 연구 : 모택동 전략을 중심으로』, 고려대학교 대학원 박사학위논문, 2001. 7, 297쪽
A2. 박창희, 『현대 중국 전략의 기원 : 중국혁명전쟁부터 한국전쟁 개입까지』, 플래닛미디어, 2011. 7, 428쪽

이 글에서는 모택동의 전략보다 모택동이 클라우제비츠를 수용한 것에 관심이 있어서 이 글을 여기에 두었다. A2는 A1의 출판본인데, 박사학위논문의 출판본을 박사학위논문을 쓰고 10년이 지나서 출간했다. A2는 차례와 내용에서 A1과 약간 다르다. 여기에서는 A1을 본다.

제2장 군사전략 : 방어와 결전의 회피   제4장 모택동의 국제전 수행전략
제3장 모택동의 혁명전쟁 수행전략   제5장 한국전쟁 개입결정
   제1절 클라우제비츠, 레닌, 모택동   제6장 중국의 한국전쟁 수행전략

요약. 모택동 전략은 신생중국 탄생을 기점으로 혁명전쟁 전략에서 국제전 전략으로 변했다. 이전에는 항일전쟁과 내전에서 절대적 목표를 추구했다. 유격전을 위주로 적의 파괴를 목적으로 절대적 전쟁형태의 혁명전쟁을 수행

---

8. 손주영과 길정우도 이와 똑같은 경우에 해당한다.

했다. 이제는 중국 본토의 안전을 우선으로 하는 제한적 목표를 추구하는 전쟁으로 바뀌었다. 정규전을 위주로 평화조약(조건적 평화)을 맺을 목적으로 제한전쟁 형태의 국제전을 수행했다. 모택동의 국제전 전략은 적의 타도와 완벽한 승리가 아니라 협상을 통한 평화조약 체결을 지향하게 되었다. 중국의 인도차이나혁명 지원은 북베트남 지역에 완충지대를 확보하려는 전략이었고, 한국전쟁 개입도 북한에 완충지대를 복원하여 중국의 안보를 공고히 하려는 것이었다.

모택동 전략을 유격전 전략 또는 혁명전쟁 전략으로 간주하는 것은 단편적인 견해이고, 중화인민공화국의 탄생 이후 전쟁수행 전략을 혁명의 측면에서 이해하는 것은 심각한 오류이다. 현대 중국의 전략은 정규전 전략, 국제전 전략으로 이해하는 것이 타당할 것이다. 한국전쟁의 개입 목표를 미군에 대한 완벽한 승리나 한반도의 공산혁명으로 보는 견해는 모택동 전략의 본질을 크게 왜곡하는 주장이다.

모택동 전략의 핵심은 (인간의 의지와 같은 무형전력이 아니라) 군사적 능력과 같은 유형전력에 있었다. 그의 전략은 군사력의 계산을 통해 승리가능성을 판단하는 것에서 출발한다. 전쟁수행 과정은 약한 군사력의 불리함을 극복하고 유리한 환경을 조성하여 우세한 전투력으로 약해진 적을 타도하는 것이다. 부전승 개념보다 '전쟁은 피를 흘리는 정치'라는 말에 가깝다.

모택동의 전략은 현실적인 전략이다. 강한 적에게 무모하게 대항하는 전략이 아니라 불리한 결전을 회피하는 전략이다. 모택동은 '하고 싶은 것'이 아니라 '할 수 있는 것'에 자신의 전략을 맞추었다. 클라우제비츠의 추종자로서 방어의 강함을 이용하여 자신의 약함을 보완하려고 했다. 그의 전략은 전술, 전략, 대전략의 모든 수준에서 방어적인 것이었다.

'전략적 방어와 전술적 공격', '전략은 1대 10으로 대적하는 것이고 전술은 10대 1로 대적하는 것'이라는 말은 강한 적을 회피하는 전략이다. 모택동은 중국혁명전쟁과 한국전쟁에서 강한 적과의 결전을 회피해야 방어에 성공할 수 있다는 것을 보여주었다. 물론 '전략적 방어'는 군사력의 균형이 불리해서 생긴 불가피한 선택이다. 군사력이 우세하면 '전략적 공격'으로 전환한다. "전쟁과 전략은 근본적으로 군사력의 문제이지 정신력의 문제는 아니다."(266쪽)

결론. 모택동의 전략은 힘에 기반을 둔 현실적이고 합리적인 전략이다. 중국의 고유한 전략문화가 있는 것도 아니고, 서양의 전략과 동양의 전략이 따로 있는 것도 아니다.

의견. 모택동에 대한 박창희의 해석이 약간 혼란스럽다. 몇 가지 문제를 제기한다.

주장의 문제. 압도적으로 우세한 유형전력, 즉 군사력으로 미국이 베트남전쟁에서 왜 패배했는지 박창희로부터 설명을 듣고 싶다. 군사력의 압도적인 열세를 우세로 바꾸는데, 대장정과 지구전을 수행하는데 무형전력은 결정적으로 중요하다. 박창희에게 스노우의 『중국의 붉은 별』을 읽을 것을 권한다.

논리적인 문제. 모택동의 현실적인 전략이 중국혁명전쟁에도 한국전쟁에도 나타났다면 박창희가 모택동의 혁명전쟁 전략과 국제전 전략을 구분한 논리는 허물어진다.

클라우제비츠와 관련된 문제. '클라우제비츠가 제기한 국가 간의 전쟁은 평화조약을 체결할 목적으로 제한적인 목표를 추구하는 전쟁이다.'(60쪽) '클라우제비츠는 현실상의 전쟁이 제한되는 이유를 설명하려고 전쟁을 정치의 수단이라고 보았다. 즉 전쟁이 불필요하게 확대될 필요 없이 제한되어야 한다고 보았다.'(60쪽) 두 주장은 모두 틀렸다. 국가 간의 전쟁이 제한적인 목표를 추구하는 전쟁도 아니고, 클라우제비츠가 전쟁의 제한을 설명하려고 전쟁을 정치의 수단이라고 본 것도 아니다. '전쟁이 불필요하게 확대될 필요가 없다면 제한되어야' 하는데, 그것은 클라우제비츠의 말이 아니라 상식이다. 박창희는 자신의 상식적인 이해를 클라우제비츠의 견해라고 간주한다.

레닌과 관련된 문제. 박창희는 제3장 제1절에서(58~63쪽) 클라우제비츠, 레닌, 모택동의 전략을 간단히 요약하고 비교했는데, 레닌에 대해서는 오해를 하고 있다. 그런 오해는 '레닌에 의해 왜곡된 클라우제비츠의 전략사상'과 (58쪽) 같은 말에 나타난다. '레닌은 클라우제비츠의 주장을 선별적으로 수용하고, 일부 주장에 대해서는 본뜻을 크게 왜곡하고 있다.'(59쪽) 이는 레닌의 『제국주의』를 읽지 않은 박창희가 할 말이 아니다. 레닌은 클라우제비츠를 왜곡하지 않았다. 클라우제비츠의 '정치'가 국가인데 반해, 레닌의 '정치'가 계급인 것은(60쪽) 클라우제비츠에 대한 레닌의 독창적인 해석이다. 레닌은 클라우제비츠를 재해석하여 제국주의 전쟁을 내전으로 전화했고, 무능하고 부패하고 반동적인 러시아의 차르정부를 무너뜨리고 러시아혁명을 성공으로 이끌었다.

이주천, 「클라우제비츠의 「전쟁론」이 마르크스주의에 미친 영향」, 『서양사학연구』 제29집(2013. 12), 한국서양문화사학회, 73~96(24쪽)

한 문장 요약. 『전쟁론』은 어쨌든 마르크스주의에 영향을 미쳤다. 클라우제비츠의 『전쟁론』은 마르크스, 엥겔스, 레닌, 트로츠키에게 영향을 미쳤다. 엥겔스는 군사문제에서 프롤레타리아의 무장으로 혁명을 일으킨다는 프로이센식 인식에서 크게 벗어나지 못했지만, 마르크스에게 군사문제에 대한 탁월한 식견과 정보를 제공했다. 엥겔스는 공산주의 사상에서 군사문제의 중요성을 인식한 선구자이다.

전쟁에 관한 인식은 20세기 초에 레닌과 트로츠키에게 (엥겔스보다 더 심각하게) 전달되었다. 두 혁명가는 장기간 대전쟁의 참화를 목격하고 전쟁을 혁명으로 발전·승화시키려고 혁명과 전쟁의 관계를 깊이 검토했다. 그 결과 클라우제비츠의 『전쟁론』을 러시아의 군사적 현실에 적용하려고 부단히 노력했다. 레닌은 부르주아에 저항하여 프롤레타리아의 무장봉기를 통한 '내전화'라는 공식을 만들어 이를 실천했다. 또한 제3세계 약소국의 국제적 계급전쟁을 지원했다.

트로츠키는 (노동자와 농민계급 중심으로 이루어진) 러시아 군대에 필요한 군사교리를 정착하는 과정에서 교조적인 군사교리를 배격하고 러시아 현실에 맞는 군사교리를 채택하려고 했다. 하지만 후에 권력투쟁에서 스탈린에게 패배하여 트로츠키의 군사교리는 이단으로 몰리게 되었다.

의견. 참고문헌에 클라우제비츠의 문헌이 없다. 참고문헌이 부실하고 초라하다. 이제 보면 이주천이 마르크스주의에 관한 글을 썼다는 것이 놀랍다.

도응조, 『아롱의 클라우제비츠적 전쟁사상과 미래전쟁』, 경기대학교 정치전문대학원 박사학위논문, 2017. 12, 250쪽

클라우제비츠 전쟁론의 4가지 중요 쟁점에 대한 결론. 첫째, 단기전은 무제한 폭력을 이끌어서 정치적 단위체를 심각한 위기로 몰아넣을 수 있다. 아롱의 시각에 의하면 전쟁수행은 국제사회에서 동맹집단 간의 힘의 관계에 크게 영향을 받는다. 교전국 간의 단일 회전으로 전쟁이 끝나지 않고, 전쟁은 더 신중하고 장기적인 전략적 토대로 수행되어야 한다. [클라우제비츠가 단기전을(단기전만) 옹호했는지 의문이다.]

둘째, 중심 개념은 실제 전쟁에서 군사적으로 적용되기 어렵다. 중심이 존재한다면 모든 전쟁은 단기 결전과 무제한의 폭력이 요구되고, 군사가 정치를 지배할 위험이 있다. 중심을 선정해야 한다면 그것은 정치적 수준의 중심이어야 한다. [동맹국의 이해관계, 지도자의 인격과 여론은 충분히 정치적인 중심이고, 이 때문에 전쟁이 단기 결전이 되거나 무제한의 폭력이 요구되

지는 않는다.]

셋째, 클라우제비츠의 집중과 분산은 변증법적 상호작용을 하기 때문에 공격과 방어라는 이분법적 관계를 갖는 것이 아니라 정치적 목적의 수단이라는 의미를 갖는다. 집중과 분산은 정치적 목적이 이끌어야 한다. [무슨 말인지 잘 모르겠다.]

넷째, 역사에서 인간의 열정은 정치적 이성을 굴복시키고는 했다. 제어되지 않는 원초적 열정은 인간사회를 파멸로 이끌 수 있다. 이런 위험이 존재할수록 정치적 이성 및 분별지를 지닌 도덕성이 요구된다. [좋은 말이다.]

아롱의 사상을 토대로 한 결론. 미래에도 정치적 목적이 지배하는 전쟁을 수행해야 한다. 이런 개념에 부합하는 전쟁은 장기전이다. 방어적 동맹의 공존전략을 취하고, 전략의 목표는 생존으로 설정해야 한다. 상대의 정치적 자유를 보장해야 한다. 미래전쟁에서도 정치적 이성이 전쟁을 지배해야 한다. 정치적 이성은 순진한 도덕성을 갈구하는 이성과는 다른 것이어야 한다. 핵무기 시대에 합리성만으로는 부족하다.

논문의 결론. 상대의 정치적 자유를 보장하고 평화공존을 이루면서 상대를 서서히 변화시키는 장기적인 전략이 분별지 있고 도덕성을 지킬 수 있는 미래의 전략이 될 것이다. 이런 전략과 분별지는 자유주의적 지성이 이끌어야 한다.

아롱은 자유주의의 사상적 승리를 믿었다. 자유주의는 전체주의에 패배할 수 없는 사상적 우위에 있다. 인간이 자유를 추구하는 것은 명확한 패턴이다. 포용과 인내는 폭력의 무제한적 사용이라는 극단을 피하게 할 것이다. 장기적인 전략으로 전체주의 체제를 스스로 무너지게 하여 자유주의로 이끄는 것이 지혜이다. 소련의 몰락으로 아롱 전략의 효과성은 입증되었다. 아롱의 전략은 구현되었고, 그의 예언은 적중했다.

의견. 아롱의 자유주의적 사상을 예찬했다. 그 예찬에 클라우제비츠가 필요했는지 의문이다. 논문에는 제4장과 제5장만 있어도 충분했을 것이다.

아롱의 클라우제비츠 이해와 해석을 주로 두 영어책에 의존해서 요약했다. 아롱의 Peace & War(1966, 영역본 2003)와 Clausewitz : Philosopher of War(1976, 영역본 1983)이다. 그런데 후자는 오역으로 악명 높다.[9] 이 영어 번역으로 아롱의 사상을 제대로 이해하는 것은 어려울 것이다.

클라우제비츠의 '방어'는 기다리고 유지하고 견디는 것이고, 이것이 순서대로 방어의 개념, 특성, 목표라는 것은(19쪽) 도응조의 오해이든지 오역이다. 기다리는 것은 방어의 특징이고, 유지하는 것은 방어의 목적이다. 고통을 견디기만 하는 것은 방어도 아니고 전쟁도 아니다. 방어의 개념은 (적의 공격을) 막는 것이다. 도응조가 아롱의 클라우제비츠 해석을 제대로 이해하지 못했다.

샤른홀스트(샤른호스트), 캘돌(캘도어), 케이건(키건), 배쓰포드(배스포드) 등 도응조의 외국어 표기가 기이하다. '헤테로지니어스', '엠비셔스하고' 등 외국어를 그대로 적은 것은 그로테스크하다.

이현숙, 『존 키건의 클라우제비츠 비판 논공 : 전쟁은 정치의 수단인가?』, 국방대학교 안전보장대학원 석사학위논문, 2006. 12, 123쪽

요약. '전쟁이 다른 수단에 의한 정치의 계속'이라는 의미는 전쟁이 정치

---

9. 앞의 배스포드의 말, 위의 274~275쪽과 275쪽 각주 1 참조.

적 목적에 의해 이성적으로 지도되고 전쟁을 합리적으로 해결해야 함을 강조한 정치우위론이다. 이것이 잘못 해석되어 클라우제비츠의 절대전쟁 개념을 제1차 세계대전의 장기 소모전의 원인으로 보게 되었다. 리델 하트의 이런 견해를 잇는 사람이 존 키건이다.

키건은 전쟁을 문화적 행위로 보고 클라우제비츠 비판을 학문의 출발점으로 삼았다. 키건은 전쟁의 폭력성과 야만성을 부각시켜서 전쟁에 이성과 합리성이 있을 수 없다고 본다. 전쟁은 '정치의 수단'으로서 정치에 종속되지 않고 전쟁을 정치에서 독립된 별개의 것으로 인식한다. 즉 전쟁에 대한 정치의 우위를 인정하지 않는다.

하지만 전쟁은 '정치적 행위'로서 더 의미가 있고, 정당한 목적과 합리적 수단이 조화를 이룰 때 전쟁은 순수한 이성의 영역에 속하게 되고, 전쟁이 (정당한 목적을 갖는) 정치에 종속됨으로써 정치는 전쟁에 대해 우위에 있게 된다.

이를 통해 이 논문은 『전쟁론』의 가치를 재발견했고 연구 자세에 대한 성찰의 기회를 제공할 것이다. (키건처럼) 누군가를 무조건 비난하는 것이 아니라 미래지향적이고 문제 해결적이고 본질을 추구하는 자세를 견지해야 할 것이다.

의견. 이 글은 『전쟁론』 요약(제2장), 『세계전쟁사』 요약(제3장), 키건의 클라우제비츠 비판(제4장), 키건에 대한 (다른 학자들의) 반박(제5장), 핵시대 전쟁의 의미(제6장)로 구성되어 있다. 이 글은 충실한 '편집논문'이다. 클라우제비츠와 키건의 전쟁인식을 비교하는데 중점을 두었다. 키건이 클라우제비츠를 잘못 이해했다는 점을 비판했다. 하지만 저자의 견해가 거의 없고, 그래서 내 의견을 낼 수도 없다.

이현숙은 클라우제비츠의 절대전쟁과 현실전쟁, 전쟁의 삼중성에 대해 기존의 잘못된 연구를 되풀이하고 있다. 또한 반공이데올로기를 바탕으로 『전쟁론』을 읽는 한계를 보인다.

원문주의자들의 네 가지 신화를 언급한 것은 참신하다. 그런데 이 신화를 키건의 클라우제비츠 왜곡에 적용하여 더 자세히 밝혔으면 하는 아쉬움이 든다.

　문장이 길어서 비문이 많다. 내용을 충분히 소화하지 못하고 글을 썼기 때문으로 보인다. 표기법과 맞춤법에 오류가 보인다.

2.2. 이해와 해석

A1. 이해영, 『Friedrich Engels의 군사사상에 관한 일연구 : 혁명전략과의 관계를 중심으로』, 서울대학교 대학원 석사학위논문, 1987, 156쪽

A2. 이해영 편, 『엥겔스 연구』, 녹두, 1989. 1, 293쪽

B. 이해영, 「전쟁, 정치 그리고 자본주의 : 칸트, 클라우제비츠, 마르크스와 엥겔스, 슈미트를 중심으로」, 『이론』 제11호(1995. 5), 진보평론, 9~34(26쪽)

다음은 A1의 차례이다.

3은 개념을, 4는 역사를 다루고 있다. 논문을 요약한다.

(1) 마르크스와 엥겔스의 40년에 걸친 지적 분업관계는 군사론의 영역에서도 두드러졌다. 마르크스는 전쟁과 국가 문제의 정치적인 측면을, 엥겔스는 전략과 전술 및 군사기술 측면을 담당했다. 엥겔스는 1848/49년 독일제국 헌법운동의 경험으로 혁명의 군사적 이해의 필요성을 체득했고 1850년대 초부

터 군사문제를 연구했다. 그의 평론은 자타의 공인을 받았다. 엥겔스는 마르크스주의적이라고 할 만한 군사이론에 최초로 관심을 기울인 인물이었다.

(2) 엥겔스는 전쟁 및 군대를 변증법적 유물론과 사적 유물론에 근거해서 이해했다. 이 견지에서 대립물의 모순과 투쟁은 필연적이고, 모순대립의 극단적 형태는 전쟁이다. 역사발전의 추동력은 정치가 아니라 경제이고, 역사상의 모든 무력충돌은 생산력과 생산관계의 모순에 기인한다. 군대와 무력수단은 물질적 조건에 종속된다. 이를 통해 엥겔스는 (이전의 군사과학과 구분되는) 마르크스주의적 군사론의 철학적·역사과학적 근거를 마련했다.

(3) 전쟁은 혁명의 수단이고, 정치도 혁명의 하위원리이다. 이 지점에서 엥겔스와 클라우제비츠의 접점을 확인할 수 있다. 하지만 엥겔스에게 전쟁은 (클라우제비츠처럼 정치의 계속이 아니라) 계급정치의 수단이자 계속이다. 전쟁이 계급전쟁의 도구인 한 자본주의에서 전쟁은 불가피하고, 모든 무력충돌의 원인은 자본주의 생산양식으로 환원될 수 있다.

(4) 전쟁은 프롤레타리아 해방투쟁에 유리한 역학관계를 창출하는 수단이다. 혁명을 이롭게 하는 것은 진보적이고 정당한 전쟁이고, 지배계급의 현상유지와 세력팽창을 위한 전쟁은 반동적이고 정당하지 않은 전쟁이다. 왕조전쟁, 정부의 전쟁, 정복전쟁, 침략전쟁, 국민전쟁은 부정전(不正戰)이지만 내전, 혁명전쟁, 민족해방전쟁, 방어전쟁, 인민전쟁은 정전(正戰)이다.

(5) 자본주의 국가의 군대는 그 존재 이유를 대외적 방어뿐만 아니라 대내적인 정치적 이유에도, 즉 부르주아 사회의 최종적 안전판 역할에도 두고 있다. 엥겔스는 '국민개병제'의 관철을 주장했고, 그 이후 (19세기 후반 군국주의와 군비경쟁, 이 필연적 결과로서 세계전쟁의 위협에 직면하여 국민개병제의 위험을 완화하려고) '민병제' 개념을 도입했다. 이는 유럽 상비군의 공격성을 제거할 마르크스주의적 반전운동의 최초 모델이 되었다. 군사조직에서는 혁명 과정에서 혁명세력의 독자적 무장을 옹호했다. 프롤레타리아 근위대의 창설과 프롤레타리아 무장에 관한 주장은 혁명세력 무장의 합법칙성을 논증한 것이다.

(6) 1848/49년 혁명 경험을 수용한 탁월한 사례는 '봉기론'이다. 이는 무장봉기의 실천지침을 제시한 것으로서 레닌에게 거의 수정 없이 계승되었다. 물론 엥겔스는 소수 음모자가 주동하는 무분별한 폭동주의는 일관되게 비판하고 있다.

(7) 전쟁과 국제문제에 관한 마르크스와 엥겔스의 사고는 철저히 현실주의적이었다. 당위적으로 무엇이 어떠해야 한다기보다 상황의 현실적 견지에서 사고를 전개하여 혁명진영의 전략과 전술을 수립해나갔다.

(8) 상당히 많은 군사평론에 비해 체계적인 군사이론서가 없는 것은 아쉽다. 하지만 엥겔스의 군사이론은 (레닌이 클라우제비츠에게 주목하면서) 계승되고 발전되면서 현대 사회주의 군사과학의 이론적 기원을 이루었다. 엥겔스 군사이론의 최대 공헌은 군사문제가 노동자의 계급투쟁과 혁명정당의 필연적이고 중요한 구성요소라는 것을 과학적으로 논증한데 있다.

(9) 엥겔스 군사사상이 현재에 갖는 문제점은 무엇일까? 첫째, 중소분쟁의 경험으로 '정전(正戰)'이나 '방어전' 개념이 심각한 혼란을 겪게 되었다. 둘째, 열핵무기의 발전이라는 조건이 등장했다. 핵문제는 전쟁의 계급성이라는 실천적 효용 자체를 훼손할 수 있다.

이상으로 논문의 결론 부분을(137~143쪽) 요약했다. 이제 클라우제비츠와 관련된 부분을(23~33쪽) 보도록 한다. 여기에서는 요약과 의견을 섞는다.

'마르크스와 엥겔스의 전쟁 이해에서 클라우제비츠의 전쟁철학이 차지하는 위상은 그들의 정치경제학이 영국의 고전경제학에, 변증법적 유물론이 헤겔 변증법과 포이어바흐 유물론에 지고 있는 빚에 견줄 수 있다.… 마르크스주의 철학과 정치경제학이 헤겔 철학과 고전경제학에 그러한 것처럼, 마르크스와 엥겔스의 전쟁 개념은 클라우제비츠에 대해서도 계승적(연속적) 측면과 신기원적(단절적) 측면의 이중성을 갖는다. 엥겔스의 전쟁 개념을 재구성하는데 클라우제비츠의 전쟁 개념을 살펴보아야 하는 이유이다.'(23쪽) 이 말은 고전경제학, 헤겔 철학, 포이어바흐 철학, 클라우제비츠 전쟁철학, 마르크스/엥겔스의 전쟁철학을 읽고 이해해야만 쓸 수 있는 문장이 아닌가? 이해영이 25살에 그러했나? 경이롭다. 그것이 아니라면 그런 말을 한 사람의 문장을 인용한 것인가? 그런데 출처가 없다. 표절한 것인가?

'클라우제비츠의 방법론, 즉 '단순한 것에서 복잡한 것으로, 추상의 세계에서 현실의 세계로 눈을 돌리는 것'은 '추상의 방법'이다. 절대전은 전쟁의 추상적인 형태이자 단순한 형태이고, 현실전은 사유운동의 '하강'을 거친 복잡한 형태이자 구체적인 전쟁이다. 클라우제비츠는 이 '하강'의 과정에 개입하는 변수를 '마찰'(=정치적 목적)이라고 개념화했다. 마르크스가 상품에서 논의를 시작한 것처럼, 클라우제비츠는 결투(무장투쟁의 추상적이고 단순한 형태)에서 논의를 펼치고 있다. 클라우제비츠의 절대전과 현실전의 개념을 완전히 이해하려면 변증법적 방법론에 대한 이해가 필요하다.'(24쪽 각주 6) 추상에서 구체로 내려오는 방법(마르크스)과 추상에서 현실로 하강하는 방법(클라우제비츠)의 비교, 『자본론』은 상품으로 시작하고 『전쟁론』은 결투로 시작한다는 비교, 변증법적 방법론에 대한 이해에서 이해영은 경이로운 수준이다. 마찰을 정치적 목적으로 보는 견해에는 동의할 수 없다.

이해영은 절대전쟁이 마찰 때문에 현실전쟁이 된다고 말한다(25쪽). 이 오류는 앞의 길정우를 언급하는 데서 말했다. 문서로 하는 전쟁을[10] 절대전쟁으로 읽을 근거는 『전쟁론』에 없다.

'클라우제비츠는 대중의 전쟁 참여를 인민전쟁으로 개념화했고, 엥겔스는 이를 (프롤레타리아 해방의 전략·전술이라는 관점에서) 계급전쟁의 개념으로 전화했다.'(27쪽). 전적으로 타당한 말인데, 이는 이해영의 견해가 아니라 블라시우스(Dirk von Blasius)의 견해이다.

'역사상 일체의 충돌은 생산력과 생산관계의 모순에 그 원인이 있다. 생산력과 생산관계의 인격적 표현이 부르주아와 프롤레타리아라고 한다면, 전쟁은 이들의 계급적 이해의 대립에 그 원인이 있다.'(30쪽) 이 인용에서 첫 번

---

10. 이 번역의 원문은 Krieg auf dem Papier이고(Vom Kriege, 제19판, 262쪽 참조), 이 부분의 영어 번역은 war on paper이다(On War, Alfred A. Knopf 판, 138쪽).

째 문장은 『독일 이데올로기』에 있는 문장의 인용이고, 이에 대한 이해영의 해석이 두 번째 문장이다. 그런데 부르주아지와 프롤레타리아트는 모두 (생산력이 아니라) 생산관계의 표현이고, 자본주의적 생산관계의 인격적 표현이다.

이해영이 20대 초중반의 나이에 독어로 된 MEW 40여권을 읽었다는 것이 경이롭고 의아하다. 그의 외국어실력은 탁월하고, 지식과 인식의 차원은 석사학위논문을 쓸 때 이미 세계적인 수준에 이르렀다.[11]

나의 추론. 이해영의 석사학위논문은 외국어 책과 논문을 '번역'하여 자기 논문으로 만든 것으로 보인다. 외국의 책과 논문을 번역하고 그곳에 있는 출처도 자기의 출처로 만들어서 작성한 논문, 그래서 표절이라는 합리적 의심이 든다.

우리나라에서 고등학교 때까지 암기만 하던 주입식 교육을 받은 사람이 대학 입학 후 몇 년 만에 '세계적인 수준의 석사학위논문'을 쓴다는 것이 가능한 일인가? 이해영의 학문적 성과를 기쁘게 따르는 이해영의 독자로서 나는 이해영이 나의 의심을 불식시켜 주기를 바란다.

A2는 단행본이고 차례는 다음과 같다.

2. 엥겔스의 국가론 연구/박수언
3. 엥겔스의 '운동' 개념에 대한 고찰/문중양
4. 엥겔스 군사사상에 관한 일연구/이해영

A2는 세 사람의 석사학위논문 앞에 김홍명의 소개 글을 실은 책이다. 이해영의 글은 석사학위논문과 거의 같고 약간만 수정했다.

이 책이 '이해영 편'으로 되어 있으니 '편자'의 서문은 이해영의 글일 것이다. 이해영은 서문 10쪽에서 "설사 그 '수준(?)'이 소위 '국제적(?)' 수준에 못 미

---

11. MEW 40권을 읽는 독일어 실력으로 블뤼허를 '블뤼세(Blücher)'로(A, 27쪽 각주 61) 잘못 표기했다는 것이 의아하다. 거꾸로 말하면, 그런 실력과 나이에 MEW 40권을 읽었다는 것이 의아하다.

친다 하더라도 그것은 그 자체로도 의미가 있을는지 모른다.”고 말했다. 물음표와 작은따옴표를 둘 다 사용하여 역설을 전달한 것이 무척 기이하다. 반어법의 반어법, 즉 이중의 반어법을 두 군데나 쓴 것은 '표절(?)'에 대한 '은밀한(?)' 고백인가?

B의 차례는 다음과 같다.

2. 칸트의 “영구평화론”: 전쟁과 평화
3. 클라우제비츠의 정치적 전쟁철학: 전쟁과 정치
4. 엥겔스와 마르크스: 전쟁과 혁명
5. 칼 슈미트의 “전쟁보존론”: “차가운” 평화?

요약. 이 글은 전쟁, 정치, 경제 간의 내적 연관에 대한 다양하고 상호 충돌하는 이해방식을 살펴본다. 그 사고유형에는 몇 가지 전형이 있다. 칸트는 선험적으로 구성된 규범공간에서 전쟁의 철폐, 즉 영구평화의 가능성을 타진했다. 클라우제비츠는 정치와 전쟁의 관계에 관한 '고전적인' 정식을 제시했다. 엥겔스, 마르크스, 레닌은 오직 자본주의 이후 사회에서만 전쟁과 휴전의 악무한적 변증법의 종말을 보았다. 슈미트는 전근대 유럽 국제질서를 준거점으로 전쟁을 국제관계의 원칙으로 승인하고 (전쟁의 폐지가 아니라) '전쟁의 보존'을 주장했다.

폭력과 전쟁은 역사적으로 상이한 형태와 조건에서 수행되었다. 폭력의 절대성 측면에서 순수한 형태에 도달한 프랑스대혁명과 그 뒤를 이은 혁명전쟁에서 클라우제비츠는 전쟁이 정치의 수단이라는 일반규정을 정식화했다.

인간을 '사회적 관계의 총체'라고 할 때 문제는 그 '관계'가 어떤 조건에서 좀 더 평화적인 형태를 가질 수 있는가 하는 것이다. 이것은 각 시대의 정치적 조건에 좌우된다.

소극적 의미의 평화(전쟁이 없는 상태)라도 이루는 방법에서는 논자마다 상이한 처방을 내린다. 칸트는 영구평화의 법적·규범적 조건에 주목한다. 클라우제비츠는 제한전과 절대전 사이에서 정치심급에 장착된 인간이성에 기대를 보인다. 마르크스와 엥겔스는 계급분열의 사회적 기초를 변혁함으로써 전쟁의 철폐가 가능하다고 본다. 슈미트는 전쟁방식을 국제관계의 규제된 원칙으로 승인할 것을 요구한다.

전쟁을 자본의 논리와 관련지어 파악하는 것은 마르크스주의에 전형적이다. 독점자본주의 단계에서 자본주의적 경쟁은 항상 그리고 필연적으로 전쟁으로 첨예화한다. 더 많은 이윤이 보장된다면 자본주의는 기능적으로 전쟁이라는 방식을 특히 선호한다. 이보다 더 적합한 방식이 발견되면 이는 전쟁의 '기능적 등가물'로 간주될 수 있다. 자본주의와 전쟁에 어떤 관계도 없고, 전쟁의 원인은 경제외적 관계에서 찾아야 한다는 견해도 있다.

제1차 세계대전과 제2차 세계대전은 제국주의 전쟁이었고, 자본주의는 분명히 전쟁이라는 방식을 선택했다. 그 이후의 세계사를 보면 다르다. 자본주의적 정치에서 전쟁도 이윤 확보라는 정치적 목적을 위한 수단이라면, 다른 방법을 통해 더 많은 이윤이 보장될 경우에 자본주의는 '필연적으로' 전쟁이라는 수단을 선택하지 않았다.

결국 문제는 자본주의적 정치로 하여금 어떤 수단을 선택하도록 강요하는 힘이 어디에 있는가 하는 것이다. 영구평화의 '가능성의 조건'은 평화를 선택할 수밖에 없도록 만드는 현실적 조건의 구축에서 시작되어야 한다. 이를 위한 정치공동체의 (그람시적 의미의) '교육학적' 개입은 정당하다. 문제는 전쟁의 보존이 아니라 평화의 보존이고, 정치도 여기에 맞추도록 강요되어야 한다.

의견. 이 논문은 훌륭하고, 특히 클라우제비츠와 엥겔스의 전쟁이론을 연결 지어 논의한 부분은(24쪽) 탁월하다. '클라우제비츠에게 정치는 이른바 '일반이해'의 관리자로 이해되고, 그것을 통해 당대 정치현실에 대한 자신의 이론적 개입을 피해나가고자 한다.'(18쪽) 클라우제비츠가 프로이센에 대한 애국심과 적 프랑스에 대한 증오로 프랑스혁명과 공화정의 도래라는 '당대 정치현실'에 대한 언급을 유보했다는 지적은 『전쟁론』 텍스트의 특정 부분과 당대 정치현실을 접목하여 이해하는 탁월한 수준을 요구하는데, 이해영이 바로 그런 수준에 있다. 이해영의 탁월한 해석은 19쪽의 프랑스혁명과 인민전쟁의 언급에서 절정에 이른다.[12]

'소극적 의미의 평화(전쟁이 없는 상태)를 이루는 방법에서 클라우제비츠는 정치심급에 장착된 인간이성에 기대를 보였다.'고 이해영이 말하는데, 이 말은 불명확하고 혼란스럽다. 클라우제비츠에게서 소극적 평화, 정치심급, 인간이성 등의 개념을 발견할 수 없기 때문이다.

어떤 전쟁이 규범적으로 옳은지 그렇지 않은지는 클라우제비츠의『전쟁론』의 중심적인 관심거리가 아니었다.'(16쪽) 이것은 맞는 말이다. 그런데 이해영은『전쟁론』에 윤리나 규범에 관한 언급이 없다는 것을 어떻게 인식했을까?

'마치 마르크스의『자본』제1장을 연상시키는 정교하게 설계된 논리구성을 통해 클라우제비츠는 전쟁이 정치의 수단임을 밝히고 있다.'(17~18쪽) 이 진술은『전쟁론』을 읽고『자본론』을 연상하여『전쟁론』제1편 제1장을『자본론』제1장의 가치형태분석과 비교하는 것이어서 그만큼 놀랍다. 하지만 내용, 수준, 분량 등으로 볼 때 나는『전쟁론』제1편 제1장이『자본론』제1장에 못 미친다고 본다.

"아리스토텔레스가 자신의『정치학』에서 전쟁이나 정복 등에 아무런 관심을 보이지 않았다는 것은 분명 흥미로운 일이다."(9쪽) 이런 말은 아리스토텔레스의『정치학』을 전부 읽었을 때나 할 수 있는 진술인데, 이해영의 각주와 참고문헌에는 아리스토텔레스의『정치학』이 없다.

'목적–수단 카테고리를 통해 규정된 정치의 계속으로서의 전쟁이라는 클라우제비츠의 중심테제는 전쟁을 정치의 '수단'으로 사용할 수 있고 사용해도 된다는 추론을 가능하게 한다.'(19~20쪽) 이 '추론'이 클라우제비츠로부터 나온 것인지, 이해영에게서 나온 것인지 불분명하다. 나는 클라우제비츠로부터 그런 추론이 나오지 않는다고 해석한다.

---

12. 그 부분이 길어서 인용을 생략한다. 19쪽을 참조하기 바란다.

전쟁의 정의(우리의 의지를 실현하려고 적에게 굴복을 강요하는 폭력행동)를 절대전으로, 정치적 목적에 종속된 전쟁을 현실전으로 이해하는 것은 잘못된 해석을 받아들인 것인지 아니면 이해영의 해석인지 불분명하다.

이해영이 세계적인 수준의 탁월함으로 클라우제비츠의 삼중성을 언급하고 해석하지 않은 것은 미스터리하다. 이런 이유로 나는 이 논문이 전체적으로 번역과 표절을 섞은 짜깁기라고 본다.[13]

A1. 김승국, 『마르크스가 본 전쟁과 평화 : 'Gewalt'의 이해를 중심으로』, 숭실대학교 대학원 박사학위논문, 1996. 6, 181쪽

A2. 김승국, 『마르크스의 전쟁·평화론』, 한국학술정보, 2008. 8, 332쪽

다음은 A1의 차례이다.

---

13. 우리나라의 클라우제비츠 연구에서 서울대 대학원생의 석사학위논문과 다른 대학 대학원생의 석사학위논문이 확연한 수준 차이를 보이는 것은 서울대 대학원생의 '외국의 논문과 출처의 동시 번역 시스템' 때문으로, 즉 '외국의 글과 그 글의 출처를 동시에 표절하는 시스템' 때문으로 보인다. 곽영신이 말한 '썩은 나무의 상한 열매'는(오마이뉴스, 2019. 2. 15) 한국 학계에 일반적인 현상이고, 서울대에서 두드러진 현상인 것 같다.

A1의 본론은 마르크스의 폭력 개념(제2장), 마르크스의 전쟁론(제3장), 마르크스의 평화론(제4장)으로 이루어져 있다. 마르크스에게 Gewalt는 폭력, 전쟁, 투쟁, 적대, 경쟁 등과 연결되어 있는 폭넓은 개념이다. 마르크스는 구조적 폭력(계급착취, 계급차별, 억압, 학정, 빈곤)이 없는 평화, 즉 '폭력의 부재'를 뜻하는 적극적 평화를 지향한다. 마르크스의 평화는 '전쟁의 부재'를 뜻하는 소극적 평화가 아니다.

제2장. '소외된 폭력'은 전쟁 개념을 포함한다. 정치적 폭력은 한 계급을 억압하려는 다른 계급의 조직화된 폭력이다. 부르주아의 폭력을 지양할 프롤레타리아의 폭력이 요구된다.

사회의 저변에 잠재적으로 내재하여 눈에 잘 보이지 않으면서 사회를 계급적으로 지배하는 폭력의 구조는 『자본론』의 가치형태분석을 중심으로 '상품-화폐와 폭력' 및 '자본-국가와 폭력'의 분석으로 파헤칠 수 있다. 국가는 사법(私法) 체계를 보호하는 정치적 강제력의 체계로서 정치적 폭력을 매개하는데, 여기에서 폭력-전쟁-평화의 변증법적 관계를 밝힐 수 있다.

제3장. 마르크스의 전쟁론은 폭력(Gewalt)의 연장선에 있다. 마르크스는 클라우제비츠의 전쟁관을 수용하여 전쟁을 '폭력을 수단으로 하는 계급 정치의 계속'으로 이해한다. 이런 전쟁은 사회전쟁, 즉 만인에 대한 만인의 투쟁과 (무한)경쟁의 형태로 발현된다.

노동시간(의 연장 또는 단축)을 둘러싼 자본가와 노동자의 끊임없는 적대관계는 은폐된 내전의 산물이다. 전쟁은 자본의 모순에서 비롯된다.

제4장. 마르크스의 평화론은 혁명의 평화론이다. 마르크스는 근대 부르주아 민주주의자들의 평화에 대한 안티테제로서 '프롤레타리아트 해방의 평화'를 주창했다. 폭력은 혁명에 의한 평화를 이루는 프롤레타리아트의 동력이고 새로운 사회의 산파이다. 계급투쟁의 목표는 계급 없는 평화로운 사회이고, 마르크스는 이 사회를 이루기 위해 프롤레타리아의 폭력에 의한 혁명을 인정한다.

평화의 최고상태는 공산주의이고, 노동자의 자유로운 결사는 평화의 담지자이다. 이 사회에서는 각인의 자유로운 발전이 만인의 자유로운 발전의 조건이 된다. 고통노동인 Labour의 극소화와 놀이노동인 Work의 극대화로 '필연의 왕국'에서 '자유의 왕국'을 건설하는 가운데 구체적인 평화상태가 보장된다.

갈퉁 등의 비판적 평화연구가들이 말하는 '구조적 폭력'은 마르크스의 폭력 범주와 유사하고, 이들의 변혁 지향적인 태도는 마르크스의 '혁명에 의한 평화'와 상통한다.

의견. 학문적 노력의 흔적이 역력하다. 출처 없이 인용한 부분이 몇 군데 보인다. 마르크스가 클라우제비츠의 전쟁철학을 받아들였다고 말했는데, 참고문헌에 클라우제비츠가 없다.

A2. 김승국은 A2의 제1부에는 A1을 싣고, A2의 제2부에는 제1부를 보완하는 몇 개의 글을 실었다.

한설, 『레닌의 전쟁관 연구 : 러일전쟁부터 브레스트-리토프스크 조약까지』, 고려대학교 대학원 박사학위논문, 2003. 12, 245쪽

제1장 레닌의 전쟁관 형성배경
 3. 레닌의 전쟁관의 형성배경
  1) 마르크스의 영향
  2) 클라우제비츠의 수용과 변용
제2장 러일전쟁과 레닌의 혁명적 전쟁론
제3장 제1차 세계대전과 레닌의 실천적 반전론
제4장 2월혁명 이후 레닌의 혁명적 평화론
제5장 레닌의 전쟁관에 대한 종합적 분석과 평가

요약. 레닌은 국제주의에 입각한 반전을 주장하여 유럽 사회주의운동의 주도권을 장악할 수 있었다. 레닌은 전쟁과 평화의 절대적인 가치를 인정하지 않았고, 혁명에 유리한 조건을 조성하기 위한 수단으로 반전을 주장했다. 레닌은 러일전쟁, 제1차 세계대전, 러시아혁명 이후 브레스트-리토프스크 조약

까지의 역사적 사건을 국제사회주의의 확산이라는 목적을 위해 연속적으로 조망하면서 대응했다. 레닌의 전쟁관은 처음부터 이론적 완결성을 갖춘 도그마가 아니라 구체적인 사건들과의 상호작용을 통해 형성된 역사적 산물이다.

레닌과 룩셈부르크. 제1차 세계대전이 일어나자 레닌은 혁명을 위한 수단으로 전쟁의 위기를 활용하려고 했지만, 로자 룩셈부르크는 반전운동을 통해 (전쟁으로 생명을 연장하려고 하는) 제국주의를 막을 수 있다고 보았다. 룩셈부르크에게 자본주의는 그 고유의 논리에 따라 제국주의로 나아가게 되는데, 그 과정에서 전쟁은 자본주의 발전의 불가결한 요소이다. 이때 반전운동은 자본주의가 전쟁으로 모순을 해결할 수 있는 기회를 제거하기 위한 투쟁이라는 의미를 갖는다(114~118쪽).

레닌은 클라우제비츠로부터, 특히 전쟁과 정치의 관계와 인민전쟁 개념에서 많은 영향을 받았다. 레닌은 클라우제비츠의 명제를 단순히 수용한 것이 아니라 그 명제의 정치적 의미를 재해석하여 전쟁을 혁명의 실천적 수단으로 변화시켰다. '마르크스주의자에게 전쟁은 특정 계급을 대표하는 특정 정부에 의한 정치의 계속이다.'(55쪽) 레닌은 마르크스의 전쟁관으로 자신의 전쟁관의 기초와 외벽을 쌓았고, 클라우제비츠의 전쟁관으로 자기 전쟁관의 내적 구조를 완성했다(57~58쪽).

의견. 이 글은 전체적으로 관련 문헌들의 충실한 요약과 정리이다. 이 글은 보불전쟁이나 제1차 세계대전을 비스마르크, 몰트케, 슐리펜 등을 통해서만 접근하는 우리나라 군인 출신 연구자들에게 다른 시각을 제공할 것이다. 레닌이 클라우제비츠로부터 '국민전쟁' 개념을 받아들였다는 것은 이상하고 어색하다. '인민전쟁'으로 번역해야 한다.[14]

---

14. 한설의 박사학위논문보다 15년 먼저 출판된 『현대군사전략대강』은 '인민전쟁'이라고 올바르게 번역했다. "인민전쟁은 … 19세기의 현상이다."(최병갑 외, 『현대군사전략대강 III』, 385쪽) 『현대군사전략대강』에는 오역이 많지만, People's War는 정확히 인민전쟁이라고 번역했다.

정일권, 「슬픈 현대 : 글로벌 시대의 종교와 평화 — 르네 지라르의 최근 저작
『클라우제비츠를 완성하다』를 중심으로」, 『한국조직신학논총』 제36집
(2013. 9), 한국조직신학회, 247~276(30쪽)

　요약. 이 글은 르네 지라르의 2007년 저작 『클라우제비츠를 완성하다』의
중요한 부분을 번역하고 소개하면서 관련 논의를 덧붙였다. 지라르의 이론을
레비-스트로스, 헤겔, 셸링, 코제브, 클라우제비츠, 횔덜린, 니체, 하이데거, 레
비나스 등의 사상과 관련지어 제시했다.

　'슬픈 현대'라는 제목은 레비-스트로스의 『슬픈 열대』를 염두에 둔 것이
다. '슬픈 현대'는 묵시록적 근대성의 상처받기 쉬움, 연약함, 타자와 맺는 폭
력적 근접성 속에서 살아가는 현대인의 (더 뜨거워진) 모방욕망에 대한 슬픔
을 나타낸다.

　전통적 사회질서는 희생양 메커니즘으로 내부 폭력을 통제하면서 스스
로를 보호했다. 그 사회질서의 영원회귀 사상은 기독교에 의해 탈신비화되면
서 묵시록적 상황으로 변했는데, 이 상황의 특징은 내적 중개와 부정적인 무
차별화이다. 현대사회는 최선의 사회이기도 하지만 최악의 사회, 특히 상처받
기 쉬운 연약한 사회가 될 수도 있다. 지라르는 현대인에게 타자와 맺는 폭력
적 근접성에서 올바른 거리를 두는 것이 중요하다고 강조한다. 기독교는 인
류를 희생제의적 목발에서 해방시켰고, 이와 동시에 우리의 운명에 대해 더

성숙한 자세로 책임지게 만들었다. 지구적 차원의 무차별화된 시대에 평화를 얻으려면 상처받기 쉬운 운명에 대한 성숙하고 계몽된 묵시록적 합리성이 요청된다.

클라우제비츠와 관련된 부분을 인용한다.

나폴레옹-전쟁 이후 갑자기 가속화된 유럽 역사의 진행에 대해 클라우제비츠는 뜻밖의 직관력을 가졌지만, 그것을 곧바로 위장하고 그것에 더 기술적이고 학자적인 논문의 어조를 부여했다. 클라우제비츠는 18세기 '신사들의 전쟁'이 포기된 시대에 살았고, 클라우제비츠는 절대전쟁을 언급할 때 '현대 사회의 비극'을 이해하는 열쇠를 갖고 있는 것 같다(251쪽). 클라우제비츠는 적들이 서로 상대를 닮아가는 '폭력적인 모방'이 다시 역사에 등장한 것을 본 것 같다. 즉 클라우제비츠는 '짝패들의 비극적인 투쟁'을 어렴풋이 보았다. 나폴레옹에서 빈 라덴에 이르기까지 극단으로 치닫는 분쟁 확대는 역사의 독특한 엔진이 되었다. 절대전쟁은 상호모방의 세계에서 최대한의 극단적인 전쟁이고 '짝패들의 비극적인 투쟁'이다(252쪽).

사람들은 지라르의 '모방욕망'을 헤겔 이론에 있는 인정투쟁이 새롭게 표현된 것으로 보았다(253쪽). 인정투쟁은 헤겔의 『정신현상학』의 '자기의식' 편에서 핵심 개념이다. 헤겔 사상의 역사발전 법칙은 '주인과 노예의 투쟁'으로 이해할 수 있다. 헤겔 사상의 '위험'은 역설적으로 '폭력에 대한 급진적인 개념'에서 출발하지 않는다는 사실에서 나온다. 헤겔과 클라우제비츠를 같이 읽는 것이 유익하다(254쪽).

나폴레옹은 하나의 상징이고 양면성을 지녔다. 나폴레옹을 헤겔은 세계정신의 구현으로, 클라우제비츠는 '전쟁의 신'으로 보았다(255쪽). 1806년은 결정적인 해이다. 이 해에 헤겔은 창문을 통해 '말 위에 탄 세계정신'이 지나가는 것을 보았고, 클라우제비츠는 '전쟁의 신'에 가까이 끌리게 되었다(265쪽).

의견. 지라르는 인류 역사를 신화적 관점에서 해석한다. 희생제의에 담겨 있던 폭력은 기독교에 의해, 역사의 가속화로, 현대의 글로벌화로 분출하고 폭발했다. 인류는 폭력과 모방욕망을 인정하면서 과거의 희생양 메커니즘을

포기한 채 연약한 사회시스템에 대한 묵시록적 성숙성과 합리성을 갖고 타자
와 올바를 거리를 유지하면서 평화를 지향하면서 살아야 한다. 지라르는 인
류의 삶을 비극적으로 표현하는데, 이런 삶은 '시시포스의 형벌'을 받은 삶처
럼 보인다. 지라르의 『클라우제비츠를 완성하다』가 번역되었으면 한다.

3. 클라우제비츠의 적용

클라우제비츠의 전쟁철학과 군사이론 전반을 군사학의 여러 분야에 적용한 글을 여기에서 살펴본다.

3.1. 전쟁철학의 적용

전쟁, 개념, 작전, 지역, 인물, 마케팅 등을 다루면서 클라우제비츠를 적용한 글을 여기에서 살펴본다. 일반적인 것에서 개별적인 것으로, 전쟁에 가까운 주제에서 먼 주제의 순서로 글을 배열했다.

황현덕, 『클라우제비츠의 전쟁철학이 핵시대에 가지는 의미』, 고려대학교 대학원 석사학위논문, 1988. 2, 76쪽

 II. 핵시대의 전쟁이론
   2. 과학기술과 전쟁이론
     (1) 전쟁구성의 세 요소와 과학기술
     (2) 삼위일체의 시대
III. 핵시대의 이중성과 정치의 의미
   1. 두 차원의 전쟁과 전쟁의 두 종류
   2. 현실세계에서의 전쟁과 정치
     (1) 정치의 의미와 시대적 적실성
     (2) 목적으로서의 정치, 수단으로서의 전쟁
IV. 핵시대의 선택

요약. 클라우제비츠에게 이론은 사고체계를 의미한다. 그는 모든 전쟁을 관통하는 사고방식의 체계를 수립하려고 했다. 하지만 그는 (나폴레옹전쟁이 초래하는 정치·사회적 변혁은 예견했지만) 산업혁명이 초래할 과학기술적 변혁은 예견하지 못했다. 핵시대에는 과학기술적 요인이 결정적인 요인이다. 그런데 클라우제비츠는 전쟁을 구성하는 요소로 감정, 불확실성, 이성을 말하고 이를 국민, 군대, 정부에 관련지었다. 세 요소보다 세 요소의 상호작용이 더 중요하다. 과학기술 요소는 핵시대의 특징적 일면이지만 세 요소의 일부에 불과하다.

절대전쟁과 현실전쟁의 구분에서 전쟁을 현실에 머물러있게 하는 것은

'정치'이다. 폭력이 극한상태로 치닫는 것을 자제하게 만드는 정치적 목적의 중요성에 대한 인식이 핵시대의 전쟁에서 제1의적 의미를 갖게 되었다. 그래서 전쟁이 정치의 수단이라는 점을 역설한 클라우제비츠의 전쟁철학은 오늘날에도 적실성을 갖는다. 핵시대의 전쟁에서 선택은 핵전쟁의 억지이고, 대안은 제한전쟁의 채택이다. '전략방위구상'이 미국 내에서도 많은 논란을 일으키고 있고, 월남전쟁에서 우세한 군사력에도 불구하고 패배했다는 사실이 좋은 교훈이 될 것이다.

역사적으로 전쟁은 세 차례의 혁명적 변화(나폴레옹전쟁, 제1차 세계대전, 핵전쟁)를 겪었는데, 그 중에 핵전쟁이 제일 충격적인 변화이다. 전쟁에서 승리의 개념이 사라지고, 핵전쟁은 인류의 파멸을 의미하기 때문이다. 전쟁을 고립된 현상으로 파악하지 않고 사회현상의 일부로 간주해야 할 필요성이 그 어느 때보다 절실해졌고, 이 전쟁철학이 핵시대의 전략이 뿌리를 두어야 할 곳이다. 클라우제비츠의 전쟁철학에서 우리는 전쟁의 정치적 목적과 핵무기라는 수단의 관계를 올바르게 정립해야 한다는 교훈을 얻게 된다.

의견. 전반적으로 동의할 수 있는 견해이다. 논문의 많은 부분을 클라우제비츠 인용으로 채웠다. 황현덕은 핵무기의 폐기는 바람직하지 않다는 견해, 즉 핵도피주의는 거부되어야 한다는 견해를 추종한다.

내가 아는 한, 황현덕은 마찰에 대해 우리나라에서 유일하게 올바른 이해를 보이는 연구자이다. '마찰은 이론과 실천의 문제를 연결하는 개념이다. 마찰은 현실전쟁(real war)과 종이 위의 전쟁(war on paper)을 구분하는 요소이다. 현실전쟁과 절대전쟁을 구분하는 요소로 혼동해서는 안 된다. 즉 마찰은 오직 이론과 실천의 경계선에 존재한다. 현실전쟁과 절대전쟁을 구분하는 데는 하나의 요소가 될 뿐 유일한 요소가 될 수 없다.'(62쪽 각주 30) 마지막 문장이 약간 혼란스럽지만, 전체적으로 보면 이것이 마찰에 대한 적절한 이해이다.

황현덕은 클라우제비츠가 전쟁을 구성하는 세 요소로 감정, 불확실성, 이성을 들고 이것을 국민, 군대, 정부에 관련지었다고 말하는데, 이것은 오류이다. 삼중성은 전쟁의 정치성, 개연성, 폭력성을 말하고 이것은 각각 지성, 용기, 격정의 영역에 해당된다. 감정, 불확실성, 이성은 전쟁의 세 가지 성질과 세 영역을 혼동한 오해이다.

황현덕에 따르면 클라우제비츠는 전쟁의 본질을 절대전쟁과 현실전쟁으로 구분했고, 현실전쟁은 폭력의 동원 정도에 따라 총력전과 제한전으로 구분된다. 절대전쟁은 총력전의 관념적 완성형태로 볼 수 있다. 현실세계에서 절대전쟁이 일어날 수 있다면 그것은 모순인데, 우리는 이 모순에 직면해 있다. 전면핵전쟁은 클라우제비츠가 말한 절대전쟁 그 자체가 될 것이기 때문이다(25~26쪽). 나의 클라우제비츠 해석에 따르면, 인민이 완전히 배제되고 정부와 군대의 대다수도 배제되고 정부와 군대의 극소수만이 결정하여 단추를 누르는 핵전쟁이 클라우제비츠가 말한 절대전쟁이 될 수 있을지 의문이다. 피아 공멸을 초래하는 핵무기의 가공할 파괴력을 보고 핵전쟁을 클라우제비츠의 절대전쟁으로 보는 해석은 클라우제비츠와 거의 관련이 없다.

김선문, 「클라우제비츠를 통해 바라본 21세기 미래전」, 『군사평론』 제411호 (2011. 6), 육군대학, 43~75(33쪽)

II. 미래전 주장 I : 비정규 중심전
  1. 비삼위일체 전쟁, 새로운 전쟁, 민간전쟁 고찰
  2. 4세대 전쟁 고찰
  3. 보편적 사례로서의 비정규전
III. 미래전 주장 II : 과학기술 중심전
  1. 시스템 복합체계, OODA주기, 5동심원전, 병렬전 고찰
  2. 정보중심이론 : 효과중심작전, 네트워크 중심전 고찰
  3. 삼위일체와 과학기술

요약. 게릴라전, 분란전(인민전쟁), 테러리즘, 비대칭전 등 전쟁사에서 제일 오래된 보편적인 개념들이 21세기에 비삼위일체 전쟁, 새로운 전쟁, 민간전쟁, 4세대전쟁 등으로 새롭게 인식되고 있다. 새로운 이론은 탈클라우제비츠

를 주장하면서 클라우제비츠의 진의를 곡해하고 있다. 하지만 정치성, 개연성, 폭력성으로 대변되는 클라우제비츠의 삼중성은 21세기에도 지속되고 있다. 아프가니스탄전쟁의 예에서도 확인할 수 있다.

오늘날 대지진에 비유되는 군사혁신은 포괄적이고 피할 수 없는 정치적·사회적 변화를 의미한다. 하지만 군사분야 혁명, 군사기술혁명, 군사변혁 등은 기술 중심의 사고이다. 역사에서 군사혁신의 사례는 과학기술의 요소로 한정되지 않았다. 정치·사회·문화적 요인이 혁신의 주된 동력이고, 과학기술적 요소는 보조적 동력이다. 나폴레옹의 군사혁신, 1940년 초 독일군의 전격전 신화, 제2차 세계대전에서 독일군의 패배, 21세기 초 아프가니스탄전쟁에서 과학기술의 요소는 결정적인 역할을 하지 않았다. 과학기술에 의지한 군사혁신은 전쟁의 심리적·의지적 측면을 대체할 수 없다.

전쟁과 전략연구는 과학적 접근과 더불어 정치·역사·사회학적 접근이 조화를 이루어야 한다. 전략 및 조직문화를 이해하고 고전 전쟁이론에 관심을 가져야 한다. 미래전에 대비하여 다양한 군사혁신을 고찰해야 한다. 결론적으로 군사혁신이 미래전에서 승리할 확실한 방법을 제시할 것이라고 믿는 것은 위험하다. 오늘날 과학기술에 의한 군사혁신을 강조하고 있지만, 클라우제비츠가 말한 전쟁의 본질은 변하지 않기 때문이다.

의견. 대체로 타당하고 적절한 지적이다. 군사혁명(RMA)이 우리나라의 사회적 정서상 군사혁신으로 번역하여 쓰이고 있는데, 엄밀히 말하면 '군사분야 혁명'이 맞는다고(66쪽 각주 61) 지적한 것도 적절하다.

삼중성의 요소를 감성, 이성, 개연성으로 잘못 이해하고 있다. 독일어의 Dreifaltigkeit를 삼위일체가 아니라 삼중성으로 이해하면, 그래서 세 주체(정부, 군대, 인민)가 전쟁에 따라 일체를 이루기도 하고 이루지 않기도 한다고 이해하면, 즉 삼위일체 개념에 집착하지 않고 삼위일체 개념을 버리면 전쟁의 카멜레온과 같은 성질을 올바르게 이해할 수 있다. 전쟁의 카멜레온과 같은 성질을 삼중성으로 해석할 수 있게 되면 정규전뿐만 아니라 모든 종류의 비정규전이나 비대칭전을 클라우제비츠의 삼중성으로 파악할 수 있다. 나의 해석에서는 새로운 전쟁, 민간전쟁, 4세대전쟁 등의 개념이 클라우제비츠 이론을 버려야 할 이유가 되지 않는다. 클라우제비츠 이론으로 그런 이론을 설명할 수 있기 때문이다.[15]

박권영, 「미래전에서 마찰의 의미와 극복방안 : Clausewitz의 『전쟁론』을 중심으로」, 『군사평론』 제407호(2010, 10), 육군대학, 7~28(22쪽)

 II. 분석을 위한 개념적 고찰
　 1. 클라우제비츠의 전쟁의 구분
　 2. 미래전의 개념
　 3. 마찰의 개념
III. 과거, 현재의 사례에 기초한 미래전쟁에서의 마찰 예상
IV. 미래전에서 마찰의 극복방안
　 1. 클라우제비츠의 '군사적 천재'
　 2. '임무형 지휘'의 활성화

　　요약. 미래전에서도 전쟁의 본질은 변하지 않을 것이다. 클라우제비츠가 말한 마찰의 근원, 즉 위험, 육체적 노력, 불확실성, 우연은 지속적으로 전쟁수행에 영향을 미칠 것이다. 마찰 중에 위험과 육체적 노력은 모든 전쟁에서 필연적으로 발생할 수밖에 없다. 불확실성과 우연은 몇몇 전쟁에서 확인할 수 있다. 우연의 대표적인 요소는 (클라우제비츠의 말처럼) 날씨이다. 과학기술과 무기체계의 발달에도 불구하고 마찰은 감소하지 않았다. 과거의 마찰요인은 형태나 크기를 달리하여 미래에도 나타날 것이다.

　　미래전에서는 정보기술과 운용상의 마찰을 중요하게 고려해야 한다. 이런 마찰은 제거할 수 없고 줄이거나 역이용해야 한다. 최첨단 과학기술로 전쟁터를 가시화해도 인간의 마음은 가시화할 수 없다. 전쟁의 본질을 무시한

---

15. 김만수, 「클라우제비츠의 전쟁의 삼중성과 4세대전쟁이론」 참조. 글의 차례에 있는 OODA 는 Observe, Orient, Decide, Act(관찰하기, 방향 설정하기, 결정하기, 행동하기)의 약어이다.

채 '승리의 원칙과 방법'만 추구하는 것은 무의미하다. 항공 폭격론, 군사혁신 논쟁, 효과중심작전, 4세대전쟁, 네트워크 중심전 이론 등의 '승리의 원칙과 방법'은 이미 쇠퇴하거나 논쟁에 싸여있다.

미래전에서 마찰을 극복하는 방안은 첨단 과학기술이 아니라 전장상황에 부합하는 인간의 군사적 영감이나 혜안에 있다. 미래전쟁의 성공은 화려하고 매력적인 최첨단 과학기술과 그 이론이 아니라 융통성 있고 창의적인 인간의 '인지적 능력'에 달려있다.

의견. 대체로 적절한 의견이고 지적이다. 몇 가지 오류만 지적한다. 클라우제비츠가 현실전쟁과 절대전쟁을 구분하는 유일한 요소를 마찰이라고 표현했다는 지적은(10, 15쪽) 오류이다. War on paper를(15쪽) 절대전쟁으로 본 것도 오류이다. '육체적 노력'은 마찰이라고 하기 어렵다. 육체적 노력은 '육체적 고통'으로 번역하는 것이 적절하다.

A1. 김재천, 「클라우제비츠이론으로 본 '테러와의 전쟁' : 독일 통일전쟁과 이라크/아프가니스탄 전쟁 비교연구」, 전남대학교 세계한상문화연구단 국내학술회의 제8호, 전남대학교 세계한상문화연구단, 2008. 8, 1379~1406(28쪽)

A2. 김재천, 「클라우제비츠이론으로 본 '테러와의 전쟁' : 독일 통일전쟁과 이라크/아프가니스탄 전쟁 비교연구」, 한국국제정치학회 학술대회 발표논문집, 한국국제정치학회, 2008. 8, 259~286(28쪽)

A3. 김재천; 윤상용, 「클라우제비츠 이론으로 본 '테러와의 전쟁' : 독일통일전쟁과 이라크/아프가니스탄 전쟁 비교연구」, 『국가전략』 제15권 2호(2009. 6), 세종연구소, 5~34(30쪽)

세 글은 몇몇 부분에서 다르지만 같은 내용의 글이다. 완성도가 제일 높은 A3만 살펴본다.

　요약. 클라우제비츠는 전쟁을 정치의 계속이라고 말했고, 이 경구로 전쟁이 국가의 정치적 목적을 달성하는데 공헌해야 한다고 강조했다. 그러려면 최고 정책결정자는 전쟁의 정치적 목적은 물론 전쟁의 수단, 전략과 전술, 전쟁수행의 세부적 사항까지 명확히 규정하고 관리해야 한다. 최고 정책결정자가 정치목적의 중요성을 간과한다면 전쟁에서 군사적으로 승리하고도 정치적으로 패배할 수 있다. 전쟁의 공과도 군사적인 관점이 아니라 정치적인 목적의 달성에 이바지했는지 여부로 판단해야 한다.

　비스마르크는 덴마크(1864년), 오스트리아(1866년), 프랑스(1870년) 등과 치른 세 차례의 전쟁에서 독일 통일이라는 명확하고 제한된 목적을 설정하고 주변국과 외교관계를 관리하여 전쟁에서 승리하고 독일 통일을 이루었다.[16] 부시는 '테러와의 전쟁'이라는 정치적 목적을 달성하는 수단으로서 아프가니스탄(2001년) 및 이라크와(2003년) 전쟁을 계획하고 관리하는데 실패했다. 아프가니스탄에서 이라크로 관심과 자원을 조급하게 전환했고, 이라크에서는 불충분한 증거를 토대로 정치목적을 설정했고 이 목적에 부합하는 수단을 사용하지 못했다. 테러와의 전쟁에서 승리하려면 오바마는 미국의 역량을 군사에서 정치, 외교, 경제, 문화 등의 방향으로 전환해야 할 것이다.

---

16. 하지만 몰트케는 특히 보불전쟁에서 비스마르크에게 강력하게 반발했다. 알자스-로렌을 합병하고 파리에서 행진하고 베르사유 궁전에서 독일제국 선포식을 하여 프랑스인들의 증오를 낳았고, 이것이 제1차 세계대전을 낳은 씨앗이 되었다.

의견. 비스마르크와 부시의 전쟁을 비교한 점이 이 글의 독창성이자 한계이다. 전쟁이 정치의 계속이라는 클라우제비츠의 명제로 독일 통일전쟁(의 성공)과 미국의 테러와의 전쟁(의 실패)을 비교한 점은 명확하다. 다만 독일 통일전쟁과 테러와의 전쟁을 동일한 범주의 정치적 목적으로 보고 동일한 수준에서 비교할 수 있는지 의문이 든다. 즉 독일 통일전쟁이 '테러와의 전쟁'이 었느냐 하는 것이다. 달리 말하면, '테러와의 전쟁'이 주제라면 이 글에 왜 독일 통일전쟁이 들어 있느냐 하는 것이다.

최고 정책결정자가 전쟁수행의 세부적 사항까지 규정하고 관리해야 한다는 말은(5쪽과 11쪽) 클라우제비츠의 이론과 어긋난다.[17]

김덕기, 『클라우제비츠 군사사상의 현대적 해석 : 21C 제4세대 전쟁에의 적용』, 국방대학교 안전보장대학원 석사학위논문, 2016. 12, 87쪽

요약. 최근 클라우제비츠 군사사상의 유용성과 적실성에 비판이 제기되고 있다. 핵무기를 포함한 대량살상무기의 확산과 비국가행위자의 등장 등 전쟁에 이전과 다른 양상이 나타나고 있기 때문이다.

클라우제비츠는 전쟁을 정치의 수단으로 인식했다. 전쟁에서 승리하려면 상대의 군사력(중심)을 파괴해야 한다고 말했다. 계획상의 전쟁과 현실의

---

17. 앞의 430쪽 순찰대에 관한 클라우제비츠의 말 참조.

전쟁을 구분 짓는 요소로 마찰을 제시했다. 전쟁수행 의지가 소멸되면 상대는 평화협상에 임하게 되고 종전이 이루어진다. 이런 주장은 제한전쟁의 양상에서는 탁월한 통찰로 인정받았다.

클라우제비츠의 이런 군사사상이 도전을 받고 있다. 4세대전쟁에서 정치의 수단, 중심, 마찰, 종전에 관한 개념이 이전의 전쟁과 명확히 대비되기 때문이다.

이 네 개념에 관한 클라우제비츠의 군사사상을 4세대전쟁(아프가니스탄전쟁과 이라크전쟁)에 적용한 결과, 클라우제비츠의 군사사상은 4세대전쟁에도 여전히 부합한다는 것이 밝혀졌다. 다만 다음과 같이 이해를 달리하거나 확장해야 한다. 4세대전쟁에서 전쟁은 정치의 수단이지만 군사적 효용성은 낮아졌고, 중심은 민심의 확보이고, 정치·전략적 수준의 마찰은 기술적 진보와 상관없이 존재하고 확대 재생산되고, 종전은 행위자의 정치적 목적 달성으로 인식해야 한다.

의견. 논의는 간결하다. 클라우제비츠를 부분 수정해서 이해하면 클라우제비츠의 사상은 여전히 유효하다는 것. 이론적 논의가(제2장) 사례연구 각각보다(제3장과 제4장) 분량이 많다. 그만큼 제2장은 『전쟁론』과 4세대전쟁에 관한 논의를 많이 '요약'했고 사례분석은 부실하다는 증거가 될 것이다. 사례가 둘 뿐이고, 그 두 사례에서도 논의에 부합하는 전쟁 후반부만 언급했다(12쪽). 그 사례에서는 김덕기의 논의가 타당할 수밖에 없으니 반박할 것도 없다.

남경중, 『전략적 수준에서의 효과중심작전 개념 적용에 관한 연구 : 클라우제비츠의 전쟁이론을 중심으로』, 국방대학교 안전보장대학원 석사학위논문, 2008. 12, 113쪽

요약. 이 논문은 EBO의 주요 개념과 클라우제비츠의 3위1체, 중심, 마찰이라는 개념 간의 연계를 식별하는데 중점을 두기 때문에 EBO를 특정한

작전형태가 아니라 사고방법이나 접근개념으로 해석한다. 특히 (작전의 수준이 아니라) 전략적인 수준의 EBO의 개념과 적용에 중점을 둔다. EBO는 전투력의 파괴나 물리적 소모를 지양하고, 적을 체계로 인식하고, 군사적인 수단 이외에 외교, 정보, 경제 등 여러 국력수단의 통합적 운용을 강조하고, 적의 상태와 행동을 변화시키는 효과를 추구하고, 지식을 기반으로 결심 주기(週期)를 단축하여 목표 달성의 시행착오를 최소화하고 있다. 물론 EBO에는 이론적 한계와 현실적 제한이 있다. EBO는 '폭력을 수반하는 의지의 대결'이라는 전쟁의 본질을 바꾸지 못하고, EBO를 모든 분쟁에 적용하려면 융통성을 가져야 하고, 효과를 지나치게 강조하면 계획수립과 실행에서 목표의 중요성과 위상이 모호해질 수 있고, 무형적인 요소를 계량화하는데 어려움이 따르고, 적의 전쟁수행 체계는 외적·내적 자극에 끊임없이 반응하면서 적응한다.

　클라우제비츠의 삼위일체, 중심, 마찰의 개념은 이런 단점과 한계를 보완할 수 있다. 클라우제비츠의 전쟁이론과 EBO 개념은 적을 (개체의 합이 아니라) 상호작용하는 체계로 인식한다는 공통점이 있다. 그래서 3위1체와 복합체계(PMESII), 중심과 핵심노드를 개념적으로 연결할 수 있고, 두 이론의 마찰 인식과 극복 방법은 두 이론의 보완방향을 분명하게 제시하고 있다. 클라우제비츠의 전쟁이론과 EBO 개념을 접목하면 전쟁계획 및 수행에서 효과설정의 객관적 기준을 얻을 수 있고, 적의 전략적 중심과 (이를 구성하고 있는) 핵심노드 식별이 용이하고, 전쟁 이전 단계부터 종전까지 국력의 전반적 운용방향을 제시할 수 있고, 핵심체계(국민, 군대, 정부)의 분석으로 ONA 과정의 효율성을 높일 수 있다.[18]

한국의 EBO 연구는 EBO 개념에 작전적·전략적 수준의 개념이 섞여있고, 효과설정과 복합체계 분석에서 과학기술의 한계를 간과하는 경향이 있고, 파괴와 효과를 이분법적으로 생각하여 파괴 자체를 부정하는 경향이 있고, 효과설정에서 상대의 심리상태를 (측정이 불가능하다는 이유로) 배제하고 있고, '효과중심작전'이란 용어의 사용이 본래의 개념을 흐리는데 일조하는 문제점이 있다. 한국이 전략적 차원에서 EBO를 적용하려면 한국의 특수성을 고려해서 개념을 적용해야 하고, EBO 개념을 전략적 수준과 작전적 수준으로 구분해서 적용해야 하고, 국가안보전략에 EBO 개념을 적용하고 이를 위한 조직과 기구를 편성할 필요가 있고, 계획과 실행의 융통성을 보장할 지휘통제체제를 구축해야 하고, EBO 수행을 위한 전문 인력을 육성하고 지원체계를 구축해야 한다.

의견. 제3장에서 클라우제비츠의 삼중성, 중심, 마찰 개념을 인용하고 해설했다. 그리고 이를 EBO에 적용했다.

여기에서는 논문의 핵심내용 한 가지만 지적한다. 클라우제비츠가 『전쟁론』에서 중심을 말한 대목에 인상적인 구절이 있다. '작은 것은 큰 것에 달려있고, 중요하지 않은 것은 중요한 것에 달려있고, 우연적인 것은 본질적인 것에 달려있다.'(『전쟁론』, 980쪽) 그리고 이 중심의 예로 군대, 수도, 동맹국, 이해관계, 지도자의 인격과 여론의 5가지를 들고 있다. 클라우제비츠의 중심(重心)을 남경중은 삼중성(인민, 군대, 정부)의 삼각형 안에 있는 한 점의 무게중심(中心)으로 이해하는데(44쪽), 이는 물리적이고 기계적인 해석으로 보인다.

---

18. PMESII는 정치(Political), 군사(Military), 경제(Economic), 사회(Social), 기반시설(Infrastructure), 정보(Information)를 말한다. EBO에서는 적이 이런 복합체계로 구성되어 있다고 인식한다. ONA는 Operational Net Assessment의 약자로서 작전적 실체 평가를 뜻한다. EBO는 Effect Based Operation의 약자.

그런 해석으로 남경중은 '행위자 상관영역 중심결정 모델'을 구상하고, 이 모델에서 삼각형(△) 안에 위에서 아래로 그리고 좌에서 우로 ①; ②, ③, ④; ⑤, ⑥, ⑦로 7개의 중심영역을 설정했다. ①이 삼각형 위의 꼭짓점에, ⑤가 왼쪽 아래 꼭짓점에, ⑦이 오른쪽 아래 꼭짓점에 있도록 배열했고, 7개의 중심 중에 ①, ⑤, ⑦에 중심이 있는 경우를 설명했다(55~57쪽). 전쟁 사례를 보면 아프가니스탄전쟁에서는 전략적 중심이 ①과 ⑦에 있고(66~67쪽), 이라크전쟁에서는 ⑦에 있다(78쪽). 이때 선의 굵기로 국민, 군대, 정부의 각 요소 간에 존재하는 상호작용의 강도를 나타냈고, 원의 크기로 전쟁수행과 관련된 정치적 힘으로서 의사결정과 관련된 영향력을 나타냈다(66쪽).

그런데 남경중의 모델에서 삼각형의 3개의 변 중간에 있는 ②, ④, ⑥에는 중심이 영원히 존재할 수 없을 것이고, 제일 가운데 있는 ③에는 중심이 거의 영원히 존재할 수 없을 것이다. 중심이 존재할 수 없는 영역을 설정하는 것이 논리적으로 타당한가? 또한 그 모델은 불필요하게 복잡하게 보인다. 그래서 내게는 '행위자 상관영역 중심결정 모델'의 효용성이 의심스럽게 보인다.

남경중은 작전 수준에서 성공하고 전략 수준에서 실패한 EBO를 전략 수준에서 '구출'하려고 한다. 그 '구출' 노력은 그리 성공할 것 같지 않다. 아래에서 전덕종이 EBO의 한계를 드러냈기 때문이다.

전덕종, 『효과중심작전 개념의 이론적 한계성 연구: 전쟁의 본질에 기초한 비판적 분석』, 충남대학교 평화안보대학원 석사학위논문, 2010. 2, 81쪽

다음 쪽의 차례가 논리적이어서 차례로 논의의 핵심을 잘 이해할 수 있다. 효과중심작전은 걸프전과 아프가니스탄전쟁의 경험을 토대로 현재 및 미래 전쟁의 새로운 패러다임이라고 간주되지만 모든 면에서 전혀 새롭지 않다. 전쟁의 본질은 정치적 의지를 갖는 두 인간집단 간의 무력투쟁이고, 이것은 효과중심작전에서도 변하지 않았다. 정보 수집 능력이나 항공력은 전쟁수행의 수단으로서 일부에 불과하고, 그런 능력만으로 전쟁의 승리가 결정되지

도 않는다. 항공작전을 위한 표적처리 방법으로 체계분석 기법을 적용했지만 효과적이지도 못했다. 효과중심작전은 최소의 피해로 (적의 피해도 최소화하여) 최대로 승리할 것을 고민하지만, 그것을 추구하지 않은 전쟁도 없다. 적을 고려한 전쟁은 적에게 모욕감을 주고 적이 새롭게 대응하게 만들 뿐이다. 효과중심작전은 적으로 하여금 분란전이나 게릴라전을 수행하도록 허용했고, 전자로는 후자에 적절히 대처할 수 없다.

　　또한 효과중심작전은 많은 이론적 오류를 포함하고 있다. 체계이론은 정신적인 동기로 행동하는 인간의 특징이 무엇인지 이해하지 못하고 있다. 정신력과 물리력의 두 힘에서 예측 가능한 물리력에만 군사력을 운용해야 한다는 주장은 논리적으로 모순이다. 물리적 요소를 완벽하게 인식할 수 있다는 가정은 실존과 인식을 동일시하는 인식론적 오류에 빠져있다. 미국은 자신의 가치와 신념에 따라 구조화된 인식체계와 이라크의 실존세계의 차이를 구분하지 못해서 어려움에 빠진 것이다. 효과중심작전은 열정, 창의력, 의지 등 예측 불가능한 요소를 고려하지 않았고, 그래서 잘못 적용되고 불필요하게 확대되어 합동작전에 방해만 되고 있다.

　　전통적인 군사적 사고방식으로 복귀해야 한다. 전쟁은 정치의 수단이고, 과학이 아니라 기술이고, 불확실성의 영역이라는 전쟁의 본질에 기초해야 한다. 정치적 목적을 달성할 수 있도록 과감하게 결심하고 행동해서 변화하는 상황에 능동적으로 대처하는 작전적 사고력을 배양해야 한다. 작전적 사고력은 전략과 정치의 연계성 및 전략, 작전술, 전술의 연계성에 대한 충분한 지식과 이해를 통해 배양한다.

효과중심작전은 전쟁의 본질과 거리가 멀다. 전쟁을 과학적 관점에서 기계적으로 이해하려는 사고방식을 비판적 시각에서 냉정하게 재검토해야 한다. 전쟁에는 인간의 의지가 충돌하고, 그래서 전쟁은 본질상 불확실하다. 이런 전쟁에서 승리하려면 전쟁의 본질에 부합하는 작전적 사고력을 개발해야 한다.

의견. 대체로 동의할 수 있는 견해이다. 제2장 전쟁의 본질에서(13~29쪽) 손자와 클라우제비츠의 전쟁론을 자세히 비교했는데, 거의 전부 2차 문헌에 의존한 인용이다.

이제 한반도를 포함해 여러 지역의 갈등과 전쟁에 클라우제비츠를 적용한 글을 살펴본다.

이규원, 「중국의 6·25전쟁 개입원인 분석과 함의 : 클라우제비츠의 전쟁론 관점에서」, 『군사평론』 제409호(2011. 2), 육군대학, 206~235(30쪽)

요약. 클라우제비츠에 따르면 전쟁은 (적대적 감정이 아니라) 적대적 의도에 의해 일어날 수 있다. 이규원의 가설, 전쟁의 개입원인은 (상대국에 대한 적대적 감정이 아니라) 상대국이 표출하는 적대적 의도에 있다. 가설의 검증, 중국은 (미국에 적대적 감정을 느꼈기 때문이 아니라) 미국의 적대적 의도(북한 지역에 대한 미국의 북진 결정)를 인식했기 때문에 불가피하게 한국전쟁에 개입했다. 이규원의 결론, 중국이 한국전쟁에 개입한 결정적인 원인은 미국의 북진 결정에 있다.

의견. 이규원은 II의 전쟁 원인에서 국제정치이론에 있는 현실주의 이론과 자유주의 이론을 검토한 후에 대안적 분석틀로 클라우제비츠 이론을 적용했다.

이규원의 가설, 검증, 결론이 동어반복처럼 들리고 순환논증으로 보인다. 이규원이 클라우제비츠로부터 받아들인 개념은 적대적 감정과 적대적 의도뿐이다. '학생장교'에게 많은 것을 요구할 수는 없지만, 주로 군인 출신 연구자들의 글만 인용한 것은 이 글의 한계이다. 한국전쟁 연구를 계속할 것이라면 커밍스와 박명림의 한국전쟁 연구를 참고할 것을 권한다.

김덕기, 「6·25전쟁에서 미국의 정치적 목적과 군사적 목표 : 클라우제비츠의 제한전쟁 사상을 바탕으로」, 『군사연구』 제142집(2016. 12), 육군군사연구소, 65~88(24쪽)

요약. 클라우제비츠의 제한전 사상에 비추어보면 6·25전쟁에서 미국의 정치적 목적은 한반도의 전쟁이 제3차 세계대전으로 확대되는 것을 방지하고, 아시아에서 미국의 영향을 확고히 하여 자유민주진영의 입지를 공고히 하는 것이었다. 이에 따른 군사적 목표는 전쟁 이전의 상태 회복에서 한반도의 무력통일로, 무력통일에서 다시 휴전으로 변경되었다. 정치적 목적은 전쟁 전반에 걸쳐 유지되었지만, 군사적 목표는 전황에 따라 확대와 축소를 반복했다. 미국에게 한국전쟁은 제한전쟁이었다. 클라우제비츠가 말한 수단론적 전쟁의 모습이 6·25전쟁에서도 나타났다.

의견. 대체로 상식에 속하는 내용이다. II의 이론적 검토에서 클라우제비츠의 절대전쟁과 현실전쟁 개념을 소개하고 요약했다. 대부분의 군인 출신 연구자들과 달리 김덕기는 전쟁을 '정책의 계속'이 아니라 정치의 계속이라고 올바르게 썼다. 그리고 에체바리아를 인용하여 정치를 '국가의 의지를 확장해서 목표를 달성하기 위한 것, 지정학적인 이해관계를 반영하는 국제관계, 시대에 따른 전쟁의 다양성을 보편화해서 설명하기 위한 역사적 인과관계'라고(70쪽) 보았다.[19] 이 맥락에서 김덕기는 전쟁의 정치적 목적을 한 국가가 추구하는 가치의 최종 지향점이라고 본다(70~71쪽). III과 IV에서는 한국전쟁의 흐름을 제2차 세계대전 이후부터 휴전 때까지 시간순서에 따라 서술했다.

김재철; 김지동, 「남북 간 상호작용 현상과 대응전략 : 클라우제비츠의 전쟁론적 해석」, 『평화학연구』 제13권 4호(2012. 12), 한국평화연구학회, 5~25(21쪽)

---

19. 김덕기의 영어 번역이 조야해서 이 말이 이해가 잘 안 된다.

요약. 이 글은 남북 간 군사적 대립을 클라우제비츠가 『전쟁론』에서 제시한 3가지 상호작용 측면에서 고찰하고, 극한으로 치닫는 상호작용을 완화하는 대응전략을 제시한다.

그동안 남북 대립관계에서 전개된 상호작용은 다음과 같다. 첫째로 북한의 무력도발에 대한 남한의 대응은 소극적이었고, 제1상호작용(폭력의 극단적 사용)은 이행되지 않았다. 교전규칙에 의한 등가성의 군사적 대응으로 일관했다. 연평도 포격사건은 남북 간에 제1상호작용이 작동되는 전환점이 될 것이다. 향후 북한의 무력도발이 있을 경우 강력한 응징을 이행할 가능성이 높다. 둘째로 제2상호작용(상대를 무력화하려는 남북한의 경쟁적 노력)은 지속되고 있다. 이는 남북갈등으로 표현될 수 있고, 이와 더불어 남남갈등이 국가안보를 저해하는 요인으로 등장했다. 셋째로 제3상호작용(힘의 극대화로서 상대보다 더 큰 군사력을 보유하려고 하는 것)도 지속되고 있다. 냉전시대의 재래식 군비경쟁은 탈냉전 이후 북한의 핵개발로 비대칭적 요소를 더하게 되었다.

남북 간 대립적 상호작용을 완화하려면 신축적 상호주의 전략이 필요하다. 제1상호작용을 차단하려면 한미의 대북 억제력을 북한에 인식시켜야 한다. 그러려면 평화작전 단계부터 한미가 공동 대응하는 시스템을 구축해야 한다. 제2상호작용을 완화하려면 교류협력사업을 통해 남북 간 신뢰를 구축하고 북한의 간접전략에 대비해야 한다. 제3상호작용으로 인한 군비경쟁을 완화하려면 군비통제를 추진해야 한다. 비군사 분야의 교류협력과 연계하여 군사적 신뢰구축과 운용적 군비통제를 적극 추진해야 한다.

의견. 클라우제비츠의 '절대전쟁' 개념의 세 가지 상호작용이 이런 식으로 한반도에 '적용'될 수 있는지 상상하지 못했다. 이 논문은 놀라운 개그이다. 우리나라의 클라우제비츠와 『전쟁론』의 오해에서 정점을 이룬다.

김재철과 김지동에 따르면 클라우제비츠는 폭력의 극단화를 추구하는 상호작용이 마찰에 의해 정치적 협상을 통해 현실전쟁으로 수정된다고 주장했는데(10쪽),[20] 김재철과 김지동은 왜 절대전쟁의 세 가지 상호작용으로 논의를 전개한 것일까?

연평도 포격사건으로 남북 간에 폭력을 무제한으로 쓰는 제1상호작용의 절대전쟁이 일어날 것이라는 예상은 그로테스크한 코미디이다. 절대전쟁의 세 가지 상호작용이 일어나고 있는 마당에 남북 간에 '교류협력사업'을 한다는 것도 코미디처럼 들린다.

휴전상태에 있는 남북 간의 20회에 걸친 대립, 갈등, 긴장, 도발, 충돌을 클라우제비츠의 절대전쟁의 세 가지 상호작용으로 설명하는 것은 논리적인 비약이다. 냉전시대 미국과 소련 사이에도 일어나지 않았던 핵전쟁이 남북 간에 일어나기라도 한다는 말인가? 현재 국제정치의 역학관계에서 남한이나 북한이 미국의 동의, 허락, 강요 없이 전쟁을 수행할 수 있는가?

상호작용이라는 '낱말' 때문에 파슨스, 미드, 블루머, 호만스 등의 사회학자나 사회심리학자들의 이론을 언급하고 이를 클라우제비츠의 절대전쟁 이론과 비교한 것도 놀라운 개그이다. 사회학자들의 상호작용과 클라우제비츠가 말한 절대전쟁에서 나타나는 상호작용은 개념의 차원과 범주가 다르다. 이런 식으로 '상호작용' 개념을 해석하면 앞으로 남녀 간의 '사랑'도 클라우제비츠의 상호작용 개념으로 연구할 것 같다.[21]

클라우제비츠 없이 논문의 제목과 내용을 '남북 간 긴장과 긴장완화 대책'이라고 해야 적절했을 것이다.

'전쟁이 산 자와 죽은 자의 싸움'이라는 말도(8쪽) 『전쟁론』에 대한 오해이다. 절대적 무저항은 결코 전쟁이 될 수 없다. 전쟁은 산 자와 산 자의 싸움이다.

---

20. 클라우제비츠가 어디에서 그런 주장을 했는가?
21. 40년 가까이 사회학을 연구한 사람으로서 나의 세부전공이 한때 '사회심리학'이었다. 나는 특히 미드와 블루머의 상징적 상호작용 이론에, 그리고 대인지각과 귀인이론 분야에 관심이 많았다. 클라우제비츠와 관련된 연구에서 파슨스, 미드, 블루머, 호만스의 이름을 접하게 될 줄은 몰랐다.

오홍국, 「클라우제비츠 전쟁론으로 본 파리평화협정 분석」, 『군사논단』 제
76호(2013. 12), 한국군사학회, 163~185(23쪽)

II. 클라우제비츠 전쟁론의 핵심 이론
  1. 전쟁론에 대한 인식과 접근은?
  2. 정치와 전쟁 및 삼위일체론과 전쟁천재론의 핵심은?
  3. 게릴라전과 중심이론은 무엇인가?
III. 파리평화협상 과정에서 전쟁론의 핵심 이론 적용
  3. 평화협정 체결과 남베트남 패망(1972~1975) 과정은?
  4. 전쟁론의 핵심 이론은 평화협상 과정에 어떻게 적용되었는가?

요약. 파리평화협상 과정은 협상과 공세의 반복이었다. 정치적 목적에 군
사작전이 종속되었다. 북베트남은 전쟁에 정치와 전쟁, 삼위일체, 전쟁천재,
게릴라전, 중심이론의 측면을 미국보다 잘 적용했고, 그래서 전쟁에서 승리할
수 있었다.

클라우제비츠가 말한 전쟁의 정의(전쟁은 우리의 의지를 실현하려고 적
에게 굴복을 강요하는 폭력행동)와 전쟁의 본질(전쟁은 다른 수단으로 하는
정치의 연속)은 미국과 북베트남 모두 추구했다. 미국은 군사작전보다 정치
적 목적의 달성을 우선했다. 존슨과 닉슨은 대통령선거를 앞두고 전쟁을 선
거 전략으로 활용했다. 미국은 미군의 철군계획을 발표하여 시간의 주도권을
북베트남에 넘겨주었다.

삼중성 측면에서 폭력, 우연성, 이성에 기초한 정부, 군사지휘관, 국민을
협상과정에 적용할 수 있다. 미국은 정부, 군사지휘관, 국민의 삼위일체 조성
에 실패했다. 존슨은 병력을 증강했는데, 닉슨은 병력을 단계적으로 철수시
켰다. 미국 내 반전여론은 미군이 전쟁을 더 이상 수행할 수 없게 만들었다.
호지명은 '베트남의 자유와 독립'이라는 일관된 국가전략으로 (많은 희생에
도 불구하고) 전쟁의 목적을 달성할 수 있었다. 호지명과 국민은 단결해 있었
다.

중심과 게릴라전 측면에서 미국은 북베트남군이 아니라 남베트남의 민

족해방전선에 대한 공격으로 중심을 잘못 설정했다. 또한 라오스와 캄보디아 국경선으로 이어지는 길을 차단하는데 실패했다. 전쟁 초기에 적을 무력화하는데 실패하고 뒤늦게 캄보디아와 라오스의 국경지대를 공격했다. 이와 달리 북베트남은 피아 식별이 불가능한 게릴라전으로 미군에 효과적으로 대응했다. 평화협상이 교착될 때 공격의 중심을 미국 내 여론으로 설정하고 반전여론을 조성하여 정부, 군사지도자, 국민의 반목과 갈등을 야기했다. 즉 공격의 중심을 남베트남의 미군이 아니라 정치심장부인 워싱턴으로 올바르게 설정했다.

의견. II는 『전쟁론』 일부의 광범위한 인용과 요약으로, III은 협상과정의 서술로 채웠다. 베트남전쟁과 관련된 부분은 대부분 이미 알려진 내용의 중복이다. 아프가니스탄전쟁과 북한에 대한 언급은 불필요했을 것이다.

이장훈, 「전쟁의 본질과 지휘관상 : 클라우제비츠의 이론을 중심으로」, 『군사논단』 제5호(1996. 1), 한국군사학회, 225~241(17쪽)

II. 전쟁의 본질
  1. 전쟁의 정의
  2. 전쟁지도에 영향을 주는 제반요소

III. 바람직한 지휘관상과 전쟁사례
  1. 지휘관의 구비 요소
  2. 전쟁사례

요약. 전쟁의 우연성을 극복하는 것이 지휘의 중심이고, 자고로 군대의 승패는 군대가 아니라 지휘관에게 달려있었다. 전쟁을 수행하는 데는 마찰, 불확실성, 유동성, 무질서, 인간성, 폭력과 위험, 정신적 및 물리적 힘, 전쟁의 변천이 영향을 미친다. 그래서 지휘관은 용기, 군사안(軍事眼), 침착, 의지력(에너지, 완강, 감정상의 견고성, 성격상의 견고성)을 갖추어야 한다. 일본 막부시대의 도쿠가와 이에야스, 프로이센의 프리드리히 대왕, 인천상륙작전을 수행한 맥아더가 바람직한 지휘관상에 해당한다.

의견. 이 글은 전체적으로 大橋 武夫의 『통수강령』(강창구 번역, 병학사, 1976) 425~434쪽과 클라우제비츠의 『전쟁론』 제1편 일부를 (부정확하게)

표절 수준으로 '번역'하고 인용한 글이다.

김영호, 「맥아더 해임과 문민우위 원칙을 둘러싼 논란에 대한 비판적 고찰」,
『군사』 제71호(2009. 6), 국방부 군사편찬연구소, 81~110(30쪽)

2. 문민우위 원칙의 이상과 현실
3. 맥아더의 성공적 전쟁 수행과 문민우위의 원칙
4. 중국군 개입 이후의 전쟁양상과 맥아더 해임

요약. 문민우위 원칙을 제시한 이론가는 클라우제비츠이다. 절대전과 달리 제한전에서는 정치적 목적이 전쟁을 지배한다. 정치적 동기가 군사적 목적과 폭력의 정도를 결정한다. 클라우제비츠의 이론은 전쟁이 정치적 목적에 의해 규제될 때 무절제한 폭력의 행사가 제한될 수 있다는 당위론적 주장을 거쳐 규범적 차원으로 승화된다.

한국전쟁에서 인천상륙작전 이후 중국군이 개입하여 전쟁양상이 달라졌다. 한국전쟁이 세계적 차원으로 비화했다. 미국의 유럽 동맹국은 미군의 확전에 반대했다. 미국이 중국 및 소련과 장기전에 돌입할 경우 유럽의 안보가 크게 위협받을 것으로 보았기 때문이다. 트루먼은 소련과 전면전을 피하고 한반도 내의 국지전을 추구하고 전쟁이 만주로 확대되는 것에 반대했다. 맥아더는 확전을 주장했고 절대전의 승리를 원했다. 트루먼은 봉쇄전략을, 맥아더는 롤백전략을 추구했다. 맥아더의 확전 요구는 미국의 봉쇄전략에 대한 정면 도전이었다. 트루먼은 1951년 4월 11일 맥아더를 해임했다. 맥아더 해임 이후 미국에서는 반전여론이 고개를 들었다. 이런 상황에서 만주 확전은 미국 국민의 지지를 받을 수 없었을 것이다.

맥아더의 해임은 군사적 목적이 정치적 목적을 압도하려고 할 때 생기는 문제점을 분명하게 보여준다. 문민우위 원칙의 이상이 현실적으로 실현되려면 올바른 민군관계를 정립하는 것이 매우 중요하다.

의견. 대부분 알려진 사실을 클라우제비츠의 문민우위 원칙에 따라 재구성한 글. 전쟁의 정치적 목적은 절대전쟁과 현실전쟁을 모두 지배한다. 클라우제비츠의 『전쟁론』에 당위론과 규범론은 없다.

A1. 김종민, 「현대해양전략에 있어 클라우제비츠의 영향과 수용문제」, 『해양전략』 제38호(1985. 12), 해군대학, 59~97(39쪽)

A2. 김종민, 『현대해양전략의 관점에서 본 클라우제비쯔의 전략사상』, 국방대학원 석사학위논문, 1985. 12, 162쪽

A3. 김종민, 『클라우제비츠 전쟁론의 현대해양전략에서 적용성 연구』, 경기대학교 정치전문대학원 박사학위논문, 2005. 12, 175쪽

　　A1은 A2에서 제5장만(99~148쪽) 발췌한 중복 게재이다. A1은 살펴보지 않고 A2만 살펴본다. 다음은 A2의 차례인데, A2의 제5장 제목이 A1의 제목과 똑같다.

제2장 해전과 육전전략의 공통성과 상이성
제3장 해전전략의 차원에서 본 클라우제비쯔
　2. 클라우제비쯔의 전쟁의 목적, 목표 및 방법
제4장 해전전략사상에 있어서 클라우제비쯔의 해석과 수용
제5장 현대해양전략에 있어 클라우제비쯔의 영향과 수용문제
　2. 클라우제비쯔 전략사상의 수용문제와 그 한계

　　요약. 해전의 목적, 목표, 방법은 클라우제비츠가 말한 현실전쟁의 목적, 목표, 방법과 같은 맥락에 있다. 목적 차원에서 해전은 해양을 통해 우리의 의지를 적에게 강요하는 수단이고, 해양전략은 해양에서 적의 전쟁의지에 영향을 주기 위해 수행된다. 목표 차원에서 해양전략은 군사력의 투사(적 함대의 파괴, 상륙전 및 지상전의 접근지원)와 해양통제(적의 경제활동과 같은 비군사적 목표의 파괴)로 구분되고, 이 목표는 순서에 관계없이 동시에 수행되고, 목표의 달성 정도는 상대적이고 제한적이다. 즉 절대적이고 완전한 것이

될 수 없다. 해전의 목적 달성을 위한 바람직한 방법은 적 함대의 파괴이지만, 특정 상황에서는 공세적 함대활동이나 봉쇄를 할 수도 있다. 해군력은 전시에는 물론 평시에도 폭력적 수단으로서 국가의 대외정책을 지원하는 융통성 있는 정치적 수단의 역할을 수행한다. 해양이 필수적으로 중요한 부분을 차지하는 전쟁에서도 해양력만으로 전쟁의 정치적 목적을 달성할 수는 없지만, 그 전쟁에서 해양군사력이 없이 정치적 목적을 달성하는 것도 어렵다. 이와 같은 해전의 본질과 특성은 클라우제비츠가 말한 전쟁의 목적과 수단, 논리와 문법의 측면과 같은 맥락이다.

하지만 클라우제비츠의 전략사상은 전쟁 중심이고 군사력 사용에 한정되어 있어서 군사력의 인간적인 요소(무지, 실수, 혼돈, 피로, 공포 등), 불확실성과 우연 등의 마찰에 의해 제한된다. 전쟁환경을 해양과 해군력으로 제한하면 전쟁은 환경적 조건에 의해 목적과 수단을 제한받게 된다. 해군력은 적에게 군사적 충격뿐만 아니라 경제적 충격이나 압력으로 쓰일 수도 있지만, 해전에서 심리적 요인은 지상전투와 같은 정도로 적용될 수 없다.

코벳과 브로디는 클라우제비츠의 현실전쟁 개념을 수용하여 해전의 상대적·제한적 전략 개념을 발전시켰고, 해양에 대한 통제위협과 이용위험을 통제와 이용으로 구분했고, 해전의 수단을 군사적 직접사용과 비군사적 간접사용으로 구분했다. 둘 다 해전을 일종의 제한전 개념으로 재조명했다. 하지만 그들은 해양을 항로로만 인식했고, 해양자원(석유나 식량)의 기지로서 갖는 해양의 가치를 예견하지 못했다.

의견. 첫째, 이 논문은 형식이 내용을 압도하는 글이다. 문장이 엉망이라서 글을 읽고 이해하는 것이 어렵다. 둘째, 이 글은 '논문'이라기보다 주로 네 개 글의 '번역', 인용, 요약으로 보인다. 네 글은 클라우제비츠의 『전쟁론』, 클라우제비츠협회의 『전쟁 없는 자유란』, 코벳의 『해양전략의 원칙』, 브로디의 『해군전략입문』이다.

다음은 A3의 차례이다.

요약. 코벳과 브로디는 해전에서 클라우제비츠의 제한전 개념을 수용하여 정치적 목적이 군사수단을 지배해야 한다는 것을 강조했다.

해전전략은 전쟁의 목적 차원에서 전쟁의 정치적 목적을 달성하기 위해 해양의 이용과 통제의 전략을 쓰는데, 주된 것은 통제보다 이용이다. 전쟁의 목표 차원에서 해전전략은 군사력의 투사와 비군사적인 통항의 거부 또는 파괴이다. 아군의 해양 이용을 방해하는 적의 파괴, 적의 해양 이용을 방해하는 것이 해양통제이다. 이용과 통제는 순서에 관계없이 수행되고, 그 목표의 달성 정도는 상대적이고 제한적이다. 방법의 차원에서 해전전략은 (육지전투에서 적의 파괴와 달리) 적의 함대를 파괴하지 않고도 봉쇄, 기동성 등으로 적을 통제할 수 있다. 수단의 차원에서 보면 해군력은 전시에는 파괴적인 수단의 성격을 지니지만 평시에는 비파괴적인 수단으로 쓰인다. 즉 해군력은 평시에 매우 유용한 정치적 군사수단이고, 분쟁이나 위기 때는 효과적인 무력시위나 위협수단이 된다. 해양이 중요한 부분을 차지한 전쟁에서 해군력만으로 전쟁의 정치적 목적을 달성할 수는 없지만, 해양군사력 없이 목적을 달성하는 것도 어렵다. 결론. 전시와 평시의 해양군사력의 기능과 한계를 인식하고 정치적 목적을 달성하기 위하여 여러 세력의 혼합된 활용방법을 개발해야 한다.

의견. A3은 A2의 변형이다. A2와 A3을 비교 검토한 결과, 석사학위논문과 박사학위논문은 차례만 약간 다를 뿐 두 논문의 분량과 내용이 상당한 정도로 비슷하다. 김종민은 (동명이인이 아니라면) 석사학위논문을 쓰고 나서 약 20년 후에 거의 같은 내용으로 박사학위논문을 제출했다. 석사학위논문의 어느 부분이 박사학위논문의 어느 부분으로 '이동'했는지 아래와 같이 표로 비교했다.

A2(1985년 석사학위논문)	→	A3(2005년 박사학위논문)
제2장 (공통성과 상이성)	→	제3장 제2절(상관성)
제3장 1(목적, 목표, 방법)	→	제3장 제3절(목적, 목표, 방법)
제3장 2(클라우제비쯔)	→	제2장 (클라우제비츠)*
제3장 3(비교)	→	제3장 제4절(비교)
제4장 1(코벳)	→	제4장 제1절(코벳)
제4장 2(브로디)	→	제4장 제2절의 1과 2(브로디)
제4장 3(비교)	→	제4장 제2절의 3(비교)
제5장 1의 가(환경변화)	→	제4장 제3절(발전추세)
제5장 1의 나(현대 해양전략)	→	제5장 제1절(전평시 해양전략)*1
제5장 2의 가(관계)	→	제5장 제2절(동질성)*2
제5장 2의 나(한계)	→	제5장 제3절(한계)
결론	→	결론*

A2의 어느 부분을 A3의 어느 부분에서 표절했는지 화살표로 밝혔다. 장과 절의 제목은 간략하게 적었다. *는 내용을 약간 수정 보완한 것을 뜻한다. 특히 *1은 109~114쪽에 걸프전쟁, 119~132쪽에 해양자원 보호전략, 133~134쪽에 해상교통로 보호전략에 관한 서술을 추가했다. *2는 140쪽에 걸프전, 144~145쪽에 월남전에 관한 서술을 추가했다.

A1이든 A2이든 A3이든 이것은 김종민의 독창적인 저술이 아니다. 외국문헌과 국내문헌의 표절과 짜깁기이다. 그런데 여기에 더해 김종민은 거의 같은 글을 석사학위논문과 박사학위논문으로 제출하는 '용감무쌍함'을 발휘했다. 김종민의 박사학위논문은 '자기표절'에 해당한다. 김종민에게 '박사'에 대한 집착이나 필요가 매우 컸던 것 같다.

이 표절로 김종민은 하나의 글로 석사학위논문과 박사학위논문을 동시에 작성하는 '전무후무한 업적'을 남겼고 한국 군사학계에 '기념비적인 공로'를 세웠다. 아~ 이를 어찌할 것인가.

끝으로 마케팅 분야에 클라우제비츠의 이론을 적용한 글을 살펴본다.

민형홍, 『클라우제비츠의 전쟁론의 관점에서 본 마케팅전략에 관한 연구』, 경남대학교 경영대학원 석사학위논문, 2003. 12, 100쪽

제2장 분석을 위한 이론적 배경
   제2절 클라우제비츠의 전쟁론
제3장 전쟁론의 관점에서 본 마케팅전략
   제1절 전쟁의 본질 측면
   제2절 목적과 수단
   제3절 공격과 방어
제4장 성공적인 마케팅전략을 위한 접근
   제2절 삼위일체의 균형과 조화
   제3절 적정 수준의 목적과 수단의 선정
   제4절 공격과 방어의 적절한 선택

요약. 클라우제비츠가 주장한 전쟁의 본질과 마케팅전략의 본질은 동일한 개념을 적용할 수 있는 동질성을 갖고 있다. 전쟁에서 자신의 의지를 상대에게 강요하는 것은 목적이고, 폭력은 수단이다. 마케팅전략에서도 기업이 자신의 의지(시장 확대, 이윤 증대)를 경쟁기업에게 강요하는 것은 목적이고, 품질과 가격 경쟁은 수단이다.

전쟁이 개념상의 절대전쟁과 현실의 제한전쟁으로 나타나는 것처럼, 마케팅전략의 경쟁도 인간의 폭력성으로 인한 무한경쟁과 (경쟁양상의 다양성, 모험의 회피, 정부의 통제 등으로) 현실의 제한경쟁으로 나타난다.

현실세계의 전쟁은 맹목적인 본능, 자유로운 정신활동, 정치에 종속된 본능의 삼위일체로 구성되어 있고, 이 세 요소는 균형을 이루어야 한다. 마케

팅환경에 삼위일체를 대입하면 국가의 경우에 맹목적인 본능은 소비자로, 자유로운 정신활동은 기업으로, 정치에 종속된 본능은 정부로 해석할 수 있다. 소비자(국민), 기업, 정부가 조화로운 시장경제 체제를 이룰 때 그 국가의 경제도 발전한다. 기업의 경우에는 맹목적인 성향을 가진 근로자, 자유로운 정신활동이 필요한 관리자, 합리적 이성을 가져야 하는 기업가(경영자)가 조화로운 균형을 이룰 때 성공적인 마케팅을 할 수 있다.

목적과 수단 측면에서도 군사전략과 마케팅전략은 동질성을 내포하고 있다. 정치적 목적 달성에 적합한 군사적 목표 설정과 이 목표 달성에 필요한 적절한 수단의 강구는 전쟁의 승패를 결정한다. 이 원칙이 적용되지 못한 사례가 미국의 월남전이고, 잘 적용된 사례가 걸프전이다. 마케팅전략에서도 경쟁상황과 기업의 능력을 고려하여 적절한 목적, 목표, 수단이 수립되어야 한다. 과도한 목적은 달성하기도 어렵고, 달성되어도 과도한 출혈(역량의 소비)로 시장에서 퇴출되는 실패를 가져올 수 있다.

클라우제비츠에 따르면 공격과 방어는 본질적으로 같은 것이고, 방어는 공격을 수반해야 한다. 기업의 경우에도 시장 개척과 같은 상황에서는 공격적 마케팅이 필요하지만 방어적 마케팅이 기본이 되어야 한다. 무리한 공격적 마케팅은 기업 역량의 소진을 초래해서 제3의 기업으로부터 공격을 받을 수 있다. 방어적 마케팅에서 성공해서 공격적 마케팅으로 전환해야 기업의 위험부담을 최소화할 수 있다.

결론. 전쟁에서 제한전쟁의 추구가 불가피한 것처럼, 기업 간 경쟁도 현실 상황을 고려하여 제한경쟁의 양상을 추구해야 한다. 기업을 구성하는 삼위일체 요소가 균형을 이룬 조화로운 상태를 유지하여 목적을 추구해야 한다. 시장상황과 기업의 능력에 맞는 목적과 수단을 선정해야 한다. 상황에 따라 적절한 공격적 마케팅과 방어적 마케팅을 선택적으로 구사해야 한다.

의견. 민형홍이 내린 결론은 클라우제비츠 없이도 (그리고 상식만 갖고 있어도) 도달할 수 있는 결론이다.

이 논문에서 제2장 제2절 클라우제비츠의 전쟁론 부분은 『전쟁론』 일부의 요약이다. 제3장 제1절~제3절도 『전쟁론』 일부를 인용하고 『전쟁론』에 관한 잘못된 해석을 그대로 받아들였다. 이 글은 전체적으로 『전쟁론』의 내용 일부를 마케팅에 기계적으로 적용했다.

관리자를 최고지휘관과 군대로 보고 경영자를 정부로 간주하는 것도 (53쪽), 소비자를 자기 선호적인 상품만 선택하는 맹목적인 존재로 묘사하는 것도(54쪽) 삼중성을 마케팅에 기계적으로 적용한 것이다.

국가 차원의 소비자와 기업 차원의 근로자가 '맹목적인 본능과 성향'을 갖고 있다는 말은 클라우제비츠의 삼중성에 꿰어 맞춘 억지이다. 소비자이든 근로자이든 현대사회에서 '호모 에코노미쿠스'는 욕망을 갖고 있고 비용과 효용을 고려하는 합리적인 존재이다.

'클라우제비츠의 삼위일체 개념은 전쟁의 이중적 특성 때문에 전략의 선택이 어느 쪽으로도 치우칠 수 없고 양극단 사이에서 타협적으로 결정될 수밖에 없다. 전략의 중간적 선택을 가능하게 하고 필연적인 것으로 만드는 작용이 삼위일체의 역할이다.'(51~52쪽) 절대전쟁과 현실전쟁에서, 그러니까 민형홍이 말한 섬멸전과 기동전에서 타협을 하고 중간적 선택을 한다면 그것은 어떤 전략이 되는 것인가? 삼위일체의 역할이 타협과 중간적 선택인가? 『전쟁론』에 관한 잘못된 해석을 그대로 받아들여서 생긴 오해이다.

민형홍 자신의 말처럼, '소화능력 이상의 과식은 어리석다.'(87쪽)

황규식, 『마케팅전략과 군사전략의 비교분석 연구』, 명지대학교 대학원 박사학위논문, 2009. 7, 169쪽

Ⅱ. 이론적 고찰
　제3절 군사전략이론 조망
　　나. 손자병법의 전략사상
　　다. 클라우제비츠 전쟁론의 전략사상
Ⅲ. 실행관점에서 본 마케팅전략과 군사전략

요약. 전쟁에서는 전장에서 적을 상대하고, 마케팅은 시장에서 경쟁자를 상대한다. 지금까지 군사전략을 마케팅전략에 (일방적으로) 적용했다면, 이 연구는 마케팅전략과 군사전략을 상호간에 (대등하게) 비교했다.

의견. 2차 문헌으로 『전쟁론』을 인용하고 소개한 거대한 짜깁기. 수준 이하의 논문이다. II의 제3절 '나. 손자병법의 전략사상' 부분에는 『손자병법』 일부를 인용했고, II의 제3절 '다. 전쟁론의 전략사상' 부분에는 『전쟁론』 일부를 인용했다. II장의 절반을 두 글의 인용과 소개로 채웠다. '전쟁론의 전략사상'에서는(53~66쪽) 클라우제비츠의 전략과 전술, 방어와 공격을 인용했는데 출처도 없다. 황규식이 논문작성법을 공부해야 할 것 같다.

3.2. 삼중성의 적용

여기에서는 삼중성을 여러 전쟁과 전투에 적용한 글을 살펴본다. 한국부터 다른 나라로, 한국의 경우에는 현재에서 과거로, 다른 나라의 경우에는 우리에게 가까운 나라에서 먼 나라에 대해 언급한 글의 순서로 살펴본다.

A1. 김덕기, 「클라우제비츠의 삼위일체론에서 본 연평해전의 전략·전술적 의의/요약문」, 『해양연구논총』 제24집(2000. 6), 해군사관학교 해군해양연구소, 485~496(12쪽)

A2. 김덕기, 「클라우제비츠의 삼위일체론에서 본 연평해전의 전략·전술적 교훈」, 『해양연구논총』 제28집(2002. 6), 해군사관학교 해군해양연구소, 15~55(41쪽)

A2는 A1보다 나중에 발표되었지만 A2를 먼저 살펴본다.

II. 왜 연평해전인가?
III. 클라우제비츠의 삼위일체론에서 본 전략의 선택과 연평해전
  1. 삼위일체론의 본질
  2. 삼위일체론과 연평해전
IV. 클라우제비츠의 전쟁원칙 측면에서의 전략·전술적 교훈
  2. 전쟁원칙의 적용과 교훈
  3. 전략적인 측면에서의 교훈
  4. 전술적인 측면에서의 교훈
  5. 교전규칙의 적용

A2는 A1의 자세한 연구 분석이다. 1999년 6월 연평해전을 클라우제비츠의 삼위일체론을 분석틀로 해서 연구했다. 우리에게 중요한 III과 IV를 보도록 한다.

Ⅲ. 클라우제비츠의 말. 정치를 고려하지 않으면 현실적으로 존재할 수 있는 전쟁양상은 결전주의적 섬멸전과 결전회피의 기동전의 이중적 성향을 갖게 된다. 세 가지 요소(인적 요소, 개연성 요소, 지적 요소)가 삼위일체된 평형상황에서 전략이 선택된다. 김덕기의 말. 고기술시대에 삼위일체론은 국가의 경제 및 기술능력이 포함된 4위1체론으로 변경될 필요가 있다.

한국정부는 연평해전을 수행하는 과정에서 북한 경비정의 북방한계선 침입 사실을 언론에 보도했고 이는 국민적 지지를 낳았고 이런 기반에서 전쟁을 수행할 수 있었다(인적 요소). 연평해전은 연평도 근해에 한정되고 무기도 함정의 무기에 국한되었고 단기간 지속된 전투였다. 정치적 목적도 NLL 사수로 제한되어 있었다. 북한은 위법적 침략전쟁을, 한국은 합법적 자위전쟁을 수행했다(개연성 요소). 클라우제비츠는 국가의 지적 요소가 추상 수준의 절대전을 현실전으로 전환시키는 최종적 고려사항이라고 말했다. 한국은 연평해전의 승리로 북한의 NLL 무력화를 제압하고 NLL 사수를 관철했다. 이 점에서 연평해전은 군사적 목적보다 정치적 목적이 우선시된 해전이다(지적 요소).[22]

의견. 클라우제비츠의 말이라고 한 내용은 대개 류재갑과 강진석이 외국 이론을 그대로 받아들인 것이고 김덕기가 또 이를 그대로 수용한 것이다. 대체로 오류이다. 섬멸전과 기동전의 이중적 성향, 세 요소의 범주, 삼위일체가 된 '평형' 상황 등은 클라우제비츠와 무관한 내용이다. 여기에 한델의 4위1체까지 받아들여서 삼중성은 뒤죽박죽이 되고 말았다. 국민적 지지, NLL 사수, 정치적 목적이 우선된 해전을 인적 요소, 개연성 요소, 지적 요소에 대입한 것도 연평해전을 삼중성에 억지로 꿰어 맞춘 설명이다.

Ⅳ. 김덕기는 전쟁원칙, 전략, 전술, 교전규칙에서 교훈을 끌어낸다. 클라

---

22. NLL(Northern Limit Line), 즉 북방한계선은 그 생성과 명칭에서 남한 해군이 북한 방향으로 도발하는 행동을 예방하려고 규정되고 운영된 내부적인 한계선이다. 즉 북방한계선은 국제법상 합법적인 군사분계선이 아니다. 리영희, 「'북방한계선'은 합법적 군사분계선인가」 참조.

우제비츠, 조미니, 마한이 말한 전쟁원칙을 토대로 목표, 공세, 집중, 기동, 지휘통일, 경계, 사기, 병력의 절약, 준비의 9개 원칙에서 연평해전에 적용되는 교훈을 끌어냈다. 전략에서는 (작전·전술적) 군수 측면과 위기관리 측면에서 교훈을 끌어냈다. 군수 측면에서는 근접정비지원 능력, 기동군수능력, 제3국과의 군수지원체제, 전쟁지속능력에 대한 교훈을 끌어냈다. 위기관리 측면은 대내적 부분과 대외적 부분으로 나뉜다. 대내적 위기관리에서는 국가안전보장회의, 제한적인 전력 운용, 위기대응능력, 전력의 우위, 함정의 수와 종류, 국민적 단결, 여론의 지지에서 교훈을 끌어냈다. 대내적 위기관리 측면에는 정부 부처 간의 정보 협조, 국민의 안보불감증, 작전현황의 실시간 유출이라는 3가지 문제점도 있다. 대외적 위기관리에서는 정부의 조치, 목표의 제한, 위기확대 방지, 한미 연합방위태세에서 교훈을 끌어냈다. 대외적 위기관리에는 대북전략과 주변국에 대한 외교전략, 한미 간의 시각 차이라는 문제점이 있다.

전술에서는 충돌공격, 고속정의 생존성, 피해에 따른 전투력 복원, 중·대형함 운영, 현장 지휘관의 지휘폭에 관해 교훈을 얻을 수 있다. 교전규칙에서는 충돌공격을 적용하고 (북한이 국제신호서와 시위기동으로도 퇴각하지 않을 때는) 즉각 격파사격을 하는 방향으로 규칙을 정립해야 한다는 교훈을 얻게 된다.

의견. 이렇게 많은 교훈(과 문제점)을 누가 기억하고 적시에 잘 적용할지 걱정된다. 본론의 분량을 대략적으로 보면 IV가 71%이고 III은 12%에 불과하다. 김덕기는 이 논문이 '전략전·전술적 차원의 교훈을 도출하는데 중점을 두었다고'(15쪽) 하는데, 그러면 중요하지도 않은 클라우제비츠가 이 논문에 왜 필요했는지 의문이다. 이렇게 많은 교훈은 클라우제비츠 없이도 끌어낼 수 있었을 것 같다. 그래서 이 많은 교훈이 (IV의 제목처럼) '클라우제비츠의 전쟁원칙 측면에서의 전략·전술적 교훈'인지도 의문이다.

A1은 총 12쪽인데, 국문 5쪽과 영문 7쪽으로 되어 있다. 먼저 미국저널에 영어로 실은 글을 나중에 번역해서 『해양연구논총』에 국문과 영문을 같이

실은 것으로 보인다. 대부분 A2와 중복되는데 다음과 같이 (A2와 차별화하여) 정리한다.

한국 해군은 전시에는 해양통제, 평시에는 해양시위(전진시위와 일상시위) 전략을 쓰고 있다. 전자보다 후자가 중요하다. 북한 해군은 해양통제, 연안방어, 해상거부 전략을 쓰고 있다. 연평해전의 전략·전술적 교훈은 다음과 같다. 첫째, 충돌식 밀어내기 전술은 확전을 방지하고 자국의 의지를 표현하는 수단으로 유용한 전술이다. 둘째, 연평해전은 첨단무기도 중요하지만 인간의 의지도 중요하다는 것을 보여주었다. 셋째, 한국 해군은 집중원칙을 잘 적용하여 승리했다.

A1의 결론. 클라우제비츠의 삼위일체론은 현대 전략에서 큰 의미를 갖는다. 군사혁신과 고기술시대에는 4위1체론의 시각으로 전쟁을 분석하는 것도 해전사에 기여할 것이다.

A1. 원승구, 「클라우제비츠가 본 북한의 도발」, 『합참』 제49호(2011. 10), 합동참모본부, 98~103(6쪽)

A2. 원승구, 「북한의 도발과 확전가능성에 관한 연구 : 클라우제비츠의 전쟁의 본질과 삼위일체를 중심으로」, 『합동군사연구』 제21호(2011. 12), 합동참모대학 합동교리발전부, 275~302(28쪽)

A3. 원승구, 『북한의 도발과 확전가능성에 관한 연구 : 확전계수 계발 및 적용』, 경기대학교 정치전문대학원 석사학위논문, 2018. 6, 67쪽

A1. 글의 대부분을 『전쟁론』 제1편의 요약으로 채웠다. 원승구는 글 중간에 한반도 위기수준(Y)을 확전계수(a)와 북한의 도발수준(X)의 함수로 표현하고 그래프로 나타냈다(100쪽). 이 그래프에서 원승구는 a가 1보다 크면 적극적 대응이고 1보다 작으면 소극적 대응이라고 했다. 그런데 그래프의 X축을 오른쪽으로 늘리면 a에 관계없이 모든 경우에(a>1, a=1, a<1) Y는 전면전이 되고 전면전을 넘는다. 원승구는 이 모순을 어떻게 설명할까?

A2. A1을 좀 더 자세히 연구했다. 또는 A2의 요약을 A1의 『합참』 지에 실었다.

A3. A2를 계속 연구하여 7년 후에 석사학위논문을 작성했다. A3의 차례는 다음과 같다.

A3의 핵심은 제4장이다. 제2장은 『전쟁론』 제1편 일부의 인용과 요약이고, 제3장은 남북한을 둘러싼 전략환경(과 그 변화)의 요약이다.

A3은 북한의 도발, 남한의 대응, 확전가능성의 상관관계를 계량화한다. 전쟁의 고조요인과 억제요인을 삼위일체(국민, 정부, 군대)의 영향을 받는 확전계수 개념으로 설명한다.

한반도의 위기수준은 북한의 도발수준에 비례한다고 볼 수 있기 때문에 'Y(한반도 위기수준)=a(확전계수)·X(북한의 도발수준)'와 같이 표현할 수 있다. a는 삼위일체(정부, 군대, 국민)의 영향을 받는 계수이기 때문에 'a=(국민여론+정부의지+군의 대응수준)/3'으로 제시된다. 북한의 도발수준은 남한의 피해규모와 북한의 무기로 평가할 수 있기 때문에 'X(북한의 도발지수)=(남한의 피해+북한의 무기지수)/2'로 계량화할 수 있다. 이런 체계적인 사고로 북한의 도발을 객관적으로 평가할 수 있고 추상적인 논의를 논리적으로 접근할 수 있다.

의견. Y=a·X는 이 논문의 독창성이자 한계이다. Y=a·X처럼 북한의 도발을 독립변수로 보고 한반도의 위기를 종속변수로 삼은 것은 논리적으로 문제이다. 전쟁은 산 자가 죽은 자에게 하는 행동이 아니라 산 자와 산 자의 충돌이다(『전쟁론』, 63쪽). 그래서 Y=a·X는 예를 들어 Z(한반도 위기수준)=X(북한의 도발수준)·Y(남한의 대응수준)로 바꾸어야 할 것이다. 확전계수를 넣고 싶으면 Z=aX·bY처럼 바꾸어야 할 것이다. 달리 말해 확전계수를 국민의 여론, 군부의 도발(대응), 정부의 의지로 본다면 이 계수는 남북한에 모두 적용되어야 한다. 원승구가 북한에도 삼위일체(당, 군부, 주민)를 설정했기 때문이다.

또한 X가 도발수준인지 도발지수인지 명확히 구분해야 한다. 원승구가 두 개념을 섞어 쓰고 있기 때문이다. 도발지수 개념을 만든다면 대응지수 개념도 생각할 수 있다. 이런 혼란이 Z=aX·bY 함수의 필요성을 증명한다.

국민의 여론, 군부의 도발(대응), 정부의 의지를 원승구가 전부 주관적으로 평가하여 수치를 부여하면 이 분석을 객관적인 분석이라고 보기는 어려울 것 같다.

한쪽의 도발수준과 다른 쪽의 대응수준에 따라 위기가 고조되거나 완화될 수 있다는 말은 (초라한) 상식처럼 들리는데, 참고문헌의 질과 양은 더 초라하다.

남북정상회담과 북미정상회담이 2018년 4월과 6월에 열렸는데, 원승구는 2018년 6월에 북한의 도발과 확전가능성을 연구한 석사학위논문을 제출했다. 원승구는 2011년부터 이 연구를 시작했기 때문에 자기 연구를 계속하고 싶었을 것이다. 전략환경 변화는 원승구가 주로 논하고자 하는 부분이 아니다(vii쪽).

A1. 박지선; 이상호, 「클라우제비츠의 전쟁이론으로 본 냉전 이후 북한의 핵·미사일전략에 관한 연구」, 『군사학연구』 제8호(2010. 12), 대전대학교 군사연구원, 271~309(39쪽)

A2. 박지선; 이상호, 「클라우제비츠의 전쟁이론을 적용한 북한의 핵과 미

사일전략 평가」, 『한국북방학회논집』 제16집(2011. 9), 한국북방학회,
125~160(36쪽)

다음은 A1의 차례이다.

요약. 19세기 클라우제비츠의 전쟁이론 중에 특히 삼위일체 이론은 21세기 북한의 군사전략을 분석하는 데도 유용한 도구이다.

북한은 핵과 미사일을 매개로 파워 게임을 하고 있다. 북한의 전략은 김정일 정권의 정치적 목적을 달성하는 수단으로 이용되고 있다. 북한의 전략에서 정부, 군대, 국민의 개별적인 명분과 특징은 절묘한 삼위일체로 승화했다.

북한의 미사일 기술은 김정일 정권의 선군정치의 목적을 달성하는 전략적 비대칭 수단을 극대화한 군사전략이다. 핵전략은 미사일전략과 연동관계에 있고, 미사일전략에서 파생되는 효용성을 토대로 '전략적 위협'을 정치·전략에 적용하는 전략대안이다. 북한의 핵과 미사일 전략은 기본적으로 같은 전략적 목표와 구성요소를 보이고 있지만, 현실에서 카멜레온과 같은 전략적 변이를 보이면서 그 효용성을 보장해 나가고 있다.

의견. 박지선과 이상호는 『전쟁론』 제1편 전쟁의 본질(On the Nature of War)을 '전쟁의 원인'으로(274쪽) 오해했다. 클라우제비츠의 삼중성을 열정, 기회, 명분으로(285쪽) 오해했는데, 이는 영어문헌을 읽은 데서 생긴 오류로

보인다. 삼중성에 대한 설명도 잘못되었다. 클라우제비츠의 전쟁이론과 삼중성을 오해한 바탕에서 북한의 핵과 미사일 전략을 연구했으니 그 연구는 클라우제비츠 없이도 수행할 수 있었을 것이다. 이 글은 저자들이 왜곡한 클라우제비츠와 저자들의 편향된 시각의 불행한 만남이다. 글에 비문이 많고 수준 이하의 문장이 많이 보인다.

다음은 A2의 차례이다.

Ⅱ. 클라우제비츠의 전쟁이론과 북한의 군사전략
Ⅲ. 북한 미사일과 핵전략의 이론과 실제
　3. 클라우제비츠의 '삼위일체' 이론으로 분석한 북한의 미사일과 핵전략

필자들은 A2가 A1의 '내용을 대폭 개선하여 게재한 연구'라고(125쪽) 밝혔는데, 나는 차례나 내용에서 달라진 점을 별로 찾을 수 없다. A2의 Ⅱ의 하위목차는 A1의 Ⅱ의 하위목차와 똑같고, A1에서는 미사일전략(Ⅲ)과 핵전략(Ⅳ)을 나누어서 언급했는데 A2에서는 미사일과 핵전략(Ⅲ)을 합쳐서 논의했고 그에 맞게 A2의 Ⅲ의 하위제목도 바꾼 것 외에 A2는 A1과 자기표절 수준으로 똑같다. '내용을 대폭 개선하여 게재한 연구'라는 말은 자기표절의 합리화 내지 변명으로 보인다.

특히 클라우제비츠와 관련해서 박지선과 이상호는 이 글에서도 전쟁의 본질을 여전히 '전쟁의 원인(On the Nature of War)'으로(128쪽) 오해하고 있고, 이 오해를 굽히지 않고 있다.

손직현, 『임진왜란과 병자호란에 대비한 조선정부의 대응책 비교분석 : 클라우제비츠 삼위일체론을 중심으로』, 건양대학교 군사경찰행정대학원 석사학위논문, 2016. 7, 87쪽

이 논문은 임진왜란과 병자호란에 대한 조선정부의 대응책을 클라우제비츠의 삼위일체론 '국민, 군대, 정부'의 3가지 측면에서 비교 분석했다. '국

민' 측면에서 조선은 붕당정치로 민생안정을 소홀히 했고 군역제도의 모순으로 농민은 생활의 어려움을 겪는 등 조선사회는 불안정했다. '군대' 측면에서 군역제도의 폐단과 재정부족으로 정예화된 군사체제를 형성하지 못했다. '정부' 측면에서 붕당정치로 정치권의 권력투쟁이 지속되었고 국제상황을 정확히 돌아보지 못했고, 이로 말미암아 전쟁 대비도 소홀했다. 결론적으로 조선은 진관체제 붕괴, 지상군 위주의 소극적인 방어전략, 주변국과 신뢰를 통한 연합방위에 미흡했던 점, 실리외교를 멀리하고 명분외교를 추진한 점, 국가의 안위보다 당리당략을 우선하는 당파의 권력투쟁 등의 원인으로 국방태세를 유지하는데 실패했다. 국가생존을 가름하는 군사전략은 국제사회 변화에 대처하는 정부와 국민의 노력 및 국가이익을 우선하는 군대의 전략적 사고에서 시작되어야 한다.

의견. 이런 결론은 클라우제비츠의 삼중성 없이도 내릴 수 있다. 클라우제비츠의 삼중성에서 국민, 군대, 정부를 임진왜란과 병자호란에 기계적으로 적용했다. 클라우제비츠의 삼중성을 설명하는 부분에서는 이종학과 허남성의 잘못된 해석을 그대로 받아들였다.

조선시대 군주정 아래의 '백성'을 근대 국민국가에서 말하는 '국민'이라고 이해할 수 있는지 의문이다. 클라우제비츠가 말한 것도 국민이 아니라 (그 당시 프로이센에서 사람, 백성, 주민의 의미로 이해된) 인민이다.

학위논문에서 네이버 블로그를 출처로 (인용도 아니고) 재인용하는 것은

(33쪽) 바람직하지 않다. 신뢰할 만한 출처를 이용해야 할 것이다.[23] (손직현이 고어를 쓰는 것도 아닌데) "심혈을 기우렸고"(74쪽), "기우려지고 있는 국가재정과 민생안정"(74쪽) 등 기초적인 어문실력을 의심케 하는 표기들이 많이 나온다. '심혈을 기울였고', '기울어지고 있는 국가재정과 민생안정'으로 표기해야 한다. 이 외에도 맞춤법이 틀린 부분이 적지 않다.

정관영, 「해전을 통해 바라본 일본제국의 흥망 : 클라우제비츠의 삼위일체론을 중심으로」, 『해양전략』 제130호(2006. 4), 해군대학, 95~124(30쪽)

　II. 클라우제비츠의 삼위일체론
　　1. 제1극 : 인적 요소(원초적 폭력, 적개심, 증오)
　　2. 제2극 : 우연성과 개연성의 요소(전장의 불확실성)
　　3. 제3극 : 지적 요소(국가의 이성적인 자아통제 능력)
　III. 쓰시마해전의 승리와 일본제국의 융성
　　1. 청일전쟁 이후 러시아에 대한 일본국민의 적대감
　　2. 해전의 불확실성 극복을 위한 노력
　　3. 정부의 정치적 결단
　IV. 미드웨이해전의 패배와 일본제국의 패망
　　1. 러일전쟁 이후 미국에 대한 일본국민의 적대감
　　2. 해전의 불확실성 극복을 위한 노력
　　3. 정부의 정치적 결단

　　이 글은 클라우제비츠의 삼중성을 일본의 쓰시마해전과 미드웨이해전에 적용하여 해전의 승패를 분석한 글이다. 삼위일체론의 분석도구를 쓰시마해전에 투영하면 다음과 같이 설명할 수 있다. 일본은 청일전쟁 이후 획득한 요동반도를 (러시아의 주도로 이루어진) 삼국간섭으로 **빼앗겼다**는 일본국민의 적대감(제1극), 불확실성을 제거하려는 도고 제독의 실전과 같은 맹

---

23. 이 말은 손직현에게만 해당되는 말이 아니다. 다른 군인 출신 연구자들의 여러 학위논문에도 해당된다.

훈련, 러시아 발틱함대의 정보를 획득하기 위한 정찰부대 운용, 발틱함대가 이동할 항로를 정확하게 판단한 점(제2극), 진군 한계를 설정하고 종전시기를 포착하는 등 큰 흐름을 올바로 파악하는 정치지도자들의 결단(제3극) 등을 완벽하게 결합하여 승리했다.

미드웨이해전의 경우 일본은 미국의 주선으로 배상금 없이 러시아와 강화조약을 맺게 된 점, 미국이 일본에 석유금수조치를 내림으로써 야기된 반미감정(제1극), 야마모토 제독이 미국 전력에 대한 충분한 정보 없이 해전계획을 수립한 점, 나구모 제독의 우유부단한 지휘로 주력항모를 잃은 점(제2극), 정부의 전쟁이 군부의 독주로 수행된 점, 육군과 해군이 대립한 상태에서 통수권 독립의 모순이 확대된 점, 정부는 국지전에서 전쟁수행에 이르기까지 이 대립을 조정하는 데만 급급한 점, 통수권 우위의 군부 주도 아래 군부의 반대로 항복을 지연한 점(제3극) 등이 영향을 미쳐서 패배했다.

이는 다음과 같은 시사점을 던져준다. 지휘관의 노력과 냉철한 판단은 부하들의 생명을 좌우하고 국가의 흥망에 결정적 영향을 미쳤다. 평상시에 실전과 같은 해상훈련을 하고 정보와 동맹국을 활용하는 것이 중요하다. 문민통제는 민(民)이 군(軍) 위에 개념 없이 군림하는 제도가 아니다. 문민정부는 군사적인 식견과 (국가전략 차원에서) 국제관계와 전략을 바라보는 통찰력을 갖추어야 한다. 결론. 정치와 전략이 일치된 국가전략을 수립하고, 지휘체계를 일원화해야 한다는 것이 두 해전을 통해 배울 수 있는 교훈이다.

의견. 클라우제비츠의 삼중성을 적용하면서 군대와 정부 이외에 국민에게 주는 시사점이 없다. 분석에서는 삼위가 '일체'를 이루었지만, 교훈과 시사점을 도출하는 데는 삼위가 일체를 이루지 못했다. 결론. 이 글은 클라우제비츠의 삼위일체 없이도 쓸 수 있었다. 이 점은 분량에서도 드러난다. 본론에서 II 대 III과 IV의 분량이 20대 80이다. III과 IV에서 2 부분의 분량이 1과 3의 분량에 비해 압도적으로 많다. 일본의 흥망을 주로 군대의 관점에서 서술했고, 그 부분을 주로 전쟁경과의 서술로 채웠다. (III과 IV의 하위목차가 거의 똑같은데, 똑같을 수밖에 없는 점을 인정한다.)

삼중성을 설명한 부분은(99~103쪽) 류재갑 해석의 요약이다. 삼중성 그림은(100쪽) 허남성의 그림(의 변형)인데 출처를 밝히지 않았다.

A1. 이승렬; 박규백, 「미국의 대(對)아프간 전쟁 교훈 : 클라우제비츠의 삼위일체론 적용 측면을 중심으로」, 『해양연구논총』 제30집(2003. 6), 해군사관학교 해군해양연구소, 77~100(24쪽)

A2. 이승렬; 박규백, 「미국의 대아프간 전쟁 교훈 : 클라우제비츠의 삼위일체론 적용 측면을 중심으로」, 강현우 외, 『전쟁철학』, 백산서당, 2009. 6, 137~182(46쪽)

다음은 A1의 차례이다.

요약. 냉전 종식, 세계화, 과학기술화로 국제사회는 가진 나라와 못가진 나라로 구분되었고, 후자는 전자에 초국가적 위협으로 새롭게 출현했고, 이는 군사 중심의 전통적 국가안보 개념을 비군사적 영역까지 포함하는 차원으로 전환시킴으로써 전쟁의 성격을 변화시켰다. 명확성과 제한성을 가졌던 과거의 '표준전쟁'이 불확실성을 지닌 '보이지 않는 전쟁'으로 변했다. 초국가적 위협이 정체성과 결합하여 전쟁의 양상은 더 복잡해졌고, 보이지 않는 전쟁은 비국가행위자의 위협에 대응하는 차원에서 정체성에 근거한 전쟁의 성격을 띠게 되었다.

첨단 과학기술은 못가진 나라에게는 초국가적 위협을 쉽게 제기할 수 있게 하고, 가진 나라에게는 보이지 않는 전쟁의 효율성을 수행할 물질적 여건(정보전)을 조성하게 한다.

9·11테러라는 초국가적 위협에 직면하여 미국은 아프간전쟁을 수행했고 미래전 모델의 단면을 제시했다. 이를 (클라우제비츠의 삼위일체론에 기술 요소를 추가한) 사위일체론으로 분석했다. 이렇게 보면 미국은 실체가 뚜렷하지 않은 테러라는 초국가적 위협에 대해 사위일체를 바탕으로 보이지 않는 전쟁을 수행하고 있다. 이에 미국은 인적 요소 측면에서 국민의 단합을 통해 총력전을 수행하고 있다. 지적 요소 측면에서는 능력기초접근 전략으로 미리 모든 기반을 구축하면서 후근대적 제국주의를 바탕으로 정전의 명분을 확보하여 포괄적 안보전략을 구사하고 있다. 우연성과 개연성 측면에서는 첨단 기술력을 바탕으로 군사기술, 군사조직, 작전운용 개념의 혁신을 핵심으로 하는 네트워크 중심의 신합동체제전을 수행했다.

우리 군은 미국의 대아프간전쟁에서 도출된 교훈을 양병과 용병에 적극 반영해야 할 것이다. 하지만 기대의 빈곤(가능성 있는 위협보다 익숙한 위협에 집착하는 현상)에 젖어 과오를 범하지 않도록 해야 한다. 즉 이번 전쟁이 미래전의 표준 모델이 아니라 일부에 불과함을 명심하고 변화되는 상황에 적합한 새로운 전쟁모델 개발을 위해 지속적인 노력을 경주해야 할 것이다. [그렇다면 일부에 불과한 아프간전쟁을 왜 그렇게 자세히 분석한 것일까?]

이 연구는 군사혁신의 범주에서 이론적으로만 수행된 기존 연구의 단점을 보완하고 향후 미래전 수행 모델의 일반화에 기여할 수 있을 것이다.

의견. A1은 9·11테러에 대한 보복으로 미국이 수행한 아프간전쟁을 다루고 있고, 그 분석틀로 클라우제비츠의 삼중성을 인용하고 있다. 차례에서 II의 1과 2는 『전쟁론』제1편 제1장 일부, 특히 삼중성의 (잘못된) 요약이다.

이 글에는 이승렬과 박규백이 인용한 모든 외국문헌과 국내문헌에 대한 무비판적인 수용만 보인다. 보프르, 한델, 이종학, 최경락 등에 대한 토론이나 논의 없이 그들을 인용만 한다. 그 문헌을 비판적으로 분석하고 검토하려는 노력은 보이지 않는다. 클라우제비츠의 삼중성을 한델이 '4위1체론'으로 바꾸어서 이해한 것을 그대로 받아들인 것도 그런 경우이다. 특히 차례의 II의 '3. 삼위일체론의 현대·미래적 의미'는 몇몇 미국책의 '번역'과 해설 수준이다.

"클라우제비츠는 기술력에 의한 물질적 변화의 가능성을 무시한 채 정적(靜的)인 세계만을 가정하고 비물질적 차원에서의 변화와 적응을 강조한 것이다."(86쪽) 프랑스혁명 전후의 유럽세계는 군주정에서 공화정으로 근본적인 변혁을 겪으면서 격렬하게 요동치는 시대였다. 클라우제비츠는 프랑스혁명 전후의 전쟁을 비교하고 그 고찰을 통해『전쟁론』을 썼는데, 그 세계가 '정적인' 세계였던가? 기술과 물질을 다루지 않으면 정적인 세계를 다루는 것인가? 이승렬과 박규백은 한델의 기술결정론을 추종한다.

이 글은 놀라울 정도로 미국적이고 미국 편향적이다. 차례의 III과 IV에서도 오직 미국의 폭격과 공격만 다루고 있다. 테러세력에 대한 분석은 보이지 않는다. 전쟁은 적과 하는 '상호작용'인데, 이승렬과 박규백에게는 상호작용이 존재하지 않는다. 부시 대통령은 2001년 10월에 공습과 폭격으로 공격을 시작하고 12월에 '승리'를 선언했지만, '전쟁'은 그때부터 비로소 시작되었다.[24] 이승렬과 박규백이 이 글을 처음 발표한 2003년 6월에 미국은 이미 '전쟁의 수렁' 속으로 빠져들었다.

한국 사람이 이런 글을 쓸 필요가 있을까 생각했는데, 저자들은 마지막으로 한마디 한다. "따라서 우리 군은 … 변화되는 상황에 적합한 새로운 전쟁모델을 개발하기 위해 지속적으로 노력해야 한다."(99쪽) 이런 문장은 거의 모든 '전쟁' 관련 글에 결론으로 들어가도 상관없을 만큼 상식적이고 상투적이고 허망한 결론이다. 개념, 표현, 문장, 내용 등에 나타나는 수많은 중복도 이 글의 수준을 떨어뜨린다.

이라크전쟁, 아프간전쟁 등 아랍지역 전쟁 연구에서 우리나라 대부분의 군인 출신 연구자들은 (위에서도 보았고 아래에서도 볼 텐데) 놀라울 정도로 미국 편향적인 성향을 보인다. 내선일체는 일본이 강요했지만, '한미일체'는 우리나라 군 장교들의 자발적인 성향으로 보인다. 이 성향은 그들의 '유전자'에

---

24. "스페인의 게릴라전은 1808년 가을 나폴레옹이 스페인의 정규군을 격파했을 때 시작되었다."(슈미트,『파르티잔』, 145쪽.) 한쪽만 공습을 하고 다른 쪽은 폭격을 당하기만 하는 것은 '전쟁'이 아니다. 미군 그리고 이승렬과 박규백은 역사에서 배워야 할 것이다.

각인된 것 같다. 주제, 방법론, 참고문헌, 관점 등이 미국(식) 일색이다.

물론 이는 군인들만의 성향이 아니고, 박노자는 그 점을 잘 지적하고 있다. '친미성'이 공기처럼 당연한 것이 되어버린 대한민국에서는 미국이 굳이 일일이 '식민지적' 통치를 할 필요가 없다. 한국인들이 다 알아서 잘하기 때문이다.… 식민성은 이미 우리들의 집단 정체성이 된 것이다.[25]

A2에 대해. 2003년에 처음 발표한 글(A1)을 전혀 수정하지 않고[26] 6년이 지난 2009년에 다시 발표한 것(A2)도 놀랍지만, 그로부터 6년도 지나지 않아 미국은 2014년 12월에 결국 종전을 선언했다. 미국은 2300여명의 사망자를 내고 1조 달러의 전비를 썼다. 아프간전쟁은 13년 동안 지속된 미국의 '최장기 전쟁'이 되었다. 이승렬과 박규백은 이제 무엇이라고 말할까?

천성준, 『클라우제비츠의 3위일체론에 입각한 미국의 대 이라크 전쟁 평가』, 고려대학교 대학원 석사학위논문, 2009. 12, 87쪽

제3장은 이라크전쟁의 원인을, 제4장은 과정을, 제5장은 결과를 서술했다.

제2장. 클라우제비츠는 근대국가 간의 전쟁에 세 경향이 있다고 말했다. 정부와 관련된 이성적 영역, 지휘관과 군대가 전쟁의 우연과 확률을 판단하는 창조적 정신, 국민과 관계되어 감성, 열정, 증오를 발현하는 폭력이 그것이다. 이것은 순서대로 정치적, 군사적, 사회적 차원이라고 표현할 수 있다. 군사적 차원에는 9가지 원칙이 있다. 사회적 차원이 중요하다는 것은 미국의 베트

---

25. 박노자, 『주식회사 대한민국』, 192~193쪽.
26. A1의 처음 두 페이지(77~78쪽)에 요약이 있는 것만 2009년의 A2와 다르다.

남전쟁으로 증명할 수 있다.

제6장. 부시 행정부는 이라크전쟁을 통해 달성할 목적을 명확히 제시했고, 전쟁수행에 유리한 정치적 환경을 조성했다. 미군은 전쟁수행의 9가지 원칙에 충실하게 전략과 작전을 수립했고 그에 입각하여 전투를 수행했다. 미국 국민은 부시 행정부의 능력을 신뢰했고 이라크전쟁의 결정과 수행을 지지했다. 미국의 국민, 군대, 정부가 일체화되어 이라크전쟁을 수행했기 때문에 미국은 정치적 목적을 달성할 수 있었고, 이런 면에서 볼 때 미국은 이라크전쟁을 성공적으로 수행했다고 평가할 수 있다.

시대가 변하고 과학기술이 발전하면 군사전략도 변할 것이다. 하지만 전쟁의 본질은 변하지 않을 것이다. 전쟁의 본질에서 나온 클라우제비츠의 삼위일체론은 앞으로도 적실성을 가질 것이고 우리에게 가르침을 줄 것이다.

의견. 간단명료하다. 미국이 악당을 물리치고 승리했다는 것이다. 미국 서부영화의 레퍼토리로 논문을 작성했다. 천성준은 부시의 승리 선언 이후의 경과에 별로 관심이 없는 것 같다.

천성준은 삼중성을 이라크전쟁에 기계적으로 적용했다. 우리나라의 클라우제비츠 연구는 대부분 '적용' 연구이다.

미국을 '숭배하는' 우리나라 군인 출신 연구자들에게 (많은 책 중에) 다음의 두 책을 추천한다.

스메들리 버틀러, 『전쟁은 사기다』, 권민 옮김, 공존, 2013 [1935]

찰머스 존슨, 『제국의 슬픔 : 군국주의, 비밀주의, 그리고 공화국의 종말』, 안병진 옮김, 삼우반, 2004 [2004]

버틀러는 미국 해병대 역사상 제일 많은 훈장을 받은 전쟁영웅이다. 의회의 명예훈장도 두 번이나 받았다. 그 영웅이 미국의 탐욕적인 군산복합체의 실체를 어떻게 고발하는지 읽어보기 바란다. 『전쟁은 사기다』는 고전이다. 다음은 버틀러가 1933년에 한 연설의 일부이다.

'나는 33년 4개월 동안 해병대에서 현역으로 복무했다. 소위부터 소장까지 장교계급을 모두 거쳤다. 그동안 나는 대기업과 월스트리트의 투자자와 은행가들에게 봉사하는 '고급 폭력배' 노릇을 하면서 시간을 보냈다. 한마디로 나는 자본주의를 위한 깡패였다. …

상부의 지시에 복종하는 동안 내 정신능력은 정체되어 있었다. 이는 모든 현역 직업군인들의 전형적인 모습이다.[27]

나는 1914년 멕시코, 특히 탐피코 지역을 미국 정유사들에게 안전한 곳으로 만드는데 일조했다. 아이티와 쿠바를 내셔널시티은행 녀석들이 짭짤한 이윤을 긁어모으는데 괜찮은 곳으로 만드는데 일조했다. 월스트리트 자본가들이 이윤을 얻도록 하려고 중앙아메리카 여섯 나라를 침략했다. 1909~1912년에는 브라운형제의 국제금융회사를 위해 니카라과를 길들이는데 일조했다. 1916년에는 미국 설탕산업의 이익을 위해 도미니카 공화국에 총구를 들이댔다. 1903년에는 온두라스를 미국 과일회사들에게 '적당한' 곳으로 만드는데 일조했다. 1927년에는 스탠더드 오일이 중국을 무사히 떠날 수 있도록 도왔다.

그동안 나는 은밀한 일을 하는 자들이 잘 쓰는 말로 '대단한 직업'을 갖고 있었다. 나는 명예, 훈장, 진급으로 보상받았다. 그 시절을 돌아보면 내가 알 카포네에게 약간의 힌트를 줬는지도 모르겠다. 그는 기껏해야 시카고의 3개 구역에서 갱단을 움직이며 사기를 쳤지만, 우리 해병대는 3개 대륙에서 사기를 펼쳤으니 말이다.

미국 원주민(인디언), 필리핀인, 멕시코 인에 대한 우리의 약탈과 착취는 칭기즈칸과 일본인들이 만주에서 벌인 행위나 무솔리니가 아프리카에서 벌인 공격과 다를 바가 전혀 없다. 그들 중 어느 나라도 우리에게 선전포고를 하지 않았는데 우리가 먼저 강압적인 제스처를 취했다. 우리 역사를 보라. 방어를 위한 전쟁을 치른 적이 없지 않은가.'[28]

---

27. '자유로운' 미국의 사정이 이러한데, 유교적이고 권위적인 전통의 우리나라는 더 심할 것이다. 이런 이유로 나는 현역 직업군인들에게 '학문적인' 연구 활동이 적합한 것인지 의문을 갖게 된다.

존슨은 버틀러가 연설에서 밝힌 것이 오늘날에도 지속되고 있다고 말한다. '1990년대 이후, 특히 부시가 '테러와의 전쟁'을 선언한 이후 정유회사들은 다시 '깡패'들을 필요로 했고, 펜타곤은 이에 기꺼이 응했다.'[29]

존슨의 『제국의 슬픔』은 '오만한 제국주의 깡패로 전락한 미국을 통렬하게 고발하고' 있다. 한국과 관련된 정보도 많이 들어 있다. 존슨의 책에서 몇 부분을 인용한다.

'그 당시[1967년과 그 이후 몇 년] 나는 매우 높은 수준의 기밀 정보를 접하고 있었다. 아내에게도 말한 적이 있지만, 국가정보평가보고서를 기밀로 해야 하는 제일 확실한 이유는 그 내용이 지극히 평범한 수준이기 때문이다. 신문기사 수준의 상투적인 평가서가 백악관의 전략적인 사고로 통용된다는 사실이 알려지면 상당히 당혹스러울 것이기 때문에 기밀로 취급하는 것이 아닌가 한다.'(27쪽)

'이런 경험을 통해 나는 CIA에서는 '꼬리가 개를 흔든다'는 사실을 깨닫게 되었다. 즉 미국의 진짜 업무는 은밀한 활동에 있지, 정보 수집과 분석에 있는 것이 아니다. … CIA는 정보 분석 업무를 해외 전복활동을 감추는 편리한 구실로 여겼다. … 내 경험 덕분에 나는 정부가 국가안보를 위해 기밀을 유지한다고 생각하는 버릇을 고칠 수 있게 되었다. 국가기관들이 기밀을 유지하는 이유는 의회의 조사나 정부 내 정치적·관료적 경쟁자들로부터 자신을 보호하려는데 있다. 진정한 기밀은 기밀로 분류될 필요가 없다. 진정한 기밀은 단지 분별 있는 지도자가 가까이 가지고 있으면 되는 것이다.'(28쪽)

'2001년 9월자 펜타곤의 『기지구조보고서』에 따르면, 미국의 일본 내 기지는 73개이다. … 더욱이 일본인과 오키나와인이 고용되어 … 미 정보요원들을 위해 통신을 도청하고, 일본어로 된 책이나 잡지를 번역하는 일도 맡고 있

---

28. 버틀러, 『전쟁은 사기다』, 52~54쪽. 버틀러의 연설은 존슨, 『제국의 슬픔』, 228~229쪽과 휴버먼, 『자본주의 역사 바로 알기』, 398쪽에도 있다. 세 책을 비교하여 적절한 번역과 표현으로 인용했다.
29. 존슨, 『제국의 슬픔』, 229쪽.

다. 일본 정부는 매년 미국에 40억 달러를 지불해서 이런 서비스비용을 부담한다. 아마 일본은 다른 나라에 돈을 주고 자기 나라를 정찰해 달라고 하는 유일한 국가일 것이다.'(270~271쪽)

'남한 전역에 주둔하고 있는 대규모 미군 병력은 1953년 정전 이후 할 일이 아무것도 없다. 병사들은 낮에는 탱크에서 꾸벅꾸벅 졸고, 밤에는 매춘부 품에 안겨서 보낸다. 1961년부터 1993년까지 미국은 한국에서 역대 군부 독재자들을 지원하거나 권좌에 앉혔다. … 한국은 냉전의 절정기에 미국이 CIA 고위관리 출신을 두 번이나 대사로 보낸 유일한 국가이다.'(271~272쪽)

존슨은 『제국의 슬픔』이라는 제목으로 그 점을 '슬퍼하는데', 이 역설이 제국의 본질이다.

A1. 김규빈, 『비스마르크의 독일통일정책 분석 : 클라우제비츠 '전쟁론의 삼위일체'를 중심으로』, 한남대학교 국방전략대학원 석사학위논문, 2006. 6, 67쪽

A2. 김규빈, 「비스마르크의 독일통일정책 분석 : 클라우제비츠 '전쟁론의 삼위일체'를 중심으로」, 『군사평론』 제383호(2006. 11), 육군대학, 78~110(33쪽)

A2는 A1의 축약본이다. 여기에서는 A1만 살펴본다. 다음 쪽은 A1의 차례이다.

A1은 비스마르크의 독일 통일정책 전반을 클라우제비츠의 삼위일체의 틀로 종합 분석했다. 제2장은 삼위일체 요약, 제3장은 비스마르크의 독일 통일정책의 과정 서술, 제4장은 삼위일체에 의한 통일정책 분석이다.

클라우제비츠는 전쟁의 본질을 이중성과 삼위일체라는 2개의 큰 틀로 분석했다. 삼위일체는 국민의 열정, 군과 야전지휘관의 개연성과 우연성, 정부 및 국가의 이성적인 역할로 대변된다. 삼위일체에서 인적 요소, 즉 감성으

로서의 폭력적 본성은 국민 본능적 성향으로 폭력성의 무제한성의 요소이다. 비스마르크는 통일에 대한 국민의 열망과 여론을 잘 활용했고, 폭력성의 무한성을 적절하게 통제했고, 통일을 방해하는 인접 3개국과 수행한 전쟁을 승리로 이끌었다. 또한 우연성과 개연성의 요소에서 비스마르크는 군대의 특성을 활용하여 통일정책에 유리하도록 적에게 결정타를 날렸다. 일거에 호기를 극대화한 승리를 끌어냈고, 이는 론과 몰트케를 활용하고 지원하면서 가능했다. 지적 요소에서 독일은 주변 국가와 극한대립을 피하면서도 그 특성을 최대한 활용했다. 정치를 효과적으로 수행하여 세 요소의 특성을 제대로 발휘했고 통일을 이룰 수 있었다. 요약하면 비스마르크의 통일정책은 독일민족의 통일열망에 대한 의지 고취(국민), 군사력 활용(군대), 타국과의 관계를 효율적으로 활용한 외교술(정부)에 있었다.

   이는 우리의 통일정책에 교훈을 준다. 그것은 강력한 통일의지와 비전을 갖고 지속적인 정책을 추진할 것, 군비강화를 소홀히 하지 말 것, 주변국과 외교적 유대를 강화할 것이다.

   의견. 클라우제비츠의 삼중성을 요약했고 이를 비스마르크의 통일정책에 적용했다. '기계적이고 형식적인' 논문이다. 삼중성에서는 조상제의 잘못된 해석을 그대로 받아들였다.

   제2장과 제3장의 분량 비율이 17대 83이다. '적용'하는 논문은 클라우제비츠의 삼중성을 약간 서술하고 논문의 주제를 장황하게 서술하는 '일관된'

패턴을 보인다.

　미국과 일본이 우리의 통일정책을 지지하는 존재라는 생각은(61쪽) 김규빈의 순진한 착각일 것이다. 1905년 가쓰라-태프트 밀약과 그 이후의 역사 그리고 분단 이후의 동북아 국제관계를 보면 알 수 있다. 한반도 통일에 제일 적대적인 세력이 일본이라는 것은 국제정치학계의 상식에 속한다.[30] 김규빈의 국어와 문장에 심각한 문제가 많다.

합동군사대학교 육군대학 전쟁사학처, 「나폴레옹의 러시아 원정 실패에 대한 클라우제비츠의 비판」, 『군사평론』 제450호(2017. 12), 합동군사대학교, 7~54(48쪽)

　다음 쪽은 II의 본론에서 클라우제비츠와 관련된 부분만 자세히 적은 차례이다.

　요약. 러시아원정은 나폴레옹 몰락의 결정적인 원인이 되었다. 나폴레옹이 러시아원정에서 패배한 원인을 군사적 교리의 관점에서만 찾는 것은 부족한데, 그는 압도적으로 우세한 전투력을 갖고 있었기 때문이다. 이 전쟁에 참여하고 관찰한 클라우제비츠의 삼위일체 분석틀이 도움이 된다.

　러시아원정은 전쟁에서 군사력의 우위만으로 승리할 수 있다는 오만함이 불러온 비극이었다. 나폴레옹은 국민을 정치적 수단으로만 인식했고, 전쟁의 폭력성 측면에서(1극) 국민의 적개심과 폭력성을 제대로 발휘하게 하는데 실패했다. 즉 국민의 적대감정을 국가의 전투의지로 전환하는데 실패했고, 전쟁의 정치적 목적에 대해 국민의 동조를 얻는데 실패했고, 여기에 적의 존

---

30. 이 부분을 쓰고 있는데(2019년 8월) 아베가 한국을 백색국가에서 제외하면서 한국에 '경제전쟁'을 선포했다. 일본의 지배적인 보수우익 정치세력은 근본적으로 일본이 미국을 대하듯이 한국이 일본을 대하기를 원한다. 미국과 일본의 '주종관계'가 일본과 한국에도 관철되어야 한다고 생각한다.

1. 전쟁의 배경
2. 전쟁경과
3. 클라우제비츠의 러시아 원정 비판
  가. 제1극 : 원초적 폭력성, 국민의 적개심과 국가의 전투의지
    1) 국민의 적대적 감정을 국가의 전투의지로 전환 실패
    2) 전쟁의 정치적 목적에 대한 국민의 동조 실패
    3) 불분명한 적의 존재
  나. 제2극 : 우연성과 개연성, 불확실성에 의한 군사적 활동정지
    1) 우군이 가져오는 내재적 마찰
    2) 영토의 광활함이 주는 외재적 마찰
    3) 마찰의 극복과 지휘관의 견고한 의지
  다. 제3극 : 합리성과 정치의 종속성
    1) 정치적 수단으로서 전쟁목적의 달성
    2) 정치적 목적 달성을 위한 군사적 목표의 타당성
    3) 정치적 목적과 군사적 목표의 조화를 위한 군사력 운용의 타당성

재도(적이 러시아인지, 대륙봉쇄령으로 대륙의 경제적 파탄을 초래하는 나폴레옹인지) 불분명했다. 불확실성의 영역에서(2극) 나폴레옹은 우연과 결합되어 나타나는 마찰의 본질을 파악하지 못하고, 러시아의 광활한 영토가 가져오는 마찰을 극복하지 못했다. 즉 프랑스 동맹군의 내재적 마찰과 러시아 영토의 광활함이 주는 외재적 마찰을 극복하지 못했고, 이 마찰을 극복하려는 지휘관의 견고한 의지가 부족했다. 합리성 측면에서(3극) 나폴레옹은 합리적 이성의 주체에서 (전쟁이 장기화됨에 따라) 폭력의 주체로 변했고, 전쟁이 정치의 통제에서 벗어나서 정치를 지배했다. 즉 전쟁의 정치적 목적, 군사적 목표, 군사력 운용에서 타당성이 부족했다. 그래서 나폴레옹의 러시아원정은 이성을 상실한 채 폭력과 불확실성의 지배를 받게 되었고, 전쟁은 순수한 도박의 영역으로 추락했다.

　　의견. 차례에서도 내용에서도 러시아원정을 삼중성의 세 경향으로 설명하려고 애쓴 흔적이 보이지만, 이런 설명은 기계적인 적용이라는 한계를 갖는다. 러시아원정에 삼중성을 '대입(代入)'했기 때문이다.

　　클라우제비츠의 말은 좀 다르다. '나폴레옹에게는 러시아의 심장부까지

흔들 충격이 필요했다.··· 모스크바에서 평화조약을 맺는 것이 그 전쟁에서 품을 수 있는 단 하나의 올바른 목표였다.··· 러시아원정에서도 그는 늘 하던 대로 행동했다. 이 방식으로만 그는 유럽의 지배가 되었고 될 수 있었다.··· 이전의 모든 원정에서 그를 위대한 최고지휘관이라고 감탄했던 사람들은 러시아원정을 보고 그를 비난해서는 안 된다.··· 러시아원정을 황당무계한 짓이라고 생각하는 사람은 그 원정이 성공했을 때 그 원정을 최고로 훌륭한 행동이라고 보았을 텐데, 이런 사람은 판단능력이 전혀 없는 사람이다.··· 러시아원정이 성공하지 못한 것은 적의 정부가 확고했고 인민이 충성스럽고 단호했기 때문이고, 그래서 그 원정이 성공할 수 없었기 때문이다. 그 원정을 수행한 것은 그의 잘못이었을지 모른다. 결과는 그의 계산이 잘못되었다는 것을 보여주었다. 하지만 그 목표를 이루어야 했다면 문제의 본질상 그 이외의 다른 길은 없었다.'(『전쟁론』, 1033~1035쪽) 클라우제비츠의 말은 (이성을 상실한 채 도박에 몰두하는 나폴레옹의 모습을 그리는) 위의 결론과 많이 다르다.

위 글의 필자들은 러시아원정의 패배원인을 삼중성의 세 경향에서 찾고 있다. 그런데 2극을 설명한 분량은 13쪽인데 반해, 1극과 3극을 설명한 분량은 합쳐서 10쪽에 불과하다. 군대의 관점을 정부와 인민의 관점보다 2배 이상 많이 설명하고 있다. 필자들이 러시아원정의 패배원인을 '단순한 군사적 교리의 관점에서만 단정하지는' 않지만 군사적 관점에서 압도적으로 많이 찾고 있다. 필자들이 삼위일체를 끌어들인 의미가 다소 퇴색된다. 위의 『전쟁론』 인용 부분에서 클라우제비츠는 삼중성에 대한 언급 없이도 적의 정치적, 군사적, 물리적 측면을, 그래서 적의 정부, 군대, 인민의 역할을 잘 설명하고 있다.

클라우제비츠의 삼중성에 대한 필자들의 이해는(11~13쪽) 나의 해석과 허남성의 해석을 섞어서 약간 혼란스럽다. 54쪽에 필자가 최영렬, 이인수, 최동학으로 되어 있다.

이규원, 「아테네의 시실리아 원정의 실패요인 분석과 함의 : 클라우제비츠의

삼위일체론의 관점에서」, 『군사논단』 제65호(2011. 3), 한국군사학회, 174~189(16쪽)

요약. 기원전 4세기 아테네의 시칠리아 원정 실패를 클라우제비츠의 삼위일체론의 요소로 분석할 수 있다. 아테네 시민은 전쟁을 지지했기 때문에 사회적 차원에서 실패의 원인을 찾기는 어렵다. 실패의 원인은 정치적 차원과 군사적 차원에서 전쟁을 통제하고 수행한 데서 찾아야 한다. 아테네는 정치적으로 명분 없는 전쟁에 참여하여 소수 동맹국의 협조와 원조만 얻었다. 완전한 승리를 얻으려고 했기 때문에 전쟁을 소모전으로 치렀다. 군사적으로 아테네의 정치체제는 군사지도자들의 전쟁수행을 통제하는데 실패했다. 군사지휘관 알키비아데스는 스파르타로 도망쳐서 간첩행위를 했고, 니키아스는 지연 및 방어전략을 수행하면서 철수를 실행에 옮기지 않았다.

의견. 이 역시 기계적인 적용이다. '정부만 철저하게 현실전을 수행하는 역할을 한다. 군대와 군사지휘관은 주로 절대전쟁과 현실전쟁을 동시에 수행한다. 국민은 주로 절대전을 수행하는 집단이다.'(175~176쪽) 군인 출신 연구자들은 대부분 이렇게 '간단하게' 분리한다. 절대전과 현실전의 수행 주체를 이렇게 분리할 근거는 클라우제비츠의 삼중성에 없다. 클라우제비츠는 주로 군대만으로 (또는 용병만으로) 수행하는 전쟁을 현실전쟁으로, 군대에 더해 인민까지 참여하여 수행하는 전쟁을 절대전쟁으로 정의했다. 절대전쟁이든 현실전쟁이든 전쟁의 정치적 목적을 설정하는 주체는 정부이다.

펠로폰네소스전쟁을 다루면서 참고문헌에 투키디데스의 『펠로폰네소스전쟁사』가 없는 것은 기이하다. 천병희가 희랍어 원전을 번역하여 도서출판

숲에서 2011년에 출판한 『펠로폰네소스 전쟁사』를 읽을 것을 이규원에게 추천한다.

군인 출신 연구자들에게 클라우제비츠의 삼중성 개념은 '만병통치약'인 것 같다. 거의 모든 연구자들이 전쟁의 거의 모든 측면을 삼중성으로 해석하려고 한다. 남한, 북한, 조선, 일본, 미국, 독일의 분쟁과 전쟁뿐만 아니라 고대의 전쟁에도 삼중성을 적용한다. 우리나라의 클라우제비츠 연구에는 '클라우제비츠의 적용'이 제일 많고, 그 중에 '삼중성의 적용'이 제일 많다. 이런 연구 대부분은 삼중성을 인용하거나 요약하는 수준의 연구이고, 그것도 류재갑과 강진석 또는 허남성의 잘못된 이해를 그대로 받아들이는 수준의 연구이다. 이런 연구는 삼중성을 '주어진 것'으로 간주하고 삼중성에 대해 새로운 해석을 하지 않는다. 그래서 많은 경우에 삼중성을 자의적으로 해석하고 삼중성의 깊이 있는 이해에 이르지 못한다.

이제 삼중성과 4세대전쟁을 비교(비판이나 보완 등)하는 연구를 살펴본다. 이런 연구는 삼중성을 적용한 것인지 아닌지 애매한 경우에 해당하지만 여기에서 같이 다룬다.

조한승, 「전쟁의 삼위일체에 대한 4세대 전쟁 주창자들의 비판 고찰」, 『대한정치학회보』 제17집 3호(2010. 2), 대한정치학회, 145~168(24쪽)

II. 4세대 전쟁의 개념
III. 국가와 전쟁의 상호관계 변화
IV. 전쟁의 삼위일체와 일부 4세대 전쟁 주창자들의 도전
V. 전쟁의 삼위일체에 대한 4세대 전쟁론적 해석의 문제점

4세대전쟁 주창자들의 주장. 1~3세대 전쟁에서는 정치적, 사회적, 기술적 발전에 따라 전쟁의 규모, 범위, 수단이 진화한 반면에, 4세대전쟁에서는 처음으로 전쟁의 행위자가 국가에서 비국가적 실체(반군, 게릴라, 민병대 등)로 바

뀌었다. 국가의 무력독점은 끝나고, 비국가적 실체가 전쟁의 중요한 행위자가 되었다. 비국가적 실체는 국가의 이익이 아니라 의지, 영광, 정의, 신념, 영혼을 위해 싸운다. 4세대전쟁은 여론을 중시하고 적의 마음을 공격하는 시간의 싸움이다. 근대국가 시대의 전쟁에 대한 설명과 이해는 변해야 한다. 클라우제비츠의 삼위일체 전쟁관은 비판된다.

조한승의 반박. 4세대전쟁 주창자들의 삼위일체 비판은 인식론적, 논리적, 해석상의 오류에 근거하고 있다. 삼위일체는 특정 시기의 전쟁에 관한 설명이 아니라 전쟁의 '본질'에 관한 논의인데, 그들의 비판은 전쟁의 '양상'에 관한 것이다. 삼위일체의 적대성, 가변성, 정책적 속성은 변증법적 논리에 따라 연계되는데, 그들은 이 요소들을 독립적인 것으로 구분한다. 클라우제비츠가 말하는 국민, 군대, 정부는 형식적 제도가 아니라 적대성, 가변성, 정책적 속성을 표현하는 방식을 의미하는데, 그들은 이를 국가에 의해 제도화된 실체 그 자체로 기계적으로 해석하여 정치의 연속으로서의 전쟁이라는 명제까지 부인한다.

의견. 대체로 동의할 수 있는 논의이고 견해이다. 조한승이 에체바리아를 인용하여 클라우제비츠의 삼중성에 있는 '정부'를 '전쟁의 힘을 구체화하는 제도적 장치 일반으로, 전투행위의 목표를 설정하고 그것을 실천에 옮기는 조직으로, 전쟁의 정치적 목적과 투쟁의 방향을 결정하고 기획하는 지도부로'(161쪽) 이해한 것은 적절하다.

두 가지만 (다시) 지적한다. 클라우제비츠의 Dreifaltigkeit를 삼위일체로 번역하는 것은 오해를 불러일으킨다. 삼위일체가 아니라 삼중성으로 번역하면, 삼위일체 전쟁이든 비삼위일체 전쟁이든 모든 전쟁을 클라우제비츠의 이론으로 설명할 수 있다.[31] 삼위(정부, 군대, 인민)가 일체를 이룬다고 하면 삼위일체 이외의 전쟁을 주창하는 자들로부터 비판을 받을 수밖에 없고, 그때

---

31. 김만수, 『전쟁론 강의』, 30~33쪽과 422~429쪽 참조. 또한 김만수, 「클라우제비츠의 전쟁의 삼중성과 4세대전쟁이론」, 277~284쪽 참조.

마다 매번 비논리적으로 클라우제비츠를 옹호해야 한다.

변증법에 대한 오해. '인식론적 관점에서 클라우제비츠의 삼위일체는 변증법적 철학에 기반을 두고 있다. 헤겔은 역사의 진보를 변증법적 진보로 설명했다. 창조적 파괴에 의해 각 역사 단계는 기존의 단계를 부정하는 힘을 생성하고, 이것은 새로운 단계를 조합하게 된다. 인간의 역사는 정반합의 변증법적 과정을 통해 진보한다. … 클라우제비츠는 헤겔의 변증법을 전쟁 개념에 적용하여 순수한 인간 본성(혹은 이성)에 의한 순수전쟁과(정) 현실의 전장에서 끊임없이 이성과 마찰을 일으키는 현실전쟁을(반) 구분하여 총체적인 관점에서 전쟁을(합) 이해해야 한다고 설명했다. 그런 총체적인 관점의 전쟁 이해가 곧 전쟁의 삼위일체이고 전쟁에 대한 정, 반, 합의 변증법적 해석이다. … 정과 반의 총체적 합이 바로 '전쟁은 정치의 연속'이라는 명제이다.'(154~156쪽) '모든 전쟁은 인민, 군대, 정부의 총체적 결합으로 이루어져 있고, 각각은 순수전쟁, 현실전쟁, 정치로서의 전쟁이라는 정반합의 논리로 연결되어 있다.'(164쪽) 정반합을 특정 요소에 고정하는 것은 헤겔의 변증법도 아니고 변증법의 본질에도 어긋난다. 모든 전쟁이 인민, 군대, 정부의 총체적 결합으로 이루어져 있는 것도 아니다. 전쟁은 증오와 적대감이라는 원시적인 폭력성(맹목적 본능)을 띠는데, 이를 낳는 인간의 '본성'과 정부의 '이성'을 어떻게 같은 범주에 넣을 수 있는지, 순수한 인간 본성을 어떻게 이성으로 볼 수 있는지 의문이다. 클라우제비츠의 마찰 개념이 이성과 마찰을 일으키는 것이라는 이해도 클라우제비츠와 무관하다.

"미국이 주도한 이라크 전쟁과 아프가니스탄 전쟁이 실마리를 보이지 못하고 있고, 압도적 힘을 가지고도 반군 세력을 무력화시키지 못하고 있는 현실 속에서 4세대 전쟁 개념은 기존의 첨단기술 중심의 미래전 전략의 문제점을 지적하면서 국가의 무력독점 현상이 점점 쇠퇴하는 현상에 주목하여 전쟁에서 비국가행위자의 역할과 영향력이 점차 증가하게 될 것이고, 이에 따라 전쟁의 양상도 기존의 국가 대 국가의 전쟁에서 보여졌던 대규모 화력과 기동력 중심의 양상보다는 인적 네트워크와 심리적, 도덕적 측면의 공략을 강조하는 양상으로 전환될 것이라고 주장한다."(163쪽) 303개 글자, 71개 낱말, 원고지 한 장 절반 분량에 이르는 단 하나의 문장을 비문인 듯 비문이 아닌 듯 '아슬아슬한 문장'으로 만드는 조한승의 능력이 '탁월하다.' 명백한 비문은 아니지만 문장이 엄청나게 길다. 조한승이 문장을 짧게 썼으면 한다. '보여졌던'은 '보였던'으로 쓰는 것이 좋다. 이 외에도 국어와 문장에 문제가 보인다.

문성준, 『클라우제비츠의 3위1체론에 입각한 4세대전쟁의 이론과 실제 분석』, 국민대학교 정치대학원 석사학위논문, 2010. 12, 62쪽

　　논문은 삼중성, 4세대전쟁, 사례의 간결한 구조로 되어 있다. 제2장은 클라우제비츠의 삼중성을 허남성의 해석에 따라 요약했다. 또한 휴 스미스의 혼란스러운 '삼위일체의 삼위일체'를 인용했다(13쪽).

　　제3장은 4세대전쟁의 개념과 특징을 서술했다. 4세대전쟁은 정치적 목적을 달성하려고 정치, 경제, 사회, 기술 등의 모든 수단을 사용하여 비정규적인 방식으로 수행되는 전쟁형태이다. 다양한 전쟁수단을 사용하여 적의 전쟁수행 의지의 파괴에 중점을 둔다. 4세대전쟁의 주체는 비국가행위자들이고, 목표는 상대방 정책결정자의 마비이다. 4세대전쟁은 군사적 수단은 물론 여러 가지 비군사적 수단을 사용하고 비정규전 형태로 수행된다. 네트워크화된 조직으로 비대칭적 수단을 사용하여 언론을 통한 선전전을 수행하고 장기전을 추구한다. 4세대전쟁에서 국민은 공통된 가치체계와 이념을 지닌 집단으로,

군대는 완전히 배제할 수 없는 한 축으로, 정부는 직간접으로 전쟁에 영향을 미치는 '요소'로 보아야 할 것이다.

제4장. 아프가니스탄전쟁과 이라크전쟁은 4세대전쟁 개념의 대표적인 전쟁이다. 두 전쟁에서 미국은 압도적인 정보력과 최첨단 전력으로 작전을 전격적으로 종결하면서 작전의 성과를 달성했다. 하지만 미국은 작전의 성과를 전쟁의 완전한 승리로 연결하지 못하는 한계를 드러냈다. 두 전쟁은 4세대전쟁 개념의 발전에서 다음과 같은 시사점을 제시한다. 첫째, 전쟁수행 행위자의 상호작용과 역학관계에 대한 분석이 중요하다. 둘째, 전쟁의 명분과 군사작전의 연계를 추구하는 전략이 중요하다. 셋째, 경성국력에 의존하는 전쟁수행은 한계를 갖기 때문에 연성국력과 민간자원의 운용을 충분히 고려해야 한다.

결론. 4세대전쟁의 주체는 비국가행위자 또는 국가행위자이다. 국민-정부-군대의 상호작용이 4세대전쟁에 영향을 미친다. 4세대전쟁의 승패는 3위1체론의 '국민' 요소에 큰 영향을 받는다. 3위1체론은 4세대전쟁의 이론적 뒷받침이 될 수 있고, 4세대전쟁 이론과 3위1체론은 상호 연계되고 보완될 수 있다.

의견. 미국 국방부의 '정규전과 비정규전의 비교' 그림을 찾아서 인용한 것은(28쪽) 문성준의 부지런함의 결과일 것이다. '아프가니스탄 전쟁수행 행위자의 상호관계'와(44쪽) '이라크 전쟁수행 행위자의 상호관계'를(51쪽) 삼각형으로 표현한 점, 이 그림에서 정부-군대-국민 요소의 선의 굵기를 달리하여 각 요소 간의 상호작용의 강도를 나타내고, 원의 크기를 달리하여 전쟁수행의 역할(정치적 힘으로서 의사결정의 영향력)의 정도를 나타낸 것은 클라우제비츠의 삼중성을 정교화한 그림이다. 하지만 미국 국방부의 삼중성 그림을(28쪽) 보고도 허남성을 추종하여 삼각형 그림에서 국민을 제일 위에 둔점, 그래서 두 삼각형 그림에서(44쪽과 51쪽) 전쟁에 대한 정치의 우위를 표현하지 못한 점은 전쟁과 정치의 관계를 제대로 이해하지 못한 것을 증명한다.

신종필,『제4세대 전쟁의 특징과 클라우제비츠 삼위일체론 비교분석』, 충남
　　대학교 평화안보대학원 석사학위논문, 2011. 2, 77쪽

　　요약. 4세대전쟁은 모택동의 인민전쟁을 모태로 하고 있다. 1, 2, 3세대 전
쟁은 정부와 군대요소가 국민요소보다 큰 비중을 차지하는 전쟁이고(정부+
군대〉국민), 4세대전쟁은 정부와 국민요소가 군대요소보다 큰 비중을 차지
하는 전쟁이다(정부+국민〉군대).

　　4세대전쟁의 본질은 국가 대 비국가행위자 간의 정치적 수단, 전쟁수행
수단 및 방법의 비대칭성 적용, 장기전 추구, 불확실성의 영역이라는 4가지로
추론할 수 있다. 4세대전쟁의 전개양상은 초국가적 테러 및 사이버전, 비군사
적 수단 위주의 비대칭전 증대, 개인 및 소규모집단에 의한 대리전, 비치사성
의 심리전 및 미디어전 전개의 4가지를 들 수 있다.

　　북한의 4세대전쟁에 대비하여 한국군은 북한의 정치적 의지를 조기에
약화시키기 위한 단기전 수행, 북한주민의 민심 획득, 북한 지역의 조기 안정
화 노력, 연합작전의 효율적 운용, 다수의 소규모 부대화 및 벌떼 개념 적용,
비국가적 행위자들 간의 네트워크 차단, 문화적·종교적 이해 및 지역적 협력
강화 등을(7가지) 해야 한다.

　　의견. 삼위일체 그림은(26쪽) 조상제의「클라우제비츠의 전쟁론 사상과
논리 : 전쟁의 이중성과 삼위일체 중심으로」의 그림을 인용했는데 출처를 밝
히지 않았다. 전쟁 패러다임의 변화 그림은(29쪽) 미국 국방부 그림의 인용인
데 출처를 밝히지 않았다. 30쪽과 33쪽의 그림은 황성칠의『북한군의 한국전

쟁수행 전략에 관한 연구 : 클라우제비츠의 마찰이론을 중심으로』의 그림을
인용했는데 출처를 밝히지 않았다. 전부 표절이다. 논문의 삼위일체 부분은
(26~28쪽) 『전쟁론』의 삼중성 부분의 부정확한 요약이다. 전체적으로 여러
문헌을 짜깁기한 수준의 논문이다.

석승규, 『삼위일체론으로 본 제4세대 전쟁에 관한 연구』, 충남대학교 대학원
　　박사학위논문, 2012. 8, 221쪽

　　요약. 제4세대 전쟁은 비삼위일체가 아니라 삼위일체가 적용된 전쟁으로
서 전쟁의 본질은 시대와 관계없이 변하지 않는다. 한국 고대의 삼국전쟁, 모
택동의 인민전쟁, 베트남전쟁에서 오성은 정부의 영역으로, 우연 및 개연성은
군대의 영역으로, 감성은 국민의 영역으로 나타났다. 아프가니스탄전쟁과 르
완다내전에서 오성은 (정부), 부족, 반군지도부의 영역으로, 우연 및 개연성은
(군대), 부족, 반군 무장세력의 영역으로, 감성은 (국민), 부족민, 반군 지지세
력의 영역으로 나타났다. 클라우제비츠의 정형화 형태가 4세대전쟁에서 비정
형화된 것만 다르다. 4세대전쟁 주창자들은 삼위일체의 본질이 아니라 그 행
위자로만 삼위일체를 해석했다.
　　삼위일체가 균형을 이룰 때 승리에 근접할 것이라는 주장은(가설 1) 신
라, 모택동의 인민전쟁, 베트남전쟁에서, 그리고 르완다내전에서 소수파인 투

치족의 행동으로 타당성이 입증되었다. 그 반대 주장도 고구려와 백제에서, 그리고 르완다내전에서 다수파인 후투족의 행동으로 타당성이 입증되었다. 삼위일체가 (모두 균형이나 불균형을 이루는 경우에) 더 많은 균형을 이룰 때 승리에 근접할 것이라는 주장은(가설 2) 아프가니스탄전쟁에서 탈레반과 알카에다의 행동으로 (그 반대로 미국 및 연합국의 행동으로) 설득력이 있음을 확인했다. 삼위일체 사이에 자의적인 관계를 설정하면 패배에 근접할 것이라는 주장도(가설 3) 타당한 것으로 입증되었다. 르완다내전에서 다수파인 후투족은 승리하지 못했는데, 이는 후투족이 대량학살이라는 인종청소 전략을 채택하여 '마스적 전쟁'을 수행했기 때문이다.

삼위일체에서 오성과 개연성에 더 많은 비중이 놓이는 경우는 미네르바적 전쟁이고, 오성과 감성에 더 많은 비중이 놓이는 경우는 마스적 전쟁이다.

북한은 후계체제 안정이라는 정치적 목적을 달성하려고 천안함 및 연평도 사태라는 (예측 불가능하고 창의적인) 용병술을 발휘했고, 이때 한국국민의 '냄비근성'을 고려했을 것이다. 이에 대해 한국은 오성, 우연, 감성의 영역 모두에서 잘 대비해야 한다.

4세대전쟁을 토대로 미래의 5세대전쟁에서는 행위자가 점차 축소되어 소수 또는 (극단적으로) 초능력을 지닌 1인이 전쟁을 수행하는 양상도 예측할 수 있다. 예를 들어 소수 극단분자들이 인터넷을 통해 제조법을 익혀 만든 소형 핵무기를 가방에 휴대하여 사람들이 많이 모이는 공항에서 폭발을 시도할 수 있다. 소포에 병원균을 포장하여 우편물로 국가기관 및 유명인사에게 테러를 할 수도 있다. 최근 미국 국회의사당에 대한 탄저균 공격은 현실적으로 발생 가능한 사례로 보인다.

의견. '1인이 수행하는 전쟁'은 석승규의 공상일 확률이 높다. 소형이든 대형이든 핵무기가 중요한 것이 아니라 그런 무기로 어떤 정치적 목적을 이루려고 하는지를 검토하는 것이 전쟁 연구에서는 더 중요하다.

석승규의 세 가설은 군대, 정부, 국민 모두 합심해서 전쟁을 수행하면 승리할 가능성이 높고 그렇지 않으면 패배할 가능성이 높다는 상식을 말한 것이다. 이 상식을 가설로 세우고 이 가설을 입증한 것이라서 석승규의 세 가설과 검증은 당연한 주장을 말한 것에 가깝다.

'삼위일체' 개념은 삼위가 일체를 이루는 것으로서 그 자체로 삼위의 균형을 전제로 한다. '삼위일체의 균형'은 쓸데없는 중복이고, '삼위일체의 불균형'은 형용모순이다.

같거나 비슷한 서술을 중복한 곳이 너무 많다. 두 사례분석의(제3장과 제4장) 분량이 두 배 이상 차이 나는 것도 논문의 전체적인 '균형'을 생각할 때 문제점이라고 할 수 있다.

전쟁의 본질, 전쟁의 3가지 경향과 삼위일체를 언급한 부분은(24~40쪽) 『전쟁론』의 '번역'이거나 이종학과 허남성의 인용과 요약 수준이다. 37쪽과 39쪽의 삼각형 그림은 조상제의 「클라우제비츠의 전쟁론 사상과 논리 : 전쟁의 이중성과 삼위일체 중심으로」와 허남성의 「클라우제비츠 『전쟁론』의 '3위1체론' 소고」의 그림을 인용했는데 출처를 밝히지 않았다. 두 그림은 조상제와 허남성의 그림과 이종학의 개념(오성)을 섞어서 혼란스럽다.

정부의 오성을 정치 영역으로, 군대의 우연을 군사 영역으로 설정했는데, 국민의 감성은 '지원 영역'으로(36쪽) 개념화했다. 국민은 정치도 지원하고 군사도 지원하는 것 같다. 정치 및 군사와 '지원'은 개념의 범주와 차원이 달라서 같은 수준에 놓을 수 없다. 같은 차원에 놓아도 문제가 생긴다. 국민의 감성은 정치와 군사를 지원만 하는데도 감성이 개입하는 전쟁이 마스적 전쟁이 된다면, 국민의 감성은 단순한 '지원' 이상의 역할을 하는 것이 아닌가.

삼중성과 4세대전쟁의 비교에 관한 논의는 이것으로 마친다. 오늘날 4세대전쟁, 테러와의 전쟁, 사이버전쟁의 등장으로 전쟁의 패러다임이 바뀌었다는 글도 있는데, 이제 그런 글이 삼중성을 어떻게 논의하는지 살펴본다.

A1. 성윤환, 「전쟁 패러다임 변화와 한반도 전쟁에서의 함의 : 클라우제비츠의 삼위일체론을 중심으로」, 『한국군사학논총』 제5집 2권(2016. 12), 미

래군사학회, 93~127(35쪽)

A2. 성윤환,『시대별로 본 전쟁 패러다임의 변화에 관한 연구 : 전략적 수준 에서 주요요인을 중심으로』, 충남대학교 대학원 박사학위논문, 2017. 8, 304쪽

A3. 성윤환,『정보화 시대의 전쟁관 : 국민 중심 전쟁 패러다임』, 북코리아, 2018. 8, 373쪽

A3은 A2의 출간본이고, A1은 A2의 축약본이다. 여기에서는 제일 최근 에 출간된 A3만 살펴본다.

제1장 전쟁관　　　　　제4장 세계화·정보화 시대
제2장 봉건·농경시대　　제5장 한반도에서의 전쟁관
제3장 국가·산업화시대

논의는 간결하다. (작전의 수준이 아니라 전략의 수준에서 볼 때) 봉건· 농경시대의 군주 간 전쟁 사례는 왕정 중심의 전쟁 패러다임이고(1), 나폴레 옹전쟁 이후 국가·산업화시대의 국가 간 전쟁 사례는 군부 중심의 전쟁 패러 다임이고(2), 제2차 세계대전 이후 세계화·정보화 시대의 저강도분쟁 사례는 국민 중심의 전쟁 패러다임이다(3). 이렇게 전쟁 패러다임이 바뀌었다. 이 변 화의 주요 요인은 전쟁의 주체와 전략적 중심, 전쟁의 목적과 목표, 전쟁의 방 법, 전쟁의 수단 등 네 가지이다. 패러다임의 변화에 맞게 성윤환은 삼위일체 그림에서 (1)에서는 왕정(정부) 부분을, (2)에서는 군부(군대) 부분을, (3)에서 는 국민(인민) 부분을 다른 부분보다 크게 표현했다.

이 시대 전쟁의 패러다임은 국민 중심으로 진화했다. 이를 한반도에 적 용하면 다음과 같이 제언할 수 있다. 첫째, 국가안보·군사전략을 획기적으 로 발전시켜야 한다. 둘째, 고전적인 군부 중심의 전쟁 패러다임의 고정관념 을 버리고 국민 중심의 전쟁 패러다임에 부합한 군사전략의 혁명적 발전이 요 구된다. 셋째, 국민 중심의 전쟁 패러다임에 부합한 군사력을 건설해야 한다.

넷째, 탈북민과 현지 북한주민을 활용한 대책을 강구해야 한다. 다섯째, 국민 중심의 전쟁 패러다임은 전쟁의 새로운 방향을 제시하는 것이 아니라 최근의 분쟁과 한반도의 전쟁을 바라보는 새로운 시각을 제공한다는 점을 인식해야 한다.

의견. 이 논의는 시대 변화를 말한 것이라서 상식이라고 할 만하다. 전쟁 패러다임의 변화는 (성윤환 자신의 말처럼) 토플러의 인류문명 발전 단계(농경시대, 산업혁명 시대, 정보화 시대), 루퍼트 스미스의 패러다임(산업전쟁, 냉전 대립, 민간전쟁), 함메스의 4세대전쟁 등을 모방하여 전쟁의 변화에 적용한 것이다. 새로운 논의라고 할 수 없다.

봉건시대, 산업화시대, 정보화 시대에 따라 전쟁 패러다임이 변했다면, 성윤환이 언급한 네 가지 요인이 전쟁 패러다임 변화의 '주요 요인'인지 의문이 든다. 그 요인 없이도 시대 변화에 따라 전쟁이 변한 것이 아닌가?

클라우제비츠의 전쟁관에 따르면 전쟁은 정치의 수단이다. 성윤환에 따르면 전쟁이 봉건시대에는 군주가 부와 명예를 얻는 수단이고, 산업화시대에는 국가안보 이익을 얻는 수단이고, 세계화 시대에는 포괄적 안보 이익을 얻는 수단이다. 성윤환은 군대 중심이나 국민 중심의 패러다임으로 전쟁에서 정치를 상당 부분 배제했다.

'국민' 중심 패러다임도 문제이다. 저강도분쟁을 수행하는 여러 종류의 집단(반군 세력, 혁명군, 게릴라, 빨치산, 유격대, 테러리스트 등)은 국민 중에 극히 일부에 불과하다. 국민보다 전사(戰士)라고 하는 것이 적절하다. 글의 많은 부분을 육군교리와 교과서의 요약으로 채운 것도 이 글의 흠이다.

이수훈, 『미국의 '테러와의 전쟁'으로 본 21세기 전쟁 양상 연구 : 클라우제비츠의 삼위일체론을 중심으로』, 고려대학교 대학원 박사학위논문, 2011. 12, 333쪽

요약. 21세기의 전쟁양상은 '테러와의 전쟁'이다. 그 전쟁은 9·11테러에서

비롯되었고, 이에 대해 미국은 아프가니스탄전쟁과 이라크전쟁을 수행했다. '테러와의 전쟁'도 클라우제비츠의 삼위일체론으로 분석하고 설명할 수 있다. 이 전쟁에도 인민의 열정(미국 국민의 지지와 협조), 군대의 우연성(기술의 불확실성), 정부의 이성(국가의 정책)이 있기 때문이다. 21세기 '테러와의 전쟁'을 분석하는 데도 1830년대에 출간된 클라우제비츠의 『전쟁론』과 삼위일체론은 대부분 유용하다.

　의견. 클라우제비츠와 관련된 부분을(20~49쪽) 『전쟁론』의 광범위한 인용과 장황한 설명으로 채웠다.

　'클라우제비츠는 변증법을 사용했다. … 클라우제비츠는 정과 반으로 평화와 절대전쟁을 주장했고, 클라우제비츠의 주장에 따른 합은 현실전쟁이다.'(20쪽) 이는 변증법에 대한 무지이다. 변증법의 정과 반을 2개의 극단으로 보는 것도, 이 극단이 인간이 경험할 수 없는 이상적인 경우라고 말하는 것도 오해이다. 또한 제한된 평화와 총력전이 인간이 수행하는 전쟁에 있는 극단이라는 말도(20~21쪽) 오해이다.

　삼각형 그림은(46쪽) 인적 요소와 지적 요소의 상위에 군대 요소를 두어서 정치와 전쟁의 관계를 전복했거나 정치와 전쟁의 관계에 대한 인식이 없다. 대부분의 군인 출신 연구자들이 삼중성을 이렇게 이해한다.

　이수훈은 이 논문에서 『전쟁론』의 영어 번역을 사용했다고 하는데, 『전쟁론』 인용은 내 번역의 광범위한 표절로 보인다. 논문에 중언부언이 너무 많아서 독서가 고통스럽다.

김성인, 『미래전쟁양상의 경계설정에 관한 연구 : 클라우제비츠의 삼위일체론에 대한 미래학적 해석을 중심으로』, 한국과학기술원 문술미래전략대학원 석사학위논문, 2017. 12, 51쪽

요약. 오늘날 전쟁은 분열적이고 파편화되어서 클라우제비츠가 확립한 전쟁의 삼위일체론은 모순에 빠진 듯 보인다. 하지만 폭력의 증폭은 영웅성에, 승산의 계산은 대칭성에, 국가이익은 영토성에 기반을 둔다는 본질적 수준의 가정은 여전히 의미를 갖는다.

포스트 구조주의적 성향을 보이는 현재와 미래의 전쟁을 적절히 설명하려면 클라우제비츠의 삼위일체론에 대한 미래학적 재해석이 필요하다. 이런 연구는 두 단계로 진행된다. ① 사회변화의 어떤 특징이 삼위일체론의 재해석을 가능하게 하는지, ② 미래인식의 발산적 성향과 수렴적 성향을 통해 나타나는 인식의 경계와 새롭게 재해석된 삼위일체론이 어떻게 통합될 수 있는지 연구한다. ①의 결론. 기술발달로 인한 커뮤니케이션과 교통기술의 변화가 시공간 압축을 초래하여 새로운 공간 개념을 탄생시켰고 이로 인해 시뮬라크르 사회가 도래했는데, 이런 맥락에서 클라우제비츠의 삼위일체론을 구성하

는 각 극의 속성변화를 설명할 수 있다. ②의 결론. 미래학의 발산적 성향, (미래상상과 과거회상이 동일한 뇌신경활동의 영역에서 일어나면서 발생하는) 개인의 수렴적 성향, (진화를 통해 만들어진) 사회의 수렴적 성향으로 인해 미래인식의 경계선이 만들어질 수 있다. 이것이 새로운 전쟁의 삼위일체론의 속성인 영웅성-탈영웅성, 대칭성-비대칭성, 영토성-탈영토성과 결합하여 3차원 좌표축에 기반을 둔 가상의 정육면체를 구상할 수 있게 한다.

연구결과로 Warfare Box가 도출되었고, 이 박스는 미래전쟁양상을 포괄하고 전략의 타당성을 검토할 수 있게 하는 인식틀이다. 이 박스는 8가지 전쟁 사례 연구를 통해 두 가지 측면에서 유익한 도구로 사용될 수 있다. 첫째, 미래전쟁 시나리오를 여러 관점에서 구축하여 변화에 빠르게 적응할 수 있다. 둘째, 전략의 타당성을 다각도로 검토할 수 있다.

의견. 이 논문은 우리나라의 클라우제비츠 연구에서 '돌연변이' 같은 글이다. '전통적인' 군사학 분야에서 나오지 않은(나올 수 없는) 연구이기 때문이다. 삼중성(폭력성, 개연성, 정치성)을 영웅성-탈영웅성, 대칭성-비대칭성, 영토성-탈영토성으로 해석하여 미래전쟁에 적용한 것은 신선하고 창의적인 생각으로 보인다. 이 논문에 대해 앞으로 더 많은 논의와 토론이 있어야 할 것으로 보인다. 나는 몇 가지 문제점만 지적한다.

논문이 일종의 거대한 요약으로서 대부분 2차 문헌에 근거해서 서술되어 있다. 김성인은 거시사적 관점의 선형론과 순환론에서 스미스, 콩트, 마르크스, 스펜서의 선형이론과 슈펭글러, 소로킨, 토인비, 사르카르의 순환형 이론을 언급했는데(17~22쪽), 이를 전부 갈퉁과 이나야툴라의 2차 문헌에 근거해서 그 일부를 요약했다. 세계화와 시공간의 압축 개념을 정리했는데(23~25쪽), 이를 베일리스의 『세계정치론』 교과서와 라모의 문헌에 근거해서 요약했다. 시뮬라크르 담론에서는 플라톤, 보드리야르, 들뢰즈를 언급했는데(25~27쪽), 이를 대부분 김용규와 김기정의 2차 문헌에 근거해서 정리했다. 전쟁의 삼위일체론 개념을 언급한 부분은(4~9쪽) 대부분 내 번역과 허남성 논문의 요약이다.

『전쟁론』제1편 제1장의 논리구조를 2~5절(절대전쟁의 폭력성과 극단성), 6~9절(절대전쟁의 현실적 제한), 10~22절(현실전쟁의 개연성과 우연성), 23~27절(현실전쟁의 정치적 목적), 28절(전쟁의 삼위일체론)로 구분한 것은 부정확한 이해이다.

'정-반-합의 관계에서 헤겔은 정과 반을 합을 논의하기 위해서만 필요하다고 생각했고 진보된 진리의 합에 관심을 더 기울였다.'(6쪽). 정과 반이 헤겔에게 그런 역할만 있는지 의문이고, 김성인이 이 주장에 대한 출처를 제시하지 않은 것은 더 의문이다.

김성인은 미래전쟁양상의 경계를 설정하려고 하고, 클라우제비츠의 삼중성을 미래학적으로 해석하려고 한다. 그런데 선형론과 순환론, 시공간의 압축, 시뮬라크르 담론이 모두 과거의 이론이고, 8개의 전쟁 사례도 모두 과거의 전쟁이다. 과거의 이론으로 과거의 사례를 분석한 것이 미래인식의 틀이 될 수 있는가? 폭력성을 영웅성-탈영웅성 개념으로, 개연성을 대칭성-비대칭성 개념으로, 정치성을 영토성-탈영토성 개념으로 대체해서 이해한 것에 불과한 것이 아닌가? 더욱이 그 사례는 김성인의 검증에 부합하는 전쟁, 즉 'Warfare Box의 8개 꼭짓점을 적절히 설명할 수 있는'(36쪽) 전쟁이다.

이한희; 강지원, 「클라우제비츠의 삼위일체론을 통한 사이버공간 전쟁 해석 연구」, 『융합보안 논문지』 제18권 2호(2018. 6), 한국융합보안학회, 41~47(7쪽)

이 글에서는 3이 제일 중요하지만, 차례에는 2에서 클라우제비츠와 관련되는 부분을 자세히 언급했다. 클라우제비츠에 따르면, 전쟁은 나의 의지를 실현하려고 적에게 굴복을 강요하는 폭력행동이다. 사이버공간 전쟁은 '사이버공간에서 나의 의지대로 상대를 조종하려고 상대의 인지력을 무력화하는 정신적 폭력이다.'(43쪽) 『전쟁론』 제1편 제1장에 있는 전쟁의 정의, 단계, 특징, 성질, 영역, 주체 중에 사이버공간 전쟁은 정의, 특징, 성질에서 다음과 같이 물리공간의 전쟁과 다르다(42~43쪽).

물리공간의 전쟁			사이버공간의 전쟁		
정의	특징	성질	정의	특징	성질
의지 실현	정치적	정치성	상대를 조종	정치적	정치성
굴복 강요	군사적	개연성	인지력 무력화	군사적	개연성
폭력 행동	물리적	폭력성	정신적 폭력	심리적	비폭력성

사이버공간 전쟁에서는 공격주체의 식별이 제한되고, 전쟁의 범위를 한정하기 어렵고, 민간인 단독으로 사이버공간 전쟁을 수행할 수 있고, 전쟁의 수단이 물리적 비폭력성을 띠는 정신적 폭력이고, 피해효과와 파급효과를 산정하기 어렵다. 이런 점을 고려하여 모델을 설계했다. 그러면 클라우제비츠의 삼중성 관점에서 세 영역(지성, 용기, 격정)을 중심으로 전쟁의 본질을 분석하여 사이버공간의 속성과 특징에 맞게 사이버공간 전쟁 해석모델을 설계할 수 있다. 해석모델은 사이버공간 전쟁의 준비, 경과, 결과를 항목별로 분석할 때 활용할 수 있다. 해석모델에는 세 영역(지성, 용기, 격정)과 세 주체(정부, 군대, 인민) 사이에 긴밀한 관계가 형성되어 있다. 각 요소의 유기적인 관계가 고려되었는지를 해석하고 평가하는 것이 사이버공간 전쟁의 본질을 해석하는 방향이다.

이라크전쟁 사례. 이라크전쟁에서 부시는 국가안보국에 이라크를 해킹할 권한을 부여했다. 해킹을 승인받는데 걸린 시간은 15분이었다. 이는 정부가 지성영역에서 전쟁에 긍정적 영향을 미친 것으로 평가된다. 또한 작전단계에서 미군은 전쟁의 목적과 목표를 연계했는데, 이는 지성영역과 용기능력의 전쟁수행에 긍정적인 영향을 미친 것으로 평가된다. 미국은 이라크의 금융시스템을 해킹하려고 했으나 세계시장의 금융대란으로 이어질 것이 염려되어 실행하지 않았다. 이는 부차적으로 발생할 수 있는 상황이 전쟁수행에 부정적 영향을 미칠 것을 고려한 것으로서 지성영역이 격정영역에 미친 영향을 고려했는지 해석하는 요소이다. 미국은 인터넷을 통해 전쟁 상황을 실시간으로 보도했는데, 이는 정부가 국민의 지지를 얻는데 긍정적인 영향을 미친 것으로 평가된다. 미국은 사이버전에서 이라크 주민의 심리적 효과에 미치는 영향도 고려했다. 미국 특수작전 부대는 '더 파인드'(휴대폰의 전원이 꺼져있을 때도 적의 위치를 확인할 수 있는 기술)로 반란군의 위치를 추적했다. 이는 미군이 불확실성을 극복한 사례로서 전쟁수행에 긍정적 영향을 미쳤다. (이와 반대로 이라크군은 이 기술이 없어서 불확실성을 극복하는데 부정적인 영향을 미쳤다.) 이런 식으로 이라크전에 이 해석모델을 적용한 결과, 사이버전이 미국의 승리에 긍정적인 영향을 미쳤다는 것을 이론적으로 제시할 수 있다.

의견. 이 글은 전통적인 군사학 분야에서 볼 수 없던 특이한 논문이다. 내가 쓴 『전쟁론 강의』 23~33쪽의 해석을 이용하고 이를 사이버전에 적용했다. 사이버전쟁의 정의, 특징, 성질은 이해할 만하다.

해석모델에서 영역(지성, 용기, 격정)과 주체(정부, 군대, 국민)를 일부 교차로 (중복되게) 설정한 점이 특이하다. 즉 정부는 지성과 용기를, 군대는 용기와 격정을, 국민은 격정과 지성을 갖고 있는 것으로 설정했다. 달리 표현하면 지성을 정부와 국민에, 용기를 군대와 정부에, 격정을 국민과 군대에 속하는 영역으로 설정했다. 그래서 범주와 해석 평가 요소도 교차로 설정했다(45쪽). 이런 식으로 설정할 수 있을 것 같은 생각이 든다.

삼중성에서 저자들은 내 해석을 따랐지만 클라우제비츠의 삼중성을 잘못 이해하고 있다(42쪽의 2.1.3.). 이들의 해석은 (사이버전쟁이 내 전공분야는 아니지만) 클라우제비츠의 삼중성(지성, 용기, 격정)을 사이버공간 전쟁에 기계적으로 적용한 것으로 보인다. 이들의 해석은 삼중성 없이도 가능했을 것 같은 생각이 든다.

이 글에서 상대를 '조정'한다는 말은 (조정을 한자로 調停, 調整, 調定 중에 어느 것으로 쓰든) 다 틀렸다. 전부 조종(操縱)으로 고쳐야 한다. (나는 위에서 조종으로 수정했다.) 글의 다른 부분에도 이한희와 강지원의 국어에 심각한 문제가 많다.

마찰이나 안정화 등 몇몇 주제에도 삼중성이 적용되는데, 이제 그런 연구를 살펴본다. 삼중성은 참 많은 주제에 적용된다.

이정웅,『삼위일체와 마찰 구조의 전쟁분석 이론 연구』, 경기대학교 정치전문
    대학원 석사학위논문, 2007. 12, 103쪽

제2장 이론적 기초
    제1절 클라우제비츠 전쟁론 소개
    제2절 클라우제비츠의 전쟁철학에 대한 레이몽 아롱의 해석
    제3절 삼위일체론과 그 의의
    제4절 해리 서머스의 월남전/걸프전 분석과 의의
제3장 새로운 분석이론 수립
    제3절 마찰의 역사성과 본질
    제4절 삼위일체와 마찰구조에서 도출된 새로운 분석 개념
    제5절 새로운 전쟁분석 이론 구조 및 역할
제4장 새로운 전쟁분석 이론 검증
    제1절 새로운 기법을 적용한 제2차 세계대전 분석
    제2절 미래전과 전쟁분석 이론

요약. 이 논문은 전쟁의 본질을 철학적 접근으로 이해하고 전쟁의 인간적 요소와 마찰에 의한 우연성과 불확실성을 밝혀서 전쟁을 분석하고 예측할 수 있는 준거틀을 만드는데 목적이 있다. 분석도구가 만들어지면 과거의 전쟁 사례에 적용하여 검토하고 그 결과를 근거로 미래전에 적용할 수 있는

지 살펴봄으로써 전쟁분석에 대한 방향을 정립하려고 한다. 즉 이정웅은 삼위일체 구조와 마찰의 개념으로부터 전쟁을 바라보는 분석 개념이 무엇인지 살펴본다. 이것을 제3장 제4절에서 수행하는데, 여기에서 이정웅은 (정부, 군대, 국민이 아니라) '군사지도자의 관점에서 교전으로부터 전쟁 전반을 분석하고 전쟁수행의 과정과 결과에 대한 평가를 기대하면서 필요시에 전쟁계획과 전쟁수행을 근거 있게 조정할 수 있는 기준을 제시한다.'(62쪽)

제1극 인적 요소에서 착안된 개념은 능력이고, 이는 잠재적 능력과 실제적 능력으로 구분되고, 능력의 마찰(촉진) 개념으로 경쟁이 발견된다. 제2극 불확실성 요소에서 착안된 개념은 질서이고, 질서의 개념에는 순서, 조화, 속도의 기준을 생각할 수 있다. 제3극 지적 요소에서 착안된 개념은 선택이다. 선택에는 선택권자의 권위가 기본이고, 선택권자는 전쟁을 결심해야 하고 결심은 그 자체의 범위를 지켜야 한다.

그리고 제5절에서 세 개 극의 능력(잠재적 능력, 경쟁, 실제적 능력), 질서(순서, 속도, 조화), 선택(권위, 범위, 결심)을 수치화하고 도표화한 후에 안정구조와 불안정구조로 분류한다. 능력에서 경쟁, 질서에서 속도, 선택에서 범위는 마찰요소이다.

이 결과를 제4장에서 제2차 세계대전의 독일-프랑스 전쟁에 적용하여 분석한다. 전쟁경과, 잠재적 능력과 실제적 능력, 유럽의 경제 및 정치 상황, 유럽의 재무장, 순서/조화, 권위/결심 등을 수치화한 후의 결론. 영불 연합군은 전쟁수행능력에서 독일군에 열세였지만 능력, 질서, 선택에서 비슷해서 전쟁이 장기화될수록 승리할 가능성이 높다. 독일군은 그 반대이다. 순서/조화 기준이 높을 것을 보면 독일의 군대와 지휘관의 우수성을 확인할 수 있다.

전쟁에서 삼위일체와 마찰은 사라지거나 줄어들지 않을 것이다. 그래서 능력, 질서, 선택의 분석 개념은 미래전에도 적용할 수 있고, 이 글의 전쟁분석 이론은 미래전 분석에도 유용한 도구가 될 것이다. 오늘날의 네트워크 중심전과 효과중심작전이 그 예이다.

의견. 제2장 30쪽은(7~26쪽) 차례 그대로 소개와 요약이다. 허남성, 조성환, 서머스를 (표절이라고 할 만큼) 광범위하게 인용했다. 제3장의 제1절~제3절도 번역, 인용, 요약이다. 미국합참의『미국합동작전교리』, 글랜츠(David Glantz), 와츠(Barry Watts)를 광범위하게 번역하고 인용했다. 이정웅의 논문이라고 할 수 있을지 의문이 들 만큼 많은 부분을 다른 책의 '번역'과 인용으로 채웠다. 여기까지 6/10에 해당하는 분량이 이 논문에 필요했는지 의문이 들 정도이다.

이 논문에는 이정웅이 삼위일체에서 착안한 능력, 질서, 선택의 개념, 여러 가지 전투 모델과 분석기법, 도식과 수치, 분석도와 구조도, 정보화 시대의 언어 등만(62~98쪽) 필요할 것으로 보인다. 능력, 질서, 선택의 세 개념이 이정웅이 스스로 생각해낸 것이 아니라 외국 책을 인용한 것이라면 이 논문은 스스로 허물어지고 껍데기만 남게 된다.

김법헌,「군사 분쟁 및 통합 간 안정화에 관한 연구 : 클라우제비츠 삼위일체를 중심으로」,『동북아연구』제32권 2호(2017. 12), 조선대학교 사회과학연구원 동북아연구소, 5~35(31쪽)

II. 안정화에 대한 이론적 논의
　3. 클라우제비츠의 삼위일체론 : 정부-군대-국민의 마찰과 균형
III. 군사분쟁 간 안정화 사례 : 이라크전쟁
IV. 군사통합 간 안정화 사례 : 독일 통일
　V. 비교 평가 및 함의

요약. 국가 간 군사분쟁 이후 안정화의 중요성이 증대되고 있다. 안정화는 국가의 안정과 국민의 행복을 추구하면서 마찰을 해소하고 균형을 유지해야 하는 중요한 과업이다. 안정화의 개념은 군사작전 수준의 협의의 관점이 아니라 본질적인 측면에서 접근해야 한다. 군사분쟁 수준뿐만 아니라 평화 시로 확장하여 군사통합 간 정치, 경제, 사회, 군사의 모든 영역에서 넓게 해석하여 재정립해야 한다. 이를 위해 안정화 과정에서 정부, 군대, 국민의 마

찰과 균형의 중요성을 인식해야 한다. 클라우제비츠의 삼위일체론(정부, 군대, 국민 상호간 마찰의 최소화와 균형 유지) 논리는 분쟁이나 평화 시의 안정화에도 적용하여 해석할 필요가 있다. 이라크전과 독일의 군사통합 사례를 분석하면 향후 한반도의 안정화에 대비할 수 있다.

이라크전쟁과 독일 통일을 비교하면 정치, 사회, 경제, 군사적 측면에서 이라크는 균형 요인보다 마찰 요인이 많았고, 독일은 그 반대였다. 이를 클라우제비츠의 정부-군대-국민의 마찰과 균형 관점에서 보면 이라크의 안정화에는 균형보다 마찰 요인이 크게 작용하여 장기간 불안정이 지속되었고, 독일 통일 군사통합에서는 전반적으로 마찰보다 균형 요인이 크게 작용하여 조기에 안정을 이룰 수 있었다.

의견. 김법헌은 황성칠이 클라우제비츠의 마찰 개념을 국민의 마찰, 군대의 마찰, 정부의 마찰이라고 잘못 해석한 것을 받아들였다. 정부, 군대, 국민은 (전쟁이나 평화 시에) 마찰을 일으킬 수 있고, 그러면 일체가 안 되고 균형을 이루지 못하니 세 주체는 마찰을 줄여서(없애서) 일체를 이루어야 한다는 것이다. 군인 출신 연구자들에게 삼위는 늘 일체를 이루어야 하는 것 같다.

미국과 전쟁을 치른 이라크의 안정화와 전쟁을 치르지 않고 통일을 이룬 독일의 안정화를 논리적으로 같은 범주에서 비교할 수 있는가?[32] 이 점이 이 논문의 제일 심각한 문제로 보인다. 비유를 든다. 비빔밥과 볶음밥을 밥이라는 기준으로 비교하고 김치찌개와 된장찌개를 찌개라는 기준으로 비교할 수는 있지만, 비빔밥과 김치찌개는 어떤 기준으로 비교한다는 말인가?

김병훈, 『삼위일체론의 현대적 해석과 대응방향』, 경기대학교 정치전문대학원 석사학위논문, 2018. 6, 112쪽

---

32. 그래서 이라크의 안정화는 대부분 부정적인 결과를, 독일의 안정화는 대부분 긍정적인 결과를 낸 것이 아닌가?

　요약. 정부, 국민, 군대에 바탕을 둔 클라우제비츠의 전쟁이론은 이념, 종교, 테러의 요소 및 신무기와 대량살상무기의 발달로 현대에 적용되지 않는 면이 있다. 클라우제비츠의 절대전쟁에 있는 이성, 감성, 우연은 인간사의 모든 부분을 설명할 수 있지만 현실전쟁에서 정부, 국민, 군대로 대표되는 요소는 현대에 이익, 의지, 능력으로 변했다. (정치적, 경제적) 이익, (지도부 및 국민의) 의지, (군사적, 비군사적) 능력은 현대는 물론 과거에도 적용되고 모든 폭력행동의 본질적 요소가 된다. 인티파다, 알카에다, 탈레반의 테러에 대한 전쟁에서도 국가와 국민은 존재하지 않지만 모든 분쟁, 도발, 전쟁에는 반드시 이익, 의지, 능력이 존재했고 이들의 상호작용으로 전쟁이 발생했다. 이 요소 중에 어느 한 요소를 통제하고 전쟁 발발 가능성을 예측하면 세 요소의 상관관계를 어느 정도 제시할 수 있다.

　달리 말하면 모든 전쟁에는 반드시 이익, (지도자, 국민, 민족 등) 공동체의 의지, (정규군 및 무장세력의) 군사적 능력이 있어야 한다. 의지 면에서는 공동체뿐만 아니라 일부 추종 세력의 의지도 고려해야 하고, 이들의 의지는 전체로 확산될 개연성이 있다. 능력 면에서 이 추종 세력이 스스로 무기를 획득하고 상대국의 의지를 약화시키거나 마비시킬 수 있는 무력을 행사하고, 이것이 전쟁으로 확산될 개연성이 있다. 결론. 전쟁이 발생하는 데는 이익, 의지, 능력이 반드시 존재한다.

　이를 토대로 김병훈은 한국의 안보전략을 새롭게 제시했다. 이는 한국의 사활적 이익과 핵심적 이익을 기본전략으로 수립하고 이 이익에 위협이 되는 요소를 분석하여 북한이 얻게 될 이익, 의지, 능력을 고려한 안보전략이다. 즉 이 전략은 한반도에 적용되는 맞춤형 안보전략이라고 할 수 있다. 물론 북한에 대한 대응방안은 현재에도 계획되고 실행되고 있다. 하지만 이 논문은 북한이 계산하는 이익, 의지, 능력을 바탕으로 대응방안을 제시했다는 점에서 전략적 접근에서 새로운 방향의 접근이자 해결책이다.

의견. 무엇이 새롭다는 것인지 잘 모르겠다. 클라우제비츠의 정부, 인민, 군대 또는 지성, 격정, 용기를 (김병훈은 이를 이성, 감성, 우연으로 이해하는데) 이익, 의지, 능력이란 말로 바꾼 것만 새롭다. 그런데 김병훈의 '의지'는 클라우제비츠의 전쟁의 정의(우리의 의지를 실현하려고 적에게 굴복을 강요하는 폭력행동)에 있는 '의지'와 혼동되어서 혼란을 일으킬 수 있다.

또한 김병훈은 북한의 전쟁의지를 정권 지도부의 의지, 북한군의 의지, 인민(북한주민)의 의지로 본다(98~100쪽). 의지를 정권, 군대, 인민에 두루 적용한다. 김병훈이 의지를 '감성-국민'의 변경요소로(27쪽) 보는 것이 아니라 상식의 의미에서 받아들이는 것인가? 그러면 김병훈의 분석모형은 허물어진다.

절대전의 이성, 감성, 우연이 현실전쟁에서 정부, 국민, 군대로 대변된다는 말은(27쪽) 오해이다. 이런 식으로 절대전과 현실전을 구분할 수 없다. 클라우제비츠를 언급한 부분은『전쟁론』일부의 인용이다. 논문을 대부분 조상제, 이재평, 김종하 글의 (표절 수준의) 광범위한 인용과 짜깁기로 채웠다. 국어도 엉망이다. 군인 출신 연구자들은 인용과 짜깁기의 자체 재생산 체계를 구축한 듯하다.

3.3. 중심의 적용

클라우제비츠의 중심 개념을 여러 전쟁과 전투에 적용한 연구를 살펴본다. 한국에 적용한 연구는 하나뿐이고 외국의 사례에 적용한 연구가 많다.

한설, 「걸프전에서 여론의 역할 : 클라우제비츠의 중심 개념의 적용을 중심으로」, 『군사』 제32호(1996. 6), 국방군사연구소, 313~352(40쪽)

2. 미군과 언론
  가. 월남전의 반성과 풀(Pool)제도
  나. 걸프전을 위한 준비
  다. 걸프전의 진행과 언론

3. 미국정부와 전쟁여론
  가. 미국 내 전쟁지지 여론의 형성
  나. 국제사회의 걸프전 지지
  다. 아랍민족주의와 걸프전

요약. 제2차 세계대전까지 미국은 경험 부족으로 전쟁수행에서 미숙함을 벗어나지 못했다. 이는 한국전과 월남전에서 두드러지게 나타났다. 걸프전의 승리는 이런 '쓰라린' 경험을 바탕으로 한다.

한설은 걸프전에서 여론의 역할을 분석하면서 클라우제비츠의 중심(重心) 개념을 적용한다. 클라우제비츠의 말, '공격은 중심을 향해야 하는데, 인민무장투쟁에서 중심은 지도자의 인격과 여론에 있다.' 인민무장투쟁에서 민중의 의사가 직접 반영되는 것은 오늘날의 민주주의와 유사하다. 그래서 미국의 중심으로 여론을 상정하는 것은 타당하다.

미국 군부는 월남전 패배의 원인이 언론에 있다고 주장했다. 그라나다 침공에서 미군은 언론을 전쟁터에서 철저하게 격리시켰고, 파나마 침공에서는 풀(Pool)제도를 도입했다. 걸프전에서 미군은 보도지침을 마련하고 기자를 에스코트하고 체력을 측정하는 등 기자를 통제했다. 기자들은 저지당하고 체포되고 억류되었다. 기사는 검열을 받았고 미군의 검열은 철저했다. 단어 하나도 신중하게 선택했다. '걸프전에서 제1의 패배자는 사담 후세인이지

만, 제2의 패배자는 매스미디어였다.'

미국 정부의 여론정책은 미국 내의 전쟁지지 여론 형성, 국제사회에서 전쟁지지 분위기 조성, 아랍세계에서의 전쟁수행 지지 등의 세 방향으로 나타났다. 미국 의회는 대통령에게 전쟁수행 권한을 위임하는 결의안을 채택했다. 미국 정부는 국제연합의 결의안을 끌어냈고, 동맹국과 소련의 협조를 이끌어냈다. 미국은 아랍 국가들을 미국 편으로 끌어들여 아랍 민족주의를 봉쇄했고, 이 전쟁이 이스라엘 문제로 비화하는 것을 막았다. 미국은 전쟁을 승리로 이끌었다.

의견. 한설은 우리나라에서 매우 일찍 중심에 관한 주제를 (그것도 중심 중에 하나의 주제인 여론을 선정해서) 다루었다.

이 글은 '걸프전에서 미국의 자국 언론 통제와 국제여론 조종'을 다루고 있고 그것을 제목으로 삼는 것이 더 적절했을 것이다. 그래서 한설이 걸프전에서 여론의 역할을 분석하는데 클라우제비츠의 중심 개념을 적용할 필요는 없었다. 이 논문은 클라우제비츠 없이도 충분히 쓸 수 있었다.

한설은 서머스(Harry G. Summers, Jr.)를 일관되게 소머스(Sommers)로 잘못 표기한다.

A1. 김재명, 「클라우제비츠 전쟁론에 비춰본 9·11테러 분석 : 사우디 무너뜨려 범이슬람 통일국가 건설 노렸다」, 『신동아』 제45권 8호(2002. 8), 동아일보사, 420~432(13쪽)

A2. 김재명, 「적의 '무게중심'을 격파하라 : 클라우제비츠 '전쟁론'에 비춰본 빈라덴의 9·11 전략전술」, 『국방저널』 제345호(2002. 9), 국방부, 22~26(5쪽)

B. 김재명, 「'바그다드를 먼저 공략하라' : 클라우제비츠 전쟁론에 비추어본 이라크 전쟁의 요체」, 『국방저널』 제350호(2003. 1), 국방부, 59~62(4쪽)

C. 김재명, 「클라우제비츠 이론에 비춰 본 이스라엘-헤즈볼라 전쟁」, 『국방저널』 제393호(2006. 9), 국방홍보원, 46~49(4쪽)

D. 김재명, 『「정의의 전쟁」 이론에 대한 비판적 연구 : 전쟁 종식의 정당성 논의를 중심으로』, 국민대학교 대학원 박사학위논문, 2006. 12, 217쪽

E. 김재명, 「아프간전쟁 승리의 전략전술 : 클라우제비츠의 무게중심 이론을 중심으로」, 『군사연구』 제128집(2009. 12), 육군본부, 73~89(17쪽)

김재명의 6개 글 중에 4개는 학술적인 글이 아니라 시평 수준의 글이다. 그런데 클라우제비츠의 중심이론을 적용하여 아랍지역의 전쟁을 분석한 글을 여러 개 발표하여 그것을 모두 여기에 간략히 언급한다.

A1. 김재명은 9·11을 빈 라덴의 '작품'으로 본다. 빈 라덴은 '정치적 전쟁'을 계획했다. 클라우제비츠는 무게중심이 무엇이고 어디에 있는지 파악하고 그것을 단순화하고 그것에 집중해야 한다고 말했다. 빈 라덴은 미국의 전략적 중심을 여론으로, 전술적 무게중심을 세계무역센터와 펜타곤으로(미국 자본주의와 군사주의의 상징적 건물) 설정했다. 미국은 전략적 중심을 이슬람 민중의 정치정서(여론)로, 전술적 중심을 탈레반 정권으로 설정해야 한다. 그렇지 않고 미국이 빈 라덴의 전략적 무게중심을 빈 라덴과 알카에다 소탕이라는 군사적 부분에 둔다면 실패할 가능성이 높다.

의견. 김재명이 미국에 조언하고 있다. 이런 조언은 클라우제비츠 없이도 할 수 있을 것이다. 길지 않은 글에 9·11, 나폴레옹의 러시아원정, 보불전쟁, 태평양전쟁, 걸프전쟁, 베트남전쟁, 한국전쟁, 알제리 독립전쟁, 1983년의 레바논, 1993년의 소말리아 등 너무 많은 사례들이 나열되어 있다.

A2는 A1의 요약이다.

B. 클라우제비츠는 적의 무게중심을 공격해야 한다고 말했다. 이라크전쟁에서 후세인의 전술적 무게중심은 바그다드이고, 전략적 무게중심은 이라크군에 대한 후세인의 지휘체계이다. 사상자 숫자를 최소화하면서 바그다드를 공략하는 것이 미군의 최대 현안이다.

의견. '이상 미국 국방부 대변인의 브리핑이었습니다.'

C. 클라우제비츠는 무게중심 이론으로 나폴레옹이 러시아원정에서 실

패한 이유를 분석했다. 러시아의 무게중심은 모스크바가 아니라 러시아 군대였다. 나폴레옹은 모스크바는 점령했지만 러시아 군대는 파괴하지 못했다.

헤즈볼라의 전술적 무게중심은 헤즈볼라 지도부이고, 전략적 무게중심은 레바논 내 헤즈볼라 지지도와 이슬람권의 헤즈볼라 지지도이다. 헤즈볼라는 이스라엘의 전술적 무게중심을 남부 레바논 전선에 투입된 이스라엘 병력에, 전략적 무게중심을 이스라엘과 전 세계의 반이스라엘 여론에 두었다. 이스라엘과 헤즈볼라는 적의 전술적·전략적 무게중심을 완전히 점령하지 못했고 절반의 성공만 거두었다.

의견. 이스라엘-헤즈볼라 전쟁은 전면전도 아니고 국가 간 전쟁도 아니고 제한전이었다. 그런데도 김재명은 이 전쟁을 '적에게 정치적 의지를 강요하여 정치적 목적을 이루려는 물리적 충돌'로(47쪽) 올바르게 이해했다. 군인 출신 연구자들은 클라우제비츠의 이 정의를 대부분 절대전쟁만의 정의라고 본다.

D는 박사학위논문이고 차례가 있다.

정의의 전쟁은 전쟁선포의 정당성, 전쟁행위의 정당성, 전쟁종식의 정당성을 모두 충족해야 한다. 전쟁종식의 정당성(jus post bellum) 기준을 어기거나 소홀히 하는 것도 전쟁범죄로 여겨서 책임을 물어야 한다. 승자의 전쟁범죄도 처벌해야 참된 정의가 선다. 전쟁에서 '올바른 의도'는 세 기준에 모두 해당된다. 전쟁종식의 정당성 기준을 지키지 않으면 승자의 평화만 있을 뿐이고 정의로운 평화는 없다. 국가안보도 중요하지만 인간안보도 중요하다. 승전국은 패전국의 민심을 얻어야 진정한 승자가 될 수 있고 정의로운 평화를 실현할 수 있다.

　전쟁종식의 정당성의 새로운 기준은 첫째로 정의로운 평화와 인간안보이다. 둘째로 승자의 전쟁범죄도 처벌받아야 한다는 것이다. 셋째로 전승국은 패전국의 민심을 안정시켜야 할 도덕적 의무를 지닌다는 것이다. 클라우제비츠의 무게중심을 '패전국의 민심'으로 해석할 수 있기 때문이다. 이라크의 끊임없는 저항과 혼란, 한국전쟁과 베트남전쟁에서 미국 내 여론의 영향을 보면 알 수 있다.

　의견. 첫째, 클라우제비츠의 중심이론을 전쟁종식의 정당성에 기계적으로 대입했다. 둘째, 이렇게 해야 하고 저렇게 해야 한다는 당위론에서는 그렇게 말할 수밖에 없을 것이다. 하지만 이런 당위론이 (힘이 지배하는) 국제사회에서 얼마나 통용될지는 의문이다.

　이 글에서 의문 없이 확실히 눈에 들어오는 부분은 하마스의 정신적 지도자 야신이 2002년에 팔레스타인 가자지구에서 한 말이다. '하마스의 저항은 순교이자 지하드이다. 우리의 저항을 '테러'라고 일컫는다면, 그것은 해마다 20억 달러에 이르는 미국의 군사원조를 받아서 이스라엘이 벌이는 '국가테러'에 맞선 '테러의 균형'이다.'(129쪽 각주 181) 일본의 침략에 맞선 안중근의 말처럼 들린다. '안중근의 행동이 테러라면 그것은 일본의 국가테러에 맞선 테러의 균형이다.'

　E의 차례는 다음과 같다.

 II. 클라우제비츠의 무게중심 이론
III. 빈 라덴이 설정한 미국의 무게중심
IV. 미국이 격파해야 할 '빈 라덴의 무게중심'

　요약. 클라우제비츠의 무게중심을 패전국의 민심으로 해석하면, 미국은 이슬람권의 민심(여론)을 장악해야만 아프간전쟁에서 승리할 수 있다. 승전국은 패전국의 민심을 점령해야 진정한 승자가 될 수 있고 지속적인 평화를 실현할 수 있다.

의견. 김재명이 2002년부터 한 얘기를 반복하고 있다. 또한 D의 일부를 인용 표시 없이 '자기표절'했다. 이 글의 대부분은 D의 128~144쪽의 축소판이다.

이라크전쟁과 관련하여 우리나라 군인 출신 연구자들이 많은 책 중에 다음의 두 책만이라도 읽기를 권한다.
노엄 촘스키; 하워드 진 외, 『미국의 이라크 전쟁』, 이수현 옮김, 북막스, 2002. 12, 383쪽 [2000, 2002]
밀란 레이; 노암 촘스키, 『전쟁에 반대한다』, 신현승; 정경옥 옮김, 산해, 2003. 2, 304쪽 [2002]

오경택, 「4세대 전쟁양상에서 클라우제비츠의 중심이론 유용성 분석 : 아프 가니스탄 전쟁 사례를 중심으로」, 『군사연구』 제141집(2016. 6), 육군군 사연구소, 171~205(35쪽)

II. 군사적 약자의 진화 : 4세대 전쟁
III. 4세대 전쟁양상에서 중심이론 적용
  1. 클라우제비츠의 중심이론의 유용성과 한계
  2. 군사사상가의 중심 관련 제 이론의 확장 적용
IV. 군사적 약자의 중심 분석 사례 : 알카에다

요약. 최근 4세대전쟁 사례에서 군사적 약자는 강자의 중심을 간파하여 정치적 목적을 달성하는 반면에, 군사적 강자는 약자의 중심에 대한 이해가 부족하여 고전을 면치 못하고 있다. 베트남전, 이라크전, 아프가니스탄전이 그 대표적인 예이다.

알카에다의 전략적 중심은 이슬람 원리주의에 입각한 갈리프 건설을 위한 반미·반서구 이데올로기이다. 알카에다의 중심에 대한 조치는 간접전략의 차원에서 리더십, 알카에다의 세포조직, 네트워크, 경제적 지원, 국가의 지원의 5개 결정적 지점을 공격함으로써 약화시킬 수 있다. 이런 조치는 지지세력 분리를 위한 간접전략으로 이해할 수 있다. 이슬람국가 내에서 알카에다를 분리하고 고립시키려면 미국에게 이슬람국가에 대한 존중, 사우디아라비아 와의 공조, 파키스탄과의 연계, 팔레스타인 분쟁의 중재 역할이 필요하고 중 요하다.

의견. 여러 이론의 관계, 전쟁양상, 비교, 분석 등을 표와 그림으로 표현 해서 시각적으로 이해할 수 있게 했다.

클라우제비츠의 중심을 '주로 작전적 수준에서 적의 강점'이라고(182쪽) 본 것은 오경택의 협소한 이해이다. 클라우제비츠는『전쟁론』제8편 제4장에 서 다음과 같이 말했다. '전쟁을 하는 양쪽 나라의 지배적인 정치상황을 주 의 깊게 살펴보아야 한다. 이 상황에서 힘과 이동의 중심이 생길 것이고, 모든 것은 이 중심에 달려있다.'(『전쟁론』, 980쪽) 군대와 수도뿐만 아니라 동맹국 의 군대, 동맹국 간의 이해관계, 지도자의 인격과 여론에도 중심이 있다. 지배 적인 정치상황, 이해관계, 여론 등이 작전적 수준이고 물질적인 것인지 의문 이다. 그것은 정치와 전략의 수준이고 무형적인 것이다. 그래서 오경택의 다 음 두 언급은 모순된다. '베트남의 호지명은 미국의 의사결정자들의 전쟁수 행 의지를 중심으로 선정하여 미군의 철수를 이끌어냈다.'(181쪽) "군사적 약 자가 강자를 대상으로 한 전쟁에서 클라우제비츠의 중심이론은 전략적 수 준에서의 접근에는 한계가 있다."(184쪽) 오경택은 자기 논의에 필요한 부분 만 발췌해서 중심에 관한 클라우제비츠의 이해를 왜곡했다.

또한 클라우제비츠의 중심(重心)을 삼중성의 세 개의 경향이 균형을 이 루고 세 개의 극이 무게중심(中心)을 이루는 중심점(中心點)이라고 본 것도 (181쪽) 오경택의 오해이다. 중심과 삼중성의 무게중심은 직접적인 관련이 없 고, 삼중성의 무게중심은 클라우제비츠에게 존재하지 않는 개념이다. 군대가 삼중성의 무게중심에 있는 것도 아니지 않은가?

박준혁,「클라우제비츠 '무게중심' 개념 분석과 유형별 중심의 한반도에서의

적용」, 『국가전략』 제17권 4호(2011. 11), 세종연구소, 5~46(42쪽)

II. 클라우제비츠의 '중심' 개념과 유형
  1. 클라우제비츠의 '중심' 개념
  2. 클라우제비츠의 유형별 '중심'
  3. 유형별 '중심'과 작전적, 전략적 중심과의 상관관계
III. 유형별 '중심'의 한반도에서의 적용

요약. II는 클라우제비츠의 중심의 개념과 유형을 요약하고 설명했다. 군대, 수도, 지도자의 자질, 여론, 동맹관계를 박준혁은 중심의 '유형'이라고 본다. III은 이 유형별 중심을 한반도에 (기계적으로) 적용했다. 결론. 중심으로서 북한 군대의 효과는 점점 감소할 것이다. 수도를 보면 평양은 서울에 비해 중심의 가치가 미미하다. 북한에서 지도자의 자질은 체제 안정에 결정적인 영향을 미치는 중심으로서 가치를 지닌다. 여론에서 북한은 남한에 친북여론과 반미여론을 고조시킬 것이고, 남한은 남남갈등 해소, 북한 권력엘리트와 주민 사이에 친남한 여론 조성을 위해 준비해야 한다. 동맹관계에서 북한은 주한미군과 미제 축출을 목표로 하고 있고, 남한은 한미동맹의 유지와 미군의 남한 주둔을 목표로 하고 있다. 전작권이 전환된다면 합참 중심의 지휘구조 개편 및 협조기구의 편성이 필요하다.

의견. 논문이 전반적으로 심한 '반공사상'으로 오염되어 있다. 클라우제비츠의 중심 개념에 '군대'는 있지만 '독재자의 군대'는(14쪽) 없다. 중세 말 절대주의 시대의 군주를 독재자라고 이해하는 것도(13쪽) 역사에 대한 무지이다. 인간의 자유와 평등이 지배하는 공화정과 민주정이 존재하지 않은 시대, 즉 신분제도가 존재한 절대주의 군주정 시대의 왕을 독재자라고 한다면, 프리드리히 대왕보다 약 320여년 먼저 군주가 된 '세종대왕'도 독재자가 되는 것인가? (박준혁의 글은 우연히 '세종'연구소에서 발행되었다.)

최성민, 『'전쟁이외 군사작전'의 중심에 관한 연구』, 국방대학교 안전보장대학

원 석사학위논문, 2002. 12, 129쪽

　　요약. 냉전기에는 군사력을 주로 전쟁 대비에 사용했지만, 탈냉전 이후에는 전쟁이외 분야에 사용하고 있다. 이는 전략적 환경의 변화로 전쟁양상과 군사력 운용이 다양해지고 있기 때문이다.

　　첫째, 클라우제비츠의 중심 개념은 전통적인 전쟁을 생각하고 제시된 것이지만, 전쟁이외 군사작전(평화유지작전, 인도주의적 원조, 강제작전 등)에도 유용성이 있다. 중심이 군사력을 운용하기 위한 논리적 사고의 틀을 제공하고, 중심 개념이 전쟁의 여건과 양상에 따라 달리 적용되었고, 전쟁이외 군사작전이 전통적인 전쟁과 같이 전투요소를 포함하고 있기 때문이다.

　　둘째, 전통적인 전쟁에서 중심으로 식별된 ① 리더십, ② 군사력, ③대중의 사기 및 여론, ④ 수도, ⑤ 동맹의 응집력, ⑥ 산업시설은 전쟁이외 군사작전에서도 (약간 차이는 있지만) 중심으로 식별되었다. 이 중에 ②와 ⑥은 전쟁이외 군사작전에서 중심으로서의 유용성이 떨어진다. 그 반면에 전쟁이외 군사작전에서는 피작전국의 문화에 대한 작전부대의 이해와 적응력, 작전부대와 민간단체의 보호, 교전규칙, 중립성, 합법성, 인내심과 같은 원칙이 중요한 고려요소로 식별되었다. 즉 전통적인 전쟁의 중심 개념은 전쟁이외 군사작전의 중심 개념보다 그 범위가 좁다. 전쟁이외 군사작전에서는 아측의 중심을 보호하는 것이 더 중요하다.[33]

　　의견. 전쟁이외 군사작전의 여러 측면을 잘 정리했다. 클라우제비츠의 중심에 관한 논의는(23~27, 53~54쪽) 인용과 요약 수준이다.

---

33. OOTW는 Operations Other Than Wars(전쟁 이외의 작전)의 약어이다.

정용선, 『클라우제비츠의 전략사상과 현대항공전략』, 국방대학교 안전보장
　　대학원 석사학위논문, 2013. 12, 82쪽

　　요약. 중심을 폭격하여 적의 저항의지를 줄이고 아측의 정책을 받아들
이도록 하는 것이 항공전략의 목적이다. 항공력의 출발점이 적의 의지에 해
당하는 중심에 주목했기 때문이다.

　　중심 개념은 클라우제비츠가 『전쟁론』에서부터 사용했다. 그는 중심을
적의 '힘과 기동의 연결지점'으로 정의하여 적의 중심을 군사력으로 보고 있
다. 적의 군사력을 격멸하여 적의 전쟁수행능력을 제거할 수 있다.

　　이 글은 클라우제비츠의 중심과 항공전략가들의 중심이 양립할 수 있는
지, 군사력과 중심 중에 어느 것이 승리에 결정적인지 묻는다. 전략가들마다
다르지만 중심은 주로 적의 인구, 산업중심지, 적의 수뇌부 등으로 말할 수
있다. 인구에 대한 공격에서 적은 희생을 감내했다. 산업중심지에 대한 공격
에서도 적은 주변국으로부터 물자를 수입하고 생산시설을 복구하여 생산력
을 유지했다. 지도부에 대한 직접 공격은 성공한 사례를 찾기 힘들다. 통신공
격에서는 유선만 무력화시켰고 무선통신은 무력화시키지 못했다. 즉 중심을
무력화시키는 것은 어렵다.

　　현대전에서도 적의 군사력에 대한 공격이 큰 효과를 내는데, 이는 재래전
에서 군수물자에 대한 수요가 비탄력적이기 때문이다. 정규군 간의 재래전에
는 막대한 군수물자(식량, 탄약, 유류 등)가 요구되는데, 이 병참망에 대해 항
공력을 집중하면 큰 효과를 낼 수 있다. 북베트남이 미군의 요구대로 협상장
에 나온 것은 재래식 공세를 하면서 군수물자에 대한 취약성을 노출했기 때

문이다.

군사력에 대한 직접적인 공격도 전쟁을 승리로 이끌 수 있다. 걸프전에서 다국적군에 의한 이라크 정규군의 공격은 많은 희생자를 낳았다. 공화국수비대가 항공력에 의해 파괴되기 시작하면서 후세인은 소련과 협상을 시작했다. 후세인의 정책변화는 공화국수비대로 대표되는 군사력의 붕괴가 더 크게 영향을 미쳤다.

항공전략의 출발점은 적의 의지를 무력화하는데 있지만 중심의 파괴에 따른 정책변화를 찾기는 어렵다. 인구에 대한 공격은 국제적인 비난을 면하기 어렵고, 산업중심지에 대한 공격은 (핵무기로 무장하고 있는 상황에서) 더욱 어려울 수 있다. 현대의 항공전략도 클라우제비츠가 주장한 군사력에 대한 중심을 고려할 필요가 있다.

의견. 클라우제비츠는 중심을 적의 군사력(부대, 전쟁물자, 수송)으로 보았고, 항공전략가들은 중심을 적의 의지(국민, 산업능력, 전쟁지도부)로 보았다. 전자는 작전적 중심이고, 후자는 전략적 중심이다(4~5쪽과 31쪽). 클라우제비츠에 대한 오해이다.

클라우제비츠는 『전쟁론』에서 5개의 중심을 언급했고, 그래서 작전의 수준을 넘어 전략과 정치의 수준에서 중심을 말했다. 그런데 정용선은 '중심에 대한 클라우제비츠의 정의가 책의 앞과 뒤에서 일관되게 나타나지는 않지만, 그가 말하는 중심은 적의 군대로 보아야 한다.'고(8쪽) 주장한다. 그리고 『전쟁론』에서 그렇게 말한 부분만 인용한다. 군사력을 '적의 진정한 중심'으로(13쪽) 보는 관점에서는 적의 군사력을 폭격하는 것이 더 결정적일 것이다. 항공기의 폭격만 논의한다면 그럴 수 있을 것이다. 그래서 나는 정용선에게 의견을 제시하거나 반박할 것이 없다.

정용선 논리의 근본적인 문제는 클라우제비츠의 중심을 항공 폭격의 표적으로 대치, 대체, 치환했다는 점이다. 논문이 국내문헌과 외국문헌의 짜깁기라는 인상을 많이 풍긴다. '공군의 모든 가용한 자산을 적의 군사력에 집중하여 운용할 경우 육군의 포병화력과 큰 차이를 보일 수 없다. 공군이 독립적인 군종으로 유지하고 성장하려면 적의 의지에 해당하는 중심이 원하는 결과를 도출할 수 있는 역학관계를 설명하기 위하여 집중적인 노력을 해야 한다.'(76쪽) 공군으로서 공군의 독립성을 주장한 말 같지만 무슨 말인지 애매하다. 두 번째 문장과 같은 말을 나는 '하려는 말을 감춘 말'이라고 부른다.

3.4. 마찰의 적용

김현기, 「전장마찰 개념의 미래전에 대한 적용」, 『국방정책연구』 제67호
    (2005. 4), 한국국방연구원, 125~145(21쪽)

II. 전쟁에서의 마찰   IV. 마찰 요인의 극복 방법
  2. Clausewitz의 마찰 개념   1. Clausewitz의 대안
III. 전장에서의 마찰 요인   2. 현대적 관점에서의 접근전략

요약. 클라우제비츠는 위험, 육체적 노력, 정보의 불확실성, 우연을 마찰이라고 정의했다. 김현기는 이를 인간 요인(위험과 육체적 노력)과 정보 요인(불확실성과 우연성)으로 재구성한다. 그리고 미래전을 고려하여 운용 요인(합동성과 동시성의 문제 및 지휘관의 리더십)을 추가했다.

클라우제비츠에 따르면 마찰을 극복하려면 군사적 천재의 이성적 힘과 군대의 전쟁경험이 요구된다. 현대의 관점에서는 전장 적응능력 배양, 전투지휘관의 융통성 보장, 정보 수집·처리의 다변화, 합동교리·합동작전 수행절차의 체계화, 지휘체계의 명료화·분권화 등이 요구된다. 미래전에 대비하려면 인간과 기술관계에 대한 교훈의 인식, 한반도 환경에서 고려할 수 있는 미래전 양상의 명확한 규명과 전략적 대응, 노력의 통합과 집중에 관해 심도 있게 논의해야 한다.

의견. II와 III 일부에서 클라우제비츠의 마찰이론을 요약하고 정리했다. 첫째, 이런 논의는 전쟁을 한쪽만(우리만) 하는 것으로 전제한다. 상대도 우리와 똑같이 마찰에 대비할 때 무엇을 어떻게 해야 하는지에 대한 논의는 부족하다. 둘째, '육체적 긴장과 고통'은 마찰이 될 수 있지만 '육체적 노력'은 마찰이 될 수 없다. '육체적 노력'은 오역이고 오해이다.

A1. 황성칠, 『북한군의 한국전쟁수행 전략에 관한 연구 : 클라우제비츠의 마

찰이론을 중심으로』, 고려대학교 대학원 박사학위논문, 2008. 7, 380쪽

A2. 황성칠, 『북한의 한국전 전략 : 무엇이 전쟁을 승리로 이끄는가?』, 북코리아, 2008. 12, 479쪽.

A3. 황성칠, 「전쟁수행 성공확률을 증대시킬 수 있는 방안 연구 : 클라우제비츠의 마찰이론과 북한의 한국전쟁수행 사례 중심으로」, 『군사평론』 제397호(2009. 2), 육군대학, 32~54(23쪽)

A2는 A1의 출판본이고, A3은 A1에서 클라우제비츠의 마찰이론과 관련된 내용을 발췌하여 정리한 것이다. 여기에서는 A1만 살펴본다.

제2장 이론적 논의와 분석틀
　　제2절 클라우제비츠의 삼위일체·마찰 이론
제3장 혁명전쟁전략 형성과 북한 인민군 조직
제4장 조·소군 및 남·북한군의 갈등(1948. 9~1950. 5)
　　제4절 모델 Ⅰ : '삼위일체 요소의 동조 균형유지 마찰' 평가
제5장 전쟁목표 달성 실패 및 조·중군 갈등(1950. 6~1951. 6)
　　제4절 모델 Ⅱ : '인민보다 정부와 군대의 동조우위 마찰' 평가
제6장 전쟁목표 수정과 북한군의 갈등(1951. 7~1951. 11)
　　제4절 모델 Ⅲ : '군대보다 정부와 인민의 동조우위 마찰' 평가

요약. 클라우제비츠의 삼위일체를 전쟁에 적용하면, 인민은 전쟁을 준비하고 군대는 전쟁을 수행하고 정부는 전쟁을 종결한다. 클라우제비츠의 마찰을 모형화하면 모델 Ⅰ은 인민, 군대, 정부가 균형을 이루는 모형이고, 모델 Ⅱ는 인민에 더 많은 마찰이 생기는 모형이고, 모델 Ⅲ은 군대에 더 많은 마찰이 생기는 모형이다. (모델 Ⅳ는 정부에 더 많은 마찰이 생기는 모형이다.)

인민	전쟁 준비	삼위의 균형	모델 Ⅰ
군대	전쟁 수행	인민의 마찰(+군대의 마찰)	모델 Ⅱ
정부	전쟁 종결	군대의 마찰	모델 Ⅲ

한국전쟁에서 북한군에게 나타날 수 있는 모형은 모델 I, 모델 II, 모델 III이다. 전쟁을 준비할 때는 인민, 군대, 정부가 삼위일체를 이루고(모델 I), 전쟁을 수행할 때는 인민에 더 많은 마찰이 생기고(모델 II), 전쟁을 종결할 때는 군대에 더 많은 마찰이 생긴다(모델 III). 그런데 모델 I과 모델 III은 한국전쟁에 적용할 수 있지만, 모델 II는 적실성이 없다. 북한군의 전쟁수행에는 인민뿐만 아니라 군대에도 많은 마찰이 있었기 때문이다. 달리 말하면, 북한은 전쟁준비 시기에는 화·전 양면전략에, 전쟁종결 시기에는 생존·원상회복 전략에 성공했지만, 전쟁수행 시기에는 포위·섬멸전략에 실패했다. 모델 II는 북한이 전쟁목표를 달성하지 못한 제일 큰 이유이다. 황성칠의 논의를 표로 정리하면 위와 같은데, 표로 만들어도 좀 혼란스럽다.

의견. 황성칠은 북한이 전쟁을 종결할 때뿐만 아니라 수행할 때도 (인민이 아니라) 군대에 문제가 있었다는 말을 참 어렵게 한다. 모델 II가 적실성이 없다는 말이 황성칠 모델의 적실성에 의문을 갖게 한다. (황성칠은 모델 IV는 언급하지도 않았다. 그래서 이 모델이 한국전쟁을 설명하는데 부적합하다는 것을 스스로 증명했다.)

클라우제비츠의 마찰은 전쟁에 나타나는 위험, 육체적 고통, 정보의 불확실성, 우연으로서 주로 최고지휘관과 군대에 해당되는 문제이다. 그런데 황성칠은 이것을 인민의 마찰, 군대의 마찰, 정부의 마찰로 변형시킨다. 삼위일체의 주체가 국민, 군대, 정부이기 때문에 국민, 군대, 정부에 마찰이 생길 수 있다는 것은 기발한 생각이다. 클라우제비츠의 마찰 개념을 전쟁의 준비, 수행, 종결의 '시기'에 대응시킨 것도 그로테스크하다. 3개 마찰과 4개 모델로 황성칠은 (클라우제비츠와 『전쟁론』에 존재하지 않는) 허구와 가상의 세계를 구축했다. 전쟁을 모델화한 이 생각은 전쟁을 18세기의 '기하학'에서 해방시켜 인간의 정신활동으로 본 클라우제비츠의 생각과 배치된다.

황성칠의 모델 I은 '삼위일체 요소의 동조 균형유지 마찰 모델'인데, 그것을 정부=군대=인민으로 표현했다. 세 요소 간에 동조와 균형이 유지되고 있다면, 그것은 마찰이 아니다. 모델 I의 '마찰'의 논리성이 그 자체로 허물어진다. 세 요소가 일정한 마찰에 의해 정상적인 균형을 유지하고 있고, 적절한 마찰에 의해 정부, 군대, 인민이 상호 동조하여 균형을 유지하고 있다는 말은 형용모순이다. 인민에 더 많은 마찰이 생기는 것도 변형된 삼위일체이고, 군대에 더 많은 마찰이 생기는 것도 변형된 삼위일체이고, 정부에 더 많은 마찰이 생기는 것도 변형된 삼위일체라면 이 '삼위일체'는 마찰과 상관없이 존재하는 '무소불위의 삼위일체'인가? 그러면 마찰은 무엇 때문에 분석한 것인가? 변형되지 않은 삼위일체와 변형된 삼위일체는 어떤 관계에 있는 것인가? 변형되든 말든 삼위일체는 무조건 삼위일체이고 삼위일체이어야 하는 것인가? 클라우제비츠의 '삼위일체'를 이렇게 해석할 수 있는가?

이 논문은 한국전쟁의 시기별 분석에 3개 마찰(변형된 삼위일체)과 4개 모델을 섞어서 혼란스럽게 되었다. 이 논문에는 한국전쟁을 1948~1951년 동안 시기별로 분석한 것만 필요하지 않았을까?

이 논문의 모든 삼각형 그림은 조상제의 「클라우제비츠의 전쟁론 사상과 논리 : 전쟁의 이중성과 삼위일체 중심으로」의 삼각형 그림을 인용한 것인데 출처를 하나도 밝히지 않았다. 논문에서 삼위일체 부분은(33~37쪽) 『전쟁론』의 삼중성 부분의 해설이고, 마찰 부분은(38~39쪽) 『전쟁론』의 마찰 부분의 '번역'이다.

"전쟁의 현상을 지배하는 것은 국민, 군대, 정부의 삼위일체이다. 절대전쟁에서 이탈하여 삼위일체가 균형을 유지하도록 하여 현실전쟁으로 전환하게 하는 요인은 마찰이다."(I쪽) 군인 출신 연구자들이 클라우제비츠에 대해 거의 전부 갖고 있는 오해이다.

논문의 여러 곳에서 전쟁을 '실시'한다고 표현하는데, 실시는 코미디처럼 들린다. 논문의 제목처럼 전쟁을 '수행'한다고 말하는 것이 적절하다.

3.5. 전쟁천재의 적용

김성훈; 박광은, 「제4차 중동전쟁시 이스라엘의 "역도하작전" 교훈 : 손자의
　　'궤도'와 클라우제비츠 '군사적 천재'를 중심으로」, 『군사평론』 제409호
　　(2011. 2), 육군대학, 376~403(28쪽)

다음은 II. 본론의 세부목차만 적은 것이다.

1. 손자의 '궤도' 이해　　　　　　　　3. 이스라엘의 수에즈 역도하작전 분석
2. 클라우제비츠의 '군사적 천재' 이해　　4. 함축적 의미 도출
　가. 결정적 작전 측면　　　　　　　　　다. 군사적 천재의 궤도 발휘
　나. 기동전을 위한 여건조성 측면

　　요약. 손자의 궤도는 여건 조성과 결정적 작전으로 이해해야 한다. 이스
라엘의 역도하작전은 여건을 조성하고 이집트에 대한 기만으로 승리 태세를
갖춘 사례이고, 궤도를 활용하여 기동전을 수행한 사례이다.

　　클라우제비츠는 군사적 천재가 주력회전으로 결정적 작전을 수행할 것
을 강조했다. 주력회전은 아군의 중심(重心)을 활용하여 적의 힘과 기동의 중
심(中心)을 타격하여 결정적 승리를 달성하는 것을 의미한다. 이스라엘의 역
도하작전은 군사적 천재가 결정적 작전을 위한 호기를 식별하고 작전 수행을
과감히 결단함으로써 가능했다. 수차례의 전쟁경험으로 전쟁습관이 몸에 체
득된 것도 이스라엘군이 승리하는데 중요한 원인이었을 것이다.

　　손자의 궤도와 클라우제비츠의 군사적 천재는 오늘날 한국군에 다음과
같은 의미를 준다. 첫째, 한국군은 여러 임무를 단시간에 수행할 수 있는 편
조형 부대구조로 발전해야 한다. 둘째, 강력한 선도정찰부대 역할을 수행할
전력을 구비하고 작전적 종심기동을 실시하여 적의 심리적 마비를 달성할 수
있는 능력을 연구하고 준비해야 한다. 셋째, 제대별·직책별 임무를 명확히 인

식하여 Orchestration(일종의 임무형 지휘)을 달성해야 한다.

의견. 승리한 전투는 대부분 클라우제비츠의 전쟁천재로 설명할 수 있을 것이다.

삼중성을 설명한 부분은 허남성의 「클라우제비츠『전쟁론』의 '3위1체론' 소고」 일부의 인용과 요약이다. 삼중성을 '삼위일체'로 간주하고 이를 성부·성자·성령의 일체라는 기독교 교리로 보는 것은(384쪽 각주 22) 코미디이다.

'군사적 천재는 절대전쟁과 현실전쟁을 통제할 수 있는 균형자이다.… 군사적 천재에 대한 클라우제비츠의 입장은 절대전쟁과 현실전쟁을 조정·통제할 수 있는 대안으로 인식할 수 있다. 클라우제비츠가 주장하는 군사적 천재는 전쟁의 본질적 요소를 이루는 삼위일체 중의 하나이다. 군사적 천재의 역할은 합리성을 전제로 하는 '정치 영역'과 비합리성을 전제로 하는 '국민 영역'의 중간 영역이다.'(386쪽) 전쟁천재가 절대전쟁과 현실전쟁을 조정·통제하는 균형자이고 정치 영역과 국민 영역의 중간 영역이라는 생각은 '군인의 자유로운 희망사항'이다. 클라우제비츠로부터는 그런 해석을 추론할 수 없다. 또한 필자들은 헤겔의 정반합에서 정과 반을 합리성과 비합리성으로 이해한다. 헤겔의 변증법을 그렇게 읽을 근거는 없다. 필자들은 헤겔의 변증법을 오해하고 있다.

미군에 대한 한국 군대의 종속성을 여기에서도 확인할 수 있다. '필자는 우리 군에 데카르트식 합리성이 팽배해있다고 생각한다. 특히 미국의 체계분석가들의 행태가 우리 군에 만연해있다. 대표적인 것이 전투지휘훈련(BCTP) 결과에 대한 집착, NCW·EBO에 대한 무비판적 수용현상 등이다. 육대[육군대학]에서도 개인 의견을 피력할 때 지나칠 정도로 논리성을 요구하고 있다. 인간의 합리성에 대한 맹신이 전장의 불확실성을 극복할 수 있다는 착각으로 귀결되지 않도록 해야 한다.'(385쪽 각주 24)[34]

---

34. BCTP는 Battle Command Training Program의 약자이고 전투지휘훈련을 말한다. NCW
는 Network Centric Warfare의 약자이고 네트워크 중심전이다.

이 글에 김성훈의 2005년 국방대학교 석사학위논문『마키아벨리와 클라우제비츠의 군사사상 비교』가 여기저기 많이 들어 있다. 자기표절에 해당한다.

양승모,『이순신 장군의 리더십 분석 : 클라우제비츠의 군사적 천재 개념을 중심으로』, 충남대학교 평화안보대학원 석사학위논문, 2011. 10, 45쪽

제2장 클라우제비츠 전쟁론의 이론적 고찰
  1. 삼위일체
  2. 마찰
  3. 군사적 천재
제3장 삼위일체의 관점에서 바라본 조·일 전쟁 마찰 요인
  1. 조정(정부)에 나타난 마찰
  2. 백성(국민)에 나타난 마찰
  3. 관군(군대)에 나타난 마찰
제4장 군사적 천재 이순신 장군의 리더십
  1. 전쟁준비 단계에서의 마찰극복을 위한 리더십
  2. 조·일 전쟁 단계에서의 마찰극복을 위한 리더십
  3. 이순신 장군의 리더십 특징

이순신 장군의 리더십 특징. 그는 자신에게 충실했고 만전지계(萬全之計)를 수행했고 자신의 업무에 정통했고 자기 행동에 책임을 졌다. 그는 군사적 천재의 자질을 모두 갖추었다. 전쟁에 대비하여 수군을 훈련하고 함선을 건조했다. 전쟁기간에 둔전제를 실시하여 군량미를 확보하고 전쟁물자를 확보하고 수병을 모집하고 과거를 통해 간부를 선발하는 등 (중앙정부의 도움 없이) 문제를 스스로 해결할 수 있는 체제를 갖추었다. 전쟁에서는 불확실성의 마찰을 극복하려고 많은 노력을 기울여 일본에 비해 정보우위를 달성했다.

이순신 장군은 군사적 천재로서 갖추어야 할 혜안과 결단력을 갖추었고, 누구도 따라올 수 없는 능력을 보여주었다. 도고 헤이하치로(東郷平八

郎)의 말처럼, 이순신 장군은 전쟁의 신이고 바다의 신이다. 이런 이순신 장군이 재조명을 받으려면 정책적으로 많은 지원이 있어야 한다. 국가가 주도적으로 재조명 사업을 추진하여 전 세계에 이순신 장군을 인식시킬 필요가 있다.

의견. 이순신 장군의 이런 리더십을 말하는데 클라우제비츠의 마찰과 삼중성은 필요하지 않았다. 『전쟁론』과 관련된 부분은 『전쟁론』 제1편 일부의 요약이다. 전쟁천재를 말하면서 논문의 대부분을 삼중성으로 채웠다.

논문의 논리가 위의 차례와 같다면 제4장은 (제3장에서 언급한) 정부, 국민, 군대의 마찰을 이순신이 어떻게 극복했는지 서술해야 한다. 그런데 제4장은 준비단계와 전쟁단계의 마찰 극복을 논했다. 역으로 제4장에서 준비단계와 전쟁단계의 마찰 극복을 말하고 싶었다면 제3장에서는 준비단계와 전쟁단계에 어떤 마찰이 나타났는지 서술해야 한다. 양승모는 제3장과 제4장에서 각각 하고 싶은 말을 했다. 제3장과 제4장의 논리적 연결이 떨어진다.

제2장에서 마찰은 위험, 육체적 고통, 정보의 불확실성, 우연성이다. 제3장에서 정부의 마찰은 선조와의 마찰, 당쟁에 의한 마찰, 국제정세 이해부족에 의한 마찰이고, 국민의 마찰은 양반계층, 평민 및 천민계층의 마찰이고, 군대의 마찰은 군사제도에 의한 마찰, 군 수뇌부에 의한 마찰, 군 지휘관에 의한 마찰, 적에 대한 마찰이다. 제2장의 마찰과 제3장의 마찰에 논리적 연결이 부족하다. 제2장과 제3장에서도 각각 하고 싶은 말을 했다.

*   *   *

'클라우제비츠의 적용'에 관한 글과 이와 관련된 글을 합쳐서 55편을 살펴보았다. 이 부분이 이 책에서 근 100쪽에(517~612쪽) 이른다. 우리나라 군인 출신 연구자들의 클라우제비츠 연구에는 '적용'이 상당히 많다. 이런 식으로 클라우제비츠와 『전쟁론』을 적용하고 활용하는 논문은 『전쟁론』을 요약하고 기존 해석을 답습하기 때문에 『전쟁론』의 새로운 이해, 해석, 인식에 별로 이바지하지 못한다. 달리 말하면, 군인 출신 연구자들은 클라우제비츠와 『전쟁론』을 '주어진' 교리나 교범으로 보려고 한다. 그래서 클라우제비츠와 『전쟁론』을 이런저런 나라와 이런저런 시대의 이런저런 전쟁과 이런저런 개념에 적용하고 적용의 타당성을 검증하는 일에 주력한다. 이는 '철학의 빈곤'이고 '깊은 고찰을 하지 않은 짧은 식견'이다. 이런 '적용'은 『전쟁론』을 그 시대와 분리해서 읽게 만들고 『전쟁론』을 '박제된 이론'으로 만든다.

클라우제비츠의 시대와 『전쟁론』을 관련지어서 읽고 이해하려는 노력이 요구된다. 그런 노력의 바탕에서 우리에게 맞는 독자적인 이론과 교리를 창출할 수 있을 것이다.

4. 전쟁과 전쟁 개념

인민전쟁, 제한전쟁, 4세대전쟁 등 여러 전쟁과 전쟁의 개념을 다루면서 클라우제비츠를 언급한 글을 여기에서 논의한다. 달리 말하면, 클라우제비츠와 관계없이 오로지 전쟁만 다룬 글이나 (한국전쟁 등) 실제로 일어난 전쟁만 다룬 글은 다루지 않는다.

4.1. 나폴레옹의 전쟁

신태영 편, 『나폴레옹의 전쟁 : 전쟁의 천재아, 그 전략과 생애』, 도남서사,
   1985. 7, 302쪽

프랑스인과 나폴레옹 전설　　　빙설의 러시아, 얼어붙은 대군
야심의 계단을 달려 올라가라　　클라우제비츠의 『전쟁론』
명장 넬슨, 야망을 막다　　　　 풍운아, 꽃과 검
불길 속의 이베리아 반도

　　위의 차례의 각 제목 아래 4~6개의 장이 있다. 『전쟁론』을 독립된 차례
로 만든 것이 눈길을 끈다.
　　절대전쟁과 현실전쟁, 전쟁과 정치의 관계에서 올바른 해석을 보여준다.
나폴레옹의 생애와 전쟁, 클라우제비츠 이론에 대한 수준 높은 해설이다. 주
로 전투와 전쟁을 다루고 있는데도 그 시대 전쟁의 경제적 토대를 정확히 인
식하고 있다.
　　전쟁이론, 역사지식, 역사인식, 방문기, 자료, 르포 등으로 볼 때 한 사람
이 쓸 수 없는 책이고 여러 사람이 협력해서 써야 하는 책으로 보인다. 신태영
이 누구인지, 圖南書肆라는 출판사가 어떤 출판사인지 궁금하다.
　　그런데 이 책은 명백히 일어책의 표절로 보인다. 1985년에 한국에서 이
정도로 수준 높게 클라우제비츠를 이해한 사람은 없었다. 나폴레옹을 나폴
레온으로 표기한 것으로도 알 수 있다. 그래서 '편서'인지 '편역'인지 밝히지 않
은 채 '편'이라고만 표기했다.
　　그래서 머리말도 표절로 보인다. '우리나라 사람들은 개화기 이후부터
나폴레옹을 알게 되었다. … 사샤 기트리가 연출한 프랑스 영화 『나폴레옹』
(1955년)을 기억하는 세대는 제정기의 화려한 궁정의 모습이 새삼 떠오를지
모른다. 그보다 더 일찍이, 사적 서정(史的 敍情)에 넘치는 무성영화 『나폴레

온』(아베르 강스 감독, 1927년)이 당시 사람들의 마음을 사로잡았다.'(10쪽) 1927년에 영화『나폴레옹』이 조선 사람들의 마음을 사로잡았고 한국 전쟁 직후(1955년) 세대는 영화『나폴레옹』을 기억하는가?[35]

이 책 외에도 신태영은『알렉산더의 전쟁』,『로마인의 전쟁』,『이슬람의 전쟁』,『중국의 전쟁』,『중세와 기사의 전쟁』,『대항해 시대의 전쟁』,『미국의 전쟁』,『20세기의 전쟁』,『현대의 전쟁』의 9권을 펴내서 '세계의 전쟁' 시리즈 전 10권을 펴냈다. 신태영 스스로 펴냈다면 이는 놀라운 박학다식이 아닐 수 없다. 결론. 신태영은 일어 중역 전문가이고, 이 책은 일어책의 표절로 보인다.

다음 서술은 매우 훌륭하다.

나폴레옹은 프랑스혁명의 '부산물'이다.

부산물 1. 그는 1789년 혁명의 원리(봉건제 폐지, 자유와 평등의 확립)를 유지하고 이를 유럽 전역에 보급한 혁명의 후계자이다. 혁명의 원리를 유지해야만 그의 독재는 비로소 '혁명의 국가'에 받아들여질 수 있었다. 혁명과 나폴레옹은 귀족정치를 무너뜨리고 계층과 신분의 법적 구조를 허물어뜨렸다. 앙시앵 레짐을 타도한 것은 주로 나폴레옹이 이끄는 혁명군이었다.

부산물 2. 또한 그는 1799년 브뤼메르 18일의 쿠데타로 혁명의 파괴자가 되었다. 혁명으로 타도된 앙시앵 레짐 시기 특권계급의 부활, 1793년부터 두드러지기 시작한 도시민중(제4신분)의 사회혁명, 이 둘로부터 위기를 느낀 프랑스 부르주아지는 (질식할 것 같은) 강력한 독재를 필요로 했다. 나폴레옹은 민중의 공격과 봉건반동(외국세력의 도움으로 왕정복고를 노리는 왕당파)을 동시에 막는 이중의 성벽(제정)을 확립하여 부르주아지를 만족시켰다(50~51쪽). 나폴레옹은 부르주아지에게 구세주였다.

그래서 나폴레옹은 혁명의 적자에서 사생아가 되었다. 그런데 이 평가는 제정 이후 통용되지 않게 되었다. "내가 혁명이다"에서 "혁명은 끝났다."로 바

---

35. 이를 확인하려고 일제 강점기와 1950년대에 우리나라에 개봉된 영화를 찾아보았는데, 영화 『나폴레옹』을 찾지 못했다. 영화전문가에게 도움을 요청한다. 사실관계에서 내 오류가 확인되면 나는 내 견해를 바꿀 것이다.

뀐 것이다.

이용재,「나폴레옹 전쟁 : '총력전' 시대의 서막인가」,『프랑스사 연구』제34호
(2016. 2), 한국프랑스사학회, 55~83(29쪽)

    요약. 프랑스혁명전쟁(1792~1802년)에서 드러나기 시작한 전쟁의 변화는
나폴레옹전쟁(1803~1815년)에서 절정에 달했다. 나폴레옹 군대는 프랑스혁
명에서 물려받은 근대식 징병제를 활용하여 40만 명의 병력을 넘는 대군을
조직하고 유지했다. '대육군'은 병력이나 전술에서 동맹국의 낡은 군대를 압
도했다. 국민은 전쟁의 참상과 징병의 공포에 떨면서도 승리의 기쁨과 제국의
영광을 노래하고 전쟁영웅을 찬양했다.
    나폴레옹 황제는 아우스터리츠, 예나, 프리트란트, 바그람 등지의 전투에
서 승승장구하며 유럽의 정복자로 군림했다. '전쟁의 신'은 대규모 병력의 신
속한 기동으로 동맹군의 주력군대를 분쇄하는 섬멸전을 수행했다. 적의 주력
군대를 제압하고 전투능력을 완전히 분쇄할 때까지 전쟁을 멈추지 않았다.
    1808년부터 시작된 스페인원정과 1812년 러시아원정에서 나폴레옹은
수의 우세에도 불구하고 수세와 패배를 거듭했고, 결국 제국의 몰락을 재촉
했다. 유럽의 변방에 있는 이베리아반도나 러시아의 평원은 '전쟁의 신'이 탁
월한 전쟁술을 발휘하는데 적합하지 않았다. 전쟁이 장기적인 소모전 양상
을 띠면서 전방에서는 무자비한 접전이, 후방에서는 약탈과 살육이 벌어졌
다. 나폴레옹전쟁에서는 동원된 병력도 방대했고, 병력의 손실과 피해도 엄

청났다.

　나폴레옹 제국은 국가와 사회의 모든 인적 자원과 물적 자원을 전쟁목표를 위해 총동원했다. 전쟁은 국민의 총력이 동원되고 국가의 존재가 달린 거대한 리바이어던이 되었다. 전쟁은 인민 모두의 몫이 되면서 관례적인 치장을 벗고 전쟁 본연의 적나라한 폭력성을 드러냈다. 클라우제비츠의 말처럼 현실전쟁이 절대전쟁의 수준에 다가갔다. 절대전쟁의 문턱에 다가선 현실전쟁, 그것이 바로 현대판 총력적의 모습이다.

　'총력전'은 사회의 물적·인적 자원을 총동원하고 전방과 후방의 구분 없이 적의 완전한 파괴를 노리는 전쟁형태를 일컫는다. 20세기의 총력전은 산업혁명의 결과(새로운 군사기술과 무기의 발달)를 기다려야 하지만, 총력전을 정치적·문화적 측면에서 폭넓게 이해한다면 19세기 나폴레옹 시대에도 (맹아적인 형태이기는 하지만) 총력전이 전개되었다고 할 수 있다. 이 점에서 나폴레옹전쟁은 (프랑스혁명전쟁의 연장이라기보다) 현대의 총력전 시대의 서막으로 주목할 만하다.

　의견. 프랑스어 문헌을 이용하여 몇몇 출전과 병력의 수에 관한 언급이 신뢰할 만하다. 시대의 변화, 그 변화에 따른 혁명전쟁과 나폴레옹전쟁에 대한 인식은 대체로 적절하다.

　총력전을 (그 개념을 대변하고 클라우제비츠를 부정한) 루덴도르프의 맥락에서 이해한다면, 나폴레옹전쟁을 총력전 시대의 서막으로 보는 것은 논란을 일으킬 수 있다. 개념의 엄밀한 정의에서 볼 때 더 깊이 논의해야 할 것으로 보인다.

　나폴레옹전쟁을 현대판 총력전 시대의 서막으로 보는 것은 이재용이 다니엘 벨의 견해를 따르는 것인가? 혁명전쟁과 나폴레옹전쟁은 모든 것이 총동원된다는 군사적·수단적인 측면의 총력전보다 프랑스혁명과 반동·반혁명이 대립하고 투쟁하는 정치적인 측면의 절대전쟁 관점에서 보는 것이 훨씬 적절하다. 그런 전쟁이었기 때문에 수단은 무엇이든지 전부 총력을 기울여 동원한 것이 아닐까?

4.2. 여러 지역의 전쟁

어느 지역에서 일어난 전쟁을 다루면서 클라우제비츠를 언급한 글을 '여러 지역의 전쟁'으로 간주하고 여기에 모은다.

A1 허동욱, 『군사개입 전략의 결정요인과 과정에 관한 연구 : 중국의 한반도 군사개입 사례를 중심으로』, 충남대학교 대학원 박사학위논문, 2011. 2, 308쪽
A2. 허동욱, 『중국의 한반도 군사개입전략』, 북코리아, 2011. 5, 387쪽
A3. 허동욱, 『시진핑 시대의 한반도 군사개입전략』, 북코리아, 2013. 3, 388쪽 [개정판]

다음은 A1의 차례이다.

A1의 요약. 역사적으로 모든 국가는 자국의 국가이익을 극대화하려고 국내외 환경과 국가능력을 고려하여 합리적인 군사개입전략 결정을 추구하고 있다. 국가 간에 국가이익을 둘러싼 긴장과 마찰은 계속되고 있고, 국가 간 협력과 화해도 자국의 이익을 위한 것이라고 볼 수 있다.

중국은 나·당 군사동맹(660~668년), 조·명 연합작전(1592~1598년), 한국전쟁(1950~1953년) 사례에서 국가안보 최우선 전략에 의해 개입했다. 당나라는 (잠재적 위협으로 간주되는) 고구려를 멸망시켜서 한반도를 직접 통치하

려고 했다. 명나라는 완충지대 확보를 통해 국가안보를 지키려고 군사개입을 결정했다. 중국은 국가안보와 국익을 위해 한국전쟁에 참전했다.

의견. 고대사회(660~668년의 당나라), 중세의 군주정(1592~1598년의 명나라), 공화정(1950~1953년의 중국) 시대의 군사개입을 같은 범주에서 비교하는 것이 놀랍다. 이런 '종합적인 분석'은(262쪽) '이론적인 폭력'이 아닐까?

레닌이 클라우제비츠의 주장 일부를 크게 왜곡했다는 말은(83쪽) 국제정치학계의 통설과 크게 어긋나는 오해이다. 클라우제비츠가 말한 국가 간의 전쟁을 레닌이 계급전쟁으로 해석한 것, 레닌이 방어를 무장봉기의 죽음이라고 말한 것, 중심에 대해 레닌과 모택동이 다른 해석을 내린 것을(83~87쪽) 그 맥락을 배제한 채 언급한 것은 허동욱의 무지이고 왜곡이다.

A2는 A1의 출간본이고, A3은 A2의 '개정판'이(라고 한)다. 허동욱은 "『중국의 한반도 군사개입전략』을 수정 보완하여 『시진핑 시대의 한반도 군사개입전략』으로 개정판을 발행하게 되었다."고(A3의 5쪽, 머리말 첫 문장) 말했다. 나는 A3의 차례, 내용, 쪽수에서 수정 보완된 것을 발견하지 못했다. 이 말은 자기표절에 대한 변명으로 들린다. 결론. A1, A2, A3은 같은 내용이고 제목만 다르다.

A1. 정재욱, 『북베트남의 대미전쟁수행 전략에 관한 연구』, 고려대학교 대학원 박사학위논문, 2005. 1, 261쪽

A2. 정재욱, 「북베트남의 대미전쟁수행 전략연구」, 『평화연구』 제13권 1호(2005. 4), 고려대학교 평화연구소, 151~186(36쪽)

A3. 정재욱, 「4세대 전쟁에서 군사적 약자의 승리원인 연구 : 북베트남의 대미 전쟁수행전략」, 『신아세아』 제20권 4호(2013. 12), 신아시아연구소, 160~188(29쪽)

A4. 정재욱, 「전쟁의 장기화 원인에 관한 고찰 : 베트남전쟁 사례를 중심으로」, 『국방정책연구』 제31권 3호(2015. 10), 한국국방연구원, 61~94(34쪽)

A1은 북베트남의 관점에서 베트남전쟁과 북베트남의 전략을 다루고 있고, 이 점에서 미국이나 한국의 관점에서 베트남전쟁을 다룬 다른 많은 글과 차별화된다. 차례는 다음과 같다.

요약. 정재욱은 '공세의 유지가 없이는 방어에 성공할 수 없다.'는 가설을 세우고 이를 베트남전쟁을 통해 증명한다. 이 증명으로 (방어가 강한 형태의 전쟁이라는) 클라우제비츠의 명제도 확인된다.

베트남전쟁에서 하노이 지도부는 클라우제비츠의 이론을 일부는 받아들이고 일부는 베트남의 현실에 맞게 재해석했다. 베트남 공산주의자들은 전쟁의 본질(전쟁은 다른 수단으로 하는 정치의 계속)에 관한 클라우제비츠의 생각을 정확히 이해하고 해석했다. 군사적 수단은 배타적인 수단이 아니고, '다른 수단'에는 군사적 수단뿐만 아니라 다른 비폭력적 수단도 포함된다. 또한 마르크스-레닌주의와 모택동의 이론도 그들 나름대로 해석하여 베트남전쟁에 맞게 응용했다. 이에 따라 하노이 지도부의 전쟁관, 군사행동과 군대 구조, 전쟁터의 개념은 포괄적이었고, 공세적 지구전 전략은 유연했다.

하노이의 대미전쟁수행 전략의 본질은 (모택동의 지구전 전략과 달리) 완전한 군사적 승리를 추구한 것이 아니라 '적의 약점(적의 의지 좌절)에 초점을 둔 방어와 공격, 혹은 정치적·외교적 투쟁을 포함한 전술적 공세와 전략적 공세(1964~1965년 공세, 구정 공세, 부활절 공세)의 유연한 조화'라고 할 수 있고, 이를 통해 미국의 전략적 선택을 좌절시키고 전환을 요구할 수 있었다. 즉 전쟁터에서 수행한 다양한 공세의 유지가 하노이의 방어전략의 성공을 가져왔다.

의견. 군사학도가 베트남전쟁을 본격적으로 다룬 글이다. 클라우제비츠에 관한 언급이 여기저기 나오는데, 대부분『전쟁론』일부의 인용과 요약이다. 특히 논문에 맞게『전쟁론』에서 공격과 방어 부분을 인용했다.

'클라우제비츠는 정치적 통제가 없을 경우 전쟁은 극한상황까지 이어지는 '순수한 전쟁'으로 치닫게 되는 위험을 지적하고 있다.'(56쪽 각주 135) 클라우제비츠가『전쟁론』몇 쪽에서 그렇게 말했는지 정재욱에게 묻고 싶다. 정치적인 목적을 생각하지 않고 수행하는 전쟁이 이론적으로든 현실적으로든 가능한지 묻고 싶다. 정재욱이 정치적 통제가 없어서 극한상황까지 이어지는 '순수한 전쟁'의 예를 들었으면 한다. 제2차 세계대전이나 미국의 원자폭탄 투하는 극한상황까지 이어지는 '순수한 전쟁'의 예라고 할 만한데, 그 전쟁에 '정치'가 개입하지 않았는가? 원자폭탄 투하가 '정치적인' 결정이 아니었나?

통킹만 사건이(106~108쪽) 미국의 조작이었다는 사실에 대한 명확한 인식이 없는 것은 사실관계의 확인에서 정재욱의 부족함을 드러낸다.

논문지도교수인 강성학의 책 외에 국내 참고문헌이 하나도 없다.

'제한되어지고 전환되어지고 강조되어지고 도출되어지고 선택되어지고 포함되어지고 이행되어지고 수행되어지고 되어져갔고' 등과 같은 표현은 잘못된 표현이고 독서를 불쾌하게 한다. 패러디한다. 국어의 피동형과 영어의 수동태를 결합하는 것 이상의 그로테스크한 표현은 '폐기되어져야 마땅할 것으로 사료되어지는 쪽으로 의견이 모아진다.'

A2는 A1의 박사학위논문을 줄여서 발표한 글인데, 박사학위논문에 대한 언급이 없다.

A3은 A2와 같은 주제를 다루고 있는데, 글에 '4세대전쟁'과 '군사적 약자'라는 외피를 덧씌웠다. 4세대전쟁이든 군사적 약자이든, 전쟁의 승리는 (의지, 시간 지연, 미디어, 도덕적 정당성보다) 물리적 힘과 의지, 전략의 상호작용으로 달성된다. 전쟁수행 전략의 우위가 중요하다. 북베트남은 지구전에서 적극적 공세의 유지라는 전략으로 상대의 의지를 약화시켰다.

의견. 그렇다면 4세대전쟁과 군사적 약자라는 외피는 왜 필요했는지 의문이 든다. '발전되어지고 보여지고 선행되어져야 하고 해석되어진다 달성되어진다 인식되어졌다 구성되어졌다 사용되어졌다 세분되어진다' 등의 불쾌한 국어는 8년 전과 조금도 달라지지 않았다.

A4에서 정재욱은 (A3에 있던 '4세대전쟁'과 '군사적 약자'라는 외피를 벗기고) '전쟁의 장기화'라는 외피를 덧씌웠다. 전쟁의 종결에 대한 합리적 모델 이론은 한계가 있다. 전쟁 진행상황에 대한 평가에서 북베트남과 미국이 달랐고, 북베트남은 (이익 기반 전쟁이 아니라) 가치 기반 전쟁을 수행했고, 정치적 손실에 대한 미국의 고려 때문에 베트남전쟁이 장기화되었다.

의견. 정재욱은 10년 전의 박사학위논문 이후 계속 그 논문을 이런저런 관점에서 다루는 글을 반복 재생산하고 있다.[36] 다음에는 베트남전쟁을 어떤 관점에서 다룰까?

A4는 A1과 완전히 다른 논문이라고 할 수도 있고 비슷한 논문이라고 할 수도 있다. '종결되어진다 구분되어진다 인식되어진다' 등 불쾌한 국어를 여전히 쓰고 있다고 할 수도 있고 많이 줄었다고 할 수도 있다. 판단은 독자에게 맡긴다.

김원섭, 『베트남전에서 나타난 미국의 정치 및 전략적 오류의 패턴에 관한 연구 : 존슨 행정부의 실패원인과 닉슨 행정부의 변화』, 고려대학교 대학원 박사학위논문, 2011. 12, 344쪽

요약. 베트남전쟁에서 패배한 것은 미국이 아니라 남베트남이다. 미국은 전쟁에 '패배'했다기보다 '실패'했다(2쪽). 존슨 행정부에 반복해서 나타난 정치적 오류의 패턴. 정책결정과정에서 미국의 능력을 과신하여 패배하지 않을

---

36. 정재욱뿐만 아니라 우리나라의 거의 모든 교수들이 그렇게 하고 있다. 대학의 교내연구비 지원시스템, 한국연구재단의 연구비 지원시스템, 등재지 제도, 대학교수의 승급과 승진시스템 등이 그런 논문을 양산하게 하는데 일조하고 있다.

것이라는 낙관적 인식이 지배했다. 다양한 대안이 검토되었지만 수단을 절충하는 결정이 반복되었다. 군사전략적 오류의 패턴. 전략목표를 달성하지 못했고, 전쟁의 주도권을 가져오지 못했고, 정치적 목적에 부합하지 않는 군사전략을 지속했다. 이런 상황에서 닉슨은 '명예로운 평화'로 정책을 바꾸었다. 이는 명예의 손상을 최소화하면서 전쟁을 끝내는 것이다.

　　베트남전쟁에서 패배한 것은 존슨의 전쟁이다. 닉슨은 '패전처리 마무리 투수'로 등판한 것과 같다. 정치적 목적을 달성했다는 점에서 닉슨의 전쟁은 성공한 전쟁으로 평가해야 한다(326쪽).

　　의견. 전쟁의 정의와 본질, 정치와 전쟁의 관계를 설명하는 부분에서 (35~42쪽), 전략과 전술의 관계를 설명하는 부분에서(55~57쪽) 클라우제비츠를 인용하고 요약했다.

　　베트남전쟁에 대해서는 김원섭처럼 '실패'라고 말하는 이도 있지만, 김홍철처럼 '참패'라고 말하는 이도 있다. 존슨의 '실패'와 닉슨의 '성공'은 말장난처럼 들린다. 한국전쟁의 휴전협정 조인은 이승만의 '실패'이고 미국 아이젠하워의 '성공'인가?

　　베트남전쟁 과정을 미국 펜타곤 페이퍼(Pentagon Paper)를 번역하는 수준으로 광범위하게 인용한 것은 이 글이 논문인지 '번역'인지 혼란스럽게 한다.

　　앞의 정재욱이든 지금 논의한 김원섭이든, 베트남전쟁을 다루는 우리나라 군인 출신 연구자들은 리영희의 '선행연구'를 언급하지 않는다. 리영희는 우리나라에서 1970년대부터 베트남전쟁의 본질을 밝혔다.[37] 그 연구자들은 선행연구에 무지하거나 베트남인의 삶에 무관심하거나 이데올로기적인 편향성을 드러낸다.

이지원, 『일본의 동아시아 패권정책과 미국의 견제정책에 관한 연구 : 중일전쟁(1937~41)과 태평양전쟁의 연계성을 중심으로』, 고려대학교 대학원 박사학위논문, 2012. 12, 280쪽

제2장 전쟁이론과 분석틀
　제1절 투키디데스와 클라우제비츠의 전쟁이론
제3장 일본의 패권정책과 미국의 양보정책(1922~1932.5)
제4장 장제스의 방어와 중일전쟁의 발발(1932.6~1937.8)
제5장 중일전쟁의 장기화와 미·일 정책변화(1937.8~1940.4)
제6장 국제체제의 양극화와 태평양전쟁의 발발(1940.1~1941.12)

　　요약. 1941년 일본과 미국의 충돌은 언제부터 그리고 왜 불가피해졌는가? 중일전쟁이 장기화되면서 불가피해졌다. 중일전쟁으로 초래된 안보위기에 대응하는 과정에서 일본은 동아시아 패권 쟁취라는 정치적 목적의 범위를 확대했고, 국제체제가 양극화되면서 충돌은 불가피해졌다.
　　중일전쟁의 장기화는 일본과 미국의 지도자들 중에 누구도 예상하지 못했다. 그래서 일본과 미국의 충돌(진주만 공습)은 우발적인 충돌처럼 보일 수 있다. 하지만 중일전쟁을 간과한 채 태평양전쟁을 설명할 수 없고, 태평양전쟁은 중일전쟁이 확대된 결과로 간주해야 한다.
　　중일전쟁은 일본이 동아시아의 위계적 국제질서에서 최고의 지위에 오르는 과정이었고, 태평양전쟁은 그 지위를 지키고 인정받는 과정이었다. 중일전쟁과 태평양전쟁은 연계된다. 이런 맥락에서 보면 중일전쟁을 결정한 일본

---

37. 베트남전쟁에 관한 1972~1976년의 글을 모은 리영희의 『베트남전쟁』 참조. 이 책의 부록에는 외국 기자가 쓴 글 두 편이 있다. 이 책은 우리나라에서 베트남전쟁에 관한 선구적인 업적이고 여전히 훌륭하다.

은 노골적으로 패권을 추구했고, 태평양전쟁을 결정한 일본은 (미국의 석유 금수조치로 초래된 안보위기 속에서) 안보를 추구했다는 해석은 타당하지 않다. 중일전쟁은 침략전쟁이었지만 태평양전쟁은 자위전쟁이었다는 일본인 들의 생각, 미국이 (진주만 공습으로) '취객이나 정신질환자에게 구타당한 불 운한 행인'이라는 미국인들의 생각은 둘 다 중일전쟁의 중요성을 간과하고 있 다(264~265쪽).

의견. 이런 생각이 차례의 제3장~제6장에 잘 드러난다. 논지는 명쾌하고 저자의 성실성이 돋보인다. 논문 13~17쪽에서 클라우제비츠의 이론을 일부 요약했다. 삼중성에서 정치성이 핵심이라는 지적은 타당하다(14쪽).

하지만 삼중성의 요소를 왈드먼에 따라 정치, 열정, 운으로 본 것, 삼중성 의 세 요소를 모두 다루고 어느 것 하나도 빠뜨리지 말아야 한다는 것, 세 요 소 어디에도 치우치지 않는 균형 잡힌 이론만이 역사에 부합할 수 있다는 해 석은(14~16쪽) 오류이다. '균형'은 (이지원이 바로 다음에 언급한) 카멜레온과 모순된다.

이지원은 삼중성의 세 요소에 이름붙이는 것을 어려워한다. 이지원에 따 르면 클라우제비츠가 세 요소를 '이성에 복종하게 되는 정치적 수단으로서의 종속성/원초적 폭력, 증오, 적개심 등으로 표현되는 맹목적 본능/그 속에서 창조적 정신이 자유롭게 배회하는 운과 확률의 작용'이라는 간결하지 못한 방식으로 정의했기 때문이다. 이지원은 삼중성의 요소에 붙이는 이름으로 배 스포드와 빌라크레스의 '이성적, 반이성적, 비이성적 요인'을, 에체베리아의 '정 치, 폭력, 우연'을, 왈드먼의 '정치, 열정, 운'을 소개한다. 그리고 이지원은 왈드 먼의 개념을 따른다(14쪽 각주 51).

배스포드/빌라크레스	이성적 요인	반이성적 요인	비이성적 요인
에체바리아	정치	폭력	우연
왈드먼	정치	열정	운

반이성과 비이성은 라포포트의 국민성, 도구성, 합리성이라는 개념에서 유래한 개념으로 보이는데 부정확하고 부적절하다. 열정은 전쟁에만 쓰이지 않고 예술에 대한 열정처럼 다른 데도 쓰여서 격정이 적절하다. 이지원이 말한 열정의 핵심은 전쟁의 폭력성, 폭력인인 성질이다. 운은 운수나 천운과 같은 의미이다. 이것은 클라우제비츠가 말한 것, 그래서 이지원이 든 예에도(갑자기 비가 내린다든지) 맞지 않는다. 우연이 적절하다.[38] 왈드먼의 개념은 부적절하다. 『전쟁론』 전체에서 보면 우연보다 개연성(Wahrscheinlichkeit)이 삼중성의 이름으로 더 적절하다. 이지원은 왈드먼의 '정치'도 '정책'으로(16쪽) 바꾸고 싶어 한다. 이지원이 예를 든 세 외국인의 개념 중에는 에체베리아의 개념이 제일 적절하다.

전홍기, 『리델하트 『전략론』을 통한 독일의 대소전쟁 패배원인 고찰』, 성균관
　　대학교 국가전략대학원 석사학위논문, 2013. 7, 115쪽

　　요약. 제2장은 클라우제비츠와 리델 하트의 군사사상을 비교하고, 리델하트의 간접접근전략과 대전략 개념을 정리했다. 제3장은 리델 하트의 대전략과 군사전략 차원에서 독일의 대소전쟁 패배원인을 규명했다.

---

38. 우연과 운에 대해서는 앞에서 '마케팅 전쟁'을 해설할 때 설명했다. 앞의 248~249쪽 본문과
　　249쪽의 각주 12 참조.

리델 하트의 군사사상의 핵심은 간접접근전략이다. 이 전략은 제1차 세계대전의 참혹한 참호전에 참전한 경험과 해군력을 이용하는 영국의 전쟁방법에 영향을 받아서 탄생했다. 간접접근전략은 이후 대전략 차원으로 진화했다. 대전략 개념은 군사전략의 상위의 개념으로서 군사력을 포함하여 외교, 경제, 선전 등 여러 수단을 활용하여 유리한 전략적 상황을 조성하는데 주안점을 둔다. 군사전략은 작전술 차원의 전략으로서 기동과 밀접한 관계에 있고 최소의 전투로 신속한 승리를 지향한다. 이는 제2차 세계대전에서 독일군에 의해 '전격전' 전법으로 구현되었다.

독일의 대소전쟁 패배원인으로는 대전략 차원에서 독일 나치즘 이데올로기의 한계와 히틀러의 부정적인 소련 인식을 들 수 있다. 나치즘은 게르만 우월주의라는 인종주의적 독소를 갖고 있고, 히틀러의 인종적 편견은 게르만민족의 번영을 위해 슬라브민족의 절멸을 목적으로 삼았다. 이 목적은 독일로 하여금 철저히 군사적 수단에 의존하게 했고, (외교, 선전 등으로 상대의 의지를 꺾는) 대전략의 목표는 실패로 돌아갔다. 대전략의 실패는 군사전략 차원에도 영향을 미쳤다. 공세일변도의 경직된 모습은 (속전속결로 상대를 무력화하는) 간접접근전략의 목적과 배치되었다. 소련의 거대한 영토와 (습지와 같은) 천연장애물은 독일의 '전격전'을 어려움에 빠뜨렸다. 러시아의 혹독한 추위는 병력과 장비의 극심한 피해를 초래했다. 결국 대전략과 군사전략의 실패가 어우러져서 전쟁양상은 소모전으로 치달았고, 국력과 인구에서 열세인 독일은 전쟁에서 패배했다.

미국의 아프가니스탄전쟁과 이라크전쟁도 독일의 '전격전'과 비슷하다. 초기의 군사적 승리는 정치적 승리로 이어지지 못했다. 우리의 경우에 북한은 핵과 미사일 개발을 바탕으로 심리전을 활용하여 주도권을 잡으려는 대전략을 쓰고 있다. 남한은 북한의 대전략을 무력화하면서 독자적이고 정교한 대전략을 마련해야 한다.

의견. 보프르의 간접전략(국가전략 차원)과 리델 하트의 간접접근전략(군사전략 차원)의 비교 설명은(36~37쪽) 충실하다. 약 10쪽(7~17쪽) 분량으로 클라우제비츠의 군사사상을 요약했다. 『전쟁론』 제1편~제6편이 절대전쟁의 관점에서 서술되었고, 『전쟁론』 제7편~제8편에서 현실전쟁의 시각으로 전환했다는 것은(12쪽) 맞지도 않고 전홍기의 견해도 아니다. 전쟁의 정의를 절대전쟁의 개념으로 받아들이는 것은 리델 하트와 전홍기의 오류이다. 나치즘, 독일의 외교정책, 선전 전략이 대소전쟁의 패배원인으로 그렇게 중요했는지, 그래서 그렇게 많은 분량으로 서술해야 했는지, 그리고 군사작전 차원의 실패원인을 대부분 전쟁과정의 서술로 채운 것은 아닌지 하는 생각이 든다.

'직공'과(76, 81쪽) 같은 말은 ('직접 공격'의 줄임말로 보이는데) '미드'나 '일드' 같은 말과 비슷하다. 군대에서 필요한 경우에 쓸 수는 있겠지만 논문에서는 부적절하다.

4.3. 4세대전쟁 개념

원성훈, 『4세대 전쟁 이론의 한계 : 고대 및 중세 전쟁 사례 측면에서』, 충남대
학교 평화안보대학원 석사학위논문, 2014. 2, 53쪽

제2장 이론적 논의와 분석의 틀　　　　제3장 고대의 4세대 전쟁 사례 논의
　제1절 4세대 전쟁론 논지　　　　　　제4장 중세의 4세대 전쟁 사례 논의
　제2절 클라우제비츠의 삼위일체론

　　요약. 클라우제비츠의 삼위일체론의 틀을 적용하여 고대의 전쟁 사례(기
원전 88년 미트리다테스의 로마인 대학살, 463년 신라에 주둔한 고구려군의
전멸)를 보면, 두 사례는 클라우제비츠가 제시한 전쟁의 본질에서 벗어나지
않는다. 또한 클라우제비츠의 삼위일체론을 중세의 전쟁 사례(임진왜란의 의
병전투 중에 정암진 전투, 카르마티아 교파의 종교전쟁)에 적용해도 삼위일체
의 세 경향에서 벗어나지 않는다. 즉 고대 및 중세의 전쟁과 (현재 및 미래의
전쟁이라고 불리는) 4세대전쟁 사이에는 차이가 없다. 고대 및 중세에도 전쟁
의 주요행위자는 국가 또는 비국가였고, 그 당시의 전쟁도 소규모의 분권적
분란전 또는 저강도분쟁이었다. 역으로 말하면 4세대전쟁의 특성은 고대 및
중세에도 적용될 수 있다. 4세대전쟁은 '새로운 전쟁'이 아니다.

　　의견. 제2장 제2절에서 클라우제비츠의 삼위일체론을(16~20쪽) 언급했
는데, 『전쟁론』과 허남성 글의 일부를 인용하고 요약했다.

　　4세대전쟁을 주로 함메스의 이론으로 논의했으니, 토플러의 『제3의 물
결』이나(4~5쪽) 린드에 대한 언급은 불필요한 것으로 보인다.

　　4세대전쟁을 부정적으로 보는 생각을 원성훈은 동료 장교로부터 얻은
것 같다. 원성훈은 '미국 지휘참모대학 SAMS(School of Advanced Military
Studies) 과정에서 공부하고 있는 장교로부터 지참대 고급과정에 4세대전쟁
관련 교육이 없고, 4세대전쟁이 더 이상 논의되지 않는다는 연락을 받았다.'(2

쪽과 42쪽) 우리나라 군대에서 미국의 교리나 교범만 번역하고 공부하는 것도[39] 문제이고, 미국에서 어느 주제를 논의하지 않으니 그 주제를 부정적으로 보는 것도 문제인 것 같다. 무엇을 긍정하든 부정하든 우리나라 군인 출신 연구자들은 미국만 따르는 것 같다.

최장옥, 『제4세대 전쟁에서 '군사적 약자의 장기전 수행전략'에 관한 연구』, 충남대학교 대학원 박사학위논문, 2015. 2, 243쪽

요약. 모택동과 호지명은 약자였지만 5가지 수행동인(제4장 제1절~제5절)을 구비하고 효과적으로 활용하여 장기전을 수행하고 4세대전쟁에서 승리했다. 그 반면에 남한의 빨치산은 5가지 수행동인을 적절히 구비하지 못해서 장기전을 수행할 수 없었고 소멸되었다. 독립변수(5가지 동인)는 종속변수(군사적 약자의 장기전의 성공 또는 실패)와 인과관계에 있다. 군사적 약자도 5가지 동인을 적절히 활용하면 강자를 상대로 장기전을 수행할 수 있고, 일부라도 없으면 장기전을 수행할 수 없다.

의견. 동인(動因)이 있으면 장기전을 수행할 수 있고, 동인이 없으면 장기전을 수행할 수 없다는 말은 인과관계가 아니라 동어반복으로 들린다. 성공요인이 있으면 성공할 수 있고 성공요인이 없으면 성공할 수 없다는 동어반복과 같다. 클라우제비츠의 인민무장론 부분은(39~42쪽) 『전쟁론』제6편 제26장 일부의 요약이다.

제2장 제3절에서 틸리, 클라우제비츠, 로렌스, 미군의 동인을 검토했는데, 틸리의 자원동원이론만 제3장~제5장에 적용했다. 제3장은 모택동의 인민해방전쟁, 호지명의 베트남전쟁, 남한 빨치산의 활동을 서술했다. 제4장은 5개의 동인별로 모택동의 인민해방전쟁, 호지명의 베트남전쟁, 남한 빨치산의 활동을 서술했다. 제5장 제1절은 사례별로, 제5장 제2절은 기간별로 수행동

---

39. 강진석, 『현대전쟁의 논리와 철학』, 501~502쪽 참조.

인을 분석했다. 즉 제3장은 3개의 사례를 개략적으로 서술하고, 제4장은 그 것을 동인별로 해체하고, 제5장은 그것을 다시 사례와 기간별로 요약했다. 같 은 이야기를 참 여러 가지로 중복 서술했다. 논문을 논리적으로 만들려고 차 례(구조)를 쓸데없이 많이 나눈 것이 논문을 오히려 기계적이고 비논리적으 로 만들었다. (그것을 보여주려고 차례를 자세히 적었다.) 제3장을 모택동의 인민해방전쟁, 제4장을 호지명의 베트남전쟁, 제5장을 남한 빨치산의 활동으 로 설정하고 그 아래에 5개의 동인을 두면 간단했을 것이다.

최장옥은 집단성원의 불만 및 이익, 도전자의 조직 및 리더십, 도전자의 내부 동원 및 외부 지원, 도전자의 전략전술, 도전자의 생존을 위한 근거지라 는 5가지 동인을 독립변수로 들고 있다. 그런데 5가지 동인이 독립변수인지 의문이다. 예를 들어 집단성원의 '불만'은 (최장옥의 논리를 따르더라도) 중국 봉건지배층의 부패, 제국주의 침탈, 농민의 파탄으로, 그리고 베트남 족벌독 재 및 외세 의존, 농민의 박탈감으로, 그리고 남한 해방정국의 극심한 빈부격 차, 친일세력의 득세로 생긴 종속변수이다. 나머지 4가지 동인은 혁명전쟁과 해방전쟁을 승리로 이끄는데 필요한 수단으로서 목적과 수단의 관계로 이해 하는 것이 더 적절하다. 틸리의 자원동원이론(이라는 기계적인 이론)을 끌어 들일 필요도 없다.

참고문헌으로도 이데올로기적으로도 최장옥은 어느 정도 균형 잡힌 시 각을 보이는데, 5가지 동인은 균형을 상실한 동인이다. 혁명전쟁과 민족해방 전쟁을 '욕구불만'으로 보는 것은 몰이데올로기적인 관점이고, 역사관과 철 학이 부재한 해석이다.

4세대전쟁이 발생한 국가 및 해당 지역의 역사와 문화, 종교와 이념, 정치 체제 등이 4세대전쟁에 어떤 영향을 미쳤고 4세대전쟁과 어떤 관계에 있는지 연구하는 것은(222쪽) 최장옥의 '개인적인 욕심' 수준을 넘어 문제의 본질이 다. 그것으로 논문을 썼어야 한다. 동인(의 도출)은 기계적이고 실증적이고 부 차적인 요소이다. 최장옥이 앞으로 자기의 '개인적인 욕심'을 채우기 바란다.

"여러 가지 정황으로 볼 때 그들은[북한] 이미 남한에서 4세대전쟁을 추

구하고 있다고 의심되어진다.”(221쪽) 최장옥이 의심하는 것이 아니다. 최장옥
은 가만히 있는데 ‘의심이 되는’ 것이다. 나아가 저절로 ‘의심이 되어지는’ 것이
다. 희한한 의심이다. 어떤 의심이기에 저절로 ‘되어지는’ 의심일까? 의심을 하
는 주체도 없고 주어도 없는 이런 문장은 국어도 아니고 문장도 아니고 말도
아니고 글도 아니다. 그리고 ‘이미’는 언제부터인가? ‘여러 가지 정황’은 어떤 정
황인가? 최장옥은 이것을 글이라고 쓴 것인가? 이런 문장은 글자는 있으되
글이 아닌 문장이다.

권영상, 「린드 4세대 전쟁론의 재조명 : 4세대 전쟁론 비판에 대한 반증을 중
   심으로」, 『군사연구』 제144집(2017. 12), 육군군사연구소, 295~329(35쪽)

   요약. 아프가니스탄과 이라크의 전쟁 이후 4세대 전쟁론이 미래 전쟁양
상을 설명하는 이론으로 주목받게 되었다. 이후 미국은 물론 국내에서도 4세
대전쟁에 대한 연구가 활발하게 이루어졌는데, 그러면서 이론에 대한 비판들
도 제기되었다. 이 비판들은 린드의 이론에 대한 그릇된 해석과 함메스와 같
은 일부 학자들의 자의적인 해석에서 비롯된 것이다.
   4세대 전쟁론에 대한 대표적인 비판은 세대론 모델, 전쟁 주체, 역사 해석
에서 제기되었다. 하지만 이런 비판은 (린드가 자세히 설명하지 못한) 진화론
과 변증법으로 설명하면 반증할 수 있다. 물론 이런 반증에도 세대전쟁이 모

호한 개념이라는 비판은 벗어나기 어렵다.

4세대 전쟁론에 관한 많은 연구들은 린드보다 함메스의 주장을 수용한다. 국내에서도 함메스의 주장을 확대해석해서 북한의 위협을 4세대전쟁 양상으로 설명한다. 하지만 잘못된 기준을 갖는 잘못된 분석은 근거가 부족한 해결책을 제시할 수밖에 없고, 이후의 연구에도 부정적인 영향을 미칠 것이다. 린드의 4세대전쟁을 정확히 이해하고 적용하여 미래 위협에 대한 이해를 심화해야 타당한 대응책을 제시할 수 있을 것이다.

의견. 이 글은 우리나라 군사학계에서 군인 출신 연구자가 (우리나라 연구자를 대상으로) 본격적인 논쟁을 벌인 글이고, 주례사 서평이 아니라 이론적인 논쟁이라는 점에서 학문 발전을 도모하는데 바람직한 글이다. 전쟁과 전쟁양상, 세대 구분과 세대 변화, 민족국가와 국민국가 개념에 대한 설명도 적절하다. 린드가 연구한 것 이외의 것을 달성하지 못했다고 린드를 비판하는 것이 적절하지 않다는 말은(323쪽) 논의와 논쟁의 본질로서 적절한 지적이다. 르네상스음악, 바로크음악, 클래식음악의 비유는(322쪽 각주 100) 독서를 즐겁게 한다.

나는 다른 것은 제외하고 권영상의 논리에 나타난 핵심적인 문제 두 가지만 지적한다. 첫째, 변증법은 (권영상의 인용처럼) 모순이나 대립을 기본원리로 하여 사물의 운동을 설명하는 논리이다. 그 대표적인 것이 헤겔의 정반합이다. 그래서 권영상은 린드가 이전 세대, 외부환경 변화, 다음 세대를 정반합으로 설명했다고 본다. 근대 이전의 전쟁이 정이고 기술, 사회, 발상의 변화가 반이고 1세대전쟁이 합이다. 전근대전쟁에서(정) 국가의 무력독점으로(반) 1세대전쟁이(합) 되고, 1세대전쟁에서(정) 기술발달과 사회조건이(반) 작용하여 2세대전쟁이(합) 되고, 2세대전쟁에서(정) 화력의 증가의(반) 작용으로 3세대전쟁이(합) 되고, 3세대전쟁이(정) 탈국가화의(반) 작용으로 4세대전쟁이(합) 된다(313쪽). 그런데 전근대전쟁과(정) 국가의 무력독점(반), 1세대전쟁과(정) 기술발달과 사회조건(반), 2세대전쟁과(정) 화력의 증가(반), 3세대전쟁과(정) 탈국가화가(반) 헤겔이 말한 모순과 대립인가? 그것이 모순과 대립이 될 수 있는가? 권영상의 이런 해석은 헤겔의 변증법이 아니라 세대론과 단계론에 불과하다. 권영상의 반증은 스스로 허물어진다.

권영상은 "한 번 발표된 연구는 차후에 인용될 수 있기 때문에 당시 유행하는 개념을 깊은 연구 없이 차용하는 오류는 피해야 한다."고(325쪽) 말했다. 권영상을 패러디한다. '한 번 발표된 연구는 차후에 인용될 수 있기 때문에 깊은 연구 없이 헤겔의 정반합 변증법을 끌어들이는 오류는 피해야 한다.'

둘째, 권영상은 크레벨드와 린드를 끌어들여 클라우제비츠의 삼위일체론이 보편적으로 모든 전쟁에 적용된다고 볼 수 없다고 말한다(319~321쪽). 내 해석에서는 삼위가 예외적인 경우에만 일체를 이루고 대부분 일체를 이루지 않고, 그래서 삼위일체가 아니라 삼중성 개념을 쓰기 때문에 조한승과 권영상의 이해를 모두 포괄할 수 있다.[40]

이 글은 '린드 일병 구하기'이다. 『전쟁론』에 관한 내 해석에 따르면 린드를 구하든 안 구하든 그것은 별로 중요하지 않다. 전쟁의 본질 측면에서 보면 4세대전쟁에 관한 많은 논의는 사소하고 부차적인 논쟁이기 때문이다. 먼저 전쟁의 본질을 (『전쟁론』 제1편 제1장) 제대로 이해할 필요가 있다.

---

40. 김만수, 「클라우제비츠의 전쟁의 삼중성과 4세대전쟁이론」 참조.

4.4. 몇몇 전쟁 개념

강재륜, 「인민전쟁론 서설 : 도덕적 정당성과 관련하여」, 『국방연구』 제19권 1
호(1976. 6), 국방대학원 안보문제연구소, 93~109(17쪽)

2. 국제법상의 제문제
3. 인민전쟁론과 공산주의의 동화과정
　가. 엥겔스의 전인민 무장화노선
　나. 레닌의 반군(叛軍)사상
4. 인민전쟁론의 체계화
　가. 모택동의 적대정책과 인민

　요약. 인민전쟁에 대해 연구할 만한 최초의 사례는 나폴레옹에 맞선 스
페인의 인민항쟁(1808~1813년)이다. 클라우제비츠가 전쟁이 정치의 계속이라
고 말한 것도 고도의 정치성을 띤 인민전쟁의 새로운 양상(게릴라전)을 보았
기 때문일 것이다. 강재륜은 인민 개념을 '계급적 의미가 아니라 근대적 시민
이 나타나기 이전의 민중을 통칭하는'(93쪽 각주 1) 것으로 이해하는데, 이는
클라우제비츠 시대에 적절한 인민 개념이다.
　엥겔스는 인민의 총무장, 즉 인민의 군대가 출현하는 것을 기성질서가
파괴되는 순간으로 보았다. 레닌에게 사회계급 간의 전쟁은 절대전쟁이고, 이
전쟁의 양상은 어떤 법규나 관행도 지키지 않는 인민전쟁에서 찾을 수 있다.
인민전쟁은 바리게이트를 넘어 군대와 교류하고 접촉하는 대담무쌍한 행동
을 요구한다.
　클라우제비츠의 이론을 토대로 인민전쟁의 이론과 실천을 완성한 것은
모택동이다. 그는 우적(友敵)관계에서 무한한 유연성을 보여 국공합작을 맺
었고, '인민의 바다'에서 전략적 내선작전과 전술적 외선작전으로 투쟁했다.
　의견. 강재륜은 이 글에서 인민전쟁의 발생과 기원, 개념과 영역, 국제법
상의 문제(헤이그조약과 제네바협정), 엥겔스와 레닌의 이론, 모택동의 인민

전쟁 사상을 탁월하게 정리했다. 이 글은 인민전쟁에 대해 (1970년대에 상상할 수 없는 수준의) 훌륭한 지식과 인식을 보인다. 아메리카 원주민(인디언)의 '인민전쟁'에 관한 언급도(93쪽) 신선하다. 하지만 이 글은 (강재륜의 인생 역정과 무관하게) 전체적으로 슈미트의『파르티잔』의 '번역'과 표절로 보인다.

A1. 박병남,『제한전쟁의 현대적 개념과 적용』, 연세대학교 대학원 석사학위
　　　논문, 1981. 12, 91쪽
A2. 박병남,「제한전쟁의 현대적 개념과 적용」,『군사평론』제245호(1984. 9),
　　　육군대학, 31~51(21쪽)

　　　A2는 A1의 축약본이어서 A1만 살펴본다.

제2장 제한전쟁의 개념
제3장 제한전쟁의 현대적 특성
　　제1절 클라우제비츠 전쟁론의 재평가
　　제2절 현대전 양상과 제한전쟁의 제특성
제4장 제한전쟁의 역사적 사례분석
제5장 제한전쟁의 인식과 적용

　　　한 문장 요약. 핵전쟁 이후 현대의 전쟁은 제한전쟁이다(제한전쟁이어야 한다). 피아 공멸을 초래하는 핵무기 시대에 절대전쟁은 수단 면에서는 가능하지만 목적 면에서는 불가능하다. 수단이 목적을 능가하는 전쟁은 무의미하기 때문이다. 클라우제비츠도 절대전쟁이 현실에서 일어나기 어렵다고 말했다. 그래서 핵전쟁의 억제, 즉 현대전에서 '제한' 현상이 나타나고, 현대전은 제한전쟁의 양상을 띨 수밖에 없다. 제한전쟁의 사례로 한국전쟁, 월남전쟁, 아랍-이스라엘 전쟁, 이라크-이란 전쟁을 들 수 있다. 앞으로 모든 분쟁은 전쟁의 제한성에 의해 해결될 것이다. 제한은 수단의 제한이 아니라 목적의 제한이다. 어떻게 싸우느냐가 아니라 왜 싸우느냐가 중요하다.
　　　제한전쟁은 미국 외교정책의 수단으로 등장했다. 한국전쟁은 (상호 가공

할 파괴를 피하려는) 미국과 소련의 관점에서는 제한전쟁이지만 남북한의 관점에서는 전면전쟁이다.

의견. 클라우제비츠를 언급한 부분에서 절대전쟁과 현실전쟁을 간략히 인용했다. 클라우제비츠를 주로 풀러와 티볼트의 해석을 통해 받아들여서 클라우제비츠를 오해한 면이 있다. 박병남은 제한전쟁을 한 번은 절대전쟁과, 한 번은 전면전쟁과 대비하고 있다. 핵전쟁을 클라우제비츠의 절대전쟁으로 간주해서 생긴 혼란으로 보인다.

김태현,「혁명전쟁의 이론적 고찰과 현재적 함의」,『동아연구』제31권 1호
　　(2012. 2), 서강대학교 동아연구소, 229~266(38쪽)

요약. 혁명전쟁은 모택동이 중국 내전에서 적용하고 체계화한 전략 개념이고, 제2차 세계대전 이후 민족해방전쟁에서 많은 변화를 겪으면서 발전했다. 혁명전쟁은 현대 전쟁전략에도 4세대전쟁 개념으로 그 생명력을 유지하고 있다. 혁명전쟁의 정치전 전략은 북한의 전략이기도 한데, 남한은 혁명전쟁 전략의 역발상에 기초하여 대응전략을 수립해야 한다.

의견. 차례가 간결하고 명확하여 논문의 내용을 간접적으로 설명해 주고 있다. 그런데 이 논문은 전체적으로 (상식에 속하는데 김태현만 몰랐던) 혁명전쟁 이론에 관한 외국문헌을 번역, 요약, 소개한 것에 불과하다. 혁명전쟁은 절대전쟁의 형태를 띠고, 승리의 중심이 (군대나 수도에 있지 않고) 대중의 여론에 있다는 점에서 클라우제비츠와 관련되고, 그런 한에서 클라우제

비츠를 언급했다.

혁명전쟁 전략을 학계에서 소홀히 다루었고(229쪽), 한국 내부에서 혁명전쟁 전략에 대한 진지한 연구와 평가가 부족했다(231쪽). "그간 학계에서는 혁명전쟁의 이론적 체계에 대한 진지한 분석이 이루어지지 못했다."(231~232쪽) 김태현이 한국의 군사학계를 '학계'로 일반화하고 있는 것 같다. 마르크스주의에서 혁명전쟁에 관한 논의는 100년 이상의 역사를 갖고 있고, 한국의 마르크스주의에서도 많은 연구를 수행했다.

'혁명전쟁이나 민족해방전쟁이라는 용어를 사용하게 될 경우 '혁명'이라는 용어가 가지는 부정적인 어감으로 인해 남한의 체제적 정당성을 간접적으로 훼손하게 될 위험이'(231쪽) 있다. 김태현이 박정희의 '5·16군사혁명'을 말하는 것인가? 산업혁명, 시민혁명, 프랑스혁명, 정보혁명 등은 서구는 물론 우리나라에서도 일반적으로 쓰이는 개념이고 부정적인 어감이 없고 객관적인 용어이다. 김태현이 혁명 개념에 겁을 먹는 것 같은데, 그럴 필요 없을 것 같다.

김태현이 프랑스혁명과 레닌의 혁명을 언급하면서도 혁명전쟁의 기원이 모택동의 혁명전쟁에 있다는 설명은 타당하지 않다. '혁명전쟁'을 언급한 것은 클라우제비츠이다.

2012년에 북한의 혁명전략이 더욱 강하게 나타날 텐데, 북한의 대남전략은 혁명전략에 있고 그 근거는 김일성의 1955년과 1964년 문건이다(257~258쪽). 김태현이 보기에 북한의 혁명전략은 어쨌든 '앞으로도 변함이 없을'(258쪽) 것이다. 60년도 더 지난 김일성의 혁명전략이 2012년에 더욱 강하게 나타날 것이라는 김태현의 주장에 어떤 합리적, 논리적, 정치적, 역사적, 상식적 근거가 있는지 의아하다. 김태현이 60년 전의 북한을 현재에 데려와서 '허구'의 북한을 설정하고, 북한이 혁명전략을 수행하고 있으니 남한은 북한에 대해 혁명전쟁을 역이용해야 한다고 주장한다. 아나크로니즘적이고 그로테스크하다. 현재의 남한이 '이승만의 남한'이라도 되는 것 같다. (앞에서도 보았지만) 김태현은 북한만 언급하면 학문적·객관적 시각과 이성을 잃는 것 같다.

'북한이 원하는 것을 갖지 못하도록 사전에 차단하고 역으로 북한체제의 취약점을 공략하는 전략적 융통성을 발휘한다면, 한국은 북한의 공세전략을 억제하고 북한체제의 존립기반까지 무너뜨릴 수 있다.'(259쪽) 이런 말은 축구에서 상대의 골은 전부 막고 우리가 골을 많이 넣으면 승리한다는 '허망한 해설'과 같은 '허망한 결론'이다. 북한도 그렇게 한다면 북한도 남한의 존립기반을 무너뜨릴 수 있는 것인가? 김태현의 논리에 따르면 그러할 것이니 김태현의 말은 하나마나한 말이 된다. 클라우제비츠, 전쟁은 산 자가 죽은 자를 상대로 하는 것이 아니라 산 자와 산 자의 충돌이다.

김규빈, 『혁명전쟁의 관점에서 조망해 본 새로운 전쟁 연구』, 대전대학교 대학원 박사학위논문, 2017. 8, 227쪽

요약. 새로운 전쟁은 비국가단체에 의한 비정형적 전쟁으로서 (국가 주도로 첨단무기로 수행하는) 재래식 전쟁과 다르다. 냉전 이후의 전쟁은 재래식 전쟁과 새로운 전쟁이 혼재된 양상을 보인다. 혁명전쟁의 의미는 공산혁명전쟁으로 변했고, 공산혁명전쟁의 수행방식은 여러 변화를 거치면서 새로운 전쟁과 비슷한 양상으로 나타났다. 혁명전쟁은 내전, 정치전(political war), 비대칭전, 장기전, 선전전이다. 새로운 전쟁은 비대칭전, 비재래식 전쟁, 하이브리드전쟁이다.

'새로운 전쟁'을 '혁명전쟁'으로 설명할 수 있는가? 첫째로 두 전쟁은 전쟁의 특성, 원인, 수행방식에서 유사하다. 두 전쟁은 주민을 지지세력으로 끌어들인다. 둘째로 두 전쟁에 대응하는 방식이 대반란전으로 동일하다. 셋째로

클라우제비츠의 삼위일체론 중에 폭력성 측면에서 두 전쟁은 유사한 목적을 갖고 있다. 삼위일체에서 3극간의 상호관계를(146쪽) '수정된 3극간의 상호관계'로(147쪽) 변형하면 (이런 행위자-네트워크 이론에서는 국민이 전쟁을 지지하느냐 반대하느냐 하는 것이 중요한데) 새로운 전쟁은 『전쟁론』으로 설명할 수 있고 재래식 전쟁과 연계성도 높다. 새로운 전쟁은 베트남전쟁, 아프가니스탄전쟁과 탈레반의 재확산, 인티파다와 팔레스타인 국가 건설과정의 사례에서 확인된다.

결론. 새로운 전쟁과 혁명전쟁은 목적, 본질적 요소, 대응방식, 폭력성에서 비슷하고, 그래서 두 전쟁은 포괄적으로 동일한 유형으로 볼 수 있다. 새로운 전쟁은 혁명전쟁의 연장선에서 분석할 수 있고, 공산혁명전쟁의 변형이다. 새로운 전쟁에서 '새로운' 것은 환경변화에 따른 변형된 양상이다.

의견. 이 논문은 '새로운 전쟁=4세대전쟁'이라는 관념이 지배하는 한국 군사학계에 '새로운 전쟁≈혁명전쟁'이라는 테제를 주장했다. 개념과 개념들의 관계를 정리하려는 노력은 저자의 성실성을 보여준다. 새로운 전쟁과 관련된 4세대전쟁, 비대칭전쟁, 비정규전쟁, 네트워크전쟁, 게릴라전쟁, 빨치산전쟁, 유격전쟁, 인민전쟁, 하이브리드전쟁, 사이버전, 테러리즘, 저강도분쟁, 민간전쟁, 그리고 혁명과 관련된 내전(내란), 반란, 분란, 봉기, 모반, 쿠데타 등의 개념을 잘 정리했다. 혁명전쟁의 개념도 (기계적이지만) 잘 정리했다.

하지만 클라우제비츠의 인민전쟁을 서술한 부분은(54~56쪽) 『전쟁론』 일부의 인용과 요약에 불과하다. 삼중성을 서술한 부분은(130~134쪽) 허남성의 「클라우제비츠 『전쟁론』의 '3위1체론' 소고」의 인용이다. 삼중성을 삼각형으로 표현했는데, 131쪽 그림과 146쪽 그림이 다르다. 이는 김규빈이 전쟁이 정치의 수단이라는 인식과 문민우위 원칙에 대한 생각이 부족하다는 것을 보여주는 사례이다.

마르크스-레닌주의의 혁명전쟁을 언급했는데, 마르크스와 레닌의 문헌이 전무하고 2차 문헌에만 의존했다. '다비에스'(James C. Davies)의 J-곡선 모델은(29~30쪽) 혁명의 '사회심리학'이자 수요공급곡선으로 보이고, '기계적'

이고 평면적이고 실용주의적인 관점이다.[41]

근대 이후 프랑스, 러시아, 중국이 대표적으로 수행한 혁명전쟁, 즉 국내외의 구체제를 쓰러뜨리고 새로운 체제를 세우는 전쟁을 (9·11테러로 대표되는) 21세기의 4세대전쟁과 동일시할 수 있는지 근원적인 의문이 생긴다. 이 의문은 '다소의 논리적 비약'(205쪽) 이상의 근원적인 문제이다.

베트남전쟁은 혁명전쟁이나 새로운 전쟁이라기보다 (100여년 이상 외세의 식민지배에 맞선) 민족해방전쟁의 성격이 훨씬 강하다.

*　　*　　*

제2장을 정리한다. 제2장에서 클라우제비츠와 간접 관련된 연구로 88편의 글을 살펴보았다. 제2장에서 '3. 클라우제비츠의 적용' 대 그 이외 부분(1, 2, 4)의 비율은 글의 편수로는 55:33이고, 이는 백분율로 63:37이다. '적용' 연구에서는 삼중성의 적용(3.2.)이 23편이고 전쟁철학, 중심, 마찰의 적용(3.1과 3.3과 3.4.)이 32편이다. 백분율로는 42:58이다.

결론. 클라우제비츠를 간접적으로 연구하는 한국의 저자들은 '적용' 연구를 월등하게 많이(63%) 하고 있고, 적용 연구에서는 삼중성의 적용을 상당히 많이(42%) 하고 있다. 이 연구의 내용과 수준에 관해서는 제3부 끝에 정리한다.

---

41. James Chowning Davies(1918~2012)는 미국의 사회학자이고, 그의 이름은 우리말로 '데이비스'로 표기한다. 데이비스는 독일 사람이 아니고, 그래서 김규빈이 앞에 쓴 것처럼 (그리고 논문 28~29쪽에서 보는 것처럼) '다비에스'로 표기하지 않는다.

제3장

기타 연구

여기에는 앞의 제1장~제2장에 속하지 않아서 그곳에 넣을 수 없는 글, 여러 가지 주제를 다룬 글을 간략히 언급한다. '교과서'는 너무 많고 대부분 비슷비슷한 내용을 담고 있어서 제외한다. 시대배경을 다룬 글도 (제2부 제3장의 '기타 번역'처럼) 여기에 넣는다.

이영우, 「Karl von Clausewitz : 그 생애와 철학」, 『육사논문집』 제20집(1980. 12), 육군사관학교, 229~237(19쪽)

이 글은 논문의 제목으로만 보면 제3부 제1장의 '2.1. 전쟁의 본질과 사상'에 들어가야 할 글로 보인다. 하지만 외국문헌 소개라는 점에서 여기에 배치했다. 글의 231쪽에 하위제목이 하나 있는데, 제목이 'Clausewitz에 관한 문헌 연구'이다.

이 글은 클라우제비츠의 생애, 클라우제비츠의 저술과 『전쟁론』의 영어번역, 클라우제비츠에 관한 문헌(로진스키, 풀러, 리델 하트, 바그츠, 슈바르츠, 캠머러, 하알벡, 로트펠스, 델브뤽, 켓셀 등)을 소개하고 있다. 소개로 시작해서 소개로 끝난다. 그들에 관해 연구도 해석도 하지 않고 그 문헌들에 감탄만 하고 글이 끝났다. 이 글은 1980년의 한국 클라우제비츠 연구수준이 생애와 문헌의 소개 수준이었다는 것을 정직하게 증언하고 있다.

클라우제비츠를 포함하여 모든 연구자들 이름을 Fuller, Kessel 등 전부 알파벳으로만 적은 것도 (그 당시의 우리말 표기수준을 보여주는 것이지만) 우리나라 독자들에게는 부적절한 표기이다.

이 글은 근 40년 전에 발표되었는데, 이영우가 소개한 중요한 문헌 중에 번역된 것이 별로 없다. 이는 한국 클라우제비츠 연구의 낙후된 수준과 정체성을 말해준다.

육군대학 편, 「클라우제비츠의 「전쟁론」 독서방법」, 『군사평론』 제345호
　　(2000. 5), 육군대학, 199~215(12쪽)

I. 「전쟁론」 개설　　III. 「전쟁론」 구성
II. 클라우제비츠　　IV. 독서방법

요약. 『전쟁론』을 읽을 때는 다음 방법을 권한다. 첫째, 정신력을 고도로 집중하여 진지하게 읽어야 한다. 둘째, 『전쟁론』을 읽기 전에 『전쟁론』 전체의 틀을 파악할 필요가 있다. 셋째, 『전쟁론』의 핵심 명제들을 파악하고 정리한 후에 읽는다. 넷째, 『전쟁론』은 처음부터 끝까지 완전히 독파할 것을 권한다. 다섯째, 텍스트로 독어 원전이나 영어 번역 또는 이종학의 발췌본을 권한다. 여섯째, 뚜렷한 목적의식을 갖고 읽어야 한다.

의견. 이 방법은 (텍스트 추천을 제외하면) 『전쟁론』의 독서방법이라기보다 대부분의 난해한 고전을 읽는 방법이 될 것이다.

목적의식과 관련해서. 전쟁의 철학과 전투의 구체적인 모습, 전쟁과 정치, 정신력과 물리력, 이론과 실천, 공격과 방어, 전략과 전술 등의 주제를 선정하고 장성, 영관, 위관 장교에게 맞는 부분을 읽도록 하면 더 좋을 것이다. 이처럼 『전쟁론』의 이 부분 저 부분을 읽고 난 후에 『전쟁론』을 완독하는 것이 현실적인 독서방법이다. 『전쟁론』은 소설책이 아니기 때문에 반드시 처음부터 순서대로 읽을 필요가 없다.

처음부터 끝까지 완전히 독파하라는 말과 이종학의 발췌본을 추천하는 것은 모순된다.

이 글에서 'IV. 독서방법' 이외의 다른 부분은 전체적으로 이종학의 글과 몇 개의 다른 글을 짜깁기한 글이다.

우리나라에서 국제정치 분야의 몇몇 전문가들이 나폴레옹과 클라우제비츠의 시대배경에 관해 저서를 냈다. 대부분 영어문헌을 참고한 '번역' 수준의 저서인데, 여기에서는 하나만 언급한다.

박상섭, 『근대국가와 전쟁 : 근대국가의 군사적 기초, 1500~1900』, 나남출판, 1996. 12, 320쪽

틸리의 말, 국가는 전쟁을 만들고 전쟁은 국가를 만든다. 박상섭의 말, 근대 국제체제는 근대국가들의 성장과정에서 필연적으로 발전한 것으로 파악해야 한다. 근대국가의 내적 측면과 국제질서는 자원동원의 문제를 매개로 하여 표리관계를 이루는 측면으로 파악할 수 있다(283~284쪽).

책에서 특히 제5장~제7장이 『전쟁론』의 시대배경과 같다. 이 시대배경을 이해하려면 이 부분을 읽는 것이 도움이 될 것이다.

하지만 김홍철의 예에서 보듯이, 이런 책은 저서라기보다 외국문헌의 번역과 짜깁기일 가능성이 높다. 참고문헌이 영어 일색이다. 『전쟁론』과 직접 관련되지 않아서 이 책을 자세히 살펴보지는 않는다.

여용덕, 「크라우제빗츠의 전쟁론(상)」, 『통일로』 제82호(1995. 6), 안보문제연구원, 35~49(15쪽)
여용덕, 「클라우제빗츠의 전쟁론(하)」, 『통일로』 제83호(1995. 7), 안보문제연구원, 48~63(16쪽)

여용덕은 클라우제비츠 연구자가 아니다. 글에 법학박사이자 작가라고 소개되어 있다.

(상)의 '머리글'에서 맥아더 장군이 필리핀에 돌아온 이야기, 육체의 탄생과 (독서를 통한) 정신의 탄생, 고전 독서의 중요성, 국제정치와 한반도의 현실에 관해 언급하고 이 달의 양서로 '전쟁론'을 소개한다(35~38쪽). 그리고 '클라우제비츠의 생애와 작품'을 (이종학의 글을 표절하는 수준에서) 8쪽에 걸쳐 서술한다(38~46쪽). 그리고 『전쟁론』 제1편 제1장과 제2장 일부를 실었다.

(하)의 앞에도 '머리말'이 있다. '현실은 무정하고 냉혹하다. 이 세상에는 불행한 일이 너무 많지만 우리는 다시 일어나야 한다. 꿈을 향해 전진하는 곳에 행복이 있다. 이 세상은 겁쟁이에게는 재미없다. 병마는 우리를 노리고 있고, 인간의 최후는 죽음이다. 일제 강점기나 해방 후 전쟁 때에 비하면 우리는 잘 먹고 잘 살지만 우리는 행복한가? 많은 재산으로 선망의 대상이 되었던 사람이 그 재산 때문에 살맛을 잃었다.'(49~50쪽) 여용덕이 인생의 회한을 담은 듯한 글을 썼다.

이런 말을 한 다음에 『전쟁론』의 이 부분 저 부분을 실었다. 이 글은 (상)과 (하)를 합쳐서 총 31쪽이지만 표지와 머리말을 제외하면 『전쟁론』은 20쪽이 채 안 된다. (많은 사진을 제외하면 글의 분량은 그보다 더 줄어든다.) 여용덕이 『전쟁론』을 번역하지 않았으니 이 글에서 『전쟁론』 부분은 전부 이종학 번역의 표절이라고 해야 할 것이다.

여용덕이 왜 이런 이상한 글을 썼는지 의아하다.

마지막으로 '기타 연구'라는 이름에 잘 맞는 그로테스크한 글 2편을 보도록 한다.

한영수, 「한국전쟁과 베트남전쟁 : 클라우제비츠의 『전쟁론』 관점에서」, 『박
　　정희정신』 제2호(2017. 3~4), 박정희대통령기념재단, 194~215(22쪽)

2. 클라우제비츠의 전쟁론　　　4. 제4세대전쟁
3. 공산주의 군사이론　　　　　5. 박정희 대통령의 군사전략적 대응

요약. 모택동은 유격전술로 인민해방과 혁명을 완성했고 클라우제비츠의 이론에 제일 충실한 전략가였다. 중국은 한국전쟁과 베트남전쟁에 직간접으로 개입했다. 모택동과 호지명은 3세대전쟁을 치르면서 4세대 전술을 발전시켰다.

박정희는 공산주의 군사전략에 어떻게 대응했는가? 박정희는 미국으로부터 한국군 병력의 베트남 파병을 요청받았다. 박정희는 베트남에 병사들을 보낸 대가로 미국의 돈(군사원조와 경제원조)을 받았고, 이 돈으로 군대를 현대화하고 전쟁역량과 산업경쟁력을 강화했다. 북한의 비정규전에 대비하여 향토예비군을 창설하고 주민등록제를 도입했다. 군대와 경제를 동시에 발전시켰다.

의견. 인터넷으로 검색하니 별의별 글이 다 검색된다. 『박정희정신』이란 잡지가 있다는 것을 이번에 처음 알았고, 이런 잡지에 클라우제비츠와 관련된 글이 실린 것도 처음 알았다.

『전쟁론』을 언급한 부분은 오해와 잡다한 이야기로 되어 있다. 논리적으로 연결되지 않는 이야기들을 늘어놓았다. 글이 '기승전박정희'로 되어 있다.

이도형, 「전쟁 없는 자유란? 칼 본 클라우제비츠 탄생 200주년 기념 논문

집 ─ 독일 클라우제비츠 협회 편찬」,『현상과 진상』 2018년 2월호(2018. 2), 한국논단, 27~32(6쪽)

인터넷 검색으로 알게 된 별의별 글 투. 이도형의 몸은 여전히 (미국과 소련이 핵무기 경쟁을 벌이고 있는) 냉전시대에 머물고 있고, 그의 마음은 핵전쟁을 소망하고 있는 것 같다. 그는 '한반도에 각일각 핵전쟁의 위기가 다가오고 있는'(32쪽) 망상에 사로잡혀 있다. 이도형이 자기 생각을 '컨트롤'해서(27쪽) 바람직한 생각을 '데몬스트레이션'할(32쪽) 날이 올까?

한국이 살 길은 오로지 미국에게 있으니 이도형에게 미국은 신이자 구세주이다. '한미동맹의 끈이 느슨해지거나 끊어지는(한미연합사 해체 또는 전시 작전통제권 환수 등) 기미라도 보인다면 김정은은 전쟁을 시작할지 모른다.'(31쪽)

이 글에서 이도형은『전쟁 없는 자유란?』에 있는 파울스와 뵈르너의 글을 자기 마음대로 읽고 해석한다. 맥락을 전혀 고려하지 않는다. 그런 식으로 읽으면(왜곡하면) 공자의 '대동사회'도 공산주의이고 예수의 '네 이웃을 사랑하라.'도 공산주의일 테니, 이도형에게는 공자도 예수도 공산주의자일 것이다. 이도형은『전쟁 없는 자유란?』이 한국의 지도자에게 필독서라고(32쪽) 하는데, 그 어떤 필독서도 이도형처럼 자기 마음대로 왜곡해서 읽으면 약이 아니라 독이 될 것이다.

이 글이 '이달의 책'으로 되어 있어서『전쟁 없는 자유란?』을 소개하는 글인 줄 알았는데, 그것이 아니었다. 자기 생각을 '배설'하는 글이었다. 표현도 글의 수준만큼 천박하다. "문재인이 홍타이지 앞에서 무릎 꿇고 아홉 번 머리를 땅에 두들긴 인조인지 헷갈리게 하고 있다."(29쪽) "문재인은 무지하고도 무식한 소릴 하고 말았다."(29쪽)

이 글은 (1980년에 출간된 독일어 책이 2018년 2월에 '이달의 책'이 된 것만큼) 심히 '아나크로니즘'적이다. 클라우제비츠를 연구하면서 별의별 글을 다 읽는다. 이 글은『현상과 진상』에 실렸다. 현상과 진상! '진상' 같은 글이다.

제4장

서평

한국 클라우제비츠 학계에는 서평이 많지 않다. 학문적인 대화가 거의 없다. 얼마 안 되는 서평도 '주례사' 서평이 거의 전부이다.

김현기, 「현대전략사상가 ― 마키아벨리부터 핵시대까지」, Peter Paret 편저, Makers of Modern Strategy : From Machiavelli to the Nuclear Age, Oxford : Oxford University Press, 1986년, 941면)」, 『국방연구』 제33권 1호(1990. 6), 국방대학원 안보문제연구소, 205~211(7쪽)

파렛이 펴낸 『현대전략사상가』에 대한 서평이다. 책에 대한 서평이라기보다 김현기가 파렛의 서론을 참조하여 전략에 관한 자기 견해를 피력한 글이라고 하는 것이 적절할 것이다.

김현기는 『현대전략사상가』에 스미스, 리스트, 마르크스, 엥겔스, 델브뤽 등의 민간인은 등장하는데 웰링턴, 그랜트, 맥아더, 아이젠하워 등의 군인이 언급되지 않은 점을 지적한다(207쪽). 전략사상에 미친 영향을 볼 때 (민간인과 군인의 구분을 떠나) 맥아더나 아이젠하워 등은 마르크스, 엥겔스, 델브뤽에 비교할 수준이 못된다. 그리고 한 국가의 국민이 전략의 기본원리를 이해하는 것이 필수불가결하다는 주장은(210~211쪽) '생업에 바쁜 국민'에게 지나친 요구인 것 같다.

윤종호, 「전쟁과 정치, 류재갑; 강진석 공저, 전쟁과 정치 — 전략의 철학: 클라
우제비츠 논고, 서울: 도서출판 한원, 1989년, 425면」, 『국방연구』 제33
권 2호(1990. 12), 국방대학원 안보문제연구소, 163~167(5쪽)

윤종호는 류재갑과 강진석의 『전쟁과 정치』를 요약했다. 서평에 따라
『전쟁과 정치』의 클라우제비츠 이해와 해석을 아래와 같은 표로 정리할 수
있다.

절대전쟁	자의적 도구	남발성	정치의 붕괴	폭력 중심	클라우제비츠주의자
현실전쟁	이성적 도구	자제성	정치의 계속	정치 중심	신클라우제비츠주의자

의견. 『전쟁과 정치』는 클라우제비츠의 절대전쟁과 현실전쟁을 이분법
으로 오해했다. 이분법적 해석에는 클라우제비츠의 변증법이 들어설 틈이 없
다. 이 표에 나타난 해석도 류재갑과 강진석의 해석이라고 할 수 없다. 외국
학자들의 견해를 받아들인 것이다.

이은득, 「클라우제비츠와 전쟁론」, 『국방연구』 제47권 2호(2004. 12), 국방대
학교 안보문제연구소, 221~224(4쪽)

이것은 이종학의 『클라우제비츠와 전쟁론』에 대한 서평인데, 전형적인
'주례사' 서평이다. 이종학이 책에서 무엇을 소개, 설명, 해석, 제시, 제공, 전달
했고, 이는 『전쟁론』 이해에 도움이 될 것이라는 말이 서평의 전부이다. 책의
내용에 대한 논의가 없어서 이것을 서평이라고 할 수 있을지 의문이다.

최영진, 「이 책을 읽지 않은 자, 전쟁을 논하지 말라: 클라우제비츠의 『전쟁

론」, 『국방저널』 제537호(2018. 9), 국방홍보원, 68~71(4쪽)

내가 번역한 『전쟁론』 전면개정판(2016년 발행)의 서평. 『전쟁론』은 계발적인 통찰을 추구한 전쟁철학서이고, 『전쟁론』에서 제일 중요한 부분은 제1편이고, 최고지휘관은 천재적인 자질을 갖추고 탁월한 역량을 발휘해야 한다.

*　　*　　*

제3부를 마치면서 '한국 클라우제비츠 연구의 현주소'를 정리한다. 한국 저자들의 클라우제비츠 연구는 전반적으로 폐쇄성, 편협성, 후진성으로 특징 지을 수 있다.

폐쇄성은 연구 집단 또는 연구 주체와 관련되는 문제이다. 우리나라 클라우제비츠 연구자들의 90% 이상이 군인 출신이고, 그 중에 90% 이상이 사관학교 출신이다. 이 연구자들에게는 토론, 논쟁, 비판이 거의 없다.

편협성은 이데올로기적인 개방성 및 포용성과 관련되는 문제이다. 클라우제비츠와 관련된 우리나라 연구에는 심한 대미종속성을 보이는 연구물이 적지 않다. 또한 냉전이 종식된 지 30년이 다 되어도 '반공사상'이 굳건하게 남아있다. 클라우제비츠에 관한 마르크스주의의 해석에 대해서는 철저하게 무지하다.

후진성은 연구수준과 관련되는 문제이다. 논문이나 저서의 수준이 (현저하게) 낮다. 연구물이 대개 클라우제비츠를 인용, 요약, 소개, 적용하는데 불과하고, 많은 경우에 클라우제비츠를 오해하고 왜곡한다. 일본, 미국, 독일의 연구 일부를 표절하거나 그들의 잘못된 해석을 무비판적으로 수용한다. 선배 연구자들의 오해와 왜곡을 후배 연구자들이 그대로 받아들이면서 그것을 반복하고 재생산한다. 클라우제비츠를 독창적으로 분석하고 해석하는 연구는 찾아보기 힘들다.

폐쇄성에 대해. 우리나라 군교육기관(사관학교, 국방대학교, 육군대학 등)의 교수는 (일부 교양과목 교수를 제외하면) 거의 100% 군인 출신으로 이루어져 있다. 그들은 대개 사관학교를 졸업하고 10년 정도 학문 활동을 하지 않다가 석사학위논문을 쓴다. 이런 논문은 진급에 필요한 일회성 논문의 성격이 짙다. 박사학위논문은 소령을 전후해서 쓰든지 군인 정년을 앞두고 쓰는 경우가 많다. 교수로서 그런저런 논문과 저서를 내다가 퇴직할 때면 약간 신랄해진다. 한국 군대에는 이런저런 문제가 있고, 사관학교나 국방대학교 등 교육기관에는 이런저런 문제가 있다는 것을 언급하고 퇴직한다.

이와 같은 폐쇄성은 2004년부터 일반 대학교에 개설된 군사학과의 경우에도 비슷하게 나타난다. 일반 대학교의 군사학과 김 아무개 교수는 내게 다음과 같이 말한 적이 있다. '군사학과 선배 교수가 이력서를 쓰라고 해서 얼떨결에 이력서를 썼고, 그래서 느닷없이 교수가 되었다.' 군사학과 교수는 현재 육군본부 제대군인지원센터를 통해 선발되고 있는데, 그래서 일반 대학교의 군사학과 교수진은 제대군인들(대개 박사학위를 갖고 있는 대령급 장교들)의 '경로당'이 된 감이 있다. 여기에 그 교수들이 대개 그 대학교 출신이거나(출신이면서) 그 대학교가 있는 지역의 '명문 고교' 출신으로 채워진다는 폐쇄성이 더해진다. 그들은 이중삼중으로 폐쇄적인 집단을 형성한다. 그 교수들은 자신의 저서나 논문이 수준 이하라는 것을 스스로 밝히면서 내게 저서나 논문을 기증하는데, 그 글을 읽어보면 정말 수준 이하인 경우가 많다.

편협성에 대해. 군인 출신 연구자들은 클라우제비츠에 관한 마르크스주의 이해와 해석을 읽지도 않으면서 오해하고, 이해하지도 못하면서 왜곡한다. 이런 이데올로기적인 편견과 편협함으로는 학문적인 발전을 이룰 수 없을 것이다.[1]

후진성에 대해. 군인 출신 연구자들에게는 석사학위논문과 박사학위논문 외에 다른 연구가 거의 없다. 학위논문을 줄여서 학술지에 발표하는 정도이다. 산발적으로 논문을 발표하는 경우도 있지만, 그것이 연속된 연구로 이어지지 않는다. 몇몇 외국 학자(하워드, 파렛, 한델, 아롱 등)들의 해석을 '번역'하고 짜깁기하여 논문으로 만드는데 불과하다. 철학에 대한 이해 수준이 낮은데도 칸트나 헤겔 등의 문헌을 참고하지 않을 뿐만 아니라 그들을 이해하지 못하고 있다. 주로 선배(군인 출신) 교수들의 문헌만 참고한다. 몇몇 미국 학자들과 선배 교수들의 클라우제비츠 오해와 왜곡을 그대로 수용한다. 민간학자들과 교류도 적고 그들의 견해도 잘 받아들이지 않는다.

그래서 한국의 클라우제비츠 연구는 전반적으로 『전쟁론』 일부의 요약, 미국과 일본의 몇몇 2차 문헌의 '번역'과 표절, 자기표절, 같은 말의 무한 반복과 중복이 대부분을 차지한다. 얼마 안 되는 독창적인 연구(처럼 보이는 것)도 대부분 '독창적인 표절'이거나 클라우제비츠와 『전쟁론』에 대한 오해나 잘못된 해석인 경우가 많다. 그렇지 않은 경우에는 클라우제비츠의 생애를 소개하고 『전쟁론』을 요약하는 수준의 연구가 대부분을 차지한다.

소수의 민간인 출신 연구자들과 서울대 출신 연구자들 중에는 마르크스주의 관점에서 클라우제비츠를 연구한 이들이 있다. 그들의 논문은 매우 탁월하고 세계 1급의 수준처럼 보였다. 『전쟁론』 번역자로서 자괴감이 들 만큼 그들의 논문은 수준이 높은 것처럼 보였다. 그런데 각주와 참고문헌을 추적하고 읽은 결과, 어느 논문은 전체 분량의 10분의 9를 표절로 채우고 마지막에 간략히 자기주장을 펼쳤다. 다른 논문은 외국문헌을 '번역'해서 자기 논문으로 만들었다. 대부분 외국 학자들의 클라우제비츠 해설과 해석을 자기의 해설과 해석으로 포장했다.

서울대 출신이나 사관학교 출신은 영어가 되니 영어문헌을 표절하고, 영어가 안 되는 연구자들은 우리나라 문헌을 표절한다.[2] '썩은 나무'에서는 '상

---

1. 마르크스주의 철학이 '적'의 논리라서 그것에 무지한 것이라면, 손자의 '지피지기 백전불태'의 관점에서라도 마르크스주의를 공부해야 하지 않겠는가.
2. 표절 때문에 교수직을 사퇴한 서울대 교수 목록은 인터넷에서 쉽게 접할 수 있다. 말할 필요

한 열매'만 나온다.[3] 이명원처럼 '서울대 식민지'를 고발하는 것이[4] 이 글의 목적은 아니다. 하지만 서울대 석사학위논문과 국방대 석사학위논문을 보면 한쪽은 표절을, 다른 쪽은 수준 이하를 분명하게 보여준다.

대체로 한국의 클라우제비츠 연구에서 마르크스 학계는 외국의 수준 높은 논문의 표절로, 일반 군사학계는 표절, 이해 수준 미달, 특정 개념 집착으로 특징지을 수 있다. 공공연한 또는 은밀한 표절로 자기 논문을 세계적인 수준으로 보이게 만드는 것은 '학문적인 마스터베이션'과 다를 바 없다. 한국의 클라우제비츠 관련 학계는 명시적 또는 암묵적 표절의 거대한 카르텔처럼 보인다.

연구수준의 이와 같은 낙후성을 모든 연구자 개개인의 책임으로만 돌릴 수 없다는데 한국 클라우제비츠 연구(넓게는 한국 학문 시스템)의 비극이 있다. 군인 출신 연구자들은 지적으로 결코 열등하지 않다. 하지만 그들은 군대에서 명령에 복종하는 생활을 하고, 업무와 훈련으로 대부분의 시간을 보낸다. 독립적인 사고를 할 수도 없고, 외국어 실력을 기를 시간도 부족하다. 이 중에 업무조건은 어느 정도 일반 대학교에도 해당되는 문제이다. 대학의 승진제도, 연구조건, 강의환경 등 구조적인 요인이 있는 것이다. 제대로 연구하는 사람은 대학이 가만히 두지 않고, 연구를 안 하는 사람은 쓸데없는 논문만, 즉 1년 단위로 A4 10~20쪽짜리 논문만 양산한다. 훌륭한 연구는 나오지 않고 연구수준은 향상되지 않고 연구물은 축적되지 않는다. 교육부, 한국연구재단, 대학이 실적경쟁을 부추기고 있다.[5] 교수를 부하직원 다루듯이 하고,

없겠지만 일반화의 오류는 피한다. 일제 강점기 모든 조선인이 '친일파'는 아니듯이, 모든 서울대 출신이나 모든 사관학교 출신 하나하나가 그러하다는 것은 아니다. 하지만 제3부에서 언급한 연구자들은 대부분 그러하다. 서울대 교수들의 어느 모임은 폐쇄적인 비밀결사를 연상시키는 '클랜'이었다.

3. 곽영신, 「한국엘리트는 '썩은 나무'의 '상한 열매'」 참조. 썩은 나무에서는 열매가 열리지 않는다고 일러준 '농부 친구'가 있다. '썩은 나무의 상한 열매'는 비유적인 표현으로 받아들여야 할 것이다.
4. 이명원, 「서울대 식민지를 고발한다」 참조.

독창적인 논문을 통조림 생산처럼 생산할 수 있는 물건으로 간주한다.

연구 집단의 폐쇄성과 이데올로기의 편협성은 연구수준의 후진성을 낳는다. 또는 이데올로기의 편협성이 연구 집단의 폐쇄성과 연구수준의 후진성을 낳는다. 폐쇄성과 편협성은 후진성과 상호작용을 하고, 이들은 상승작용을 일으킨다.

그런데 이런 폐쇄적인 집단의 편협하고 후진적인 연구조차 2016년부터 갑자기 멈춘 듯하다. 2016년 이후 우리나라의 클라우제비츠 관련 학계가 놀랍도록 조용한 것이다. 나는 이를 2016년의 『전쟁론』 독일어 원전 초판 완역과 『전쟁론 강의』의 출간, 그리고 2018년 『전쟁이란 무엇인가』에 실린 「클라우제비츠의 전쟁의 삼중성과 4세대 전쟁 이론」이[6] 클라우제비츠 관련 학계에 준 '충격' 때문이라고 본다. 내가 쓴 『전쟁론 강의』는 『전쟁론』의 해설서일 뿐만 아니라 『전쟁론』에 관한 독립적이고 독창적인 해석이다. 『전쟁론 강의』는 서구의 이론과 해석을 내 것인 양 포장하지도 않았고 외국의 이론을 그대로 따르지도 않았다. 또한 내가 쓴 「클라우제비츠의 전쟁의 삼중성과 4세대 전쟁 이론」은 『전쟁론』 전체를 하나의 그림으로 표현하면서 일관되고 유기적이고 통일적으로 『전쟁론』을 해석했다.

그리고 이제 나는 이 책 『클라우제비츠와의 마주침』을 저술하고 출판한다. 이 책의 출간으로 한국 클라우제비츠 연구의 민낯이 드러날 것이다. 클라우제비츠 관련 학계는 2016~2018년에 겪은 충격의 시간보다 더 긴 성찰의 시간을 가져야 할 것으로 보인다. 하지만 그것은 장기적으로 한국 클라우제비츠 연구에 바람직할 텐데, 이는 출산의 고통 없이 새 생명이 탄생할 수 없다는 말에 비유할 수 있다.

---

5. 조형근, 「대학을 떠나며」 참조.
6. 「클라우제비츠의 전쟁의 삼중성과 4세대전쟁이론」도 원래 2016년에 처음 발표한 글이다. 앞의 385, 389~391쪽 참조.

앞의 '기타 연구'에서 본 것처럼 한국 클라우제비츠 연구에 몇몇 그로테스크한 글이 있다는 점, 서평이 '압도적으로' 적어서 학문적인 토론이 제대로 이루어지지 않고 있다는 점은 사족으로 언급한다.

클라우제비츠와 헤겔

여기에서는 헤겔 철학을 논의하지 않는다. 클라우제비츠가 헤겔 철학과 헤겔의 변증법에서 어떤 영향을 받았는지도 다루지 않는다. 클라우제비츠의 『전쟁론』을 (특히 삼중성의 세 주체에 해당하는 인민, 정부, 군대를 또는 절대전쟁, 현실전쟁, 삼위일체 전쟁 및 1~4세대전쟁을) 헤겔의 '정반합' 변증법으로 설명하려는 우리나라 몇몇 연구자들의 오해와 집착에 대해 몇 마디 하려고 한다. 제3부 제1장과 제2장에서 개별적으로 본 오해와 집착의 모습을 다음과 같이 모아서 정리한다. 다음 쪽의 표는 '거대한 오해 목록'이다.

이들은 모두 군인 출신 연구자들이다. 이들은 클라우제비츠의 변증법을 (칸트 및 헤겔과 상관없이) 잘못 이해하고 있고, 그렇게 잘못된 이해를 그들끼리(만) 공유하면서 그런 잘못된 해석을 반복하고 확대 재생산하고 있다. 이들의 참고문헌에는 대개 헤겔도 없고 민간학자도 없다.

이들은 대부분 합을 군사적 천재, 최고지휘관, 군대로 본다. 국민은 정이고 정부는 반이다. 국민과 정부의 정과 반을 군사적 천재와 군대의 합으로 조정, 중재, 통제한다. 국민과 정부가 대립 반목하고 있는데, 군대가 이를 통합한다.[1] 그래서 국민, 정부, 군대의 일치단결이 이루어진다. 그들은 이것을 헤겔의 정반합 변증법이라고 이해하고 또 삼위일체라고 이해한다. 군인에게는 국

		정	반	합[2]
강진석	1985~2013	인적 요소 인민	지적 요소 정부	우연과 천재 최고지휘관과 군대
류재갑/ 김인열	1993	제한전쟁	국민총력전(나폴레옹)	기회의 요소
이종학	1996~1997	방어 공세 절대전쟁이론 물질적 요소	공격 수세 현실전쟁이론 정신적 요소	선수후공 선수후공 각 시대의 전쟁이론 물질·정신적 요소
김경영	1997	인적 요소 국민	지적 요소 정부	군사적 천재 최고지휘관
나종남	1998	인적 요소	지적 요소	우연
조상제	2004	국민	국가	군대와 지휘관
조한승	2010	순수전쟁	현실전쟁	총체적 관점의 전쟁 정치로서의 전쟁
김성훈/ 박광은	2011	절대전쟁 국민 영역 비합리성	현실전쟁 정치 영역 합리성	군사적 천재 중간 영역
이수훈	2011	평화	절대전쟁	현실전쟁
김태현	2012~2015	예나 예나 전쟁의 고조 절대전쟁	모스크바 워털루(모스크바) 전쟁의 완화 현실전쟁	워털루 세 전역 전쟁의 정지 카멜레온적 전쟁
권영상	2017	전근대전쟁 1세대전쟁 2세대전쟁 3세대전쟁	국가의 무력독점 기술발달과 사회조건 화력의 증가 탈국가화	1세대전쟁 2세대전쟁 3세대전쟁 4세대전쟁

민, 정부, 군대가 일치단결하여 '일체'와 통합을 이루는 것이 중요한 것 같다.

---

1. 국민과 정부가 아군과 적군도 아닌데 왜 대립하는 관계에 있는지 설명하지 않는다.

갈등하고 대립하는 것은 그들에게 바람직하지 않은 것 같다.

변증법을 이런 식으로 이해하면 나중에 누군가는 엄마, 아빠, 자식을 정반합으로 해석할 것 같다. (그런데 자식은 모순, 대립, 갈등의 결과가 아니라 사랑의 결실이다.) 또는 '1 더하기 1은 2'를 정반합으로 이해할 것 같다. 정반합을 물질, 정신, 물질·정신으로 이해하는 이종학이 여기에 해당한다.

클라우제비츠의 정반합을 국민, 정부, 군대로 오해하는 그로테스크한 변증법으로 이들은 2500년 변증법의 역사를 새로 썼다! 이들은 헤겔이나 클라우제비츠와 다른 '자기만의 세계'와 변증법에 대한 무지의 세계에서 『전쟁론』을 읽은 것 같다.

위의 표에 있는 '변증법'은 소크라테스의 문답법도[3] 아니고 칸트의 이율배반도[4] 아니고 헤겔의 정반합도[5] 아니다. 이분법에 따라 2개를 나누고 (또는 설정하고) 세 번째에 하나로 합친 것에 불과하다.

'정반합'의 변증법을 말하려면 적어도 헤겔의 '주인과 노예의 변증법'을 이해해야 한다. 주인과 노예의 지배와 예속의 관계, 주인의 욕망과 노예의 노동, 주인과 노예의 대립과 갈등, 노예의 생사를 건 인정투쟁을 통해 합에 이르는 변증법을 이해해야 한다.

헤겔의 주인과 노예의 변증법을 '2016~2017년 한국의 정치'에 국한하여 (즉 시간상으로 짧은 기간에, 공간상으로 한국에, 경제나 사회 등의 다른 영

---

2. 합이 아니라 제3의 요소나 대안이라고 말하는 이도 있다.

3. 소크라테스의 문답법에 관해서는 많은 문헌 중에 하나만 언급한다. 플라톤, 「프로타고라스」, 천병희 옮김. 이 책에서 274쪽부터 용기와 지혜를 비교한 부분은 『전쟁론』 제1편 제3장과도 관련될 것이다. 기술과 지식에 관한 언급을 『전쟁론』 제2편 제3장과 비교하는 것도 좋을 것이다. '문답법은 대화식 토론방법이고, 삼단논법과 형식논리학에 근거하여 명증적(明證的)으로 진리를 추구하는 철학적 사고방식의 기초이다.'(플라톤, 『프로타고라스』, 최현 옮김, 9쪽.)

4. 순수 이성이 네 가지(양, 질, 관계, 양태) 범주에서 완전성의 이념까지 사고를 계속함으로써 부딪치게 되는 이율배반에 대해서는 칸트, 『순수이성비판 2』, 640~671쪽 참조. 이에 대한 백종현의 해설은 칸트, 『순수이성비판 1』, 76~82쪽 참조.

5. 헤겔의 주인과 노예의 변증법에 관해서는 헤겔, 『정신현상학 1』, 220~234쪽에 있는 '자기의식의 자립성과 비자립성 : 지배와 예속' 부분 참조.

역을 제외하고) 적용하면, 정은 박근혜·최순실과 국정농단세력이고 반은 촛
불혁명세력이고 합은 문재인 정부라고 할 수 있다.

거시적으로 보면 유럽 봉건주의 후기 절대주의 시대에 귀족 대 부르주
아의 모순, 대립, 갈등, 투쟁이 프랑스혁명과 자본주의를 낳았기 때문에 귀족
(정), 부르주아(반), 자본주의(합)의 변증법을 말할 수 있다. 교과서적으로 말
하면, 노예제 사회에서는 귀족과 노예, 봉건사회에서는 영주와 농노, 자본주
의사회에서는 자본가와 노동자가 정과 반이(었)다.

언어적으로 보면 '정'은 테제(These)의 번역이고 '반'은 안티테제(Antithe-
se)의 번역이다. 그래서 예를 들면 공산주의(共産主義) 대 반공주의(反共主
義), 즉 코뮤니즘 대 안티코뮤니즘이 언어적으로도 사상적으로도 역사적으
로도 대립, 모순, 갈등관계에 있는 정반의 관계였다. 인터넷에 보이는 예수 대
안티예수, 바이블 대 안티바이블, 조선일보 대 안티조선, 에이징 대 안티에이
징 등의 관계도 정과 반의 관계이다. 그런데 국민 대 정부, 물질 대 정신, 절대
전쟁 대 현실전쟁이 대립, 모순, 갈등, 투쟁 관계에 놓여있는 정과 반의 관계
인가? 그렇지 않다. 그들이 전쟁천재와 군대를 '합'으로 만들려고 자의적으로
설정한 정반에 불과하다. 최고지휘관과 군대를 합으로 만들려고 인민과 정
부를 정과 반으로 만든 것이다. 그렇다면 그것은 '프로메테우스의 침대'와 같
다. 이런 것이 정과 반이라면 그것은 헤겔의 '정반합'과 아무런 상관이 없다.
국민, 정부, 군대를 인적 요소, 지적 요소, 천재(와 우연)라고 말하는 강진석,
김경영, 나종남, 조상제 등이 여기에 해당한다.

이종학이 말하는 방어(정)와 공격(반)은 대립과 갈등 관계에 있고 변증
법의 정반 관계를 대입할 수 있다. 그렇다고 선수후공이 합이 되지는 않는다.
또한 공세와 수세에는 정반 관계를 대입할 수 없다. 공세는 공격하는 태세나
세력이고, 수세는 적을 공격을 맞이하여 지키는 형세나 세력이다. 그 세력이
자기 자리에 머물러있는 한, 즉 행동하지 않는 한, 대립관계는 극히 약하다.

절대전쟁과 현실전쟁은 두 가지 유형(종류)의 전쟁이다. 그 둘은 대립, 투
쟁, 갈등 관계에 있지 않아서 정과 반의 관계를 대입하기 어렵다. 류재갑과 김

인열, 이종학, 조한승, 김성훈과 박광은, 김태현의 해석이 여기에 해당한다. 또한 김태현은 예나, 모스크바, 워털루의 전투를 정반합으로 보는데, 이는 '지역'을 변증법으로 치환한 그로테스크한 해석이다. 이수훈은 평화를 정으로 보고 절대전쟁을 반으로 보는데, 평화와 전쟁은 대립되는 개념이지만 둘 사이에 투쟁의 관계를 볼 수 없다. 권영상의 변증법은 1, 2, 3세대 전쟁에 무엇이 더해져서 2, 3, 4세대 전쟁이 된다는 말인데, 이것은 세대론이나 단계론이지 정과 반의 변증법이 아니다.

'정·반·합으로 일컬어지는 헤겔적 방법이 『전쟁론』에서 자주 발견되는 접근방법이라고 얘기하는 것은 클라우제비츠에게 부적절한 얘기일 것이다. … 그는 빈번히 정반 명제의 수정된 형태라 할 만한 형식을 통해 자신의 사상을 발전시켰다. … 목적과 수단, 전략과 전술, 이론과 실제, 의도와 실행, 친구와 적 ─ 이런 정반 명제들을 그는 정의하고 비교하여 그 자체를 이해했고, 전쟁의 모든 요소를 항구적 상호작용의 상태로 연결시켜주는 역학적 요인을 추적했다. … 전쟁과 정치, 공격과 방어, 지능과 용기들은 절대적인 반대 개념이 아니었고 하나에서 또 다른 하나로의 추이는 유동적인 것이었다.'[6] 이것이 (좀 부족하지만) 『전쟁론』의 변증법에 대한 적절한 설명이 될 것이다. 또한 이 말은 『전쟁론』의 변증법을 헤겔의 정반합의 변증법이라고 말하는 이들의 오류를 잘 지적하고 있다.

많은 군인 출신 연구자들이 변증법을 정반합으로만 이해하고 정반합을 아무데나 적용하고 클라우제비츠 이론을 반드시 정반합으로 설명하려는 잘못된 집착을 갖고 있는 것 같다. 그런데 정반합의 오해는 또 다른 명제와 합쳐지면서 더 그로테스크한 모습을 띤다.

이들은 국민, 정부, 군대를 정반합이라고 본다. 국민, 정부, 군대는 삼위일체를 이루고, 이는 기독교의 성부, 성자, 성령의 삼위일체와 같다. 그래서 다음과 같은 공식이 성립한다.

---

6. 파렛, 「전쟁론의 기원」, 543쪽.

국민, 정부, 군대 = 정반합 = 삼위일체 = 성부, 성자, 성령

정과 반은 테제와 안티테제이고 모순, 대립, 갈등, 투쟁의 관계에 있다. 성부와 성자 사이에도 그런 대립과 갈등이 존재하는가? 정반합이면서 삼위일체가 된다는 것은 모순이다. 국민, 정부, 군대가 정반합이면서 삼위일체라는 것도[7] 모순이다. 정반합 변증법에 대한 근본적인 오해와 기독교 '삼위일체'의 잘못된 차용이 한국의 클라우제비츠 해석을 그로테스크하게 만들었다. "기독교 교리에서 삼위일체 논리를 적용하여 이해하면 쉽게 이해할 수 있다. 하나님과 예수님 그리고 성령님이 각기 달리 완성태로 존재하면서도 이것은 하나의 일체를 이룬다. 클라우제비츠가 3요소라 하지 않고 삼위일체로 말한 것은 각각의 독립성과 일체성을 강조하기 위한 것이라 할 수 있다."[8]

한국에는 국민, 정부, 군대의 삼위일체가 아니라 다른 삼위일체가 이루어지고 있는 현상을 목격할 수 있다. 한국의 군대, 특히 군대의 고급장교 집단은 대부분 반공-기독교-친미성의 삼위일체를 보인다.

헤겔의 변증법을 이해하려는 연구자들에게 몇 권의 책을 추천한다.
헤겔, 『정신현상학 1』, 임석진 옮김, 한길사, 2005, 220~234쪽의 '자기의식의
　　자립성과 비자립성 : 지배와 예속' 부분.
한자경, 『헤겔 정신현상학의 이해』, 서광사, 2009
　　한자경의 책 123~137쪽에서 주인과 노예의 변증법에 관한 해설을 참고할 수 있다. 그리고
황세연 편역, 『헤겔 입문』, 중원문화, 2007

---

7. 이 논리대로 하면 박근혜·최순실과 국정농단세력, 촛불혁명세력, 문재인 정부도 삼위일체를 이루는 것인가?
8. 강진석, 『클라우제비츠와 한반도』, 179쪽. 허남성, 「클라우제비츠 『전쟁론』의 '3위1체론' 소고」와 임익순, 「클라우제비츠의 『전쟁론』에서 '군사적 천재'의 의미」도 성부, 성자, 성령의 삼위일체를 언급하고 있다.

황세연,『변증법이란 무엇인가』, 중원문화, 2011

 둘 다 쉬운 책이고, 헤겔과 변증법을 이해하는 기초이다. 특히 『헤겔 입문』은 일어책과 불어책을 대본으로 삼아 헤겔의 '인간과 사상'을 쉽게 소개했다. 변증법에 대해서는 169~179쪽을 참조할 수 있다.

알렉상드르 꼬제브,『역사와 현실 변증법 : 헤겔 철학의 현대적 변증』, 설헌영 번역, 한벗, 1981

J. 리터,『헤겔과 프랑스혁명』, 김재현 옮김, 한울, 1983

H. 마르쿠제,『이성과 혁명』, 김현일; 윤길순 옮김, 중원문화, 1984. 2017년 제3판 출간.

F. 엥겔스,『자연변증법』, 윤형식; 한승완; 이재영 공역, 중원문화, 1989

 『자연변증법』에서 변증법에 대한 이해는 양의 질로의 전화 및 그 역의 법칙, 대립물의 상호침투의 법칙, 부정의 부정의 법칙(58~64쪽, 211~246쪽)을 읽는 것이 좋다.

 앞으로 우리나라 연구자들이 클라우제비츠의 변증법이나 헤겔의 변증법에 대해 말할 때는 변증법과 관련된 문헌을 읽고 참고하기를 바란다.

제
4
부

김만수의 클라우제비츠 연구

이 책에 있는 모든 것이 나의 연구이고, 그래서 김만수의 연구이다. 그런데도 제4부의 제목을 따로 '김만수의 클라우제비츠 연구'라고 정했다. 제3부 '한국 저자들의 클라우제비츠 연구'와 구분하려고 그렇게 정한 것이다.

제4부는 제3부 '한국 저자들의 클라우제비츠 연구'를 한 후에 생겨났다. 제4부에서는 먼저 한국의 클라우제비츠 연구를 시기별로 구분했다. 이 책이 '연구사'의 성격도 띠고 있기 때문에 그런 구분이 필요하다고 보았다. 그다음으로 우리나라 연구자들의 클라우제비츠 해석에 있는 몇 가지 오해와 쟁점을 논의했다. 이와 같은 논의로 우리나라 연구자들의 클라우제비츠 이해 수준도 더 높아지고, 그래서 한국 클라우제비츠 연구의 수준도 더 높아지기를 바란다.[1]

---

1. 이 책을 쓰면서, 특히 제4부를 쓰면서 『전쟁론』 번역 전면개정판, 『전쟁론 강의』, 『전쟁이란 무엇인가』를 철저하게 다시 읽었다. 그래서 클라우제비츠와 '전쟁론'에 대한 이해에서 이전과 다르게 해석하거나 새롭게 해석한 부분이 생겼다. 그 부분을 수정했고, 수정한 부분을 (오자 및 오기의 수정과 함께) 도서출판 갈무리 홈페이지 '편집실에서'의 '고칩니다'에 올렸다.

제1장

한국 클라우제비츠 연구의 시기구분

제3부에서 한국의 연구자들이 수행한 클라우제비츠 관련 연구를 연구자별로 그리고 주제별로 논의했다. 이 책이 연구사의 성격도 갖고 있기 때문에 그 연구를 시기별로 구분하는 것도 필요해 보인다. 나는 한국 클라우제비츠 연구를 다음 쪽의 그림과 같은 시기로 구분한다.

제1기. 나는 1956~1974년을 한국 클라우제비츠 연구의 제1기로 본다. 1956년 11월 『군사평론』 창간호에 클라우제비츠의 이름이 한국에서 처음으로 언급되었고, 1974년까지 두 종의 『전쟁론』 일어 중역이 출간되었다. 또한 클라우제비츠에 관해 이런저런 논문들이 발표되었다. 하지만 특정 연구자를 이 시기의 주도적인 연구자로 볼 수도 없고, 논문들은 대개 클라우제비츠와 『전쟁론』의 '번역', 요약, 소개 수준에 머물렀다.

제2기. 클라우제비츠와 관련된 연구에서 연구다운 연구는 1975년 12월 김홍철의 박사학위논문에서 비로소 시작되었고, 그래서 나는 1975~1980년을 제2기로 본다. 이 논문에서 김홍철은 냉전시대의 동서갈등을 인민전쟁 대 국민전쟁의 개념으로 설명했다. 다른 연구자나 후학들이 이 개념을 더 발전시켰으면 좋았을 텐데, 박정희 정권의 판금조치는 이 발전을 가로막았다. 김홍철의 연구는 류재갑과 강진석 및 후학들의 연구에 어느 정도 인용되어서

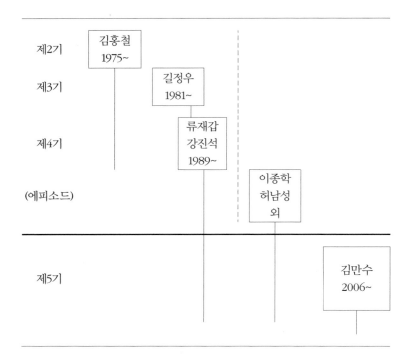

제2기	김홍철 1975~			
제3기		길정우 1981~		
제4기		류재갑 강진석 1989~		
(에피소드)			이종학 허남성 외	
제5기				김만수 2006~

그 영향을 세로선으로 표시했다.

제3기. 1981~1988년을 제3기로 본다. 길정우는 1981년에 석사학위논문을 발표했다. 이 논문에서 길정우는 『전쟁론』 제1편 제1장을 단계론적으로 이해하고, '적개심의 정지'라는 개념을 쓰고, 정치를 '정책'으로 이해하고, 전쟁의 정의를 절대전쟁만의 정의로 보고, Verstand를 지성이 아니라 '합리적인 것'으로 번역했다. 이런 해석으로 한국의 클라우제비츠 연구는 김홍철의 연구방향에서 길정우의 연구방향으로 틀어지면서 오해와 왜곡의 길로 들어섰다. 이와 같은 오해와 왜곡은 류재갑과 강진석에게 일부 수용되어서 계속되었다.

제4기. 1989~2005년을 제4기로 본다. 류재갑과 강진석은 길정우의 연구 일부를 받아들이고 외국의 이론을 '번역'하고 인용하여 길정우의 오해와 왜곡을 굳건하게 만들었다. 1989년[1] 이후 군인 출신 연구자들은 류재갑과 강진석의 오해와 왜곡을 무한 반복했다. 다른 연구는 볼 수 없을 정도가 되었다. 류재갑과 강진석의 영향이 2006년을 지나 계속 이어진 것을 표현하려고 세로선을 길게 만들었다.

제5기. 나는 2006년에 『전쟁론』 원전 제1권을 완역하고, 2009년에 제2권과 제3권을 완역했다. 또한 2016년에 『전쟁론』 원전 초판을 완역하고 『전쟁론 강의』를 출간했다. 2018년에는 『전쟁이란 무엇인가』를 출간하여 『전쟁론』의 「부록」 원전 초판도 완역했다. 『전쟁이란 무엇인가』에는 『전쟁론』에 관한 독창적인 논문을 실음으로써 한국의 클라우제비츠 연구는 새로운 차원으로 접어들었다. 외국문헌의 표절과 인용, '번역'과 소개에서 벗어나서 클라우제비츠를 독자적으로 해석하고, 『전쟁론』의 다른 많은 혼란스러운 해석과 달리 『전쟁론』을 일관되고 통일적으로 해석했기 때문이다. 그래서 나는 2006년부터 한국 클라우제비츠 연구가 제5기로 접어들었다고 본다. 김만수의 『전쟁론』 번역 및 연구와 이전의 번역 및 연구는 근본적인 단절을 이루고 차이를 보이는데, 이 점은 위의 그림에서 굵은 가로선으로 표현했다.

이 연구자들 외에 예를 들면 이종학과 허남성도 한국 클라우제비츠 연구에서 중요한 인물이다. 많은 후학들이 이종학과 허남성의 연구를 인용했기 때문이다. 최근의 중요한 연구자로 김태현을 언급할 수도 있다. 하지만 이종학, 허남성, 김태현은 대개 일본, 미국, 독일의 이론을 그대로 받아들여 '번역'하고 논문을 산발적으로 발표한데 지나지 않는다. 그래서 이들은 『전쟁론』에 관해 류재갑과 강진석 수준의 '체계적인 오해와 왜곡'에 이르지는 못했다. 그래서 이들을 하나의 시기로 삼지 않고 '에피소드'로 간주한다. 이종학과 허남성의 연구도 2006년 이후 계속 후학들에 의해 인용되고 있고, 그 점은 세로선으로 표현했다.

이 시기구분은 일종의 시론(試論)으로서 확정된 것이 아니라 잠정적인

---

1. 이 오해와 왜곡은 강진석의 1985년 석사학위논문에서부터 시작되지만 이 석사학위논문은 일반 독자들에게 널리 알려지지 않았다. 그래서 나는 일반 독자들에게 널리 알려진 (류재갑과 강진석의 공저) 『전쟁과 정치』가 출간된 1989년을 제3기의 시작으로 본다.

것이다. 다른 연구자들은 다르게 구분할 수 있을 것이다. 이 시론을 바탕으로 앞으로 (우리나라의 많은 클라우제비츠 연구자들이 동의하고 공감할 수 있는) 좀 더 객관적인 시기구분이 이루어지기를 기대한다.

한국 클라우제비츠 연구의 몇 가지 쟁점

제3부에서 '한국 저자들의 클라우제비츠 연구'를 살펴보았다. '저자'는 군인 출신이 90% 이상을 차지하고, '연구'는 거의 전부 『전쟁론』 제1편 제1장에 국한되어 있다. 여기에서는 군인 출신 연구자들의 『전쟁론』 제1편 제1장의 분석에 나타난 몇 가지 오해를 바로잡으려고 한다.

첫 번째 쟁점 ─ 『전쟁론』 제1편 제1장의 해석

『전쟁론』 제1편 제1장의 28개 번호로 되어 있는 글을 논리적으로 분류, 분석, 해석, 정리한다.

『전쟁론』은 제1편 제1장의 처음부터 하나–부분–전체의 변증법으로 시작한다(1번). 이 변증법은 헤겔의 개별성–특수성–보편성의 변증법과 같다.[1]

---

1. 헤겔의 개별성–특수성–보편성에 대해서는 C. Daniel, Hegel verstehen, 44~57쪽 참조. 보편성은 일반성이라고 말할 수도 있다. 하나–부분–전체의 변증법도 정반합의 변증법이라고 알고 있는 군인 출신 연구자가 있다는 것을 최근 우연한 기회에 알게 되었다. 하나는 정, 부분은 반, 전체는 합이라는 것이다. 이는 정반합 변증법에 대한 오해인데, 정반합 변증법에 대한

그래서 1번 다음에 바로 이어지는 2번의 정의는 '전체' 전쟁의 정의이다(정의 이어야 한다). 전쟁이 '우리의 의지를 실현하려고 적에게 굴복을 강요하는 폭력행동'이라는 정의는 '전체' 전쟁의 정의이고, 그래서 절대전쟁과 현실전쟁을 모두 포괄한다. 1번과 2번을 의미론적으로, 논리적으로, 변증법의 맥락에서 파악할 때 그렇게 이해하게 된다(2번).[2]

3번부터 절대전쟁과 현실전쟁을 살펴보고 있다. 먼저 절대전쟁에 관한 논의로 시작한다. 폭력을 무제한으로 쓰는 것, 적이 저항하지 못하게 하는 것, 힘을 무제한으로 쏟는 것의 세 가지 상호작용은 순수한 개념의 추상적인 영역에서 일어난다(3~5번).

6번은 추상에서 현실로 넘어가고 절대전쟁에서 현실전쟁으로 넘어가는 지점이다(6번).

절대전쟁이 일어나는 세 가지 조건(정치에서 유리된 행동, 단 한 번의 결전, 절대적인 결과)은 현실세계에서 일어나지 않는다(7~9번). 현실세계의 개연성이 개념의 무제한성과 절대성을 대신한다. 무제한성의 법칙이 힘을 잃자마자 전쟁의 정치적인 목적이 다시 나타나지 않을 수 없다(10~11번).[3]

전쟁행동은 중지된다. 즉 행동과 중지를 반복한다. 전쟁행동의 지속시간을 인정하면 전쟁행동의 중지는 모순으로 보인다. 전쟁행동은 좀 더 유리한 순간을 기다리려고 할 때만 중지될 수 있는데, 이 조건은 늘 어느 한족에만 있는 것 같다. 한쪽이 행동하는데 관심을 보이면 다른 쪽은 기다리는데 관심을 보일 것이다. 균형의 개념도 행동의 중지를 설명할 수 없다. 전쟁행동의 연

속성과 무제한성은 드물거나 전혀 없다. 많은 전쟁에서 행동시간은 짧고 중지시간이 그 밖의 전부를 차지한다(12~14번).

그래서 양극성의 원리가 요구된다. 하나의 대상에서 양과 음의 크기가 정확히 상쇄된다면 양극성이 존재한다. 전투에서 양쪽 모두 승리하려고 한다면 (또는 공격만 하려고 한다면) 양극성이 존재한다. 그런데 전쟁은 공격과 방어로 나뉜다. 공격과 방어 모두 관계하고 있는 결전에 양극성이 존재하고, 공격과 방어 자체에는 양극성이 존재하지 않는다. 공격과 방어는 그 종류와 힘이 다르기 때문에 양극성이 적용될 수 없다. 방어의 우세함은 공격의 우세함보다 훨씬 크고, 이 때문에 양극성의 효과는 사라지고 전쟁은 자주 중지된다(15~17번).

또한 상황 파악이 불완전하기 때문에 전쟁행동이 중지된다. 전쟁행동을 막고 완화한다. 적절하지 않은 때에 행동하거나 행동을 멈춘다. 전쟁행동의 중지는 전쟁을 절대성에서 멀어지게 하고 개연성의 계산이 되게 한다(18~19번).

개연성에 우연이 더해지면 전쟁은 도박이 되는데, 전쟁에는 우연이 없지 않다. 전쟁이 중지될 수 있다는 객관적 성질과 전쟁을 수행하는 힘의 주관적인 성질을 볼 때 전쟁은 도박 이상으로 보인다. 전쟁술에는 가능성과 개연성, 행운과 불운의 도박이 개입한다. 이론은 인간의 정신을 벗어나서는 안 되고, 절대적인 이론과 규칙에 만족해서는 안 된다. 이론은 인간적인 것도 고려해야 하고 용기, 대담성, 무모함에도 자리를 마련해야 한다(20~22번).

7~11번의 현실세계의 조건, 12~19번의 전쟁행동의 중지(공격과 방어에 양극성의 효과를 적용할 수 없다는 점과 상황 파악의 불완전함), 20~22번의 우연에서 현실세계의 전쟁을 자세히 다룬다. 이론은 3~5번만 고려해서는 안 되고 7~22번도 고려해야 한다. 절대전쟁에 대한 짧은 논의와 현실전쟁에 대한 긴 논의는 3~22번에서 이루어지고, 23번부터 전쟁과 정치의 관계를 논의한다.

전쟁은 정치적인 행동이다. 정치는 전쟁행동 전체에 걸쳐 나타날 것이고 전쟁행동 전체에 끊임없이 영향을 미칠 것이다. '전체'의 변증법은 계속 이어지고 있다. 23번에 이어 24번의 유명한 명제가 등장한다. '전쟁은 다른 수단으로 하는 정치의 계속에 지나지 않는다.' 나는 이 명제를 (전쟁의 정의가 아니라) 전쟁의 본질이라고 이해한다.[4] 정치적인 의도가 목적이고 전쟁은 수단이다. 목적 없는 수단은 결코 생각할 수 없다. 전쟁의 동기와 긴장이 강할수록 전쟁은 그만큼 더 전쟁처럼 보이고 덜 정치적인 것처럼 보인다. 전쟁의 동기와 긴장이 약할수록 전쟁은 그만큼 덜 전쟁처럼 보이고 더 정치적인 것처럼 보인다. 정치가 완전히 사라진 것처럼 보이는 전쟁도 있고 정치가 분명하게 나타나는 전쟁도 있지만, 전자는 후자만큼 정치적이라고 주장할 수 있다. 모든 전쟁은 정치적인 행동이라고 간주할 수 있다. 전쟁은 정치의 수단이기 때문에 전쟁은 여러 가지로 다양한 모습을 띨 수 있다(23~27번).

28번은 이론의 결과이고, 그것은 전쟁에 나타나는 카멜레온과 같은 삼중성이다. 삼중성은 첫째로 증오와 적대감이라는 본래의 폭력성인데, 이것은 맹목적인 본능이라고 할 수 있다. 둘째로 개연성과 우연의 도박인데, 이는 전쟁을 자유로운 정신활동으로 만든다. 셋째로 정치의 수단이라는 종속적인 성질인데, 이 때문에 전쟁은 순수한 지성의 영역에 속하게 된다. 첫째는 주로 인민으로, 둘째는 주로 최고지휘관과 군대로, 셋째는 주로 정부로 향한다. 전쟁에서 타올라야 하는 격정은 인민의 마음에 들어 있어야 한다. 우연이 따르는 개연성의 영역에서 용기와 재능이 얼마만큼 활동할 것인지는 최고지휘관과 군대의 특성에 달려있다. 정치적인 목적은 오로지 정부에 속한다. 세 가지의 다른 법칙처럼 보이는 이 세 성향은 문제의 본질에 깊이 뿌리박고 있고, 이와 동시에 그 비중이 달라질 수 있다. 세 성향 중에 어느 하나를 무시하거나 그 성향 사이에 임의의 관계를 확립하려는 이론은 현실과 모순에 빠질 것이다. 우리의 과제는 이론이 이 세 성향 사이에 (세 개의 중심(重心), 중력, 인력

---

4. '본질'은 클라우제비츠의 말을 따른 것이다. 우리나라의 대부분의 연구자들은 이 명제를 현실전쟁의 '정의'라고 본다. 이 '현실전쟁의 정의' 다음에 삼중성이 나오니 삼중성은 당연히 '현실전쟁의 삼위일체'가 된다. 오해의 연속이다.

사이에) 떠있는 것처럼 유지되게 하는 것이다(28번).

이 해석에 따라 28개의 글은 1~2, 3~22, 23~27, 28번으로 분류되고, 이 해석을 그림으로 표현하면 아래와 같다.

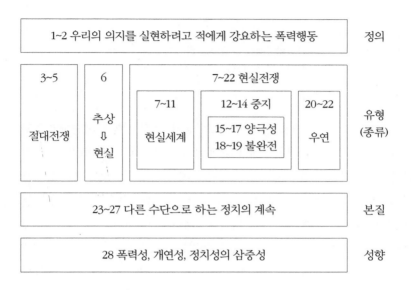

클라우제비츠가 『전쟁론』 제1편 제1장에서 말한 것, 즉 전쟁이 우리의 의지를 실현하려고 적에게 굴복을 강요하는 폭력행동이라는 것, 절대전쟁과 현실전쟁, 전쟁이 다른 수단으로 하는 정치의 계속이라는 것, 전쟁의 폭력성, 개연성, 정치성의 삼중성에 나는 (클라우제비츠가 사용한 개념을 최대한 존중하여) 전쟁의 정의, 유형, 본질, 성향이라는 이름을 부여한다.

『전쟁론』 제1편 제1장에 대한 해석으로도, 그것을 시각적으로 표현한 위의 그림으로도 전쟁의 정의(2번), 전쟁의 본질(24번), 전쟁의 삼중성(28번)은 절대전쟁과 현실전쟁을 모두 포괄한다. 즉 절대전쟁과 현실전쟁은[두 유형] 모두 '우리의 의지를 실현하려고 적에게 굴복을 강요하는 폭력행동'이고[정의], '다른 수단으로 하는 정치의 계속'이고[본질], 폭력성, 개연성, 정치성의 삼중성을[성향] 띠고 있다.[5]

『전쟁론』제1편 제1장에 관한 이전의 해석은 나의 해석과 다르다. 제3부에서 개별적으로 본 것을 여기에 모으고 표로 정리한다. 우리나라에서는 길정우가 1981년에 처음으로『전쟁론』제1편 제1장을 분류하고 분석했다.

제1단계(1~ 5항)	전쟁의 고유논리
제2단계(6~11항)	현실세계에서 수정되는 절대적 형태의 전쟁
제3단계(12~22항)	적개심이 정지되는 모순
제4단계(23~28항)	정치와 정책

제1편 제1장의 28개 글은 전쟁의 정의, 종류, 본질, 성향을 서술하고 있고 유기적으로 연결되어 있다. 그래서 28개 글을 길정우처럼 단계로, 예를 들어 소년기, 청년기, 장년기, 노년기 등과 같은 단계로 이해하는 것에 나는 동의하지 않는다. '고유'논리, '수정'된다는 이해, 적개심이 '정지'된다는 말은『전쟁론』에 맞지도 않고 길정우의 해석도 아니다. 길정우의 제1단계는 절대전쟁을, 제2단계는 현실전쟁을 나타내고 있는데, 이것은 비논리적인 구분이다. 길정우의 제1단계~제3단계에는 전쟁의 정의와 유형이 섞여있다. 전쟁의 본질과 삼중성을 섞은 제4단계도 제1편 제1장에 대한 부정확한 이해이다.

정재학은 2008년에『전쟁론』제1편 제1장을 다음과 같이 분석했다.

2~5, 14, 15절	절대전쟁
6~10, 16~21절	현실전쟁
11, 23, 24, 26절	정치수단의 전쟁
28절	삼위일체

정재학은 제1편 제1장을 절대전쟁, 현실전쟁, 정치전쟁, 삼위일체로 이해했다. 세 번째의 '정치수단의 전쟁'은 길정우의 제3단계보다 나은 이해로 보인

---

5. 현실전쟁에서는 폭력성의 정도가 매우 약할 것이고, 절대전쟁에서는 폭력성의 정도가 매우 강할 것이다.

다. (이는 정재학이 번호를 길정우와 다르게 구분했기 때문이다.) 하지만 정재학의 구분에는 전쟁의 정의가 없다. 절대전쟁과 현실전쟁이 '분리되어' 있고, 이를 전쟁의 유형으로 통합적으로 이해하지 못했다. 전쟁의 정의, 본질, 성향이 전쟁의 두 유형과 갖는 관계가 나타나지 않는다. 28개 글의 번호들이 연속되어 있지 않고 단절되어 있다. 또한 정재학의 분석에는 몇 개 번호들(1, 12, 13, 22, 25, 27번)이 빠져있다.

김태현은 2015년에 『전쟁론』 제1편 제1장을 다음과 같이 분석했다.

1~ 5	절대전쟁		
6~27	현실전쟁	6~11	3요소(폭력, 목표, 힘)의 완화와 완화요인
		12~18	군사적 정지
		19~22	군사적 정지에서 파생된 전쟁의 본질
		23~27	소결론
28	삼위일체		

김태현은 우리나라 연구자 중에 처음으로 제1편 제1장을 (단선적으로 분석하지 않고) 중층적으로 구분했다. 즉 6~27번 아래에 하위구분을 만들었다. 하지만 이 분석에 나타난 완화, 정지, 파생된 본질, 소결론은 (절대전쟁, 현실전쟁, 삼위일체와 달리) 내용이 없는 명칭에 불과하다. 김태현의 '완화와 정지'는 길정우의 '수정과 정지'의 해석과 비슷하다. 우연이 전쟁의 본질인지도 의문이고, 전쟁의 본질이 군사적 정지에서 파생되는지는 더욱 의문이다. 전체 전쟁의 정의를 절대전쟁만의 정의로, 전쟁의 본질을 현실전쟁만의 본질로 잘못 이해하고 있다. 절대전쟁과 현실전쟁은 엄격히 '분리되어' 있다. 전체적으로 비논리적인 구분이다.

끝으로 김성인은 2017년에 『전쟁론』 제1편 제1장을 다음 쪽과 같이 분석했다.

김성인은 제1편 제1장을 절대전쟁, 현실전쟁, 삼위일체 전쟁으로 이해했

2~ 5절	절대전쟁의 폭력성과 극단성
6~ 9절	절대전쟁의 현실적 제한
10~22절	현실전쟁의 개연성과 우연성
23~27절	현실전쟁의 정치적 목적
28절	전쟁의 삼위일체론

다. 절대전쟁의 폭력성과 극단성은 절대전쟁의 모습이지만, 절대전쟁의 제한
은 현실전쟁의 모습이다. 이것을 절대전쟁의 현실적 제한으로, 즉 모두 절대
전쟁의 범주로 설명할 수 있는지 의문이다. 김성인은 전쟁의 본질을 현실전쟁
의 정치적 목적으로 간주하고 있다. 김성인은 절대전쟁에 폭력성을, 현실전쟁
에 개연성과 정치성을 '배정'했다. 이 논리에 따르면 절대전쟁에는 개연성과 정
치성이 없고, 현실전쟁에는 폭력성이 없을 것이다. 클라우제비츠의 절대전쟁
과 현실전쟁을 그렇게 구분할 수 있는지 의문이다. 또한 김성인의 분류에는 1
번이 없다. 그래서 김성인에게는 제1편 제1장에 있는 하나–부분–전체의 변증
법이 보이지 않는 것 같다.

　　네 사람 모두 제1편 제1장을 절대전쟁, 현실전쟁, 삼위일체의 순서와 구
조로 이해했다. 나는 이것이 부족한 이해이자 잘못된 해석이라고 본다. 외국
연구의 표절 또는 선행연구의 (변형된) 추종과 답습이라고 본다.

두 번째 쟁점 – 클라우제비츠의 절대전쟁은 관념상의 전쟁인가?

　　첫째, 우리나라의 클라우제비츠 연구자들은 거의 전부 클라우제비츠의
절대전쟁을 관념상의 전쟁으로 이해한다. (또는 그렇게 말한 선행연구를 추
종한다). 그래서 이 세상에 존재하지 않는 전쟁이라고 이해한다. 둘째, 절대전
쟁에는 마찰이 없다고 이해한다. 절대전쟁이 마찰에 의해 현실전쟁이 된다고
이해한다. 나는 이 해석을 오해라고 본다. 그리고 아래의 해석이 옳다고 본다.

클라우제비츠는 절대전쟁의 개념을 '최근의 전쟁 현상'에서[6] 끌어냈고, 클라우제비츠에게 '최근의 전쟁'은 프랑스혁명전쟁과 나폴레옹전쟁이다.

'클라우제비츠는 주로 역사연구를 통해 전쟁의 이중성[두 가지 종류의 전쟁]의 인식에 도달하게 된다. … 처음부터 그의 전쟁사상은 역사에 근거하고 있다.'[7] '『전쟁론』은 역사적 사례에 대한 수많은 언급으로 충만해 있다. … 그것은 그 자체로 이론적 상부구조를 정당화하는 현실의 기술이다.'[8] 절대전쟁과 현실전쟁을 역사연구를 통해 인식하게 되었고, 그의 전쟁사상이 처음부터 역사에 근거하고 있다면, 절대전쟁은 관념상의 전쟁이 될 수 없다. 그것은 프랑스혁명전쟁이고 나폴레옹전쟁이다.

'만일 클라우제비츠가 50년 전에(즉 프리드리히 대왕의 전쟁 이후, 그리고 프랑스혁명, 내셔널리즘, 민주주의의 등장과 대량징집 이전에) 『전쟁론』을 썼다면 그는 절대전쟁에 대한 개념을 발전시키지 못했을 것이라고 주장할 수 있다. 그는 절대전쟁과 제한전쟁의 차이를 논의하지 않았을 것이다. 이론상으로 절대전쟁에 가까운 현실에서의 전쟁의 가능성을 드러낸 것이 프랑스혁명이었기 때문이다.'[9] 프랑스혁명으로 절대전쟁 수준의 전쟁이 일어났고, 그래서 클라우제비츠는 절대전쟁 개념을 발전시킬 수 있었다. 즉 '절대전쟁'은 관념상의 전쟁이 아니다.

역사적인 측면이 아니라 이론적인 측면에서는 다음과 같이 말할 수 있다. '순수수학에서 지성은 단지 자기의 창조물과 상상물만 다루지 않는다. 수와 도형의 개념은 현실세계에서 유래한다. 결코 다른 곳에서 유래하지 않는다. 사물을 세는 최초의 수단이 된 손가락 10개는 지성의 창조와는 완전히 무관하다. … 수의 개념처럼 도형의 개념도 전적으로 외부세계에서 유래한다.

---

6. 『전쟁론』, 61쪽 참조. 이 부분의 원문은 'Erscheinungen der letzten Kriege'이다. Vom Kriege, 제19판, 193쪽 참조.

7. 파렛, 「전쟁론의 기원」, 555쪽.

8. 파렛, 「전쟁론의 기원」, 557쪽.

9. 한델, 「기술시대의 클라우제비츠」, 71쪽.

결코 머릿속의 순수한 사유에서 도출되지 않는다. 도형의 개념에 도달하기 전에 반드시 형태를 갖는 사물, 그리고 그 형태를 비교할 사물이 있어야 한다. 순수수학은 현실세계의 공간적 형태와 양적 관계, 즉 실재하는 재료를 대상으로 삼고 있다. 이 재료가 추상적인 모습으로 나타나기 때문에 이 재료의 출처가 외부세계에 있다는 사실이 표면상 감추어져 있을 뿐이다. 형태와 관계를 순수하게 연구하려면 이것을 그 내용과 분리하고 내용을 무시해야 한다. 그래서 부피 없는 점이나 두께와 넓이가 없는 선이 나오고, 나중에 비로소 지성의 자유로운 창조물과 상상물, 즉 상상적인 양에 도달한다.…다른 모든 과학처럼 수학도 인간의 필요에서 나온다. 수학은 토지면적과 용기 용량의 측정, 시간 계산, 기계학에서 발생한 것이다. 모든 사유분야와 마찬가지로 일정한 발전단계에서는 현실세계에서 추상된 법칙이 현실세계에서 분리되어 독립된 것처럼, 현실세계 밖에서 유래하여 현실세계를 지배하는 법칙처럼 현실세계와 대립한다. 사회와 국가가 그러하다. 순수수학도 현실세계에서 유래하고 현실세계의 구성형식의 일부분을 표현하는데, 바로 그 때문에 현실세계에 적용될 수 있고 적용되는 것이다.'[10]

순수수학을 순수전쟁, 추상세계의 전쟁, 절대전쟁으로 바꾸어서 읽으면 절대전쟁이 머릿속의 전쟁, 관념상의 전쟁, 그래서 이 세상에 존재하지 않는 전쟁이라고 이해하는 것이 오류라는 것을 알 수 있다. 사회와 국가는 관념의 산물이 아니라 현실세계의 산물이다. 일정한 단계에서 현실세계로부터 분리되어 독립된 것처럼 보일 뿐이다. '절대전쟁은 현실세계에서 유래하고 현실세계의 일부분을 표현하고, 그 때문에 현실세계에 적용될 수 있고 적용되는 것이다.'

추상성과 구체성 또는 『전쟁론』 제1편 제1장 1번에 나오는 하나-부분-전체의 변증법을 그림으로 다음 쪽과 같이 표현할 수 있다.

---

10. 엥겔스, 『반듀링론』, 새길, 46~47쪽 참조. 또한 엥겔스, 『반뒤링론』, 이성과현실, 68~69쪽 참조.

안중근	하나	구체적	개별성
…			
독립투사, 친일파, 보통백성 …			
한국인, 중국인, 일본인, 미국인, 영국인 …			
황인종, 흑인종, 백인종 …	부분		특수성
여성, 남성 …			
…			
인간	전체	추상적	일반성

80억 명의 인간 하나하나를 안중근의 자리에 둘 수도 있다. 세 인종 외에 홍인종과 같은 다른 인종이 더 있다. 다섯 민족 외에 베트남인, 태국인 등 다른 민족이 더 있다. 이 외에도 많은 특수성의 개념을 상정할 수 있다. 개념의 위계상 안중근은 한국인에 비해 구체적인 개념이고, 한국인은 인간에 비해 구체적인 개념이다. 인간은 한국인에 비해 추상적인 개념이고, 한국인은 안중근에 비해 추상적인 개념이다. 한국인과 인간의 관계만 보면 한국인은 개별성의 개념 수준에, 인간은 일반성의 개념 수준에 있다. 안중근과 한국인의 관계만 보면 안중근은 개별성의 개념 수준에, 한국인은 일반성의 개념 수준에 있다.[11]

인간에 대해 말한 것은 다음 쪽과 같이 전쟁에 대해서도 말할 수 있다.

절대전쟁이 관념상의 전쟁이고 이 세상에 존재하지 않는 전쟁이라면, 그래서 절대전쟁이 관념이고 머릿속의 생각에 불과하다면, 그 논리에 따라 '전

---

11. 헤겔에 따르면 '보편적인 것은 존재할 뿐만 아니라 특수한 것보다 훨씬 더 현실적이다. 인간 또는 동물과 같은 보편적인 실재는 존재하고, 이런 보편적인 것은 사실상 모든 개별적인 인간 또는 동물의 존재를 표상하고 있다. '모든 개별적인 인간은 비록 그 각각은 무한히 특유하다고 해도 오직 인간이라는 종(種)에 속하기 때문에 특유한 개별적 존재이다.' '모든 개별적인 인간은 무엇보다 먼저 인간이다.' 보편자의 실재를 부정하고 스스로 보편자로서 기능한다고 자처하는 어떤 특수한 집단의 이익에 개인을 복종시키는데 유리한 근대 권위주의적 이데올로기와 대조하면, 헤겔 견해의 구체적인 중요성이 분명해진다.'(마르쿠제, 『이성과 혁명』, 145쪽.)

1806년 예나전투	하나	구체적	개별성
…			
정규전쟁, 비정규전쟁			
혁명전쟁, 게릴라전쟁, 4세대전쟁 …			
고대의 전쟁, 중세의 전쟁, 근대의 전쟁 …	부분		특수성
무제한전쟁, 제한전쟁			
절대전쟁, 현실전쟁			
…			
전쟁	전체	추상적	일반성

쟁'도 관념에 불과하다. 이 세상에 절대전쟁이 존재하지 않는다면 (절대전쟁
보다 더 추상적인) '전쟁'도 존재하지 않을 것이다.[12]

세 번째 쟁점 — Politik은 정치인가 정책인가?

'전쟁은 다른 수단으로 하는 정치의 계속이다.' 우리나라 연구자들은 거
의 전부 『전쟁론』 제1편 제1장의 이 유명한 명제를 정치의 계속이 아니라 '정
책'의 계속이라고 완고하게 고집하고 있다. 『전쟁론』의 다른 곳에서도 정치가
아니라 정책으로 쓰고 있다. 나는 그들이 '정책'을 고집하는 이유를 알지 못한
다. 독일어의 Politik을 '정치'로 번역하는 것이 이른바 '정치' 장교들, 즉 박정희
나 전두환과 같은 쿠데타 군인들의 정치 개입에 대해 (비)자발적으로 강요된
반성이나 거부감을 표현하는 것인지도 나는 알지 못한다.

---

12. 여기에서 구체에서 추상으로 '내려가는' 연구방법과 추상에서 구체로 '올라가는' 서술방법
의 변증법적 관계에 대해서는 김만수, 「『전쟁론』 완역 후기」, 317~319쪽 참조. 이 연구방법
과 서술방법의 변증법적 관계에 대한 수준 높은 이론적 논의에 관해서는 맑스, 『정치경제학
비판 요강 I』, 서설 47~83쪽, 특히 70~80쪽의 '정치경제학의 방법' 참조. 『전쟁론』의 각 장은
추상에서 구체로 '올라가는' 서술방법을 보이고 있다. 그래서 '사례'를 제외하는 발췌 번역은
『전쟁론』의 정신을 훼손하게 된다.

마르크스주의에서 Politik을 정치라고 번역하기 때문에 군인 출신 연구자들이 대부분 '정치'를 거부하고 있다는 것은 알 수 있다. "소련인들은 소련의 전략이 클라우제빗츠에서부터 온 것이 아니라 마르크스와 엥겔스 이후 레닌으로부터 유래된 것이라고 강조하고 있으나 또한 '전쟁이란 다른 수단이 부착된 정치(클라우제빗츠가 쓰고 있는 정책이 아님)의 연장이다.'라고 한 것을 보아 클라우제빗츠의 말을 잘못 인용하고 있다."[13]

『전쟁론』 전체의 맥락과 그에 대한 나의 해석에 따르면, 위의 명제에 나오는 독일어 Politik을 영어의 policy로, 그래서 우리말로 '정책'으로 옮기는 것은 부적절하다. Politik을 정책으로 옮기면 클라우제비츠 사상의 진수를 놓치게 된다. 클라우제비츠는 『전쟁론』에서 외교정책, 군사정책, 경제정책, 재정정책 등과 같은 어느 정책과 전쟁의 관계를 논한 것이 아니라 포괄적인 의미에서 국가의 정치와 전쟁의 관계를 논했다. 클라우제비츠에 따르면, 유럽에서 프랑스혁명으로 변한 것은 어느 영주나 군주의 이런저런 조세정책, 징병정책, 교육정책, 보건정책, 상업정책 등이 아니라 정치 그 자체이다. 군주정이 공화정으로 바뀐 것, 즉 군주정체가 공화정체로 바뀐 것은 프랑스혁명으로 세상과 사상이 바뀌었고, 그래서 정치형태가 바뀐 것을 뜻한다. 이것을 (정치보다) 좁은 의미의 '정책'으로 축소하여 이해하는 것은 클라우제비츠의 정치 (Politik) 개념의 심각한 왜곡이고 그 당시 역사발전의 흐름에도 맞지 않는다. 프랑스혁명 전후의 유럽세계를 볼 때, 그리고 그 당시 유럽의 (정책적 변화가 아니라) 정치의 변화와 전쟁의 변화를 볼 때, 그래서 『전쟁론』을 전체적으로 이해할 때 독일어의 Politik은 정치로 옮기는 것이 옳고 적절하다.

---

13. 최병갑 외, 『현대군사전략대강 I』, 404~405쪽 각주 2. 이 문장은 I의 제20장 '군사전략과 비교분석'에 실려 있고, 이 글의 저자는 '미국 국방대학원 교수부'이다. 우리나라 군인 출신 연구자들이 미국 국방대학원 교수부의 이해(오해)를 추종하고 답습하고 있는 것인가? 1988년에 을지서적에서 발행한 『현대군사전략대강』 I~IV권은 최병갑, 나갑수, 이원양, 장문석, 류재갑의 공편으로 되어 있는데, 이 책에 있는 글은 전부 번역이고 번역 모음집이다. 네 권에 2101쪽이나 되는 엄청난 분량으로 외국(주로 미국) 학자들의 견해를 발췌 번역한 책이다. I은 4부 24장, II는 3부 23장, III은 3부 20장, IV는 4부 24장으로 되어 있다. 91개 장에 91개의 글을 번역해서 실었다.

'마이클 하워드와 피터 파렛이 클라우제비츠의 책을 공동으로 번역하면서 '정책'(policy)이라는 단어를 선택한 것은, 이 두 사람이 '정치'(politics)는 영국과 미국에서 부정적인 의미를 내포한다고 보고, 일상적인 개념의 정치보다 상위의 개념이 필요하다고 보았음을 뜻한다.' 이와 달리 배스포드는 '정책은 지나치게 고정적이고 일방적이고 논리적인(이성적인) 의미로 들리지만, 정치는 경쟁자들을 그들이 겪는 갈등 속에 함께 묶어주는 상호성의 의미를 담고 있다는 주장을 한다.'[14] 영미권에서 정치 개념이 부정적인 의미를 갖고 있고 일상적인 개념이라는 말이 하워드와 파렛의 견해인지 프리드먼의 견해인지 불분명하다. 이 문장에서는 프리드먼의 견해로 보인다. 정치를 일상적인 의미로 부정적인 어감으로 쓰는 것은 영미권의 분위기이고 우리는 그렇지 않다. 나는 배스포드의 정치 개념에 동의한다. 영어로 정치와 정책이 어떤 의미로 받아들여지든, 우리말에서 정치와 정책은 이와 다르게 쓰인다. 정치는 정책보다 포괄적인 개념으로 받아들여진다. 영어의 policy는 우리말로 정책, 방책, 방침, 원칙으로 번역되고, 그래서 대책, 방안, 법칙, 규칙, 원리로도 번역되는데, 그러면 클라우제비츠의 Politik 개념을 벗어나게 된다.

결론. 언어적으로도 사상적으로도 역사적으로도 정책이 아니라 정치가 Politik에 적절한 번역어이다. 소련이 아니라 미국이 클라우제비츠의 Politik을 잘못 이해했고, 우리나라는 미국의 오해를 그대로 따랐다.

네 번째 쟁점 ― Verstand는 지성인가 이성인가 오성인가?

우리나라에는 『전쟁론』에 나오는 Verstand를, 특히 제1편 제1장의 삼중성에서 말하고 있는 Verstand를 오성으로 번역하여 이해하는 연구자들이 압

---

14. 프리드먼, 『전략의 역사 1』, 199쪽 참조.

도적으로 많다. 물론 2000년 이전에는 철학계에서도 일반적으로 그렇게 이해했다.[15] 클라우제비츠 학계에서는 류재갑과 강진석 이후, 특히 이종학이 오성으로 번역해야 한다고 주장한 이후 거의 모든 군인 출신 연구자들이 이종학의 번역을 그대로 따르고 있기 때문이다. 이종학이 '오성'을 고집하는 데는 특별한 철학적인 이유가 있는 것 같지 않다. 일본 사람들이 Verstand를 오성(悟性)으로 번역했고, 이종학이 읽은 책이 일어책이고, 그가 일어 번역을 추종했기 때문으로 보인다. 이종학은 클라우제비츠가 키제베터로부터 칸트 철학을 배웠다고 여러 번 말했다. 그런데 이종학이 키제베터를 읽었다는 증거도 없고, 키제베터의 일어 번역을 읽었다는 증거도 없다. 클라우제비츠가 키제베터를 읽었다고 말한 일어책을 이종학이 읽은 것에 불과한 것으로 보인다.

군인 출신 연구자들이 '오성'이라고 쓰는 데도 무슨 특별한 철학적인 근거를 갖고 그렇게 말하는 것이 아니다. 선배 이종학이 그렇게 말했기 때문에 그것이 맞을 것이라는 생각으로 '오성'을 쓰는 것에 불과하다.

Verstand의 영어 번역 reason을 보고 Verstand를 이성으로 번역한 글도 보았다. 하지만 독일어는 지성(Verstand)과 이성(Vernunft)를 명백히 구분하기 때문에 영어 번역(reason)만 보고 Verstand를 이성으로 옮기는 것도 잘못된 이해이다.

나는 (아래 백종현의 칸트 해설을 읽기 전에) 독일어 사전을 보고, 그리고 『전쟁론』에 나오는 개념의 전체 관계와 체계를 생각해서 Verstand를 최종적으로 '지성'으로 번역했다. 그 전체 관계는 『전쟁론』에 나오는 지성과 감성, 지혜와 용기, 통찰력과 결단력, 필요성과 대담성, 완강함과 단호함의 대비이다.[16] 그 대비를 보면 오성보다 지성이 적절하다는 것이 분명해진다.

그러면 칸트 전문가 백종현의 말을 읽어보자. "많은 사람들이 '오성(悟性)'이라고 지칭하는 것은 오히려 '지성(知性)'이라 해야 우리말 어감에도 맞

---

15. 수많은 문헌 중에 앞에서 본 마르쿠제의 『이성과 혁명』 하나만 언급한다.
16. 김만수, 「클라우제비츠의 전쟁의 삼중성과 4세대전쟁이론」, 290쪽 참조.

고, 사태에도 부합할 것으로 보인다. 한자말 '오(悟)'는 '깨닫다[覺]' 또는 '깨우쳐주다[啓發]'는 뜻을 갖는다. 그런데 많은 사람들은 '오성'을 독일어 'Verstand', 영어 'understanding'의 번역어로 쓰고 있다. 그러면서 기이하게도 이 독일어와 영어 낱말에 대응하는 라틴어 'intellectus'는 대개 '지성'이라고 옮겨 쓰고 있다. 이 서양말들이 지시하는 것은 ─ 저 라틴어 낱말이 어원적으로는 '통찰(洞察)함'의 뜻을 갖는다 하더라도 ─ 사고[개념화]하고 판단하고 인식하고 이해하는, 요컨대 '앎'의 기능 내지 능력이지 결코 '깨닫는', '대오(大悟) 각성(覺醒)하는' 능력이 아니다. 그러니까 이들 서양말에 대응하는 낱말은 '오성'이라기보다는 '지성'이다.

칸트는 독일어 'Verstand'를 라틴어 'intellectus'에 대응시켜 사용한다. 그래서 'Verstand'에 귀속할 형용사는 'intellectus'에서 유래하는 (외래어)형용사를 그대로 쓴다. 그러므로 우리로서는 이 두 낱말을 똑같이 '지성'이라고 번역하여 쓰는 것이 합당한 일이다. 다만 유념해야 할 것은, 칸트가 'intelllectus'와 뿌리를 함께하는 두 형용사 'intellektuell(intellectualis)'과 'intelligibel(intelligibilis)'을 구별하여 사용하려 한다는 점이다. 칸트의 이 의도를 살펴 우리는 앞말은 '지성적'으로 뒷말은 '예지(叡智)적' 또는 ─ 오히려 이 경우야말로 적절한 것이라 할 수 있는 ─ '오성(悟性)적'으로 옮겨 쓰는 것이 좋다고 생각한다.

칸트에게서 대개의 경우 '지성적(intellektuell)'이라는 형용사는 '인식'(또는 인식 기능)을 수식해 주는 말로, 따라서 '지성적 인식'이란 '지성에 의한 인식'을 뜻하고, 칸트에게서 모든 경험적 인식은 감각 인상을 재료로 한 지성에 의한 인식이므로, '지성적' 인식은 그러니까 감각 세계에 관한 것이기도 하다. 반면에 '예지적[오성적intelligibel]'은 '대상' 내지 '세계'를 수식해 주는 말이며, 그러므로 예컨대 '예지적 대상'이나 '오성적 세계'란 '지성에 의해서만 표상 가능한 것'으로, 그것은 인간의 감각적 직관을 통해서는 결코 표상될 수 없는 것, 감각을 매개로 하지 않는 직관 능력이 있다면 ─ 가령 신적(神的)인 ─ 그런 직관에 의해서나 포착될 수 있는 것을 말한다. 그런데 우리 인간에게는 그런 직관 능력이 없으므로 '예지[오성]적인 것'은 오로지 지성을 통해 생각 가능한 것일 따름이다."[17]

인용이 긴데, 이를 요약하면 다음과 같다.

1. Verstand와 understanding은 intellectus에서 유래하는데, intellectus는 지성으로 옮기고 Verstand와 understanding은 오성으로 옮기는 것은 부적절하다. 이것도 지성으로 옮겨야 한다. 이 말은 모두 앎의 능력이지 깨닫는 능력이 아니다.

2. intellectus에서 intellectualis(intellektuell)와 intelligibilis(intelligibel)의 두 형용사가 유래하는데, 전자는 지성으로, 후자는 예지(오성)로 옮기는 것이 좋다.

3. 칸트에게 지성적 인식은 지성에 의한 인식을 뜻하고 감각 세계에 관한 것이기도 하다. 예지적 대상이나 오성적 세계는 지성에 의해서만 표상 가능한 것으로, 인간의 감각적 직관에 의해서는 결코 표상될 수 없다. 감각을 매개로 하지 않는 신적인 직관 능력이 있다면 그런 직관에 의해서나 포착될 수 있다. 그런데 인간에게는 그런 능력이 없으므로 예지[오성]적인 것은 오직 지성을 통해서만 생각할 수 있다.

덧붙이면, 『전쟁론』에는 intellektuell은 나오지만 intelligibel은 등장하지 않는다. 이런 이유 때문에도 지성이 Verstand의 적절한 번역어라고 생각한다.

이제 이종학을 포함한 군인 출신 연구자들이 '오성'의 암흑에서 벗어나서 '지성'의 빛으로 이행할까?

칸트의 지성을 언급했으니, 군인 출신 연구자들이 많이 쓰는 '학과 술'의 개념도 언급한다. 『전쟁론』에는 과학과 기술의 대비가 분명하게 나타나는

---

17. 칸트, 『실천이성비판』, 513~515쪽. 이 외에도 Verstand의 번역어, 설명, 해설은 칸트, 『순수이성비판 1』, 24, 147, 214쪽, 『순수이성비판 2』, 1081~1083쪽, 『실천이성비판』, 110~111, 170, 225쪽, 429쪽의 각주, 『판단력비판』, 132~133, 718~719쪽 등 참조.

데, 많은 군인 출신 연구자들이 이를 '학'이나 '술'이라고만 쓴다. ('전쟁은 학이 아니라 술이다.'와 같이 쓰는 경우가 여기에 해당한다.) 그래서 Kriegskunst 로 나올 때는 전쟁술이라고 쓰는데 반해 Kunst만 나올 때는 기술인지 예술인지 알 수 없게 '술'이라고만 쓰는 이들이 많다. 다시 백종현을 인용한다. "Kunst, schöne Kunst, Technik은 원칙적으로 기예, 미적 기예, 기술로 구별하여 쓰되, 미적 기예는 곳에 따라서는 줄여서 예술로, 'Kunst'는 문맥상 명백히 'schöne Kunst'를 지칭할 때는 '예술'로, 'Technik'를 지시할 때는 '기술'로도 옮겨 쓴다."[18] 『전쟁론』에는 Kunst가 'schöne Kunst'로 쓰인 적이 없기 때문에 기술이 더 적절할 것으로 생각한다. 예술도 아니고 기술도 아니고 '술'이라고만 쓰는 것은 다른 단어와 결합하는 경우가(건축술, 의술, 용병술, 최면술 등) 아니면 매우 이상하고 어색하다.[19]

칸트는 천재에 대해 다루었는데, 클라우제비츠의 '전쟁천재'와 관련하여 칸트의 천재 개념을 여기에 약간 인용하는 것도 좋을 것 같다. 칸트의 '천재'는 예술의 천재이지만, 전쟁에 나타나는 천재와 비교해도 흥미롭기 때문이다. '천재란 기예에 규칙을 주는 재능이다.' '천재란 어떠한 특정한 규칙도 주어지지 않는 것을 만들어내는 재능이다.' '천재란 모방정신에 전적으로 대립해 있어야 한다.' '천부의 자질이 기예에 규칙을 줄 때 이 규칙이란 어떤 정식(定式)으로 작성되어 지시규정으로 쓰일 수 없는 것이다.' '(일정한 비율로) 통합되어 천재를 형성하는 마음의 능력은 상상력과 지성이다.'[20]

다섯 번째 쟁점 — Volk는 인민인가 국민인가?

18. 칸트, 『판단력비판』, 8쪽.
19. 기술과 예술이 '기예'라는 하나의 뿌리에서 갈라졌고, 기술과 예술의 경계를 명확히 구분 짓는 것이 어렵다는 점은 나도 인정한다.
20. 이 인용은 칸트, 『판단력비판』, 338~352쪽 참조. 천재에 관한 이해는 칸트, 『판단력비판』, 338~357쪽 참조.

'클라우제비츠의 인민전쟁론에서 클라우제비츠가 생각한 '인민' 개념은 일국민(一國民)을 형성하는 인적 요소로 간주할 뿐이지, 특정한 정치적 의미 부여를 하지 않고 있다. … 인민전쟁의 적 개념도 적의 군대이지 다른 아무것도 아니다. … 클라우제비츠의 인민전쟁론은 적 개념, 정치목적, 전쟁수행방식, 기본적인 발상에서 공산권의 '인민전쟁' 문제와 판이하다.'[21] 그렇다면 우리나라 군인 출신 연구자들이 '인민' 개념에 두려움을 느낄 필요는 없을 것이다.

'국어사전을 보면 인민(人民)은 국가에서 피통치자인 자연인, 사회를 구성하는 사람, 백성을 지칭한다. 일상생활어로서의 인민은 보통 '한 공동체·종족·국민을 형성하는 사람의 집합체이고, 같은 나라 안에서 동일한 법률 아래 사는 사람의 복합체를 의미한다. 일상보통어로서의 인민은 사람 일반, 자연인, 백성, 국민, 민족 혹은 종족을 지칭하는 집합명사이고, 동시에 이들 낱말과 동의어로 사용되고 있다. 정치의식이 가미된 정치언어로서의 인민은 민주주의라는 정치용어와 밀착되어 있다. 즉 사람-인간으로서의 기본적인 권리라든가 의무·평등·자유·박애·생명·재산·생존권 등 인간의 존엄성이 존중되고 보장되어야 한다는 원천적 기본대상으로서 '인민'을 의미하게 되고, 모든 정치명분상의 수혜자로서 '인민'을 들게 된다. 이 경우 인민은 평등치적(平等値的)인 평범한 시민으로 귀의시켜서 이해된다. 링컨(A. Lincoln)이 게티즈버그 연설에서 '인민의, 인민을 위한, 인민에 의한 정부'라고 말할 때 인민은 통치자와 피치자, 지배자와 피지배자를 통틀어서 모든 것의 주인이다. 인민주권이나 인본주의 등의 용례와 같다. 지배자도 인민을 위해 통치한다고 강조하고 피지배자도 인민을 위해 통치해야 한다고 강조하는 식으로 민주주의의 타당성을 고취시켜서 인민의 이름을 내세우는데, 이 경우에는 인민이 구체적으로 누구를 지칭하는지 분간하기 힘들다. 정치적 의미를 구체적으로 파고들면 애매하고 신화적인 낱말이 인민이다. 정치언어로 보면 국민(네이션)도 인민과 .

---

21. 김홍철, 『전쟁과 평화의 연구』, 39쪽.

똑같이 신화적인 성질을 띤다.

정치용어는 일상생활이나 보통어로서 개개의 낱말이 통용되고 공감대를 형성하는 의미권(意味圈)이 있다. '인민'이 그 대표적인 사례이다. 국제정치에서 시대나 장소에 따라 어감상의 이유 때문에 특정한 정치언어의 사용이 유쾌하거나 떳떳한 의미로 쓰이지 않기도 한다. 자본주의세계에서 제국주의, 군국주의, 독재정치의 용어는 부자연스럽고 불쾌하고 민주주의와 동떨어진 감이 있지만, 공산주의세계에서는 적을 비난하기 위해 그 용어를 떳떳하고 적극적이고 활발하게 사용한다. 인민과 국민은 동의어이지만 정치색을 띠면 거리가 멀어진다. 국민경제 대 인민경제, 국군과 국민군 대 인민군, 민주공화국 대 인민공화국 등은 상호 대칭적인 정치언어이고 어감이 다르고 달리 통용되고 각기 고유의 의미권을 갖고 있다.'[22]

클라우제비츠는 Volk를 사람, 백성, 민족 등의 의미로 썼다. 자본주의세계와 공산주의세계에서 쓰는 국민과 인민 개념을 클라우제비츠도 썼다고 보는 것은 시대착오적이고, Volk를 전부 국민으로 번역하고 이해하는 것은 잘못이다. 독어의 Volk와 영어의 people의 적절한 번역어는 인민이다.

정치학에서 말하는 근대 국민국가(nation-state)는 삼권분립을 기초로 형성되었다. 삼권분립 이전 국가형태(공국, 왕국, 제후국, 제국 등)의 피지배자를 국민이라고 번역하고 이해하는 것은 학문적으로 정확하지 않고 정치적으로 타당하지 않고 역사적으로 적절하지 않다. 그들에게는 참정권(선거권과 투표권)이 없고, 그래서 공민권(시민권)도 없다. 그들을 국민이라고 말할 수는 없다. 예를 들어 조선왕조의 피지배자는 백성, 인민, 신민이지 (근대 국민국가에서 말하는) 국민이라고 할 수 없다. 절대주의 시대를 (그리고 프랑스혁명으로 국민국가가 막 형성되고 있는 시대를) 산 클라우제비츠에게 국민 개념은 생소했던 것으로 보인다. 『전쟁론』에 인민(Volk)은 약 170번 나오는 반면에

---

22. 김홍철, 『전쟁과 평화의 연구』, 154~156쪽.

국민(Nation)은 9번밖에 안 나오기 때문이다.[23]

프랑스혁명으로 '전쟁이 느닷없이 다시 인민의 일이 되었고, 그것도 자신을 모두 시민이라고 생각하는 3000만 명의 인민의 일이 되었다.'(『전쟁론』, 974쪽) 제3신분에게는 공민권(시민권)이 주어지지 않았다. 그들이 자신을 스스로 '시민'이라고 생각했다는 것이다. 이 경우에도 인민을 국민으로 옮기면 부적절한 번역이 된다.[24]

여섯 번째 쟁점 ─ Dreifaltigkeit는 삼중성인가 삼위일체인가?

우리나라에서 거의 모든 군인 출신 연구자들의 『전쟁론』 관련 문헌에는 경이로운 '삼위일체' 개념에 대한 '경이로운' 집착이 보인다. 앞에서 여러 번 언급했기 때문에 '삼위일체' 개념이 오류라는 것을 독자들이 충분히 이해했을 것이다. 여기에서는 언어적, 개념적, 논리적, 역사적인 측면에서, 그리고 『전쟁론』을 통해 삼위일체 개념을 반박하려고 한다.

삼위일체 개념은 먼저 단어(낱말) 수준에서 오류이다. 『전쟁론』에 나오는 독일어 단어는 Dreifaltigkeit이다. 이 단어는 Drei-faltig-keit로 나눌 수 있는데, 이 단어를 영어로 그대로 옮기면 three-fold-ness가 된다. Dreifaltigkeit에서 명사형 접미사 'keit'를 빼면 남는 것은 dreifaltig이고, 이 단어는 우리말로 '삼중의, 세 곱의, 세 배의'로 번역된다. 삼위일체에 집착하는 사람들에게 적절한 독일어 단어는 Dreieinigkeit이다. 이 단어는 『전쟁론』에 한 번도 나오지 않는다. 이 단어는 Drei-einig-keit로 분리할 수 있고, 이 분리된 단어

---

23. 나는 『전쟁론』 번역 전면개정판에서 Volk는 인민으로(때로 민족으로), Nation은 국민으로 구분해서 옮겼다.
24. '인민'에 관해서는 스트레이천의 『전쟁론 이펙트』에 관해 논의한 113쪽도 참조할 것.

를 영어로 그대로 옮기면 three-united-ness가 된다. 삼위일체를 나타내는 또 다른 단어 Triniät(trinity)도 『전쟁론』에 나오지 않는다. 결론적으로 낱말 수준의 번역에서 보면 '삼위일체'가 아니라 '삼중성'이 Dreifaltigkeit의 적절한 번역어이다.

둘째로 '삼위일체'는 개념상으로 오해이다. 많은 이들이 국민, 군대, 정부는 각각 독립되어 있다고 말한다.[25] 전쟁과 관련해서 국민, 군대, 정부의 독립성이란 무엇인가? 국민이 독립적으로 전쟁을 수행하고 군대가 독립적으로 전쟁을 수행하고 정부가 독립적으로 전쟁을 수행한다는 말인가? 그렇지 않으면 국민, 군대, 정부는 각각 그 자체로 독립되어 존재한다는 말인가? 그 자체로 독립되어 있는 것이라면 '독립성'은 동어반복이고 따로 '각각의 독립성'을 강조할 필요도 없다. 그다음으로 많은 이들은 삼위(국민, 군대, 정부)가 일체를 이루고 있고 이루어야 한다고 말한다. 3가지 요소가 일체를 이루어야 전쟁이 일어날 수 있다는 말인가? 일체를 이루어야 전쟁에서 승리한다는 말인가? 전쟁은 3가지 요소가 일체를 이루어서 수행된다는 말인가?[26] 그렇다면 그들은 클라우제비츠가 말한 용병 시대의 전쟁, 또는 정부만 수행한 전쟁을 어떻게 이해하고 설명할까? 여기에서 『전쟁론』 일부를 인용하도록 한다.

"우리가 본래의 전쟁 개념에 머물러야 할까? 전쟁이 그 개념에서 매우 멀리 있다고 해도 모든 전쟁을 그 개념에 따라 판단해야 할까? 이론의 모든 요구를 그 개념에서 끌어내야 할까? 이제 이 문제에 대해 결정을 해야 한다. 전쟁이 오직 그런 모습이어야 하는지 또는 다른 모습을 띨 수 있는지에 대해 우리 스스로 결정하지 않는 한 전쟁계획에 대해 이성적으로 말할 수 없기 때문이다. 전자의 경우로 결정하면 우리의 이론은 모든 점에서 필연성에 더 접근할 것이고, 좀 더 분명하고 확실한 것이 될 것이다. 하지만 그러면 알렉산드로스 대왕과 고대 로마의 몇몇 원정 이래 보나파르트에 이르기까지 수행된 모

---

25. 예를 들어 앞에서 인용한 강진석, 『클라우제비츠와 한반도』, 179쪽 참조.
26. 『전쟁론』에서 세 요소의 독립성과 일체성을 말한 부분을 나는 읽지 못했다.

든 전쟁에 대해 어떻게 말해야 할까? … 더 나쁜 것은 우리의 이론에 반대되는 종류의 전쟁이 앞으로 아마 10년 안에 다시 일어날 수 있다는 것, 그러면 엄밀한 논리를 갖춘 우리의 이론이 상황의 힘에 굴복하여 크게 무력해질 수 있다는 것이다. 그래서 우리는 다음과 같은 것을 이해해야 할 것이다. 즉 전쟁이 어떤 모습을 띠어야 하는지는 순수한 개념에서 끌어내는 것이 아니라는 것, 전쟁에 섞여 들어오는 모든 낯선 것, 즉 전쟁을 이루는 많은 부분의 실질적인 어려움과 마찰, 인간정신의 비일관성, 불확실함, 절망 등에 자리를 마련해야 한다는 것이다. 또한 전쟁은 그리고 인간이 전쟁에 부여하는 모습은 바로 그 전쟁에 앞선 이념, 감정, 상황에서 나온다는 것을 생각해야 할 것이다. 더욱이 진실을 말하고자 한다면 전쟁이 절대적인 모습을 갖게 된 경우에도, 즉 보나파르트 아래에서도 역시 그러했다는 것을 인정해야 한다."(『전쟁론』, 954~955쪽)

클라우제비츠는 『전쟁론』에서 전쟁의 역사를 살펴보면서 앞에 일반적으로 말한 것을 구체적으로 서술하고 있다. "18세기의 슐레지엔전쟁 시대에 전쟁은 아직 순전히 정부의 일이었고, 인민은 눈에 띄지 않는 도구로만 전쟁에 참여했다. 19세기 초에는 전쟁을 치르는 두 나라의 인민이 중요해졌다. 프리드리히 대왕에게 대항한 최고지휘관들은 그 나라 군주의 위임을 받고 행동한 사람들이었고, 바로 그 때문에 그들의 지배적인 특징은 신중함이었다. 이와 달리 오스트리아와 프로이센의 적은 한마디로 전쟁의 신 그 자체였다. 이처럼 다른 두 가지 상황에 대해서는 완전히 다르게 살펴보았어야 하지 않을까?"(『전쟁론』, 960쪽)

용병이 "최고의 힘과 노력을 쏟는 것은 거의 있을 수 없는 일이었고, 그래서 그들의 전투는 대부분 흉내만 내는 전투에 지나지 않았다. 한마디로 증오와 적대감이 많은 나라들로 하여금 직접적인 행동을 하도록 자극하는 일은 더 이상 없었고, 전쟁은 상업의 문제가 되었다. 전쟁에서 대부분의 위험은 사라졌고, 전쟁의 성질은 완전히 달라졌다. 이런 성질에서 전쟁이라고 규정할 수 있는 것은 당시의 전쟁에는 아무것도 없었다."(『전쟁론』, 966쪽)

"타타르 민족의 원정에서는 모든 인민이 전쟁에 참여했고, 고대의 공화국과 중세에는 인민의 개념을 본래의 시민으로 적당히 제한해도 매우 많은 인민이 전쟁에 참여했지만, 18세기의 상황에서는 인민이 전쟁에서 직접적으로 할 일은 아무것도 없었고, 단지 인민으로서 갖는 일반적인 미덕이나 결점으로 전쟁에 간접적인 영향을 미치는데 지나지 않았다. 이런 식으로 전쟁은 정부가 인민과 분리되는 바로 그만큼, 그리고 정부가 스스로를 나라라고 생각하는 바로 그만큼 정부만의 일이 되었다. 이 일은 금고에 있는 돈으로 자기 나라와 이웃 나라에 있는 유랑자들을 고용하여 수행되었다."(『전쟁론』, 970쪽) 역사를 살펴보는 일을 마치면서 클라우제비츠는 말한다. '모든 시대에는 그 시대의 독특한 전쟁이 있다.'(『전쟁론』, 976쪽)

전쟁에는 인민이 참여하지 않고 용병만 수행한 전쟁도 있다. 즉 삼위가 일체를 이루지 않아도 전쟁은 수행된다. 물론 인민, 군대, 정부가 모두 참여한 전쟁도 있다. '삼중성'은 이 모든 것을 고려한 개념이다. 모든 전쟁에서 인민, 군대, 정부의 3가지 요소가 반드시 동시에 등장해야 한다는 것을 말한 이론이 아니다. 클라우제비츠의 삼중성을 삼위일체라고 말하는 것은 클라우제비츠 이론에 대한 화석화된 왜곡이다. 알렉산드로스 대왕과 고대 로마의 몇몇 원정, 나폴레옹의 전쟁(절대전쟁) 이외의 모든 전쟁을(현실전쟁) '전쟁의 본질'에 어긋나는 전쟁으로, 전쟁이 아닌 것으로 비난할 수는 없다. "부끄러움을 아는 사람이라면 아마 그런 불손한 짓은 할 수 없을 것이다."(『전쟁론』, 954쪽)

셋째로 삼위일체 개념은 클라우제비츠의 절대전쟁과 현실전쟁에 대한 잘못된 이해로 이끈다. 『전쟁론』 제1편 제1장이 전쟁을 절대전쟁, 현실전쟁, 삼위일체 전쟁의 순서로 논의했다고 보고, 삼위일체를 현실전쟁에만 존재하는 것으로 간주한다. 다음도 그 예이다. "클라우제비츠는 제1의 경향(증오심)에서의 순수형태의 전쟁을 절대전, 제2의 경향(우연성)에서의 전쟁을 현실전, 제3의 경향(지적 능력)에서의 전쟁을 정치전으로 개념화하고 이 셋의 통합적 이해를 제시한다."[27]

인민만 하는 전쟁이 절대전쟁이고, 군대만 하는 전쟁이 현실전쟁이고 정부만 하는 전쟁이 정치전쟁이라는 말인데, 이런 도식화된 분리는 말은 멋있어 보이지만 오해이다. 클라우제비츠 이론을 분석한 것이 아니라 그의 이론을 분리하고 분해한 것이다. 이 셋은 분리적인 이해이지 통합적인 이해가 아니다. 클라우제비츠는 『전쟁론』 어디에서도 그런 분리를 수행한 적이 없다. 또한 '정치전쟁'의 개념은 클라우제비츠에게 없다. 전쟁은 다른 수단으로 계속하는 정치이고 정치의 수단이다. 즉 전쟁은 정치적인 성질을 띤다. 이 명제 외에 따로 정치전쟁의 개념을 설정하는 것은 불필요하고 클라우제비츠의 이론에 맞지 않는다. 절대전쟁이든 현실전쟁이든 모든 전쟁은 정치적인 전쟁이다.

정치전쟁의 개념 외에 '순수전쟁'의 개념도 등장한다. "클라우제비츠의 삼위일체는 변증법적인 논리 전개로 이루어진 것으로서 … 각각은 순수전쟁, 현실전쟁, 정치로서의 전쟁이라는 정반합의 논리로 연결되어 있는 것이다."[28]

인민만 수행하는 전쟁이 순수한 전쟁인가? 그런 전쟁이 있는가? 그런 전쟁이 있을 수 있는가? 그런 전쟁이 있다고 클라우제비츠가 말했는가? 클라우제비츠가 순수전쟁이란 개념을 썼나? 그렇지 않다. 또한 정반합이 변증법의 전부도 아니고, 전쟁이 역사에서 정반합처럼 깔끔한 순서로 일어나지도 않는다. 클라우제비츠가 그렇게 말한 적도 없고, 헤겔의 논리를 클라우제비츠에게 적용해도 그렇게 되지 않는다.

『전쟁론』에서 18세기 프리드리히 대왕의 7년전쟁은 현실전쟁의 예이고 19세기 초 나폴레옹의 전쟁은 절대전쟁의 예이다. 그렇다면 강진석은 정반합의 논리가 아니라 '반정합'의 논리를 주장해야 하지 않을까? 역사적인 경험과 무관하고 클라우제비츠의 이론과도 무관한 정반합의 논리는 논리를 위한 논리인가? 역사적인 경험과 무관한 이런 논리가 클라우제비츠를 이해하는데

---

27. 강진석, 『클라우제비츠와 한반도』, 168쪽.
28. 강진석, 『클라우제비츠와 한반도』, 225쪽. 강진석의 인용문과 해석이 (그리고 이 인용문이 있는 부분 전체가) 강진석의 것인지 다른 사람 글의 표절인지 알 수 없다.

무슨 도움이 되겠는가? 클라우제비츠를 인용한다. "저자는 어떤 경우에도 철학적인 일관성을 피하지 않았다. 하지만 그것이 지나치게 가느다란 실로 이어질 때 저자는 차라리 그 실을 끊고, 그것에 상응하는 경험의 현상을 다시 연결하는 것을 선호했다. 많은 식물은 줄기가 지나치게 높이 자라지 않을 때만 열매를 맺는데, 이처럼 현실의 기술에서도 이론의 잎과 꽃은 지나치게 무성하게 자라서는 안 되고 경험, 즉 기술의 본래의 토양 근처에 있어야 한다."(『전쟁론』, 52쪽)

클라우제비츠는 순수전쟁의 개념을 말한 적은 없지만 '순수하게 전쟁적인' 성격은 말한 적이 있다. 그 부분을 『전쟁론』 제1편 제1장에서 인용하도록 한다. "전쟁의 동기가 크고 강력할수록, 전쟁의 동기가 민족의 생존 전체를 포괄할수록, 전쟁에 앞서 나타나는 긴장이 폭력적일수록, 전쟁은 그만큼 추상적인 형태에 근접하게 되고, 적을 쓰러뜨리는 것은 그만큼 중요해지고, 전쟁의 목표와 정치적인 목적은 그만큼 하나가 되고, 전쟁은 그만큼 '순수하게 전쟁처럼'(reiner kriegerisch) 보이고 그만큼 덜 정치적인 것처럼 보인다. 이와 반대로 동기와 긴장이 약할수록 전쟁의 요소, 즉 폭력이 드러나는 자연스러운 방향은 그만큼 정치가 주는 선에 머물고, 그래서 전쟁은 그만큼 자연스러운 방향에서 벗어날 수밖에 없고, 정치적인 목적은 그만큼 관념적인 전쟁의 목표에서 벗어나고, 전쟁은 그만큼 정치적으로 보이게 된다."(『전쟁론』, 80쪽) 그런데 이것은 절대전쟁과 현실전쟁의 구분이다.

넷째로 삼중성에 대한 이해의 부족은 이중성과 양극성의 이해에 대한 혼란으로 이어진다. 예를 들어 강진석은 다음과 같은 이상한 질문을 던졌다. "전쟁의 양극성 원칙에 입각하여 전쟁이라는 무장폭력 현상이 절대적 폭력의 한 극에서부터 현실적인 자제의 극인 무장적 관조에 이르는 연계선상을 어떻게 오르내리는가?"[29] 절대적인 폭력을 하나의 극으로 보고 무장 관측을 다른 하나의 극으로 삼을 수는 있다. 하지만 이것을 양극성이라고 말할 수는

---

29. 강진석, 『클라우제비츠와 한반도』, 289쪽.

없다. 이것은 클라우제비츠의 양극성이 아니다.

클라우제비츠를 인용한다. "한쪽 최고지휘관의 이해관계를 언제나 다른 쪽 최고지휘관의 이해관계와 정확히 반대라고 생각하면 우리는 참된 의미의 양극성을 받아들인 것이다. … 양극성의 원리는 하나의 동일한 대상에서 양의 크기와 그 반대인 음의 크기가 정확히 상쇄되는 경우에만 존재한다. 전투에서는 양쪽 모두 각자 승리하려고 하는데, 이것이 참된 의미의 양극성이다. 한쪽의 승리는 다른 쪽의 승리를 배제하기 때문이다. … 공격과 방어는 그 종류와 힘이 다르기 때문에 양극성이 적용될 수 없다. 전쟁에 오직 하나의 형태, 즉 적을 공격하는 것만 있고 방어하는 것이 없다면, 달리 말해 공격과 방어가 적극적인 동기에 의해서만 구분된다면, 공격은 적극적인 동기를 갖고 있고 방어는 적극적인 동기를 갖고 있지 않다면, 싸움이 언제나 동일한 것이라면, 이 싸움에서 한쪽의 유리함은 언제나 똑같은 크기만큼 다른 쪽의 불리함이 될 것이고, 그러면 양극성이 존재할 것이다. 하지만 전쟁활동은 하나의 형태가 아니라 두 가지 형태, 즉 공격과 방어로 나뉜다. 이것은 … 종류도 매우 다르고 힘도 같지 않다. 그래서 양극성은 공격과 방어가 관계하고 있는 것, 즉 결전에 존재하고 공격과 방어 자체에는 존재하지 않는다."(『전쟁론』, 73~74쪽)

절대전쟁과 현실전쟁은 전쟁의 양극성이 아니다. 전쟁의 두 가지 유형이고 두 가지 종류이다. 군인 출신 연구자들의 말을 최대한 반영해도 '전쟁의 이중적인 성격'으로 이해해야 한다. 이중성과 양극성의 개념을 섞어서 쓰는 것은 심각한 오류이다. 개념을 정확하게 정의하고 명확하게 구분하는 것은 모든 학문의 출발이다.

한국의 클라우제비츠 연구에서 '삼위일체' 개념에 대한 집착이 언제까지 계속될까? 그 개념을 언제까지 고집할까? 클라우제비츠를 인용한다. "고집은 … 더 나은 견해에 대한 반대를 가리킨다."(『전쟁론』, 118쪽)[30]

---

30. 삼중성에 관해서는 스트레이천에 관해 논의한 111~112쪽 참조. 또한 조한승에 관해 논의한

일곱 번째 쟁점 — 삼중성은 이성, 우연, 감성인가?

'삼위일체' 개념만큼 잘못된 이해가 삼중성의 내용과 명칭을 이성, 우연, 감성이라고 보는 것이다. 거의 모든 군인 출신 연구자들은 삼중성의 내용과 명칭을 이성, 우연, 감성이라고 보고 그렇게 부른다. 나는 삼중성의 내용과 이름을 정치성, 개연성, 폭력성이라고 보고 그렇게 부른다.[31]

클라우제비츠는 삼중성을 말할 때 '전쟁에 지배적으로 나타나는 여러 가지 경향과 관련지어서'[32] 그렇게 말했다. 여기에서 경향에 해당하는 단어 Tendenzen의 단수형은 Tendenz이고, 이 단어는 경향, 성향, 측면 등으로 번역할 수 있다. 나는 경향과 성질을 모두 표현하는 것으로 보이는 '성향'을 Tendenz의 최종 번역어로 결정한다.[33] 그리고 정치성, 개연성, 폭력성은 전쟁에 지배적으로 나타나는 여러 가지 성향이다. 어느 전쟁에는 이 성향이 지배적으로 나타나고 다른 전쟁에는 저 성향이 지배적으로 나타난다는 말이다. 어느 때는 세 성향이 모두 나타나고 다른 때는 두 성향만 나타날 수도 있다.

그런데 이성, 우연, 감성은 경향도 아니고 성향도 아니고 측면도 아니다. 이성은 능력이나 특성이고, 감성은 성질이나 능력이고, 우연은 성질이나 상황이다. 이성, 우연, 감성은 성향, 경향, 측면을 표현하지 못한다. 이성, 우연, 감성은 영어 오역에서 비롯된 용어를 (예를 들어 reason을) 그대로 받아들이고 여기에 우리나라 연구자들의 잘못된 이해가 더해져서 생긴 잘못으로 보인다. 이를 나의 해석과 비교하여 다음 쪽과 같이 표로 정리한다.[34]

571~572쪽 참조.

31. 김만수, 『전쟁론 강의』, 30~33쪽 참조.

32. 『전쟁론』, 82쪽. 이 부분의 독일어는 'in Beziehung auf die in ihm[Krieg] herrschenden Tendenzen'이다. Vom Kriege, 제19판, 212~213쪽.

33. 『전쟁론』, 『전쟁론 강의』, 『전쟁이란 무엇인가』에는 그때의 내 이해 수준을 독자들에게 그대로 보여준다는 의미에서 '경향'이나 '성질'을 수정하지 않고 그대로 둔다.

34. 표에서 점선 윗부분은 김만수, 『전쟁론 강의』, 32쪽 참조. 『전쟁론 강의』 32쪽의 표에서 '영

전쟁의	정의	의지 실현	굴복 강요	폭력 행동
	단계	목적	목표	수단
	특징	정치적	군사적	물리적
전쟁의	성향(삼중성)	정치성	개연성(과 우연)	폭력성
삼중성의	주체	정부	군대와 최고지휘관	인민
(주체의)	역량	지성	용기와 재능	격정
삼위일체		이성	우연	감성

'삼위일체론자'들이 말하는 이성은 (정부의 영역과 역량에 해당하는) 지성에 대응하는 개념으로 간주할 수 있다. 이성을 삼중성 중의 정치성으로 볼 수는 없다. 삼위일체론자들의 우연은 전쟁에서 일어나는 우연한 상황으로 삼중성 중에 개연성(과 우연)에 대응한다. 우연은 (군대와 최고지휘관의) 용기와 재능에 해당할 수 없다. 삼위일체론자들의 감성은 폭넓은 개념이기 때문에 삼중성 중의 폭력성에도, 인민의 격정에도 대응되는 것으로 해석할 수 있다. (그 개념들에 밑줄을 쳐서 표시한다.) 즉 삼위일체론자들의 이성, 우연, 감성은 전쟁의 성향(삼중성)과 세 주체의 역량을 혼동한 오류이다.

결론. 이성, 우연, 감성은 삼중성의 내용과 명칭으로서 오역이고 올바르지 않고 적절하지 않다.

역'이라고 이해한 것을 나는 이제 역량(힘, 능력, 소질, 자질 등)이라고 해석한다. '성질'이라고 이해한 것은 (위에서 말한 것처럼) 성향이라고 해석한다. 특징은 특성, 속성, 성격이라고 할 수도 있는데, 특징을 그대로 쓴다. 그래서 『전쟁론 강의』에서 전쟁의 정의, 단계, 특징, 성질, 영역, 주체라고 (그리고 이 순서로) 이해한 것을 이제 전쟁의 정의, 단계, 특징과 전쟁의 성향(삼중성), 삼중성의 주체, (그 주체의) 역량으로 개념과 순서를 일부 수정하여 해석한다. 역량은 세 주체 각각에 주로 요구되는 힘이나 자질을 말한다. 『전쟁론 강의』 32쪽의 표에서 다소 간략하고 불분명하게 정리한 것을 위의 표의 점선 윗부분으로 자세하고 명확하게 정리한다.

690~693쪽의 다섯 번째 쟁점 '인민과 국민'에 대해.

인민과 국민을 '교과서적인' 내용으로 보충 설명하면 다음과 같다.

'현대국가는 국민국가(nation-state)이다. 현대국가는 국민에게 권리와 의무를 부여하고 공공교육을 제공하여 영토 내의 인구를 소속감을 갖는 '국민'이나 '민족'으로 길러낸다. 과거의 인민(people)은 국적, 의무, 권리가 명확하게 부여되지 않은 사람들이었지만, 현대국가의 인민은 국적, 의무, 권리가 명확히 규정되어 있는 '국민'이다.'[35]

---

35. 비판사회학회 엮음, 『사회학』, 441~442쪽.

클라우제비츠와 박정희

'인생은 전쟁이다.'(속세의 인간들이 흔히 하는 말)

'전쟁은 말 그대로 카멜레온과 같다.'(『전쟁론』, 82쪽)

'18년. 열일곱의 나, 되뇌어본다. 18년. 내가 태어나기 일 년 전에 그는 벌써 이 땅의 대통령이었나 보다. 그래서일 것이다. 나는 아직도 대통령 하면 박정희 대통령의 얼굴이 떠오른다. 언제나 대통령은 그였으므로…'(신경숙, 『외딴방』, 200쪽)

이 세 개의 문장이 어느 날 내 머리에 떠오르면서 연결되고 관련되었다. 그래서 (클라우제비츠와 박정희는 세계 철학사나 사상사에서 차지하는 위상이 비교 불가능한 수준인데도) 박정희 시대에 살고 클라우제비츠와 『전쟁론』을 연구한 사람으로서 여기에 '클라우제비츠와 박정희'라는 제목의 여담을 쓰게 되었다.[1]

클라우제비츠와 박정희, 그 둘에게는 어떤 공통점이 있을까? 그들은 '평생' 군인이었고 천생 군인이었다. 차이점이 훨씬 많이 눈에 띈다. 클라우제비

---

1. 여기에서는 박정희 개인, 군인, 대통령의 삶만 살펴본다. 경부고속도로, 포항제철, 마산수출자유지역, 새마을운동, 그린벨트, 8·3 사채동결, 중학교 무시험 추첨제, 고등학교 평준화, 산아제한 등 박정희의 다른 모든 경제정책 및 사회정책은 다루지 않는다.

츠는 조국 프로이센에서 군대의 지휘관이 되고자 하는 강한 신념을 갖고 있었는데, 박정희는 조국을 식민지화한 일본 세상에서 출세와 권력을 추구하는 강력한 신념이 있었다. 클라우제비츠는 내성적이지만 자존심이 강했는데, 박정희는 강자에게 약하고 약자에게 강한 성격을 보였다. 클라우제비츠는 일관된 삶을 살고 전쟁을 카멜레온과 같다고 보았는데, 박정희는 스스로 카멜레온과 같은 삶을 살았다. 클라우제비츠는 애국자였는데, 박정희는 친일파였다. 클라우제비츠는 군주정에서 공화정으로 바뀌는 시대 변화를 어렴풋이 느꼈는데, 박정희는 공화정의 한복판에서 총통제를 관철했다. 클라우제비츠는 적(프랑스)에 맞서려고 다른 나라(러시아) 군대에 들어갔는데,[2] 박정희는 제 발로 적(일본)의 군대에 들어가서 자기 나라 독립군을 토벌했다. 그래서 클라우제비츠는 자기 나라 왕의 미움을 받았는데, 박정희는 다른 나라(일본)의 사랑을 받았다. 클라우제비츠는 삶의 마지막까지 전투에 참전했는데, 박정희는 삶의 마지막에 술자리에 있었다. 그 결과로 클라우제비츠는 불후의 고전 『전쟁론』을 남겼는데, 박정희는 믿었던 부하의 총에 맞아 죽었다.

박정희는 일급의 친일파이자 독재자이다. 그것을 부정하는 것이 아니다. 이 글은 박정희 독재에 대해 약간 다른 해석을 하려고 한다. 박정희 독재와 더불어 박정희의 카멜레온적인 삶을 조명하려고 한다.[3]

박정희는 1917년생으로 구미보통학교와 대구사범학교를 졸업하고 1937년에 문경보통학교의 교사로 발령받았다. 하지만 '교사'는 탐탁지 않은 직업이었다. 첫 번째 '카멜레온'. 박정희는 스스로 '진충보국 멸사봉공(盡忠報國 滅

---

2. 이 행동을 우리나라에 적용하면, 어느 조선 군인이 조선이 일본에 합병되는 것에 반대하고 조선 군대를 일본 군대에 종속시키는 것에 반대해서 중국 군대에 망명한 것에 비유할 수 있다. 일본 군대에서 탈출하여 중국 군대에 들어간 장준하와 같은 인물에 해당한다. 장준하, 『돌베개』 참조.
3. 박정희의 삶에 관해서는 주로 백무현의 『만화 박정희』, 전인권의 『박정희 평전』, 최상천의 『알몸 박정희』를 참고했다. 이 책 중에 특별히 어느 쪽을 참고했다고 말하기 어렵고 이 책을 전체적으로 참고하여 재구성했기 때문에 아래의 서술에서 책과 쪽수를 언급하지 않는다.

私奉公)'이라는 혈서를 써서 이를 만주군관학교에 보냈고, 이것이 계기가 되어 1940년에 만주군관학교에 들어갔다. 1942년에 이 학교 예과를 졸업하고, 곧바로 일본육사 유학생대에 편입해서 1944년에 졸업했다. 만주군에서 소위로 근무하면서 항일 게릴라를 토벌했다. 그는 골수부터 군인이었고 뼛속까지 황군이었다. 그래서 교사에서 군인으로의 변신은 외견상의 카멜레온에 불과하고 자기 내면으로의 귀환일 것이다. 그는 삶이라는 전쟁터에서 강자와 대세에 복종한다. 일본이 지배하는 세상에서 살아남으려면 일본에 철저하게 복종해야 한다. 박정희는 그렇게 했다.

1945년에 해방되고 박정희는 귀국하여 1946년에 조선경비사관학교(육사 전신) 단기과정에 들어갔다. 이 학교를 졸업하고 춘천에서 소위로 근무했다. 두 번째 '카멜레온'. 1946년 말이나 1947년 초에 박정희는 남로당 당원이 된다. 극우 군국주의자가 좌익 공산주의자로 전향한 것이다. 비유하면 히틀러가 마르크스로 변신한 것과 같다. 해방정국은 좌익 세상이었으므로 그는 대세를 따른다. 살아남으려면 카멜레온이 되어야 한다. 기회주의에 목적이나 이념은 없다.

1948년 여순봉기 이후 숙군작업을 벌이던 군수사당국에 의해 박정희는 남로당 가입 혐의로 체포된다. 1949년 군법회의에서 무기징역을 언도받았다. 세 번째 '카멜레온'. 박정희는 남로당 동료 명단을 작성하여 조직을 폭로한다. 살아남으려면 동료와 조직을 배신해야 하고 조직원의 목숨을 팔아야 한다. 공산주의자에서 철저한 반공주의자로 전향한다. 배신과 변절에 사상과 이데올로기는 없다. 중요한 것은 자신의 생존이다. 생존이 박정희의 이데올로기이다.[4] 박정희는 살아남는다. 그리고 한국전쟁이 그를 구원한다.

---

4. 이 이데올로기가 엄마 뱃속에서부터 시작된 것일까? 박정희 어머니는 마흔 중반의 나이에 박정희를 임신했고, 몇 번이나 낙태를 하려고 했지만 실패해서 박정희를 낳았다. 박정희는 어머니 뱃속에서부터 살아남아야 한다는 강한 무의식의 유전자를 갖고 태어난 것일까? 그런데 박정희의 이데올로기가 '생존'인 것은 김영삼의 이데올로기가 '승리'인 것과(강준만, 『김영삼 이데올로기』 참조) 비슷하다. 1990년의 3당 합당은 김영삼의 카멜레온의 모습이다. 그래서 김영삼은 승리했다. 김영삼에게는 그 승리로 무엇을 해야 하는지에 대한 철학이 부재했지만,

네 번째 '카멜레온'. 1961년 박정희는 군사쿠데타를 단행하여 권력을 강탈한다. 이전의 세 번의 카멜레온이 적응하는 카멜레온이었다면, 이 군사쿠데타는 변화를 만드는 적극적인 (동시에 반동적인) 카멜레온이다. 이 쿠데타로 박정희 개인은 인생이라는 전쟁터에서 승리했고 성공했다.

다섯 번째이자 마지막 '카멜레온', 유신독재. 흔히 유신쿠데타를 1인 영구독재의 꿈이라고 본다. 나는 유신쿠데타를 카멜레온의 모습이자 카멜레온의 포기라고 해석한다. 유신은 영구독재의 시작이지만, 이와 동시에 박정희가 카멜레온이기를 영원히 포기한 것이다. 더 이상 적응하고 변신하지 않겠다는 의지이다.

결론. 박정희는 인생을 말 그대로 전쟁으로 보았고 평생 카멜레온으로 살았다. (그래서 신경숙의 말처럼 그는 언제나 대통령이었다.) 그는 카멜레온이었을 때는 살아남았고, 카멜레온이기를 포기했을 때 이미 몰락과 죽음의 길로 들어선 것이다. 유신은 그의 인생의 종말의 시작이다. 그래서 1979년이 아니라 이미 1972년에 박정희는 인생이라는 전쟁에서 패배한 것이다. 박정희의 몰락과 죽음은 그때 이미 예고되어 있었다.

박정희 이후의 에피소드.

박근혜는 독재자 아버지 밑에서 자신을 '죽였고', 그 이후 '수첩' 없이는 살수 없게 되었다. 대통령이 되어서는 ('공주'로 산 경험으로) 한편으로는 '대통령 소꿉놀이'를 했고, 다른 한편으로는 무당(巫堂)과 무지로 국민에게 '전쟁'을 수행했다. 박근혜는 '박제된 카멜레온'이(었)다.

김영삼은 승리하려면 카멜레온이 되어야 했다.

참고문헌

여기에서는 책과 인터넷을 구분해서 배열한다. 책에는 우리말 문헌, 번역 문헌, 외국어 문헌의 순서로 배열한다. 외국인의 이름은 그들의 이름 표기순서 그대로 배열한다. 인터넷에서는(방송, 신문, 잡지 등 포함) 한국 인터넷 다음에 외국 인터넷을 배열한다.

강준만, 『김영삼 이데올로기』, 개마고원, 1995

리영희, 『베트남전쟁 : 30년 베트남전쟁의 전개과 종결』, 두레, 1985

리영희, 「'북한한계선'은 합법적 군사분계선인가」, 리영희, 『반세기의 신화』, 삼인, 1999, 79~127쪽

박노자, 『주식회사 대한민국』, 한겨레출판, 2016

박명림, 『한국전쟁의 발발과 기원 1~2』, 나남출판, 1996

백무현, 『만화 박정희』, 전 2권, 시대의창, 2005

비판사회학회 엮음, 『사회학 제2판 — 비판적 사회읽기』, 한울엠플러스, 2019

신경숙, 『외딴방』, 문학동네, 1999

장준하, 『돌베개』, 돌베개, 2015

전인권, 『박정희 평전』, 이학사, 2006

조정래, 『태백산맥』, 한길사, 1986~1989

최병갑; 나갑수; 이원양; 장문석; 류재갑 공편, 『현대군사전략대강 I~IV』, 을

지서적, 1988

최상천,『알몸 박정희』, 사람나라, 2004

친일인명사전편찬위원회 엮음,『친일인명사전』전 3권, 민족문제연구소,
  2009

한자경,『헤겔 정신현상학의 이해』, 서광사, 2009

황세연,『변증법이란 무엇인가』, 중원문화, 2011

황세연 편역,『헤겔 입문』, 중원문화, 2007

노엄 촘스키,『세상의 물음에 답하다 1~3』, 이종인 옮김, 시대의창, 2005

노엄 촘스키; 하워드 진 외,『미국의 이라크 전쟁』, 이수현 옮김, 북막스, 2002

로버트 하일브로너,『세속의 철학자들』, 장상환 옮김, 이마고, 2008

리오 휴버먼,『자본주의 역사 바로 알기』, 장상환 옮김, 책벌레, 2000

마르틴 하이데거,『숲길』, 신상희 옮김, 나남출판, 2008

밀란 레이; 노암 촘스키,『전쟁에 반대한다』, 신현승; 정경옥 옮김, 산해, 2003

브루스 커밍스,『한국전쟁의 기원』, 김자동 옮김, 일월서각, 1986

스메들리 버틀러,『전쟁은 사기다』, 권민 옮김, 공존, 2013

알렉상드르 꼬제브,『역사와 현실 변증법 : 헤겔 철학의 현대적 변증』, 설헌영
  번역, 한벗, 1981

애덤 스미스,『국부론』, 상과 하, 김수행 옮김, 비봉출판사, 2007

앨빈 토플러,『부의 법칙과 미래』, 이규행 감역, 한국경제신문, 2003

앨빈 토플러,『전쟁 반전쟁』, 김원호 옮김, 청림출판, 2011

임마누엘 칸트,『순수이성비판 1~2』, 백종현 옮김, 아카넷, 2006

임마누엘 칸트,『실천이성비판』, 백종현 옮김, 아카넷, 2002

임마누엘 칸트,『판단력비판』, 백종현 옮김, 아카넷, 2009

재레드 다이아몬드,『총균쇠』, 김진준 옮김, 문학사상사, 2005

존 키건,『전쟁의 얼굴』, 정병선 옮김, 지호, 2005

찰머스 존슨,『제국의 슬픔 : 군국주의, 비밀주의, 그리고 공화국의 종말』, 안

병진 옮김, 삼우반, 2004

카를 마르크스, 『자본 I-1. 경제학 비판』, 강신준 옮김, 길, 2008

칼 맑스, 『정치경제학 비판 요강 I』, 김호균 옮김, 백의, 2000

투퀴디데스, 『펠로폰네소스 전쟁사』, 천병희 옮김, 도서출판 숲, 2011

플라톤, 「프로타고라스」, 플라톤, 『플라톤전집 III』, 천병희 옮김, 도서출판 숲, 2019, 189~299쪽

플라톤, 『프로타고라스』, 최현 옮김, 범우사, 2002

헤겔, 『정신현상학 1』, 임석진 옮김, 한길사, 2005

E. J. 시에예스, 『제3신분이란 무엇인가』, 박인수 옮김, 책세상, 2003

F. 엥겔스, 『자연변증법』, 윤형식; 한승완; 이재영 공역, 중원문화, 1989

H. 마르쿠제, 『이성과 혁명』, 김현일; 윤길순 옮김, 중원문화, 1984

J. 리터, 『헤겔과 프랑스혁명』, 김재현 옮김, 한울, 1983

Beatrice Heuser, Reading Clausewitz, London : Pimlico, 2002

Carl von Clausewitz, Hinterlassenes Werke, 전 10권, Ferdinand Düm-
mler, 1832~1837 (https://gallica.bnf.fr) 『저작집』

Carl von Clausewitz, On War, New York : Alfred A. Knopf, 1993

Carl von Clausewitz, Vom Kriege, Ferdinand Dümmler, 1991

Claus Daniel, Hegel verstehen. Einführung in sein Denken, Frankfurt
am Main : Campus Verlag, 1983 다니엘

Clausewitz-Gesellschaft e. V. (Hrsg.), Freiheit ohne Krieg? Beiträge zur
Strategie-Diskussion der Gegenwart im Spiegel der Theorie von
Carl von Clausewitz, Ferdinand Dümmler, 1980

Hew Strachan, Clausewitz's On War : A Biography, London : Atlantic
Books Ltd., 2008

Karl Marx/Friedrich Engels, Die deutsche Ideologie, in : Marx Engels
Werke(MEW), Bd. 3, Berlin : Dietz, 1990

Karl Marx/Friedrich Engels, Marx Engels Werke(MEW), Bd. 29, Berlin：Dietz, 1987

Raymond Aron, Clausewitz. Den Krieg denken, Frankfurt am Main：Propylän, 1980

Raymond Aron, Clausewitz：Philosopher of War, Englewood Cliffs, N. J.：Prentice-Hall, 1985

W. B. Gallie, Philosophers of Peace and War, London：Cambridge, 1978

クラウゼヴィッツ協會 編, 戰爭なき自由とは-現代における政治と戰略の使命, クラウゼヴィッツ生誕二百周年記念論文集, 日本工業新聞社, 1982

곽영신, 「한국엘리트는 '썩은 나무'의 '상한 열매'」, 2019. 2. 14, http://www.danbinews.com/news/articleView.html?idxno=11338&fbclid=IwAR0Q5r8hISwO7ROffZUPc6PwNr3Z5eV0RVYtldLgor7iKbAalAKS6UeJjOg

'역사다큐 세기의 거짓말 — 1991년 제1차 걸프전', 2020. 6. 27 방송, (원제 History's Greatest Lies, CPB Films 제작), 국회방송(https://www.natv.go.kr/renew09/brd/formation/program_vw.jsp?programId=1047)

대전대학교 군사연구원(http://www.ima.re.kr/history.php)

대전대학교 안보군사연구원(https://www.dju.ac.kr/ima/main.do)

알라딘 독자(https://www.aladin.co.kr/shop/wproduct.aspx?ItemId=401648#8947524166_MyReview)

알라딘 독자서평(https://www.aladin.co.kr/shop/wproduct.aspx?ItemId=323698#8950904861_MyReview)

이명원, 「서울대 식민지를 고발한다」, 월간 『말』, 2000. 11 및 『오마이뉴스』 2005. 10. 25

조형근, 「대학을 떠나며」, 『한겨레』, 2019. 11. 10 등록(2019. 11. 22 수정), http://www.hani.co.kr/arti/opinion/column/916466.html

중앙일보, 2007. 6. 4(http://www.chungrim.com/media/read.html?table=media&num=223&page=23)

『한겨레21』 제296호, 2000. 2. 24(http://legacy.h21.hani.co.kr/h21/data/L000214/1p7m2e0c.html)

독일 아마존(https://www.amazon.de/Das-R%C3%A4tsel-Clausewitz-Politische-Widerstreit/dp/3770536126/ref=sr_1_1?__mk_de_DE=%C3%85M%C3%85%C5%BD%C3%95%C3%91&keywords=rothe+clausewitz&qid=1576383518&sr=8-1#customerReviews)

린드의 글(http://www.dnipogo.org/lind/lind_archive.htm)

발리바르의 글(http://www.16beavergroup.org/mtarchive/archives/001957.php)

배스포드의 홈페이지(http://www.clausewitz.com/index.htm)

배스포드의 홈페이지(http://www.clausewitz.com/mobile/cwzbiblenglish.htm)

배스포드의 홈페이지(http://www.clausewitz.com/mobile/readings.htm)

배스포드의 홈페이지(https://www.clausewitzstudies.org/mobile/cwzbiblenglish.htm)

C. Bassford, 'John Keegan and the Grand Tradition of Trashing Clausewitz', War in History, November 1994, pp. 319~336(http://www.clausewitz.com/mobile/keegandelenda.htm)

Daniel Hohrath, Rezension zu 'Martin van Creveld, Die Zukunft des Krieges, München 1998', in : H-Soz-Kult, 2000. 3. 21(www.hsozkult.de/publicationreview/id/rezbuecher-203) 호라트

https://www.stadtburg.info/carl-von-clausewitz.html

찾아보기

1. 인명(한국인, 외국인)

2. 제목(책, 논문, 글)

3. 개념(과 용어)

4. 학술지(와 잡지)

5. 학위논문

찾아보기는 위의 순서와 같이 구성한다.

1. 인명에서는 주로 본문에서 논의한 문헌의 저자와 역자의 인명을 싣는다. 기관이 저자나 역자일 때는 기관명도 싣는다. 저자나 역자는 아니지만 문헌에 등장하면서 『전쟁론』과 관련되는 인물의 이름도 싣는다. 이 책의 저술과 관련된 인물의 이름도 약간 싣는다.

클라우제비츠의 이름은 (거의 모든 페이지마다 나오기 때문에) 싣지 않는다. 클라우제비츠의 이름은 다른 인물과(손자, 모택동 등) 관련될 때만 그들을 같이 (클라우제비츠와 손자) 표제어로 삼는다.

공저자나(류재갑과 강진석 등) 공역자 또는 밀접하게 관련되는 인물은 (나폴레옹과 프리드리히 대왕, 마르크스와 엥겔스 등) 그들을 따로 싣기도 하고 같이 표제어로 삼기도 한다.

외국인 인명에서 저자가 아닌 경우에는 그 인물에 관해 어느 정도 언급된 쪽수를 적는다. 달리 말해 인명이 단지 '글자'만 있는 경우에는 쪽수를 적지 않는다. (물론 어느 정도 언급되었다는 것과 글자만 있는 경우의 명확한 경계를 긋는 것은 쉽지 않다.)

2. 책과 글의 제목을 (때로 줄이거나 단어 순서를 약간 바꾸어서) 싣는다. 제목을 적을 때는 겹낫표(『 』)나 홑낫표(「 」)를 넣지 않는다. (제목 안에 겹낫표가 있는 경우에는 그것을 넣은 경우도 있다.) 제목 앞에 저자 이름을 적은 경우도 있다. 『전쟁론』의 제목은 (클라우제비츠의 이름과 같은 이유로) 싣지 않는다. 저자가 다른데 제목이 같은 글이 몇 개 있다. 본문에서 소개하고 설명한 외국어 문헌은 알파벳으로 싣는다.

3. 개념과 용어를 싣는다. 주로 본문에서 논의한 문헌과 관련되는 개념과 용어를 싣고 쪽수를 적는다. 문헌의 '차례' 부분에 있는 인명, 제목, 개념 등은 '글자'만 있는 경우에 해당하기 때문에 쪽수를 적지 않는다. 지명을 넣을 필요가 있을 때는 여기에 넣는다. 밀접하게 관련되는 개념과 용어는(과학과 기술, 현금지불과 어음거래 등) 같이 표제어로 삼는다. 용어에 인명을 포함하는 것이 필요한 경우에는 인명을 넣는다. 몇몇 외국어와 (『전쟁론』 번역에서 논쟁이 되고 있는) 외국어 개념은 알파벳으로 싣는다.

4. 학술지명과 잡지명을 싣는다. 여러 학술지명을 볼 수 있지만, 주로 3개 학술지(국방연구, 군사, 군사평론)에 클라우제비츠 관련 글이 많이 실렸고, 특히 '군사평론'에 상당히 많은 글이 실렸다. 우리나라에 클라우제비츠를 전문으로 다루는 학술지는 없다.

5. 석사학위논문과 박사학위논문의 대학원을 싣는다. 논문이 몇몇 대학교(고려대, 국방대, 충남대)의 대학원에서 많이 발표되었다. 시간이 지나면서 클라우제비츠 관련 학위논문을 많이 내는 대학원이 바뀌고 있다. 석사학위논문에서는 특수대학원의 비율이 80% 이상으로 일반대학원의 비율보다 압도적으로 높다. 박사학위를 수여한 특수대학원은 경기대학교 정치전문대학

원이 유일하고, 그 외는 모두 일반대학원이다.

1~5는 전부 제일 앞에 있는 단어나 (고유)명사의 가나다순으로 배열한다. 가나다순 다음에 숫자(로 시작하는 제목이나 개념)와 알파벳을 배열한다. 2와 3의 몇몇 경우에는 제목과 개념의 위계, 연관성과 유사성을 고려하여 배열한 경우가 있다. 1에서도 예외적으로 (가나다순이 아니라) 인명의 연관성에 따라 배열한 경우가 있다. 5에서는 박사학위논문의 대학원을 먼저, 석사학위논문의 대학원을 나중에 배열한다.

1. 인명(한국인, 외국인)

2. 제목(책, 논문, 글)

3. 개념(과 용어)

4. 학술지(와 잡지)

호국   335~336, 348

International Security   278

5. 학위논문